***ACCESO GRATIS** a la Lectura en la Nube*

Para visualizar el libro electrónico en la nube de lectura envíe junto a su nombre y apellidos una fotografía del código de barras situado en la contraportada del libro y otra del ticket de compra a la dirección:

ebooktirant@tirant.com

En un máximo de 72 horas laborables le enviaremos el código de acceso con sus instrucciones.

ESTUDIOS DE DERECHO CONSTITUCIONAL

Derechos sociales y nuevas dinámicas democráticas

ESTUDIOS DE DERECHO CONSTITUCIONAL
Derechos sociales y nuevas dinámicas democráticas

ROBERTO VICIANO PASTOR
DIEGO GONZÁLEZ CADENAS
Coordinadores

Fundación | Cajasol

tirant lo blanch
Valencia, 2025

EDITA: TIRANT LO BLANCH
C/ Artes Gráficas, 14 - 46010 - Valencia
TELFS.: 96/361 00 48 - 50
FAX: 96/369 41 51
Email:tlb@tirant.com
www.tirant.com
Librería virtual: www.tirant.es
DEPÓSITO LEGAL: V-3942-2025
ISBN: 979-13-7010-750-5
MAQUETA: Tink Factoría de Color

Si tiene alguna queja o sugerencia, envíenos un mail a: *atencioncliente@tirant.com*. En caso de no ser atendida su sugerencia, por favor, lea en *www.tirant.net/index.php/empresa/politicas-de-empresa* nuestro procedimiento de quejas.

Responsabilidad Social Corporativa: http://www.tirant.net/Docs/RSCTirant.pdf

Autores

Arriaga Villamil, Claudia
Barragán García, José Gabriel
Castillo Jaramillo, Gabriel Eduardo
Chico Zapata, María Isabel
Márquez Castelblanco, Iván David
Molina Díaz, Miguel
Romero Rodas, Juan Francisco
Silva Ardanuy, Francisco Manuel
Vásquez Zamorano, Carlos Humberto

ÍNDICE

PRÓLOGO A LA PRIMERA EDICIÓN

PROF. DR. ROBERTO VICIANO PASTOR
Catedrático de Derecho Constitucional
Universidad de València

PROF. DR. DIEGO GONZÁLEZ CADENAS
Secretario Académico del Máster en Derecho Constitucional
Universidad de València

Desde su creación, el Máster Universitario en Derecho Constitucional de la Universitat de València ha sido un espacio privilegiado para la formación avanzada en esta disciplina, acogiendo año tras año a estudiantes comprometidos que han contribuido, con sus trabajos de fin de máster, a enriquecer la reflexión constitucional contemporánea. Muchos de estos trabajos, de una calidad sobresaliente, quedaban limitados al ámbito interno del Máster, sin llegar a ver la luz pública. Esta situación, que supone una pérdida tanto para la comunidad académica como para el debate constitucional más amplio, nos ha animado a promover la presente publicación, a fin de ofrecer una primera muestra de algunos de los frutos más destacados de estos años.

La obra que el lector tiene entre manos es producto del impulso y del trabajo de los profesores y exalumnos del Máster Francisco Manuel Silva Ardanuy y Claudia Arriaga Villamil. A ellos dos agradecemos enormemente que hayan tenido la idea de reunir una selección de trabajos que, habiendo obtenido calificaciones sobresalientes en sus respectivas ediciones del Máster, abordan cuestiones fundamentales en el ámbito de los derechos sociales, la economía social y la teoría y práctica del constitucionalismo. Los capítulos se articulan en torno a diversas realidades nacionales de América Latina y España, ofreciendo una perspectiva plural, crítica y comprometida con los ideales de justicia social y democracia.

El primer capítulo, de Claudia Arriaga Villamil, aborda el debate pendiente sobre las listas electorales en Uruguay, poniendo de relieve la necesidad de reformas que permitan una representación política más transparente y democrática. A continuación, José Gabriel Barragán García examina la protección constitucional de los derechos de las personas y grupos de atención prioritaria en Ecuador, aportando una lectura práctica sobre la concreción efectiva de estos derechos.

El estudio de Gabriel Eduardo Castillo Jaramillo sobre la crisis de representación parlamentaria en Ecuador introduce una reflexión crítica sobre las limitaciones del unicameralismo, proponiendo el retorno al bicameralismo como una posible vía de solución. Por su parte, María Isabel Chico Zapata analiza el papel de la democracia participativa y de la organización popular en la gobernabilidad colombiana, a la luz del nuevo constitucionalismo latinoamericano.

En un plano más teórico, Iván David Márquez Castelblanco desarrolla una genealogía crítica del concepto realista de poder constituyente, buscando reconciliar el progresismo jurídico con el constitucionalismo democrático, en un esfuerzo notable por tender puentes entre dos tradiciones a menudo presentadas como antagónicas.

Miguel Molina Díaz examina en su trabajo el estado de excepción en el constitucionalismo ecuatoriano, destacando el riesgo de su utilización como herramienta de control panóptico y de erosión de las garantías democráticas. Juan Francisco Romero Rodas, en línea con estas preocupaciones, estudia los derechos constitucionales de participación ciudadana en el caso ecuatoriano a partir de la Constitución de 2008, subrayando la importancia de estos instrumentos para una democracia más inclusiva.

El octavo capítulo, de Francisco Manuel Silva Ardanuy, ofrece un análisis sobre la jurisprudencia constitucional en España en relación con el derecho de participación en el Estado autonómico, evidenciando el papel clave de la jurisdicción constitucional en el desarrollo efectivo de los derechos participativos. Finalmente, Carlos Humberto Vásquez Zamorano cierra la obra con una investigación crítica sobre la inconstitucionalidad del retiro programado en el sistema de pensiones de Colombia, abordando un tema de enorme relevancia social y económica.

Ha sido un verdadero placer para nosotros coordinar esta publicación. Queremos expresar también de nuevo nuestro profundo agradecimiento a los profesores Francisco Manuel Silva Ardanuy y Claudia Arriaga Villamil, cuyo entusiasmo, esfuerzo y apoyo han resultado imprescindibles para la materialización de esta obra.

Esperamos que esta publicación sirva no solo para reconocer el esfuerzo y la calidad de quienes participaron en su elaboración, sino también para alimentar el debate académico y contribuir a la construcción de sociedades más justas y democráticas.

Capítulo I
LAS LISTAS ELECTORALES Y SU DEBATE PENDIENTE EN URUGUAY

Claudia Arriaga Villamil
Universidad de la República, Uruguay

El estudio de la tipología de las listas electorales no ha concitado la suficiente atención investigadora en Uruguay. Los libros de texto, manuales y obras principales de derecho constitucional mencionan al pasar la cualidad de nuestras listas electorales dedicándole pocas líneas, lo cual es entendible en tanto las listas cerradas y bloqueadas han sido el modelo adoptado históricamente por el legislador uruguayo. Esta decisión constituye una de las principales características del sistema de representación política del país.

En el presente trabajo se estudian las ventajas y desventajas de dicho sistema, a la vez que se pone en el foco de la consideración las otras modalidades de listas existentes en el derecho comparado, tales como las listas desbloqueadas, las listas abiertas y el establecimiento del voto preferente, en tanto mecanismos de mejoramiento de la participación ciudadana y la legitimidad de los representantes.

Se han verificado en los últimos años algunos reclamos populares, producto del descontento generalizado con los resultados de la representación a través del sistema de partidos políticos existentes. Consignas tales como "No nos representan" vivida en mayo de 2011 en España o "Chile despertó" de octubre de 2019 han suscitado estudios políticos, sociológicos, pero también jurídico-constitucionales. La inestabilidad política a causa del sentimiento de ajenidad del soberano respecto de sus representantes produce la revisión de varios factores del proceso electoral, ya sea en la lógica interpartidista (la justicia del reparto de cargos en todo el espectro político) como en la intrapartidista (los protagonismos y el "peso" dentro de cada partido y la asignación de bancas en esa interna)[1]. En este último aspecto, uno de los puntos a analizar consiste en el formato de presentación de los partidos políticos ante la ciudadanía mediante sus "listas".

Si bien las crisis políticas hacen surgir procesos de cambio, corresponde cuestionar si los países que no sufren deslegitimación de sus gobiernos debieran reflexionar sobre posibles innovaciones en tales aspectos, bajo la premisa de que las democracias siempre son perfectibles. En este sentido se utilizarán índices internacionales de medición reconocidos, a fin de determinar la estabilidad democrática y la confianza en las instituciones políticas en el caso de Uruguay y otras democracias.

Ante la advertencia de Nohlen de que "[...]hay que considerar que las cuestiones relativas a los sistemas electorales son cuestiones de poder y ponen en juego intereses de poder, y que en el discurso público sobre sistemas electorales no se trata tanto de llegar a un conocimiento más profundo o a una mejor perspectiva, sino más bien de imponer valores y proyectos políticos y personales"[2], se intentará evadir tales riesgos presentando objetivamente beneficios y amenazas asociadas a cada modelo de configuración de listas electorales, ofreciendo al finalizar una opinión personal tentativa con respecto a la viabilidad de su discusión en Uruguay.

Se tomará como base aquellos modelos de sistemas electorales con representación proporcional (RP) en distritos plurinominales. Las razones para elegir un modelo de lista electoral sobre otro pueden variar según la forma de Estado, la distribución y tamaño de sus circunscripciones electorales, la cantidad de bancas asignadas a cada una de éstas, las asignaciones mínimas de representación en caso de pequeñas poblaciones, así como causalidades históricas, culturales y los propios textos constitucionales.

---

1 Carlos Fernández-Esquer y Javier Sierra-Rodríguez, "El voto preferencial en las Comunidades Autónomas: propuestas y condicionantes jurídicos", *REAF-JSG*, no. 29 (junio 2019): 56-57.

2 Dieter Nohlen, "El estado de la investigación sobre sistemas electorales", *Revista de Estudios Políticos (Nueva Época)*, no. 98 (octubre-diciembre 1997): 160.

Se propone asimismo valorar cuál es la jerarquía normativa de la regulación de las listas electorales y qué efectos puede provocar la flexibilización de las listas en el sistema de partidos políticos.

Como experiencia comparada, es de interés la mirada al sistema electoral español, por el contexto de crisis de legitimidad que ha llevado a la revisión de su formato de listas, sin perjuicio de menciones puntuales a otros países que han incorporado listas abiertas, desbloqueadas y voto preferente.

La última parte del trabajo, consistirá en relevar las condiciones jurídicas y contextuales de Uruguay frente a un debate pendiente sobre las eventuales ventajas de adoptar un sistema de listas más dúctil que el actual, en principio para algún segmento del sistema electoral, como podría ser la elección de los concejos municipales y sus alcaldes.

Se utilizará una metodología de revisión o investigación bibliográfica, artículos en línea de revistas jurídicas internacionales, páginas web oficiales y datos estadísticos relativos al tema.

En definitiva, el objetivo de este estudio será intentar responder a la cuestión de la conveniencia de la opción de listas con mayor flexibilidad que las bloqueadas y cerradas, en aras de una mejor participación ciudadana en el sistema representativo, evaluando sus riesgos y ventajas en contextos de notoria crisis de legitimidad de los representantes o en contextos de estabilidad y legitimación de los mismos como en el caso uruguayo.

1. *Las listas electorales en las democracias actuales: modalidades y funcionalidad*

1.1. Sistemas electorales, participación y representación

Un sistema electoral cumple la función de estructurar las preferencias políticas de los electores y producir resultados electorales que formalicen el ejercicio del poder político, traduciendo votos en bancas, escaños o curules parlamentarios y en cargos de gobierno electivos[3].

Ese proceso tiene contenidos propios como la selección y conformación de las circunscripciones electorales, la forma de definir las candidaturas, el desarrollo de las votaciones y las operaciones que se realizan luego del escrutinio para traducir esos números en puestos con nombre y apellido.

---

3 Concepto adaptado con pequeñas variantes de distintos autores, especialmente de: Dieter Nohlen et al., comps., *Tratado de derecho electoral comparado de América Latina*, 2ª ed. (México: FCE, 2007), 295, 1304.

Los grandes principios que rigen los sistemas electorales en el mundo a los efectos del logro de la representación son el principio mayoritario y el de proporcionalidad. Según los factores sociopolíticos y jurídicos que cada entidad estatal haya transitado y se verifiquen en un momento determinado, se conformará un sistema electoral mayoritario o un sistema electoral proporcional. En la actualidad la gran mayoría de los Estados tienen algún tipo de proporcionalidad en su sistema electoral, siendo puntuales aquellos que solo adjudican bancas por un sistema mayoritario simple o "*first past to post*" (quizá el ejemplo más emblemático sea el del Reino Unido, influyente en sus dominios y ex dominios).

En qué consiste cada uno de ellos, la influencia sobre el sistema de partidos políticos y la gobernabilidad de un país, ha sido el objeto de trabajos frecuentemente citados en doctrina como los de Sartori, Duverger, Nohlen, Lijphart, desde enfoques diferentes de los sistemas electorales (normativo, empírico estadístico, o empírico histórico)[4].

No corresponde ahondar en este trabajo sobre tales implicancias por no ser su objeto, pero de ningún modo puede sostenerse que la elección de un sistema electoral sea inocua respecto del funcionamiento de la democracia en un determinado Estado. En un extremo, Arend Lijphart llega a afirmar que "el sistema electoral es la parte más fundamental de la democracia representativa"[5]. En otra posición Duverger, entiende que "no se puede decir que tal sistema electoral determina tal forma de vida política, sino que, simplemente, la estimula; o sea, que refuerza los otros factores que actúan en el mismo sentido o que debilita los que actúan en sentido contrario"[6].

Como se pregunta Banda Vergara: "Lo que se espera alcanzar por la vía del sistema electoral ¿es una mayor «representatividad», es decir, que la distribución de los representantes entre las diversas opciones que se presentan refleje lo más fielmente posible la estructura del cuerpo electoral en sus variadas tendencias? O, en cambio, ¿es preferible alcanzar, antes de más representatividad, una mayor «gobernabilidad»?"[7]. Quizá en una respuesta balanceada a esta doble interrogante se encuentre el modelo electoral ideal para cada sociedad y sus circunstancias[8].

---

4 Conforme analiza Nohlen, "El estado de la investigación", 161-163.

5 Arend Lijphart, *Sistemas electorales y sistemas de partidos: un estudio de veintisiete democracias*, 1945-1990 (Madrid: Centro de Estudios Políticos y Constitucionales, 1995), Introducción.

6 Maurice Duverger, "Influencia de los sistemas electorales en la vida política", en *Diez textos básicos en ciencia política*, ed. Ariel (España: Ed. Ariel, 1992), 37.

7 Alfonso Banda Vergara, "Democracia Representativa y Sistema Electoral", *Revista de Derecho de la Universidad Austral de Chile* vol. XII (2001): 24.

8 Parafraseando a José Ortega y Gasset en sus Meditaciones del Quijote de 1914.

Cuando un Estado establece que su sistema será el de la representación proporcional y diseña aspectos como el tamaño y cantidad de circunscripciones electorales, la cantidad de cargos por circunscripción, la barrera de representación, el tipo de listas electorales, la obligatoriedad o voluntariedad del voto, etc. está asimismo definiendo la intensidad de la proporcionalidad, su pureza o relatividad[9].

De los actuales tópicos sobre igualdad de voto, uno recurrente es la valoración de la participación del cuerpo electoral según el diseño de las circunscripciones electorales. La fragmentación de las circunscripciones con pocos cargos electivos, tiene por consecuencia una gran disminución de la proporcionalidad en la representación, requiriéndose un número bajo de votos para acceder a un cargo. En cambio, en otras zonas, provincias o ciudades donde el número de votantes es alto, para el mismo cargo se requiere mayor cantidad de votos. Se genera una desigualdad evidente en el valor del voto y en la participación electoral, fenómeno también llamado *malapportionment*[10]. En España ha sido estudiado respecto del Congreso de Diputados[11]. En el caso uruguayo, el sistema de representación proporcional para diputados implica una asignación previa de bancas a cada Departamento (división territorial del país en 19 circunscripciones de diferente tamaño), que arroja, por ejemplo, un cociente de representación de 32.441 votos necesarios para acceder a la banca correspondiente al departamento de Soriano y uno de 10.117 votos para el departamento de Flores[12].

Otro aspecto del diseño de los sistemas electorales que influye en la participación y en la representación de los electos, es la definición sobre la obligatoriedad o voluntariedad del sufragio. Argumentos fuertes se han

---

9 Al respecto es interesante la Sentencia 45/1992 del Tribunal Constitucional Español que determinó que un solo escaño en una circunscripción electoral pequeña como las Islas Baleares suponía un sistema mayoritario y no proporcional como dispone el art. 152.1 de la Constitución. El comentario de dicha sentencia puede verse en: Antonio Torres del Moral y Álvaro José López Mira, "Jurisprudencia del Tribunal Constitucional en materia electoral. Acotaciones críticas", Revista de Derecho Político, no. 41 (1996): 9-36.

10 El tema ha sido estudiado en forma profunda y con datos empíricos en la publicación de David Samuels y Richard Snyder, "The value of a vote: Malapportionment in comparative perspective", British Journal of Political Science 31, no. 4 (octubre 2001): 651-671.

11 Francisco Fernández Segado, "La correlación entre el tamaño de las circunscripciones y las distorsiones de la proporcionalidad en la elección del Congreso (Un estudio empírico)", *Revista de Estudios Políticos (Nueva Época)*, no. 79 (enero-marzo 1993): 305-333.

12 Corte Electoral, *Acta N° 10037*, 22 de noviembre de 2019.

sostenido respecto de ambos sistemas. Fundamentalmente, la mirada sobre el sufragio como derecho (y por ende, de ejercicio voluntario) o como derecho y deber ciudadano (que conlleva la obligatoriedad de su ejercicio). La participación electoral en los Estados con sufragio voluntario es variable, y la abstención puede superar el 50% (EEUU, Japón, Chile). En los países de sufragio obligatorio, la abstención oscila entre un 9% y 25%, dependiendo a su vez, de la imposición de sanciones por la no concurrencia a las urnas, según cada regulación nacional. En el caso español, el sufragio es voluntario y la abstención histórica oscila entre un 20 y 30%. El sistema electoral uruguayo eligió desde siempre el voto obligatorio con imposición de sanciones, y la abstención no supera el 10%. La baja participación electoral puede afectar la representación de los intereses de quienes se abstienen y podría ser una de las causas de la deslegitimación de los representantes electos.

Las dos temáticas mencionadas (definición de circunscripciones electorales y abstencionismo), más otras circunstancias (por ejemplo, las barreras electorales que se imponen cuando los partidos tienen que alcanzar un determinado porcentaje de votos para participar en la distribución de bancas) inciden directamente en la participación y la representación, y se agregan al asunto central de este trabajo: el formato de las listas electorales. Más allá de los efectos que pudieran operar como variables interconectadas, se estudiará el fenómeno de la apertura de listas en forma independiente.

1.2. Las listas electorales, modalidades y conceptualización

La presentación de los candidatos a los procesos electorales puede formularse según distintos modelos. En sistemas uninominales mayoritarios, la formulación es sencilla, y la hoja de votación solo incluye el nombre del candidato. Cuando se trata de elección múltiple, en un sistema de representación proporcional, se recurre a las listas electorales que contienen un número variable de nombres, cuya cantidad dependerá de la legislación electoral en cada país (podrá ser el número de cargos a distribuir o el número de cargos máximo que el partido podría ganar). "...la regulación de las listas electorales afecta al derecho de sufragio activo de los electores, ya que, dependiendo del modelo de listas, puede variar mucho el grado de influencia que la decisión de los votantes tiene en la selección de sus representantes políticos y la intensidad con que los partidos políticos pueden predeterminar la designación de aquellos"[13].

---

13 Manuel Carrasco Durán, "Las listas electorales desde una perspectiva de derecho comparado", *Revista Chilena de Derecho y Ciencia Política* 9, no. 1 (diciembre-mayo 2018): 4.

Cuando hay una formulación plurinominal surgen diferentes modelos de listas según el grado de libertad de elección del votante: cerradas o abiertas, bloqueadas o desbloqueadas. Asimismo se pueden producir otros dos fenómenos adicionales: el voto preferencial y el voto de rechazo. Los modelos menos flexibles se entrecruzan configurando listas cerradas y bloqueadas o cerradas y desbloqueadas. Tanto los modelos abiertos como los desbloqueados, pueden incluir el voto de rechazo.

1.2.1. *Listas abiertas y cerradas*

Cuando el legislador opta por el sistema de listas abiertas, los partidos políticos formulan sus nóminas o listas de candidatos y el elector puede reelaborar la lista eliminando nombres y agregando otros, incluso de otros partidos o candidatos independientes. También se ha llamado "*panachage*" a este sistema con la mayor amplitud de elección, circunscribiendo otros autores el concepto de lista abierta a aquella en la que solamente se pueden eliminar candidatos, pero no agregar nombres externos a la lista.

El sistema de *panachage* o de listas abiertas implica la mayor posibilidad de elección para los votantes, se erige en un sistema de votación por candidatos más que por partidos políticos. La individualidad prevalece sobre la organización política y se juzgan personas más que programas. Las combinaciones posibles entre los candidatos de cada lista propuesta pueden llegar a un número casi tan alto como el de votantes.

Como ejemplo de esto, se encuentra Suiza y Luxemburgo, países en los cuales a cada elector se le asigna un número de votos igual al de los cargos o bancas que están en juego en la elección y los distribuyen según su criterio, ya sea entre los candidatos de una o varias listas. Ecuador tenía este sistema hasta la elección de 2021, optando en la actualidad por el sistema de lista cerrada[14].

La facultad de emitir el voto por un determinado candidato en el sistema de lista abierta es esencialmente opcional y por tanto no siempre se verifica, ya que una gran mayoría sigue optando por votar en función de partidos, de modo que el efecto puede ser limitado. Se menciona el caso sueco (sistema de lista abierta hasta 1997), en el cual se ha llegado a un 25 % de votos por candidatos, cifra significativa que permite que algunos nombres logren la banca exclusivamente por el diseño electoral de la lista.

---

14 Desde 1997 a través de una consulta popular Ecuador estableció las listas abiertas. Modificó este sistema en febrero de 2020, mediante la modificación de su Código de la Democracia.

Cuando, en cambio, las listas son cerradas la lista electoral no es manipulable, se presenta en modo "plancha" y solo permite su introducción en la urna, sin cambios. La propuesta del partido político está elaborada en un orden específico y la única libertad permitida al votante es de adherir a ella o no hacerlo. El voto emitido por una lista cerrada presume la conformidad con el orden establecido.

En las listas cerradas los candidatos dependen de las decisiones o elecciones internas partidarias, ya que su posición en la nómina quedará fija en la lista y su suerte electoral dependerá de tal ubicación.

El sistema electoral uruguayo, así como el del Congreso de Diputados de España, son ejemplos de listas cerradas, cuya propuesta es responsabilidad de cada partido político.

En Colombia cada partido político elige si quiere participar del comicio para el Senado con lista abierta o cerrada. En las que denominan "abiertas", incorporaron un voto preferente. En las elecciones de 2018, 17 partidos eligieron presentarse con listas abiertas y 6 con listas cerradas.

1.2.2. *Listas bloqueadas y desbloqueadas*

En los casos que el orden planteado es inmodificable, estamos ante listas bloqueadas y su concepto va de la mano de un modelo de lista cerrada. Es la opción de múltiples Estados, a veces en forma exclusiva y otras en forma mixta con modelos desbloqueados para diferentes órganos electivos.

El desbloqueo de las listas hace referencia, por su parte, a la presentación de las candidaturas en una lista cerrada, en la que no se pueden agregar nuevos nombres, pero sí se los puede reordenar. Suelen figurar los candidatos en un orden junto a un casillero para marcar su prioridad ordinal. Las variantes posibles de una lista desbloqueada se dan en el orden preestablecido por el partido o en un orden no discrecional, como por ejemplo alfabético.

1.2.3. *Voto preferencial, preferente u ordinal*

En un modelo de listas cerradas desbloqueadas y también en listas abiertas, puede ocurrir que la legislación prevea simultáneamente el voto preferente. Éste permite a los ciudadanos votar o señalar uno o varios candidatos preferidos, de una lista propuesta en el acto electoral. El mecanismo en ningún caso es obligatorio, es decir que si el votante no quiere optar por un candidato en particular, emite su voto a la lista del partido político, con el orden de prelación previsto en la propuesta.

El voto preferente puede asumir diferentes formas, según se establezcan barreras o cuotas mínimas de la preferencia o se contabilice pura y simplemente tales preferencias. Ejemplo del primer caso sería Bulgaria, con un mínimo de 7% de los votos de la lista para que el candidato señalado pueda salir electo. Esa barrera o cuota puede llegar hasta el 25% en algunos casos (Países Bajos). En cuanto al segundo modelo de preferencia, según el cual, una vez asignados los cargos a la lista, se designan en las bancas a los candidatos que hayan tenido el mayor número de votos y desde allí, en forma descendente hasta completar los cargos atribuidos, puede mencionarse el caso de Polonia[15].

1.2.4. Voto de rechazo

Por su parte, el voto de rechazo consiste en la posibilidad del elector de tachar a algún candidato en una lista, y que dichas manifestaciones de rechazo se resten de los votos de preferencia que haya recibido el mismo. Letonia, Estonia, Lituania, Noruega e Islandia (también Suecia antes de la reforma) contemplan esta modalidad de voto negativo[16]. A los efectos de completar los votos en sistemas abiertos como el suizo, también se permite tachar candidatos para sustituir por otro de diferente partido.

El sistema federal argentino, permite la autonomización de los sistemas electorales en las Provincias, y éstas, a su vez, han permitido diversas soluciones electorales a nivel municipal. En el caso de Puerto Madryn (1994), Córdoba (1995), Villa María (2001), Ushuaia (2002) y Misiones (2004) se utiliza el sistema de tachas, con diferentes resultados. El mecanismo del voto preferencial y de las tachas funciona como forma de desbloquear las listas formuladas, siempre que las expresiones del electorado superen una base establecida. Por ejemplo en Puerto Madryn los electores pueden tachar a los candidatos del partido que votan, y el desbloqueo se acepta cuando las tachas de los candidatos (considerados individualmente) superan el piso del 8% sobre los votos válidos emitidos a la agrupación.

1.3. Fortalezas y debilidades de los diversos tipos de listas electorales

1.3.1. Las fortalezas institucionales de las listas cerradas y bloqueadas

Las listas cerradas y bloqueadas en un sistema de representación proporcional, tienen la principal ventaja de fortalecer la institucionalidad de

---

15 Carrasco Durán, "Las listas electorales", 18-24.

16 Carrasco Durán, "*Las listas electorales*", p. 22.; Fernández-Esquer y Sierra-Rodríguez, "El voto preferencial", p. 144.

los partidos políticos como gestores de la cosa pública. En el análisis de Duverger "el escrutinio con lista cerrada tiene, en sí mismo, un carácter colectivo que desdibuja el papel de las personalidades en beneficio de la agrupación que las une, es decir, del partido"[17]. Son los partidos quienes determinan la inclusión y orden de los candidatos en las listas.

Asimismo son los partidos quienes mantienen unidad de acción en la faceta parlamentaria, ya que los representantes electos "deben" lealtad al partido que los favoreció con una posición dentro de la lista. En general, fruto de este formato electoral, se actúa en bloque, lo cual favorece tanto a los gobiernos otorgándoles gobernabilidad, como a la oposición, que manifiesta su enfoque sin disonancias.

Hay algunos países que han optado por la lista cerrada restringida, en el sentido de incorporar en las boletas electorales u hojas de votación únicamente el nombre y símbolo partidario y, a lo sumo, el nombre o fotografía del líder de dicho partido, sin detallar el listado de otros candidatos dentro de la hoja. Tal modalidad se explica en países en los que hay gran cantidad de partidos políticos, de modo que el ciudadano vota al partido con su líder y es la organización partidaria la que determina los nombres de quienes ingresan a los lugares obtenidos en la puja electoral. Sudáfrica es un ejemplo de tal situación y puede justificarse por la gran fragmentación política que surge del tránsito democrático de los años 90. En ese caso, el voto al partido y las decisiones partidarias permitieron incluir en los escaños conseguidos a minorías étnicas, religiosas, a las mujeres y otros sectores de difícil selección directa de la ciudadanía. En el caso sudafricano las listas cerradas favorecieron la estabilización y fortalecimiento de los aparatos partidarios de los principales partidos en disputa[18].

Tal efecto institucionalizador de la lista cerrada se entiende necesario en los nuevos países democráticos, o en aquellos que han salido de períodos de facto extensos, donde se produce la conjunción de electores carentes u olvidados de experiencia electoral con partidos desmembrados o con poca trayectoria. Al decir de Montero, la lista cerrada contribuye en esas hipótesis de transición a la construcción de los partidos para "los retos del futuro inmediato"[19].

---

17 Duverger, "Influencia de los sistemas electorales", 48-49.

18 Ainara Mancebo Gabela, *Cambio institucional: la reforma electoral sudafricana como caso de estudio* (tesis doctoral, 2015), http://e-spacio.uned.es/fez/eserv/tesisuned:CiencPolSoc-Amancebo/MANCEBO_GABELA_Ainara_Tesis.pdf [última entrada: 26/3/22].

19 José Ramón. Montero, "El debate sobre el sistema electoral: rendimientos, criterios y propuestas de reforma", Revista *de Estudios Políticos (Nueva Época)*, no. 95 (enero-marzo 1997): 13.

Las listas cerradas y bloqueadas ponen en el centro el programa electoral del partido por encima de las valoraciones personales de los candidatos y por tanto lo que prima es la ideología.

1.3.2. *Razones de su impugnación: la predeterminación de los representantes por los partidos*

Frente a las fortalezas anotadas, se han postulado críticas relevantes al sistema de listas cerradas y bloqueadas que favorecen la revisión de su utilización.

En un primer bloque de desventajas, quizá el más relevante, se encuentran las que refieren al traspaso de la decisión de los electores a los partidos políticos. Algunos lo apuntan desde el punto de vista de los parlamentarios, a quienes identifican como "designados" por los partidos, y otros desde el punto de vista de los electores, que son "traicionados" en su derecho electoral, pues se los convoca a elegir el Parlamento pero solo votan las élites predeterminadas por los partidos políticos. Los electores no tienen la posibilidad de determinar quién será el representante de su partido.

Se ha señalado que este sistema "[...] favorece el carácter oligárquico de las formaciones políticas, ya que son sus órganos directivos los que «regalan» anticipadamente las actas de diputado a quienes sitúan en los primeros lugares de las listas de cada circunscripción electoral. Estas deben votarse íntegramente (sin poder excluir a ninguno de los integrantes de la lista) y piramidalmente (sin poder alterar el orden de asignación de escaños siguiendo la ley D´Hondt)"[20].

En definitiva, la crítica se funda en que "la correspondencia entre la voluntad de los votantes y los parlamentarios elegidos se distancia al depender excesivamente de las decisiones previas de las direcciones de los partidos"[21].

En concordancia con tal argumento, la jurisprudencia constitucional española[22], ha expresado que el papel de los partidos es instrumental y no puede opacar el derecho a participar del ciudadano elector, rechazando por contraria a la Constitución la tesis de que sean los partidos, y no los candidatos, los que reciben el mandato de los electores, afirmando que los representantes lo son de todo el cuerpo electoral, sin que los partidos

---

20 Carlos Alarcón Cabrera y Ramón Luis Soriano Díaz, "Desde el voto hasta el escaño", *Derecho y Conocimiento*, Facultad de Derecho, Universidad de Huelva 1 (2001): 262.

21 Alarcón Cabrera y Soriano Díaz, "Desde el voto hasta el escaño", 262.

22 Vide STC 5/1983; 10/1983.

puedan poner fin a esa relación entre representantes y cuerpo electoral (lo cual se emparenta con la temática sobre la "propiedad de la banca" que se reitera en todo el derecho comparado).

En el mismo sentido Almagro afirma que un efecto contraproducente en el funcionamiento de la representación política, derivado de las listas bloqueadas es la conversión del derecho de sufragio representativo de raigambre constitucional en un derecho vacío de contenido[23].

Un segundo bloque de críticas refiere a la rigidez de la propuesta, que impide recompensar trayectorias o castigar hechos puntuales que operen cercanos al tiempo eleccionario. Denuncias de corrupción, abusos, pasado colaborador con regímenes antidemocráticos, escándalos mediáticos que pueden surgir días antes de los comicios, desfavorecen a los partidos que tienen en su propuesta de lista cerrada a este tipo de denunciados y que no pueden ser objeto de tachas ni exclusiones por parte del electorado. Probablemente el ciudadano optará por no confiar en el partido, o aun confiando, otorgará un voto por una plancha de nombres con la cual no comulga en su totalidad. Se recuerda el caso de las elecciones alemanas de 1990 en las que el primer candidato del Partido Socialdemócrata de la República Democrática Alemana, Ibrahim Böhme, fue denunciado como colaborador de la inteligencia alemana STASI. Aunque la denuncia pública fue realizada unos días después de las elecciones, la población había conocido la noticia y por ser la lista cerrada, no se podía eliminar su nombre a pesar de querer votar dicha lista. Tuvo que renunciar al Partido una semana después de las elecciones, en las que su partido fue el segundo más votado. Más actualmente, en Uruguay, un candidato a senador para las elecciones de octubre 2024, fue convocado a responder penalmente por un delito contra la Administración pública a menos de un mes de las elecciones, tiempo que impidió el cambio en la lista cerrada ya impresa y autorizada. Aun resultando electo, no podría asumir el cargo.

Identificando un tercer bloque de reproches al sistema, figuran las consecuencias mediatas de la predeterminación de los integrantes de las listas, y su sujeción a las decisiones posteriores del partido, lo que vendría a quebrar el principio de la prohibición del mandato imperativo que surge de algunas Constituciones a texto expreso (como la española en su art. 67.2 o la francesa en el artículo 27) y de tantos países en forma tácita, como resultado de la evolución ineludible del principio de la representación.

---

23 David Almagro Castro, "La apertura de las listas electorales: ¿un primer paso hacia la superación de la crisis de representatividad en la democracia española?", *Revista Española de Derecho Constitucional*, no. 112 (enero-abril 2018): 136.

En palabras de Duverger, "[...] la práctica de los «cabezas de lista» incorpora siempre un elemento de prestigio individual, pero, igualmente, supone cierta disciplina del resto de la lista frente a su conductor. [...] Entonces, el dominio del partido sobre el candidato es muy grande. La reelección de éste depende de su reinscripción en la lista, en una posición conveniente, y esta última la decide el partido. La disciplina parlamentaria es rigurosa"[24].

Sobre este punto, se ha extendido Santaolalla, quien cuestiona si una lista bloqueada respeta la interpretación constitucional del derecho del elector a ser representado y la prohibición del mandato imperativo: "Si, [...] el voto bloqueado determina que el sujeto votado sea el partido político y no los concretos candidatos, resulta lógico que estos últimos se sujeten a los primeros, quebrando así la prohibición comentada. Si se acepta [...] que el mandato del elector lo recibe el partido, es consecuencia obligada que el candidato [...] se sujete en todo a la voluntad de éste, que es el que recibiría la confianza popular, con lo que se abriría lícitamente paso el mandato imperativo, pero al precio de sacrificar su prohibición constitucional"[25].

1.3.3. *Las cualidades democratizadoras de las listas abiertas, desbloqueadas y del voto preferente*

Una consecuencia del voto por listas cerradas ha sido y es el "voto castigo" o "voto enojo" que tiene relación con el rechazo de una parte mayoritaria de la ciudadanía a los partidos políticos, la élite política tradicional y el funcionamiento de las instituciones democráticas[26].

Frente a las críticas señaladas, se postulan las ventajas de la apertura de las listas, su desbloqueo o la introducción del voto preferente en los sistemas electorales. En esta tesitura, encontramos una variedad argumental de interés, que se contrapone a cada uno de los aspectos negativos señalados. En forma sucinta, dichas alegaciones serían las siguientes:

24 Duverger, "Influencia de los sistemas electorales", p. 49.

25 Fernando Santaolalla, "Problemas jurídico-políticos del voto bloqueado", *Revista de Estudios Políticos (Nueva Época)*, no. 53 (septiembre-octubre 1986): 32.

26 Carlos Malamud y Rogelio Núñez, "El voto del enojo: el nuevo (o no tan nuevo) fenómeno electoral latinoamericano", *Análisis del Real Instituto Elcano*, ARI, no. 99 (2018).

- Participación directa y mayores posibilidades para el elector

En un sistema de listas abiertas, el ciudadano, al ejercer su derecho democrático al sufragio, define candidatos, sabe a quién vota y el resultado electoral no puede ser sorpresivo, no existen candidatos escondidos, el nepotismo y algunos otros vicios de la política quedan a la vista y pueden recibir su rechazo o su complacencia en forma evidente. Para la democracia, siempre será más consistente un cuerpo electoral participando en forma directa y sustantiva en la configuración de un Parlamento u otros órganos representativos, a que dichos órganos se integren con las decisiones endogámicas de los partidos políticos refrendadas por la ciudadanía.

Con las listas abiertas, el sistema electoral se personaliza y el principio de libertad de elección se profundiza. Los futuros representantes deben realizar un esfuerzo por captar el voto ciudadano y el juzgamiento sobre el desempeño parlamentario es directo, no se diluye en la maquinaria partidaria.

- Recomposición de partidos políticos y surgimiento de liderazgos

La necesidad de competir por el voto ciudadano reduce el poder de las cúpulas dirigentes en la selección de los candidatos y proyecta nuevas personalidades y líderes[27]. Este sistema electoral proporciona al político incipiente una plataforma de visibilidad que no hace depender su suerte de la voluntad del integrante más fuerte del partido ("diseñador de listas"), pero también desafía al legislador o gobernante experimentado que ha conseguido bancas y cargos a la sombra de otros, sin enfrentar al cuerpo electoral en forma directa.

Se ha sostenido que "[...] cuanto mayor sea la capacidad del elector para elegir entre los distintos candidatos que se le ofrecen, menor será el poder que retendrán las cúpulas de los partidos a la hora de determinar qué personas ocupan finalmente sus escaños en el parlamento. Una mayor personalización de las reglas electorales podría permitir una mayor apertura en el reclutamiento de los candidatos más allá de los canales partidistas tradicionales, lo cual, a su vez, les podría dotar de una mayor libertad para ir moldeando un perfil político propio"[28]. Las trayectorias políticas de los candidatos dejarían de depender en exclusividad del líder partidario y las relaciones políticas que éste genera en la organización. El mismo autor entiende que la confrontación de ideas permitiría un mayor

---

27 Almagro Castro, "La apertura de las listas electorales", 120.

28 Fernández-Esquer y Sierra-Rodríguez, "El voto preferencial", 148.

pluralismo en el seno de organizaciones partidistas que hoy se estructuran de modo excesivamente jerárquico.

Todo ello obliga a replantear las estructuras partidarias y las lógicas de funcionamiento interno, que deberán mantener la unidad a pesar de los personalismos fuertes que se enfrentan en una misma colectividad por la conquista del voto. Una de las estrategias partidarias posibles es la suscripción de compromisos entre los candidatos del partido en el cumplimiento de un único programa político, que deberá ser observado por el que resulte vencedor en la contienda. Y al mismo tiempo, ofrecer al candidato (que se siente fuerte porque considera cada voto como un logro propio), una estructura de reconocimiento institucional partidario contenedor e impulsor. La modernización de la gestión de los partidos en este modelo, se constituye en imprescindible.

El partido político que sepa conjugar lo beneficioso del contacto candidato-ciudadano, con la mejor estrategia de unidad partidaria, sin duda tendrá la ventaja electoral.

- Mayor legitimación de los representantes e identificación del votante con éstos

Los candidatos electos mediante los sistemas flexibles están en posición ventajosa respecto de su legitimación para actuar en representación de la ciudadanía. Pueden presumir su estatus jurídico en el ámbito parlamentario y a través de los innumerables canales de comunicación existentes, pero tienen mayores responsabilidades para mantenerlo. Así es que gran parte de la doctrina señala la necesidad de la rendición de cuentas o *accountability* permanente frente al electorado, visibilizando su actuación, acreditando el trabajo que cumple con las promesas de campaña e intentando mantener el protagonismo que luego lo pueda llevar a la reelección. Se traslada la autoprotección de la imagen ante el partido (típica del sistema bloqueado) hacia la ciudadanía.

A su vez, se produce el efecto correlativo en el votante, preferentemente en aquél que ha logrado con su voto dar posesión de la banca a su elegido, quien tiene una expectativa directa, un plan puntual a controlar y un personaje público a seguir.

Cada candidato deberá esforzarse en primer lugar en la escucha de las reivindicaciones de sus potenciales seguidores y además deberá evitar comportamientos impopulares, pues le interesa ser identificado y valorado de forma individual por los electores. Puede presumirse que los candidatos más competentes y más apreciados por los ciudadanos serán apoyados con votos en la siguiente oportunidad electoral[29].

El sistema abierto al otorgar mayores responsabilidades al votante podría estimular a la ciudadanía a interesarse por las cuestiones políticas, sirviendo de contrapeso a los altos niveles de abstencionismo y apatía electoral (preferentemente en los países donde el voto no es obligatorio)[30].

1.3.4. *Los riesgos del desbloqueo, la apertura de las listas y del voto preferente: la experiencia comparada.*

Los ensayos de los países que han introducido listas abiertas, voto preferente o listas desbloqueadas son interesantes en casuística y de su estudio pueden inferirse algunas circunstancias que alertan sobre consecuencias no deseadas para el sistema.

- Las campañas centradas en lo personal y no en los programas.

La actividad proselitista de los candidatos en un sistema flexible tiende a proponer una imagen personal que conquiste el voto, señalando los aspectos positivos en cuanto a experiencia política, académica, el sostenimiento de valores como la honestidad, aptitud de trabajo, resaltando las vinculaciones afectivas y familiares, etc. En definitiva lo que está en el mercado electoral es un "producto elegible". En cambio, el aspecto personal es una faceta secundaria en las campañas electorales por listas cerradas, en las que a lo sumo se incorpora al cabeza de lista en una foto positiva. Es desusado que el electorado llegue a conocer a fondo a los candidatos de la lista completa. En este caso, lo que importa es transmitir un programa de gobierno propuesto por el partido político, ideas fuerza, soluciones concretas a problemas actuales, compromisos a ser llevados adelante por los que sean electos.

Para el sistema democrático, es un riesgo considerable que las propuestas electorales hacia la ciudadanía pierdan contenido sustantivo y se transformen en una decisión de marketing, aún cuando los partidos políticos cumplan con la reglamentación vigente respecto de la presentación de programas frente a los organismos con función electoral.

---

29 Manuel Mella Márquez, "¿Listas abiertas o listas cerradas? Mitos, dilemas y realidades", *Revista Temas para el debate*, no. 222 (mayo 2013): 8-10.

30 David Farrell e Ian MacAllister, "Voter satisfaction and electoral systems: Does preferential voting in candidate-centred systems make a difference?" *European Journal of Political Research* 45, no. 5 (2006): 725 y ss.

Asimismo, la centralidad de la persona-candidato, puede generar —entre otros— una serie de riesgos antidemocráticos como:

a) La inequidad en la inversión publicitaria, que propenderá el lanzamiento con más fuerza de aquellos candidatos con mayor acceso a la financiación o autofinanciación de campañas.
b) El clientelismo eventual tendiente a favorecer con cargos públicos a quienes hayan colaborado con la campaña.
c) La corrupción pública como consecuencia de los compromisos de campaña asumidos ilegítimamente entre el candidato y diferentes grupos o empresas (típico ejemplo de la asignación arbitraria de contratos de obra pública).

Ejemplo de todas estas inconductas es el caso italiano, que preveía el voto preferente, pero que —entre otros cambios— tuvo que eliminarse en la última reforma electoral de 1993 por el escándalo de corrupción que llevó a la quinta parte de los diputados (126/630) a ser sometidos a investigación penal. Sin embargo, el voto preferente en otros países funciona lejos de estos riesgos, como son por ejemplo los casos de Finlandia, Noruega o Dinamarca, en los que no se han producido escándalos de esa naturaleza.

- Mayor independencia y movilidad de los representantes.

Los candidatos electos mediante sistemas de listas abiertas, desbloqueadas o votos preferenciales podrían entender su representación política como una relación directa con los votantes ("sus" votantes) y actuar al margen de la voluntad del partido político que lo respaldó en su formulación electoral. Estas infidelidades partidarias dan origen a situaciones no deseadas de aplicación de disciplina partidaria, al siempre vigente problema de la propiedad de la banca y al transfuguismo. Conceptos como la prohibición del mandato imperativo se entremezclan en esas circunstancias.

Es cierto que idealmente al bien común no se llega mediante instrucciones de los representados, sino con una visión global del país y, por tanto, corresponde que los representantes se posicionen desde el interés general al tomar decisiones en su ámbito parlamentario. Pero, en el mundo real las votaciones parlamentarias están directamente ligadas a las posturas partidarias. Los representantes de cada partido político actúan por disciplina. Es lo que podría entenderse como un corrimiento de la prohibición del mandato imperativo de los votantes hacia un mandato cuasi-imperativo de los partidos. La libertad de los representantes para emitir su voto subsiste, pero queda sujeta a la evaluación disciplinaria del aparato político que los llevó a la banca. Por esta razón, algunos legisladores resuelven cambiar su afiliación partidaria y convertirse en tránsfugas[31].

Cuando esto sucede suele volverse sobre el tema de la pertenencia del escaño, y cada Estado puede tener resuelto o no el problema a nivel constitucional. En el caso español, existen sentencias del Tribunal Constitucional que amparan a los legisladores tránsfugas sancionados con el cese de sus cargos por los partidos. El TC entiende que la titularidad de la banca es una manifestación de la soberanía popular y que un partido no tiene la facultad de cesar al parlamentario[32]. En el caso uruguayo no hay disposición clara al respecto y la doctrina está dividida ya que de algunos giros del texto constitucional podría desprenderse la titularidad de la banca por el partido político. Para la Corte Electoral la banca pertenece al legislador electo.

En los países con flexibilidad en las listas, el fenómeno se agudiza y puede generar votaciones puntuales contrarias a las instrucciones o mandatos partidarios o generar el transfuguismo, todo lo cual desestabiliza las mayorías parlamentarias surgidas de la última elección. La incidencia de estos cambios de mayorías en un tipo de gobierno parlamentario puede ser crucial para la estabilidad del gobierno, pero en uno de tipo presidencial —que hubiere obtenido una cierta mayoría en el parlamento— también se configura como problemática.

- Afectación a la unidad de los partidos políticos.

Teniendo presente que los candidatos de un partido están compitiendo entre sí por los votos del mismo sector del electorado, el sistema de listas abiertas y desbloqueadas puede provocar conflictos internos y fragmentación en la unidad del partido. El tenor de las campañas, los acuerdos previos entre candidatos, el nivel cívico de cada país, tienen un papel primordial en el desarrollo de la actividad electoral con estas flexibilidades.

Se ha dicho que esa competencia interna obliga a los candidatos a buscar fondos para sus campañas de forma independiente, afectando el

---

31 El transfuguismo es el fenómeno consistente en el paso de un representante elegido en las listas de determinado partido político a otro partido diferente a lo largo de la misma legislatura o mandato, conservando en este cambio la propiedad de su escaño. José Manuel Vera Santos, "La crisis del mandato representativo en el sistema electoral de listas: el transfuguismo político", *Revista Studia Carande*, no. 1 (1997): 142-143.

32 Vide STC 5/1983; 10/1983; 298/2006.

régimen de financiamiento del partido y abriendo la posibilidad del tráfico de influencias[33].

La mirada pública de los conflictos intrapartidarios, y las previsibles acusaciones cruzadas de financiaciones ilícitas, puede provocar el efecto adverso de un voto castigo por parte de un sector más crítico de la sociedad.

La temática de la influencia del voto preferente en la competencia intrapartidaria ha sido objeto de varios estudios, siendo uno de los últimos y más completos el realizado por Gianluca Passarelli que analizó la información de 19 países y más de 200 elecciones, arrojando luz en este aspecto. En su marco teórico afirma que "La desunión de los partidos es, de hecho, uno de los principales problemas atribuidos a los efectos del PLPR (sistema de representación proporcional con lista preferencial). La proliferación de facciones, o estancamientos políticos, son algunas de las consecuencias del tipo de competencia causada dentro del partido, o al menos no impedida, por los sistemas PLPR. La unidad del partido se ve socavada por la dura lucha entre los candidatos del mismo partido"[34]. Sin embargo las conclusiones de su estudio se centran en dos variables de interés: el poder del votante (influencia real del voto preferente en la elección final del candidato, según la arquitectura de cada sistema) y el poder del partido (influencia en la decisión final del candidato elegible), y encuentra que el equilibrio entre ambos poderes explica y modela el sistema. Cuanto mayor sea el poder del votante, aumenta el número de partidos, los candidatos por los que se expresa preferencia y la apertura del sistema electoral: en definitiva más competencia intrapartidaria. Cuanto mayor sea el poder del partido, habrá menos candidatos y menor influencia de la preferencia expresada por los votantes. El punto de equilibrio es el desafío del sistema.

En República Dominicana, el órgano electoral que implementó el voto preferencial en la elección de diputados al Congreso Nacional procedió a su eliminación en 2010, por considerar que los efectos han sido reconocidos como "negativos para el sistema de partidos, ya que han afectado la democracia interna de los mismos"[35].

---

33 Daniel Zovatto e Ileana Aguilar, "Algunas consideraciones sobre el uso del voto preferencial y sus efectos en los sistemas democráticos", *Revista de Derecho Electoral*, no. 15 (enero-junio 2013): 217.

34 Gianluca Passarelli, "Sistema de votación preferencial. Efectos en la competencia interna de los partidos y en el comportamiento electoral", *Teoría y Realidad Constitucional*, no. 45 (2020): 222.

35 Fausto Marino Mendoza Rodríguez, "Voto preferencial en la República Dominicana", *Revista de Derecho Electoral*, no. 15 (enero-junio 2013): 249.

Otro efecto no deseado se produce cuando los partidos presentan listas balanceadas respecto de su integración con minorías de diferentes orígenes, y el voto preferente revierte los potenciales beneficios que se pretendían.

- Las dificultades prácticas para los electores

Nada puede cambiar el hecho de que es más fácil introducir en una urna la hoja de votación con lista cerrada y bloqueada, que realizar marcas, cruces, números o tachas, o aún combinar listas con opciones diferentes. Sin dudas el sistema de listas abiertas, desbloqueadas y el voto preferente requiere más capacitación electoral de los ciudadanos, más tiempo por sufragio, más personal, más insumos en el local de votación, etc.

A esto se pueden sumar dificultades como el analfabetismo, las discapacidades motrices o disminuciones visuales, o la complejidad del sistema para ser traducida a nivel popular.

Respecto del tipo de signo que debe estamparse en una lista para identificar el voto, hay variantes establecidas en las legislaciones electorales de cada país (en América por ejemplo se requieren cruces en Brasil, Guatemala, Perú; líneas verticales sobre horizontales ya impresas en Chile; sellos en Venezuela; impresión digital en Costa Rica; o cualquier tipo de signo que demuestre fehacientemente la voluntad del votante como en Honduras, México, etc.)

En Perú, se ha calculado que el porcentaje de votos nulos, particularmente en el campo, es muy alto debido a las complicaciones que implica el sistema del voto preferencial. Las posibilidades de error con respecto al voto preferencial al momento del escrutinio no solo tienen que ver con un mal llenado de la boleta electoral por parte del elector, sino también con errores en las mesas receptoras de votos, en las que los funcionarios o integrantes delegados completan equivocadamente las actas electorales o interpretan el modo de efectuar el voto en forma distorsionada.

Una complejidad agregada a las anteriormente relevadas tiene que ver con la interpretación que de los votos nulos realicen los analistas políticos. Una vez proclamado el resultado, no será sencillo interpretar qué porcentaje de los votos inválidos, ha sido una expresión de desacuerdo con el sistema o con los postulantes, y cuál denota las razones culturales anotadas.

Los sectores más vulnerables, de acuerdo a observaciones empíricas, suelen optar por el retiro si encuentran dificultades en exceso para ejercer su derecho de votantes[36], especialmente en los países donde el voto no es

---

36 Jorge Lazarte Rojas, "La votación y el voto de los analfabetos", *Ibero-Amerikanisches Archiv* 21, no. ¾ (1995): 476.

obligatorio. En estos casos el porcentaje de ausentismo involuntario aumenta y la decisión electoral pierde calidad democrática.

En otro orden, se habla del "voto del burro" aludiendo a aquellos votantes que, teniendo la facultad de elegir mediante un sistema abierto o flexible, no la utilizan a conciencia, marcando con desdén los primeros nombres que aparecen en el listado, dando lugar al sesgo alfabético (cuando las listas están ordenadas obligatoriamente según dicho criterio).

Tal situación se ha relevado en España entre 1982 y 2004. Estudios de varios autores demuestran que los candidatos colocados en la primera posición de las listas del partido tenían una mayor probabilidad de ser elegidos que sus compañeros de partido situados en posiciones inferiores[37].

La votación electrónica puede resolver varios inconvenientes de los reseñados anteriormente, pero además de costosa, implica una alfabetización digital que desafía a la mayoría de las naciones.

2. *Factores que determinan la opción del Estado por un tipo de lista*

La correlación entre sistema electoral/partidos políticos ha sido foco de estudio de la ciencia política durante las últimas siete décadas. Comenzando por Duverger en 1951 con sus "efectos mecánicos y psicológicos", pasando por Sartori (1986) y Lijphart (1994), se ha buscado una explicación científica que relacione la existencia de un sistema de partidos a partir del sistema electoral diseñado en un país. No tan profundo ha sido el estudio de la triple relación entre el tipo de gobierno, el sistema electoral y los partidos políticos.

En una conferencia en la que se invita a Dieter Nohlen a disertar sobre la trilogía de sistema de gobierno, sistema electoral y sistema de partidos políticos, el experto expresa cómo se ha combinado la distinción de presidencialismo vs. parlamentarismo, con el sistema de representación proporcional vs sistema mayoritario, pero no ha sido tan frecuente agregar la variable de los partidos políticos, ya que éstos no tienen origen institucional o constitucional como las disyuntivas anteriores, sino que dependen de variables histórico-sociales, no manejables por decisión del legislador[38].

---

37 Fernández-Esquer y Sierra-Rodríguez, "El voto preferencial", p. 153.

38 Dieter Nohlen, *Sistema de gobierno, sistema electoral y sistema de partidos políticos: Opciones institucionales a la luz del enfoque histórico-empírico* (México: Tribunal Electoral del Poder Judicial de la Federación, Instituto Federal Electoral, Fundación Friedrich Naumann, 1999), 3-6.

El poder constituyente puede disponer en su Carta, a modo de ejemplo, un gobierno parlamentario, con elección del legislativo mediante sistema mayoritario en circunscripciones uninominales. No podría resolver que existan solamente dos partidos políticos, pues eso dependerá de las resultancias históricas.

Entiende Nohlen que se han hecho estudios con un discurso normativo ideal, que intentan modelar la realidad y cruzar tipos de gobierno con tipos de sistemas de representación, en los que sus autores se definen y optan por los "mejores modelos". Discrepa con este enfoque, porque no toma en cuenta la mirada histórico-empírica tan importante a la hora de construir en un determinado Estado su esquema electoral completo[39].

Si bien al referirse al sistema electoral, lo hace en cuanto sistema de representación proporcional o sistema mayoritario, sin ahondar en las cualidades del tipo de listas, las afirmaciones realizadas bien pueden transferirse a este subtema. No hay un formato de lista electoral ideal para un tipo de gobierno, o para un tipo de partido político. Hay modalidades desarrolladas según los momentos históricos, las condicionantes de la vida partidaria, el surgimiento de nuevos partidos, los acuerdos de poder, los personalismos de algunos líderes, el tamaño de las circunscripciones electorales, la cultura cívica de los pueblos, la calidad del control de los órganos electorales, las estrategias de los candidatos, muchos intereses y un largo etcétera.

Los momentos políticos claves en la historia institucional de una nación, como su independencia, su retorno a una democracia perdida, su transformación de monarquía en república, su ingreso a una confederación o unión de Estados, su secesión, suelen venir acompañados de un acto electoral o referendario. Para ello se construye, generalmente con el acuerdo de los sectores políticos en pugna, un modelo de elección y se opta por un tipo de lista electoral. Por ejemplo, se ha dicho que cuando hay que fortalecer las estructuras internas de los partidos políticos se opta por la lista cerrada y bloqueada, como hizo España a la salida del franquismo. En el caso de Sudáfrica, en oportunidad de las primeras elecciones (1994) luego de derribar el apartheid, se optó por un sistema de lista cerrada desbloqueada con boleta electoral única a nivel nacional, en la que lucía la foto de todos los líderes de cada partido a los efectos de marcar la opción y así componer el complejo panorama multipartidario.

---

[39] Dieter Nohlen, *Sistema de gobierno, sistema electoral y sistema de partidos políticos: Opciones institucionales a la luz del enfoque histórico-empírico* (México: Tribunal Electoral del Poder Judicial de la Federación, Instituto Federal Electoral, Fundación Friedrich Naumann, 1999), 3-6.

En cuanto a la forma de gobierno, es real que no hay relaciones ideales entre parlamentarismo o presidencialismo y forma de lista electoral, tanto que en los países latinoamericanos con profusión del presidencialismo, coexisten ejemplos de naciones con listas cerradas (Uruguay) listas abiertas (Brasil) o voto preferente (hasta 2021 en Perú, hoy en Paraguay). También en Europa, con una base más parlamentaria, se pueden encontrar toda clase de variantes en la tipificación de las listas o boletas electorales.

Podría deducirse que existe una influencia de la forma de gobierno y del proceso histórico-político de cada país en la elección de su sistema electoral y específicamente del formato de listas que utiliza. Pero tal influjo no lo es por una ligazón inescindible entre un tipo de gobierno modélico y un sistema electoral predefinido, sino por los acontecimientos políticos específicos de tiempo o coyuntura que requieren una solución electoral "posible" para ese gobierno.

La consideración que se plantea sobre el factor de estabilidad o inestabilidad política de un Estado como determinante en la opción de un sistema electoral y un modelo de lista, tiene que ver con las resultancias de los procesos de deslegitimación de los representantes políticos en algunos países durante los últimos años. Comenzábamos estas páginas refiriéndonos a España o Chile, pero también existieron protestas generalizadas en Ecuador y en Colombia durante 2019, donde el clamor popular demostraba no sentirse representado por la clase política detentadora del poder. En algunos casos, culminó en procesos de revisión de los sistemas electorales. Para Chile fue más profundo aún y el cuestionamiento llevó a dos revisiones constitucionales, ambas frustradas. En el caso español han sido varias las iniciativas de revisar el sistema electoral del Congreso de Diputados y de las elecciones autonómicas. En los hechos lo que ha cambiado profundamente es el panorama político, con surgimiento de nuevos partidos y nuevas alianzas electorales. En agosto de 2024 comenzó a regir la nueva Ley de Paridad modificativa del art. 44 bis de la LOREG. El tema de la influencia del género en el tipo de lista electoral será ocasión de nuevas investigaciones.

Una situación de cuestionamiento político desde la ciudadanía (más aún cuando la corrupción es un problema central en los liderazgos) puede enfocar la mirada en el sistema electoral y en algún caso más precisamente en el formato de las listas electorales. Es el caso peruano, en el que se logró sancionar una ley que eliminó el doble voto preferencial, al que han responsabilizado de la falta de institucionalidad de los partidos, tomando como dato que en la elección de 2021 dieciséis partidos tradicionales quedaron fuera del Parlamento y en segunda vuelta la Presidencia fue obtenida por un candidato desconocido. La imputación de tal panorama político partidario al voto preferente impresiona, como mínimo, exagerada.

¿Qué ocurre en aquellos Estados estables en sus procesos democráticos, cuyos sistemas electorales no han sido objeto de debates ni cambios importantes?, ¿corresponde la revisión? El análisis constante de la realidad puede oficiar de preventivo ante las más pequeñas señales de deterioro y ante los influjos de situaciones riesgosas que países cercanos transitan. Actualidad que también pone en eje de debate, asimismo, el problema de la falta de representatividad en materia de género.

Si bien no hay una definición consensuada de estabilidad democrática ni un instrumento perfecto para calificar Estados que posean dicha cualidad, puede tenerse presente que existen índices internacionales que evalúan y ordenan los países según su calidad democrática mediante algunos parámetros o estándares, como el Índice de Democracia (ID) que calcula The Economist Intelligence Unit y el Latinobarómetro (LB).

Los dos instrumentos en sus últimas ediciones coinciden en que Uruguay, Costa Rica y Chile, son los países de América Latina con mejores indicadores democráticos, mientras que el resto de los países de la región han experimentado retrocesos en sus performances o poseen democracias débiles. Según ID, Uruguay (8.85/10) y Costa Rica (8.07/10) son democracias plenas y Chile se encuentra en un excelente nivel dentro de las democracias con algunas debilidades (7.92/10). El valor más bajo de las variables que se estudian, para los tres países comparados, se da en el caso de Chile, que denota un bajo nivel de participación política (5,56/10).

El LB muestra en el caso chileno, que a pesar de manifestar un importante apoyo a la democracia (60%), cuando se consulta sobre la satisfacción con su democracia, se verifica un relevante descenso (solo un 18% está satisfecho y 76% insatisfecho) lo que confirma que los representados tienen la capacidad de distinguir entre lo que quieren de una democracia y lo que sus representantes le brindan.

En el caso uruguayo, los entrevistados manifiestan un apoyo a la democracia del 74% y satisfacción con su democracia en un 68%, lo cual estaría indicando un cierto equilibrio y estabilidad democrática. Los números de Costa Rica referidos al apoyo a la democracia (67%), y satisfacción con su democracia (23%) se asemejan más a Chile, y requerirían mayor análisis con referencia a esa insatisfacción generalizada (73%).

Otras inferencias pueden extraerse del nivel de confianza que los ciudadanos tienen en los partidos políticos, que en cualquiera de los casos referidos está en niveles mucho más bajos que el apoyo a la democracia. Si el armado de las listas electorales, ya sean bloqueadas, desbloqueadas o abiertas, está en manos de los partidos políticos, la desconfianza anotada puede deslegitimar los productos alcanzados. La desconfianza puede generar en esta relación ciudadano-partido un conflicto importante que repercute en la libertad de elección y participación. Tomando los mismos tres casos de Latinoamérica (Chile, Costa Rica y Uruguay), cuyo desempeño democrático no está en duda, vemos que la confianza en los partidos oscila entre un 7,6% (Chile, 2020) y un 34,5 % (Uruguay, 2020). Que la mejor performance implique un 65% de disconformidad, debería ser una señal atendible por el sistema.

El caso de España relevado por el ID muestra un descenso en su calidad democrática, atribuyendo el informe anual 2021 la categoría de "*flawed democracy*" o democracia con deficiencias, siendo el deterioro real sufrido de 0,18 puntos. En dicho informe se atribuye la pérdida de status de democracia plena, a la crisis respecto del gobierno de la justicia, la corrupción y fragmentación política y al errático manejo de los nacionalismos (especialmente la cuestión catalana). Diez años después de la crisis de legitimidad de la representación, aún existen coletazos repercutiendo en la calidad de la democracia española.

De lo dicho, tomando ejemplos en los que puede admitirse un equilibrio democrático (Uruguay) y otros en los que se brega por recuperar dicho equilibrio (España), siempre existen disconformidades pasibles de búsqueda de soluciones, a veces referidas a los partidos políticos, a veces a la participación política, a veces a otros aspectos que no satisfacen las expectativas democráticas de la ciudadanía. En cualquiera de estos casos, rediscutir el formato de presentación al electorado de los candidatos elegibles, es una consecuencia razonable y justificada.

Corresponde también referirse al nivel normativo que define el sistema electoral y específicamente de sus listas: ¿es la Constitución la que debe establecer el tipo de listas electorales, o debe quedar a cargo del legislador?, ¿en qué medida debe involucrarse el poder constituyente en el modo de elegir al poder constituido?

En el derecho comparado existen varios modelos de mención constitucional del tema de las listas electorales. Hay Estados que determinan en sus Constituciones algunos aspectos básicos del sistema electoral, los principios involucrados y encomiendan a la ley la reglamentación (Francia, España).

Otros Estados, en cambio, determinan la forma de la lista mediante la expresión directa. Así, la Constitución de Guatemala y la de México establecen "lista nacional" o "lista regional" respectivamente, como sinónimos de listas cerradas y bloqueadas con diferente alcance territorial. En

Paraguay la mención constitucional del artículo 187 "lista proclamada" denota que el organismo electoral otorga a la lista un carácter unitario definitivo. En el caso de Uruguay, la mención a las listas de candidatos es recurrente sin especificar el tipo de listas al que se refiere[40]. Debido a la historia de listas cerradas y bloqueadas, únicamente se interpretan en este sentido. Sin perjuicio de ello, el método de interpretación lógico-sistemático-teleológico que se ha utilizado en nuestro derecho, podría abrir otras posibilidades de significación a la luz del derecho a la participación política.

Un tercer tipo de Constituciones, son aquellas que al regular las adjudicaciones de cargos electivos suplentes, indican cómo se sigue tal asignación y de este modo exponen su sistema de lista electoral. Como ejemplo podemos mencionar a Colombia, cuya Constitución en su art. 134 dispone que las vacancias por faltas absolutas de los congresistas serán suplidas por los candidatos no elegidos, según el orden de inscripción en la lista correspondiente.

Definir si la instrumentación del sistema electoral es competencia material de la Constitución o de la ley, puede ser evaluado por cada Estado en forma diferente de acuerdo a su contexto jurídico-histórico.

La organización del Estado es materia típicamente constitucional, y la forma de asignación de los representantes a los cargos electivos, también lo es. En cambio, podría ser suficiente que el texto constitucional establezca los principios fundamentales del sistema electoral, siendo la ley la que reglamente los aspectos vinculados a esas máximas prefijadas.

La tipología de las listas electorales podría ser encomendada al legislador, en la medida que el análisis continuo del sistema político, de las debilidades y fortalezas de los partidos políticos o de la legitimación de los representantes ante la ciudadanía, puede recomendar el bloqueo, desbloqueo o apertura de listas, en coyunturas no compatibles con una reforma constitucional.

La forma jurídica de proteger al sistema electoral de los oportunismos, populismos o conveniencias partidarias, es requerir desde la Constitución hacia el legislador, una mayoría significativa, que imponga un acuerdo partidario solvente y estable. Es el modo que ha definido la democracia uruguaya para las modificaciones legales del sistema de sufragio y elecciones, imponiendo una mayoría especial de ⅔ de cada cámara (art. 77 núm. 7 de la Constitución Nacional).

---

40 Las menciones al concepto de "lista" aparecen en los artículos 77 núm. 9, 88, 94, 96, 104, 153, 155, 201,268, 271, 272 y 331 de la Constitución uruguaya.

3. *Las listas desbloqueadas, abiertas y el voto preferente en el caso español y la viabilidad en Uruguay*

3.1. Las listas en el caso español

El régimen electoral español[41] está erigido sobre normas constitucionales, específicamente los artículos 23, 68 y 69 de la Carta de 1978, que establecen los fundamentos para la elección de diputados y senadores. La base del sistema son las elecciones periódicas, por sufragio universal, libre, igual, directo y secreto[42].

En cuanto a la Cámara de Diputados, está dispuesta la asimilación de las circunscripciones electorales a las provincias, la asignación mínima inicial de algunos escaños para cada provincia y la representación proporcional para el resto de las bancas.

Para el Senado, en tanto cámara de representación territorial, se dispone el número de cuatro senadores por provincia, estableciendo además la representación de las provincias insulares y las poblaciones de Ceuta y Melilla.

El art. 81 de la Constitución encomienda al legislador orgánico que regule tales principios, y así se ha concretado en la Ley Orgánica N° 5/1985 de 19 de junio, del Régimen Electoral General (LOREG).

El Tribunal Constitucional español ha interpretado que el sistema electoral se completa, además, con lo dispuesto en materia electoral en los Estatutos de Autonomía y las leyes electorales autonómicas[43].

El sistema de elección de los diputados utiliza listas cerradas y bloqueadas, tal como se resolvió provisionalmente en período de transición por Real Decreto Ley 20/1977, a efectos de contribuir con el fortalecimiento del sistema de partidos políticos a la salida del régimen franquista. La LOREG lo instituyó en forma permanente. Las bancas se asignan según el método D'Hondt que forma parte de la familia de las fórmulas pro-

---

41 Conviene tener presente el completo "Repertorio Bibliográfico sobre el Sistema Electoral en España" de Daniel Fernández Cañueto, *Teoría y realidad constitucional*, no. 45 (2020): 599-625.

42 Dos características de las mencionadas son las que provocan gran parte de las críticas al sistema: se cuestiona la libertad del sufragio ante la preselección de candidatos realizada por los partidos políticos en listas cerradas y se cuestiona la igualdad del voto o valor del sufragio ya que hay diputados que llegan a su banca con 46.000 votos (en Soria por ejemplo) y otros con 174.000 (en Madrid) como ejemplifica Carrau. De ambos problemas, el segundo no es objeto del presente trabajo, aunque existe una interrelación destacable a estudiar.

43 Javier Guillem Carrau, "El sistema electoral a debate", *Corts: Anuario de derecho parlamentario*, no. Extra 31 (2018): 309.

porcionales, pero en caso de reducida magnitud de las circunscripciones puede favorecer la aparición de sesgos mayoritarios[44]. La combinación del tipo de lista más el método de asignación y la provincialidad, provoca algunos efectos negativos en la búsqueda de cierta proporcionalidad entre el cuerpo electoral y sus representantes. Algunas críticas han sostenido que este sistema favorece el carácter oligárquico de los partidos políticos y se presta a favorecer a unos partidos políticos sobre otros[45]. Como ejemplo, en 2009 de dos mil partidos registrados en España solo doce consiguieron escaños en las Cortes Generales[46].

En el Senado, sin embargo, se utilizan listas abiertas en las que el nombre de cada candidato va precedido de un recuadro en el que el votante ha de marcar con una cruz a quienes otorga el voto. La lista debe contener información sobre el número máximo de marcas que pueden hacerse según sea la circunscripción en la que vota. Si el votante supera esa cantidad, el voto se anula (art. 172 lit. d y e de la LOREG).

El actual esquema electoral del Senado, cuyos fundamentos jurídicos se encuentran en el art. 69.2, 3 y 4 de la Constitución y en el art. 166 de la LOREG, se sintetiza en la siguiente afirmación de Presno Linera: "[...] sistema de lista abierta —el votante puede seleccionar tres nombres de diferente color político—, voto limitado —hay que escoger menos personas de las que se eligen en la circunscripción— y fórmula electoral mayoritaria —resultan elegidas las cuatro personas más votadas en la circunscripción—"[47]. Tal mecanismo corresponde a las 208 bancas electas directamente por el pueblo. A ellas se suman 57 escaños para senadores designados por los Parlamentos autonómicos, completando las 265 bancas senatoriales[48].

Varios comentaristas y académicos han analizado el modelo a lo largo de estas décadas. La mayoría se centra en los defectos de la representación en el Congreso de los Diputados, limitándose a mencionar el Senado como ejemplo de un modelo subutilizado. Tanto en el informe del Consejo de Estado (2009) como en análisis doctrinal se apunta a la falta de uso

---

44 Montero, "El debate sobre el sistema electoral", 12.

45 Alarcón Cabrera y Soriano Díaz, "Desde el voto hasta el escaño", 262.

46 Antonio Torres del Moral, "Sistemas electorales y sistemas de partidos en las elecciones autonómicas", en *El Derecho electoral de las Comunidades Autónomas: revisión y mejora,* ed. L. A. Gálvez Muñoz (2009): 218.

47 Miguel Angel Presno Linera, "El sistema electoral español desde sus orígenes hasta la Constitución de 1978", *Historia Constitucional*, no. 19 (2018): 114.

48 Tal cifra corresponde a la actual conformación del Senado. El número de escaños no es fijo, puede variar en virtud de la población de cada autonomía.

de la apertura de las listas por parte del elector al sufragar y a la inercia política del electorado.

Se entiende que han sido mínimas las ocasiones en las que algunos senadores han obtenido representación gracias al carácter abierto de las listas. Por lo general los escrutinios del Senado son similares a los del Congreso de Diputados, resultando coincidente el partido político más votado en éste y en aquél[49]. La libertad otorgada es desaprovechada por el votante, quien sigue los mismos criterios partidarios, no atiende la personalidad de los candidatos y no genera efectos diferenciados en la composición de la Cámara[50].

A juicio de la doctrina, varias pueden ser las causas de esta dinámica. Algunas serían positivas, como la verdadera conducta político-partidaria de los votantes o la confianza en las decisiones del partido sobre candidaturas. Otras son negativas: desconocimiento de las figuras que se postulan, falta de educación electoral que impide saber cómo se puede votar o qué efectos tiene, escasa publicidad electoral oficial que explique el mecanismo, argucias electorales de los partidos en la ordenación de los nombres e insignias de partidos dentro de la hoja o papeleta, apatía electoral, desencanto de la democracia, etc. La información sobre tales eventuales explicaciones no ha sido relevada sistemáticamente, solo se cuenta con algunos datos de interés[51].

Para Almagro, la validez de la experiencia empírica de las listas abiertas en el Senado ha de ser relativizada[52]. El uso insuficiente de las potencialidades de un modelo de lista abierta, no debería inducir a conclusiones negativas que impidan trasladarlo a otros ámbitos del panorama electoral, en tanto cada órgano electivo tiene lógicas políticas diferentes. Corresponde, además, tener presente la tendencia anotada a efectos de corroborar si la misma se mantiene, se acentúa o se constituye en una excepcionalidad.

Frente a esta realidad, la temática de las listas cerradas para la elección de los miembros del Congreso de Diputados ha sido protagonista de varias iniciativas de reforma. Así lo consigna Almagro, relevando las

---

49 Consejo de Estado, *Informe sobre las propuestas de modificación del Régimen electoral general* (2009): 205-206.

50 Presno Linera, "El sistema electoral español", 114 y Montero, "El debate sobre el sistema electoral", 26.

51 El Centro de Investigaciones Sociológicas (CIS), publica periódicamente su Barómetro, que incluye en sus encuestas múltiples, preguntas sobre conducta política electoral y post electoral,: https://www.cis.es/cis/opencm/ES/11_barometros/depositados.jsp

52 Almagro Castro, "La apertura de las listas electorales", 130.

diferentes propuestas. Desde la doctrina se han presentado alternativas que aumentan la libertad decisoria de los electores para el logro de un balance racional entre la representación de los partidos y la personalización del voto[53].

En el catálogo de propuestas reformistas, donde figuran desde dirigirse hacia un sistema mayoritario, imitar el doble voto alemán, o cambiar el tamaño de las circunscripciones de provincias a comunidades autónomas, aparece también la apertura de listas y el voto preferente. Lo que resulta más novedoso es que el propio sistema político está dando pasos hacia el cambio en el sistema electoral a partir de 2015, cuando han entrado en crisis las dos principales fuerzas políticas del país y han aparecido nuevas agrupaciones partidarias. Es novedoso porque en general quienes deben proponer y resolver los cambios electorales son los mismos que han sido electos a través del sistema a reformar, y lo más lógico es que no les sea ventajoso el cambio. La petición popular ha sido movilizadora y no es gratuito desoírla.

3.2. La cuestión de las listas en Uruguay

Los iuspublicistas uruguayos no han formulado estudios o teoría alguna sobre la forma de las listas electorales en el país, limitándose a mencionar el modelo vigente como un dato, que parecería inmutable de la realidad política nacional. Algo más han analizado los politólogos, evaluando las consecuencias de abrir el modelo, sin definir posiciones claras respecto de la eventual apertura pero con una cierta visión negativa sobre el punto.

En Uruguay existe una cultura arraigada del sufragio como instrumento de participación democrática. Las jornadas de elecciones son días esperados con expectativa positiva por el cuerpo electoral, fruto de campañas que movilizan a todo el país. Uno de los momentos previos a cada elección es la distribución o "reparto de listas"[54] en ferias vecinales, esquinas, clubes políticos, actos proselitistas, puerta a puerta. La financiación e impresión de las listas está a cargo de los partidos políticos, con control de su formato por parte de la Corte Electoral[55]. Una elevada proporción de votantes concurre a votar con su lista de preferencia, otros la toman de la mesa de votación para su introducción en el sobre y posterior sufragio en

---

53 Almagro Castro, "La apertura de las listas electorales", 119-121

54 Así se las menciona popularmente, aunque lo que se distribuye son hojas o boletas de votación que incluyen listas de candidatos.

55 Órgano rector en materia electoral, según el art. 322 de la Constitución de la República.

urna. No se ha instrumentado el voto electrónico aún, aspecto que limita la creatividad legislativo-electoral.

Afortunadamente, Uruguay es un país latinoamericano donde votar es un ejercicio habitual, no solamente para cubrir cada uno de los cargos de los poderes representativos de gobierno, sino para intervenir en mecanismos de gobierno directo, o, con menos formalismos, elegir dirigentes de gremiales, vecinales, de clubes deportivos, colegiaciones, órganos universitarios, y un largo etcétera.

El sufragio es obligatorio, entendido como derecho-deber cívico, y se ejerce cada cinco años para las autoridades nacionales, departamentales y municipales, a través de listas cerradas y bloqueadas presentadas por los partidos políticos ante la Corte Electoral, con las resultas de las elecciones internas que se realizan meses antes, durante una misma jornada para todos los partidos políticos. De las internas surgen los candidatos únicos a la Presidencia de la República y se integran los órganos deliberativos nacionales y departamentales de los partidos políticos.

El sistema electoral uruguayo para la elección de legisladores tiene una matriz constitucional de representación proporcional, con distritos plurinominales departamentales de diferente tamaño (para elegir los 99 miembros de la Cámara de diputados) y única circunscripción nacional para el Senado (de 30 integrantes). La Constitución fija un mínimo de representantes por departamento (2) lo cual distorsiona la pureza de la proporcionalidad en el caso de diputados, no así en el caso de los senadores cuyo sistema es de representación proporcional integral.

El distintivo primordial del sistema uruguayo es el doble voto simultáneo (DVS), que es una creación del siglo XIX del francés Jules Borély (como forma de resolver la integración de las minorías en Europa), que se instauró en el país desde 1910 y no ha dejado de utilizarse hasta la fecha. Jiménez de Aréchaga[56] fue el primero en proponerlo en junio de 1876[57], como fórmula para transformar el sistema de representación mayoritario existente en uno proporcional liberal. Sus efectos cristalizaron treinta años después, por Ley N°3.640 de 1910, estableciendo el sistema

56 Justino Jiménez de Aréchaga Moratorio (1850-1904) fue el primer miembro de su familia que se especializó en el derecho público, habiendo ejercido la cátedra de Constitucional hacia fines del siglo XIX. Luego, su hijo y nieto de igual nombre y apellido, (en Uruguay se les llama "primero, segundo y tercero de los Aréchaga") encumbraron la misma rama de conocimiento, siendo el último (1910-1983) quien es reconocido como el más importante iuspublicista de la historia del país.

57 En esa fecha publicó sus ideas en el periódico "La Democracia", profundizando más adelante en su obra de 1884: Justino Jiménez de Aréchaga, *La libertad política*, Biblioteca Artigas, Colección de Clásicos Uruguayos, vol. 214 (2020), cap. 6, 203-48.

proporcional con DVS. El DVS consiste en que se vota a la vez por un partido y por ciertos candidatos (definidos en listas) lo cual quiere decir que ningún candidato puede postularse con su lista fuera de un partido político o lema. Una misma expresión de voluntad ciudadana aprovecha simultáneamente al partido y a un determinado candidato dentro de ese partido, que pudo ser única opción o una de tantas listas bajo el mismo lema. No hay límite para éstas y cada una de ellas es cerrada y bloqueada. Esta tipología de listas no era parte de la propuesta original del DVS, ya que Jiménez de Aréchaga criticaba la falta de opciones que los partidos ofrecían al pueblo: "[...]un número insignificante de ciudadanos impone sus candidatos a la generalidad de los electores, y estos, para no perjudicar a su partido, para no dar a los adversarios el triunfo en la lucha electoral, se ven obligados a aceptar la imposición y a votar por candidatos que no responden a sus convicciones, que no cuentan con sus simpatías y que acaso consideran indignos de ocupar un puesto en la representación nacional"[58].

Giovanni Sartori, en visita a Uruguay en 1998, manifestó su asombro porque el país tenía "un sistema de partidos con dos niveles —lemas y sublemas— que hacen un juego que en otra parte sería muy caótico. En vez de eso, actualmente han logrado hacer funcionar un sistema altamente proporcional, que en otro lugar daría lugar a excesivas fragmentaciones. Probablemente funciona porque lo hacen funcionar desde hace ya un siglo"[59].

Algunos cientistas políticos uruguayos han interpretado al DVS como una modalidad de voto preferencial, ya que cada candidato que quiera liderar una lista puede hacerlo y de ese modo conseguir el apoyo personal de sus adherentes, en un símil a lo que harían en un modelo de voto preferente: "En términos sustantivos el doble voto simultáneo es un mecanismo de voto preferencial intrapartidario y supone que el destinatario primero del voto es el partido y sólo en segundo término el candidato"[60]. El panorama final de un escrutinio partidario podría quedar conformado con los cabezas de lista que hayan logrado el cociente electoral necesario, en cuyo caso podría afirmarse que las figuras relevantes del partido fueron colocadas en esa posición por el voto popular y no por decisión de cúpulas. Sin embargo, tal conclusión no está apegada a la realidad. En primer lugar, porque no todos los candidatos que integran un partido político registran

---

58 Jiménez de Aréchaga, *La libertad política*, 123.

59 *Radio El Espectador*, "En perspectiva", 26 de octubre de 1998.

60 Daniel Buquet, "El doble voto simultáneo", Revista SAAP (Sociedad Argentina de Análisis Político) vol. 1, no. 2: 320.

lista propia. En segundo término, porque cada lista presentada por su líder, puede conseguir varias bancas según su caudal electoral (del segundo nombre a la "*n*" posición, identidades que no suelen figurar en la "foto" o en el conocimiento popular del sector). En tercer lugar, porque votar por una lista es dar el voto al partido, y luego al candidato, sin verificarse el razonamiento inverso. Existe la posibilidad de votar al partido (lema) y no otorgar un voto personalizado, introduciendo, por ejemplo, más de una lista del mismo partido en el sobre de votación.

El análisis de Buquet es interesante, siempre que no se pretenda asimilar sistema de voto preferente con DVS. El efecto del DVS puede coadyuvar con una noción más descriptiva o personalizada del sistema, sin embargo en lo sustantivo, sigue siendo un sistema de corte ideológico/partidario en el que prima el partido como estructura de ideas y programas, sobre el candidato como representante de sus electores. En un modelo de DVS, el elector está motivado en primer lugar por asegurar la victoria electoral de su partido político y, después, por el interés de que el candidato de preferencia también triunfe.

También debe diferenciarse la finalidad jurídico-política del DVS de la que pueda perseguir un voto preferente. El primero se encamina a evitar que la competencia interna en los partidos políticos provoque una fragmentación perjudicial en el plano electoral y a favorecer la acumulación de votos por listas para el partido. El voto preferente tiene por finalidad la personalización del sufragio, el énfasis está en la decisión ciudadana al elegir representantes, en generar una relación más directa con éstos, y no en los beneficios electorales del partido.

En cuanto a la habilitación constitucional para un eventual cambio en Uruguay podría afirmarse que para el estudio de las normas a ese respecto, hay que partir de una relación entre la efectividad del derecho de participación ciudadana en la elección de representantes y el formato de listas electorales que hacen posible, en mayor o menor medida, dicha participación. Por ello el estudio de las normas constitucionales debe incluir una mirada sobre el derecho de participación, con las características del sufragio, y otra sobre las listas electorales insertas en el tipo de sistema escogido por el Estado.

El art. 77 de la Constitución de la República prevé en su segundo inciso que "el sufragio se ejercerá en la forma que determine la ley pero sobre las bases siguientes:". A continuación realiza una enumeración de condiciones del voto, incursionando más adelante en el tipo de sistema electoral (representación proporcional integral), prohibiciones específicas para determinados cargos (ejercicio de la política), mayorías requeridas para modificaciones legislativas sobre temática electoral, pautas para elecciones nacionales y reconocimiento de partidos políticos. Como podrá advertirse, el sentido del texto transcripto carece de la extensión necesaria para alcanzar lo desarrollado en los diferentes numerales, algunos de los cuales han sido agregados en reformas constitucionales posteriores.

En referencia directa al sufragio la Constitución dispone que es secreto y obligatorio. Otras Constituciones, como la española por ejemplo, definen el voto como universal, libre, igual, directo y secreto. La omisión de características tan fundamentales en nuestro texto sólo puede justificarse porque otras disposiciones constitucionales construyen el mismo contenido. Es el caso de la universalidad del voto, que surge del primer inciso del mismo artículo 77 cuando dispone que todo ciudadano es elector y elegible y del artículo 78 que también le otorga derecho al sufragio a los extranjeros no ciudadanos que cumplan determinados requisitos. El principio de la libertad es un eje de la Constitución Nacional (art. 10). En ese sentido, puede aplicarse a la materia electoral con total adecuación, a pesar de que las características del sufragio enumeradas en aquella no lo especifiquen. Esa libertad tiene por contenido tanto la inexistencia de presiones externas al emitir el voto, como la decisión personal adoptada de entre todas las opciones posibles.

Asimismo, la normativa internacional de los derechos humanos ratificada por el país a través de leyes nacionales, e incorporada al conjunto de derechos fundamentales expresamente reconocidos[61], complementa las características imprescindibles del sufragio. Y la jurisprudencia de la Corte Interamericana de Derechos Humanos ya se ha expresado sobre el punto en varias ocasiones[62].

---

61 Respecto del voto universal, igual y libre, art. 21 de la Declaración Universal de Derechos Humanos de las Naciones Unidas de 1948, art. 25 del Pacto Internacional de Derechos Civiles y Políticos de 1966, art. 23 de la Convención Americana sobre Derechos Humanos de 1969.

62 Corte Interamericana de Derechos Humanos, *Caso Petro Urrego Vs. Colombia*. Sentencia de 8 de julio de 2020. Serie C No. 406., Párrafo 93: "Los derechos políticos y su ejercicio propician el fortalecimiento de la democracia y el pluralismo político. Por lo tanto, el Estado debe propiciar las condiciones y mecanismos para que dichos derechos puedan ser ejercidos de forma efectiva, respetando el principio de igualdad y no discriminación".

Corte Interamericana de Derechos Humanos, *Caso López Lone y otros Vs. Honduras*. Sentencia de 5 de octubre de 2015. Serie C No. 302., Párrafo 162: "[...] los ciudadanos, no sólo deben gozar de derechos, sino también de "oportunidades". Este último término implica la obligación de garantizar con medidas positivas que toda persona que formalmente sea titular de derechos políticos tenga la oportunidad real para ejercerlos".

El análisis de las normas constitucionales que definen el proceso electoral uruguayo constituye el presupuesto para determinar si un eventual cambio en la conformación de las listas electorales está habilitado por la Carta. La palabra "lista" (en el concepto electoral) aparece diecisiete veces reiterada en el texto, no estando adjetivada en ningún caso con las características de "cerrada", "bloqueada", "abierta", "desbloqueada", "completa", o cualquier otra circunstancia que ayude a calificar su modelo. Tampoco existen modalidades de "preferencia" que puedan asimilarse a la cuestión electoral. Desde una interpretación literal, no existe, por tanto, un modelo predeterminado constitucionalmente, pero cuando ampliamos la interpretación constitucional sistemáticamente, las conclusiones no son contundentes.

Respecto de cada una de las disposiciones que mencionan las listas se deberá cuestionar si solo pueden entenderse válidas en un modelo cerrado y bloqueado o si admiten otro formato. El art. 77 en su numeral noveno, segundo inciso, realiza la primera referencia a las listas: "Las listas de candidatos para ambas Cámaras y para el Presidente y Vicepresidente de la República deberán figurar en una hoja de votación individualizada con el lema de un partido político". Esto implica que al elegir cargos del Ejecutivo se votan simultáneamente y en la misma hoja de votación de un partido político, representantes del Poder Legislativo, lo cual impediría imaginar un sistema de lista abierta, con posibilidad de elegir candidatos de varios partidos. Esto no eliminaría la posibilidad de que dicha lista fuera desbloqueada o que admitiera un voto preferente o un voto de rechazo. Idéntica situación se produce en las votaciones para los cargos ejecutivos y legislativos de los Gobiernos departamentales.

El art. 94 de la Constitución, cuando regula la sucesión temporal o definitiva del vicepresidente de la República (en tanto presidente de la Asamblea General y el Senado) al asumir la Presidencia de la República, dispone que lo sucederá el "primer titular de la lista más votada del lema más votado y, de repetirse las mismas circunstancias, el titular que le siga en la misma lista". Esta disposición es muy clara en un régimen cerrado y bloqueado donde se sigue el orden establecido en la lista, pero también podría ser interpretado que el primer titular de una determinada lista ganadora, es aquel que fue proclamado en primer lugar por la contabilización de los votos preferentes o por la reordenación efectuada en un sistema desbloqueado. Con esta interpretación tampoco se infiere una imposibilidad constitucional para una reforma legislativa en este sentido. Idéntica solución para lo dispuesto en los art. 104 y 153·

La interpretación antes esbozada resulta menos diáfana en el caso del inciso segundo del art. 155, que establece las diferentes situaciones de impedimento en las que se debe suceder el cargo de presidente y vicepresidente cuando, habiendo sido electos, aún no han tomado posesión. Como solución subsidiaria, dispone que podrían asumir "los demás titulares por el orden de su ubicación en la misma lista en el ejercicio del cargo de senador". La palabra "ubicación" parece hacer mención al lugar en el orden del texto impreso de la lista propuesta por el partido político. Y así se ha entendido el texto en la realidad electoral uruguaya.

No obstante, cabría preguntarse si esta es la única interpretación posible. ¿No podría el legislador, en tanto intérprete de la Constitución[63], determinar cuál es el concepto de lista?, ¿no sería válido definir por ley que al culminar un acto eleccionario la Corte Electoral reelabore cada lista según los criterios de preferencia o desbloqueo resultantes del acto cívico? Si así fuera, las listas resultantes serían las referidas por la norma constitucional interpretada.

Sin perjuicio de estas consideraciones, la mejor solución ante un cambio de sistema electoral es una reforma constitucional, ya sea para delegar expresamente la elección del sistema de listas al legislador, o para determinarlo sin vacilaciones en el texto de la Carta.

Puede afirmarse que Uruguay, en la búsqueda del modelo ajustado a los requerimientos políticos de cada período, no ha tenido temor al cambio. Las propuestas han surgido desde el sistema de partidos y también desde iniciativas populares de reforma constitucional. Sin embargo, la imagen predominante que refleja el pueblo uruguayo, tanto hacia otros países como la que surge de la convicción íntima de sus habitantes, es la de una sociedad medianamente conservadora, de "tranco cansino", que añora tiempos pasados. Quizá por aferrarse a lo que ha dado resultado mantiene la misma costumbre de votación que desde su nacimiento como país, hace 200 años. Los comicios se desarrollan ante mesas de votación integradas por funcionarios públicos, quienes verifican la identidad del votante, elaboran actas y formularios de control. El sufragio se realiza con listas de papel impresas que se insertan en sobres de papel y luego se introducen en urnas transportables, debidamente custodiadas por personal militar. El modelo de votación referido no condice con las posibilidades tecnológicas existentes.

La innovación más reciente ha sido el ingreso de datos de escrutinio en una *tableta*, realizado por los integrantes de la comisión receptora de

---

63 Corte Interamericana de Derechos Humanos, *Caso López Lone*, art. 85 núm. 20.

votos a efectos de que la información se transmita más tempranamente al centro de cómputos de la Corte Electoral.

Desde hace quince años todos los niños y adolescentes de las escuelas y liceos públicos del país cuentan con una computadora personal entregada por el Estado en forma gratuita[64] en la que estudian y desarrollan sus habilidades informáticas. También un número importante de personas adultas mayores han recibido una *tableta* para su alfabetización digital[65]. Siete de cada diez hogares uruguayos tienen un dispositivo digital no celular (*tablet* o PC) y nueve de cada diez acceden a internet[66] y existen 131 abonados a la telefonía celular por cada 100 habitantes[67]. El país destaca en la región por sus números estadísticos sobre distribución de la riqueza, índices democráticos, baja corrupción y alto desarrollo humano. Las condiciones de infraestructura y educación para un paso significativo en materia de votación electrónica estarían dadas.

En general, puede afirmarse que la participación de la ciudadanía en los asuntos electorales es alta. Ello podría explicarse tanto por el establecimiento del voto obligatorio desde la Constitución de 1934, como por la conducta general de participación social de los uruguayos en variados ámbitos y territorios. El uruguayo concurre a votar más porque le agrada que por obligación. Curiosamente, dicho valor cívico-cultural no decayó durante el gobierno dictatorial de 1973 a 1984, época de evidente prohibición de espacios de participación y de inexistencia de actos electorales, pero en la que se generaron creativas soluciones de educación electoral[68].

En la actualidad el fervor cívico se encuentra en un momento de impasse.

---

64 Por iniciativa del Presidente de la República del momento, Dr. Tabaré Vázquez, se implantó el Plan CEIBAL del cual se puede profundizar en https://www.ceibal.edu.uy/es

65 Al respecto ver https://ibirapita.org.uy/

66 Agencia de Gobierno Electrónico y Sociedad de la Información y del Conocimiento, *Encuesta de Usos de Tecnologías de la Información y la Comunicación* (Instituto Nacional de Estadísticas, Presidencia de la República, 2019).

67 Vide https://knoema.es/atlas/Uruguay/Abonados-a-telefon%C3%ADa-m%C3%B3vil-celular-por-cada-100-habitantes

68 En las escuelas públicas, las maestras enseñaban a votar a los niños para elegir delegados de "Cruz Roja", o para delegados de clase que llevaran las libretas a Dirección, etc. Confeccionaban credenciales cívicas artesanales y se realizaban verdaderos actos electorales con urnas, escrutinio y proclamación de ganadores. Los niños hacían pseudo-campañas electorales proponiéndose como candidatos con plataforma de propuestas para su eventual desempeño. Algunas Parroquias fueron centro de participación barrial, elegían delegados para consejos pastorales y zonales. Estando el derecho de reunión prohibido, la valentía de algunas organizaciones para continuar y fomentar esta cultura del voto fue destacable.

En 2005, por primera vez asume el gobierno el Frente Amplio (fuerza política que reúne partidos ideológicos de izquierda) y se mantiene en el poder durante tres períodos consecutivos. En la historia previa y posterior, se alternaron el Partido Colorado y el Partido Nacional. Como consecuencia, la sociedad culminó su observación del fenómeno de la política a través de todas las miradas ya que todos los partidos políticos mayoritarios estuvieron en el poder. Desde el nacimiento del Estado, el protagonismo de los partidos prevaleció sobre el perfil y la proyección de los candidatos.

El debate sobre un corte más descriptivo de la política y menos ideológico o lo que es lo mismo, optar por primar el papel de los candidatos antes que el de los partidos, podría reanimar la participación ciudadana.

A partir de la creación legal de la Corte Electoral en 1924, constitucionalizada diez años después, se le ha encomendado conocer en todo lo relacionado con los actos y procedimientos electorales; ejercer la superintendencia directiva, correccional, consultiva y económica sobre los órganos electorales y decidir en última instancia sobre todas las apelaciones y reclamos que se produzcan, siendo juez de las elecciones de todos los cargos electivos, de los actos de plebiscito y referéndum[69]. Dicho órgano de control ha sido constantemente elogiado a nivel internacional por la seriedad de su actuación y la pureza de los resultados obtenidos. En una sola ocasión durante sus casi 100 años de historia se puso en duda el resultado eleccionario, específicamente en las elecciones de noviembre de 1971, ocasión que generó una teoría de fraude electoral, que nunca pudo ser comprobada y actualmente ha sido superada[70].

El mecanismo antifraude que se utiliza actualmente, fue elaborado en la misma época de creación del órgano. Los historiadores fijan en 1923 la llamada "Comisión de los 25", que estaba integrada por representantes de los dos partidos políticos fundacionales[71]. Dichos delegados eran expertos en fraudes electorales, porque habían sido los responsables de tales desviaciones durante los anteriores actos electorales. Debieron prever las

---

69 Uruguay, *Constitución de la República Oriental del Uruguay* (1967):, art. 322.

70 Sobre dicha teoría, se han escrito numerosos libros y artículos con las dos posiciones. Por ejemplo José Garchitorena, *Historia de un mito: Las elecciones de 1971 y la denuncia del Partido Nacional* (Montevideo: Ed. Debate, 2011); Enrique Colet y Mario Mazzeo, *El fraude del 71: el día que Wilson Ferreira no pudo ser Presidente* (Montevideo: Ed. La República, 1999).

71 Carlos Demasi Herrera, "La ley creada por expertos en fraude que garantiza el voto secreto en Uruguay", intervención en programa radial, disponible en https://www.180.com.uy/articulo/81936_la-ley-de-casi-100-anos-que-rige-nuestras-votaciones-actuales [última entrada: 19 de junio de 2022].

soluciones a sus propias estratagemas a fin de evitarlas por si eran usadas por el otro partido para salir vencedor. Las leyes electorales de ese tiempo fueron tan completas y garantistas que siguen estando vigentes y en su interpretación no se han hallado resquicios que permitan falsear una elección[72]. Estas seguridades ciudadanas generan una razonable suspicacia respecto de nuevos métodos y tecnologías en las votaciones, lo cual podría llegar a ser un obstáculo para planteamientos reformistas del sistema, tales como la introducción de listas abiertas y desbloqueadas o la elección de un modelo de voto preferente.

La asignación presupuestal de la Corte Electoral para la organización y desarrollo de los comicios está regulado por el art. 220 de la Constitución se proyecta por el propio órgano, pero se resuelve en el Poder Legislativo, habiendo mediado un recorte previo y modificativo del Poder Ejecutivo. El margen de maniobra del Parlamento es escaso, en atención a la prohibición constitucional del art. 215 que le impide aumentar el monto global de gastos propuesto por el Poder Ejecutivo. Fuera del presupuesto quinquenal, cuando se va a desarrollar un acto electoral, se le dota de algunos recursos extraordinarios para tales fines.

Desde décadas atrás la Corte Electoral plantea aumento presupuestario para hacer frente a innovaciones tecnológicas, renovación de personal y cumplimiento de cometidos legales que no puede afrontar con los recursos humanos técnicos que posee. La posible instalación de una votación electrónica requeriría una inversión muy importante, lo que se convierte en otro posible freno al debate propuesto.

Si bien, como se ha comentado en estas páginas, hay países que incursionaron en el voto preferente o en la apertura y desbloqueo de listas a través de boletas electorales formato papel, en las que el sufragante estampa una marca o sello, la facilitación que implica el formato electrónico, tanto para el momento de votar como para el de realizar el escrutinio, debe valorarse según un criterio de costo-beneficio.

Adicionalmente, la capacitación en la gestión de un tipo de elección con formato flexible, el costo publicitario y de comunicación masiva para el aprendizaje popular y la auditoría permanente de la seguridad del sistema, insumen tiempo y recursos que seguramente serán parte de la evaluación.

Si bien la problemática de la infraestructura necesaria para el desarrollo de un cambio de sistema electoral es relevante, la principal decisión a adoptar depende de los partidos políticos, sus conveniencias e intereses.

---

72 Uruguay, Leyes N°7.690 de 9 de enero de 1924 y N° 7.812 de 16 de enero de 1925.

Una ley electoral de reforma requiere mayoría especial de dos tercios de votos en cada cámara (art. 77 núm. 7° de la Constitución), lo cual supone necesariamente un acuerdo interpartidario entre oposición y gobierno.

Como los politólogos han expresado, la partidocracia[73] uruguaya asigna un protagonismo inusual a la relación entre el sistema de partidos y el régimen electoral creado por ellos[74]. Cada pequeño retoque en el sistema que se haya realizado en el país, ha sido por una conveniencia partidaria. La apertura de listas, si no es valorada debidamente, se visualizará como un debilitamiento al poder de los partidos sin posibilitar siquiera su debate.

La fraccionalización de los partidos políticos en Uruguay conlleva liderazgos múltiples en sus estructuras internas. Los órganos de dirección ejecutiva de cada partido, están integrados por los líderes de cada fracción intrapartidaria y son los que detentan el poder político partidario, más allá de otros órganos de participación multitudinarios que son convocados excepcionalmente (Plenarios, Convenciones, Congresos). El Comité Ejecutivo Nacional del Partido Colorado, la Mesa Política del Frente Amplio, el Honorable Directorio del Partido Nacional y la Junta Nacional de Cabildo Abierto institucionalizan el poder de los partidos políticos. En ellos se resuelven candidaturas, promociones o castigos de carreras legislativas, se definen posiciones frente a los asuntos de la agenda y se impone disciplina partidaria, admisión o rechazo de nuevas incorporaciones. Los líderes "arman la lista" de cada sector o sublema. En la circunscripción electoral nacional del Senado y en la de Montevideo, por su tamaño, el poder de decisión referido al armado de listas es mayor, puesto que el elevado número de cargos en disputa y la lejanía de los legisladores con la ciudadanía sobredimensionan la actividad de los líderes de fracción. Menos poder ejercen las cúpulas partidarias en el proceso de designación de los candidatos en el segundo departamento en tamaño demográfico del país, Canelones. Al llegar a los departamentos más pequeños, cuyo peso electoral consiste en dos a cinco escaños en la Cámara de Diputados, el proceso de definición de candidatos se aleja de la cúpula de partido y se acerca a la personalización. Allí tiene mayor influencia la relación del

---

73 Término introducido en nuestro país por los politólogos e historiadores Gerardo Caetano, José Rilla y Romeo Pérez en 1989 refiriendo a la idea de que la política uruguaya, en la larga duración, es una política de partidos o una "partidocracia".

74 Daniel Buquet, *Representación proporcional y democracia en Uruguay* (Tesis de Licenciatura, Facultad de Ciencias Sociales, Universidad de la República, Montevideo, 1994), 36.

candidato con la población a la hora de definir esas listas, que la directiva del órgano ejecutivo.

Las ambiciones políticas de los diputados metropolitanos (de Montevideo y Canelones) se relacionan en mayor medida con ser electos para el Senado en próximas elecciones, mientras que las ambiciones de los diputados del interior del país tienen que ver con alcanzar el gobierno departamental y ocupar el cargo de Intendente.

Debido a ello, la personalización del voto mediante la flexibilización de listas podría tener mayor acogida en este ámbito, porque en la práctica el modelo de campaña electoral departamental se centra más en el candidato que en el partido.

Existe un tercer nivel de descentralización, los municipios, cuyo órgano de dirección el Concejo Municipal, se elige unos meses después de las elecciones legislativas nacionales, junto con la Junta Departamental y el Intendente Municipal. El cuerpo electoral municipal está constituido por los vecinos de quienes se postulan para este Concejo cuyo integrante principal es el Alcalde. Existe una máxima cercanía entre representante y representado.

3.3. Un tímido precedente: la experiencia a nivel local

No existe experiencia electoral estatal en Uruguay respecto de órganos constitucionales o legales que hayan utilizado listas abiertas, desbloqueadas o con voto preferente.

La referencia del título del epígrafe tiene que ver con un tipo de organización de la sociedad civil, derivada de descentralizaciones barriales que promovió el gobierno departamental de Montevideo en forma previa a la reforma municipal del año 2014.

Montevideo, capital que concentra el 40% de la población total del país, innovó desde 1993 en participación local. Nacieron de este modo los Concejos Vecinales que son organizaciones sociales privadas, reguladas por la Junta Departamental de Montevideo[75]. El concepto de "privado" es, con todo, muy relativo. La financiación de sus actividades, el montaje de las elecciones, la publicidad de sus propuestas y acciones, hasta los salones de reunión o la cartelería, todo es provisto por la Intendencia de Montevideo o por el Municipio al que acceden. Estas organizaciones persiguen fines públicos y utilizan bienes públicos, pero no forman parte de la estructura del Estado.

---

75 Junta Departamental de Montevideo, *Decreto N° 28.119*, 22 de julio de 1998.

Los Concejos funcionan como portavoces de las necesidades, demandas y propuestas del barrio ante las autoridades departamentales y municipales. Los concejales vecinales trabajan honorariamente y son personas interesadas en su zona, representantes de organizaciones sociales, religiosas, culturales o deportivas. En principio, no guardan relación con partidos políticos. Adquieren representatividad a partir de elecciones no obligatorias, directas y por voto secreto, garantía que se autorregula en las comisiones electorales sin intervención de la Corte Electoral, con la supervisión de órganos de la propia Intendencia de Montevideo e infraestructura aportada por ésta. Cada Concejo Vecinal tiene autonomía para decidir cuál será su método de elección. Los dieciocho concejos existentes han optado por las listas desbloqueadas con un número máximo de votos preferentes que se estipulan en la boleta electoral de cada barrio.

En diciembre de 2021, 90.000 montevideanos emitieron su voto.

Si bien la experiencia no es masiva, puede considerarse un "piloto" en cuanto a su utilidad para la evaluación del comportamiento de los distintos grupos etarios, y del grado de complejidad de los escrutinios realizados.

3.4. La agenda pública electoral

Resta cuestionar la actualidad, importancia o presencia pública del tema de un posible cambio en el sistema electoral uruguayo y, particularmente, en las listas electorales. Esa relevancia pública del cuestionamiento del sistema y la consiguiente apertura de listas es, sin embargo, relativa y minoritaria. Voces aisladas de algunos actores con presencia en redes sociales se manifiestan a favor del desbloqueo o en contra de las "listas sábanas".

El itinerario público se forja entre gobierno, partidos políticos, prensa de investigación y grupos de presión como sindicatos, organizaciones feministas, grupos económicos. Los temas que preocupan y se instalan en la agenda electoral incluyen desde asuntos sustantivos como la reivindicación de participación política de las mujeres en condiciones de paridad y el débil control de la financiación de los partidos políticos, hasta más circunstanciales como la obligatoriedad de los debates televisivos entre candidatos previo a los actos electorales o la duración del calendario electoral que coloca al país en campaña durante casi dos años.

Las posibles consecuencias positivas y transversales de un nuevo modo de elegir representantes no se evalúan en las élites ni son conocidas por el cuerpo electoral.

3.5. El debate en Uruguay: beneficios y propuesta

Los líderes no han visualizado un rédito político a partir de un debate de esta naturaleza y siguen confiando en la capacidad de los partidos por sobre los personalismos y en su propia capacidad para elaborar "buenas" listas.

Asimismo, los analistas no dejan de elogiar el sistema de partidos construido, fuerte, que acuerda, que puede resolver los temas más importantes para el país. Así ocurre, en efecto, con carácter general, pero no dejan de evidenciarse excepciones que cuestionan las virtudes del modelo, como por ejemplo en ocasión de la pandemia COVID 19, oportunidad en la que los partidos políticos cambiaron su comportamiento de unidad frente a una catástrofe y el episodio debió sortearse con las acciones del gobierno y las críticas de la oposición.

No es tan rotunda la fortaleza del sistema de partidos y apostar a ella como único formato de mantenimiento del sistema representativo quizá conlleva un riesgo innecesario. La personalización de la política, en su justo término, puede agregar valor sin sustituir al sistema de partidos que en el caso uruguayo, funciona.

Debatir sobre la conveniencia o inconveniencia de un modelo, aún sin llegar a conclusiones definitivas, es la esencia del sistema democrático y siempre es beneficioso. Y si se considerara que la apertura de las listas no reporta efectos positivos para estrechar las relaciones de representatividad y receptividad entre representantes y representados en un determinado lugar y tiempo, tal conclusión deberá estar fundada por estudios serios e independientes, nunca partidarios.

En este último tramo se planteará, por ello, la viabilidad de realizar una experiencia de voto preferente en el panorama electoral uruguayo donde, al tiempo de tomar el pulso al sistema y generar insumos para siguientes debates, se afronte una carencia advertida por los investigadores y reclamada popularmente respecto de la forma de elección.

El caso propuesto se refiere a las elecciones de los Concejos Municipales, integrados por cinco miembros, uno de los cuales lo preside y lleva el nombre de Alcalde. La integración es la misma independientemente de la población o del número de electores del municipio. El actual régimen electoral dispone que se elegirán en el mismo acto las autoridades departamentales ejecutivas y legislativas. En una única fecha y en un único sobre deben introducirse la lista cerrada y bloqueada para Intendente y Junta Departamental y la lista cerrada y bloqueada para Alcalde y Concejales Municipales. Ambas listas deben ser del mismo partido político, porque de lo contrario se anula el voto. Las consideraciones que corresponde realizar a partir de este modelo y que deberían motivar un debate son varias y, a efectos expositivos, cabe sintentizarlas como sigue:

A) En primer lugar, conviene subrayar que la eventual propuesta de cambio tiene habilitación constitucional indubitada, sin requerir interpretaciones complejas ya que es la ley la que fija este nivel de descentralización territorial.

B) Una segunda condición que se adapta al cambio es el adecuado tamaño de territorio, que significa cercanía geográfica entre representantes y representados.

C) En tercer lugar, ha de tenerse en cuenta que la órbita municipal está en construcción, no hay historia que honrar. Tres elecciones separan la situación actual de su creación, por lo que parecería el mejor momento para dudar, plantear, reflexionar y revisar el sistema.

D) Ha de considerarse, en cuarto lugar, que los municipios más poblados se encuentran en la capital y sus pobladores ya poseen una práctica consolidada de elecciones con listas desbloqueadas y voto preferente en ámbitos electorales no obligatorios y más pequeños (los concejos vecinales de los barrios).

E) Otro factor a tener en cuenta es que los partidos políticos minoritarios sin expectativa en lo departamental tampoco logran representación municipal a pesar de tener candidatos reconocidos a nivel local.

F) Otra dimensión a valorar es que los análisis políticos[76] y los resultados de una encuesta académica[77] denotan disconformidad por las reglas electorales a nivel municipal, una de las cuales es la imposibilidad de cruzar boletas de partidos.

G) Como argumento adicional a tener en cuenta, finalmente, las elecciones municipales han evidenciado en los últimos años el aumento de la presencia femenina en los cargos de concejalas y alcaldesas respecto del guarismo habitual de participación de la mujer en la política uruguaya a otros niveles.

Este esbozo de análisis puede padecer de innumerables deficiencias técnico-electorales y no se realiza con los necesarios aportes que deben incorporar la ciencia política y el derecho electoral, sino desde una visión

---

76 Daniel Buquet et al., *Efecto de las reglas electorales sobre el sistema de partidos subnacional* (Serie Descentralización y desarrollo territorial, OPP, Montevideo, 2018).

77 Paula Ferla et al., *Evaluación de los gobiernos locales. La visión de los alcaldes* (Montevideo: Fundación Konrad Adenauer, Universidad Católica del Uruguay, 2018).

constitucionalista de los principios de representación, libertad y verdadera participación político-democrática.

Teniendo en cuenta las anteriores consideraciones, cabe desde el ámbito académico plantearse la oportunidad jurídico-política de su introducción en este ámbito municipal como banco de pruebas de la viabilidad y rendimiento del modelo.

Conclusiones

1. Como se ha subrayado a lo largo de estas líneas, los sistemas electorales tienen por finalidad reflejar las preferencias políticas de los ciudadanos, traduciendo los votos en personas que ocupan los cargos representativos. Los tópicos que influyen con mayor fuerza en la definición y consecuencias de los sistemas refieren al diseño, cantidad de cargos y tamaño de las circunscripciones electorales, la obligatoriedad o voluntariedad del voto, las barreras de representación y el tipo de listas electorales.
2. Respecto de este último aspecto, que ha constituido el objeto de estudio, en los sistemas electorales de representación proporcional para órganos pluripersonales existen variados modelos de listas electorales, que ofrecen al elector mayor o menor libertad de opción. Dentro de los tipos relevados, las que más opciones otorgan al votante son aquellas abiertas, desbloqueadas, con voto preferente o con voto de rechazo. Cualquiera de estas modalidades implica variar la disposición de candidatos que viene dada por los partidos políticos.
3. Las listas cerradas y bloqueadas, en cambio, tienen beneficios relevantes en cuanto a otorgar fortaleza a los partidos políticos en su unidad de acción tanto en la faceta parlamentaria como en la gobernabilidad de los poderes ejecutivos. Este efecto institucionalizador es necesario en países nuevos o en aquellos que salen de procesos dictatoriales extensos, para lograr un reposicionamiento democrático efectivo.
4. Sin embargo, se sostiene que las listas cerradas no permiten al elector adoptar una verdadera decisión sobre quiénes deben ser sus representantes, sino solamente convalidar decisiones previas de las cúpulas partidarias. El representante es elegido por la posición que logró obtener en la lista según las resoluciones de los líderes. Algún sector de la crítica, en el caso español, ha llegado a sostener el vaciamiento constitucional del derecho al sufragio libre y directo. La lista cerrada no permite recompensar trayectorias políticas concretas a través del apoyo popular, ni tampoco castigar actuaciones inconvenientes o ile-

gítimas. Asimismo, la fortaleza de unidad de acción (léase disciplina partidaria) anotada como beneficio, también puede ser vista como un quebrantamiento o mutación del principio de la prohibición del mandato imperativo, que se erosiona ya no desde los votantes, sino desde el propio partido.

5. Académicamente, cabe afirmar que las listas abiertas, desbloqueadas y el voto preferente permiten una participación directa en la definición de los representantes y en el juzgamiento de su actuación previa; también generan el surgimiento de nuevos liderazgos y una renovación en la dinámica de los partidos. Por sobre los beneficios anotados, el modelo permite legitimar a los representantes como verdaderos detentadores de la voluntad ciudadana.
6. En contrapartida, este tipo de listas generan candidaturas centradas en los aspectos más personales y menos ideológicos, se pierde publicidad del programa y se deben asumir los riesgos referidos a la inequidad en la financiación, el clientelismo y hasta una eventual corrupción en las conductas. Los partidos políticos pueden perder cohesión si no saben reelaborar internamente la proyección de sus candidaturas. Respecto de la capacitación e inversión electoral, este tipo de modelo requiere mayores esfuerzos, ya sea se opte por listas en formato papel o votación electrónica.
7. Puede afirmarse que existen factores de tipo histórico y político que favorecen la elección de uno u otro tipo de lista. No se ha podido vincular estrechamente la lista con el tipo de gobierno, existiendo ejemplos de cruzamientos entre parlamentarismo y presidencialismo con los tipos de listas abiertas y cerradas indistintamente, tanto en Europa como en América. La opción de cada Estado tendrá que realizarse según el modelo "posible" y teniendo presente su trayectoria político-democrática.
8. Ha de tenerse en cuenta que la crisis de representación política que se vive en varias regiones y países del mundo es motivo relevante, a la par que ocasión propicia, para impulsar cambios en el sistema electoral y específicamente en el modelo de listas. Sin perjuicio de que la inestabilidad es un desafío urgente y merita la adopción de medidas necesarias, aquellos Estados que transitan procesos de estabilidad política, también deben rediscutir la forma de presentación de sus candidatos, ya sea para mantenerla como para cambiarla, a fin de reafirmar, mejorar o actualizar su sistema. El debate y la revisión del sistema pueden tener efectos preventivos frente a procesos institucionales que se desarrollan con baja visibilidad y sin alarma pública.

9. En el caso español, su régimen electoral está siendo cuestionado en cuanto a la forma de elección de los diputados al Congreso por la escasa significación de la decisión ciudadana y la crisis de legitimidad de los representantes. Existe acuerdo en que el modelo cerrado y bloqueado estuvo ligado a la salida del franquismo para fortalecer las estructuras de los partidos, y en el calor del debate el ejemplo del propio Senado con lista abierta no parece suficiente por su evidente subutilización hasta el momento.
10. Uruguay presenta un modelo democrático arraigado, con listas cerradas y bloqueadas desde su nacimiento como país. La originalidad del doble voto simultáneo que se estableció desde principios del siglo XX, radica en cumplir una función de personalización no pretendida, como efecto secundario del verdadero objetivo del mecanismo, el cual es evitar la fragmentación intrapartidaria. Así se presentan listas dentro de cada partido o lema con diferentes "cabezas de lista" elegibles. Sin embargo, la ciudadanía no puede tachar nombres, ni alterar su orden preestablecido, ni seleccionar candidatos de diferentes listas.
11. En lo que refiere a la constitucionalidad de un cambio en el sentido de la apertura de sus listas, existe una eventual interpretación constitucional que habilitaría la flexibilidad de listas, la cual seguramente generará debate. Se requeriría legislación que interprete la Constitución según competencia asignada por el art. 85 numeral 20 de la propia Carta. De lo contrario, para cambiar la tipología uruguaya de las listas electorales se deberá recurrir a una reforma constitucional.
12. Uruguay tiene experiencia en cambios políticos relevantes a lo largo de su historia, y esa capacidad de ajustar el modelo a los requerimientos de cada época es una fortaleza que agrega valor al debate acerca del sistema electoral. Asimismo la educación cívica, la alfabetización digital, los índices de distribución de riqueza, baja corrupción y alto desarrollo humano indican condiciones de infraestructura y educación suficientes ante un eventual cambio.
13. Sin embargo, existen también aspectos a superar un poco más complejos, como el apego al método "papel" que utiliza la Corte Electoral desde hace 100 años y que genera tales garantías que toda propuesta de cambio provoca suspicacias y alarmas. Asimismo incide negativamente el costo económico de una nueva estructura de votación, capacitación y recursos humanos. Pero el principal escollo ante propuestas de cambio electoral es la partidocracia. Si la apertura de listas no es vista por los partidos como una oportunidad, el debate sobre la conveniencia no prosperará y su introducción no será posible.

14. El sistema de partidos uruguayo es robusto, aunque está manifestando últimamente la incapacidad de generar acuerdos en algunos temas. Poco tiempo atrás los partidos se mostraban como un bloque cuando las amenazas a la convivencia eran de fuente externa. Esa unidad no se ha relevado en el caso de la pandemia de COVID, la cual ha sido superada con resultados e indicadores positivos pero con la única intervención del gobierno y sin apoyo de la oposición. La visualización de ese retroceso debería encender algunas alarmas políticas.
15. Se ha podido concluir también que la realidad del interior de la República y la capital es políticamente diferente, y la personalización del voto a través de las listas flexibles seguramente tendría mayor acogida en los liderazgos políticos del interior, que logran una relación directa con la ciudadanía departamental. A nivel de la capital Montevideo, la experiencia de votaciones a nivel vecinal con voto preferente en listas desbloqueadas para órganos no gubernamentales como los Concejos Vecinales, puede servir de antecedente válido para el debate sobre un posible cambio electoral.
16. En el tercer nivel de descentralización instalado desde 2010, es decir la autoridad municipal, Uruguay no cuenta aún con una historia construida, no hay un modelo exitoso que se deba proteger. Se trata de 125 circunscripciones relativamente pequeñas, con habitantes que quizá ya experimentaron el voto preferente como vecinos, o que conocen personalmente a los candidatos, sus fortalezas humanas, morales y políticas. Asimismo, puede contribuir al debate el hecho de que el modelo actual recibe críticas por no poder elegir un concejo municipal (y por ende a su alcalde) de un partido diferente al que se adscribe el votante a nivel de gobierno departamental. Es una buena oportunidad de buscar la mejor fórmula, sin cerrar las opciones a lo único conocido.

Coincidiendo con Nohlen, se entiende que en los países que surge la crítica hacia la partidocracia como probable efecto de la lista cerrada y bloqueada, puede ser recomendable encarar una reforma con el objeto de introducir listas no bloqueadas[78].

Ninguna reforma será posible sin el necesario debate jurídico, político y ciudadano.

---

[78] NOHLEN, D., *Gramática de los sistemas electorales, Una introducción a la ingeniería de la representación,* Serie Ciencia y Democracia, Instituto de la Democracia, Quito, 2012.

Bibliografía

Alarcón Cabrera, Carlos, y Soriano Díaz, Ramón Luis. "Desde el voto hasta el escaño." *Derecho y Conocimiento*, Facultad de Derecho, Universidad de Huelva, Vol. 1, 2001.

Almagro Castro, David. "La apertura de las listas electorales: ¿un primer paso hacia la superación de la crisis de representatividad en la democracia española?" *Revista Española de Derecho Constitucional*, N° 112, enero-abril 2018.

Banda Vergara, Alfonso. "Democracia Representativa y Sistema Electoral." *Revista de Derecho de la Universidad Austral de Chile*, Vol. XII, 2001.

Buquet, Daniel. "El doble voto simultáneo." *Revista SAAP (Sociedad Argentina de Análisis Político)*, Vol. 1, N° 2.

Buquet, Daniel. *Representación proporcional y democracia en Uruguay.* Tesis de Licenciatura, Facultad de Ciencias Sociales, Universidad de la República, Montevideo, 1994.

Buquet, Daniel., et al. *Efecto de las reglas electorales sobre el sistema de partidos subnacional.* Serie Descentralización y desarrollo territorial. OPP, Montevideo, 2018.

Carrasco Durán, Manuel. "Las listas electorales desde una perspectiva de derecho comparado." *Revista Chilena De Derecho y Ciencia Política*, Vol. 9, N° 1, diciembre-mayo 2018.

Carrau, Javier Guillem. "El sistema electoral a debate." *Corts: Anuario de derecho parlamentario*, N° Extra 31, 2018.

Colet, Enrique, y Mazeo, M. *El fraude del 71: el día que Wilson Ferreira no pudo ser Presidente.* Ed. La República, Montevideo, 1999.

Consejo de Estado. *Informe sobre las propuestas de modificación del Régimen electoral general,* 2009.

Corte Electoral. *Acta N° 10037*, 22 de noviembre de 2019.

Demasi Herrera, Carlos. "La ley creada por expertos en fraude que garantiza el voto secreto en Uruguay." Intervención en programa radial. Disponible en https://www.180.com.uy/articulo/81936_la-ley-de-casi-100-anos-que-rige-nuestras-votaciones-actuales [última entrada: 19 de junio de 2022].

Duverger, Maurice. "Influencia de los sistemas electorales en la vida política." *Diez textos básicos en ciencia política*, Ed. Ariel, España, 1992.

Farrell, David y MacAllister, Ian. "Voter satisfaction and electoral systems: Does preferential voting in candidate-centred systems make a difference?" *European Journal of Political Research*, Vol. 45, N° 5, 2006.

Fernández Cañueto, Daniel. "Repertorio bibliográfico sobre el sistema electoral español." *Teoría y realidad constitucional,* N° 45, 2020.

Fernández Esquer, Carlos, y Sierra-Rodríguez, Javier. "El voto preferencial en las Comunidades Autónomas: propuestas y condicionantes jurídicos." *REAF-JSG*, N° 29, junio 2019.

Fernández Segado, Francisco. "La correlación entre el tamaño de las circunscripciones y las distorsiones de la proporcionalidad en la elección del Congreso

(Un estudio empírico).” *Revista de Estudios Políticos (Nueva Época)* N° 79 (enero-marzo 1993).

Ferla, Paula, et al. *Evaluación de los gobiernos locales*. La visión de los alcaldes. Fundación Konrad Adenauer, Universidad Católica del Uruguay, Montevideo, 2018.

Garchitorena, José. *Historia de un mito: Las elecciones de 1971 y la denuncia del Partido Nacional*. Ed. Debate, Montevideo, 2011.

Jiménez de Aréchaga, Justino. *La libertad política*. Biblioteca Artigas, Colección de Clásicos Uruguayos, Vol. 214, MEC, 2020, capítulo VI.

Lazarte Rojas, Jorge. “La votación y el voto de los analfabetos.” *Ibero-Amerikanisches Archiv* 21, no. ¾ (1995).

Lijphart, Arend. *Sistemas electorales y sistemas de partidos: un estudio de veintisiete democracias, 1945-1990*. Centro de Estudios Políticos y Constitucionales, Madrid, 1995, Introducción.

Malamud, Carlos, y Núñez, Rogelio. “El voto del enojo: el nuevo (o no tan nuevo) fenómeno electoral latinoamericano.” *Análisis del Real Instituto Elcano*, ARI, N° 99, 2018.

Mancebo Gabela, Ainara. Cambio institucional: la reforma electoral sudafricana como caso de estudio. Tesis doctoral, 2015. Disponible en http://e-spacio.uned.es/fez/eserv/tesisuned:CiencPolSoc-Amancebo/MANCEBO_GABELA_Ainara_Tesis.pdf [última entrada: 26/3/22].

Mella Márquez, Manuel. “¿Listas abiertas o listas cerradas? Mitos, dilemas y realidades.” *Revista Temas para el debate*, N° 222, mayo 2013.

Mendoza Rodríguez, Fausto Marino. “Voto preferencial en la República Dominicana.” *Revista de Derecho Electoral*, N° 15, enero-junio 2013.

Montero, José Ramón. “El debate sobre el sistema electoral: rendimientos, criterios y propuestas de reforma.” *Revista de Estudios Políticos (Nueva Época)*, N° 95, enero-marzo 1997.

Nohlen, Dieter. “El estado de la investigación sobre sistemas electorales.” *Revista de Estudios Políticos (Nueva Época)*, N° 98, octubre-diciembre 1997.

Nohlen, Dieter. *Gramática de los sistemas electorales. Una introducción a la ingeniería de la representación*. Serie Ciencia y Democracia, Instituto de la Democracia, Quito, 2012.

Nohlen, Dieter, et al. *Tratado de derecho electoral comparado de América Latina*, 2ª ed. FCE, México, 2007.

Nohlen, Dieter. *Sistema de gobierno, sistema electoral y sistema de partidos políticos: Opciones institucionales a la luz del enfoque histórico-empírico*. México: Tribunal Electoral del Poder Judicial de la Federación, Instituto Federal Electoral, Fundación Friedrich Naumann, 1999.

Passarelli, Gianluca. “Sistema de votación preferencial. Efectos en la competencia interna de los partidos y en el comportamiento electoral.” *Teoría y Realidad Constitucional* 45 (2020).

Presno Linera, Miguel Ángel. “El sistema electoral español desde sus orígenes hasta la Constitución de 1978.” *Historia Constitucional*, N° 19, 2018.

Samuels, David, y Snyder, Richard. "The value of a vote: Malapportionment in comparative perspective." *British Journal of Political Science*, Vol. 31, N° 4, octubre 2001.

Santaolalla, Fernando. "Problemas jurídico-políticos del voto bloqueado." *Revista de Estudios Políticos (Nueva Época)*, N° 53, septiembre-octubre 1986.

Torres del Moral, Antonio. "Sistemas electorales y sistemas de partidos en las elecciones autonómicas." En *El Derecho electoral de las Comunidades Autónomas: revisión y mejora*, editado por L. A. Gálvez Muñoz, 2009.

Uruguay. *Constitución de la República Oriental del Uruguay*, 1967.

Vera Santos, José Manuel. "La crisis del mandato representativo en el sistema electoral de listas: el transfuguismo político." *Revista Studia Carande*, N° 1, 1997.

Zovatto, Daniel y Aguilar, Ileana. "Algunas consideraciones sobre el uso del voto preferencial y sus efectos en los sistemas democráticos." *Revista de Derecho Electoral*, N° 15, enero-junio 2013.

Capítulo II

LA PROTECCIÓN CONSTITUCIONAL DE LOS DERECHOS DE LAS PERSONAS Y GRUPOS DE ATENCIÓN PRIORITARIA EN EL ECUADOR. SU CONCRECIÓN

José Gabriel Barragán García
Universitat de Valencia

1. *La constitución del Ecuador*

1.1. El proceso democrático de la Constitución de 2008 y las personas con vulnerabilidad

El periodo republicano en el Ecuador se remonta a 1830, para ser más exactos el 13 de mayo, en donde en Quito se decidió que Ecuador sea un Estado libre, con independencia y autonomía, esto después de muchos años de que formara parte de la Gran Colombia.

Meses después, se conforma la Primera Asamblea Constituyente que se reunió en la actual ciudad de Riobamba, en donde se dio el primer nombre al país, La Real Audiencia de Quito, ya que se quería mantener la herencia de la Gran Colombia y del pueblo indígena que la integraba. No existió un apoyo total por parte de toda la Asamblea para mantener ese nombre, por esta razón se propuso otro, el cual fue sugerido por un grupo de franceses que visitaron el país, así es como se propone el nombre de Ecuador, este nace en base a que por el país pasa de manera transversal la línea ecuatorial, que divide al mundo en dos hemisferios, siento aquí donde se encuentra la latitud 0'0'0, siendo esta la cualidad que para estos científicos realicen esta sugerencia, el mismo que fue aprobado[1].

El 11 de septiembre de 1830 la Asamblea Constituyente, dictó la primera Constitución de la República del Ecuador, misma que fue precedida por el representante del país, Juan José Flores presidente designado[2]. Esta Constitución estuvo integrada por 9 títulos y 75 artículos, la cual tenía más un fin de organización territorial y como debería funcionar la política del Estado naciente, ya que, al ser un nuevo Estado, se debían consolidar los temas políticos y territoriales, además resaltando cuestiones relacionadas con la religión católica que se incluyó y protegió. En esta aún no se tenía noción sobre grupos vulnerables, ya que de manera muy breve mencionaba quienes son ciudadanos y ciertos derechos que se tenía por ser considerado como tal[3].

La primera Constitución como el primer antecedente de norma suprema del Ecuador quedo caduca, ya que las necesidades sociales y la evolución del derechos, así como los pensamientos de las sociedades han

---

1 Ayala, Enrique, *Resumen de La Historia Del Ecuador*. 3.ª ed. Vol. 1. Corporación editora nacional. Quito, Ecuador, 2008. https://repositorio.uasb.edu.ec/bitstream/10644/836/1/AYALAE-CON0001-RESUMEN.pdf.

2 Quevedo, Juan, *Las Constituciones Del Ecuador*. Quito. Repositorio de La Universidad San Francisco de Quito, 2018, https://repositorio.usfq.edu.ec.

3 Ministerio de Relaciones Exteriores y Movilidad Humana. *Constitución de 1830*. https://www.cancilleria.gob.ec/wp-content/uploads/2013/06/constitucion_1830.pdf,

ido cambiando y evolucionando, también las posiciones ideológicas de los gobernantes y de los grupos de poder, entonces las ideologías políticas también cambian necesariamente y la Constitución también, denotando gran importancia para el proceso evolutivo del Estado, tanto es así que hasta la fecha el Ecuador ha tenido veinte Constituciones, cada una con sus características propias y elementos positivos y negativos.

A continuación, se muestra una tabla con todas las constituciones que se han presentado hasta el momento en el Ecuador[4]:

Número de Constitución	Lugar donde se instaló	Fecha de instalación	Año aprobación
1	Riobamba	23 de septiembre	1830
2	Ambato	13 de agosto	1835
3	Quito	1 de abril	1843
4	Cuenca	8 de diciembre	1845
5	Quito	27 de febrero	1851
6	Guayaquil	6 de septiembre	1852
7	Quito	10 de abril	1861
8	Quito	11 de agosto	1869
9	Ambato	6 de abril	1878
10	Quito	13 de febrero	1884
11	Quito	14 de enero	1897
12	Quito	22 de diciembre	1906
13	Quito	26 de marzo	1929
14	Quito	2 de diciembre	1938
15	Quito	6 de marzo	1945
16	Quito	31 de diciembre	1946
17	Quito	25 de mayo	1967
18	Quito	15 de enero	1979
19	Riobamba	5 de junio	1998
20	Montecristi	25 de julio	2008

Fuente: (Barragán J, 2023)

4 Ayala, Enrique. *Evolución de La Constitución Del Ecuador. Rasgos Historicos*. 1.ª ed. Vol. 1. *op. cit.*, https://vlex.ec/vid/cuadro-1-constituciones-ecuador-842125847

El Ecuador a partir de 1996 presento ciertos problemas de gobernabilidad, de institucionalidad y en sí democráticos, ello ocasiono que se tengan siete presidentes en apenas once años (1996-2005) de lo que se evidencia sin duda una crisis democrática.

La última Constitución y en actual vigencia fue la elaborada en el 2008, en la ciudad de Montecristi, la cual dejó de lado la de 1998, por estimarse caduca en derechos y obligaciones[5].

En las elecciones de 2006 elegido como presidente Rafael Correa Delgado, tuvo como una de sus principales propuestas de campaña, convocar a una Asamblea Nacional Constituyente de plenos poderes, y así dar el nacimiento de un nuevo Estado, en el que se pretendía una nueva organización, básicamente de sus funciones para corregir la inestabilidad democrática.

La Constitución actual, fue sometida a la aprobación del soberano, mediante la herramienta democrática del referéndum, en donde más del 60 % de los ciudadanos ecuatorianos aprobaron la misma.

Esta constitución contiene un preámbulo, nueve títulos, cuarenta capítulos y cuatrocientos cuarenta y cuatro artículos; además de treinta disposiciones transitorias, una disposición derogatoria, el denominado régimen de transición. Determinándose una amplia y detallada estructura, que muchos catalogan como un amplio catálogo de derechos.

En el título II denominado de los derechos (artículos 35 a 55), encontramos en el capítulo tercero a los Derechos de las personas y grupos de atención prioritaria y dentro de este nueve secciones, asignadas a los grupos de atención prioritaria, los cuales son: Las personas adultas mayores, niñas, niños y adolescentes, mujeres embarazadas, personas con discapacidad, personas privadas de libertad; y, personas con enfermedades catastróficas o de alta complejidad. Adicionándose a ellas a jóvenes, personas en movilidad humana; y, personas usuarias y consumidoras, las cuales demandan especial atención sin ser de atención prioritaria en el artículo 35.

Así también en lo que se refiere a vulnerabilidad la Constitución del Ecuador se refiere a la misma, dentro de los derechos de libertad el Estado reconoce y garantiza a las personas el derecho a la integridad personal y a una vida libre de violencia, hace énfasis en las personas que presentan alguna condición de vulnerabilidad, reconociendo así su situación de desventaja y necesidad de atención especial y preferente[6]. Por otra parte se

---

5 Larrea, Henry, "La Constitución del Ecuador del año 1998 y el año 2008, En La Formulación de La Política Exterior", *Visionario Digital*. 5 de julio de 2019, https://cienciadigital.org/revistacienciadigital2/index.php/VisionarioDigital/article/view/670.

6 Constitución de la República del Ecuador. 2008, "Art. 66. 3. b) Una vida libre de violencia en el ámbito público y privado. El Estado adoptará las medidas necesarias

garantiza también esta atención preferente en la gestión de riesgos en caso de desastres[7].

De manera específica se ha contemplado a favor de los grupos de atención prioritaria, ciertas prerrogativas como consideraciones por su vulnerabilidad, se destacala atención jurídica, lo cual reporta en la práctica un beneficio para garantizar sus derechos, mediante atención oportuna y en muchos casos gratuita[8]; lo cual guarda relación también con una atención preferente en el evento de una privación de libertad que afecte a alguna persona en condición de prioridad[9]; así como prioridad plena en la atención de salud, elemento primordial en los casos de personas vulnerables[10].

La forma de Estado pretende la garantía y satisfacción plena de los derechos de todas las personas, mediante la orientación de las políticas públicas y servicios públicos, lo cuales se ajustan al buen vivir, con un enfoque de garantía de derechos apoyado además en la solidaridad[11]; todo

---

para prevenir, eliminar y sancionar toda forma de violencia, en especial la ejercida contra las mujeres, niñas, niños y adolescentes, personas adultas mayores, personas con discapacidad y contra toda persona en situación de desventaja o vulnerabilidad; idénticas medidas se tomarán contra la violencia, la esclavitud y la explotación sexual".

7 *Idem.* "Art. 389.- El Estado protegerá a las personas, las colectividades y la naturaleza frente a los efectos negativos de los desastres de origen natural o antrópico mediante la prevención ante el riesgo, la mitigación de desastres, la recuperación y mejoramiento de las condiciones sociales, económicas y ambientales, con el objetivo de minimizar la condición de vulnerabilidad... 6. Realizar y coordinar las acciones necesarias para reducir vulnerabilidades y prevenir, mitigar, atender y recuperar eventuales efectos negativos derivados de desastres o emergencias en el territorio nacional".

8 *Idem.* "Art. 193.- Las facultades de Jurisprudencia, Derecho o Ciencias Jurídicas de las universidades, organizarán y mantendrán servicios de defensa y asesoría jurídica a personas de escasos recursos económicos y grupos que requieran atención prioritaria... Para que otras organizaciones puedan brindar dicho servicio deberán acreditarse y ser evaluadas por parte de la Defensoría Pública.

9 *Idem.* "Art. 203 4. En los centros de privación de libertad se tomarán medidas de acción afirmativa para proteger los derechos de las personas pertenecientes a los grupos de atención prioritaria.

10 *Idem.* "Art. 363. El estado será responsable de: ...5. Brindar cuidado especializado a los grupos de atención prioritaria establecidos en la Constitución".

11 *Idem.* "Art. 85.- La formulación, ejecución, evaluación y control de las políticas públicas y servicios públicos que garanticen los derechos reconocidos por la Constitución, se regularán de acuerdo con las siguientes disposiciones: 1. Las políticas públicas y la prestación de bienes y servicios públicos se orientarán a hacer efectivos el buen vivir y todos los derechos, y se formularán a partir del principio de solidaridad. 2. Sin perjuicio de la prevalencia del interés general sobre el interés particular, cuando los efectos de la ejecución de las políticas públicas o prestación de bienes o servicios públicos vulneren o amenacen con vulnerar derechos constitucionales, la política o prestación deberá reformularse o se adoptarán medidas alternativas que concilien los

lo cual desde el texto constitucional prevé una protección a favor de los grupos vulnerables, como reconocimiento efectivo de prioridad y atención especial requerida.

1.2. Ecuador un Estado constitucional de derechos

El Ecuador ha optado por incorporar en su Constitución, el denominado estado constitucional de derechos y justicia, el cual se infiere como un nivel superior del conocido Estado de Derecho, que se afirma en el respeto y reconocimiento de los derechos y las garantías de las personas, sometido al irrestricto respeto de la Constitución rígida, que se presenta en el óbice del ordenamiento jurídico, como norma de un valor superlativo e incuestionable, en donde las demás normas infra constitucionales deben someterse a la Constitución como normas de reconocimiento de validez; y, por ende la norma suprema somete al gobierno (entiéndase todos los poderes del Estados y sus autoridades) a las leyes y a observancia de los derechos y garantías.

Esta categorización de estado de derechos y de justicia, se complementa con el denominado buen vivir o sumak kawsay, el cual en esencia el pleno goce y ejercicio de la integralidad de los derechos de las personas sean estos, derechos civiles, económicos, sociales y culturales y otros, los cuales se deben garantizar de manera plena.

El texto constitucional afirma lo señalado, así el mismo que se encuentra plasmado en el título I "Elementos constitutivos del Estado", capítulo I "principios fundamentales", artículo 1, en donde nos dice:

> "El Ecuador es un Estado constitucional de derechos y justicia, social, democrático, soberano, independiente, unitario, intercultural, plurinacional y laico. Se organiza en forma de república y se gobierna de manera descentralizada".[12]

La filosofía política supera el estado constitucional de derecho, pero no es menos cierto que se fundamental en aquel. El Ecuador es un Estado y tiene todos los elementos que esto implica, cuenta con su propio territorio, sociedad y soberanía y las acciones que el país se cumples de manera

derechos en conflicto. 3. El Estado garantizará la distribución equitativa y solidaria del presupuesto para la ejecución de las políticas públicas y la prestación de bienes y servicios públicos...".

12 Constitución de la República del Ecuador. 2008.

independiente[13], ergo lo identifican como un Estado que goza de pleno reconocimiento.

La Constitución vigente aprobada en consulta popular como un aspecto democrático a destacar, goza de superioridad sobre cualquier otra norma del ordenamiento jurídico, lo cual expresamente lo encontramos plasmado específicamente en el artículo 424 que nos dice que la Constitución es la norma suprema y prevalece sobre cualquier otra del ordenamiento jurídico, al ser la norma más importante en el ordenamiento jurídico, sirve de guía a las demás leyes y abarca, distintos derechos de interés y necesarios para los ciudadanos y la satisfacción de sus necesidades e interés.

Al existir un estado constitucional de Derechos, una de las principales prioridades que tiene como Estado es la de precautelar, dar a conocer e impulsar los derechos que tienen las y los ciudadanos como núcleo y elemento fundamental del Estado, razón por la que como Estado tiene obligación de proteger a los ciudadanos, brindando más oportunidades y prerrogativas a quienes más lo necesitan como los grupos vulnerables, reconocidos como de atención prioritaria.

Entonces el Ecuador es un territorio el cual su principal cuerpo normativo es la Constitución y que todas las leyes deben basarse en este y uno de sus principales objetivos es el impulsar, proteger y garantizar los derechos de todas las personas que se encuentren dentro del territorio con un enfoque de derechos fundamentado en la dignidad humana y reconocimiento holístico de los derechos de las personas, con apoyo además en los instrumentos internacionales de derechos humanos.

1.3. Los principios que rigen el ejercicio de los derechos en el Ecuador

La importancia de los principios en la ciencia del Derecho es innegable, por cuanto los mismos sirven de sustento a las normas para su desarrollo y ejercicio práctico, convirtiéndose en aquellos mandatos de optimización como generalmente se los conoce.

Al respecto Lico M. indica que:

> "En resumen, los principios generales del Derecho constituyen el basamento en que se asienta y fundamenta el ordenamiento positivo en general, la fuente perenne de renovación y reinvento para todo ese ordenamiento, siendo sus funciones esenciales como se dijo, las siguientes:

---

13 Biblioteca del Congreso Nacional de Chile. 2017. *El Estado-Formación Cívica». Formación Cívica.* Chile 2017, https://www.bcn.cl/formacioncivica/detalle_guia?h=10221.3/45679

> 1) Constituyen el fundamento del ordenamiento positivo, ellos no son la consecuencia del ordenamiento positivo, sino que, por el contrario, constituyen su fundamento;
> 2) Orientan la labor interpretativa de las normas del Derecho positivo; y
> 3) Son fuente en caso de insuficiencia de ley y de costumbre. Son de esta manera la fuente inagotable del Derecho y el expediente arbitrado para resolver el problema de las lagunas de la ley".[14]

Ronald Dworkin, reconoce a los principios como estándares, y encuentra una importante definición de los mismos, así nos indica:

> "Llamo "principio" a un estándar que ha de ser observado, no porque favorezca o asegure una situación económica, política o social que se considera deseable, sino porque es una exigencia de la justicia, la equidad o alguna otra dimensión de la moralidad".[15]

En otras palabras, podemos entender a los principios como mandatos de optimización que buscan que los derechos de las y los ciudadanos sean aplicados de manera correcta y que el Estado sea quien impulse los mismos con el fin de garantizar la tutela judicial efectiva y los derechos de las personas.

El Ecuador se rige bajo ciertos principios, mismos que se encuentran tipificados dentro de la Constitución (Art. 11), principios que buscan que el ejercicio de los derechos se los aplique de manera correcta.

Desde el mismo preámbulo de la Constitución de 2008, se orienta a indicar que la soberanía radica en el pueblo, haciendo una remembranza histórica, recordando que existe un conjunto de culturas y etnias que lo integran y que le dan sus características, determina la importancia de la naturaleza como sujeto de derechos y la importancia de protegerla, mostrándose como vital para la existencia humana. Además, la misma se plantea como propósito el establecimiento del buen vivir o sumak kawsay[16], que pretende el bien común, en armonía con la naturaleza, su

---

14 Lico, Miguel. 2020. *Breve estudio de los principios generales del Derecho y de los principios generales del Derecho aplicables y surgidos del Derecho Administrativo | Buenos Aires Ciudad-Gobierno de la Ciudad Autónoma de Buenos Aires*, Buenos Aires. 19 de enero de 2020. https://buenosaires.gob.ar/procuracion-general/breve-estudio-de-los-principios-generales-del-derecho-y-de-los-principios.

15 Dworkin, Ronald, "El modelo de las normas", en *Los Derechos en Serio*, Editorial Ariel, Barcelona, 2015, 2, p. 72.

16 Constitución de la República del Ecuador. 2008. "Art. 275.- El régimen de desarrollo es el conjunto organizado, sostenible y dinámico de los sistemas económicos, políticos, socio-culturales y ambientales, que garantizan la realización del buen vivir, del sumak kawsay. El Estado planificará el desarrollo del país para garantizar el ejercicio de los derechos, la consecución de los objetivos del régimen de desarrollo y los principios

respeto y el desarrollo sostenible, planteándose el respeto a la persona humana basada en su dignidad, en igualdad ante la ley y respeto a sus derechos, denotándose la formulación de estos objetivos primordiales del texto constitucional.

A fin de hacer efectivo ese gran propósito plantado desde el preámbulo de la Constitución, en el título II de los "Derechos", capítulo primero titulado como "Principios de aplicación de los derechos" artículo 11[17].

---

consagrados en la Constitución. La planificación propiciará la equidad social y territorial, promoverá la concertación, y será participativa, descentralizada, desconcentrada y transparente. El buen vivir requerirá que las personas, comunidades, pueblos y nacionalidades gocen efectivamente de sus derechos, y ejerzan responsabilidades en el marco de la interculturalidad, del respeto a sus diversidades, y de la convivencia armónica con la naturaleza".

17 *Ibídem.* Art. 11.- El ejercicio de los derechos se regirá por los siguientes principios: 1. Los derechos se podrán ejercer, promover y exigir de forma individual o colectiva ante las autoridades competentes; estas autoridades garantizarán su cumplimiento. 2. Todas las personas son iguales y gozarán de los mismos derechos, deberes y oportunidades. Nadie podrá ser discriminado por razones de etnia, lugar de nacimiento, edad, sexo, identidad de género, identidad cultural, estado civil, idioma, religión, ideología, filiación política, pasado judicial, condición socio-económica, condición migratoria, orientación sexual, estado de salud, portar VIH, discapacidad, diferencia física; ni por cualquier otra distinción, personal o colectiva, temporal o permanente, que tenga por objeto o resultado menoscabar o anular el reconocimiento, goce o ejercicio de los derechos. La ley sancionará toda forma de discriminación. El Estado adoptará medidas de acción afirmativa que promuevan la igualdad real en favor de los titulares de derechos que se encuentren en situación de desigualdad. 3. Los derechos y garantías establecidos en la Constitución y en los instrumentos internacionales de derechos humanos serán de directa e inmediata aplicación por y ante cualquier servidora o servidor público, administrativo o judicial, de oficio o a petición de parte. Para el ejercicio de los derechos y las garantías constitucionales no se exigirán condiciones o requisitos que no estén establecidos en la Constitución o la ley. Los derechos serán plenamente justiciables. No podrá alegarse falta de norma jurídica para justificar su violación o desconocimiento, para desechar la acción por esos hechos ni para negar su reconocimiento. 4. Ninguna norma jurídica podrá restringir el contenido de los derechos ni de las garantías constitucionales. 5. En materia de derechos y garantías constitucionales, las servidoras y servidores públicos, administrativos o judiciales, deberán aplicar la norma y la interpretación que más favorezcan su efectiva vigencia. 6. Todos los principios y los derechos son inalienables, irrenunciables, indivisibles, interdependientes y de igual jerarquía. 7. El reconocimiento de los derechos y garantías establecidos en la Constitución y en los instrumentos internacionales de derechos humanos, no excluirá los demás derechos derivados de la dignidad de las personas, comunidades, pueblos y nacionalidades, que sean necesarios para su pleno desenvolvimiento. 8. El contenido de los derechos se desarrollará de manera progresiva a través de las normas, la jurisprudencia y las políticas públicas. El Estado generará y garantizará las condiciones necesarias para su pleno reconocimiento y ejercicio. Será inconstitucional cualquier acción u omisión de carácter regresivo que disminuya, menoscabe o anule injustificadamente el ejercicio de los derechos. 9. El más alto deber del Estado consiste

Podemos así confirmar, como los derechos pueden exigirse de manera individual o colectiva, ya que existen casos en los que la vulneración de derechos no va solo contra una sola persona, sino que afectan a un grupo determinado, un claro ejemplo se da en los casos en donde en ciertas comunidades, se empiezan a explotar ciertos recursos naturales, como consecuencia, el medio ambiente se deteriora y las comunidades tiene problemas de salud, de alimentación o de movilidad, entre otros, es en estos casos donde la comunidad completa puede exigir sus derechos de manera colectiva, lo cual es una garantía que parte y se origina de estos referidos principios de aplicación.

Conociendo que el Ecuador es un país multicultural y plurinacional, y que sus integrantes (pueblos y nacionalidades) conviven en un mismo territorio, existen en la práctica problemas de discriminación, lo cual entorpece la aplicación de derechos y acrecenta la desigualdad, por lo cual es obligación estatal el igual trato a todas las personas sin ninguna disticón por género, sexo, religión, etc., lo cual sin duda es uno de los principios básicos y fuertes de la Constitución, el cual a más de ser un principios general del Derecho, puede ser aplicado directamente basado en este rango constitucional.

Es sustancial que todas las leyes y normas que se creen no sean contrarias a la Constitución, sino que deben ser consonantes con ella y armónicas plenamente, cuanto más en temas de garantías de derechos, lo cual se pretende sea siempre así, ya que si por alguna razón, las leyes (o cualquier otra norma infra constitucional) que se creen sean contrarias a la Constitución, estas pueden ser objeto de inconstitucionalidad, por lo cual siempre se debe tener como base a la norma jurídica suprema, la Constitución.

La ley siempre se presenta como perfectible y obviamente al ser elaborada por seres humanos esta puede presentar ciertas inconsistencias o

---

en respetar y hacer respetar los derechos garantizados en la Constitución. El Estado, sus delegatarios, concesionarios y toda persona que actúe en ejercicio de una potestad pública, estarán obligados a reparar las violaciones a los derechos de los particulares por la falta o deficiencia en la prestación de los servicios públicos, o por las acciones u omisiones de sus funcionarias y funcionarios, y empleadas y empleados públicos en el desempeño de sus cargos. El Estado ejercerá de forma inmediata el derecho de repetición en contra de las personas responsables del daño producido, sin perjuicio de las responsabilidades civiles, penales y administrativas. El Estado será responsable por detención arbitraria, error judicial, retardo injustificado o inadecuada administración de justicia, violación del derecho a la tutela judicial efectiva, y por las violaciones de los principios y reglas del debido proceso. Cuando una sentencia condenatoria sea reformada o revocada, el Estado reparará a la persona que haya sufrido pena como resultado de tal sentencia y, declarada la responsabilidad por tales actos de servidoras o servidores públicos, administrativos o judiciales, se repetirá en contra de ellos.

yerros; de tal manera que existen casos en donde la ley no es muy clara, pero la obligación de quienes aplican la ley, es mediante la interpretación más favorable posible, esto ocurre solamente cuando se evidencia la duda sobre su veracidad; y, cuando la interpretación evidentemente lógica o literal sea imposible, es por esta razón que los jueces o servidores públicos, tienen la obligación constitucional de aplicar la norma de la manera más favorable, orientada a la garantía plena de los derechos, en aplicación de los principios señalados anteriormente.

Los derechos y principios son inalienables, irrenunciables, indivisibles, interdependientes y de igual jerarquía, esto reviste una trascendencia especial por cuanto se introduce de manera indirecta la obligación a las autoridades y en especial a la administración de justicia la exigencia de la ponderación al momento del análisis o colisión inclusive de derechos y principios, lo cual representa ya una innovación en el texto constitucional.

Se plantea la garantía y el respeto a los tratados internaciones, conociendo que estos deben ser siempre interpretados en favor de los derechos y de conformidad con los derechos y garantías constitucionales, así el Estado siempre debe velar por la integralidad de los derechos de las personas, brindando más protección a quien más lo necesita, destacándose la preeminencia que se otorga en la Constitución a los tratados o instrumentos internacionales de Derechos Humanos, basado en el principio pro homine determinado en la norma suprema, debe ajustarse a tales instrumentos internacionales en el contexto de su contenido, en especial cuando sean más favorables a los derechos humanos y nunca contrariarlos.

Los principios constitucionales son una fortaleza dentro del texto constitucional, por cuanto sirven como un sustento normativo suficiente, que fortalece las normas dependientes de la Constitución, en donde en base al mismo no puede alegarse falta de norma para la tutela efectiva de derechos, más aun cuanto este en su contenido integral puede transversalizarse a todo el ordenamiento jurídico, pero sobre todo representa una herramienta efectiva para la aplicación de los derechos en la praxis, más aún de los grupos que requieren atención y protección especial, cumpliendo con el objetivo primordial de garantizar el buen vivir como objetivo elemental de la Constitución.

1.4. Aplicación directa de la Constitución. La prioridad para las personas vulnerables

La Constitución como norma suprema representa la piedra angular de todo el sistema jurídico vigente en el Estado ecuatoriano, así se afirma en el artículo 424 y determina su surpemacia; por otra parte el texto de la Constitución, acertadamente se refiere al ordenamiento jurídico subyacente, así artículo 425 señala sobre el orden jerárquico de aplicación de las normas[18].

Se nos presenta de forma jerárquica la normativa, así siempre se advertirá la indiscutible supremacía constitucional y su directa aplicación, porque esta representa un amplio catálogo de derechos y haciendo uso inclusive solamente de los principios previamente señalados, se pueden garantizar los derechos de los ciudadanos, sin dejar de lado la necesaria remisión obligatoria a los tratados internacionales de derechos humanos, lo resulta pertinente cuando de grupos vulnerables se trata.

El articulo 426 Ibídem, nos dice que todas las personas, autoridades e instituciones están sujetas a la Constitución[19], coligiéndose del mismo que todas las entidades públicas y privadas, la ciudadanía, las juezas y jueces del país y demás autoridades tienen la obligación impuesta de manera expresa de acatar lo que la Constitución como máximo cuerpo normativo prevea, cuestión positiva que se orienta a garantizar este buen vivir, haciéndose énfasis en la garantiza de derechos y prerrogativas impuestas a favor de los grupos vulnerables, identificados con prioridad en cuanto a la tutela de derechos respecta.

1.5. Los jueces Constitucionales y la motivación, su relación con los grupos de atención prioritaria

Una de las facultades que todos los jueces del Ecuador tienen es que son constitucionales, eso quiere decir que dentro de sus competencias que por especialidad conozcan, deben conocer además acciones de índole constitucional, tales como la acción de protección, habeas corpus, habeas data, acción de accesos a la información pública y medidas cautelares autónomas; partiendo de lo previsto en el artículo 86 de la Constitución,

---

18 *Ibídem*. Art. 425.- El orden jerárquico de aplicación de las normas será el siguiente: La Constitución; los tratados y convenios internacionales; las leyes orgánicas; las leyes ordinarias; las normas regionales y las ordenanzas distritales; los decretos y reglamentos; las ordenanzas; los acuerdos y las resoluciones; y los demás actos y decisiones de los poderes públicos. En caso de conflicto entre normas de distinta jerarquía, la Corte Constitucional, las juezas y jueces, autoridades administrativas y servidoras y servidores públicos, lo resolverán mediante la aplicación de la norma jerárquica superior. La jerarquía normativa considerará, en lo que corresponda, el principio de competencia, en especial la titularidad de las competencias exclusivas de los gobiernos autónomos descentralizados.

19 *Ibídem*.

con desarrollo en la Ley de Garantías Jurisdiccionales y Control Constitucional, así que en esta materia su accionar se basa en reglas que la propia Constitución señala y que sirven para garantizar directamente los derechos previstos en ella.

Una de las garantías del debido proceso es la motivación, así por mandato constitucional las decisiones de las autoridades ya sean públicas o privadas deben ser siempre motivadas, determinándose de manera coherente el porqué de la decisión, ya que, en caso de no hacerlo, se estaría frente a un vicio que incluso puede invalidar la decisión.

Refiriéndose a la motivación la sentencia 179-14-SEP-CC de la Corte Constitucional, nos indica que, la garantía de la motivación se encuentra compuesta por tres requisitos: la razonabilidad, la lógica y la compresibilidad[20].

Estos elementos citados determinaban en el Ecuador el test de motivación que debía ser apreciado por las autoridades como garantía de la misma, por cuanto se requiere que esta debe ser razonable, ya que la misma debía ser atinente a la causa basada en pruebas que determinen una coherencia efectiva; debía ser lógica, ya que tiene que ver con el asunto planteado o en litigio en donde existen límites prestablecidos como facultad de decisión, y debía ser comprensible por cuanto en el marco de la coherencia ya que debe ser entendida por los todos los ciudadanos, a efectos de poder ser respetada y cumplida sin que exista contradicciones o vacíos que limiten su ejecución, la cual ha sufrido un avance, mediante un nuevo pronunciamiento de la Corte Constitucional (Sentencia No. 1158-17-EP/2, Caso Garantía de la motivación, de 20 de octubre de 2021), en el cual se ha determinado y abordado sobre la estructura mínima y suficiente que a criterio de esta alta Corte garantiza una adecuada motivación.

La motivación es fundamental en relación con los grupos de atención prioritaria y el reconocimiento de sus derechos, por cuanto la Corte Constitucional ha desarrollado en el ámbito de sus competencias varias decisiones, que se han constituido en jurisprudencia obligatoria, la cual es vinculante al momento de judicializar sus derechos, sea en la vía jurisdiccional ordinaria o en la vía constitucional, determinándose así la existencia precedentes jurisprudenciales obligatorios respecto de determinados derechos y además en favor de grupos de atención prioritaria.

---

20 Véase la sentencia de la Corte Constitucional del Ecuador, Sentencia: 179-14-SEP-CC., de 27 de febrero de 2012. https://portal.corteconstitucional.gob.ec/FichaRelatoria.aspx?numdocumento=179-14-SEP-CC#:~:text=De%20acuerdo%20al%20análisis%20efectuado,la%20lógica%20y%20la%20compresibilidad

2. *Los derechos de las personas y grupos de atención prioritaria en el Ecuador*

2.1. Grupos de atención prioritaria: personas vulnerables

Cuando nos referimos a los grupos de atención prioritaria, hacemos referencia a quienes a lo largo del tiempo han sido considerados en situación de desventaja y riesgo, lo que per se determina su vulnerabilidad, siendo esto aquello que les ha imposibilitado el acceso a mejores o iguales condiciones de vida que sus congéneres, a lo cuales también se los ha conocido como personas vulnerables o en condición de vulnerabilidad.

Para la Real Academia de la Lengua española vulnerabilidad, es una acepción de vulnerable, siendo que vulnerable corresponde al: "Que puede ser herido o recibir lesión, física o moralmente".[21]

Esta evidente desventaja se orienta a la posibilidad de ser agraviados con un factor de riesgo mayor, especialmente en el ejercicio de sus derechos y despliegue de sus capacidades, destacándose evidente e históricamente ciertas categorías como adultos mayores, niños, mujeres, entre otros claros ejemplos de esta desventaja, lo que se ratifica cuando ae señala:

> "Personas en situación de vulnerabilidad son las que, por razón de su edad, género, estado físico o mental, o por circunstancias sociales, económicas, étnicas o culturales, se encuentran con especiales dificultades para ejercer con plenitud sus derechos.
> Pueden constituir causas de vulnerabilidad, las siguientes: la edad, la discapacidad, la pertenencia a comunidades indígenas o a minorías, la migración y el desplazamiento interno, la pobreza, el género, la orientación sexual, la privación de libertad, entre otras".[22]

La Corte Interamericana de Derechos Humanos ha orientado su criterio en base a sus decisiones señalando que el Estado se encuentra obligado imperativamente a considerar en el orden de prevención y tratamiento de las vulnerabilidades de las personas, así ha indicado expresamente que:

> "...La Corte Interamericana considera que toda persona que se encuentre en una situación de vulnerabilidad es titular de una protección especial, en razón de los deberes especiales cuyo cumplimiento por parte del Estado es necesario para satisfacer las obligaciones generales de respeto y garantía de los derechos humanos. La Corte reitera que no basta que los Estados se abstengan de violar los derechos, sino que es imperativa la adopción de medidas positivas, determinables en función de las particulares necesidades

---

21 Diccionario de la Real Academia de la Lengua, 2023. https://dle.rae.es/vulnerable?m=form

22 Observatorio Nacional de la Violencia Contra las Mujeres y los Integrantes del Grupo Familiar, https://observatorioviolencia.pe/grupos-vulnerables-ley-n30364/

> de protección del sujeto de derecho, ya sea por su condición personal o por la situación específica en que se encuentre..."[23]

En base a las múltiples consideraciones de la vulnerabilidad y a lo previamente referido por la CIDH, ha sido posible esbozar una clasificación de varias formas de vulnerabilidad, que coadyuvan a su conceptualización, pudiendo identificarse dos categorías, la primera basada en su estabilidad y la segunda dependiente del factor que da origen a la vulnerabilidad.

Entre las ubicadas en base a su estabilidad encontramos: Originadas en situaciones permanentes (imposibles de separar de la persona-etnia, mujer); las provenientes de situaciones estables (niñez, vejez, enfermedad); y, las que devienen de situaciones transitorias (circunstancias de la persona-embarazo, privación de libertad).

Mientras que entre aquellas que dependen del factor que causa la vulnerabilidad se encuentra la vulnerabilidad: Derivada de situaciones familiares (dependencia jerárquica), entre ciudadanos (contratos), provocada por el Estado, sea por acción u omisión de forma directa o indirecta (vulneración de derechos)[24].

Las vulnerabilidades de las personas traducidas en desventajas son precisamente lo que les caracterizan, ya que envuelven debilidad[25], un contexto de amenaza o riesgo de sufrir daño a partir de particularidades personales tales como: edad, sexo, entorno familiar, domicilio, ocupación, medio cultural, nivel de formación, condición física o mental, entre otras.

Junto a la vulnerabilidad, se debe analizar el factor denominado cuidado, basado en las tareas de cuidado ya sea de forma general concreta como un elemento fundamental que interviene en el desarrollo y supervivencia de las sociedades, con un objetivo claro determinado a fortalecer la protección de la vulnerabilidad como un criterio para una democracia profunda y estricta[26]; en donde interviene tanto la sociedad en la que se

---

23 Véase la sentencia de la Corte Interamericana de Derechos Humanos, Sentencia de Ximenes Lopes v. Brasil, 4 de julio de 2006, párr. 104.

24 Basset, Úrsula, *La vulnerabilidad como estándar internacional de protección de los derechos humanos, con especial referencia al adulto mayor*, 2023. https://www.teseopress.com/3congreso2016/chapter/309/

25 Feito, L., "Vulnerabilidad". *Anales Sis San Navarra* [online]. 2007, vol. 30, suppl.3 [citado 2023-05-05], pp. 07-22. Disponible en: http://scielo.isciii.es/scielo.php?script=sci_arttext&pid=S1137-66272007000600002&lng=es&nrm=iso. ISSN 1137-6627

26 Neto, Luisa, Anabela Costa Leão, and Jorge Gracia, "Introducción: Vulnerabilidad Y Cuidado. Una aproximación Desde Los Derechos Humanos". *Oñati Socio-Legal Series* 12, 2022 (1):1-5. https://opo.iisj.net/index.php/osls/article/view/1321

incluye a la familia, como el Estado en sí, cada uno desde su esfera y con las responsabilidades impuestas para estos.

Efectivamente es importante el reconocimiento de la vulnerabilidad como la desventaja referida, pero que a la par exige la concreción de estas, por medio de acciones a todo nivel apreciado también como cuidado, para garantizar efectivamente los derechos y sobre todo los derechos humanos de las personas vulnerables, ello se afirma con lo señalado por Fernando Flores que dice:

> "... el mundo del Derecho debe centrarse en el modo en que el ámbito de los cuidados, tan amplio en su objeto, tan transversal, tan subjetivo en parte, puede ser aprehendido de modo riguroso por lo jurídico, y concretado en un derecho fundamental que, por una parte, guíe al legislador y al Estado en las funciones que la Constitución les atribuye y, de otra, proporcione a la ciudadanía un instrumento de garantía y protección cierto ante los tribunales y la Administración.
>
> La configuración constitucional de ese derecho no resulta tarea fácil, pero sí estimulante, pues sitúa al investigador y al debate académico entre juristas en la tesitura de repasar y reconsiderar conceptos y planteamientos teóricos quizás demasiado arraigados e incontestados. Quizás aparece aquí lo que Ferrajoli sugiere —reivindica— como necesario cambio de paradigma dirigido a una materialización de la dimensión sustancial de la constitución y de los derechos fundamentales, que «reinicie» un sistema político democrático necesitado de una legitimidad condicionada a la protección efectiva de los principios y derechos fundamentales (civiles, políticos, económicos, sociales, culturales) que nuestra Constitución reconoce".[27]

2.2. Los grupos de atención prioritaria en el Ecuador

En el Ecuador existen prerrogativas a favor de los grupos relegados históricamente, mismas que se encuentran consagradas dentro de la Constitución de la Repúblicar, específicamente en el capítulo tercero titulado como "Derechos de las personas y grupos de atención prioritaria", en donde su artículo 35 nos expresa quiénes y que son los grupos de atención prioritaria[28].

---

27 Flores, Fernando, "DERECHO Y PERSONAS MAYORES", *Teoría & Derecho. Revista De Pensamiento jurídico*, (33), 10-12, 2022, p. 155, https://doi.org/10.36151/td.2022.048 p. 155 https://teoriayderecho.tirant.com/index.php/teoria-y-derecho/issue/view/39/43

28 Constitución de la República del Ecuador. 2008. Art. 35.- Las personas adultas mayores, niñas, niños y adolescentes, mujeres embarazadas, personas con discapacidad, personas privadas de libertad y quienes adolezcan de enfermedades catastróficas o de alta complejidad, recibirán atención prioritaria y especializada en los ámbitos público y privado. La misma atención prioritaria recibirán las personas en situación de riesgo,

Se los denomina de atención prioritaria partiendo de la consideración de su vulnerabilidad, o evidente desventaja, porque estos serán los primeros en recibir atenciones dentro de los sistemas sean públicos o privados del país, además que recibirán beneficios por parte del Estado en busca de equidad, orientado a equiparar oportunidades y accesos. Son grupos que han sido discriminados por sus condiciones diferentes y muchas de las veces estimadas incluso como "extrañas" a lo habitual, siendo en ocasiones blanco de rechazo o relegación dentro de atenciones del Estado y oportunidades en el sector privado.

Los beneficios que las personas de los grupos de atención prioritaria tienen, se basan en la necesidad real y diferenciada que poseen, en base a la desigualdad que la sociedad ha implantado, por lo cual Estado tiene la obligación de emitir normas en base al poder que ejerce por medio de los gobernantes, para resarcir estas diferencias y garantizar los derechos de tales grupos, sin dejar de lado las políticas de Estado y políticas públicas que coadyuvaran efectivamente a este fin.

Por otra parte, podemos apreciar la presencia de otros grupos que necesitan también atención especializada, a estos grupos se los considera en situación de riesgo, ya que por una situación fortuita o de fuerza mayor, tienen cierta desventaja específicas que generan vulnerabilidad evidente, un claro ejemplo son las personas que sean víctimas de desastres naturales, lo que obliga al Estado hacerse cargo de estos en tales eventos no previstos.

Tenemos también a ciertas personas que presentan doble vulnerabilidad, es decir que se pueden encontrar en circunstancias concurrentes de desventaja o vulnerabilidad o a la vez en condiciones de dos de los grupos concebidos como prioritarios o incluso en más, entonces estos tienen una aún atención más favorable por su condición.

Afianzando lo indicado respecto de esta concepción de doble vulnerabilidad, Loor M. y Espinoza B. (2021) nos dice:

> "A la actualidad, los mecanismos de protección ganan amplio terreno y su enfoque va más allá, generando así mayor amplitud y fortalecimiento en su aplicación. Es por ello que, las personas de doble vulnerabilidad, entiéndase por estas aquellas que la Constitución de la República del Ecuador, así las reconoce en su artículo 35, se encuentran inmersas en aquella esfera de una igualdad que posiblemente se vea quebrantada, en razón de su situación de vulnerabilidad.

---

las víctimas de violencia doméstica y sexual, maltrato infantil, desastres naturales o antropogénicos. El Estado prestará especial protección a las personas en condición de doble vulnerabilidad.

> Llegado a este punto debemos aclarar el concepto de vulnerabilidad, de manera que la comprensión y la dirección que pretende tomar los mecanismos de protección sea evidente y precisa. En tal sentido, tenemos que la vulnerabilidad es el origen de un riesgo, amenaza o peligro, pero no es solo la presencia de este riesgo la que determina el que un sujeto sea vulnerable o no, sino la falta —o disminución— de capacidad de respuesta, protección, abrigo o defensa frente a ese riesgo, o de mitigar o evitar sus consecuencias".[29]

Se pretende que los mecanismos de garantía de derechos para grupos de atención prioritaria sean de carácter equitativo, ya que se busca la igualdad dentro del Estado, generando políticas que favorezcan a los grupos de atención prioritaria para generar las mismas oportunidades para todas las personas.

2.3. Derechos de las personas adultas mayores

La Real Academia de la Lengua, no precisa una definición de personas adultas mayores como tal, pero dentro de las definiciones relacionadas a la edad, concreta a las personas de la denominada tercera edad como de: "Período avanzado de la vida de las personas en el que normalmente disminuye la vida laboral activa".[30], vinculando a la misma con vejez que indica es: "Edad senil, senectud".[31]; y, senectud que es: "Período de la vida humana que sigue a la madurez".[32]

La Organización Mundial de la Salud señala que las personas de 60 a 74 años son apreciados como de edad avanzada, aquellos de 75 a 90 años viejas o ancianas, y los que sobre pasan los 90 años se les designa como viejos o longevos, mientras que de manera general a todo sujeto mayor de 60 años se le llamará persona de la tercera edad[33].

Desde la doctrina se refieren a los integrantes de este grupo como aquellas personas que, como consecuencia del paso del tiempo y el proceso de los años, se encuentra atravesando cambios a nivel físico y psicológico (evidente deterioro por el paso del tiempo), así desde una concepción biológica, el envejecimiento es la consecuencia del acopio de una gran diversidad de daños moleculares y celulares a lo largo del tiempo, lo que

---

29 Derecho Ecuador. "Personas de doble vulnerabilidad", Ecuador, 16 de abril de 2021. https://derechoecuador.com/personas-de-doble-vulnerabilidad/

30 Diccionario de la Real Academia de la Lengua, 2023 https://dle.rae.es/edad?m=form

31 *Idem.*

32 *Idem.*

33 Guzmán, Annali. Análisis de la calidad de vida en adultos mayores del Municipio de Tetepango, Hidalgo. p. 16, 2010, https://www.uaeh.edu.mx/nuestro_alumnado/esc_sup/huejutla/licenciatura/Analisis%20de%20la%20calidad%20de%20vida.pdf

ocasiona una pérdida o deterioro gradual de las capacidades físicas y/o mentales, un más alto riesgo de enfermedad y, como consecuencia y adicional a ello mayor riesgo de muerte[34], siendo estas sus características.

El Estado y la sociedad debe brindarles condiciones y garantías para la efectividad de sus derechos económicos y sociales, ya que demandan de cuidados específicos e individuales durante el proceso de envejecimiento, así respecto a las contraprestaciones que el Derecho les debe, Flores ha manifestado que:

> "Uno de los campos en el que el debate sobre los cuidados es más incipiente y necesitado de desarrollo es el del Derecho, y en él quizás sea el relativo a su configuración jurídica en relación con las personas mayores el que esté adquiriendo mayor notoriedad. Porque nunca como en esta época se ha hablado tanto de los mayores y sus derechos, y nunca han concurrido unas circunstancias tan claras para justificar esta atención. Este interés por los mayores y los cuidados se fundamenta, por una parte, en una circunstancia estructural: la confirmación demográfica global del envejecimiento. Hoy en día, las tendencias demográficas configuran un aumento gradual y sostenido de la población mayor de 65 años... // De modo que se observa una población con un creciente número de personas mayores, muchas de ellas necesitadas de cuidados en todo momento, pero más aún en coyunturas de crisis, sean estas sanitarias, económicas o ambientales. Se constata que esas personas siguen siendo ciudadanas de pleno derecho, con su principio de autonomía y su dignidad personal teórica y constitucionalmente intacta. Y se advierte que del grado de protección de esa autonomía y esa dignidad humana depende la consideración de nuestras sociedades como verdaderas democracias y Estados de Derecho garantes de los derechos y libertades fundamentales..."[35]

Dentro de los principales instrumentos internacionales que se ocupan de este grupo vulnerable encontramos a los Principios de las Naciones Unidas en favor de las Personas de Edad (1991); la Proclamación sobre el Envejecimiento (1992); la Declaración Política y el Plan de Acción Internacional de Madrid sobre el Envejecimiento (2002), así como los instrumentos regionales tales como la Estrategia Regional de implementación para América Latina y el Caribe del Plan de Acción Internacional de Madrid sobre el Envejecimiento (2003); la Declaración de Brasilia (2007), el Plan de Acción de la Organización Panamericana de la Salud sobre la salud de las personas mayores, incluido el envejecimiento activo y saludable (2009), la Declaración de Compromiso de Puerto España (2009) y la Carta de San José sobre los derechos de las personas mayores de América

34 Organización Mundial de la Salud. Envejecimiento y salud, 2023, https://www.who.int/es/news-room/fact-sheets/detail/ageing-and-health

35 Flores, Fernando, "Derecho y personas mayores", *ob. cit.*, p. 136.

Latina y el Caribe (2012) y a la Convención Interamericana Sobre la Protección de los Derechos Humanos de las Personas Mayores, sin perjuicio de otros conexos que pueden cubrirlos en determinados casos.

En el ordenamiento jurídico del Ecuador, en primer lugar, debemos entender quién es un adulto mayor, así según la Ley del Adulto Mayor en su título II "de los sujetos de la ley y sus deberes", Capítulo I "de los sujetos", articulo 5 "Persona adulta mayor" nos dice que se considera persona adulta mayor aquella que ha cumplido los 65 años de edad[36].

Así el grupo generacional que se encuentra desde los 65 años en adelante forma parte de este grupo de atención prioritaria, sin importar su situación biológica, social, de género o económica, ya que la única condición que se debe de tener en cuenta es su edad.

Muchos de sus derechos se vulneran y existe una constante histórica de su relegación y desprotección, por lo general estas personas quedan en indefensión, a más de que por su avanzada edad, muchas veces se ve restringida su movilidad por condiciones físicas y por ende su capacidad de acción física que le permita ejercitar varios otros derechos o inclusive exigirlos.

Los derechos que existen para las personas adultas mayores van enfocados a su atención especializada y prevención de abandono, de entre los reconocidos legalmente podemos mencionar: el acceso a la salud especializada y gratuita y también medicamentos gratuitos, tener un trabajo remunerado en función a sus capacidades y limitaciones, rebajas en transporte y eventos públicos, exoneración en el régimen tributario, en el ámbito notarial se exonera ciertos valores, asegurar una vivienda digna, recibir alimentos por parte de parientes en caso de necesitar, entre otros[37].

Lamentablemente es una constante que en el país se discrimine mucho a las personas adultas mayores, ya que la sociedad las ve como no útiles

---

36 Asamblea Nacional Del Ecuador, Ley Orgánica de Las Personas Adultas Mayores, 9 de mayo de 2019.https://www.gob.ec/sites/default/files/regulations/201906/Documento_%20LEY%20ORGANICA%20DE%20LAS%20PERSONAS%20ADULTAS%20MAYORES.pdf.

37 Consejo de Igualdad Intergeneracional, "Estado de Situación de Las Personas Adultas Mayores". 2023: "- La atención gratuita y especializada de salud, así como el acceso gratuito a medicinas. - El trabajo remunerado, en función de sus capacidades, para lo cual tomará en cuenta sus limitaciones. // - La jubilación universal. // - Rebajas en los servicios públicos y en servicios privados de transporte y espectáculos.// - Exenciones en el régimen tributario. - Exoneración del pago por costos notariales y registrales, de acuerdo con la ley.// - El acceso a una vivienda que asegure una vida digna, con respeto a su opinión y consentimiento. // - Derecho a recibir alimentos de sus parientes". https://www.igualdad.gob.ec/estado-de-situacion-de-las-personas-adultas-mayores/

(al haber concluido su etapa productiva), y que no tienen relevancia dentro del mismo, ya que la limitación física y mental les impide oportunidades laborales; por otra parte, dentro de las familias se presentan casos en donde se abandona a los adultos mayores.

Otro factor que incide en este grupo generacional es la pobreza, por cuanto gran parte de adultos mayores viven en la pobreza extrema, tanto por las situaciones de abandono y muchas otras que viven en zonas rurales y su único sustento era el trabajo agrícola, el que tiene un problema de sobrevaloración y además por las limitaciones físicas, ya es imposible que puedan trabajar las tierras; más por otra parte como reconocimiento estatal de lo señalado, tenemos el denominado bono para las personas de la tercera edad, al cual en el caso de querer acceder se debe postular[38].

En base a la igualdad de oportunidades, enfocada en adultos mayores se relaciona con la atención prioritaria y especializada, estimando que las políticas públicas deben ir enfocadas al reconocimiento de su edad y experiencia para promover el conocimiento ancestral como del buen vivir, incluso por medio de ayudas al momento de la jubilación o de un trabajo remunerado[39].

Se busca igualdad ante la ley, se debe asegurar que existan normas especializadas que protejan a los adultos mayores dentro del ámbito económico, social y contra la violencia, también regular la misma para que pueda ser aplicada dentro de sus capacidades[40].

La Ley del Adulto Mayor, se encuentra vigente y fue emitida en el registro oficial No. 484, 9 de mayo de 2019, fue aprobada por el pleno de la Asamblea Nacional del Estado. Según su articulo 1 nos explica que

---

38 Ecuador LegaL. "Bono Para Las Personas de La Tercera Edad", 2023. https://www.ecuadorlegalonline.com/consultas/bono-personas-de-la-tercera edad/#:~:text=Aquellas%20personas%20de%20la%20tercera,bono%20de%20%24100%20dólares%20mensuales

39 *Idem.* "Atención prioritaria y especializada para las personas adultas mayores - Las políticas públicas disponen para las personas adultas mayores, trabajo remunerado en función de sus capacidades y limitaciones y la jubilación universal. - Las políticas públicas reconocen el conocimiento, sabiduría y experiencia de las personas adultas mayores para promover el buen vivir".

40 *Idem.* "Atención prioritaria y especializada para las personas adultas mayores - El contenido de la norma dispone atención prioritaria y especializada para las personas adultas mayores en los ámbitos público y privado, en especial en la inclusión social, económica y protección contra la violencia. - El contenido de la norma dispone para las personas adultas mayores, trabajo remunerado en función de sus capacidades y limitaciones y la jubilación universal. - El contenido de la norma reconoce el conocimiento, sabiduría y experiencia de las personas adultas mayores para promover el buen vivir".

el objeto de la misma, es promover, regular y garantizar la plena vigencia, difusión y ejercicio de los derechos específicos de las personas adultas mayores, en el marco del principio de atención prioritaria y especializada, expresados en la Constitución de la República, instrumentos internacionales de derechos humanos y leyes conexas, con enfoque de género, movilidad humana, generacional e intercultural.

Esta ley tiene distintos enfoques, mismos que se encuentran establecidos en el artículo 3 ibídem, entre ellos tenemos la creación de sistemas especializados para la protección de sus derechos, así como garantizar derechos, como lo son el de igualdad y no discriminación, generar políticas para la ayuda de un envejecimiento saludable por medio de programas estatales, conocer de manera asertiva la corresponsabilidad que existe ente estado, familia y sociedad con las personas adultas mayores sin rasgar su autonomía, generar normativa que verdaderamente los auxilie, asegurar acceso a servicios básicos y promover la eliminación de abandono y violencia de cualquier tipo[41], destacándose la efectividad y plena vigencia de la misma la cual se aprecia como una verdadera herramienta para la tutela de sus derechos como respuesta estatal a su condición y derechos.

---

41 *Idem.* "Art. 3.- Fines. La presente Ley tiene las siguientes finalidades:
a) Crear el Sistema Nacional Especializado de Protección Integral de los Derechos de las Personas Adultas Mayores.
b) Impulsar el cumplimiento de mecanismos de promoción, asistencia, exigibilidad, protección y restitución de los derechos de las personas adultas mayores, garantizando el derecho a la igualdad y no discriminación;
c) Orientar políticas, planes y programas por parte del Estado que respondan a las necesidades de los adultos mayores y promuevan un envejecimiento saludable;
d) Promover la corresponsabilidad y participación del Estado, sociedad y familia, para lograr la inclusión de las personas adultas mayores y su autonomía, teniendo en cuenta sus experiencias de vida y garantizar el pleno ejercicio de sus derechos;
e) Garantizar y promover la integración, participación ciudadana activa e inclusión plena y efectiva de las personas adultas mayores, en los ámbitos de construcción de políticas públicas, así como en actividades políticas, sociales, deportivas, culturales y cívicas;
f) Establecer un marco normativo que permita el pleno ejercicio de los derechos de las personas adultas mayores;
g) Garantizar para las personas adultas mayores una vida digna mediante el acceso y disponibilidad de servicios necesarios con calidad y calidez, en todas las etapas del envejecimiento; y,
h) Promover la eliminación de todas las formas de abandono, discriminación, odio, explotación, violencia y abuso por razones de la edad, en contra de las personas adultas mayores, en el marco de las competencias de los integrantes del Sistema de conformidad con la legislación vigente".

2.4. Derechos de las niñas, niños y adolescentes

La Real Academia de la Lengua define a la niñez como "Período de la vida humana, que se extiende desde el nacimiento a la pubertad"[42], y a la vez a niño como "El que está en la niñez, que tiene pocos años, que tiene poca experiencia".[43], relacionándolo además con quien merece tratamiento de más consideración social y legal.

La doctrina se refieren al niño como todo ser humano que todavía no ha alcanzado la pubertad, es por ello que es una persona que se encuentra en la niñez y tiene pocos años de vida[44], sustentado aquello merece la pena señalar como se identifica al niño desde la justicia, así la Corte Suprema de la Nación Argentina ha indicado que:

> "... el niño es un sujeto de derecho pleno, sin dejar de advertir que es un ser que transita un todavía inacabado proceso natural de constitución de su aparato psíquico de incorporación y arraigo de los valores, principios normas que hacen la convivencia pacífica en una sociedad democrática..."[45]

La Convención sobre los Derechos del Niño en el Art. 1 señala que para los efectos de la misma, se entiende por niño todo ser humano menor de dieciocho años de edad, salvo que, en virtud de la ley que le sea aplicable, haya alcanzado antes la mayoría de edad.

Se pueden advertir como características que identifican a este grupo la corta edad, la falta de madurez, la incapacidad legal, la poca experiencia, la necesidad de representación legal, la progresividad en cuanto a su experiencia o la poca reflexión y advertencia, entre otras.

El principal instrumento internacional que se ocupa de este grupo vulnerable corresponde a la Convención sobre los Derechos del Niño, hasta el momento ningún otro tratado internacional sobre derechos humanos ha provocado tal consenso por parte de los gobiernos, el cual se constituye en el pilar fundamental sobre el que se desarrolla toda la legislación internacional conexa y ordenamiento jurídicos internos en torno al tema, sin perjuicio de la existencia de otros.

En el Ecuador: En primer lugar debemos delimitar en que grupo generacional se encuentra el mismo, para eso nos remitimos al Código Or-

---

42 Diccionario de la Real Academia de la Lengua. 2023. https://dle.rae.es/ni%C3%B1ez?m=form

43 *Idem.*

44 Piaget, Jean. Teoría Cognoscitiva. 1970. https://scholar.google.com.ec/scholar?q=Piaget+Jean.+Teor%C3%ADa+Cognoscitiva&hl=es&as_sdt=0&as_vis=1&oi=scholart

45 Corte Suprema de la Nación Argentina. El principio del interés superior del niño. Fallos: 335:2307; 335:1136 (voto de los jueces Lorenzetti y Maqueda); 331:2691. p. 14.

gánico de Niñez y Adolescencia, en su libro primero "Los niños, niñas y adolescentes como sujetos de derechos" título I "Definiciones" artículo 2 que nos dice:

> "Las normas del presente Código son aplicables a todo ser humano, desde su concepción hasta que cumpla dieciocho años de edad. Por excepción, protege a personas que han cumplido dicha edad, en los casos expresamente contemplados en este Código".[46]

Para ampliar un poco más la definición, las niñas y niños se rigen entre los 0 y 11 años, por otra parte tenemos a las y los adolescentes, que se encuentran entre los 12 a 17 años[47]. En la legislación ecuatoriana no se discrimina a ninguna niña, niño y adolescente, por causa alguna, por el contrario dentro del mismo Código se resalta que se tratara a toda la niñez y adolescencia por igual, materializándose normativamente el principio de igualdad (artículo 6).

Lamentablemente y es una realidad que en el Ecuador, las niñas, niños y adolescentes han sido discriminados por su edad, ya que el adultocentrismo es un inconveniente latente en territorio, ya que la participación de los mismos basada en su incapacidad relativa legal ha estado muy limitada, por esta razón, muchos de sus derechos no han podido ser efectivizados, pese a conocer el Estado que tiene la obligación de brindar educación gratuita y de calidad, una salud especializada y demás derechos que siempre se han visto limitados.

La vulneración de derechos por temas de una aparente y concebida superioridad del adulto son los que hacen a este un grupo vulnerable, además que dentro de la infancia y adolescencia es donde más se desarrolla el ser humano tanto física como psicológicamente, es donde se recibe la mayor cantidad de conocimientos por parte de los sistemas de educación, es allí entonces en donde nace la importancia del escuchar y proteger de sobremanera a las niñas, niños y adolescentes a fin de concretar efectivamente sus derechos basados en sus requerimientos especiales y singulares, a más de los que merecen de manera general o colectiva.

En Ecuador según datos del INEC, a la fecha de consulta, teníamos un total de 4.333.264 niñas y niños entre los 0 y 12 años[48] y aproximadamente unos 3.000.000 de habitantes entre los 13 y 17 años, por lo cual

---

46 Código Orgánico de la Niñez y Adolescencia. 2003.

47 *Idem.*

48 El Telégrafo, "En Ecuador existen más de 4 millones de infantes". Ecuador, 2013. https://www.eltelegrafo.com.ec/noticias/sociedad/1/en-ecuador-existen-mas-de-4-millones-de-infantes#:~:text=El%20Instituto%20Nacional%20de%20Estad%C3%ADstica,%2C%20y%20el%2049%25%20ni%C3%B1as.

podemos apreciar que existe una gran masa poblacional de niñas, niños y adolescentes. Debiendo destacarse que estas cifras ya reportan un interés adicional, puesto que la actual Constitución prevé el voto facultativo de los mayores de 16 años hasta que cumplan su mayoría de edad, lo que en la realidad se aprecia como un punto a considerar para satisfacer sus derechos ya que representan votos en el ámbito electoral.

En la legislación vigente, se considera el interés superior del niño como norma de interpretación de los derechos de los niños y este servirá para asegurar el ejercicio pleno de sus derechos, así expresamente lo señala el Art. 44 de la Constitución[49].

En el Ecuador el Código Orgánico de Niñez y Adolescencia es una ley especialzada, aprobado y publicado en el registro oficial en el año 2002 y entro en vigencia el 3 de Julio de 2003[50], en ella se busca que los derechos de las niñas, niños ya adolescentes, se adapten a sus necesidades y se les brinde atención especializada, conociendo que los núcleos y niveles de responsabilidad son la familia, la sociedad y el Estado, se destaca el artículo 11 que se refiere al principio del interés superior proveniente de la Constitución[51].

---

49 Constitución de la República del Ecuador. 2008. "Art. 44.- El Estado, la sociedad y la familia promoverán de forma prioritaria el desarrollo integral de las niñas, niños y adolescentes, y asegurarán el ejercicio pleno de sus derechos; se atenderá al principio de su interés superior y sus derechos prevalecerán sobre los de las demás personas. Las niñas, niños y adolescentes tendrán derecho a su desarrollo integral, entendido como proceso de crecimiento, maduración y despliegue de su intelecto y de sus capacidades, potencialidades y aspiraciones, en un entorno familiar, escolar, social y comunitario de afectividad y seguridad. Este entorno permitirá la satisfacción de sus necesidades sociales, afectivo-emocionales y culturales, con el apoyo de políticas intersectoriales nacionales y locales".

50 Código Orgánico de la Niñez y Adolescencia, 2003. "OCTAVA.- En el plazo de ciento ochenta días a partir de la aprobación de esta ley, los municipios que no han creado las Juntas de Protección de Derechos, tendrán la obligación de hacerlo. El incumplimiento acarreará la correspondiente acción por parte de la Contraloría General del Estado".

51 *Ibídem.* Art. 11.- El interés superior del niño. El interés superior del niño es un principio que está orientado a satisfacer el ejercicio efectivo del conjunto de los derechos de los niños, niñas y adolescentes; e impone a todas las autoridades administrativas y judiciales y a las instituciones públicas y privadas, el deber de ajustar sus decisiones y acciones para su cumplimiento. Para apreciar el interés superior se considerará la necesidad de mantener un justo equilibrio entre los derechos y deberes de niños, niñas y adolescentes, en la forma que mejor convenga a la realización de sus derechos y garantías. Este principio prevalece sobre el principio de diversidad étnica y cultural. El interés superior del niño es un principio de interpretación de la presente Ley. Nadie podrá invocarlo contra norma expresa y sin escuchar previamente la opinión del niño, niña o adolescente involucrado, que esté en condiciones de expresarla.

El principio del interés superior nace de un instrumento internacional ratificado por el Ecuador hace ya más de 30 años, La Convención de los Derechos del Niño, en donde se realizó varios avances acerca de derechos, tales como es que dejen de ser objetos de derecho y pasen a hacer sujetos de derechos, temas de salud, educación y también se introduce el tema del interés superior del niño[52] y se introdujo en la legislación ecuatoriana[53], fruto de la obligación adquirida de adecuación de normas internas.

Este código además considerando la inobservancia de los derechos que históricamente se ha producido con la niñez, fruto de la edad, de tal manera que se ha destacado como necesario el reconocimiento de la igualdad y no discriminación, en donde se resalta que los mismos son iguales ante la ley independientemente de cualquier factor externo[54]. Pudiendo destacarse ese plus adicional que brinda el Art. 45 de la Constitución[55] que afirma que sus derechos prevalecerán por sobre los de las demás personas como una prerrogativa adicional a su protección reforzada.

---

52 Plan de Acción de la Cumbre Mundial a Favor de la Infancia, "Convención Sobre Los Derechos Del Niño": "INTERÉS SUPERIOR DEL NIÑO Todas las medidas respecto del niño deben estar basadas en la consideración del interés superior del mismo. Corresponde al Estado asegurar una adecuada protección y cuidado, cuando los padres y madres, u otras personas responsables, no tienen capacidad para hacerlo". https://www.un.org/es/events/childrenday/pdf/derechos.pdf

53 *Idem.*

54 Código Orgánico de la Niñez y Adolescencia, 2003. "Art. 6.- Igualdad y no discriminación. Todos los niños, niñas y adolescentes son iguales ante la ley y no serán discriminados por causa de su nacimiento, nacionalidad, edad, sexo, etnia, color, origen social, idioma, religión, filiación, opinión política, situación económica, orientación sexual, estado de salud, discapacidad o diversidad cultural o cualquier otra condición propia o de sus progenitores, representantes o familiares".

55 Constitución de la República del Ecuador. 2008. "Art. 45.- Las niñas, niños y adolescentes gozarán de los derechos comunes del ser humano, además de los específicos de su edad. El Estado reconocerá y garantizará la vida, incluido el cuidado y protección desde la concepción. Las niñas, niños y adolescentes tienen derecho a la integridad física y psíquica; a su identidad, nombre y ciudadanía; a la salud integral y nutrición; a la educación y cultura, al deporte y recreación; a la seguridad social; a tener una familia y disfrutar de la convivencia familiar y comunitaria; a la participación social; al respeto de su libertad y dignidad; a ser consultados en los asuntos que les afecten; a educarse de manera prioritaria en su idioma y en los contextos culturales propios de sus pueblos y nacionalidades; y a recibir información acerca de sus progenitores o familiares ausentes, salvo que fuera perjudicial para su bienestar. El Estado garantizará su libertad de expresión y asociación, el funcionamiento libre de los consejos estudiantiles y demás formas asociativas".

Se destaca dentro de esta norma la visibilidad que se da a las niñas, niños y adolescentes en situación de doble vulnerabilidad, más específicamente a aquellos que son parte de los pueblos y nacionalidades indígenas y afro ecuatorianas, dándoles el derecho de poder desarrollarse dentro de su territorio y con sus costumbres y tradiciones[56].

Efectivamente los derechos de este grupo de atención prioritaria de la niñez, tiene una protección que nace del texto constitucional, el que además en su artículo 175 prevé la existencia de una justicia especializada[57] y que se halla desarrollada acertadamente por medio de la norma especial de la materia, el Código de la Niñez y Adolescencia.

2.5. Derechos de las mujeres embarazadas

De manera general la Real Academia de la Lengua no define a la mujer embarazada como tal, pero si al embarazo señalando que el mismo es un: "Estado en que se halla la mujer gestante".[58], lo cual nos remite al término preñada, la cual se define como: "Dicho de una mujer, o de una hembra de cualquier especie: Que ha concebido y tiene el feto o la criatura en el vientre"[59].

El embarazo es la expresión usada para referirse al período de desarrollo del feto en el vientre materno, el cual suele durar alrededor de cuarenta semanas, o algo más de 9 meses; manifestándose que:

> "La definición legal del embarazo sigue a la definición médica: para la Organización Mundial de la Salud (OMS) el embarazo comienza cuando termina la implantación, que es el proceso que comienza cuando se adhiere el blastocito a la pared del útero (unos 5 o 6 días después de la fecundación, entonces este, atraviesa el endometrio e invade el estroma. El proceso de implantación finaliza cuando el defecto en la superficie del epitelio se cierra

---

56 Código Orgánico de la Niñez y Adolescencia, 2003. "Art. 7.- Niños, niñas y adolescentes indígenas y afroecuatorianos.La ley reconoce y garantiza el derecho de los niños, niñas y adolescentes de nacionalidades indígenas y afroecuatorianos, adesarrollarse de acuerdo a su cultura y en un marco de interculturalidad, conforme a lo dispuesto en la Constitución Política de la República, siempre que las prácticas culturales no conculquen sus derechos".

57 Constitución de la República del Ecuador. 2008: "Art. 175.- Las niñas, niños y adolescentes estarán sujetos a una legislación y a una administración de justicia especializada, así como a operadores de justicia debidamente capacitados, que aplicarán los principios de la doctrina de protección integral. La administración de justicia especializada dividirá la competencia en protección de derechos y en responsabilidad de adolescentes infractores".

58 Diccionario de la Real Academia de la Lengua, 2003, https://dle.rae.es/embarazo?m=form

59 *Idem.*

y se completa el proceso de nidación, comenzando entonces el embarazo. Esto ocurre entre los días 12 a 16 tras la fecundación".[60]

Como características que identifican a las mujeres gestantes los cambios fisiológicos, psicológicos, las necesidades de atención especializada en todos los ámbitos especialmente en el de la salud y la obligación de cuidado de la misma así como del que está por nacer.

Un importante instrumento internacional que se ocupa de este grupo vulnerable corresponde al Convenio 183 de la OIT, el cual observa en su esencia la protección a la mujer de potenciales imposiciones para regresar al trabajo, durante un momento en que puede resultar perjudicial para su salud o la del nacido observando la importancia de la licencia de maternidad[61], sin perjuicio de la existencia de otros conexos que pueden cubrirlos en determinados casos, su condición representa una vulnerabilidad incuestionable.

---

60 Menéndez Guerrero, Gilberto Enrique, Navas Cabrera Inocencia, Hidalgo Rodríguez Yusleidy, Espert Castellanos José. "El embarazo y sus complicaciones en la madre adolescente". *Rev Cubana Obstet Ginecol [Internet]*. 2012 Sep [citado 2023 Mayo 10]; 38(3): 333-342. http://scielo.sld.cu/scielo.php?script=sci_arttext&pid=S0138-600X2012000300006&lng=es.

61 Convenio 183 de la OIT. Protección de la Salud: "Artículo 3. Todo Miembro, previa consulta con las organizaciones representativas de empleadores y de trabajadores, deberá adoptar las medidas necesarias para garantizar que no se obligue a las mujeres embarazadas o lactantes a desempeñar un trabajo que haya sido determinado por la autoridad competente como perjudicial para su salud o la de su hijo, o respecto del cual se haya establecido mediante evaluación que conlleva un riesgo significativo para la salud de la madre o del hijo.
LICENCIA DE MATERNIDAD. Artículo 4
1. Toda mujer a la que se aplique el presente Convenio tendrá derecho, mediante presentación de un certificado médico o de cualquier otro certificado apropiado, según lo determinen la legislación y la práctica nacionales, en el que se indique la fecha presunta del parto, a una licencia de maternidad de una duración de al menos catorce semanas.
2. Todo Miembro deberá indicar en una declaración anexa a su ratificación del presente Convenio la duración de la licencia antes mencionada.
3. Todo Miembro podrá notificar posteriormente al Director General de la Oficina Internacional del Trabajo, mediante otra declaración, que extiende la duración de la licencia de maternidad.
4. Teniendo debidamente en cuenta la necesidad de proteger la salud de la madre y del hijo, la licencia de maternidad incluirá un período de seis semanas de licencia obligatoria posterior al parto, a menos que se acuerde de otra forma a nivel nacional por los gobiernos y las organizaciones representativas de empleadores y de trabajadores.
5. El período prenatal de la licencia de maternidad deberá prolongarse por un período equivalente al transcurrido entre la fecha presunta del parto y la fecha en que el parto tiene lugar efectivamente, sin reducir la duración de cualquier período de licencia obligatoria después del parto.

Las mujeres embarazadas se les considera dentro de los grupos de atención prioritaria, ya que son discriminadas de muchas formas, y a consecuencia de su estado, su estado físico y mental cambia en este periodo, pudiendo en determinados casos ser este un desencadénate de tal situación.

Son discriminadas dentro de muchos ambientes, entre ellos podemos destacar el laboral, ya que, dentro de este, el empleador debe dar ciertas facilidades a la empleada como son tiempo libre en donde ella podrá hacer sus revisiones de rutina y además después del embarazo se les debe otorgar dos horas diarias para su lactancia (caso ecuatoriano). Muchas veces por estas responsabilidades del empleador, este decide no contratar a las mujeres y mucho menos a mujeres embarazadas, algunas que ya se encuentran trabajando son despedidas[62], evidenciándose lo señalado como un problema recurrente en la realidad ecuatoriana.

Dentro de los inconvenientes que una mujer embarazada afronta esta la llamada violencia obstétrica, esta viene por parte de los profesionales de salud, en donde generalmente emiten comentarios y denigran a la mujer por su estado de gestación, existiendo maltrato físico, violación a la privacidad, negación de tratamientos entre otros[63].

Dentro de la legislación ecuatoriana, tenemos una ley que se especializa que favorece a las mujeres embarazadas y que las ubica como sujeto de derechos, esta es la Ley de Maternidad Gratuita y Atención a la Infancia, en virtud de la cual toda mujer tiene derecho a la atención de salud gratuita y de calidad durante su embarazo, parto y post-parto, así como al acceso a programas de salud sexual y reproductiva, como una acción de salud pública, responsabilidad del Estado[64].

De lo que se colige que la garantía constitucional de consideración de la vulnerabilidad de las mujeres embarazadas se halla protegida por me-

---

62 Comision para la Igualdad de Oportunidades en el Empleo, "Discriminación Por Embarazo", 2023, https://www.eeoc.gov/es/discriminacion-por embarazo#:~:text=La%20discriminaci%C3%B3n%20por%20embarazo%20consiste,el%20embarazo%20o20el%20parto

63 Instituto Nacional de Salud Publica del Gobierno de Mexico, La violencia obstétrica también es violencia contra la mujer: "La violencia obstétrica se define como una forma específica de violencia ejercida por profesionales de la salud (predominantemente médicos y personal de enfermería) hacia las mujeres embarazadas, en labor de parto y el puerperio. Constituye una violación a los derechos reproductivos y sexuales de las mujeres". https://www.insp.mx/avisos/5138-dia-violencia-mujer-obstetrica.html

64 Ley de Maternidad Gratuita y Atención a la Infancia, 2014. https://www.igualdad.gob.ec/wp-content/uploads/downloads/2017/11/ley_maternidad_gratuita_atencion_infancia.pdf.

dio de normas infra constitucionales que materializan los derechos de las mujeres embarazadas como grupo de atención prioritaria.

2.6. Derechos de las personas con discapacidad

La Real Academia de la Lengua concibe al discapacitado como aquel que posee una discapacidad y está a la vez se define como: "Situación de la persona que, por sus condiciones físicas, sensoriales, intelectuales o mentales duraderas, encuentra dificultades para su participación e inclusión social".[65]

Ratificando lo señalado la Organización Mundial de la Salud, define a la discapacidad como:

> "Cualquier restricción o impedimento de la capacidad de realizar una actividad en la forma o dentro del margen que se considera normal para el ser humano. La discapacidad se caracteriza por excesos o insuficiencias en el desempeño de una actividad rutinaria normal, los cuales pueden ser temporales o permanentes, reversibles u originados como consecuencia directa de la deficiencia o como una respuesta del propio individuo, sobre todo la psicológica, las deficiencias físicas, sensoriales o de otro tipo"[66]

Se evidencian así como características propias de las personas con discapacidad las deficiencias sean físicas, mentales, intelectuales o sensoriales, la eventual falta de interacción con otras personas, la presencia de barreras que limitan su participación social ya sea en lo público o privado, entre otras particulares dependiendo de cada caso.

El principal instrumento internacional que se ocupa de este grupo vulnerable corresponde a La Convención Sobre los Derechos de las Personas con Discapacidad y su Protocolo Facultativo, sin perjuicio de la existencia de otros conexos.

Según la Ley Orgánica de Discapacidades, se estima como personas con discapacidad a aquellas que, como consecuencia de una o más deficiencias físicas, mentales, intelectuales o sensoriales, con independencia de la causa que la hubiera originado, ve restringida permanentemente su capacidad biológica, sicológica y asociativa para ejercer una o más actividades esenciales de la vida diaria, en la proporción que establezca el

---

65 Diccionario de la Real Academia de la Lengua, 2023. https://dle.rae.es/discapacidad?m=form

66 Vigil Zulueta, Isabel Adela et al, "Enfoque bioético de la discapacidad y calidad de vida". *MEDISAN*, Santiago de Cuba, v. 17, n. 1, p. 148-156, enero 2013. Disponible en http://scielo.sld.cu/scielo.php?script=sci_arttext&pid=S1029-30192013000100018&lng=es&nrm=iso

Reglamento correspondiente[67]. En el Ecuador se tiene en consideración como discapacidad cuando se tiene al menos un 30% de deficiencia, mismo que será comprobado por medio de un carnet que será entregado por el Ministerio de Salud Pública por medio de la Dirección Nacional de Discapacidades, para lo cual se tienen las siguientes consideraciones en los niveles de discapacidad:

GRADO	NIVEL DE DISCAPACIDAD
0%	Discapacidad nula
1% - 24%	Discapacidad leve
15% - 49%	Discapacidad moderada
50% - 74%	Discapacidad grave
75% en adelante	Discapacidad muy grave

Fuente: (MSP, 2023)

La discriminación en su contra es muy fuerte en todos los ámbitos y en todas las edades, desde la educación, hasta el trabajo y la salud, las personas con discapacidad son relegadas dentro de la sociedad, lo cual ha sucedido a través del tiempo. Para las personas con discapacidades físicas es un poco más difícil el tema de acceso a espacios públicos y privados, siendo esta imposibilidad de acceso físico, dejando a las personas con discapacidad, fuera de muchas actividades y espacios necesarios para ellos. Por otro lado tenemos la evidente imposibilidad de acceso a plazas laborales o de representación bajo el argumento de su discapacidad lo cual per se avizora como una discriminación por su sola condición.

El Ecuador tiene una ley que ampara directamente a las personas con discapacidad tutelando sus derechos y situándolos en el plano de sujetos de derechos, y esta es la Ley Orgánica de Discapacidades, en donde se plasman derechos que ayudan a combatir las problemáticas, desigualdades y discriminación que deben afrontar, recalcando el abandono, discriminación y actos de odio.

Dentro de las acciones afirmativas que tienen las personas con discapacidad dentro del Ecuador, podemos recalcar la de entrega de ayudas técnicas de forma gratuita, también el que los espacios públicos sean accesibles y una atención especializada dentro de sistemas educativos y laborales, aparte las personas con discapacidad pueden ser acreedores de

---

67 Ley Orgánica de Discapacidades, 2012. https://www.consejodiscapacidades.gob.ec/wp-content/uploads/downloads/2014/02/ley_organica_discapacidades.pdf.

bonos de ayuda económica dependiendo su situación[68], con lo que se puede considerar la real aplicación de la norma constitucional y el reconocimiento efectivo de los derechos de las personas con discapacidad.

2.7. Derechos de las personas privadas de la libertad

La Real Academia de la Lengua no precisa una definición de privado de libertad como tal, más si de preso como quien guarda prisión, y ha perdido su libertad.

Desde la doctrina se aprecia la privación de la libertad como la modalidad más radical de intervención del Estado para limitar un derecho fundamental, ya que quebranta la misma médula del sistema de libertades, sobre el presupuesto de todos los demás derechos, limitando la plena realización de las personas[69].

Las características que identifican a este grupo, son partiendo de la limitación de su libertad y pleno ejercicio de los demás derechos que se desprende de aquel como el de libertad de tránsito, la separación del entorno social y familiar, la incapacidad legal relativa y la necesidad de atención estatal obligatoria en todos los ámbitos al ser el custodio de tales personas.

Se debe considerar que muchos son los instrumentos internacionales que se ocupan indirectamente de este grupo vulnerable pero merece la pena destacar Las Reglas Mínimas de las Naciones Unidas para el Tratamiento de los Reclusos (Las Reglas Nelson Mandela)[70], que marcan un reconocimiento especifico de sus derechos y deben ser observadas en el sistema interamericano, sin perjuicio de la existencia de otras conexos.

Dentro del territorio ecuatoriano, muchas mujeres, hombres y adolescentes son parte de los centros de rehabilitación social, quienes se halla

---

68 Consejo Nacional para la Igualdad de Discapacidades. "Medidas de Acción Afirmativa". Gobierno del Ecuador. *Op. cit.*

69 San Martín, César. La privación de la libertad personal en el proceso penal y el Derecho Internacional de los derechos Humanos, *Derecho y Sociedad 20,* Perú, pp. 160-173, file:///C:/Users/jose.barragan/Downloads/Dialnet-LaPrivacionDeLaLibertadPersonalEnElProcesoPenalYEl-7792817.pdf

70 UNODC. *Reglas Mínimas de las Naciones Unidas para el Tratamiento de los Reclusos*: "Principios fundamentales. Regla 1: Todos los reclusos serán tratados con el respeto que merecen su dignidad y valor intrínsecos en cuanto seres humanos. Ningún recluso será sometido a tortura ni a otros tratos o penas crueles, inhumanos o degradantes, contra los cuales se habrá de proteger a todos los reclusos, y no podrá invocarse ninguna circunstancia como justificación en contrario. Se velará en todo momento por la seguridad de los reclusos, el personal, los proveedores de servicios y los visitantes".

internos por haber cometido infracciones o delitos, y al momento de mantenerlos en estos lugares, se los separa de su núcleo social y de sus familias, por lo cual muchos sufren abandono.

En los centros de rehabilitación existe una sobre población, por lo cual el sistema de reintegración a la sociedad esta siento un poco menos efectivo de lo que se espera, lo cual afecta de una manera significante a las personas privadas de libertad. Algo que también se aprecia como normal es que existía una desigualdad al interior mismo de los centros y el abuso de poder por parte de los custodios, ya que mucho se ha hablado de tratos inhumanos o degradantes a los reos, muchas veces sin razón aparente, por lo cual muchos tratados internacionales firmados por el Ecuador regulan esta situación[71].

Las personas privadas de la libertad cuentan con prerrogativas constantes en el Código Orgánico Integral Penal, de manera puntual en el capítulo segundo derechos y garantías de las personas privadas de libertad[72], y cuentan además con el Reglamento del Sistema Nacional de Rehabili-

---

71 Convención Interamericana de los Derechos Humanos. "Personas Privadas de la Libertad en Ecuador". OEA, 21 de febrero de 2022. https://www.oas.org/es/cidh/informes/pdfs/Informe-PPL-Ecuador_VF.pdf.

72 Código Orgánico Integral Penal. "Art. 12.- Derechos y garantías de las personas privadas de libertad.- (Reformado por el Art. 4 de la Ley s/n, R.O. 107-S, 24-XII-2019).- Las personas privadas de libertad gozarán de los derechos y garantías reconocidos en la Constitución de la República y los instrumentos internacionales de derechos humanos:

1. Integridad: (Sustituido por el Art. 2 de la Ley s/n, R.O. 107-S, 24-XII-2019).- La persona privada de libertad tiene derecho a la integridad física, psíquica, moral y sexual.

Se prohíbe toda acción, tratamiento o sanción que implique tortura, castigos corporales, castigos colectivos, métodos que tengan como finalidad anular la personalidad o disminuir la capacidad física o mental de la persona o cualquier forma de trato discriminatorio, cruel, inhumano o degradante.

2. Libertad de expresión: la persona privada de libertad tiene derecho a recibir información, dar opiniones y difundirlas por cualquier medio de expresión disponible en los centros de privación de libertad.

3. Libertad de conciencia y religión: la persona privada de libertad tiene derecho a que se respete su libertad de conciencia y religión y a que se le facilite el ejercicio de la misma, incluso a no profesar religión alguna. Se respetarán los objetos personales con estos fines, siempre y cuando no pongan en riesgo la seguridad del centro de privación de libertad.

4. Trabajo, educación, cultura y recreación: el Estado reconoce el derecho al trabajo, educación, cultura y recreación de las personas privadas de libertad y garantiza las condiciones para su ejercicio. El trabajo podrá desarrollarse mediante asociaciones con fines productivos y comerciales.

5. Privacidad personal y familiar: la persona privada de libertad tiene derecho a que se respete su vida privada y la de su familia.

6. Protección de datos de carácter personal: la persona privada de libertad tiene derecho a la protección de sus datos de carácter personal, que incluye el acceso y uso de esta información.
7. Asociación: la persona privada de libertad tiene derecho a asociarse con fines lícitos y a nombrar sus representantes, de conformidad con la Constitución de la República y la Ley.
8. Sufragio: la persona privada de libertad por medidas cautelares personales tiene derecho al sufragio. Se suspenderá para aquellas personas que tengan sentencia condenatoria ejecutoriada.
9. Quejas y peticiones: la persona privada de libertad, tiene derecho a presentar quejas o peticiones ante la autoridad competente del centro de privación de libertad, a la o al juez de garantías penitenciarias y a recibir respuestas claras y oportunas.
10. Información: la persona privada de libertad, en el momento de su ingreso a cualquier centro de privación de libertad, tiene derecho a ser informada en su propia lengua acerca de sus derechos, las normas del establecimiento y los medios de los que dispone para formular peticiones y quejas. Esta información deberá ser pública, escrita y estar a disposición de las personas, en todo momento.
11. Salud: (Reformado por el Art. 3 de la Ley s/n, R.O. 107-S, 24-XII-2019).- la persona privada de libertad tiene derecho a la salud preventiva, curativa y de rehabilitación, tanto física como mental, oportuna, especializada e integral. Para garantizar el ejercicio de este derecho se considerarán las condiciones específicas de cada grupo de la población privada de libertad.
En los centros de privación de libertad de mujeres, el departamento médico contará con personal femenino especializado. Se tendrán en cuenta las necesidades médicas y de alimentación de las mujeres privadas de la libertad que se encuentren en período de gestación, de las que hayan dado a luz recientemente y de las que se encuentren en período de lactancia. Los centros de rehabilitación social contarán con las instalaciones y artículos necesarios para satisfacer las necesidades de higiene propias de su género. Los estudios, diagnósticos, tratamientos y medicamentos serán gratuitos.
En caso de adicciones a sustancias estupefacientes, psicotrópicas o preparados que los contengan o de alcoholismo y tabaquismo, el Ministerio de Salud Pública brindará tratamiento de carácter terapéutico o de rehabilitación mediante consultas o sesiones, con el fin de lograr la deshabituación. La atención se realizará en los centros de privación de libertad a través de personal calificado para el efecto.
12. Alimentación: la persona privada de libertad tiene derecho a una nutrición adecuada, en cuanto a calidad y cantidad, en lugares apropiados para el efecto. Tendrá derecho al acceso a agua potable en todo momento.
13. Relaciones familiares y sociales: la persona privada de libertad tiene derecho a mantener su vínculo familiar y social. Deberá estar ubicada en centros de privación de libertad cercanos a su familia, a menos que manifieste su voluntad contraria o que, por razones de seguridad debidamente justificadas o para evitar el hacinamiento, sea necesaria su reubicación en un centro de privación de libertad situado en distinto lugar al de su familia, domicilio habitual y juez natural.
14. Comunicación y visita: sin perjuicio de las restricciones propias de los regímenes de seguridad, la persona privada de libertad tiene derecho a comunicarse y recibir visitas de sus familiares y amigos, defensora o defensor público o privado y a la visita íntima de su pareja, en lugares y condiciones que garanticen su privacidad, la seguridad de las personas y del centro de privación de libertad.

tación Social[73], el que busca proteger a las personas privadas de libertad por medio de reglas para el buen funcionamiento de estos centros, con el enfoque de garantizar los derechos de los reos, considerando sus circunstancias y derechos humanos.

Este reglamento tiene como finalidad el regular el funcionamiento de sistema nacional de rehabilitación social para potenciar las capacidades de reinserción social de las personas privadas de libertad, por medio de directrices que direccionen a este fin y este reglamento se aplicara a todos los niveles de funcionamiento y responsabilidad de estos centros[74].

El ejercicio de este derecho debe darse en igualdad de condiciones, sin importar su nacionalidad, sexo, preferencia sexual o identidad de género.

La persona privada de libertad de nacionalidad extranjera podrá comunicarse con representantes diplomáticos o consulares de su país.

El derecho a la visita de familiares o amigos no se considerará un privilegio y no se utilizará como sanción la pérdida del mismo, salvo en aquellos casos en que el contacto represente un riesgo para la persona privada de libertad o para la o el visitante. La autoridad competente del centro de privación de libertad reportará a la o al juez de garantías penitenciarias los casos de riesgo.

15. Libertad inmediata: la persona privada de libertad, cuando cumpla la condena, reciba amnistía o indulto o se revoque la medida cautelar, será liberada inmediatamente, siendo necesario para ello únicamente la presentación de la orden de excarcelación emitida por la autoridad competente. Las o los servidores públicos que demoren el cumplimiento de esta disposición serán removidos de sus cargos, previo sumario administrativo, sin perjuicio de la responsabilidad civil o penal a que haya lugar.

16. Proporcionalidad en la determinación de las sanciones disciplinarias.- Las sanciones disciplinarias que se impongan a la persona privada de libertad, deberán ser proporcionales a las faltas cometidas. No se podrán imponer medidas sancionadoras indeterminadas ni que contravengan los derechos humanos.

Se respetarán estos derechos, en lo que corresponda, durante el cumplimiento de la medida cautelar de prisión preventiva, el cumplimiento de la pena, en los traslados, registros, requisas o cualquier otra actividad".

73 Servicio Nacional de Atención Integral a Personas Adultas Privadas de la Libertad y Adolescentes Infractores. "Reglamento Del Sistema Nacional de Rehabilitación Social", 2020. https://www.atencionintegral.gob.ec/wp-content/uploads/2020/08/Reglamento-del-SIstema-de-Rehabilitación-Social-SNAI-2020_compressed.pdf.

74 *Idem.*: "Artículo 1. Objeto.- El objeto de este Reglamento es regular el funcionamiento del Sistema Nacional de Rehabilitación Social, la actuación del Organismo Técnico y su Directorio, así como, establecer los mecanismos que permitan la rehabilitación integral de las personas privadas de libertad y el desarrollo de sus capacidades para su reinserción social.

Artículo 2. Ámbito de aplicación.- Las disposiciones contenidas en el presente Reglamento serán de aplicación obligatoria para el Organismo Técnico del Sistema Nacional de Rehabilitación Social, y para todos quienes intervienen en dicho sistema, dentro de sus competencias, en función de los siguientes ámbitos:

1. Ejecución de las medidas cautelares privativas y no privativas de libertad de conformidad con el ordenamiento jurídico penal;

De lo menciono se observa cumplida la consideración de atención prioritaria a favor de las personas privadas de libertad reconociendo su vulnerabilidad y necesidades especiales de atención en todos los aspectos dada su condición e internamiento.

2.8. Derechos de las personas que adolezcan de enfermedades catastróficas o de alta complejidad

La Real Academia de la Lengua identifica a la enfermedad como: "Estado producido en un ser vivo por la alteración de la función de uno de sus órganos o de todo el organismo".[75]; y, a una catástrofe como un "Suceso que produce gran destrucción o daño".[76]. Lo cual lo debemos relacionar directamente ya que no se tiene desde este punto una definición de enfermedad catastrófica como tal.

A criterio de la Organización Mundial de la Salud, estas las llamadas enfermedades catastróficas se reconocen como:

> "... aquellas enfermedades cuyo tratamiento involucra un costo directo mayor al 40% del ingreso del hogar. Estas enfermedades requieren procedimientos complejos tanto para el diagnóstico como para el tratamiento..."[77]

Como características que identifican a este grupo son: presencia de patologías de curso crónico, dolencias que presumen alto riesgo, trata-

---

2. Ejecución de penas privativas de libertad y de aquellas penas no privativas de libertad de competencia del Organismo Técnico;
3. Ejecución de apremios;
4. Gestión y administración de los centros de privación de libertad;
5. Prevención, mantenimiento, control y restablecimiento del orden y la seguridad de los centros de privación de libertad y traslados de las personas privadas de libertad;
6. Diseño y ejecución de procesos de rehabilitación y reinserción social de las personas privadas de libertad a través de los ejes de tratamiento según los regímenes cerrado, semiabierto y abierto, y en los niveles de mínima, media y máxima seguridad que correspondan;
7. Coordinación interinstitucional con las entidades responsables de las medidas de protección integral para las niñas, niños, adolescentes, personas con discapacidad y personas adultas mayores que estén bajo cuidado y dependencia de las personas privadas de libertad; y, 8. Las demás que determine el ordenamiento jurídico vigente".

[75] Diccionario de la Real Academia de la Lengua, 2023, https://dle.rae.es/enfermedad?m=form

[76] *Idem.*

[77] Parra Baltazar, Isabel; Pinto-Dongo, Claudia; Quispe-Iporra, Sara. "Ley de cobertura universal de enfermedades de alto costo". *Rev. perú. med. exp. salud publica, Lima,* v. 33, n. 2, p. 379-380, abr. 2016, http://www.scielo.org.pe/scielo.php?script=sci_arttext&pid=S1726-46342016000200029&lng=es&nrm=iso, http://dx.doi.org/10.17843/rpmesp.2016.332.2191.

miento de alto costo económico, enfermedad de fuerte impacto social y psicológico, afectación a la salud de carácter prolongado o permanente, compromete la vida, requiere cuidados especiales de salud, entre otras.

Existen muchos instrumentos internacionales referentes a la salud, partiendo de la Declaración Universal de Derechos Humanos, entre ellos: Pacto Internacional de Derechos Económicos, Sociales y Culturales Art. 12, Convención Internacional sobre la Eliminación de todas las Formas de Discriminación Racial, 1965: art. 5 e) iv), Pacto Internacional de Derechos Económicos, Sociales y Culturales, 1966: art. 12, Convención sobre la eliminación de todas las formas de discriminación contra la mujer, 1979: arts. 11 1) f), 12 y 14 2) b), Convención sobre los Derechos del Niño, 1989: art. 24 Convención internacional sobre la protección de los derechos de todos los trabajadores migratorios y de sus familiares, 1990: arts. 28, 43 e) y 45 c), Convención sobre los derechos de las personas con discapacidad, 2006: art. 25., la Carta Africana de Derechos Humanos y de los Pueblos (1981), el Protocolo adicional a la Convención Americana sobre Derechos Humanos en la esfera de los derechos económicos, sociales y culturales, denominado Protocolo de San Salvador (1988), y la Carta Social Europea (1961, revisada en 1996). La Convención Americana sobre Derechos Humanos (1969) y la Convención Europea de Salvaguardia de los Derechos Humanos y de las Libertades Fundamentales (1950), denotándose así la importancia del derecho a la salud el cual se halla presente efectivamente en por lo menos 115 Constituciones[78].

Debemos considerar que existen personas que tienen algunas enfermedades que son de carácter catastróficas con opción de desenlace mortal y otras raras, mismas que se explican claramente mediante un acuerdo ministerial proveniente del Ministerio de Salud Pública, que permite el acceso a ciertas consideraciones por tal condición y que se explican de la siguiente manera:

> "Art. 1.- Se considerarán enfermedades catastróficas, raras y huérfanas, las que cumplan las siguientes definiciones.

ENFERMEDADES CATASTRÓFICAS: Son aquellas patologías de curso crónico que suponen un alto riesgo para la vida de la persona, cuyo tratamiento es de alto costo económico e impacto social y que por ser de carácter prolongado o permanente pueda ser susceptible de programa-

---

78 Organización Mundial de la Salud. "El derecho a la salud", folleto informativo No 31, p. 20-24, https://www.ohchr.org/sites/default/files/Documents/Publications/Factsheet31sp.pdf

ción. Generalmente cuentan con escasa o nula cobertura por parte de las aseguradoras.

CRITERIOS DE INCLUSION PARA LAS ENFERMEDADES CATASTRÓFICAS.

- Que impliquen un riesgo alto para la vida;
- Que sea una enfermedad crónica y por lo tanto que su atención no sea emergente;
- Que su tratamiento pueda ser programado;
- Que el valor promedio de su tratamiento mensual sea mayor al valor de una canasta familiar vital, publicada mensualmente por el INEC; y,
- Que su tratamiento o intervención no puedan ser cubiertos, total o parcialmente, en los hospitales públicos o en otras instituciones del Estado Ecuatoriano, lo cual definirá el Ministerio de Salud Pública.

ENFERMEDADES RARAS:

Son aquellas que se consideran potencialmente mortales o debilitantes a largo plazo, de baja prevalencia y alta complejidad, constituyen un conjunto amplio y variado de trastornos que se caracterizan por ser crónicos e incapacitantes. Sus recursos terapéuticos son limitados y de alto costo, algunos se encuentran en etapa experimental.

BAJA PREVALENCIA

Se considera de baja prevalencia a las enfermedades raras cuando se presentan en una por cada 10.000 personas. Y ultra raras cuando la prevalencia es menor a una por cada 50.000 personas.

CRITERIOS DE INCLUSION PARA LAS ENFERMEDADES RARAS Y HUERFANAS DE BAJA PREVALENCIA:

- Son enfermedades generalmente de origen genético;
- De curso crónico, progresivo, degenerativo con una elevada morbimortalidad y alto grado de discapacidad física, mental, conductual y sensorial, que puede comprometer la autonomía de los pacientes;
- De gran complejidad, diagnóstica, pronostica y terapéutica; y
- Que requieren un tratamiento permanente, seguimiento e intervención multi e interdisciplinaria".[79]

Así en el Ecuador se toma en cuenta a las personas con enfermedades catastróficas, raras y huérfanas dentro de un grupo de atención prioritaria, ya que muchas de estas enfermedades generan inhabilidades tanto

---

79 Ministerio de Salud Pública del Ecuador. Acuerdo Ministerial 1829. "Inclusion de Enfermedades Raras para Bono Joaquin Gallegos Lara". Ministerio de Salud pública del Ecuador, 27 de septiembre de 2012. https://www.gob.ec/sites/default/files/regulations/2018-10/Documento_Acuerdo-ministerial-1829.pdf

físicas como psicológicas, lo que dificulta la movilidad y la aceptación dentro de la sociedad y muchas de las veces incluso de la propia familia.

En el ordenamiento jurídico vigente podemos ver reflejada la obligación estatal respecto del derecho a la salud, dentro de la Ley Orgánica de Salud[80], sin embargo las personas con enfermedades catastróficas o raras no tienen una ley especializada.

Por otro lado, tenemos distintas acciones afirmativas que protegen a estas personas, una de ellas el bono Joaquín Gallegos Lara, el cual está orientado a satisfacer sus necesidades económicas provenientes de su situación de salud, al amparo del mandato constitucional del artículo 50 de la Constitución.

La norma suprema da la pauta especificando el derecho a tener una atención de salud gratuita y que sea de manera oportuna y pertinente, también dándoles protección con medicamentos que no existen en la red de medicamentos nacional, con ayudas económicas o eliminación de aranceles en caso de ser importadas, lo cual se aprecia concretado en la práctica mediante las normas y acciones referidas.

2.9. Derechos de las personas en situación de riesgo, las víctimas de violencia doméstica y maltrato sexual, maltrato infantil, desastres naturales o antropogénicos

La Real Academia de la Lengua define al riesgo de manera sencilla como: "Contingencia o proximidad de un daño".[81]; mientras que la doctrina refiriéndose a las mismas identifica a las situaciones de riesgo como aquellas acciones que nos exponen a contingencias o específicamente a peligros, que como consecuencia ocasionan daños a la salud, los cuales pueden ser de orden físico o psicológico; que pueden afectar igualmente la integridad de diferentes personas, inclusive, pueden producir la pérdida de la vida misma[82].

---

80 *Idem.* "Art....(1).- El Estado ecuatoriano reconocerá de interés nacional a las enfermedades catastróficas y raras o huérfanas; y, a través de la autoridad sanitaria nacional, implementará las acciones necesarias para la atención en salud de las y los enfermos que las padezcan, con el fin de mejorar su calidad y expectativa de vida, bajo los principios de disponibilidad, accesibilidad, calidad y calidez; y, estándares de calidad, en la promoción, prevención, diagnóstico, tratamiento, rehabilitación, habilitación y curación. Las personas que sufran estas enfermedades serán consideradas en condiciones de doble vulnerabilidad".

81 Diccionario de la Real Academia de la Lengua, 2023, https://dle.rae.es/riesgo?m=form

82 Gobierno de México. "Situaciones de Riesgo durante la adolescencia"., 2022, https://aprendeencasa.sep.gob.mx/secundaria/situaciones-de-riesgo-durante-la-adolescencia/

El riesgo y las situaciones de riesgo propiamente dichas se caracterizan por combinar ineludiblemente a la amenaza y la vulnerabilidad, entendida la primera como aquella circunstancia peligrosa que puede ocasionar lesiones, daños, destrucción, pérdida de recursos y servicios y provocar impacto a los derechos, en general. Mientras que la vulnerabilidad se concibe como las circunstancias propias de una persona o comunidad, que los hacen susceptibles a los efectos perjudiciales de una amenaza, por lo cual acertadamente relacionándolos se ha indicado que:

> "Con los factores mencionados se compone la siguiente fórmula de riesgo.
> RIESGO = AMENAZA x VULNERABILIDAD (1)
> Los factores que componen la vulnerabilidad son la exposición, susceptibilidad y resiliencia, expresando su relación en la siguiente fórmula.
> VULNERABILIDAD = EXPOSICIÓN x SUSCEPTIBILIDAD/RESILIENCIA (1)
> Exposición es la condición de desventaja debido a la ubicación, posición o localización de un sujeto, objeto o sistema expuesto al riesgo.
> Susceptibilidad es el grado de fragilidad interna de un sujeto, objeto o sistema para enfrentar una amenaza y recibir un posible impacto debido a la ocurrencia de un evento adverso.
> Resiliencia es la capacidad de un sistema, comunidad o sociedad expuestos a una amenaza para resistir, absorber, adaptarse y recuperarse de sus efectos de manera oportuna y eficaz, lo que incluye la preservación y la restauración de sus estructuras y funciones básicas".[83]

Por ultimo tenemos a otro grupo de personas que, por casos fortuito, de fuerza mayor o de acciones humanas, tienen algún incidente, mismos que los hacen estar en una situación de desigualdad en frente del resto de sociedad, por lo cual se busca su auxilio de manera especial y en ocasiones emergente.

En primer lugar, tenemos a las víctimas de violencia doméstica, maltrato sexual y maltrato infantil, estas se consideran de atención prioritaria desde que se da a conocer del caso que los coloca en esta condición de vulnerabilidad, ya que muchas de estas situaciones pasan dentro del hogar, donde se supone que es un lugar seguro y un nivel de responsabilidad, por lo cual al momento de ser separados de sus maltratadores/as o violadores/as, son separados generalmente de sus casas y su entorno, lo cual aparte de las secuelas físicas, deja muchos problemas psicológicos que impiden el buen desarrollo dentro de la sociedad, trabajo, escuela, etc.

---

[83] Centro Internacional de Investigación sobre el Fenómeno El Niño Oscilación del Sur (Enos) En Ecuador-CIIFEN, "Aproximación para el cálculo de riesgo"., 2022, https://ciifen.org/definicion-de-riesgo/

Por otro lado, al momento de hablar de personas que han pasado desastres naturales, también hablamos de personas que se encuentran en una crisis, ya que, gracias a esto, muchas personas se quedan en situación de calle, sin trabajos y comida, siendo esta la evidente vulnerabilidad por lo cual el subsistir se les hace muy difícil o imposible.

Acontecimientos que provocan una innegable vulnerabilidad, que colocan en situación de desventaja y riesgo a las personas, por ende merecen atención prioritaria, es así que el Estado ve la importancia de amparar a este grupo de personas que después de estos hechos no tienen servicios básicos ni recursos elementales para poder tener una vida digna, misma que es un derecho de todas y todos los ecuatorianos.

En el Ecuador no existe una ley especializada para este grupo de atención prioritaria, pero dentro de la Constitución de la República del Ecuador tenemos distintas consideraciones acciones afirmativas mediante organismnos que intervienen en estso eventos[84], con lo que se aprecia concretado el reconocimiento de este grupo de atención prioritaria.

3. *Jurisprudencia relevante dictada por la Corte Constitucional del Ecuador respecto de los derechos de las personas y grupos de atención prioritaria*

3.1. Los fallos dictados por la Corte Constitucional del Ecuador: importancia e incidencia

En el Ecuador la Corte Constitucional como máximo órgano de control constitucional dentro del modelo de control concentrado vigente, cuya jurisdicción es nacional, con autonomía administrativa y financiera, integrada por nueve jueces constitucionales, quienes son elegidos por dos representantes de las funciones legislativa, ejecutiva y de transparencia y control social, mediante candidaturas que son enviadas por estas mismas

---

[84] Constitución de la República del Ecuador. 2008. "Art. 397.- En caso de daños ambientales el Estado actuará de manera inmediata y subsidiaria para garantizar la salud y la restauración de los ecosistemas. Además de la sanción correspondiente, el Estado repetirá contra el operador de la actividad que produjera el daño las obligaciones que conlleve la reparación integral, en las condiciones y con los procedimientos que la ley establezca. La responsabilidad también recaerá sobre las servidoras o servidores responsables de realizar el control ambiental. Para garantizar el derecho individual y colectivo a vivir en un ambiente sano y ecológicamente equilibrado, el Estado se compromete a:... 5. Establecer un sistema nacional de prevención, gestión de riesgos y desastres naturales, basado en los principios de inmediatez, eficiencia, precaución, responsabilidad y solidaridad".

funciones por medio de un concurso público que tiene la opción de impugnación ciudadana como mecanismo de trasparencia y control social, tienen un periodo de nueve años sin opción de renovación y con renovación parcial por tercios cada tres años[85].

Así, la Corte Constitucional del Ecuador, ejerce por mandato constitucional las atribuciones previstas en el Art. 436, entre ellas:

> "...6. Expedir sentencias que constituyan jurisprudencia vinculante respecto de las acciones de protección, cumplimiento, hábeas corpus, hábeas data, acceso a la información pública y demás procesos constitucionales, así como los casos seleccionados por la Corte para su revisión..."[86]

De lo que se coligen las amplias e importantes facultades previstas en la Ley y apoyadas en la ley de garantías jurisdiccionales y control constitucional, la cual además tiene por objetivo primordial regular la jurisdicción constitucional[87], sobre todo considerando que la misma Constitución prevé la posibilidad de acceso a este órgano mediante la garantía consti-

---

85 Constitución de la República del Ecuador. 2008. "Art. 429.- La Corte Constitucional es el máximo órgano de control, interpretación constitucional y de administración de justicia en esta materia. Ejerce jurisdicción nacional y su sede es la ciudad de Quito. Las decisiones relacionadas con las atribuciones previstas en la Constitución serán adoptadas por el pleno de la Corte.
Art. 430.- La Corte Constitucional gozará de autonomía administrativa y financiera. La ley determinará su organización, funcionamiento y los procedimientos para el cumplimiento de sus atribuciones.
Art. 431.- Los miembros de la Corte Constitucional no estarán sujetos a juicio político ni podrán ser removidos por quienes los designen. No obstante, estarán sometidos a los mismos controles que el resto de autoridades públicas y responderán por los demás actos u omisiones que cometan en el ejercicio de sus funciones. Sin perjuicio de la responsabilidad civil, en caso de responsabilidad penal únicamente serán acusados por la Fiscal o el Fiscal General de la Nación y juzgados por el pleno de la Corte Nacional de Justicia, para cuyo efecto se requerirá el voto conforme de las dos terceras partes de sus integrantes. Su destitución será decidida por las dos terceras partes de los integrantes de la Corte Constitucional. El procedimiento, los requisitos y las causas se determinarán en la ley.
Art. 432.- La Corte Constitucional estará integrada por nueve miembros que ejercerán sus funciones en plenario y en salas de acuerdo con la ley. Desempeñarán sus cargos por un periodo de nueve años, sin reelección inmediata y serán renovados por tercios cada tres años. La ley determinará el mecanismo de reemplazo en caso de ausencia del titular".

86 *Ibídem.*

87 Ley Orgánica de Garantías Jurisdiccionales y Control Constitucional, 2009. "Art. 1.- Objeto y finalidad de la ley.- Esta ley tiene por objeto regular la jurisdicción constitucional, con el fin de garantizar jurisdiccionalmente los derechos reconocidos en la Constitución y en los instrumentos internacionales de derechos humanos y de la naturaleza; y garantizar la eficacia y la supremacía constitucional".

tucional denominada acción extraordinaria de protección, a la cual puede acceder cualquier ciudadano de forma individual o colectiva y procede en contra autos, sentencias con fuerza de ley[88], y es aquí en donde deviene la relevancia de los fallos dictados por esta Corte cuando en muchos de los casos como veremos a continuación, quienes accionan esta garantía son personas en situación de vulnerabilidad haciendo prevalecer su condición de personas pertenecientes a grupos de atención prioritaria, en donde efectivamente se plantean desde el ámbito constitucional, las razones jurídicas del por qué sus derechos constitucionales y propios de su condición han sido conculcados y merecen la tutela estatal, exigiendo la protección Estatal por medio de la Constitución como herramienta jurídica efectiva para tal efecto, considerando la magnitud de las decisiones emanadas de esta Corte y su trascendencia, por cuanto las mismas son definitivas e inapelables, y en muchos de los casos con efectos erga omnes, dejando aclarado que no representan una instancia judicial más como tal.

La Corte Constitucional del Ecuador, ha resuelto varias causas relacionadas con grupos de atención prioritaria, las cuales existen y han sido motivo de preocupación por esta alta Corte, evidenciando así la existencia de una necesidad de tutela de los derechos de estas personas mediante garantías de orden constitucional.

Se analizarán brevemente algunos ejemplos determinado la efectiva concreción o no de los derechos referidos en la Constitución, ya que debemos dejara anotado que en efecto existen más de una sentencia respecto de cada tema o grupo, sin embargo el análisis realizado será a manera de ejemplo y de manera resumida con relación a cada grupo, como veremos a continuación.

3.2. Sentencia referente a los derechos de las personas adultas mayores

La sentencia a analizarse es No. 103-19-JH/21, dictada el 01 de diciembre de 2021, referente a una acción de hábeas corpus, planteada por una persona adulta mayor que se encontraba privada de su libertad, pero no en un centro de privación de libertad sino en una Unidad de Vigilancia

---

88 Constitución de la República del Ecuador, 2008. "Art. 437.- Los ciudadanos en forma individual o colectiva podrán presentar una acción extraordinaria de protección contra sentencias, autos definitivos y resoluciones con fuerza de sentencia. Para la admisión de este recurso la Corte constatará el cumplimiento de los siguientes requisitos: 1. Que se trate de sentencias, autos y resoluciones firmes o ejecutoriados. 2. Que el recurrente demuestre que en el juzgamiento se ha violado, por acción u omisión, el debido proceso u otros derechos reconocidos en la Constitución".

Comunitaria (dependencia policial), esto en razón de que no se hizo efectiva la disposición jurisdiccional de arresto domiciliario.

Se determina que los derechos constitucionales de las personas adultas mayores privadas de la libertad deben apreciarse con una consideración de doble vulnerabilidad ya que se infiere de su condición hallarse en dos de los grupos con esta consideración partiendo de la misma Constitución, conforme prevé el art. 51, numerales 6 y 7 de la misma; ratificando la obligación del Estado de proveer a tales personas de un tratamiento con prioridad y especializado, orientando sus acciones que busquen el pleno ejercicio de sus derechos bajo criterios de igualdad sin discriminación alguna, lo cual guarda relación con lo previsto en el Art. 341 del mismo texto constitucional. Lo que determinará además en este contexto una necesaria protección diferenciada que debe reconocer necesidades especiales de atención médica, accesibilidad, garantía de preservación de vínculos familiares, reinserción social o alimentación especial.

Refiriéndose al arresto domiciliario, como un régimen especial para el cumplimiento de medidas privativas de libertad, partiendo de lo previsto en el artículo 38, numeral 7 de la Constitución de la República, se dicta como regla constitucional que cuando juez deba dictar medida cautelar de prisión preventiva en contra de personas procesadas que sean adultas mayores, estas será el arresto domiciliario (a cumplirse en su domicilio, con vigilancia policial permanente o periódica), tendiente a garantizar sus especialices necesidades de salud y alimentación propias de su edad.

Se ha indicado que las medidas deben tener ineludiblemente un enfoque diferenciado, que considere fundamentalmente factores de riesgo de tales personas así como su condición de vulnerabilidad o la eventual posibilidad de vulnerabilidad de sus derechos. El arresto domiciliario debe analizar las condiciones socio económicas del procesado adulto mayor en conjunto con otras causas sean estas género, condición migratoria, edad, discapacidad, persona privada de libertad, a fin de evitar un trato discriminatorio por estas u otros circunstancias en la aplicación de la medida.

Se ordena que al resolver acciones constitucionales de habeas corpus, se debe observar ineludiblemente las siguientes reglas:

1. La medida cautelar de prisión preventiva no se podrá dictar en contra de las personas adultas mayores procesadas;
2. Es prohibido que una medida cautelar se cumpla en una dependencia policial como lo es una UVC.
3. Con el arresto domiciliario a personas adultas mayores se deberá propender a garantizar sus necesidades básicas considerando sus

particulares necesidades, en especial si se halla en condición de doble vulnerabilidad.

4. En estas acciones la carga de la prueba la tienen las entidades accionadas.
5. Se determinó medidas para solventar los obstáculos institucionales y estructurales como medidas de reparación, ordenando al Ministerio de Salud Pública que se determinen los canales adecuados para calificar su grado de discapacidad del afectado; que se elabore un reglamento para tal medida.

De ello se colige un trato diferenciado a favor de los derechos de este grupo de atención prioritaria, esta sentencia concreta los derechos garantizados a partir de la Constitución a favor de las personas adultas mayores y su atención prioritaria, reconociendo sus especiales circunstancias y necesidades propias de su edad y la atención preferente.

3.3. Sentencia referente a los derechos de niñas, niños y adolescentes

La sentencia a analizarse es la No. 1497-20-JP/21, de 21 de diciembre de 2021, esta analiza una alegación respecto a la vulneración del derecho a la educación de una niña, quien además presenta una situación especial de movilidad humana.

Se parte del reconocimiento del derecho a la educación como un derecho fundamental baja garantía del Estado, respetando las características de disponibilidad (suficientes programas e instituciones de enseñanza), accesibilidad (sin discriminación, con accesibilidad materia, accesibilidad económica), aceptabilidad (pertinentes) y adaptabilidad (flexibles conforme a las necesidades sociales) previstas por el Pacto Internacional de Derechos Económicos, Sociales y Culturales (Observación General No. 13, respecto del artículo 13).

Se detectó la presencia de falta de accesibilidad al sistema educativo para niños en situación de movilidad humana, por cuanto mediante una aparente aplicación estricta del ordenamiento jurídico ecuatoriano, se limitó su acceso, lo que originaba una discriminación, convirtiendo a la condición de movilidad en un impedimento de acceso a la educación, dando como resultado una doble vulnerabilidad.

Se determina que es deber del Estado por medio del Ministerio correspondiente aplicar criterios de flexibilidad y razonabilidad, para homologar estudios y así garantizar el derecho a la educación de niños en circunstancias de movilidad a fin de no anular su derecho a la educación, sino facilitar su acceso, cuanto más si son niños y este derecho forma parte de su desarrollo integral partiendo del principio de equidad.

Al limitar a un niño sobre unos de sus derechos y en este caso en particular el derecho a la educación, se lesiona indirectamente a otros derechos, la Corte en esta caso ha visto afectados adicionalmente los derechos a la vida digna y libre desarrollo de la personalidad, partiendo de la concepción de que el derecho a la educaciones por una parte un derecho humano y por otro un medio indispensable para la realización de otros derechos humanos, de ahí se determina que es obligación primaria del estado tutelar este derecho y promoverlo, quedando vetado de obstruirlo de forma irracional, ya que de así hacerlo se limita el desarrollo de las personas, en este caso de los niños y se vería afectada su calidad de vida, ya que la limitante a su acceso sería una afectación a su desarrollo intelectual, social y psicológico, que generaría una situación discapacitante.

Esta ubica medidas de reparación destinadas a excluir prácticas discriminatorias en el acceso a la educación de los niños en situación de movilidad humana, reconociendo así su vulnerabilidad y necesidad de especial atención y protección, destacándose así también la protección reforzada que requieren.

3.4. Sentencia referente a los derechos de las mujeres embarazadas

La sentencia a analizarse es la No. 3-19-JP/20 y acumulados, de 05 de agosto de 2020, se determina la importancia y ámbito de protección de los derechos de las mujeres embarazadas y en periodo de lactancia en la esfera laboral en el sector público, se analiza sobre el derecho a cuidar y al cuidado y los mecanismos para garantizar el derecho al cuidado.

Esta atención especial se la otorga considerando la vulnerabilidad que produce un embarazo, y se orienta a una adecuada y oportuna protección tanto de la salud como de la vida misma de las mujeres durante el embarazo, el parto y posteriormente el postparto.

Se relaciona al embarazo con el derecho a la salud sexual y a la salud reproductiva y en el contexto laboral, se determina la obligación respecto a las personas trabajadoras, mediante, siendo estas tres: 1. Respetar (prohíbe injerencias por parte del Estado u obstaculizar acceso a salud sexual y reproductiva), 2. Proteger (Obligación estatal para impedir que terceros limiten, impidan o anulen el disfrute acceso de la salud sexual y reproductiva); y, 3. Cumplir (Obligación del Estado de adopción de medidas de orden legislativo, administrativo, presupuestario, judicial o afín para la efectividad y garantía de los derechos sexuales y reproductivos).

Se analiza la gestación en relación con el derecho a la intimidad, considerando que como parte de sus derechos en este sentido, las mujeres pueden tener reserva sobre su vida, sus planes, sus circunstancias de embarazo, su salud y sobre algún otro tipo de condición que juzguen significativo abstenerse de comunicar, siendo plenamente facultativo para las mismas informar sobre su estado de embarazo en el momento que crean oportuno.

Se ha mencionado también que por efectos del embarazo se evidencia discriminación, por lo cual la Corte señala que por el derecho a la igualdad y la prohibición de discriminación, las personas en general y concretamente las mujeres en estado de gravidez o lactantes merecen y tienen derecho a ser tratadas de forma igual cuando el trato diferenciado les inferioriza y tienen derecho a ser tratadas de forma diferente cuando el trato igualitario las excluye.

La denominada protección especial además reconoce la irrefutable desventaja que esta condición representa para las mismas con respecto de los derechos de los hombres, haciendo alusión inclusive al sistema patriarcal que la misma Corte reconoce vigente aún en la actualidad, así esta protección especial ya asentada al ámbito laboral garantiza igualdad y permanencia en las actividades laborales.

El derecho al cuidado, no es una idea nueva, por cuanto se lo ha tratado ya a nivel internacional, el cual se halla reconocido expresamente en la Convención Interamericana sobre la Protección de los Derechos Humanos de las Personas Adultas Mayores (artículo 12), la Convención sobre los Derechos del Niño (artículo 3.2), la Agenda 2030 de Desarrollo Sostenible de Naciones Unidas (objetivo 5), las Conferencias Regionales de la Mujer de América Latina y el Caribe (2007, 2010, 2013 y 2016), lo cual ha servido de sustento para desarrollar el derecho al cuidado en específico para mujeres gestantes y lactantes y así pueda ser concebido por el sistema jurídico ecuatoriano.

El derecho al cuidado, posee tres elementos que lo caracterizan y lo sostiene: i) el o la titular (cualquier persona, sea esta un ser humano o la naturaleza); ii) el contenido y alcance del derecho (expectativa positiva (acción) y negativa (omisión) por parte de un sujeto que tiene obligaciones correlativas al derecho, permite a su titular exigirlo por vía judicial haciendo uso de las acciones de protección de derechos o garantías jurisdiccionales); y, iii) el sujeto obligado (cualquier persona que conforme a funciones u obligaciones previstas en la ley deba cuidar)

Expresamente se indica que son violaciones a los derechos de las mujeres embarazadas, o en período de lactancia, restringir, limitar, impedir el ejercicio del derecho a decidir sobre su salud y sobre vida reproductiva; estigmatizar a las gestantes, en periodo de maternidad o en periodo de lactancia o señalarla como persona incapaz o inferior o incompetente; ya sea en el aspecto laboral o en los procesos judiciales, entre otras y que de presentarse alguna circunstancia que encaje en ello esto crea un tipo de violencia contra las mujeres, objeto de investigación y que merece sanción luego de un debido proceso, introduciendo así la concepción de cualquier tipo de violencia contra las mujeres en el trabajo, la figura del mobbing maternal[89], especificando en el párrafo 196[90] los actos que encajarían en el mismo.

En síntesis se ratifica los derechos de las mujeres embarazadas, los realza otorgándoles la categoría de atención prioritaria recalcando la especial protección que estos merecen como parte del desarrollo del derecho a la vida, la salud sexual y reproductiva, protegiéndolo además por medio del derecho a la intimidad y señalando que el mismo es parte del buen vivir y del proyecto de vida de una persona, en donde el Estado y demás entidades tienen de obligación de respetarlo y garantizarlo.

---

89 OIT. De acuerdo a la OIT es una forma de violencia en el mundo del trabajo que afecta a las mujeres que se reincorporan al trabajo después de una licencia de maternidad. Este tipo de violencia puede venir de parte de sus compañeros de trabajo, ya sean subalternos o superiores jerárquicos. La obtención de pausas para la lactancia y de otras facilidades para ajustar las modalidades de trabajo a las necesidades de la familia son los principales motivos para estas actitudes de acoso. Véase en :https://www.ilo.org/wcmsp5/groups/public/---dgreports/---gender/documents/meetingdocument/wcms_524929.pdf, p. 23.

90 Véase la sentencia de la Corte Constitucional del Ecuador. Sentencia No. 3-19-JP/20 y acumulados, de 05 de agosto de 2020, párrafo 196. http://esacc.corteconstitucional.gob.ec/storage/api/v1/10_DWL_FL/e2NhcnBldGE6J3RyYW1pdGUnLCB1dWlkOidiYTgzMDJkNS1iY2FiLTRlODUtODE5NC0wYmU5ZjkzYzk4ODAucGRmJ30=

a) Tratar a la mujer de forma indigna, irrespetuosa, inhumana o degradante.

b) Discriminar por razón de embarazo, lactancia o ejercicio del cuidado.

c) Impedir que acceda a servicios de la salud (controles médicos durante el período de embarazo y de lactancia).

d) Reducción de rango o remuneración.

e) Reubicación del lugar de destino.

f) La asignación de trabajos nocturnos o peligrosos que resultaren incompatibles con su embarazo o lactancia.

g) Asignación a un espacio u oficina inadecuada.

h) Despido injustificado.

i) Efectuar abuso físico, psicológico o sexual.

j) Causar dolor o sufrimiento o actuar de manera indolente ante sus necesidades.

k) Obstaculizar la posibilidad de que la mujer alimente o amamante a la persona recién nacida o extraiga, recolecte y almacene su leche"

3.5. Sentencia referente a los derechos de las personas con discapacidad

La sentencia a analizarse es la No. 1156-16-EP/21, CASO No. 1156-16-EP., se propuso por una persona con discapacidad del 68% respecto del finiquito de su relación laboral al no haber sido renovado su contrato ocasional de trabajo en una entidad estatal, alegándose como argumentos la inobservancia de su condición.

Se señala que las personas con discapacidad, por su condición y vulnerabilidad poseen una protección reforzada, consecuentemente prevalente y de tratamiento especial ante la ley, que debe considerar su especial situación.

Que son de aplicación en este tipo de casos los instrumentos internacionales sobre personas con discapacidad, como el Convenio 159 de la Organización Internacional del Trabajo sobre la readaptación profesional y el empleo, la Convención sobre los derechos de las personas con discapacidad y su proyecto de vida, así como la Convención Internacional para la eliminación de todas las formas contra la discriminación contra las personas con discapacidad.

Los derechos de las personas con discapacidad deben ser aplicadas siempre con el propósito de precautelar y proteger sus derecho como parte de un grupo vulnerable.

Se advierte la vigencia del precedente constitucional que se desprende de la sentencia No. 258-15-SEP-CC, que se refiere a la estabilidad laboral reforzada de personas con discapacidad, en donde se garantiza sus derechos identificándolos como de especial protección en el ámbito laboral en concreto.

El llamado derecho reforzado para las personas con discapacidad debe ser aplicado de manera general para el grupo como tal pero con consideración especial en cada caso en particular, observando la seguridad jurídica.

Se evidencia que en efecto el texto constitucional se efectiviza en la praxis cuando se reconoce la garantía de los derechos de las personas con discapacidad, inclusive denominándolo como derechos de protección reforzada atendiendo a sus características propias que demandan atención preferente.

3.6. Sentencia referente a los derechos de las personas privadas de libertad

La sentencia a examinarse es la No. No. 365-18-JH/21, esta se construyó para determinar el alcance del hábeas corpus como mecanismo de protección de la integridad personal frente a tortura y tratos crueles, inhumanos y degradantes de las personas cuando se encuentren privados de su libertad.

Se reconoce al derecho a la integridad personal como la garantía para la consecución de una vida libre de violencia, orientada a eliminar la posibilidad de entornos sociales violentos, y erradicar toda forma de violencia, aunque más cuando esta se dirige en contra de personas vulnerables que presentan una evidente desventaja, como ocurre con las personas privadas de libertad

El reconocimiento de las personas privadas de libertad como grupo de atención prioritaria tiene como fundamento la pérdida de su libertad, por cuanto esta les limita de acceder directamente a los servicios o bienes que demandan su subsistencia, encontrándose por ende a las disposiciones de las autoridades a cargo de los centros de rehabilitación, por ende sus derechos condicionados a tales decisiones

Establece como regla de prohibición y de carácter absoluto, la prohibición de proferir cualquier tipo de tortura a una persona privada de libertad incluso cuando existan estados de excepción, guerras o cualquier otro tipo de conmoción social, sin considerarse además la peligrosidad del privado de libertad o las condiciones del centro carcelario, debiendo tenerse como agravante el cometerlo en contra de una persona considerada como grupo vulnerable.

Ratifica la permanencia e imposibilidad de suspensión del derecho a la integridad personal bajo ninguna circunstancia, así como similar imposibilidad de limitar acciones constitucionales a favor de personas privadas de libertad que se estimen afectadas en sus derechos, señalándose que la acción de hábeas corpus en estos casos adquiere fines correctivos.

Enfatiza en el trato basado en la dignidad humana que merecen las persona privadas de la libertad considerando el contenido el Pacto Internacional de Derechos Civiles y Políticos el cual debe ser leído en sintonía con la Constitución y que por consecuencia de aquello obtienen atención especial.

El mismo hecho de la privación de la libertad de una persona y esta limitado su movimiento, provoca un alejamiento del entorno social habitual y son circunstancias que eventualmente pueden ocasionar deterioro físico y/o mental y por ende empeorar la posición de vulnerabilidad en el ejercicio de derechos, lo cual sumado a diversos estereotipos y factores culturales coadyuvan al abandono y a acrecentar la vulnerabilidad de las personas internas en centros carcelarios.

Reconoce la posibilidad de la doble vulnerabilidad respecto de personas privadas de libertad, en especial cuando se trata de la concurrencia de enfermedades catastróficas, circunstancias en las que el aislamiento quita a la persona la posibilidad de contacto e interacción con otras personas, induciendo afectaciones físicas y psicológicas que podrían hacer más fuertes otras dolencias preexistentes, en donde la obligación referida de carácter estatal se halla reforzada.

3.7. Sentencia referente las a personas que adolezcan de enfermedades catastróficas o de alta complejidad

La sentencia a analizarse es la No. 679-18-JP/20 y acumulados, dictada el 05 de agosto de 2020, consiste en el análisis de revisión por falta de medicamentos que necesitaban determinadas personas con enfermedades catalogadas como catastróficas o de alta complejidad, en esta se determina y desarrolla lo referente al llamado derecho a la disponibilidad y al acceso a medicamentos de calidad, seguros y eficaces.

Por mandato constitucional las personas que adolezcan de enfermedades catastróficas o de alta complejidad recibirán atención con el carácter prioritario y especializado, ya sea en el campo público o privado, gozando además de la atención especializada, oportuna y preferente además de gratuita en todos los niveles, al amparo del artículo 50 de la misma Constitución.

Se advierte como un denominador común vulnerador de los derechos de las personas con enfermedades catastróficas o de alta complejidad, la falta de provisión de medicamentos para atender sus dolencias y una aparente inacción por parte del Estado en garantizar este derecho, lo cual se evidencia como una obligación de cuidado y tutela de derechos a fin de precautelar la vida del referido grupo vulnerable a fin de que alcancen una mejor calidad de vida.

Se impone como obligación para el Estado como parte de la garantía de los derechos a estas personas el derecho de acceder a medicamentos necesarios para tratar sus dolencias, coligiéndose de aquellos las obligaciones de ejercer derechos, promover derechos o exigir los mismos, todo esto mediante el sistema de justicia, determinándose así la pertinencia y eficacia de la vía constitucional para tal efecto.

La obligación del Estado de poner a su consideración medicamentos a los que como derecho puedan disponer y acceder, de manera oportuna, los que deberán ser de calidad, seguros y eficaces, acceso al que se ejercerá por la voluntad informada del paciente y con el objetivo de asentir el desarrollo natural o normal de la enfermedad, lo cual será respetado por el Estado, por la familia y por la sociedad, concretándose así efectivamente el mandato constitucional a favor de este grupo vulnerable.

3.8. Sentencia referente a los derechos de las personas en situación de riesgo, las víctimas de violencia doméstica y sexual, maltrato infantil, desastres naturales o antropogénicos

La sentencia a analizarse es la No. 515-20-JP/21, de 21 de diciembre de 2021, titulada como "El derecho a la vivienda adecuada y digna, en el contexto de desastres naturales".

La Corte desarrolla el análisis a raíz de un grave desastre natural que afectó a gran parte del Ecuador como es el terremoto del 16 de abril de 2016 (7.8 en la escala de Richter), así se accionó argumentando la vulneración del derecho constitucional a la vivienda digna y adecuada.

Los fenómenos de orden natural ya sean estos terremotos, erupciones volcánicas, socavones, aluviones entre otros, poseen como denominador común el resultado inminente en la afectación y daños, los cuales trascienden lo material y perturban la tranquilidad y sobre todo los proyectos de vida de las personas a quienes afectan y los colocan en condiciones de vulnerabilidad.

Que tales personas son titulares de especial protección de sus derechos afectados en función de este evento no previsto y de orden natural, coligiendo se está obligación estatal del artículo 389 de la misma carta política, la cual debe ser tutela en un primer momento mediante la prevención ante el posible riesgo, y posterior por medio del aplacamiento de los mismos y enfocado aquellos en las personas a través de la recuperación y mejoramiento de las condiciones económicas, sociales o inclusive ambientales, con el propósito fundamental de disminuir en la mayor medida posible la condición de vulnerabilidad de los afectados.

Se advierte que fruto de los desastres naturales las personas que presentan cierta vulnerabilidad ven acentuada la misma (como por ejemplo quienes se hallan en condiciones de extrema pobreza), inclusive llegando a considerar la posibilidad y existencia de una doble o triple vulnerabilidad que merece consideración y atención especial en la protección de sus derechos; por ende y sin duda quienes son víctimas de estas desastres naturales o antropogénicos tienen derecho a la misma atención prioritaria que cualquiera de los otros grupos expresamente previsto en la Constitución.

Es obligación estatal garantizar los derechos constitucionales de la más alta forma posible en las circunstancias de desastres naturales, principalmente para quienes resulten afectados y que por ello serán personas vulnerables, imponiendo como parte de esta obligación el mandato de consignar su contingente institucional y presupuestario para esta atención que resulta preferente, reconociéndose así a los damnificados como grupo de atención prioritaria.

Determinar la vulnerabilidad de las personas debe orientarse al antes y después del desastre natural, debiendo evaluarse las condiciones de vida previas y que posiblemente ya ubicaban a las personas en condición de vulnerabilidad que se ve acentuada por el evento en sí, lo que permitirá lograr una tipificación de la vulnerabilidad respecto del desastre

Se determina que los riesgos pueden acrecentarse por acciones humanas tendientes a incrementar o reducir la vulnerabilidad de las personas frente a los desastres ambientales, vulnerabilidad centrada en los factores socioeconómicos lo cual debe ser considerado para la atención requerida por tal circunstancia.

Ratifica el criterio constitucional de que quienes son víctimas de desastres naturales son un grupo de atención prioritaria, por el mero hecho de ser damnificados y colocarlos en situación de vulnerabilidad al verse afectados sus derechos y su vida digna, esto se acentúa cuando son parte de un grupo también considerado en este sentido o presentan circunstancias sociales o económicas desfavorables que afectan aún más estas necesidades previas, imponiendo al estado la obligaciones de prevenir, mitigar y recuperar en lo técnica y presupuestariamente posible, las condiciones de aquellas personas y grupos que han atravesado estas circunstancias.

3.9. Aspectos comunes advertidos en los fallos analizados respecto de los distintos grupos de atención prioritaria

Se aprecian claramente de las sentencias escogidas y previamente analizadas de manera breve, que en efecto mantienen varios aspectos a manera de hilo conductor, en donde comparten aspectos comunes como las siguientes:

Se reconoce la inclusión del mandato y determinación del texto constitucional en la singularización de las personas que integran los grupos de atención prioritaria, reconociéndolas como personas en condición de vulnerabilidad.

Se determina que existe el estudio individualizado de cada uno de los grupos de atención prioritaria, reconociendo e identificando sus debilidades y necesidades concretas como fundamento mismo de su vulnerabilidad.

Parten del reconocimiento en primer momento de la titularidad del derecho de las personas pertenecientes a los grupos de atención prioritaria, reconociéndolos como sujetos de derechos plenos, para luego atarlo con uno o varios más de los derechos constitucionales previstos en la carta constitucional, derechos que deben ser analizados con un verdadero enfoque de derechos.

Determinan la protección especial de los grupos de atención prioritaria, señalando incluso la denominación de protección reforzada de sus derechos, partiendo del reconocimiento normativo constitucional, estableciendo que cada grupo merece una especial orientación a la satisfacción de sus necesidades y requerimientos fruto de sus propias condiciones, las cuales además deberán ser evaluadas de manera particular al momento de tutelar sus derechos.

Guardan como aspecto común el aseguramiento de una reparación integral derivada o como consecuencia de la vulneración de los derechos que se estiman afectados, entendidas las mismas como todas aquellas decisiones o acciones cuyo objeto es enmendar, en la medida de lo posible, las consecuencias ocasionadas a raíz de la vulneración de un derecho, para que este sea restituido, lo cual en la legislación ecuatoriana así se lo reconoce expresamente[91], esto con el propósito de hacer efectiva la dignidad humana del sujeto cuyos derechos se tutelan.

---

91 Ley Orgánica de Garantías Jurisdiccionales y Control ConstitucionaL, 2009. "Art. 18.- Reparación integral.- En caso de declararse la vulneración de derechos se ordenará la reparación integral por el daño material e inmaterial. La reparación integral procurará que la persona o personas titulares del derecho violado gocen y disfruten el derecho de la manera más adecuada posible y que se restablezca a la situación anterior a la violación. La reparación podrá incluir, entre otras formas, la restitución del derecho, la compensación económica o patrimonial, la rehabilitación, la satisfacción, las garantías de que el hecho no se repita, la obligación de remitir a la autoridad competente para investigar y sancionar, las medidas de reconocimiento, las disculpas públicas, la prestación de servicios públicos, la atención de salud. La reparación por el daño material comprenderá la compensación por la pérdida o detrimento de los ingresos de las personas afectadas, los gastos efectuados con motivo de los hechos y las consecuencias de carácter pecuniario que tengan un nexo causal con los hechos del caso. La reparación por el daño inmaterial comprenderá la compensación, mediante el pago de una cantidad de dinero o la entrega de bienes o servicios apreciables en dinero, por los sufrimientos y las aflicciones causadas a la persona afectada directa y a sus allegados, el menoscabo de valores muy significativos para las personas, así como las alteraciones, de carácter no pecuniario, en las condiciones de existencia del afectado o su familia. La reparación se realizará en función del tipo de violación, las circunstancias del caso, las consecuencias de los hechos y la afectación al proyecto de vida. En la sentencia o acuerdo reparatorio deberá constar expresa mención de las obligaciones individualizadas, positivas y negativas, a cargo del destinatario de la decisión judicial y las circunstancias de tiempo, modo y lugar en que deben cumplirse, salvo la reparación económica que debe tramitarse de conformidad con el artículo siguiente. La persona titular o titulares del derecho violado deberán ser necesariamente escuchadas para determinar

Determinan líneas de interpretación a ser consideradas ya sea de manera imperativa por los medio de los precedentes jurisprudenciales o ya sea de manera referencial a ser aplicables por analogía en varios otros casos, la interpretación debe estar orientada siempre a favor del vulnerable, con un enfoque de derechos humanos, lo cual también implica una remisión mandatoria al texto constitucional[92], sin desconocer el debido proceso o la seguridad jurídica, sino ajustando las decisiones a las prerrogativas determinadas constitucionalmente a la favor de los grupos de atención prioritaria.

Se considera importante el aspecto común prevenido la aplicación de derechos humanos basado en la globalización de los mismos, traducido este aspecto a la dignidad humana como pilar fundamental, implantando para tal objeto su carácter de inviolable[93].

Se establece que en efecto existe la ejecución efectiva de los derechos constitucionales de los grupos de atención prioritaria, al dictarse estas decisiones considerando sus especiales circunstancias necesidades y prerrogativas sociales y normativas que alcanzan rango constitucional con un enfoque de derechos humanos de especialidad, lo cual se concreta efectivamente además mediante la real ejecución de las mismas haciéndose palpables en la praxis.

4. *Conclusiones*

El proceso histórico constitucional del Ecuador ha sido extenso ya que se ha advertido la existencia de veinte constituciones, siendo la vigente del año de 2008 que destaca por una parte el cambio de modelo estatal, pasando de Estado social a Estado constitucional de derechos y justicia, lo

---

la reparación, de ser posible en la misma audiencia. Si la jueza o juez considera pertinente podrá convocar a nueva audiencia para tratar exclusivamente sobre la reparación, que deberá realizarse dentro del término de ocho días".

92 Constitución de la República del Ecuador, 2008. "Art. 424.- La Constitución es la norma suprema y prevalece sobre cualquier otra del ordenamiento jurídico. Las normas y los actos del poder público deberán mantener conformidad con las disposiciones constitucionales; en caso contrario carecerán de eficacia jurídica. // La Constitución y los tratados internacionales de derechos humanos ratificados por el Estado que reconozcan derechos más favorables a los contenidos en la Constitución, prevalecerán sobre cualquier otra norma jurídica o acto del poder público".

93 Campos, Jerry. "El concepto de dignidad de la persona humana a la luz de la teoría de los derechos humanos", *Pro Humanitas Revista Especializada de la Comisión de Derechos Humanos Justicia y Políticas Cacelarias – Parlamento Latinoamericano* año 1, No 1 II Semestres, 20017 Costa Rica, pp. 37-38 https://www.corteidh.or.cr/tablas/concep.pdf

que como consecuencia pretende un enfoque de derechos sumamente amplio basado en lo social y en la dignidad del ser humano en armonía con la naturaleza a fin de garantizar sin discriminación de ninguna naturaleza el efectivo ejercicio de los derechos, ya sean de los establecidos en esta carta suprema y de los determinados en los instrumentos internacionales.

Al reconocerse a la Constitución del Ecuador como normativa, contiene además garantías normativas, que no son sino aquellas dispensas jurídicas de carácter institucional que reconocen por medio de las normas jurídicas constitucionales una serie de principios y valores que se consideran elementales para el adecuado funcionamiento del sistema jurídico en el marco del Estado de derecho, lo que determina realmente un plus para sectores histórica y socialmente relegados, de entre ellos las personas en condición de vulnerabilidad.

La Constitución del Ecuador de 2008 ha determinado la supremacía de la misma sin desconocer que el desarrollo normativo infra constitucional debe observar la misma, es así que hemos advertido al existencia de leyes orgánicas y ordinarias, en este caso que se encargan de desarrollar los derechos de las personas pertenecientes a los grupos de atención prioritaria, cumpliéndose con ello además el mandato constitucional del Art. 84 de adecuación formal y material de las leyes.

Se determina la existencia del bloque de constitucionalidad al ser reconocidos como fuente del ordenamiento jurídico ecuatoriano y por ser además derechos de directa aplicación; en lo relativo a los grupos de atención prioritario observamos que los mismos son utilizados como piedra angular para el desarrollo interpretativo de los derechos de los mismos, verificándose así la tutela efectiva por parte del Estado de los mismos mediante el uso de estos instrumentos.

De la misma Constitución se desprende la existencia de varias garantías constitucionales como las garantías normativas, las políticas públicas y garantías jurisdiccionales; así como la determinación que el máximo intérprete de la misma, que ejerce además el control y administración de justicia en materia constitucional es la Corte Constitucional, determinándose esta facultad como exclusiva de esta alta corte como se consagra expresamente en el Art. 429[94].

---

94 Constitución de la República del Ecuador, 2008. "Art. 429.- La Corte Constitucional es el máximo órgano de control, interpretación constitucional y de administración de justicia en esta materia. Ejerce jurisdicción nacional y su sede es la ciudad de Quito. // Las decisiones relacionadas con las atribuciones previstas en la Constitución serán adoptadas por el pleno de la Corte".

Las personas o grupos de atención prioritaria, presentan características especiales que les colocan en situación de vulnerabilidad (por lo cual la doctrina u otras legislaciones los denominan como grupos vulnerables), y en la práctica se evidencian en situación de desventaja frente a personas que no presentan esta condición, razón por lo cual sus derechos requieren especial atención y protección, las cuales deben atender sus particulares características y necesidades, misma que a efectos de tutela, deberán ser valoradas con este enfoque, desde la particularidad y desde la especialidad, representando una ventaja su identificación en la normativa vigente en un Estado.

La misma Constitución determina la existencia formal de la protección constitucional de los derechos de las personas y grupos de atención prioritaria, ya que el mismo texto constitucional prevé sus derechos y sus garantías; y ellos se hallan desarrollados además en normativa de orden infra constitucional.

La Corte Constitucional del Ecuador, como máximo intérprete de la Constitución y como el más alto tribunal de justicia Constitucional del Ecuador, en el cumplimiento de sus funciones y facultades ha dictado varias decisiones, en donde se hallan en juego los derechos de las personas y grupos de atención prioritaria, determinando que todos quienes pertenezcan a estos grupos de atención preferente requieren protección especial o como la misma Corte ha señalado "reforzada", a fin dela tutela efectiva de sus derechos.

5. *Bibliografía*

Ayala, Enrique, *Resumen de La Historia Del Ecuador*. 3.ª ed. Vol. 1. Corporación editora nacional. Quito, Ecuador, 2008. https://repositorio.uasb.edu.ec/bitstream/10644/836/1/AYALAE-CON0001-RESUMEN.pdf.

Ayala, Enrique. *Evolución de La Constitución Del Ecuador. Rasgos Historicos*. 1.ª ed. Vol. 1. *op. cit.*, https://vlex.ec/vid/cuadro-1-constituciones-ecuador-842125847

Basset, Úrsula, *La vulnerabilidad como estándar internacional de protección de los derechos humanos, con especial referencia al adulto mayor*, 2023. https://www.teseopress.com/3congreso2016/chapter/309/

Biblioteca del Congreso Nacional de Chile. 2017. *El Estado-Formación Cívica»*. *Formación Cívica*. Chile 2017, https://www.bcn.cl/formacioncivica/detalle_guia?h=10221.3/45679

Campos, Jerry. "El concepto de dignidad de la persona humana a la luz de la teoría de los derechos humanos", *Pro Humanitas Revista Especializada de la Comisión de Derechos Humanos Justicia y Políticas Cacelarias – Parlamento Latinoamericano* año 1, No 1 II Semestres, 20017 Costa Rica, https://www.corteidh.or.cr/tablas/concep.pdf

Centro Internacional de Investigación sobre el Fenómeno El Niño Oscilación del Sur (Enos) En Ecuador-CIIFEN, "Aproximación para el cálculo de riesgo"., 2022, https://ciifen.org/definicion-de-riesgo/

Código Orgánico de la Niñez y Adolescencia. 2003.

Código Orgánico Integral Penal.

Comision para la Igualdad de Oportunidades en el Empleo, "Discriminación Por Embarazo", 2023, https://www.eeoc.gov/es/discriminacion-por embarazo#:~:text=La%20discriminaci%C3%B3n%20por%20embarazo%20consiste,el%20embarazo%20o 20el%20parto

Consejo de Igualdad Intergeneracional, "Estado de Situación de las Personas Adultas Mayores". 2023

Consejo Nacional para la Igualdad de Discapacidades. "Medidas de Acción Afirmativa".

Constitución de la República del Ecuador. 2008.

Convención Interamericana de los Derechos Humanos. "Personas Privadas de la Libertad en Ecuador". OEA, https://www.oas.org/es/cidh/informes/pdfs/Informe-PPL-Ecuador_VF.pdf.

Convenio 183 de la OIT. Protección de la Salud.

Corte Constitucional del Ecuador. Sentencia No. 3-19-JP/20 y acumulados, de 05 de agosto de 2020. http://esacc.corteconstitucional.gob.ec/storage/api/v1/10_DWL_FL/e2NhcnBldGE6J3RyYW1pdGUnLCB1dWlkOidiYTgzMDJkNS1iY2FiLTRlODUtODE5NC0wYmU5ZjkzYzk4ODAucGRmJ30=

Corte Suprema de la Nación Argentina. El principio del interés superior del niño. Fallos: 335:2307; 335:1136 (voto de los jueces Lorenzetti y Maqueda); 331:2691.

Derecho Ecuador. "PERSONAS DE DOBLE VULNERABILIDAD", Ecuador, 16 de abril de 2021. https://derechoecuador.com/personas-de-doble-vulnerabilidad/

Diccionario de la Real Academia de la Lengua, 2023. https://dle.rae.es/vulnerable?m=form

Dworkin, Ronald, "El modelo de las normas", en *Los Derechos en Serio,* Editorial Ariel, Barcelona, 2015, 2.

Ecuador LegaL. "Bono Para Las Personas de La Tercera Edad", 2023. https://www.ecuadorlegalonline.com/consultas/bono-personas-de-la-tercera edad/#:~:text=Aquellas%20personas%20de%20la%20tercera,bono%20de%20%24100%20dólares%20mensuales

El Telégrafo, "En Ecuador existen más de 4 millones de infantes". Ecuador, 2013. https://www.eltelegrafo.com.ec/noticias/sociedad/1/en-ecuador-existen-mas-de-4-millones-de-infantes#:~:text=El%20Instituto%20Nacional%20de%20Estad%C3%ADstica,%2C%20y%20el%2049%25%20ni%C3%B1as.

Feito, L., "Vulnerabilidad". *Anales Sis San Navarra* [online]. 2007, vol. 30, suppl.3 [citado 2023-05-05], pp. 07-22. Disponible en: http://scielo.isciii.es/scielo.php?script=sci_arttext&pid=S1137-66272007000600002&lng=es&nrm=iso. ISSN 1137-6627

Flores, Fernando, "DERECHO Y PERSONAS MAYORES", *Teoría & Derecho. Revista De Pensamiento jurídico*, (33), 10-12, 2022, https://doi.org/10.36151/td.2022.048 https://teoriayderecho.tirant.com/index.php/teoria-y-derecho/issue/view/39/43

Gobierno de México. "Situaciones de Riesgo durante la adolescencia"., 2022, https://aprendeencasa.sep.gob.mx/secundaria/situaciones-de-riesgo-durante-la-adolescencia/

Guzmán, Annali. Análisis de la calidad de vida en adultos mayores del Municipio de Tetepango, Hidalgo, 2010, https://www.uaeh.edu.mx/nuestro_alumnado/esc_sup/huejutla/licenciatura/Analisis%20de%20la%20calidad%20de%20vida.pdf

Instituto Nacional de Salud Publica del Gobierno de Mexico, La violencia obstétrica también es violencia contra la mujer: https://www.insp.mx/avisos/5138-dia-violencia-mujer-obstetrica.html

Larrea, Henry, "La Constitución del Ecuador del año 1998 y el año 2008, En La Formulación de La Política Exterior", *Visionario Digital*. 5 de julio de 2019, https://cienciadigital.org/revistacienciadigital2/index.php/VisionarioDigital/article/view/670.

Ley de Maternidad Gratuita y Atención a la Infancia, 2014. https://www.igualdad.gob.ec/wp-content/uploads/downloads/2017/11/ley_maternidad_gratuita_atencion_infancia.pdf.

Ley Orgánica de Discapacidades, 2012.

Ley Orgánica de Garantías Jurisdiccionales y Control Constitucional, 2009.

Ley Orgánica de Las Personas Adultas Mayores, 9 de mayo de 2019.https://www.gob.ec/sites/default/files/regulations/201906/Documento_%20LEY%20ORGANICA%20DE%20LAS%20PERSONAS%20ADULTAS%20MAYORES.pdf.

Lico, Miguel. 2020. *Breve estudio de los principios generales del Derecho y de los principios generales del Derecho aplicables y surgidos del Derecho Administrativo | Buenos Aires Ciudad-Gobierno de la Ciudad Autónoma de Buenos Aires*, Buenos Aires. 19 de enero de 2020. https://buenosaires.gob.ar/procuracion-general/breve-estudio-de-los-principios-generales-del-derecho-y-de-los-principios.

Menéndez Guerrero, Gilberto Enrique, Navas Cabrera Inocencia, Hidalgo Rodríguez Yusleidy, Espert Castellanos José. "El embarazo y sus complicaciones en la madre adolescente". *Rev Cubana Obstet Ginecol [Internet]*. 2012 Sep [citado 2023 Mayo 10]; 38(3):. http://scielo.sld.cu/scielo.php?script=sci_arttext&pid=S0138-600X2012000300006&lng=es.

Ministerio de Relaciones Exteriores y Movilidad Humana. *Constitución de 1830*. https://www.cancilleria.gob.ec/wp-content/uploads/2013/06/constitucion_1830.pdf,

Ministerio de Salud Pública del Ecuador. Acuerdo Ministerial 1829. "Inclusion de Enfermedades Raras para Bono Joaquin Gallegos Lara". Ministerio de Salud pública del Ecuador, 27 de septiembre de 2012. https://www.gob.ec/sites/default/files/regulations/2018-10/Documento_Acuerdo-ministerial-1829.pdf

Neto, Luisa, Anabela Costa Leão, and Jorge Gracia, "Introducción: Vulnerabilidad Y Cuidado. Una aproximación Desde Los Derechos Humanos". *Oñati Socio-Legal Series* 12, 2022 (1):1-5. https://opo.iisj.net/index.php/osls/article/view/1321

Observatorio Nacional de la Violencia Contra las Mujeres y los Integrantes del Grupo Familiar, https://observatorioviolencia.pe/grupos-vulnerables-ley-n30364/

OIT.https://www.ilo.org/wcmsp5/groups/public/---dgreports/---gender/documents/meetingdocument/wcms_5 24929.pdf,

Organización Mundial de la Salud. "El derecho a la salud", folleto informativo No 31, https://www.ohchr.org/sites/default/files/Documents/Publications/Factsheet31sp.pdf

Organización Mundial de la Salud. Envejecimiento y salud, 2023, https://www.who.int/es/news-room/fact-sheets/detail/ageing-and-health

Parra Baltazar, Isabel; Pinto-Dongo, Claudia; Quispe-Iporra, Sara. "Ley de cobertura universal de enfermedades de alto costo". *Rev. perú. med. exp. salud publica, Lima,* v. 33, n. 2, abr. 2016, http://www.scielo.org.pe/scielo.php?script=sci_arttext&pid=S1726463420160002000298&lng=es&nrm=iso, http://dx.doi.org/10.17843/rpmesp.2016.332.2191.

Piaget, Jean. Teoría Cognoscitiva. 1970. https://scholar.google.com.ec/scholar?q=Piaget+Jean.+Teor%C3%ADa+Cognoscitiva&hl=es&as_sdt=0&as_vis=1&oi=scholart

Plan de Acción de la Cumbre Mundial a Favor de la Infancia, "Convención Sobre Los Derechos Del Niño"https://www.un.org/es/events/childrenday/pdf/derechos.pdf

Quevedo, Juan, *Las Constituciones Del Ecuador*. Quito. Repositorio de La Universidad San Francisco de Quito, 2018, https://repositorio.usfq.edu.ec.

San Martín, César. La privación de la libertad personal en el proceso penal y el Derecho Internacional de los derechos Humanos, *Derecho y Sociedad 20,* Perú, file:///C:/Users/jose.barragan/Downloads/DialnetLaPrivacionDeLaLibertadPersonalEnElProcesoPenalYEl-7792817.pdf

Sentencia de la Corte Constitucional del Ecuador, 179-14-SEP-CC., de 27 de febrero de 2012.

Sentencia de la Corte Interamericana de Derechos Humanos, Sentencia de Ximenes Lopes v. Brasil, 4 de julio de 2006.

Servicio Nacional de Atención Integral a Personas Adultas Privadas de la Libertad y Adolescentes Infractores. "Reglamento Del Sistema Nacional de Rehabilitación Social", 2020. https://www.atencionintegral.gob.ec/wp-content/uploads/2020/08/Reglamento-del-SIstema-de-Rehabilitación-Social-SNAI-2020_compressed.pdf.

UNODC. *Reglas Mínimas de las Naciones Unidas para el Tratamiento de los Reclusos.*

Vigil Zulueta, Isabel Adela et al, "Enfoque bioético de la discapacidad y calidad de vida". *MEDISAN*, Santiago de Cuba, v. 17, n. 1, enero 2013 http://scielo.sld.cu/scielo.php?script=sci_arttext&pid=S1029-30192013000100018&lng=es&nrm=iso

Capítulo III

CRISIS DE REPRESENTACIÓN PARLAMENTARIA EN ECUADOR: ¿ES EL REGRESO DEL UNICAMERALISMO AL BICAMERALISMO LA SOLUCIÓN?

GABRIEL EDUARDO CASTILLO JARAMILLO
Universitat de Valencia

1. *Introducción*

La crisis de representación política nos lleva a reflexionar sobre la calidad democrática, haciendo necesario estudiar los distintos tipos de democracia y sus principales características para poder calificar el sistema democrático ecuatoriano y comprender las causas que originan la crisis parlamentaria.

Actualmente, la Asamblea Nacional del Ecuador tiene una aceptación ciudadana sumamente baja, popularidad que ha venido cayendo en los últimos años hasta posicionar un rechazo ciudadano casi unánime en el imaginario social.

Para tener una idea clara sobre la percepción que la sociedad ecuatoriana tiene respecto de su órgano legislativo, basta mencionar los índices de popularidad de la Asamblea Nacional en el último período comprendido entre 2017-2021, el cual empezó con una aceptación del 29% y culminó su mandato (mayo 2021) con un vergonzoso 7,6% de credibilidad y un 10,7 % de aprobación de la gestión del órgano legislativo por parte de la ciudadanía. Además, es importante hacer alusión a que, el punto más bajo de popularidad de la Asamblea en ese período fue en agosto de 2020 cuando tuvieron tan solo un 2% de credibilidad y un 5% de aprobación en su gestión[1].

Un período empañado por la disolución de bancadas legislativas, cambios bruscos de quienes presidian la legislatura, escándalos y denuncias por corrupción, a tal punto de producirse la destitución de varios asambleístas y la principalización de 26 asambleístas alternos. Muchos de los asambleístas destituidos fueron además, procesados penalmente[2].

Sin embargo, esto no es nada nuevo en Ecuador, pues los índices de aceptación de los parlamentos ecuatorianos han ido siempre en la misma línea, "en el año 2000 la credibilidad bajó a un 9% cuando dos años antes se ubicó en un 31%. Luego en el año 2002 bajó al 7%, pero también tuvo algunos avances en cuanto a la aceptación, pues en diciembre de 2006 subió a un 36%, pero un año más tarde sufrió un bajón y se ubicó en un 23%. En el gobierno de Rafael Correa con la Constituyente tuvo una aprobación del 43%, pero la gestión terminó en el 21%"[3]. Como se puede apreciar, la aceptación de los parlamentos ecuatorianos en los últimos años, no solo que, no han empezado con altos índices de popularidad, sino que no han logrado mantenerlos.

Como dato importante, la gestión del actual período legislativo 2021-2025, a marzo de este año, con apenas diez meses de trabajo, obtuvo un 11% y 19% en cuanto a credibilidad y aceptación de su gestión respectivamente, números que, la posicionan como el período legislativo que más rápido ha perdido popularidad en los últimos años[4].

---

1 Primicias(Ecuador), Quito, https://public.flourish.studio/visualisation/6117338/?utm_source=showcase&utm_campaign=visualisation/6117338 (fecha de consulta: 3 de febrero de 2022).

2 Primicias (Ecuador), Quito, https://www.primicias.ec/noticias/politica/asamblea-nacional-despide-baja-credibilidad/ (fecha de consulta: 3 de febrero de 2022).

3 El Universo (Ecuador), Quito, https://www.eluniverso.com/noticias/politica/asamblea-nacional-ecuador-concluye-periodo-legislativo-de-cuatro-anos-nota/;https://www.eluniverso.com/noticias/politica/una-asamblea-nacional-que-no-se-sintoniza-con-las-necesidades-del-pais-la-causa-de-la-baja-calificacion-que-tiene-en-encuestas-nota/ (fecha de consulta: 4 de febrero de 2022).

4 El Universo (Ecuador), Quito, https://www.eluniverso.com/noticias/politica/una-asamblea-nacional-que-no-se-sintoniza-con-las-necesidades-del-pais-la-causa-de-la-baja-calificacion-que-tiene-en-encuestas-nota/ (fecha de consulta: 4 de febrero de 2022);
Perfiles de opinión (Ecuador), Quito, https://www.perfilesdeopinion.com/images/pdf/asamblea.pdf (fecha de consulta: 4 de febrero de 2022).

Los principales motivos para mostrar índices tan bajos en la gestión y popularidad de la Asamblea Nacional, tienen que ver con la escasa fiscalización, la falta de una agenda propia y la dependencia hacia la Función Ejecutiva, sumado a la deficiencia en la iniciativa y tratamiento de proyectos de ley[5]. Y sin duda, lo que más empaña la imagen de la Asamblea son los escandalosos casos de corrupción, al punto que, "ocho de cada diez personas en los períodos comprendidos entre 2004-2019, consideran que la corrupción está muy generalizada"[6] en el Ecuador. Pero no debemos olvidar una de las causas fundamentales, los partidos políticos, quienes tradicionalmente en el Ecuador, despiertan el menor nivel de confianza, "el peor año para esta institución fue el 2006, cuando la gente le otorgó un nivel promedio de confianza de 15.1 grados en la escala 0-100".[7]Asimismo, la confianza de los ciudadanos respecto de las elecciones, "ha venido disminuyendo desde 2014. En ese año, la confianza en las elecciones registró 59.7 grados, mientras que en 2019 alcanzó solamente los 49.6 grados"[8].

Es así como, cada vez el descontento y desconfianza hacia el órgano legislativo, las elecciones, y, los representantes, han confluido en una separación casi absoluta del ciudadano con el seno legislativo, lo que ha generado que la ciudadanía se pregunte si una de las posibles causas de la pésima gestión de la Asamblea y el consecuente descontento del pueblo, tenga que ver con el diseño legislativo vigente (unicameral).

Situación que ha generado que, en reiteradas ocasiones se plantee impulsar reformas constitucionales para cambiar de sistema legislativo, producto de la deslegitimación de la Asamblea Nacional, lo que ha generado que la discusión gire en torno a los debates de la Asamblea Constituyente de Montecristi donde se articuló el sistema unicameral vigente en el Ecuador, donde en lo principal, el constituyente mencionó que el desprestigio de la Asamblea se debía, "a la corrupción existente, manifestada en las negociaciones para la designación de autoridades; la falta de técnica legislativa; la fiscalización como mecanismo de presión; y, la intromisión

---

5 Cedatos el poder de la información (Ecuador), Quito, https://cedatos.com/2014/10/02/el-comercio-la-asamblea-nacional-sufre-una-baja-en-la-calificacion-ciudadana/; https://cedatos.com/2015/06/08/video-ecuavisa-com-52-de-las-personas-desaprueban-la-gestion-de-la-asamblea-segun-encuesta-de-cedatos/ (fecha de consulta: 4 de febrero de 2022).

6 Moncagatta, Paolo.; Moscoso Moreno, Arturo.; Pachano, Simón.; y otros, *Cultura política de la democracia en Ecuador y en las Américas, 2018/19: Tomándole el pulso a la democracia, 1ª ed.*, Vanderbilt University, Ecuador, 2020, p. 20.

7 *Ibid.*, p. 34.

8 *Ídem.*

del Congreso en la Función Judicial al cesar y designar arbitrariamente a magistrados en varias ocasiones".[9]

Con esos antecedentes, se ha intentado implantar en el imaginario social como solución a la crisis legislativa, propuestas de reforma constitucional para modificar el diseño legislativo y cambiarlo de unicameral a bicameral, es importante mencionar que, este último sistema se instauro por última vez en Ecuador en la Constitución de 1967[10] y estuvo vigente hasta 1972.

Proponer un cambio en la estructura del parlamento como solución a los problemas del órgano legislativo, es desconocer que, la crisis tiene otros matices, gestados por el distanciamiento ciudadano con el órgano legislativo, por la falta de participación ciudadana, por la corrupción generalizada, y en parte, porque el pueblo busca establecer una relación directa con el ejecutivo en desmedro de esa misma relación con el legislativo.

Por lo cual, se instaure el sistema que fuere, un cambio en la parte orgánica de la Constitución no parece una solución idónea para afrontar una crisis que viene dándose de forma gradual desde el regreso a la democracia en Ecuador (1979) y que poco o nada tendría que ver con un cambio de sistema, pues lejos de ser una solución podría empeorar aún más los problemas que se generan en el órgano del legislativo ecuatoriano.

En ese sentido, surge la necesidad de investigar si reformar la Constitución para cambiar el sistema unicameral por el bicameral es idónea en cuanto a la finalidad que persigue, pues los problemas que motivan esa postura surgen de una crisis de representación política que se origina no solamente por problemas de índole jurídico-político sino también social. Donde debe analizarse cuales son las condiciones que se necesitan, más allá de la reforma constitucional, para que el sistema vigente o que el que se busca implementar, realmente funcione, por tanto, cualquier propuesta debe abordarse desde el funcionamiento del sistema democrático, de lo contrario, cualquier intento de mejora parlamentaria será inútil.

Por lo que, el presente trabajo pretende aportar con un criterio jurídico constitucional adecuado, que identifique la factibilidad e idoneidad de optar por dicha alternativa legislativa, y con ello, contribuir con argumentos que coadyuven para encontrar soluciones a la crisis política y representativa que afecta al Ecuador.

---

9 Véase el Acta Constituyente No. 72. Informe de Mayoría sobre la Asamblea Nacional, Mesa No. 3, Estructura e Instituciones del Estado, 30 de junio de 2008, p. 6 y ss.

10 Véase el art. 117 y ss. de la Constitución Política del Ecuador, de 25 de mayo de 1967.

El presente trabajo encuentra su justificación en el análisis de un problema que afecta a los sistemas parlamentarios de varios Estados democráticos del mundo, y que en el Ecuador no es la excepción. Además, el tema escogido resulta relevante, pues el estudio de los institutos democráticos y de reforma constitucional es esencial dentro del Derecho constitucional, por tanto, analizar el objeto de la reforma constitucional y la vinculación de este con el Estado democrático, es importante, pues su aplicación no solo incide en el ámbito jurídico sino también en el político.

Por lo que, para el estudio y práctica constitucional, este análisis es de suma importancia en cuanto a la parte orgánica de la Constitución se refiere, asimismo, al ser una tema que en la actualidad es motivo de debate en el foro ecuatoriano, surge el interés de abordarlo desde el ámbito académico, lo que hace necesario que se realice un análisis jurídico constitucional a efectos de aportar con criterios técnicos al respecto, que *a posteriori*, sirvan de base para el estudio y práctica del Derecho constitucional y parlamentario ecuatoriano.

Los métodos de investigación científica utilizados para alcanzar los objetivos de la investigación son, el problemático-hipotético, inductivo-deductivo, histórico-comparativo y analítico-sintético. Se realizará una investigación de revisión, a través del estudio de fuentes de documentación como son la doctrina, la legislación y la jurisprudencia, para obtener un alcance teórico que nos permita llegar a los resultados esperados del trabajo.

En tal sentido, en el presente capítulo se revisarán los antecedentes y se planteará el problema de la investigación, a efectos de determinar el camino que seguirá la investigación, con lo cual el lector podrá entender el contexto del tema desde su generalidad, para posteriormente, a medida que se desarrollan los apartados comprender de forma específica la tesis que sostiene el autor. Se revisará el concepto de representación política y los distintos tipos de democracia a efectos de determinar desde la teoría las consideraciones generales que nos darán una pauta para entender el funcionamiento del Estado democrático y las implicaciones o falencias que pueden darse para que se genere una crisis de representación parlamentaria. Y además, se analizará como han incidido las protestas y los índices electorales en la crisis de representación política del Ecuador.

Posteriormente, se estudiará el funcionamiento de los sistemas legislativos bicameral y unicameral y como los conceptualiza la doctrina, explicando las fortalezas y falencias de cada sistema; para pasar a los antecedentes históricos del unicameralismo y bicameralismo en Ecuador.

A posteriori, nos centraremos en el sistema legislativo vigente en el Ecuador y su funcionamiento, para finalmente, aterrizar en las conclusiones, y dar cuenta de que, no es necesario cambiar de diseño legislativo.

2. *Régimen democrático*

2.1. Representación política

El concepto de representación tiene su origen en la edad media, donde fue utilizado por la iglesia para defender tanto sus intereses como los de las comunidades donde tenía residencia el clero, frente al poder del rey o del emperador, la representación entre ambas instancias se la efectuaba a través de delegados[11].

Posteriormente, con el sufragio universal llega el surgimiento de los partidos de masas, terminando con el gobierno de notables, ya que los partidos representaban mejor a los ciudadanos al recoger una representación social más variada. En el parlamentarismo de notables, los representantes eran elegidos por sus cualidades y la acción política tenía lugar en el parlamento, mientras que, en la democracia de partidos, el gobierno representativo no nació como una forma de gobierno democrático, ya que, la democracia entonces se identificaba solamente como la forma de gobierno de algunas ciudades de la antigüedad[12].

La representación política, como eje central del constitucionalismo democrático ha intentado explicar los nexos entre Derecho y política y a su vez, entre Estado y sociedad. De todos modos, la representación política como forma de poder estatal, tanto como autoridad unitaria, como integradora de intereses sociales, tiene complicaciones para determinar el real significado de que, "un órgano representa al pueblo en su totalidad y cómo se relaciona semejante afirmación con la soberanía popular, con el reconocimiento constitucional del pluralismo y con el ideal democrático de emancipación humana propio del constitucionalismo"[13].

Ya que, la representación política en aras de servir como medio de legitimación general está vinculada no solamente con las instituciones

---

11 Carballo Rodríguez, Francisco Manuel, "Bernard Manin lector de la democracia antigua", *Logos. Anales del Seminario de Metafísica,* No. 51, 2018, p. 158.

12 *Ibid*., pp. 160-161.

13 Criado de Diego, Marcos, "Sobre el concepto de representación política: lineamientos para un estudio de las transformaciones de la democracia representativa", *Revista Derecho del Estado*, vol. núm. 28, 2021, p. 80. Disponible en http://www.scielo.org.co/pdf/dere/n47/0121-8697-dere-47-00167.pdf (fecha de consulta: 27 de abril de 2021).

parlamentarias, sino con el sistema político institucional como un todo, lo que ha hecho que, cumpla en menor medida su deber de legitimación concreta.

Lo que significa que, se genera un espejismo donde aparentemente se representa los intereses generales por medio de un consenso, pero al mismo tiempo, se incumple el rol de legitimación concreta de los intereses de los representados, alejando a la sociedad del Estado. Lo que explicaría parte de la crisis de representación que existe en la actualidad, y que puede traducirse, por un lado, en la desconfianza y apatía de la ciudadanía con el ámbito político, y por otro, en el reclamo ciudadano y el interés cada vez más acrecentado de buscar alternativas a la democracia representativa, ya sea a través de mecanismos de democracia directa y/o de participación ciudadana.

En ese sentido, lo que busca la sociedad como titular de la soberanía popular es tener mayor injerencia en las decisiones estatales, y no solamente limitarse a elegir a sus representantes a través del sufragio en cada período.

Para entender las causas de la crisis de representación política, se debe tener claro ciertos motivos que podrían ser la causa del problema, por un lado, "el representante que es un legislador electo no representa a sus votantes en cualquier asunto, ni tampoco lo hace por sí mismo aisladamente, trabaja con otros representantes en un contexto institucionalizado y en una tarea específica de un Estado. Esto vuelve a plantear el conocido problema de los intereses locales o parciales versus el interés nacional, y la cuestión del papel del representante político con respecto a ellos".[14]

De modo que, debe tenerse en consideración que, si bien es cierto, los representantes deben tomar decisiones de forma individual, su rol exige un trabajo mancomunado, entre su partido, y en función de las alianzas y consensos entre partidos dentro del cuerpo representativo, para así, poder cristalizar las propuestas en beneficio del conglomerado social, de lo contrario, por más buenas intenciones que puedan tener los representantes, estas solo podrán concretarse con el voto mayoritario del seno legislativo.

Por otro lado, se debe tener en cuenta el papel que juega el elector en el ejercicio democrático, pues sus decisiones podrían ser parte del problema, ya que, "el votante que ha de ser representado no es, desde luego, el ciudadano racional, informado, interesado, políticamente activo que nuestra

---

14 Fenichel Pitkin, Hanna, *EL CONCEPTO DE REPRESENTACIÓN*, trad. R. Montoro Romero, CENTRO DE ESTUDIOS CONSTITUCIONALES, Madrid, 1985, p. 239.

fórmula parece exigir", sumado a que, generalmente no se postulan los mejores candidatos, lo que reduce las opciones del votante. En general, gran parte del pueblo es apático respecto de la política, los ciudadanos que optan por ejercer su derecho al voto eligen a sus candidatos por distintas consideraciones, algunos lo hacen siguiendo una lealtad tradicional de partido (que actualmente se está perdiendo), otros lo hacen inclinándose por las características personales del candidato, otros por compromisos políticos, o porque desde su concepción atribuyen a uno u otro candidato la ideología con la que son afines, no obstante, poco sabe el elector de las facultades y las responsabilidades que acarrea la dignidad por la que su candidato opta.

Asimismo, la decisión del voto parece gestarse primordialmente mediante contactos con grupos primarios, pues el ciudadano promedio vota como lo hace su familia, amigos, compañeros, es decir, su círculo más cercano o íntimo. Además, las decisiones dependen de los hábitos y sentimientos de los votantes, mucho más que, de un análisis racional e informado sobre el rol del candidato en caso de ser electo y de la factibilidad de sus propuestas[15].

La conducta del votante es sumamente compleja, y sin duda, también inciden en sus decisiones la opinión pública, los intereses económicos, los medios de comunicación, la interacción de las organizaciones sociales y políticas[16].

Por otro lado, Manin sostiene que la crisis de la representatividad en los sistemas políticos modernos se origina porque la política de representatividad descansa en el poder de los medios, quienes a través de estrategias de marketing de opinión entran en el mercado de la oferta electoral, buscando una respuesta de las audiencias, lo que se conoce como democracia de audiencias[17].

Ahora bien, respecto al representante, una vez que ha alcanzado el cargo de elección popular, cabe preguntarse si este, "¿consulta frecuentemente los deseos de sus electores, o, si no es así, aplica su conocimiento a una evaluación desapasionada, racional de lo que es mejor para ellos y para la nación?". Lo que nos lleva a pensar que, el rol del legislador es mucho más complejo, pues, concretar los deseos de los electores requieren

---

15 *Ibid.* p. 243.

16 *Ibid.* p. 249.

17 Manin, Bernard, *Los Principios del gobierno representativo*, Alianza, Madrid, 1999 en LATORRE IGLESIAS, E.L., "LOS PRINCIPIOS DEL GOBIERNO REPRESENTATIVO", *Revista Prolegómenos-Derechos y Valores*, Vol. XIV-No. 28-Julio-Diciembre 2011, p. 292.

del cumplimiento de un sinnúmero de factores, ya que, el representante actúa bajo presiones, demandas y obligaciones ciudadanas, partidistas, y propias de su rol como legislador, por tanto, no existe un diseño apropiado sobre como el legislador debe desempeñarse en su cargo, pues la incidencia de lo anteriormente mencionado, torna complejo el actuar del legislador en el desempeño de sus funciones[18].

De todos modos, el representante no debe ser un mero agente de representación, pues el representado debe estar presente en la acción, además, el actuar del representante no debería entrar en conflicto con los deseos del representado, a menos que exista una explicación lógica, la idea es que el conflicto entre ambos sea solo potencial y no se materialice, sólo desde esa perspectiva podrá definirse si se ha representado bien o mal[19].

Además, es necesario mencionar que, la democracia no puede, ni debe ser perfecta, de lo contrario, estaríamos frente a gobiernos que crean una falsa percepción de bienestar entre sus representados, logrando una aceptación casi unánime, incluso ganando varias elecciones de forma consecutiva, lo cual en la práctica no es idóneo, pues generalmente se convierten en gobiernos autoritarios que buscan coartar la libertad de expresión, incidir en la opinión pública, maximizar los aciertos y minimizar los problemas, buscando enemigos públicos y generando una sensación de bienestar entre la población, con la finalidad de gobernar sin oposición.

Un gobierno no es representativo demostrando el control que tiene sobre sus electores, sino al contrario, es el pueblo quien debe tener el control sobre lo que sus representantes hacen, pues es el pueblo el que debe actuar a través de ellos, y no solo ser un receptor de sus decisiones. De modo que, el Parlamento sea sensible ante las necesidades y exigencias del pueblo, por supuesto, siempre que estas busquen satisfacer el interés general. Por tanto, que el pueblo confíe la representación en sus representantes no quiere decir que estos van a desentenderse de los requerimientos del pueblo hasta las siguientes elecciones, ni que los representados buscarán incidir siempre en las decisiones de los representantes, debe existir un equilibrio[20].

Una mejor representación y un estado democrático robusto, solo puede lograrse a través de la institucionalización, sin embargo, tampoco la

18 Fenichel Pitkin, Hanna, *EL CONCEPTO DE REPRESENTACIÓN...*, *op. cit.*, p. 244.

19 Bravo Molina, Jorge Alejandro, "El concepto de representación y su aplicación en la vida política del gobierno representativo a la democracia representativa", Repositorio digital de la Universidad de Chile, Chile, 2009, p. 42.

20 *Ibid.*, p. 257.

garantiza, "pues ni de las mejores instituciones representativas puede esperarse que produzcan la representación de una forma mágica, mecánica, sino incluso a pesar de las creencias; actitudes e intenciones de la gente que opera el sistema". Pues, como menciona Pitkin respecto al pensamiento de Madison, el interés del ciudadano no solo debe estar conectado con los derechos constitucionales, sino, además, debe preocuparse por el interés público. De lo contrario, el ideal de representación, "no pasaría de ser un sueño vacío, o como mucho ocurriría de manera ocasional como una caprichosa e inexplicable bendición sobre la que no tenemos capacidad alguna de producirla"[21].

Asimismo, no es adecuado, ni aprobar todo lo hecho por los representantes, ni objetar todo lo atinente a los órganos representativos, pues en democracia las decisiones políticas siempre tendrán adeptos y opositores, que es lo más sano para construir un régimen democrático sólido.

Para Pitkin, el representante debe ser lo suficientemente independiente para considerarse autónomo, distinto a quienes representa, pero a la vez, sensible a las demandas de los representados en el desempeño de su actividad representativa"[22].

En términos políticos, que un pueblo este bien representado no significa solamente que se cumpla la actividad de representar, sino, "que se produzcan varios arreglos institucionales creados para crear representación, donde participan varios actores que finalmente le dan a la representación la forma de un sistema institucionalizado. Para ello, es necesario que exista elecciones en intervalos regulares, libertad parcial de los representantes, libertad de opinión pública y, finalmente, que las decisiones públicas son sometidas a debate"[23].

Finalmente, Carballo recoge las palabras de Manin cuando sostiene que la crisis de representación anuncia el final de los partidos políticos, y el triunfo de la imagen audiovisual, de los sondeos de opinión o de los movimientos de protesta. Por lo que, con los cambios que se generan, el sistema se modifica y se adapta, y así, una vez tras otra. Por tanto, "se podría caracterizar al gobierno representativo por su capacidad de engendrar decepción creadora", en ese sentido, la decepción sería una constante entre el pueblo y obligaría al sistema de gobierno a adaptarse, a crearse de nuevo"[24].

---

21 *Ibid.*, p. 265.

22 Fenichel Pitkin, Hanna, *El concepto de representación...*, *op. cit.*, p. 257.

23 Bravo Molina, Jorge Alejandro, "El concepto de representación..., *op. cit.*, p. 42.

24 *Ídem.*

2.2. Democracia

El principio democrático ha sido replicado en múltiples sociedades por medio de la democracia directa y representativa, sin embargo, ha predominado la representación política, ya que la democracia directa se torna impracticable por la dificultad de hacer partícipe a un conjunto de personas en tiempo y espacio de las decisiones públicas. Sin embargo, aquello no quiere decir que no existan formas en que el pueblo participe en las decisiones públicas, tal como se verá más adelante, las cuales sirven para complementar a la democracia representativa y así velar por la aplicación del principio democrático[25].

La importancia de dicho principio radica en que "se configura como el principio fundamental del proceso político del que emanan y en el que se legitiman los poderes del Estado, supone y posibilita una dominación de continuación transpersonal, conlleva una forma de racionalización del proceso político, y es también, en el contexto de las funciones constitucionales, una forma de limitar al poder estatal[26]".

La democracia surge como la principal alternativa al totalitarismo, convirtiéndose en el sistema que sirve como medio de legitimación gubernamental donde priman las virtudes públicas por sobre las privadas, destacando el hombre democrático frente al hombre autoritario, por tanto, en democracia, deben primar el diálogo, el consenso, el respeto de las libertades y la paz[27].

Ahora bien, como forma de participación política, la democracia se caracteriza por la posibilidad de poder elegir y ser elegido, y por establecer formas para controlar el accionar de los representantes respecto de la cosa pública, en pro de que cumplan de forma cabal las tareas que el pueblo les ha encomendado, al menos en teoría así está concebida.

Este sistema, que nace como respuesta a las anacrónicas e inservibles formas de gobierno que lo precedieron, parece encontrarse en un estado de letargo del que parece difícil recuperarse, pues lejos de pulirse y fortalecerse con el paso de los años, ha entrado en una profunda crisis que

---

25 García Guerrero, Jose Luis, "Organización del Estado" en López Garrido, Diego, Massó Garrote, Marcos Francisco, y Pegoraro, Lucio (eds.), Derecho Constitucional Comparado., Tirant Lo Blanch, Valencia, España, 2017, p. 488.

26 Cascajo Castro, Jose Luis, "El Estado democrático materiales para un léxico constitucional español", Revista española de derecho constitucional, N.º 23, 2003, p. 120.

27 Ramírez, Manuel, "Los cuatro grandes problemas de nuestra democracia", Cuadernos de pensamiento político, Fundación para el análisis y los estudios sociales, 2011, p. 108. Disponible en Los cuatro grandes problemas de nuestra democracia on JSTOR (fecha de consulta: 13 de abril de 2021).

hace imperioso el reclamo de un nuevo sistema de gobierno, que infortunadamente aún no existe. De modo que, por el momento la democracia es el sistema menos imperfecto o si quiere el más viable, más aún si se lo analiza desde el respeto de los derechos y garantías de los ciudadanos, de ahí que, a menos que aparezca otro más conveniente, seguirá estando vigente con las profundas deficiencias que al momento presenta.

En ese contexto, para entender la democracia a través de sus distintas vertientes se analizará a continuación cada una de ellas.

2.2.1. *Tipos de democracia*

2.2.1.1. Democracia representativa

Cuando hablamos de democracia representativa, hacemos clic inmediatamente con los partidos políticos, pues de estos depende la representación que tendrá el pueblo en su parlamento y del que dependerá transformar la voluntad popular en una sola a través del órgano legislativo. Y es justamente aquella, una de las razones del debilitamiento de la democracia, pues, el primer poder el Estado no ha sabido cumplir sus obligaciones, lo cual ha generado desconfianza en la ciudadanía, y como consecuencia, una pérdida de protagonismo del legislativo en las decisiones estatales.

Para Kelsen no había una relación jurídica representativa entre el parlamento y el pueblo, pues este último solo se limita a participar en las elecciones, además consideraba que el Parlamento no podía ser al mismo tiempo un órgano del Estado y representante del pueblo, pero justificó su uso desde el punto de vista político; *contrario sensu*, Jellinek concebía al Parlamento como órgano primario en cuanto a la representación del pueblo, pero como un órgano secundario del Estado, posibilitando la relación entre ambos no solo políticamente sino jurídicamente, y no solo limitado al momento electoral sino a lo largo de la legislatura[28].

La democracia representativa ha ido paulatinamente perdiendo su significado, más aún en las democracias contemporáneas, en virtud de la separación funcional y competencial entre autoridad y gobernados. La síntesis política, la dominación del pueblo como unidad sobre el pueblo como multiplicidad, ya se realiza en parte en la Constitución a través de los derechos fundamentales y, en parte por el poder ejecutivo mediante sus competencias, haciendo parcialmente innecesaria que la representación se vea reflejada en el Parlamento por medio de la ley.

---

[28] García Guerrero, Jose Luis., *Organización del Estado... op. cit.*, p. 494.

La democracia puede ser entendida como el gobierno de la mayoría, y puede presentarse a través de dos modelos, el minimalista, donde el ciudadano delega todo el poder a sus representantes, sin tener mayor injerencia en el quehacer político, y el maximalista, donde los ciudadanos hacen parte de las decisiones del Estado, por tanto, desempeñan parte importante en la esfera pública[29].

Ahora bien, existen varios factores para que se produzca la crisis de representación política, entre ellos, está la desilusión que sufre el ciudadano cuando delega el poder en sus representantes para que estos a su vez sean los artífices de las pretensiones ciudadanas, pues, aquel mandato rara vez se cumple a cabalidad, de ahí que, cada vez, los ciudadanos reclamen espacios de participación para de forma conjunta o separada de sus representantes influir de la toma de decisiones del Estado.

Además, se vislumbra un notable desapego de la ciudadanía respecto de las decisiones públicas, apatía respecto de los ámbitos propios del Estado, desconexión que claramente coadyuva a los intereses partidistas, puesto que, son aprovechados al notar el limitado interés de la ciudadanía respecto a las decisiones parlamentarias, cuestión desafortunada, pues ignoran la relevancia que tiene la representación parlamentaria, y depositan toda su confianza en el Poder Ejecutivo.

Por tanto, uno de los principales problemas de la democracia representativa es la partidocracia, pues la pugna por el poder y los intereses partidistas prevalecen por sobre los intereses ciudadanos, estableciendo una brecha que al día de hoy parece irreparable con sus representados.

Otro problema que afecta la democracia es la proliferación de partidos y movimientos políticos carentes de ideología, cuadros políticos que son escogidos primando su popularidad por sobre su capacidad, esto, sumado a la falta de identificación de la ciudadanía con una determinada ideología política, ha generado el debilitamiento de la democracia representativa. Una cuestión que incide en el sistema de representación democrática es la corrupción campante que azota a la estructura estatal, que en parte tiene que ver con el monopolio de los partidos en la toma de decisiones, y otra, por la falta de participación y vinculación política de la ciudadanía, pues, cierto sector de la sociedad en virtud de la democracia representativa considera suficiente delegar el poder mediante sufragio a los que serán sus representantes.

---

29 Solano Paucay, Vicente, *Democracia participativa y meritocracia ¿Entre la división de poderes y la participación ciudadana?*, Universidad Andina Simón Bolívar, sede Ecuador, 2018, p. 21.

Al respecto, en Ecuador la ley electoral[30] brinda todas las facilidades para la inscripción y constitución de movimientos y partidos políticos, lo cual prima facie, es beneficioso para el quehacer democrático (respeto a los derechos de participación política), sin embargo, los vacíos y fallas en la técnica legislativa, han hecho de aquella ley un instrumento para que existan cada vez más partidos políticos irrelevantes y desconocidos, que son creados con fines muy distintos a los principios democráticos, y con los que el pueblo no tiene un ápice de afinidad. Menoscabando así, el verdadero sentido de la democracia representativa, pues aquellas organizaciones políticas son creadas, por ejemplo, bien para servirse del financiamiento estatal, bien para servir como partidos de alquiler, o simplemente para estorbar, distraer y dispersar a los votantes.

En Ecuador, las críticas de representatividad no son nuevas, ya en el siglo XIX Juan Montalvo sostenía:

> "¿Cómo ha de ser representativo gobierno en el cual el presidente tiene de la oreja a los legisladores y les manda con el pie? Los representantes de la verdad hablan de buena fe; los representantes de la justicia son justos [...]. ¿Cuál de vosotros diputados por el pueblo ecuatoriano, le habéis herido en la frente con el cetro de marfil al bárbaro que de costumbre os ha mesado las barbas? Si nunca habéis representado sino el despotismo, vuestra forma de gobierno no puede ser republicano"[31].

Denotando en la cita anterior los mismos problemas por los que actualmente atraviesa la función legislativa, sobre todo en cuanto a la falta de control político del gobierno, por tanto, cabe mencionar que, en la época que Montalvo emitió aquellas expresiones en contra del parlamento ecuatoriano, regía el sistema bicameral en el Ecuador, y al parecer los problemas eran bastante similares a los que hoy aquejan al órgano legislativo, en consecuencia, parece ser que el problema de representatividad se mantiene; el sistema y el paso del tiempo, no han solucionado un problema que con el transcurrir de los años ha sido recurrente, una clase política servil a intereses particulares y no del pueblo.

Se puede inferir entonces, que la crisis política que atraviesa el legislativo ecuatoriano tiene otro origen, y es la calidad de sus representantes, aparejado de un electorado que al momento de elegir a sus representantes debe escoger entre un abanico de posibilidades, donde el factor común no es la calidad sino la cantidad de postulantes, pues la proliferación de

---

30 Artículo 94 y ss., Artículo 313 y ss. de la Ley Orgánica Electoral y de Organizaciones Políticas de la República del Ecuador, Código de la Democracia, R.O. Suplemento 578 de 27 de abril de 2009.

31 Montalvo, Juan, El regenerador, París, Garnier Hnos., 1929, p. 152.

movimientos y partidos políticos carentes de bases sólidas y una fiel militancia, sumado a la desinformación, desconfianza, apatía, entre otras cosas, reflejan una clase política bastante limitada.

En consecuencia, podemos encasillar las dos causas principales para la crisis parlamentaria, por un lado, la falta de calidad de los representantes, por otro, concentración de la democracia representativa, pues esta última, está lejos de resolver los problemas que se suscitan en el ejercicio del poder. Por su parte, Gargarella sobre la crisis parlamentaria destaca dos males, la alienación que se genera por el distanciamiento entre ciudadanos y políticos, y la desigualdad[32].

Por lo que, buscar soluciones en el cambio del diseño institucional de la Asamblea Nacional del Ecuador no parece ser una solución, pues como se ha ido evidenciando, el problema parece tener otro génesis. Desde esa perspectiva, para que la Función Legislativa del Ecuador cumpla con los roles que le otorga la Constitución, las soluciones deben plantearse teniendo en cuenta varios aspectos que no necesariamente tienen que ver con el cambio del diseño institucional, es decir, deben generarse una serie de condiciones en el sistema político, electoral e institucional que favorezcan la consecución de una representación política de calidad.

2.2.1.2. Democracia participativa y democracia directa

La democracia participativa se concreta a través del principio de participación, el cual exige que la ciudadanía intervenga de forma activa y directa en el procedimiento de debate, configuración y ejecución de las decisiones relacionadas a los asuntos y necesidades del pueblo, la participación se presenta como un medio de control y legitimidad de las decisiones públicas[33].

Se caracteriza por establecer mecanismos de participación ciudadana en la toma de decisiones públicas, restándole valor al monopolio de la representación parlamentaria.

Entre los mecanismos más importantes de participación ciudadana, está el referéndum, que viene acompañado de otros institutos de democra-

32 Gargarella, Roberto, "La comunidad igualitaria y sus enemigos: Liberalismo, republicanismo e igualitarismo", en Hernández, Andrés comp., *Republicanismo contemporáneo: Igualdad, democracia deliberativa y ciudadanía*, Universidad de los Andes / CIDER / Siglo del Hombre, Bogotá, 2002, p. 82.

33 Delgado del Rincón, Luis Esteban, "La tutela de los derechos fundamentales en el ámbito de las prestaciones sociales desde la teoría de la organización y el procedimiento", *Revista Española de Derecho Constitucional*, 121, enero-abril, 2021, p. 383.

cia directa, como el derecho de petición, la iniciativa legislativa popular y la revocatoria[34].

De modo que, las democracias representativas actuales de una u otra manera han implementado en su sistema de ejercicio de poder político alternativas de participación ciudadana, en aras de que las decisiones también sean promovidas por la ciudadanía.

Algunos factores que han llevado a que la ciudadanía participe de forma activa en las decisiones gubernamentales, son entre otras, la falta de rendición de cuentas y la desconfianza en las instituciones, pues dentro del aparataje estatal la corrupción y la inoperancia han ido tomando tanta fuerza que han logrado convertirse en la regla y no la excepción, esto, acompañado de un profundo desinterés de los representantes respecto de los ciudadanos, han dado como resultado la falta de representación o por lo menos de identificación del representado con su representante, por tanto, la exigencia de mecanismos alternativos de participación han ido tomando fuerza.

La inclusión de otros mecanismos de participación ha contribuido de forma favorable en la gobernabilidad de los Estados que los han adoptado, generando mayor fortalecimiento democrático y dejando de lado el cuestionamiento a la legitimidad de la representación política.

La democracia directa en la actualidad no pasa de ser un modelo ideal, surgido de los acontecimientos revolucionarios de la Francia de finales de siglo XVIII como una alternativa a la democracia representativa, pero que no ha tenido la capacidad de constituirse como una alternativa a nivel mundial dentro de las sociedades políticas para sustituir a las democracias representativas contemporáneas[35].

La doctrina ha criticado la implementación de la democracia directa como base de los Estados democráticos por su imposibilidad práctica, fundamentalmente por “el tamaño, diversidad de las sociedades actuales, complejidad de la agenda política y la imprescindible celeridad en la toma de decisiones”[36].

Ha perdido fuerza entonces, la idea de implementar una democracia plebiscitaria, pese a que gracias a las bondades del internet actualmente podría ser más factible, no obstante, esa no es la idea, sino más bien, lo que se debe buscar es una participación directa de los ciudadanos que

---

34 Criado de Diego, Marcos, *Sobre el concepto de representación política…op. cit.* p. 96.

35 Cascajo Castro, Jose Luis & Martín de la Vega, Augusto., *Participación, Representación y Democracia XII Congreso de la Asociación de Constitucionalistas de España*, Tirant lo Blanch, Valencia, 2016, p. 180.

36 Almagro Castro, David, *Democracia y participación política en la CE 1978 repensando paradigmas para una democracia avanzada*, Tirant lo Blanch, Valencia, 2018, p. 50.

complemente a la representativa, para evitar que la democracia representativa se vuelva una democracia de élites que se limita únicamente al proceso electoral[37].

En ese contexto, la democracia directa se realiza a través de mecanismos que no buscan formar la voluntad soberana, sino, concretar el principio democrático-participativo, "garantizando el acceso ciudadano a la información, permitiendo a la ciudadanía influir en la toma de decisiones, aunque sin participar en el proceso decisional, y permitiéndole participar en la toma de decisiones, mediante fórmulas de cogestión y participación directa"[38].

Permitiendo a los ciudadanos intervenir en términos democráticos más allá de una participación netamente electoral, estas alternativas cada vez toman más fuerza frente a la pérdida de credibilidad de los órganos más visibles de la democracia representativa, fortaleciéndolos a través de la complementariedad que otorga la legitimidad ciudadana.

Ventajosamente la realidad política ha terminado por eliminar la controversia entre democracia directa y representativa, pues, al día de hoy, lejos de entenderse como modelos contrapuestos, son complementarios[39].

Como se puede observar, ninguno de los modelos democráticos es idóneo por separado, para solventar los problemas de las sociedades democráticas actuales deben complementarse para conformar un modelo democrático integral[40].

2.3. Crisis democrática en el Ecuador 1979-2022

2.3.1. Protestas

En el Ecuador debe reconocerse el rol protagónico que ha tenido el movimiento indígena históricamente en Ecuador, incluso en el año 1990 llegó a ser considerado el más fuerte del continente desde la perspectiva de su organización, tal es así, que participó en "el derrocamiento de dos Presidentes, Abdalá Bucaram en 1997 y Jamil Mahuad en el 2000"[41].

---

37 Guedán Menéndez, Manuel, *Democracia e instituciones en América Latina*, Dykinson, Madrid, 2006, p. 274.

38 Rodríguez Ruiz, Blanca, "Participación y ciudadanía más allá del sufragio. Los derechos de participación de las personas extranjeras", *Revista de Estudios Políticos (nueva época)*, No. 169, Madrid, 2015, p. 52.

39 *Ibid.*, p. 274.

40 Almagro Castro, David, *Democracia y participación..., op. cit.*, pp. 35-36.

41 Lalander, Rickard & Ospina Peralta Pablo, "Movimiento indígena y revolución ciudadana en Ecuador", Cuestiones Políticas, Vol. 28 No. 48, 2012, p. 19.

El Ecuador enfrento una grave crisis en el año 1999 que ocasionó las protestas que terminaron con la destitución *de facto* del expresidente Jamil Mahuad el 21 de enero de 2000, ante una crisis que se tornó incontrolable, y que, originó que el gobierno decrete el feriado bancario y la dolarización; decisiones que le costaron a Mahuad la presidencia.

Cabe mencionar, que en el Ecuador las protestas en general se han caracterizado por ser en contra del ejecutivo, justamente porque el pueblo deposita su confianza en el gobierno central como aquel con la capacidad para solventar los problemas del país; sin embargo, eso no significa que el legislativo no haya sido objeto de críticas en los diferentes levantamientos, por ejemplo, en la crisis de 2000, "la sociedad tenía sus ojos puestos en el Congreso, señalándole a ese órgano del Estado como el gran responsable de la debacle. Vísperas del 21 de enero, el Congreso tenía una credibilidad del 11 %, los partidos políticos el 6 % y apenas el 28 % de los ecuatorianos consideraba que la democracia podía solucionar sus problemas"[42].

Poco más tarde, en abril del año 2005, Lucio Gutiérrez, quien habría participado en la caída de Jamil Mahuad, también sería víctima de un golpe de Estado, en lo que se denominó el "abril quiteño o abril de los forajidos", por el calificativo que el propio Presidente de aquel entonces les otorgo a los manifestantes, quienes en su mayoría eran personas de clase media de la ciudad de Quito. Las protestas se centraron en reclamos por, "la dignidad, cambio, combate a la corrupción y resistencia al autoritarismo", resumido en dos consignas: Lucio fuera y fuera todos. A diferencia de enero del año 2000 cuando cayó Mahuad, los indígenas de la Confederación de Nacionalidades Indígenas del Ecuador (en adelante CONAIE) estuvieron ausentes en la revuelta de abril de los forajidos"[43].

Luego de que las Fuerzas Armadas del Ecuador le retiraran su respaldo al en ese entonces Presidente Lucio Gutiérrez, a la par, con 60 votos de 62 presentes, en una polémica sesión el Congreso lo destituía "por

---

42 Borja Nuñez, Raúl, "LOS MOVIMIENTOS SOCIALES EN LOS 80 Y 90, La incidencia de las ONG, la Iglesia y la Izquierda", Consejo Latinoamericano de Ciencias Sociales, 2011, p. 178.

43 Ortiz, Tirado, Pablo, "20 años de movimiento indígena en Ecuador Entre la protesta y la construcción de un Estado plurinacional", 2011, en, Betancur, Ana Cecilia, ed. Movimientos indígenas en América Latina: resistencia y nuevos modelos de integración. Copenhague: IWGIA, 2011. pp. 88-89.
BBC NEWS MUNDO (Ecuador), Quito, https://www.bbc.com/mundo/america_latina/2009/09/090929_0730_ecuador_movilizacion_wbm (fecha de consulta: 30 de agosto de 2022).

abandono del cargo", disponiendo que el Vicepresidente Alfredo Palacio asuma el poder[44].

Con ese suceso, nacería la rebelión de los forajidos, el cual a la postre serviría de base para conformar el movimiento Alianza País[45].

Desde el retorno a la democracia en 1978 hasta 1996, todos los presidentes terminaron su mandato de 4 años, salvo el expresidente Jaime Roldós Aguilera quien perdió la vida en un accidente aéreo en 1981, y que, por mandato constitucional tuvo que subrogar su cargo el entonces Vicepresidente Oswaldo Hurtado. Desde 1996 hasta 2007, el Ecuador tuvo 7 presidentes[46], y dentro de ese lapso, el 7 de febrero de 1997, el Ecuador tuvo 3 presidentes en un solo día[47].

Sin embargo, han sido escasas las voces que cuestionaron la falta de legalidad y el quebranto a la normativa con la que se cesó a los tres presidentes defenestrados, tan es así, que, "el 51% de la población estuvo de acuerdo con el derrocamiento de Jamil Mahuad, y el 72% no lo considero como golpe de Estado, sino como una rebelión popular"[48].

Es paradójico, que varios de los presidentes defenestrados, antes participaron de los golpes de Estado bajo el *slogan* de "defensa de la democracia", por ejemplo, el expresidente Mahuad antes de ser Presidente y luego derrocado, participo de forma activa en el golpe de Estado en contra de Abdala Bucaram, y del mismo modo, Lucio Gutiérrez en la caída Jamil Mahuad[49].

Asimismo, políticos de diferentes ideologías siempre se las ingeniaban para de una u otra forma estar cerca del pueblo para incidir en los golpes de Estado cuando el rechazo era hacia sus rivales políticos, incluso apoyando desde el Congreso la legitimación de aquellos golpes[50].

---

44 Ortiz Crespo, Gonzalo, "La acción de los "forajidos", desafío para los partidos políticos", Íconos Revista de Ciencias Sociales, 2005, p. 30.

45 Acosta Espinosa, Alberto, "Ecuador ecos de la rebelión de los forajidos", Nueva sociedad, No. 198, 2005, pp. 42-54.

46 República del Ecuador, cronología de los Presidentes, https://pdba.georgetown.edu/Executive/Ecuador/pres.html (fecha de consulta: 30 de agosto de 2022).

47 Notimérica, https://www.notimerica.com/cultura/noticia-sabias-ecuador-tuvo-dia-tres-presidentes-simultaneos-20170207074440.html (fecha de consulta: 30 de agosto de 2022).

48 De la Torre, Carlos, "Protesta y democracia en Ecuador: la caída de Lucio Gutiérrez, luchas contrahegemónicas y cambios políticos recientes de América Latina", en "Populismo, democracia, protestas y crisis políticas recurrentes en Ecuador", Europa América Latina, 2006, Fundación Konrad Adenauer, No. 21, pp. 213-214.

49 *Ídem.*

50 Ortiz Crespo, Gonzalo, "La acción de los "forajidos"..., *op. cit.*, p. 29.

No obstante, de forma atípica, en la revuelta de los forajidos, los políticos fueron vedados de las marchas y movilizaciones, pues el hartazgo popular pugnaba porque se vayan todos. Es así como, empieza a conformarse el movimiento político Alianza País, quien consolidaría su popularidad desmarcándose de la partidocracia, proponiendo cuadros políticos nuevos y propuestas renovadoras[51].

Por lo que, en el año 2007 llega al poder Rafael Correa, un desconocido en política hasta ese entonces, quien participo en su primera contienda electoral para ser Presidente de la República sin proponer candidatos a asambleístas, pues su principal propuesta de campaña se centró en proponer una asamblea constituyente, que posteriormente termino dándose, donde se elaboró un nuevo texto constitucional que fue aprobado vía referéndum, dando lugar a la nueva Constitución en el año 2008.

En este punto, cabe mencionar un antecedente importante a la constituyente, donde el rechazo ciudadano se concentró directamente en el Congreso y ya no en el ejecutivo, dando lugar a que en el año 2007, "el Tribunal Supremo Electoral destituya a 57 diputados por considerar que obstruían el proceso electoral que comenzó con la convocatoria a una consulta popular para la Asamblea Constituyente"[52]; la destitución de los 57 diputados opositores permitió al entonces Presidente Rafael Correa, consolidar una mayoría en el legislativo y abrir el camino para la constituyente[53].

Durante el gobierno de Rafael Correa se vivió cierta estabilidad democrática, fruto del movimiento de los "forajidos", donde la gente harta de la partidocracia terminó confiando en un proyecto político nuevo, tal es así, que el expresidente Rafael Correa fue reelecto y gano dos veces en primera vuelta de forma consecutiva la Presidencia de la República (cabe recordar, los 3 presidentes antecesores a Correa, elegidos democráticamente, fueron derrocados). En total, Correa acumulo 7 elecciones a su favor, gobernando por un lapso de 10 años y 4 meses, con un número aproximado de 100 asambleístas afines en los distintos períodos parlamentarios en los que ostento la dignidad de Presidente de la República[54].

No obstante, la popularidad de Correa cayó en el año 2015, principalmente, por críticas hacia su autoritarismo, el aumento de impuestos, y,

---

51 Acosta Espinosa, Alberto, "Ecuador ecos de la rebelión..., *op. cit.*, p. 46.

52 Elmundo.es Internacional, https://www.elmundo.es/elmundo/2007/03/20/internacional/1174410037.html (fecha de consulta: 30 de agosto de 2022).

53 Machado Puertas, Juan Carlos, "Hasta que se fueron todos: Until There Were None", Revista de ciencia política, 2008, 189-215.

54 Elmundo.es Internacional, https://www.presidencia.gob.ec/siete-victorias-consecutivas-suma-la-revolucion-ciudadana/ (fecha de consulta: 30 de agosto de 2022).

por la crisis económica que atravesaba el país por la caída del precio del petróleo[55].

Lo que genero que su popularidad se vea afectada, equiparando ese año con la crisis económica del año 2009 donde su popularidad bordeaba los nada malos 50 puntos. Desde que inició su gobierno en el año 2007, Correa había logrado mantener un promedio de popularidad de 62% en todos los años de su gobierno, incluso se reeligió en 2013 con 57% de votos; índices de popularidad sin precedentes, sin embargo, como se mencionó antes, "en el 2015, la protesta social y los bajos niveles de aprobación serían evidencia del crecimiento del descontento social con su gobierno"[56].

Posteriormente, se producen dos aspectos importantes en torno a la democracia, el Ecuador atraviesa dos protestas nunca antes vistas, la primera en octubre del año 2019 y la segunda en junio del año 2022.

La primera, con una duración de 11 días, se produjo en el gobierno de Lenin Moreno elegido para el período presidencial 2017-2021, esta protesta se produjo principalmente por motivos económicos, específicamente, por la decisión del ejecutivo de retirar los subsidios a los combustibles; pero que en el fondo, fue una protesta concebida como resultado de una democracia debilitada en la que los sectores populares con el movimiento indígena a la cabeza, rechazaban el *status quo* y reclamaban ser escuchados e incidir en las decisiones del Estado.

Las protestas de Ecuador en 2019, se replicaron en otros países latinoamericanos, como Chile, Bolivia y Colombia; en Chile incluso, las protestas fueron el preludio para una consulta popular que dio paso a la Asamblea Constituyente[57].

Además, es necesario agregar, que el período del Presidente Lenin Moreno, tuvo 4 vicepresidentes, Jorge Glas y María Alejandra Vicuña, fueron relegados de su cargo por problemas legales relacionados con casos de corrupción, el tercero, Otto Sonnenholzner renunció, y finalmente, María Alejandra Muñoz, quien lo reemplazo, termino el mandato[58].

---

55 El Universo (Ecuador), Quito, https://www.eluniverso.com/noticias/2015/12/18/nota/5303736/caida-precio-petroleo-noticias-economicas-2015/ (fecha de consulta: 30 de agosto de 2022).

56 Vera Rojas, Sofía & Llanos-Escobar, Santiago, "Ecuador: La democracia después de nueve años de la "Revolución Ciudadana" de Rafael Correa", Revista de Ciencia Política, volumen 36, No. 1, 2016, pp. 168-169.

57 Gómez Martín, Carmen, "Ante la revuelta social, Estado de excepción. Reflexiones sobre el paro de octubre 2019 en Ecuador" https://journals.openedition.org/cal/11180?lang=es (fecha de consulta: 30 de agosto de 2022).

58 Observatorio Legislagtivo, "Informe Gestion y Transparencia de la Asamblea Nacional 2017-2021", p. 46 https://observatoriolegislativo.ec/wp-content/uploads/2022/03/

Finalmente, el paro más reciente, y que puso en jaque al ex presidente de la República Guillermo Lasso, tuvo como principal fundamento el alto precio de los combustibles, la falta de inversión en salud, educación, seguridad, y, en general, los reclamos se centraron en la crisis económica que aqueja al pueblo, exigiendo ayuda al gobierno para que se generen condiciones que permitan a la ciudadanía tener una vida digna. A diferencia del anterior suceso del año 2019, el último paro tuvo una duración de 18 días de protestas en varias provincias del Ecuador, con el epicentro en Quito, y que, pese a los desesperados acuerdos que se lograron desde el ejecutivo con el movimiento indígena para dar fin a las protestas, el Presidente de la República estuvo a punto de ser destituido por la Asamblea Nacional, activando por primera vez el mecanismo de "muerte cruzada" desde su instauración en el ordenamiento jurídico ecuatoriano[59].

El factor común es que el protagonista del paro en ambas protestas fue el movimiento indígena a través de sus organizaciones sociales y gremiales, con la CONAIE a la cabeza, generando un poder desestabilizador originado con las protestas hacia los gobiernos de turno, obligando a los presidentes antes mencionados a llegar a acuerdos, por un lado, con el objetivo de que se levante el paro, y, por otro lado, para mantenerse en el poder[60].

El presente análisis se realizó hasta la gestión del ex presidente Guillermo Lasso, la cual, ha sido calificada como mala y muy mala por el 81,86% de ecuatorianos, y su nivel de aceptación fue de 17,32%; la Asamblea Nacional por su parte, cayó en agosto de 2022 del 11,88% al 6,79%, asimismo, el 64,58% de los ecuatorianos califica la gestión del Parlamento como "mala" y el 25,61% como "muy mala"[61].

2.3.2. *Índices electorales*

Para ratificar la crisis política por la que ha atravesado el Ecuador en los últimos años, se debe tener en cuenta el rol de la ciudadanía en los

---

Informe-de-gestion-y-transparencia-de-la-Asamblea-Nacional-2017-2021.pdf (fecha de consulta: 31 de agosto de 2022).

59 The Washington Post, Borja M. S., https://www.washingtonpost.com/es/post-opinion/2022/07/14/paro-nacional-protestas-en-ecuador-2022-guillermo-lasso/ (fecha de consulta: 31 de agosto de 2022).
BBC NEWS MUNDO (Ecuador), Quito, https://www.bbc.com/mundo/noticias-america-latina-62005086 (fecha de consulta: 31 de agosto de 2022).

60 El Comercio (Ecuador), Quito, https://www.elcomercio.com/actualidad/politica/paro-ecuador-realidad-economia-conaie.html (fecha de consulta: 31 de agosto de 2022).

61 Primera Plana https://primeraplana.com.ec/mas-del-80-de-ecuatorianos-desaprueba-la-gestion-de-guillermo-lasso (fecha de consulta: 05 de septiembre de 2022).

distintos comicios electorales, por lo que, para respaldar el objetivo de la presente investigación, es importante destacar el índice de votos nulos y blancos como una suerte de rechazo e indecisión respecto a las propuestas y candidaturas que han presentado los partidos y movimientos políticos.

Los votos blancos y nulos son el reflejo de la crisis de representación política y el desinterés que tiene la ciudadanía respecto de las elecciones y sus representantes, la indecisión en la intención de voto se traduce principalmente en votos blancos, y los votos nulos también suelen ser producto de la indecisión, pero sobre todo, del rechazo ciudadano hacia los candidatos y partidos políticos.

En los últimos comicios electorales para el período 2021-2025 se dio un hecho inédito, los votos nulos alcanzaron el 16,3%, el porcentaje más alto desde las elecciones presidenciales de 1979 cuando el Ecuador retorno a la democracia, es decir, el más alto de las últimas 22 elecciones. En la primera vuelta, donde se eligieron binomio presidencial y asambleístas, "un millón de personas anularon el voto (9,5%) (...) y dos meses después lo hicieron 1,7 millones de personas (16,3%). Esto significa que los votos nulos se incrementaron en casi siete puntos porcentuales". Por lo que, el voto nulo se ubicó por detrás de las tres principales fuerzas políticas del Ecuador, "el correísmo; la derecha liderada por el Movimiento Político Creando Oportunidades (CREO) y el Partido Social Cristiano (PSC)"[62].

En las elecciones de 1978, se registra el menor porcentaje de votos nulos con un 5,9%, seguido por el año 2009 con el 6,3%, y para el año 2021, en primera vuelta el nulo alcanzó el 9,55% y en la segunda vuelta se incrementó a 16,30%, dicho de otro modo, 1.759.772 de ciudadanos[63] de un total de 13.099.150 ecuatorianos empadronados para votar en 2021[64], votaron nulo.

No se debe minimizar los votos nulos, ya que, al ser una opción democrática con la que cuentan los electores para mostrar su rechazo frente a las candidaturas propuestas, pese a que no se consideran votos válidos, si estos votos "llegaran a ser más del 50% del total de los votos (válidos y no válidos), se podría llegar a anular la elección[65]. En la primera vuelta

---

62 El Comercio (Ecuador), Quito, https://www.elcomercio.com/actualidad/politica/voto-nulo-votacion-tres-balotaje.html (fecha de consulta: 01 de septiembre de 2022).

63 Ecuador verifica https://ecuadorverifica.org/2021/04/15/el-voto-nulo-elecciones (fecha de consulta: 01 de septiembre de 2022).

64 Primicias https://www.primicias.ec/noticias/politica/trece-millones-ecuatorianos-podran-votar/ (fecha de consulta: 01 de septiembre de 2022).

65 Artículo 147 numeral 3 del Código de la Democracia, Registro Oficial Suplemento 578, de 27 de abril de 2009

sufragaron 10,61 millones de personas; por lo que para que se llegue a la anulación, debería haber habido al menos 5,3 millones de votos nulos"[66]. Parece improbable que se logre tal porcentaje de votos nulos para anular una elección, con el antecedente de que eso nunca ha sucedido en Ecuador, sin embargo, los votos blancos y nulos si irrumpen y mueven el tablero electoral.

Los votos válidos son la suma de los votos recibidos por todos los candidatos que participan en la contienda electoral, los votos blancos y nulos no entran en esa suma, en consecuencia, no contribuyen al denominador de la división; es por ello, que hay que diferenciar votos válidos de los votos emitidos, los últimos, son la suma de los votos válidos, blancos y nulos, pero como se explicó, para obtener el resultado final hay que dividir el número de votos de un candidato para el total de votos válidos, por ejemplo, si un candidato logra obtener 3'033,791 de votos, y el total de votos válidos es de 9'272,034, el porcentaje final que obtiene el candidato es del 32.72%[67].

Por otro lado, un aspecto importante a tener en cuenta para corroborar la crisis política que atraviesa el Ecuador, es el ausentismo, uno de los picos más altos se produjo en el 2009 donde no votaron 2'653.739 de electores que da un total de 25,20% de electores, en 2013 hubo un ausentismo de 2'208.379 de ciudadanos que representó el 18,91% del total de electores[68], frente al 17,2% de ausentismo de las elecciones de 2021[69].

Para las elecciones del año 2021, el 66,4 % de los habitantes en edad para votar, de las regiones, sierra, costa y amazonía estaban poco interesados en los comicios electorales, asimismo, el 58% de ciudadanos mencionó que si el voto no fuera obligatorio no acudirían a votar[70].

Es decir, el rechazo, la indecisión y el ausentismo, han sido una constante en los comicios electorales ecuatorianos, situación preocupante, teniendo en cuenta que en Ecuador el voto entre 18 y 65 años es obligatorio[71].

---

66 Sandoval, Javier Rodríguez, https://gk.city/2021/03/28/voto-nulo-segunda-vuelta

67 *Idem.*

68 https://www.cne.gob.ec/documents/publicaciones/2014/libro_resultados_electorales_2013-r.pd

69 https://www.elcomercio.com/actualidad/politica/voto-nulo-votacion-tres-balotaje.html

70 Basantes, Ana Cristina, https://gk.city/2021/01/13/gana-voto-nulo-ecuador/ (fecha de consulta: 01 de septiembre de 2022).

71 Art. 62 numeral 1/ CRE.

3. *Sistemas legislativos*

3.1. Antecedentes históricos

El bicameralismo tiene sus orígenes en la edad media, específicamente en el Reino Unido a finales del siglo XIII, este sistema no nace precisamente como un modelo filosófico concreto, sino más bien, de forma accidental, no obstante, se reprodujo a lo largo de los países de la Europa medieval[72].

Ya entrado el siglo XVII el bicameralismo adquirió sus características modernas, para dar representación a los intereses de la nobleza en la Cámara de los Lores frente a los del pueblo en general representado en la Cámara de los Comunes; sistema que estuvo presente en la mayoría de las monarquías constitucionales europeas durante los siglos XVII y XVIII. Ya para finales del siglo XVIII el bicameralismo se introduce en los Estados Unidos de América con el objetivo de garantizar la representación igualitaria de las diferentes unidades territoriales dentro del pacto federal en el Senado, y con ello, el federalismo bicameral se expandió de forma vertiginosa[73].

En sus albores y durante un largo tiempo el bicameralismo fue defendido por el constitucionalismo clásico como la forma más adecuada de la expresión parlamentaria[74]. El bicameralismo sirvió como una estructura política conformada por la nobleza, convirtiéndose en una cámara que precautelaba los intereses de un sector social privilegiado, frente a otra cámara que representaba los intereses populares, dando como resultado, un poder legislativo con polos opuestos. La estructura bicameral no nace como una necesidad práctica, pues se concibe como un hecho político más que como un proyecto teórico, la creación del Senado no fue una necesidad jurídica del Parlamento, sino más bien, el resultado de una necesidad política[75].

No obstante, a raíz de la Revolución Francesa y Americana, el poder soberano le fue atribuido a la comunidad en su conjunto, configurando

---

72 Sáenz Royo, Eva, "El bicameralismo en el siglo XXI. Los últimos debates sobre el Senado en el Derecho comparado", *UNED, Teoría y Realidad Constitucional*, No. 40, 2017, p. 508.

73 Schiavon, Jorge, "Bicameralismo, configuración institucional y partidaria en América Latina un modelo de puntos y jugadores con veto para explicar la provisión de políticas públicas", Foro internacional, No. 175, 2004, p. 128.

74 Chueca Rodríguez, Ricardo Luis, "Teoría y práctica del bicameralismo en la constitución española", *Revista Española de Derecho Constitucional*, año 4, No. 10, 1984, p. 66.

75 *Ibid.*, p. 64.

de ese modo el gobierno representativo como única forma de organizar el poder político, desde entonces se tornó difícil sostener la teoría de que el interés general pueda ser representado en dos cámaras, sin perjuicio de la inclinación que tienen los Estados federales por el sistema bicameral[76].

Es con el posicionamiento del principio democrático y la concepción unitaria de la voluntad popular, que el bicameralismo empezó a desmoronarse tanto en la teoría como en la práctica, con argumentos que al día de hoy siguen vigentes[77].

De todos modos, por encima de las posiciones contrarias a la creación de una segunda cámara en el poder legislativo, el bicameralismo logro sostenerse, entre otras cosas, bajo el argumento de que garantizaría de mejor manera la función del parlamento, por medio del enfriamiento y reflexión de las decisiones de la cámara baja.

La extensión del sufragio y el posicionamiento del principio democrático-soberanía popular hicieron evidente la contradicción entre el bicameralismo y la concepción unitaria del pueblo. Lo que conllevo a una colisión entre el bicameralismo y la democracia, pues únicamente, a través del voto se puede dotar de carácter representativo y legitimidad democrática a los órganos constitucionales, por tanto, la segunda cámara resultaba anómala[78].

Con el progreso de la democratización de los Estados a inicios del siglo XX y con ello, la adopción del sufragio universal directo puso en entredicho al bicameralismo, por un lado, porque se contrapone al proceso democrático, y por otro, porque de someterse al régimen democrático, pierde su esencia fundacional. Lo que ha desembocado en que se prescinda de su uso, o que sufra una transformación en su esencia para ir de la mano de la democratización de las instituciones de representación política. En el último caso, la transformación debía evitar la simetría entre las cámaras que conformaban el sistema bicameral, tanto en la elección de sus miembros, como en las competencias que se les iba a asignar, aspecto que, repercutió en que el Senado perdiera sus características originales y su rol en el ámbito nacional fuera mínimo[79].

Aquello marcó una tendente oposición al bicameralismo, dando como resultado el primer parlamento unicameral democrático de Europa en

---

76 Sáenz Royo, Eva, "El bicameralismo en el siglo XXI..., *op. cit.*, p. 508.

77 Chueca Rodríguez, Ricardo Luis, "Teoría y practica..., *op. cit.*, p. 66.

78 Sáenz Royo, Eva, "El bicameralismo en el siglo XXI..., *op. cit.*, p. 508.

79 Altamirano, Mijael, "El significado e implicaciones del bicameralismo en la dinámica institucional con especial referencia al caso mexicano", *Desafíos*, Vol. 22 No. 1, 2010, p. 116.

1906 en Finlandia. Siendo el inicio para que la representación del pueblo en una única cámara sea una constante a comienzos del siglo XX, teniendo como consecuencia el declive del bicameralismo.

Sistema que descendió del 59% en 1961 al 33% en 1996, ya que, hasta ese momento 31 países europeos habían optado por tener un Parlamento unicameral[80].

En los países donde no se optó por una sola cámara, fueron los Estados Federales, aunque dentro de cada Estado muchos hayan decidido contar con una sola cámara en el ámbito subestatal. Sin embargo, "a inicios del siglo XXI se produce un repunte del bicameralismo (...) desde 1996 hasta 2014 son 28 los países que adoptan una segunda cámara, frente a sólo 9 que la suprimen". Un dato importante, es que aquel repunte no se produce por la expansión del federalismo, pues, de aquellos 28 países que optaron por el sistema bicameral solo uno era un Estado federal. Asimismo, "mientras en 1996 el bicameralismo estaba presente en el 82% de los Estados Federales y solo en el 26% de los Estados Unitarios, en el 2014 baja el porcentaje en los Estados Federales al 76% y sube al 35% en los Estados unitarios"[81].

No obstante, es necesario mencionar, que al día de hoy la mayoría de los Estados federales del mundo cuentan con una legislatura bicameral.

Por otro lado, aproximadamente un tercio de los países del mundo y más de la mitad de los países de América Latina son bicamerales, siendo recurrente en América Latina que el sistema bicameral se use en los países de mayor tamaño e importancia en términos de población y territorio[82].

La influencia de las características propias del sistema bicameral en los sistemas políticos tiene como base dos hechos históricos, por un lado, la monarquía constitucional, y por otro, la Constitución de Estados Unidos.

El sistema bicameral gestado en aquel tiempo era de naturaleza imperfecta, pues cada cámara tenía una forma de representación y competencias distintas, la cámara baja era elegida democráticamente, mientras que la segunda era conformada por miembros nombrados por órganos del gobierno, por tanto, carecía de legitimad democrática.

Respecto a la implementación de una segunda cámara aristocrática en las monarquías constitucionales, Montesquieu justifico su existencia en la estructura del Estado al afirmar que existen clases sociales que dada su naturaleza deben estar representados en una cámara legislativa que

80 Sáenz Royo, Eva, "El bicameralismo en el siglo XXI..., *op. cit.*, p. 509.
81 *Ibid.*, p. 509.
82 Schiavon, Jorge, "Bicameralismo, configuración institucional..., *op. cit.*, p. 128.

garantice su estatus en el seno de los poderes. Sin embargo, la esencia del Parlamento británico no se pudo replicar, por sus particulares características que respondían a su evolución histórica, sin embargo, sirvió como base para otros Estados[83].

La Constitución americana propuso un sistema bicameral distinto al de la monarquía constitucional, teniendo como esencia la creación de una estructura estatal federal que adopto el Estado nacional, configurando dos niveles de gobierno, por un lado, el Estado central y por otro, Estados federados, razón por la cual se inclinaron por implementar el sistema bicameral a efectos de garantizar la presencia de los miembros de cada nivel del gobierno en el seno de la Federación y la legislación federal[84].

Sin duda, tanto la monarquía constitucional, como la Constitución de Estados Unidos, fueron referentes históricos y su influencia tuvo como consecuencia el incremento del sistema bicameral en otros Estados del mundo[85].

3.2. Bicameralismo

El bicameralismo se define como la división del poder legislativo en dos cámaras, por un lado, la cámara baja o de representantes, y, por otro lado, la cámara alta o de senadores, ambas cámaras conforman el sistema bicameral[86].

3.2.1. *Principales ventajas del sistema bicameral*

La justificación de dicho sistema se sostiene con los clásicos argumentos que enfatizan su utilidad como una cámara de doble discusión de los proyectos y las leyes, para reducir las pasiones y minimizar los errores de la primera cámara, y, además, para ser un sistema de contrapeso que tornaría más complejo que se pueda corromper a los integrantes del seno legislativo[87].

A favor de la bicameralidad y de su función de *check and balances*, "existe una fuerte propensión en los cuerpos públicos a acumular poder en sus propias manos (...) si todo el poder legislativo estuviese delegado

83 *Ibid.*, pp. 110-111.

84 *Ibid.*, p. 112.

85 *Ibid.*, p. 114.

86 Schiavon, Jorge, "Bicameralismo, configuración institucional..., *op. cit.*, pp. 126-127.

87 Fabre Carrasquillo, Rafael, "Unicameralidad, sí o no: análisis jurídico de la viabilidad de adoptar un sistema legislativo unicameral en Puerto Rico", *REVISTA DE DERECHO PUERTORRIQUEÑO*, Vol. 38, 1999, p. 13.

en un sólo cuerpo no habría prácticamente manera de restringir el ejercicio pleno de ese poder"[88].

En esa misma línea, Montesquieu y los constitucionalistas estadounidenses coincidieron en que el bicameralismo tiene dos virtudes, por un lado, la calidad de las leyes, y por otro, el equilibrio de poder entre diversas preferencias sociales conformadas en cada cámara[89].

La doctrina casi de manera concordante sostiene que la presencia del bicameralismo en los Estados federales es imprescindible, pues favorece la representación de la totalidad del pueblo y de los Estados federados, lo cual le otorga cierto equilibrio a la elaboración de las leyes y sus destinatarios. Asimismo, la cámara alta limita y atempera las decisiones de la cámara de representantes, dotando de equilibrio al legislativo y evitando despotismo de la mayoría; además, otorga madurez en la deliberación del Parlamento, lo cual tiene como resultado mejores decisiones y un mejor producto legislativo. Otro aspecto importante, es que, el Parlamento bicameral garantiza la representación de la unidad nacional y de las entidades territoriales, lo cual confluye en la participación de todos los sectores sociales para construir la voluntad nacional[90].

3.2.2. *Principales desventajas del sistema bicameral*

Para empezar a analizar las desventajas del sistema bicameral, hay que tener claro que un cambio de sistema podría dislocar todo el "andamiaje político y alterar hábitos políticos de los electores y de los líderes políticos" constituyendo una experiencia difícil y costosa para el Estado que adopte un nuevo sistema; además se debe tener en cuenta las huellas que deja el viejo sistema desde la sociología y la cultura política del Estado, aspectos sumamente importantes a la hora de proponer un cambio de sistema, más aún, cuando se lo hace en Estados con una institucionalización debilitada[91].

Respecto a los principales argumentos para justificar la adopción del sistema bicameral, teniendo como base la principal característica del Senado como cámara reflexiva y de mejora de la calidad legislativa, en términos prácticos pierde fuerza, pues los beneficios serían mucho menores que las desventajas, puesto que, el Senado suele convertirse en una "con-

---

88 *Ibid.*, p. 15.

89 Schiavon, Jorge, "Bicameralismo, configuración institucional..., *op. cit.*, p. 128.

90 Altamirano, Mijael., "El significado e implicaciones del bicameralismo..., *op. cit.*, pp. 117-118.

91 Fabre Carrasquillo, Rafael, "Unicameralidad, sí o no..., *op. cit.*, p. 15.

geladora" donde las proyectos, leyes y resoluciones reposan durante un largo tiempo sin ser tratados, transformándose en una cámara de bloqueo legislativo y fiscalizador. Por tanto, el sistema unicameral es más beneficioso en términos de agilidad, y porque, como se ha dicho, pese a contar con una sola cámara también puede ser reflexivo.

Además, el sistema unicameral respecto del bicameral, tiene como ventaja fundamental el aspecto económico, tanto en costos como en tiempo, pues evita duplicidad de procedimientos y duplicidad de personas para cumplir un mismo fin[92]. Es decir, los recursos que se podrían emplear para sostener dos cámaras, podrían ser un ahorro para el Estado o podrían servir para fortalecer a una sola cámara, sobre todo en cuanto a asesoramiento legislativo.

Muchas de las deficiencias del bicameralismo están vinculadas con el alto costo del mantenimiento de dicho sistema, de la falta de legitimidad del Senado y de la desnaturalización de sus funciones de control, lo que lleva a una inestabilidad gubernamental y crea serios conflictos cuando el gobierno tiene la confianza solo de una de las dos cámaras.

En la práctica la adaptación, fortalecimiento y buen funcionamiento de cada sistema depende de múltiples condiciones, por lo que, lo que en un Estado funciona bien, en otro no, como ejemplo, en Suecia y Dinamarca se eliminó el Senado, en Estados Unidos de Norteamérica en cambio el sistema ha repercutido de forma positiva y garantiza el buen gobierno de los poderes públicos, y en Alemania y Austria ha servido para que se represente a las unidades territoriales en la federación[93].

3.3. Unicameralismo

El término unicameral es aplicado a los regímenes políticos cuyo poder legislativo se compone de una sola cámara, el sistema unicameral concentra en una sola cámara las labores legislativas sin que ningún otro órgano intervenga directamente en sus decisiones. En este sistema la voluntad del pueblo se manifiesta en un solo órgano legitimado[94], que representa a la población como un todo indivisible[95].

---

92 *Ídem.*

93 Altamirano, Mijael., "El significado e implicaciones del bicameralismo..., *op. cit.*, p. 118.

94 Llanos, Mariana, El Bicameralismo en América Latina en Vivero Ávila, Igor & Valdés, Jimena, *Democracia y reformas políticas en México y América Latina*, Universidad Autónoma del Estado de México, México, 2010, p. 134.

95 Núñez Nava, Rosa Virginia, & Matos Mosquera, María Gabriela, "El Estado federal unicameral: nuevo paradigma del federalismo", *Provincia*, núm. Esp., 2006, p. 221.

3.3.1. *Principales ventajas del sistema unicameral*

Las principales razones por las que el sistema unicameral compagina de mejor manera con el régimen democrático y sobre todo con los Estados unitarios se estudiarán a continuación.

Una de las principales ventajas del sistema unicameral es la economía en el procedimiento de discusión y creación de leyes, así como en el mantenimiento de la función legislativa. Además, evita conflictos entre cámaras y con ello impide la ralentización de la actividad legislativa.

Al ser más económico, parte del ahorro en el costo que supondría mantener una segunda cámara, presupuesto que podría usarse para fortalecer el asesoramiento técnico que se brinda a los legisladores.

Evita duplicidad de procesos, debates estériles y estancamiento innecesario de las leyes, como duplicidad de representación popular en el caso de que la segunda cámara sea elegida democráticamente, o en sentido contrario, se evita crear un órgano que carece de legitimidad democrática, lo que puede generar que ese órgano se convierta en corporativista y promotor de intereses particulares y no del interés general al no representar directamente al pueblo[96].

En cambio, el monocameralismo promueve un equilibrio entre los intereses locales con los intereses generales[97].

Además, el sistema unicameral evita que el legislativo se convierta en un recipiente de la voluntad del poder ejecutivo, dándose *de facto* una intromisión del poder ejecutivo en las facultades del poder legislativo[98].

En síntesis, el "sistema unicameral genera mayor eficiencia y especialización; propende a la reducción de costos al evitar la duplicidad de procesos; posibilita el mejoramiento de la calidad de apoyo técnico al legislador y reduce el potencial de conflictos internos y rivalidades que son resultado de la coexistencia de dos cuerpos legislativos".[99]

Si una única cámara no funciona tanto en la producción legislativa como en el contrapeso hacia la función ejecutiva, la solución no es implementar una segunda cámara, sino optar por mejores representantes en la conformación de la cámara[100].

En suma, por los argumentos expuestos el Estado unitario unicameral es el sistema que mejor se adapta al régimen democrático.

---

96 Fabre Carrasquillo, Rafael, "Unicameralidad, sí o no..., *op. cit.*, pp. 15-16.
97 *Ibid.*, p. 61.
98 *Ibid.*, pp. 17-18.
99 *Ibid.*, p. 19.
100 Núñez Nava, Rosa Virginia, & Matos Mosquera, María Gabriela, "El Estado federal unicameral..., *op. cit.*, p. 223.

3.3.2. *Principales desventajas del sistema unicameral*

Entre las principales desventajas de este sistema está la falta de fiscalización del órgano legislativo, función que para los detractores de este sistema bien puede ser desempeñada por una cámara alta, siempre que ostente la misma autoridad y poder, pero tenga diferente organización y criterio que la cámara fiscalizadora.

En el sistema unicameral el producto legislativo suele ser apresurado, consecuencia de decisiones precipitadas, por lo que, los defensores del bicameralismo sostienen que la bicameralidad funciona como un candado contra ese tipo de legislación, pues en este último sistema el proceso legislativo es más pausado y reflexivo[101].

Otro punto en contra es el esfuerzo que invierte el parlamento para guiar la actividad del ejecutivo, que, al ser una acción compleja, le resta dedicación en el resto de las actividades legislativas, esto, sumado a las demandas y necesidades de la vida moderna, lo cual complica la labor del poder legislativo cuando tiene una sola cámara[102].

Como se puede colegir, en términos generales, el sistema unicameral posee menos desventajas que el sistema bicameral, pues el funcionamiento de dos cámaras, en especial en Estados unitarios ha sido más cuestionado a lo largo de la historia, lo cual nos da claridad respecto de las fortalezas y debilidades de cada sistema. No obstante, tal como se enfatizado a lo largo de la investigación, el éxito de cada sistema depende de múltiples factores, que pueden ser históricos, políticos, sociológicos, electorales, territoriales, etc., factores que van a determinar la utilidad o fracaso del sistema que se implemente en un determinado Estado.

4. *Breves antecedentes históricos del unicamerialismo y bicameralismo en Ecuador*

4.1. El Unicameralismo en Ecuador

Desde que el Ecuador se constituyó como Estado en 1830, ha tenido 20 Constituciones, donde en 6 de ellas, las de 1830, 1851, 1945, 1979, 1998 y en la actual de 2008, ha estado vigente el sistema unicameral[103].

---

101 Fabre Carrasquillo, Rafael, "Unicameralidad, sí o no..., *op. cit.*, pp. 14-15.

102 Garrido López, Carlos, "Pero... ¿puede ser el Senado..., *op. cit.*, p. 73.

103 Informe para Primer Debate del Proyecto de Reforma Parcial a la Constitución de la República del Ecuador publicada en el Registro Oficial NO. 449 de fecha 20 de octubre de 2008. Disponible en: AN-COEC-2020-0033-M.pdf (fecha de consulta: 11 de febrero de 2021). p. 35.

Sin embargo, por términos prácticos, y por la dificultad que representa realizar una investigación de las actas de las distintas constituyentes donde se debatió y decidió acerca de la afinidad por un sistema u otro, pues no se ha podido acceder en su totalidad a tal información, se hará referencia solamente a la Constitución vigente que es la de 2008[104], en la cual se estableció que la Función Legislativa[105] estará representada por una Asamblea Nacional unicameral con sede en la ciudad de Quito, integrada por 137 asambleístas, entre nacionales, provinciales, regionales, distritales y del exterior; no se requieren requisitos complejos para ostentar dicho cargo.

De los registros de la Asamblea Constituyente de Montecristi, específicamente en el Acta Constituyente No. 72[106] que se debatió en el Pleno de la Asamblea Nacional Constituyente de 30 de junio de 2008, se llegó a un consenso en el que, básicamente se optó por el sistema unicameral por la mayor agilidad en el proceso de formación de leyes, en función de la tarea subsiguiente que tenía la Asamblea Nacional, esto es, la transformación y adecuación de todo el ordenamiento jurídico a la nueva Constitución, asimismo, el factor económico también fue un argumento de peso para optar por el sistema unicameral.

Otro aspecto importante, es que, el sistema bicameral ha estado vigente en 14 de sus 20 Constituciones sin haber dejado un legado importante en el desempeño de sus funciones, por lo que, aquello también motivó para que en la última Constituyente se haya tomado la decisión de mantener el sistema unicameral, en especial como se dijo, por el reto que suponía la adecuación de todo el ordenamiento jurídico a la nueva Constitución, para lo que se requería especialmente, agilidad en la creación normativa y la simplificación de procesos, lo que otorga el sistema unicameral, *contrario sensu*, con el sistema bicameral se habría generado mayor sectorización y retardo en la producción y en la adecuación normativa, generando retrasos en la aplicación del nuevo texto constitucional, por ende, se concluyó en que el sistema bicameral no era compatible con las necesidades del Estado ecuatoriano.

4.2. El Bicameralismo en Ecuador

Por otro lado, el sistema bicameral en Ecuador estuvo vigente en 14 oportunidades, específicamente en los años: 1835, 1843, 1845, 1852,

---

104 Constitución de la República del Ecuador, de 20 de octubre de 2008, R. O. 449.

105 Arts. 118 y ss./ CRE

106 Véase el Acta Constituyente No. 72. Informe de Mayoría sobre la Asamblea Nacional, Mesa No. 3, Estructura e Instituciones del Estado, 30 de junio de 2008, p. 6 y ss.

1861, 1869, 1878, 1884, 1897, 1906, 1929, 1938, 1946 y 1967[107]. Denotando que aquel sistema ha sido aplicado por larga data en el Ecuador sin tener aparentemente resultados superlativos pese al tiempo que tuvo para acoplarse y moldearse en la estructura del Estado ecuatoriano.

Lo que llevo a que se prescinda de dicho sistema en el año 1972, y se instaure el unicameralismo en el año 1979 cuando el Ecuador retorno a la democracia, y se lo mantenga hasta la actualidad. Está claro que, el cambio de sistema legislativo *per se* no va a solucionar los problemas, pues estos parecen tener otras vertientes que poco tienen que ver con un cambio estructural de la función legislativa, pues su etiología, tiene que ver más con una inadecuada representación, crisis en los partidos políticos, escasa identificación e interacción del pueblo con el legislativo, corrupción generalizada; entre otras cosas, estas serían las principales causas que ocasionan el mediocre funcionamiento de la órgano legislativo en Ecuador, por lo que, si no se solucionan los problemas desde su raíz, la crisis parlamentaria va a mantenerse, con un sistema o con otro[108].

5. *Función legislativa del Ecuador*

5.1. Sistema de organización parlamentaria vigente en el Ecuador: monocameralismo

De acuerdo al artículo 118 de la Constitución de la República (en adelante CRE) en concordancia con el artículo 3 y 5 de la Ley Orgánica de la Función Legislativa[109] (en adelante LOFL), "la Función Legislativa se ejerce por la Asamblea Nacional, que se integrará por asambleístas elegidos para un periodo de cuatro años. La Asamblea Nacional es unicameral y tiene su sede en la ciudad de Quito (...)".Actualmente la Asamblea Nacional está conformada por 137 asambleístas[110].

Para ser asambleísta en Ecuador, "se requerirá tener nacionalidad ecuatoriana, haber cumplido dieciocho años de edad al momento de la inscripción de la candidatura y estar en goce de los derechos políticos".[111]

---

107 Informe para Primer Debate... *op. cit.*, p. 37.

108 Sánchez López, Francisco, "Bicameralismo, senados y senadores en el Cono Sur latinoamericano", *Institut de Ciències Polítiques i Socials, adscrit a la Universitat Autònoma de Barcelona*, 1ra. ed., 2006.
Disponible en: Bicameralismo, Senados y senadoresen el Cono Sur latinoamericano (parlament.cat) (fecha de consulta: 15 de febrero de 2021).

109 Ley Orgánica de la Función Legislativa, de 27 de julio de 2009, R. O. suplemento 642.

110 Art. 118/CRE.

111 *Ibid.*, art. 119.

En términos generales las principales funciones de la Asamblea Nacional son las de legislar, fiscalizar, y, controlar las acciones del gobierno, de conformidad con los artículos 120 y 129 de la CRE.

El sistema de organización, las principales atribuciones, deberes y prohibiciones de la Asamblea están comprendidos entre los artículos 118 y 128 de la Constitución.

5.2. Procedimiento legislativo en el Ecuador

De acuerdo al artículo 132 de la CRE, "La Asamblea Nacional aprobará como leyes las normas generales de interés común. Las atribuciones de la Asamblea Nacional que no requieran de la expedición de una ley se ejercerán a través de acuerdos o resoluciones".

La iniciativa de ley le corresponde a las y los asambleístas, al Presidente de la República, a otras Funciones e Instituciones del Estado según sus competencias, a la ciudadanía y a las organizaciones sociales[112].

En Ecuador las leyes pueden ser orgánicas u ordinarias, la naturaleza regulatoria y la jerarquía de las leyes orgánicas prevalece sobre las ordinarias, para ambas, su "expedición, reforma, derogación e interpretación con carácter generalmente obligatorio requerirán mayoría absoluta de los miembros de la Asamblea Nacional"[113], es decir, la mitad más uno de 137 votos posibles.

Los proyectos de ley son sometidos a dos debates, y socializados entre los miembros de la Asamblea y la ciudadanía, incluso los ciudadanos podrán participar en la comisión donde se tramite el proyecto y exponer sus argumentos en caso de tener interés en caso de que el proyecto los afecte directa o indirectamente. Posteriormente pasa al ejecutivo para su objeción parcial o total, o su sanción, y en caso de ser sancionado se procede a su promulgación y publicación[114].

De existir objeción total o parcial con fundamento en la inconstitucionalidad del proyecto se requerirá dictamen de la Corte Constitucional[115].

Dentro de la facultad que le ha conferido la CRE a la Asamblea Nacional para legislar[116], esta participar en el proceso de reforma constitucional[117].

---

112 *Ibid.*, art. 134.

113 *Ibid.*, art. 133.

114 *Ibid.*, art. 137.

115 *Ibid.*, art. 139.

116 Art. 120.- (...) 6. Expedir, codificar, reformar y derogar las leyes, e interpretarlas con carácter generalmente obligatorio.

117 Art. 120.- (...) 5. Participar en el proceso de reforma constitucional.

Respecto al proceso de reforma constitucional, específicamente en el caso de que las enmiendas sean propuestas por el órgano legislativo, la Constitución no prevé un procedimiento claro respecto de cómo se dará la aprobación de estas, por lo que la Corte Constitucional emitió una regla jurisprudencial obligatoria para su trámite, y posteriormente se reformó la LOFL para precisar cómo debe producirse la aprobación de las reformas. Adicionalmente, existe un reglamento expedido por la Asamblea Nacional, en el cual se establece que "el procedimiento de reforma o enmienda constitucional se sujetará a los requisitos y trámites determinados en la Constitución de la República del Ecuador. Las reformas constitucionales serán tramitadas en al menos dos debates. El segundo debate se realizará al menos noventa días después del primero".[118]

El procedimiento legislativo del Ecuador está comprendido entre los artículos 132 y 140 de la Constitución.

Ahora bien, para desarrollar de mejor forma el procedimiento legislativo, es importante hacer algunas puntualizaciones sobre el procedimiento de formación de la ley en el sistema unicameral que rige actualmente a la Función Legislativa del Ecuador, y su relación, tanto con la Función Ejecutiva, como con la Corte Constitucional, de acuerdo al ámbito de las competencias de cada órgano. Especialmente, con el objetivo de determinar los mecanismos con los que cuenta el órgano legislativo para cumplir con sus dos principales potestades, fiscalizar para controlar las acciones del gobierno y legislar para proporcionar al Estado un adecuado producto legislativo.

La actual estructura de la Asamblea Nacional cuenta con la Unidad de Técnica Legislativa que tiene como principal atribución asesorar en el área de técnica legislativa y parlamentaria, y, acompañar el proceso de creación de las normas cuando así lo requieran el Consejo de Administración Legislativa, las comisiones especializadas y el Pleno de la Asamblea Nacional; y, además, tiene la función de elaborar informes técnico-jurídicos[119].

El objetivo de los informes técnico-jurídicos que emite la Unidad de Técnica Legislativa es realizar el análisis de cumplimiento de los requisitos previstos en los artículos 134 y 136 en concordancia con los artículos 135

---

118 Reglamento de Comisiones Especializadas, Resolución Legislativa 0, Documento Institucional, 2009.

119 En base a los artículos 30 de la Ley Orgánica de la Función Legislativa; 18 del Reglamento Orgánico Funcional de la Asamblea Nacional; 1 de la Resolución del Consejo de Administración Legislativa, de 28 de septiembre de 2010; y, el Reglamento de Técnica Legislativa aprobado mediante Resolución CAL-2019-2021-419, de fecha 18 de febrero de 2021.

y 301 de la CRE y 54 y 56 de la LOFL, esto es, que se verifique la procedencia de la iniciativa, verificar si existe reserva de ley y el cumplimiento de requisitos para que sea calificado el proyecto de ley.

Asimismo, existen las comisiones especializadas que tienen la obligación de elaborar los informes para el primer y segundo debate sobre los proyectos de ley que lleguen a su conocimiento, de acuerdo a los artículos 57 y 58 de la LOFL, para que, posteriormente, los proyectos sean sometidos a dos debates en el Pleno de la Asamblea.

Además, la ciudadanía al contar con iniciativa de ley en virtud del artículo 134.5 de la CRE y de los artículos 54.5 y 66 de la LOFL, participa indirectamente en la formación de la ley, con la ventaja en cuanto al veto del Presidente, quien podrá enmendar un proyecto de iniciativa popular, pero no vetarlo totalmente, asimismo, tienen iniciativa para presentar proyectos de ley interpretativa, según lo establecido en el artículo 70 de la LOFL.

En el mismo sentido, las comisiones especializadas al iniciar el tratamiento de un proyecto de ley deben ponerlo en conocimiento de la ciudadanía y de las organizaciones registradas por medio del portal web de la Asamblea Nacional, tal como manda el artículo 57 del mismo cuerpo legal. Por tanto, la ciudadanía puede participar dentro de las comisiones, para exponer sus argumentos cuando tengan interés en la aprobación del proyecto de ley, o que consideren que sus derechos puedan ser afectados por su expedición, según establece el artículo 58 ibid.

Es una tarea de la Asamblea Nacional la participación ciudadana en la gestión legislativa, por tanto, esta Función del Estado deberá "promover la participación efectiva de la ciudadanía en las diferentes etapas de formación de las leyes, a través de mecanismos tales como la recepción de sugerencias y observaciones, foros de consulta, mesas itinerantes a diversos lugares del territorio nacional, entre otros. Los aportes recibidos por parte de los diferentes sectores, organizaciones o personas se procesarán a través de las comisiones especializadas correspondientes. Se establecerán mecanismos que promuevan el acercamiento e interrelación de la sociedad civil con las y los asambleístas y las comisiones especializadas".[120]

Por otro lado, de acuerdo al artículo 159 de la LOFL, los asambleístas para cumplir con sus funciones contarán con dos asesores y dos asistentes. Asimismo, el CAL[121], "fijará la organización y establecerá el personal

---

120 Art. 157/LOFL.

121 Se denomina CAL al Consejo de Administración Legislativa. El Consejo de Administración Legislativa es el máximo órgano de administración legislativa de acuerdo al artículo 122 de la CRE en concordancia con el artículo 13 de la LOFL, este Consejo

asesor y administrativo de las Vicepresidencias, Vocalías, Consejo de Administración Legislativa y comisiones especializadas".

Se podrá contratar, además, personal calificado para el tratamiento de temas específicos en las distintas comisiones, también, las bancadas legislativas podrán solicitar al CAL la contratación de dos asesores.

Sin perjuicio de que acudan tanto al CAL, a las respectivas comisiones, como al Pleno de la Asamblea[122], ciudadanos destacados en distintas áreas de conocimiento que sirven de apoyo para la formación de las leyes, lo cual es una práctica bastante común.

Por lo expuesto, no parece haber una falla estructural de la Función Legislativa, sino más bien, una falla en la aplicación de las normas establecidas para su correcto funcionamiento.

De modo que, como se ha podido evidenciar, en el sistema unicameral actual, existen varias lecturas que se le dan a los proyectos de ley, con el objetivo de ir mejorándolos y depurándolos, para que, (dentro de lo posible) lleguen al ejecutivo correctamente elaborados, para su posterior objeción o sanción[123] (El Presidente de la República cuenta con un equipo técnico-jurídico para tal función), donde más allá de los aspectos políticos que influyen en la decisión del Presidente en uso de su facultad de veto, esta etapa sirve también como filtro para que el proyecto sea pulido y corregido. Finalmente, en el caso de que existan visos de inconstitucionalidad[124], el Presidente de la República debe enviar el proyecto a la Corte Constitucional para que revise su constitucionalidad, estableciéndose otra lectura del proyecto.

Además de la facultad de colegislador[125], el Presidente de la República tiene entre sus funciones la iniciativa de ley[126] y reserva de ley para determinadas materias, así como para enviar proyectos de urgencia económica, y, también, la facultad de "expedir los reglamentos necesarios para la aplicación de las leyes, sin contravenirlas ni alterarlas, así como los que convengan a la buena marcha de la administración".[127]

---

tiene un rol protagónico en la actual estructura de la Función Legislativa, sus funciones y atribuciones están determinadas en el artículo 14 de la LOFL.

122 *Ibid.*, Art. 150.

123 *Ibid.*, Art. 64.

124 *Ibid.* Art. 65.

125 Arts. 137, 138, 139, 147.12/CRE.

126 *Ibid.*/Arts. 134.2, 135, 140, 147.11.

127 *Ibid.*/Arts. 147.13; Arts. 5, 10.2 del Decreto No. 2428 Estatuto del Régimen Jurídico y Administrativo de la Función Ejecutiva, R. O. No. 536, de 18 de marzo 2002; Art. 129 del Código Orgánico Administrativo, R. O. No. 31, de 7 de julio de 2017.

Por lo tanto, el Gobierno a través de su iniciativa puede enviar proyectos de ley, elaborados y revisados en conjunto con su equipo técnico-jurídico, por lo que, por hipótesis se entiende que deberían estar correctamente elaborados, y, además, tiene la potestad de dictar normas de rango inferior a la ley, que sirven para desarrollarla y complementarla.

La principal diferencia entre la potestad legislativa y reglamentaria es que, el ejercicio de la potestad reglamentaria es más depurado y de calidad, pero sin la publicidad que ostenta la potestad legislativa. Por lo que, ambas potestades normativas se complementan.

La potestad reglamentaria goza de mejor calidad técnica, mientras que la potestad legislativa promueve la participación, deliberación y publicidad, pues la norma se va enriqueciendo mediante su tramitación, distinto a la reglamentaria que se realiza en privado y con un departamento jurídico más técnico.

Por si fuera poco, respecto a los proyectos de reformas constitucionales, de las convocatorias a referendo y las consultas populares, incluso se realiza un control previo de constitucionalidad[128], y también, existe la posibilidad de proponerse acciones de inconstitucionalidad[129] una vez que haya sido promulgada una la ley o una reforma constitucional. Además, respecto a la constitucionalidad de una norma, también existe la posibilidad de activar el control concreto de constitucionalidad por medio de la vía incidental[130].

Como se ha visto el proceso de formación de la ley (sin haber entrado en mayores detalles), pasa por varios procedimientos y filtros que coadyuvan a que el órgano representativo pueda generar un mejor producto legislativo.

Respecto a la potestad de fiscalización, existen las herramientas[131] para llevar a cabo el control del gobierno y de las otras Funciones del Estado e Instituciones Públicas que la Constitución y la ley ha previsto sean fiscalizadas por la Asamblea Nacional. Cabe mencionar, que aquella facultad está ligada a la voluntad y cálculos políticos de las bancadas legislativas, y por supuesto, a la calidad ética y humana de cada asambleísta[132] y, por tanto, a la conformación de la Asamblea en un período legislativo determinado.

---

128 Art. 75.3.a.b.e/ LOGJCC.

129 *Ibid.*, art. 75.1.

130 Art. 428/CRE.

131 Arts. 74-95/LOFL.

132 Además, existen varias herramientas jurídicas para guiar la conducta y desempeño de los Asambleístas, al respecto tenemos, los Arts. 110-115/LOFL respecto a los deberes

Por tanto, pretender que la falta o "exceso" (entendido como intento de persecución política) de fiscalización se solucionan con un cambio de sistema, no solo es una falacia, sino que también raya en lo demagógico, en consecuencia, el actual sistema no es deficiente *per se*, sino una consecuencia de quienes son los encargados de cumplir con probidad su rol.

6. *Conclusiones*

Implementar el sistema bicameral en el actual contexto del Ecuador no traería consigo aspectos positivos, principalmente por 3 aspectos, en primer lugar, el histórico, como ya se dijo, el Ecuador ha instaurado el bicameralismo en 14 de sus 20 constituciones, sin haber dejado una mejora sustancial en cuanto al fortalecimiento del principio democrático y la calidad en la elaboración de las leyes. Por otro lado, es altamente probable que puedan producirse tensiones entre las cámaras, lo que podría producir un retraso en las actividades legislativas, y por último, la duplicidad de funciones entre las cámaras, lo que conlleva un costo más elevado para su gestión y mantenimiento.

Sobre la técnica legislativa y la calidad normativa, podría sostenerse que dos cámaras facilitan una mejor lectura de las leyes, sin embargo, en el sistema legislativo actual hay varias lecturas que se le dan a la ley tanto en su formación, como en los respectivos controles de constitucionalidad aplicables, por tanto, promover un cambio de sistema legislativo es una decisión más de naturaleza política que de necesidad jurídica.

La reestructuración y mantenimiento de un nuevo sistema legislativo en Ecuador conllevaría un costo importante, no solo en lo económico, sino en lo democrático, pues cambiar el orden de las cosas, ya sea porque el sistema actual no es del agrado de un cierto sector de la sociedad, o por ofrecer una solución mágica que oculte la insuficiente aptitud de los cuadros políticos que integran los partidos políticos, a la postre solo puede significar un retroceso sustancial en la actividad del legislativo, y en un futuro mediato, generar el deseo de retomar el antiguo sistema unicameral, pues ya no solamente será un problema el desempeño de los legisladores en sus funciones, sino el nuevo sistema y su adaptación.

---

y atribuciones de los Asambleístas; Arts. 162-167 respecto a las prohibiciones y sanciones; La Resolución CAL-2021-2023-261, Reglamento Orgánico Funcional de la Asamblea Nacional, de 18 de febrero de 2010; La Resolución CAL-2019-2021-419, Reglamento de Técnica Legislativa, de 18 de febrero de 2021; La Resolución CAL, Código de ética de la Asamblea nacional, de 10 de mayo de 2017.

El bicameralismo generalmente funciona mejor en países que poseen un gran número de habitantes y/o territorio, o cuando se trata de Estados federales, por el contrario, cuando se trata de Estados pequeños y de carácter unitario como el Ecuador, lo más recomendable es mantener una sola una sola cámara.

No existe un diseño legislativo ideal, el mejor sistema es aquel que funciona en un lugar y en un momento histórico determinado, adaptándose a las condiciones jurídicas, políticas, sociales y coyunturales que atraviesa el país que desee optar por un cambio de sistema. Es verdad que influyen factores como la tradición, tipo de Estado, territorio, régimen político, etc., sin embargo, dichos factores son solamente indicadores, pues la decisión de adoptar un determinado sistema legislativo debe tomarse teniendo en cuenta las necesidades actuales del Estado donde se desea implementar el nuevo sistema y las causas reales que motivan dicho cambio.

Entre las principales causas de la crisis parlamentaria, está la partidocracia, la proliferación de partidos y movimientos políticos sin ideología convertidos en partidos de alquiler, representantes cada vez más populares y menos capacitados, falta de vinculación y participación política por parte de la ciudadanía, corrupción generalizada, el monopolio de los partidos en las decisiones de interés público, el transfuguismo político, el financiamiento ilícito de los partidos políticos, son entre otras, las causas que han generado el debilitamiento de la democracia representativa en Ecuador.

Asimismo, la cultura de cambio continuo, y no de procesos, ha quebrantado la escasa institucionalidad que tiene el Ecuador, por ello cabe preguntase, ¿cómo podrían funcionar y fortalecerse las instituciones si al mínimo error o falla del sistema ya existen propuestas para cambiarlo?, ¿cómo lograr una democracia fuerte y una representación política de calidad?, si la Constitución que más años de vigencia ha tenido en el Ecuador ha sido de 23 años (la de 1906), y las que menos han durado han sido de solo 1 año (varias), además de la sobreproducción de Constituciones (20 constituciones desde 1830).

Es necesario apostar por proyectos a largo plazo, e ir puliendo y reformando las cuestiones insubsanables, construyendo una sociedad con una cultura política, jurídica y participativa fuerte, con partidos políticos bien estructurados, construidos desde la participación ciudadana, que busquen conectar con la ciudadanía, con una línea ideológica y de trabajo marcada, que promuevan buenas conductas y transparencia, y que sean un espacio para que los ciudadanos afines a una bandera política puedan ser militantes y participar como candidatos, sin que existan privilegios para tal propósito, solamente de esa manera los ciudadanos podrán identificarse con los partidos políticos y sentirse mejor representados.

La calidad democrática se construye con una sociedad informada, con acceso a la información pública, con una opinión pública libre, con la exigencia de rendición de cuentas, mediante el debate, la deliberación amplia y plural de los asuntos públicos entre representantes y representados, a través del fomento de la participación ciudadana, tanto en los órganos representativos como en los partidos políticos, mediante la participación efectiva de militantes y votantes en los órganos de decisión de los partidos, con transparencia en la financiación de los partidos políticos, terminando con los partidos de alquiler, fortaleciendo el sistema de partidos y el ejercicio de la democracia interna, promoviendo la intervención de los ciudadanos en la agenda pública y estableciendo canales de acercamiento entre representantes y representados, son algunos aspectos que coadyuvaran a encauzar la crisis parlamentaria, y a legitimar las decisiones públicas e integración de los ciudadanos en la comunidad política, generando así una mejor representación política, instituciones y órganos de representación fortalecidos y, por ende, una mejor calidad democrática.

Asimismo, podrán existir las mejores instituciones y leyes (en teoría), pero estarán condenadas al fracaso en un ambiente donde no existen ni las condiciones ni la predisposición humana para lograr una verdadera consolidación democrática.

En síntesis, el Ecuador cuenta con un buen sistema en su Función Legislativa, que seguramente no será perfecto (necesitará reformas e irse puliendo como cualquier otro en el tiempo), pero que, sin duda, utilizado adecuadamente, funcionaria bien, ergo, la solución no es cambiar un sistema por otro, sino robustecer el actual; no parece lógico querer implementar una segunda cámara, para solucionar problemas que no pueden solucionarse con una sola cámara. La coexistencia de dos cámaras no es garantía para un mejor funcionamiento de la Función Legislativa.

Finalmente, no existen democracias perfectas, ni representantes perfectos, como tampoco existen electores perfectos, el sistema democrático justamente se basa en subsanar esas imperfecciones y adaptarse a un determinado medio para garantizar el orden constitucional, el pluralismo político, la paz, la libertad y la igualdad.

7. *Bibliografía*

Acosta Espinosa, Alberto. "Ecuador ecos de la rebelión de los forajidos", Nueva sociedad, No. 198, 2005.

Almagro Castro, David. *Democracia y participación política en la CE 1978 repensando paradigmas para una democracia avanzada*, Tirant lo Blanch, Valencia, 2018.

Altamirano, Mijael. "El significado e implicaciones del bicameralismo en la dinámica institucional con especial referencia al caso mexicano", *Desafíos*, Vol. 22 No. 1, 2010.

Borja Nuñez, Raúl. "Los movimientos sociales en los 80 y 90, La incidencia de las ONG, la Iglesia y la Izquierda", Consejo Latinoamericano de Ciencias Sociales, 2011.

Carballo Rodríguez, Francisco Manuel. "Bernard Manin lector de la democracia antigua", *Logos. Anales del Seminario de Metafísica*, No. 51, 2018.

Cascajo Castro, Jose Luis. "El Estado democrático materiales para un léxico constitucional español", Revista española de derecho constitucional, N.º 23, 2003.

Cascajo Castro, Jose Luis & Martín de la Vega, Augusto. *Participación, Representación y Democracia XII Congreso de la Asociación de Constitucionalistas de España*, Tirant lo Blanch, Valencia, 2016.

Criado de Diego, Marcos. "Sobre el concepto de representación política: lineamientos para un estudio de las transformaciones de la democracia representativa", *Revista Derecho del Estado*, vol. núm. 28, 2021.

Chueca Rodríguez, Ricardo Luis. "Teoría y practica del bicameralismo en la Constitución española", *Revista Española de Derecho Constitucional*, año 4, No. 10, 1984.

De la Torre, Carlos. "Protesta y democracia en Ecuador: la caída de Lucio Gutiérrez, luchas contrahegemónicas y cambios políticos recientes de América Latina", en "Populismo, democracia, protestas y crisis políticas recurrentes en Ecuador", Europa América Latina, Fundación Konrad Adenauer, No. 21, 2006.

Delgado del Rincón, Luis Esteban. "La tutela de los derechos fundamentales en el ámbito de las prestaciones sociales desde la teoría de la organización y el procedimiento", *Revista Española de Derecho Constitucional*, 121, enero-abril, 2021.

Fabre Carrasquillo, Rafael. "Unicameralidad, sí o no: análisis jurídico de la viabilidad de adoptar un sistema legislativo unicameral en Puerto Rico", *Revista de Derecho puertorriqueño*, Vol. 38, 1999.

Fenichel Pitkin, Hanna. *El concepto de representación*, trad. R. Montoro Romero, Centro de estudios constitucionales, Madrid, 1985.

García Guerrero, Jose Luis. "Organización del Estado" en López Garrido, Diego, Massó Garrote, Marcos Francisco, y Pegoraro, Lucio (eds.), Derecho Constitucional Comparado., Tirant Lo Blanch, Valencia, España, 2017.

Gargarella, Roberto. "La comunidad igualitaria y sus enemigos: Liberalismo, republicanismo e igualitarismo", en Hernández, Andrés comp., *Republicanismo contemporáneo: Igualdad, democracia deliberativa y ciudadanía*, Universidad de los Andes/CIDER/Siglo del Hombre, Bogotá, 2002.

Guedán Menéndez, Manuel. *Democracia e instituciones en América Latina*, Dykinson, Madrid, 2006.

Junco, Jose Álvarez, Rubio Llorente, Francisco. "El informe del Consejo de Estado sobre la reforma constitucional", Revista valenciana d'estudis autonòmics, No. 47-48, 2005.

Lalander, Rickard & Ospina Peralta Pablo. "Movimiento indígena y revolución ciudadana en Ecuador", Cuestiones Políticas, Vol. 28 No. 48, 2012.

Llanos, Mariana. El Bicameralismo en América Latina en Vivero Ávila, Igor & Valdés, Jimena, *Democracia y reformas políticas en México y América Latina*, Universidad Autónoma del Estado de México, México, 2010.

Manin, Bernard. *Los Principios del gobierno representativo*, Alianza, Madrid, 1999 en Latorre Iglesias, E.L., "Los principios del gobierno representativo", *Revista Prolegómenos-Derechos y Valores*, Vol. XIV-No. 28-Julio-Diciembre 2011.

Moncagatta, Paolo; Moscoso Moreno, Arturo.; Pachano, Simón.; y otros. *Cultura política de la democracia en Ecuador y en las Américas, 2018/19: Tomándole el pulso a la democracia, 1ª ed.*, Vanderbilt University, Ecuador, 2020.

Montalvo, Juan. El regenerador, París, Garnier Hnos., 1929.

Núñez Nava, Rosa Virginia, & Matos Mosquera, María Gabriela. "El Estado federal unicameral: nuevo paradigma del federalismo", *Provincia*, núm. Esp., 2006.

Ortiz Crespo, Gonzalo. "La acción de los "forajidos", desafío para los partidos políticos", Íconos Revista de Ciencias Sociales, 2005.

Ortiz, Tirado, Pablo. "20 años de movimiento indígena en Ecuador Entre la protesta y la construcción de un Estado plurinacional", 2011, en, Betancur, Ana Cecilia, ed. Movimientos indígenas en América Latina: resistencia y nuevos modelos de integración. Copenhague: IWGIA, 2011.

Ramírez, Manuel. "Los cuatro grandes problemas de nuestra democracia", Cuadernos de pensamiento político, Fundación para el análisis y los estudios sociales, 2011.

Rodríguez Ruiz, Blanca. "Participación y ciudadanía más allá del sufragio. Los derechos de participación de las personas extranjeras", *Revista de Estudios Políticos (nueva época)*, No. 169, Madrid, 2015.

Sáenz Royo, Eva. "El bicameralismo en el siglo XXI. Los últimos debates sobre el senado en el derecho comparado", *UNED, Teoría y Realidad Constitucional*, No. 40, 2017.

Sánchez López, Francisco. "Bicameralismo, senados y senadores en el Cono Sur latinoamericano", *Institut de Ciències Polítiques i Socials, adscrit a la Universitat Autònoma de Barcelona*, 1ra. ed., 2006.

Schiavon, Jorge. "Bicameralismo, configuración institucional y partidaria en América Latina un modelo de puntos y jugadores con veto para explicar la provisión de políticas públicas", Foro internacional, No. 175, 2004.

Solano Paucay, Vicente. *Democracia participativa y meritocracia ¿Entre la división de poderes y la participación ciudadana?*, Universidad Andina Simón Bolívar, sede Ecuador, 2018.

Vera Rojas, Sofía & Llanos-Escobar, Santiago. "Ecuador: La democracia después de nueve años de la "Revolución Ciudadana" de Rafael Correa", Revista de ciencia política, Volumen 36, No. 1, 2016.

Verdú, Pablo Lucas. "Teoría general del bicameralismo", Real Academia de Ciencias morales y políticas, 1996.

Vöhringer, Arturo, "El Senado en el Derecho comparado, Revista Chilena de Derecho, Vol. 24 No. 2, 1997.

Leyes y jurisprudencia

Ecuador. Acta Constituyente No. 72, Mesa No. 3, Estructura e Instituciones del Estado, de 30 de junio de 2008.

Ecuador. Constitución de la República del Ecuador, R. O. 449, de 20 de octubre de 2008.

Ecuador. Decreto No. 2428 Estatuto del Régimen Jurídico y Administrativo de la Función Ejecutiva, R. O. No. 536, de 18 de marzo 2002.

Ecuador. Ley Orgánica Electoral y de Organizaciones Políticas de la República del mEcuador. Ley Orgánica de la Función Legislativa, R. O. suplemento 642, de 27 de julio de 2009.

Ecuador. Ley Orgánica de Garantías Jurisdiccionales y Control Constitucional, Registro Oficial Suplemento 52, de 22 de octubre de 2009.

Ecuador. Ley Orgánica de Participación Ciudadana, R. O. Suplemento 175, de 20 de abril de 2010.

Ecuador, Ley Orgánica Electoral y de Organizaciones Políticas de la República del Ecuador, Código de la Democracia, R.O. Suplemento 578 de 27 de abril de 2009.

Ecuador. Reglamento Orgánico Funcional de la Asamblea Nacional, de 18 de febrero de 2010.

Ecuador. Reglamento de Comisiones Especializadas, Resolución Legislativa 0, Documento Institucional de 14 de octubre de 2009.

Ecuador. Resolución CAL-2019-2021-419, Reglamento de Técnica Legislativa, de 18 de febrero de 2021.

Ecuador. Resolución CAL-2021-2023-261, Reglamento Orgánico Funcional de la Asamblea Nacional, de 18 de febrero de 2010.

Ecuador. Resolución CAL-2019-2021-419, Reglamento de Técnica Legislativa, de fecha 18 de febrero de 2021.

Ecuador. Resolución CAL, Código de Ética de la Asamblea nacional, de 10 de mayo de 2017.

Webgrafía

Asamblea Nacional (Ecuador)
https://colabora.asambleanacional.gob.ec/s/etSmecgtwf8cTeC#pdfviewer
(fecha de consulta 01-07-2022).
BBC NEWS MUNDO (Ecuador), Quito,

https://www.bbc.com/mundo/america_latina/2009/09/090929_0730_ecuador_movilizacion_wbm (fecha de consulta: 30 de agosto de 2022).
BBC NEWS MUNDO (Ecuador), Quito,
https://www.bbc.com/mundo/noticias-america-latina-62005086 (fecha de consulta: 31 de agosto de 2022).
Cedatos el poder de la información (Ecuador), Quito,
https://cedatos.com/2014/10/02/el-comercio-la-asamblea-nacional-sufre-una-baja-en-la-calificacion-ciudadana/
(fecha de consulta: 4 de febrero de 2022).
Cedatos el poder de la información (Ecuador), Quito,
https://cedatos.com/2015/06/08/video-ecuavisa-com-52-de-las-personas-desaprueban-la-gestion-de-la-asamblea-segun-encuesta-de-cedatos/
(fecha de consulta: 4 de febrero de 2022).
Ecuavisa (Ecuador), Quito https://www.ecuavisa.com/noticias/ecuador/consulta-popular-asambleistas-apoyan-la-reduccion-de-funcionarios-y-la-bicameralidad-EL519161; https://www.primicias.ec/noticias/politica/consulta-popular-comodin-apuesta-gobierno;
El Universo (Ecuador), Quito,
https://www.eluniverso.com/noticias/politica/asamblea-nacional-ecuador-concluye-periodo-legislativo-de-cuatro-anosnota/ (fecha de consulta: 4 de febrero de 2022).
El Universo (Ecuador), Quito, https://www.eluniverso.com/noticias/politica/una-asamblea-nacional-que-no-se-sintoniza-con-las-necesidades-del-pais-la-causa-de-la-baja-calificacion-que-tiene-en-encuestas-nota/ (fecha de consulta: 4 de febrero de 2022).
El Universo (Ecuador), Quito, https://www.eluniverso.com/noticias/politica/una-asamblea-nacional-que-no-se-sintoniza-con-las-necesidades-del-pais-la-causa-de-la-baja-calificacion-que-tiene-en-encuestas-nota/ (fecha de consulta: 4 de febrero de 2022).
El Universo (Ecuador), Quito,
https://www.eluniverso.com/noticias/2015/12/18/nota/5303736/caida-precio-petroleo-noticias-economicas-2015/ (fecha de consulta: 30 de agosto de 2022).
Elmundo.es Internacional,
https://www.elmundo.es/elmundo/2007/03/20/internacional/1174410037.html (fecha de consulta: 30 de agosto de 2022).
El Mercurio (Ecuador), Quito https://elmercurio.com.ec/2022/09/05/consulta-popular-lasso-ecuador (fecha de consulta: 04 de septiembre de 2022).
Perfiles de opinión (Ecuador), Quito,
https://www.perfilesdeopinion.com/images/pdf/asamblea.pdf (fecha de consulta: 4 de febrero de 2022).
Primicias (Ecuador), Quito,
https://public.flourish.studio/visualisation/6117338/?utm_source=showcase&utm_campaign=visualisation/6117338 (fecha de consulta: 3 de febrero de 2022).
Primicias (Ecuador), Quito, https://www.primicias.ec/noticias/politica/asamblea-nacional-despide-baja-credibilidad/ (fecha de consulta: 3 de febrero de 2022).

Capítulo IV

DEMOCRACIA PARTICIPATIVA, ORGANIZACIÓN POPULAR Y LA GOBERNABILIDAD EN COLOMBIA: EL PAPEL DEL NUEVO CONSTITUCIONALISMO

María Isabel Chico Zapata

1. *Democracia y neo constitucionalismo latinoamericano; breve introducción*

El constitucionalismo es una corriente ideológica que surgió del radicalismo democrático de las revoluciones liberales del siglo XVIII y se ha desarrollado desde 1945 con la creación de Constituciones rígidas, que establecieron normas marco para la actuación del Estado y su alineación con principios y objetivos generales. Así, los textos constitucionales alineados con esta corriente aspiran superar lo orgánico planteando obligaciones principialísticas demandando la alineación de los ordenamientos jurídicos con tales nociones, siendo esto último lo que lleva al surgimiento de dos conceptos: el neoconstitucionalismo y el Estado neoconstitucional[1].

---

1 Viciano, Roberto, y Rubén Martínez. «¿Se puede hablar de un nuevo constitucionalismo latinoamericano como corriente doctrinal sistematizada?» *Procesos de cambio social en América Latina en el siglo XXI*. Diciembre de 2010. http://latinoamerica.sociales.uba.ar/wp-content/uploads/sites/134/2015/01/Viciano-Pastor-Articulo.pdf (último acceso: 16 de abril de 2023).
—. Viciano, Roberto, y Rubén Martínez. «Aspectos generales del nuevo constitucionalismo latinoamericano.» *El nuevo constitucionalismo en América Latina memorias del encuentro internacional "El nuevo constitucionalismo:desafíos y retos para el siglo XXI"*. Quito: Corte constitucional del Ecuador, 2010. 13-38.

El movimiento neoconstitucionalista, en sí, se nutre de variadas teorías pero tienen suyo lo que Kelsen identificó como el "núcleo permanente" que establece la Constitución como principio supremo, ordenador de la estructura Estatal y de la comunidad constituida por tal orden, siendo base de la codificación jurídica y la promotora del equilibrio de las fuerzas estatales, y la regulación de los órganos gubernativos ya que se plantea este "núcleo" como regla de procedimiento y de fondo marcada por catálogos de derechos fundamentales tendientes a garantizar los mismos impidiendo la desnaturalización de la Carta fundamental al proporcionar una dirección al Estado reconfigurando la concepción de la Constitución, los deberes del Estado y los derechos de los ciudadanos e impulsando una idea de inclusión que ha permitido la masificación de estas ideas.

Por ende, tal como lo exponen Viciano y Martínez[2] el neoconstitucionalismo se origina en el colapso de la capacidad reguladora de la Ley, la perdida de coherencia y unidad de esta que permiten que se promueva la prevalencia constitucional se acojan las pretensiones de legitimar la democracia y alinear preceptos constitucionales con el poder constituyente incorporando normas fundamentales materializables adaptándose a las necesidades de los ciudadanos. De hecho, el proceso histórico que ha decantado en el neoconstitucionalismo latinoamericano, evidencia como desde la academia y la sociedad, se busca volver a esa idea inmanente de la Constitución como reflejo de la voluntad del soberano y de su realidad material a la que aludía Lasalle[3] y que Kelsen presentaba al concebir la condición constitucional de norma formal y sustantiva.

Lo anterior, funciona como fórmula dialéctica para permitir la comprensión del neoconstitucionalismo, ya que en relación con la legitimidad del poder que emana de la Constitución, el conservar la idea de legitimación extrínseca originada en el gobernado y la realidad material genera un escenario de justificación del que hacer del Estado que resulta en que los modelos estatales adscritos a estos modelos apuesten a la eficiente y eficaz materialización de los fines en ella establecidos.

---

2 Viciano, Roberto, y Rubén Martínez. «¿Se puede hablar de un nuevo constitucionalismo latinoamericano como corriente doctrinal sistematizada?» *Procesos de cambio social en América Latina en el siglo XXI.* Diciembre de 2010. http://latinoamerica.sociales.uba.ar/wp-content/uploads/sites/134/2015/01/Viciano-Pastor-Articulo.pdf (último acceso: 16 de abril de 2023).
—. Viciano, Roberto, y Rubén Martínez. «Aspectos generales del nuevo constitucionalismo latinoamericano.» *El nuevo constitucionalismo en América Latina memorias del encuentro internacional "El nuevo constitucionalismo:desafíos y retos para el siglo XXI".* Quito: Corte constitucional del Ecuador, 2010. 13-38.

3 Lasalle, Ferdinand. *¿Qué es una constitución?* Ariel, 2012.

1.2. El nuevo constitucionalismo latinoamericano como supuesto teórico; origen y características

Contrario al neoconstitucionalismo, ampliamente teorizado y fundamentado en la academia el neoconstitucionalismo Latinoamericano es un fenómeno surgido en el extrarradio de la academia, producto más de las reivindicaciones y de los movimientos sociales que de los académicos por lo que carece de una cohesión y una articulación como sistema cerrado de análisis y proposición de un modelo constitucional[4].lo que resulta lógico al comprender que la región presenta una pluralidad de realidades, culturas, problemáticas sociales y económicas, que impactan de manera diferencial a los miembros de cada una de las poblaciones y Estados.

Por lo que su evolución refleja una historia de crisis que da cuenta de escenarios públicos donde el Estado robusteció su presencia gradualmente movido por la Constitución; solventando cada vez las dificultades más imperiosas, cuestión bien delimitadapor Gargarella[5] que presenta cuatro etapas de evolución cada una respondiendo al colapso de un modelo de Estado anterior: la "etapa experimental" (1810-1850), que busca consolidar la independencia; la "etapa fundacional" (1850-1917), enfocada en la consolidación económica; la "etapa social" (1917-1980), que prioriza el aspecto social, hasta ahora relegado abriendo paso a la idea de un pacto de redistribución de los recursos[6], y el "nuevo constitucionalismo" (1980-2000), centrado en los derechos humanos[7].

Así, cada etapa dotó de carácter al neoconstitucionalismo Latinoamericano permitiendo caracterizar este movimiento pese a las diferencias que se ha planteado pues convergen en la incorporación de tendencias teóricas y académicas Europeas y la inspiración en la historia anglosajona. De allí, que se pueda afirmar que las dos primeras etapas del constitucionalismo atendieran temas prácticos y necesarios para la estabilización pos-independentista, marcando el carácter de las constituciones Latinoa-

---

4 Viciano, Roberto, y Rubén Martínez. «¿Se puede hablar de un nuevo constitucionalismo latinoamericano como corriente doctrinal sistematizada?» *Procesos de cambio social en América Latina en el siglo XXI*. Diciembre de 2010 p. 3.
Gargarella, Roberto. «Sobre el "Nuevo constitucionalismo latinoamericano".» *Revista Uruguaya de Cinecia política*, 2018: 109-129.

5 Gargarella, Roberto. «Sobre el "Nuevo constitucionalismo latinoamericano".» *Revista Uruguaya de Cinecia política*, 2018: 109-129.

6 Tal como los Plantean Viciano y Martínez en su texto Aspecto Generales del nuevo constitucionalismo latinoamericano (2010).

7 Gargarella, Roberto. «Sobre el "Nuevo constitucionalismo latinoamericano".» *Revista Uruguaya de Cinecia política*, 2018: 109-129. p. 110.

mericanas, ya que desde la manera como organizaron la estructura de los nacientes Estados se sientan bases visibles de los cuerpos constitucionales como norma marco condensando principios políticos, sociales, económicos, legales y jurídicos a la vez que se despliega formalmente la estructura orgánica del Estado advirtiendo la importancia de la división de los poderes públicos y figura de los pesos y contrapesos tendiente a tener una igualdad relativa entre ellos procurando evitar desbalances en favor del poder ejecutivo, situación atribuible a las pugnas bipartidistas por el poder, y la voluntad de alejarse de regímenes autoritarios para construir Estados reguladores con una amplia carta de derechos sociales y económicos puesto que los constantes estallidos sociales evidenciaban el descontento popular con la toma de decisiones de los gobiernos[8].

De hecho, el nuevo constitucionalismo en América Latina, es una forma reafirmación de identidad de los nacientes Estados nacionales de la región que plantea la necesidad de una emancipación total basada en el reconocimiento de los gobiernos y la idea de que la estructura, cultural, económica y social de los países debería reflejarse en la estructura formal del Estado[9/10]. De allí que los conceptos de Estado y de Constitución en América Latina estén interrelacionados y caracterizados como altamente instrumentales ya que operan primero legitimador frente a las instituciones coloniales, luego para reafirmar y justificar los gobiernos incipientes y ulteriormente para concluir los espacios emancipatorios, instituyendo la constitución como mecanismo de reafirmación de derechos.

También se caracteriza por el auge de constituciones móviles sustentadas en la Ley más que en derecho, que buscan legitimación incluso desde lo extrajurídico, en el ejercicio democrático del constituyente, con el fin de justificar la existencia del Estado y la misma Carta superior[11]. Por lo que

---

8 Gargarella, Roberto. «Sobre el "Nuevo constitucionalismo latinoamericano".» *Revista Uruguaya de Cinecia política,* 2018: 109-129.

9 Donde las primeras estaban estrechamente relacionadas con la iglesia católica lo que derivaba en que culturalmente la diversidad propia de los Estados se anulara bajo su poder, mientras que en lo orgánico y político y las segundas propendían porque tanto el poder del ejecutivo como el eclesiástico que ejercía el catolicismo fuera limitado, por lo que las normas relativas a la división del poder se vieron incorporadas a muchos ordenamientos tempranamente, y un poco después se anexaron las referentes a la separación Estado-iglesia, ya que sólo algunos de los dirigentes de la época veían en ello un segundo estadio emancipatorio, se llegaron a concretar en la mayoría de la región (Portillo 2016).

10 Portillo, José. *Historia mínima del constitucionalismo en America LAtina.* México D.F.: El Colegio de México, 2016.

11 Gargarella, Roberto. «Sobre el "Nuevo constitucionalismo latinoamericano".» *Revista Uruguaya de Cinecia política,* 2018: 109-129. Y Viciano, Roberto, y Rubén

desde sus inicios, se basó en la institucionalización de gobiernos democráticos y representativos, de allí que se constituyeron como Estados nación republicanos, en contraste con los monárquicos que los habían avasallado; enfatizando con ello la importancia que se dio al ámbito social y componente humano, correspondiéndose también, como ratificación de libertar territorial y como una forma de cohesionar y dotar de sentido de pertenencia a los ciudadanos al ser "formalmente" Estados de Derechos. Por ende el movimiento constitucionalista de las décadas de los 80´s y los 90´s es la síntesis de los esfuerzos por democratización real de los Estados y la postulación Cartas de Derechos menos retoricas. Ya que se entendió tempranamente, que con independencia de la corriente constitucionalista estatal, para hablar de un orden democrático constitucional, las normas constitucionales deben tender a fortalecer la garantía de los derechos humanos o fundamentales, y sociales contemplando garantías incluyendo las que devienen de la división de poderes y de la objetividad e imparcialidad judicial[12][13].

De hecho Gargarella[14], coincidiendo en algunos puntos con Salazar[15], atribuye al nuevo constitucionalismo Latinoamericano unas características bien especificadas a partir de la observación de las Constituciones de la década de los 90´s conforme a las cuales se puede afirmar, además de lo que ya se ha presentado, que la parte orgánica se caracteriza por una estructura de poder concentrada políticamente y centralizada territorialmente y la parte dogmática se distingue por contener declaraciones de derechos robustas y extensas que concretan una amplia carta de derechos individuales y sociales centrados en la garantía del ejercicio de la ciudadanía activa, la inclusión de mecanismos de control constitucional, el respeto por los derechos humanos, y el necesario saldo de las deudas históricas en relación con la exclusión de derechos y de poblaciones diversas, y el compromiso estatal con la garantía de los derechos.

En este escenario, las organizaciones populares fueron impulsoras de grandes cambios como el avance de los derechos humanos y el voto

---

Martínez. «¿Se puede hablar de un nuevo constitucionalismo latinoamericano como corriente doctrinal sistematizada?» *Procesos de cambio social en América Latina en el siglo XXI*. Diciembre de 2010.

12 Salazar, Pedro. *E nuevo constitucionalismo latinoaméricano (una perspectiva crítica)*. Ciudad de México: UNAM, 2013.

13 Nota de la autora: De cuya postura solo acojo algunos criterios, al comprender todo el movimiento del nuevo constitucionalismo como una vertiente bastante uniforme, que se empieza a diferenciar con las reformas constitucionales de los 2000.

14 *Ibíd.*

15 *Ibíd.*

universal, influyendo en la dogmática constitucional de los Estados neoconstitucionales. Por ende, siguiendo a Gargarella[16], Uprimny[17], Viciano y Martínez[18], es posible concluir que los gobiernos y la población latinoamericana reconocen, una serie de falencias estructurales que buscan subsanar con un compromiso estatal para la participación de la ciudadanía como forma de generar contrapesos a las exclusiones tradicionalmente "admitidas" propendiendo por el avance en la garantía de los derechos humanos y la comprensión de que el deber estatal supera el atender situaciones inmediatas y demanda generar un marco político, jurídico y democrático para el desarrollo de los Estados desde la unificación del marco interpretativo, apostando por la igualdad legal.

La evolución del neoconstitucionalismo y sus principios llevó a una nueva apreciación de lo que es el Estado, sus obligaciones y sus funciones al tiempo que reformuló la relación de este con el escenario internacional y con los ciudadanos, expandiendo la percepción de ciudadanía y democracia y demandando la adaptación de avances internacionales al contexto latinoamericano impulsando procesos democráticos directos que permitieron la incorporación de perspectivas de grupos tradicionalmente excluidos[19]. Esto, gracias a los esfuerzos anteriores para la legitimación y la gestión de las organizaciones sociales, que con el nacimiento del nuevo constitucionalismo latinoamericano en 1991 cuando concluye exitosamente el proceso constituyente colombiano, formalizando las reivindicaciones del constituyente primario en un texto Constitucional[20] y permitiendo un retorno del poder al constituyente que también alteraron algunas corrientes neoconstitucionalista de Latinoamérica, ya que, por

---

16 *Ibíd.*

17 Uprimny, Rodrigo. «Las transformaciones constitucionales recientes en América Latina: tendencias y desafíos.» *Revista pensamiento penal.* abril de 2011. https://www.pensamientopenal.com.ar/system/files/2011/04/doctrina28469.pdf (último acceso: 15 de abril de 2023).

18 Viciano, Roberto, y Rubén Martínez. «¿Se puede hablar de un nuevo constitucionalismo latinoamericano como corriente doctrinal sistematizada?» *Procesos de cambio social en América Latina en el siglo XXI.* Diciembre de 2010.

19 Viciano, Roberto, y Rubén Martínez. Aspectos generales del nuevo constitucionalismo latinoamericano.» *El nuevo constitucionalismo en América Latina memorias del encuentro internacional "El nuevo constitucionalismo:desafíos y retos para el siglo XXI".* Quito: Corte constitucional del Ecuador, 2010. 13-38.

20 El decreto 927 de 1990, reconoce la necesidad urgente de reestablecer el orden públicoy fortalecer la participación ciudadana dotando de herramienta a la ciudadanía paraintegrar una asambleaelectoral integrada democrática y popularmente para reformar la Constitución Política de Colombia.

ejemplo, si no se consiguió la secularización estatal en todos los países, al menos se redujo el poder que ostentaba la iglesia católica en ellos[21][22].

Además se refundaron modelos de Estado, ahora integradores de principios conservadores, liberales y sociales aparejando la idea de justicia con la del buen vivir, resaltando que el Principio del buen vivir, según Montaño y Storini[23], aparece como noción superadora del "bien común", del "Estado de bienestar" y los modelos estatales y jurídicos que les han correspondido históricamente, puesto que es un principio y proyecto político latinoamericano basado en las culturas aymara y quechua, que promueve vivir en equilibrio y armonía con el entorno, abogando por una transformación profunda que supere planes nacionales y proyectos gubernamentales, requiriendo luchas sociales y un cambio de paradigma[24]. Convirtiéndose en la formula Estatal para generar cuerpos constitucionales incluyentes y Cartas Políticas contra hegemónicas y descolonizadoras[25]

Ello, debido a que la amplitud del concepto admite la construcción de entornos legales tendientes a cerrar brechas entre la igualdad legal y la equidad material armonizando diferentes puntos de vista, reconociendo que la introducción de conceptos complejos en constante desarrollo a la norma superior facilita la estabilidad de la Constitución Política de un país dado que no requiere modificar el texto normativo sino reincorporar

---

21 Uprimny, Rodrigo. «Las transformaciones constitucionales recientes en América Latina: tendencias y desafíos.» *Revista pensamiento penal.* abril de 2011. https://www.pensamientopenal.com.ar/system/files/2011/04/doctrina28469.pdf (último acceso: 15 de abril de 2023).

22 Conforme a los principios constitucionales Colombia es Estado Laico que apoya lalibertad religiosa con igualdad de derechos entre todas las confesiones enmarcado en un principio de neutralidad estatal, que se sustenta legalmente en artículo 19 de la constitución política del país, y la Ley 133 de 1994.

23 Montaño, César, y Claudoa Storini. «Buen vivir: una nueva forma de ser, hacer y pensar». En *La naturaleza como sujeto de derechos en el constitucionalismo democrático*, de Liliana Estupiñán, Claudia Storini, Rubén Martínez y Antonio [editores académicos] de Carvalho, 13-16. Bogotá D. C,: Universidad Libre, 2019. pp. 13-14.

24 Montaño, César, y Claudoa Storini. «Buen vivir: una nueva forma de ser, hacer y pensar.» En *La naturaleza como sujeto de derechos en el constitucionalismo democrático*, de Liliana Estupiñán, Claudia Storini, Rubén Martínez y Antonio [editores académicos] de Carvalho, 13-16. Bogotá D. C,: Universidad Libre, 2019. pp. 13-14.

25 Como ejemplo de ello se puede ver el trabajo recopilado por Estupiñan y otros en el texto "La naturaleza como sujeto de derechos en el constitucionalismo democrático" (2019) y "El nuevo constitucionalismo latinoamericano y el giro de colonial: Bolivia y Ecuador" de Alejandro Medici (2010) donde se resaltan el caso precisamente, de las constituciones de Bolivia y Ecuador donde la representación del concepto del Buen vivir ha generado una subvertiente que se ha expandido por Latinoamérica en relación con la relación del hombre con su entorno y su traslado al espacio jurídico y legal.

y adaptar la interpretación que al mismo se da, usando para ello la restante legislación o la jurisprudencia. En similar sentido, muchos ordenamientos incluyen acciones afirmativas tendientes a consolidar el principio de igualdad y figuras como el bloque de constitucionalidad[26][27], incorporando normas supranacionales para el afianzamiento de los derechos humanos[28] conminando a continuar el proceso de ampliación de derechos sin alterar el texto mayor.

Además, como lo señalan Viciano y Martínez[29], el constitucionalismo desde su origen hasta el Estado social, ha incorporado una ideologización que pretende superar el carácter normativo y legalista que se le había transfundido a los textos constitucionales, de allí que el nuevo constitucionalismo latinoamericano haya trascendido esa percepción que fundó el neoconstitucionalismo Europeo y que gracias al reconocimiento de derechos de distintas tradiciones —liberal democrática y socialista—[30] y llevó a varias constituciones a incorporar la formula ideológica del "Estado social y democrático de derecho", desarrollada por el constitucionalismo europeo de la postguerra como marco ideológico de las nuevas organizaciones jurídicas derivadas de estas reformas constitucionales[31].Empero,

---

26 Aplicando principios bien descritos por de Cabo, que identifica en tal institución un carácter "funcional", que pretende integrar a la carta política otras normas marco, para poder perfilar los contenidos de ciertos derechos, y uno derivado de un "ordenamiento complejo" que obliga al Estado adaptar las normas incorporadas a un entramado normativo amplio.

27 El bloque de constitucionalidad en Colombia, haya su sustento constitucional en los artículos 9, 53, 93, 94, 102 y 214 de la carta superior y se ha irradiado en cada Ley del país donde por medio del bloque de constitucionalidad se amplían derechos específicos, y en normas específicamente incorporadas al ordenamiento jurídico del país para adoptar convenios y tratados, de hecho una excelente referencia de su prevalencia es la sentencia C 067-2003.

28 Uprimny, Rodrigo. «Las transformaciones constitucionales recientes en América Latina: tendencias y desafíos.» *Revista pensamiento penal*. abril de 2011. https://www.pensamientopenal.com.ar/system/files/2011/04/doctrina28469.pdf (último acceso: 15 de abril de 2023).

29 Viciano, Roberto, y Rubén Martínez. «¿Se puede hablar de un nuevo constitucionalismo latinoamericano como corriente doctrinal sistematizada?» *Procesos de cambio social en América Latina en el siglo XXI*. Diciembre de 2010.

30 Uprimny, Rodrigo. «Las transformaciones constitucionales recientes en América Latina: tendencias y desafíos.» *Revista pensamiento penal*. abril de 2011. https://www.pensamientopenal.com.ar/system/files/2011/04/doctrina28469.pdf (último acceso: 15 de abril de 2023).

31 Uprimny, Rodrigo. «Las transformaciones constitucionales recientes en América Latina: tendencias y desafíos.» *Revista pensamiento penal*. abril de 2011. https://www.pensamientopenal.com.ar/system/files/2011/04/doctrina28469.pdf (último acceso: 15 de abril de 2023). p. 6.

el constitucionalismo Latinoamericano, por tener su origen en organizaciones populares y fuera de la academia, implicó comprender las instituciones, el papel del Estado y la idea de reivindicación social adaptada a necesidades y agendas políticas diversas diferenciando al Estado Social y democrático de derecho latinoamericano de otros.

Ello llevó a enunciaciones distintas de esta fórmula de Estado con finalidades comunes como: el fortalecimiento de la democracia y los espacios de participación ciudadana acorde a las necesidades propias, la fundamentación de la democracia representativa afianzada en la participación directa, la veeduría ciudadana separada de la función electoral, y la idea de la descentralización estatal en ciertos temas, la consolidación de instituciones de control y un aparato judicial fuerte que equilibre las falencias del presidencialismo prefiriendo, además, gobiernos civiles[32], la estabilización del cuerpo constitucional, el marco legal, el escenario legislativo y jurídico apuntalando y separando las potestades de cada uno de los poderes estatales, apostando por la eficiencia y la eficacia en la materialización de derechos y la progresividad de los derechos.

2. *El nacimiento del Estado Social de Derecho en Colombia*

Colombia es un Estado cuyo constitucionalismo cuenta con todas las características descritas en el apartado anterior y ha tenido un trasegar histórico alineado con el ya expuesto siendo puntero en muchos de los avances señalados. Ahora, es clave entender que este modelo presenta unas problemáticas de inmanentes que subyacen de la necesidad de garantía de derechos fundamentales continuamente reformulados y ampliados, la necesidad de legitimidad legal y democrática fundamentada en la Constitución; elemento unificador del ordenamiento jurídico del Estado instituido en un modelo contractualista[33] y la gestión de recursos para materializar los fines estatales de alto nivel; como solventar deudas históricas con ciertos sectores de la sociedad y garantizar la igualdad.

---

32 Uprimny, Rodrigo. «Las transformaciones constitucionales recientes en América Latina: tendencias y desafíos.» *Revista pensamiento penal.* abril de 2011. https://www.pensamientopenal.com.ar/system/files/2011/04/doctrina28469.pdf (último acceso: 15 de abril de 2023). p. 6.

33 El Artículo 4 de la constitución política del país, taxativamente caracteriza a la constitución como norma denormas con prevalencia, hecho que ha sido resaltado directamente en sentencias como C-037 de 2000, C-415 de 2012, C-634 de 2017, sin que ello pierda de vista que cada fallo proferido en el país resalta la condición de norma esencial para lo decidido por el fallador.

Por ende, ante la convulsión social, la violencia política y la manifiesta crisis institucional que marcó los años 80´s en Colombia evidenció la inestabilidad del Estado de Derecho que regía enfrentando la materialidad y la formalidad de la Constitución, ya que, las condiciones del país lo situaban en la encrucijada de restringir aun, más la ya limitada democracia o ampliarla por medio de la promulgación de una nueva Constitución[34/35]. En tal contexto las organizaciones populares lograron, por primea vez, conjugar los distintos sectores de la sociedad en torno a la idea de crisis y la necesidad de resolver las causas origen de la misma y no los resultados que se observaban en la cotidianeidad, de forma tal que incluso fuerzas sociales tradicionalmente excluidas del escenario político plantearon su punto de vista a favor de convocar una asamblea constituyente representativa logrando constituir una Carta Política tendiente a transformar la realidad y no a reflejarla[36/37], sustentada en el Estado Social de derecho por su conformación ideológicamente incluyente.

Así[38] la Constitución de 1991 redefinió a Colombia como un Estado de Derecho y Social, legitimado por la democracia, en contraste con la anterior Constitución de 1886 que establecía un Estado nacional católico con un enfoque democrático limitado alejado de la realidad social.

---

34 Uprimny, Rodrigo, y Luz Sánchez. «Constitución de 1991, justicia constitucional y cambio democrático un balance dos décadas después.» *Cahiers des Ameriques Latines*, 2012: 33-53.

35 "Las guerrillas desmovilizadas vieron en el proceso constituyente la oportunidad de lograr la ampliación democrática por la cual habían luchado. Otras fuerzas sociales, que en el pasado habían tenido una participación política débil en el sistema político, como los indígenas y las mujeres, también apoyaron la opción constituyente, como un escenario importante para hacer avanzar sus reivindicaciones. Los estudiantes universitarios catalizaron este consenso y por medio de movilizaciones creativas, con el apoyo del gobierno de ese entonces, abrieron el camino para el cambio constitucional". (Uprimny y Sánchez, Constitución de 1991, justicia constitucional y cambio democrático un balance dos décadas después 2012, 33)

36 Sin embargo, dado el progresivo debilitamiento del concepto fuerte de Constitución, el neoconstitucionalismo insistió en la diferenciación entre el concepto formal y material de Estado constitucional que estriba en entender que un Estado constitucional no es aquél que cuenta con un texto que se autodenomina Constitución (concepto formal), sino el que cuenta con una Constitución en sentido propio (concepto material), el cual se origina en legitimidad democrática, incorpora instrumentos que garanticen la limitación del poder y la efectividad de los derechos formalizados constitucionalmente. tomado de Viciano, Roberto, y Rubén Martínez.«Aspectos generales del nuevo constitucionalismo latinoamericano.» *El nuevo constitucionalismo en América Latina memorias del encuentro internacional "El nuevo constitucionalismo:desafíos y retos para el siglo XXI"*. Quito: Corte constitucional del Ecuador, 2010. 13-38. p. 16.

37

38

El concepto de Estado Social de derecho se alinea con fines y principios, implicando que la actividad estatal se rige por la Constitución y la Ley estableciendo mecanismo para evitar los excesos estatales; además el carácter de "social" implicó que la acción del Estado debe garantizar condiciones de vida dignas, contrarrestar desigualdades sociales, brindar oportunidades para el desarrollo de aptitudes y la superación de los apremios materiales de sus asociados caracterizando su régimen político con su enunciación como Estado democrático[39] la cual lleva a admitir, como lo hicieran Sánchez y Uprinmy[40], que se apostó no por la limitación de la democracia sino por la ampliación de esta desde dos dimensiones, la primera llamada al fortalecimiento de espacios de participación ciudadana enmarcado en un régimen político pluralista e incluyente al flexibilizar los requisitos para constituir movimientos y partidos políticos, incorporar el sistema de cocientes electorales para la representación y acceso a cargos de elección popular, pensando en facilitar materialización de la igualdad real y efectiva. Y la segunda, que se manifiesta al consagrar diversos mecanismos para la intervención ciudadana directa en la definición de asuntos públicos con reconocimiento de la pluralidad, integrando tratados de derechos humanos por medio del bloque de constitucionalidad, admitiendo el ejercicio de funciones jurisdiccionales bajo tradiciones y creando circunscripciones especiales para garantizar la inclusión en el escenario legal y político[41].

El nuevo modelo, continua siendo un constitucionalismo fuerte diseñando para la situación crítica, donde el Estado mismo orbita la Constitución como epicentro del desarrollo normativo, contentiva de mecanismos tendientes a garantizar la sujeción de todos los poderes públicos a ella por medio de instituciones y procedimientos determinados para tal fin, un orden de valores y un conjunto amplio de derechos, fortaleciendo el control constitucional y permitiendo que este este se ejerza por cualquier ciudadano y/o por la Corte Constitucional planteando también la discrecionalidad del Juez para inaplicar normas contrarias a la Carta Magna[42]. La cual, en todo caso goza de alta flexibilidad ya que la acción judicial, su

39 *Sentencia SU-747/98*. Expediente T-152455 (Sala Plena de la Corte Constitucional, 02 de diciembre de 1998).

40 Uprimny, Rodrigo, y Luz Sánchez. «Constitución de 1991, justicia constitucional y cambio democrático un balance dos décadas después.» *Cahiers des Ameriques Latines*, 2012: 33-53.

41 *Ibíd.*

42 Uprimny, Rodrigo, y Luz Sánchez. «Constitución de 1991, justicia constitucional y cambio democrático un balance dos décadas después.» *Cahiers des Ameriques Latines*, 2012: 33-53.

carácter altamente conceptual, la incorporación de figuras como el bloque de constitucionalidad y la idea de buen vivir, no solo apuesta por la estabilidad de la Constitución sino que realmente ha permitido materializar la progresividad y expansividad de los derechos pese a los recursos limitados que posee el Estado saliendo del modelo constitucional rígido tradicional para adecuar su funcionamiento.

3. *La participación como esencia de la estructura del Estado Colombiano*

Históricamente, la concepción de "Estado" ha evolucionado aunque su esencia como medio de organización social apalancada en el poder político es constante, pese a que se influencie por el componente humano y social que decide organizarse, los instrumentos políticos, económicos, coercitivos, y de participación que la sociedad adopta, o acepta, los elementos conformantes del Estado, la administración de los mismos y el ejercicio del poder. De allí que exista una relación tríadica entre Sistema político, modelo estatal y sociedad, articulado mediante la participación al hablar de Estados democráticos. Consecuentemente, la mayoría de los Estados son de corte constitucional ya que, como se había señalado en apartados anteriores, teóricos como Ferdinand Lasalle[43] identificaran una reacción entre lo que se podría denominar voluntad popular y la Constitución como institución política. Así, entre las fuerzas materiales de la sociedad: el soberano como constituyente, y las enunciaciones formalmente establecidas como rectoras del desarrollo, político, jurídico, social y económico: Constitución.

Pese a que como lo resalta De Cabo[44], los modelos teóricos han sido insuficientes para representar la realidad, simplificar los diversos sistemas constitucionales autodenominados democráticos es igualmente problemático y llevaría a resultados cuando menos; imprecisos. Lo anterior no implica que la democracia se haya desligado de todo aquello que le caracterizaba como tal, más bien, sus conceptos esenciales han evolucionado, se han adecuado y refinado concluyendo en la transformación tales

---

43 *Ibíd.*

44 de Cabo, Antonio. «La democracia y su calidad.» *Revista Derecho del Estado*, 2012: 37-53.—. *Lo público como supuesto constitucional.* Ciudad de México: UNAM, 1997.

sistemas[45], perspectiva que concuerda con lo teorizado por Uprimny[46], Gargarella[47], Viciano y Martínez[48] que argumentan que el actual modelo constitucional latinoamericano sintetiza la evolución teórica de los principios democráticos que han conservado su relevancia caracterizando el neo constitucionalismo Latinoamericano.

En el caso de Colombia se establece un marco para el ejercicio del poder gubernamental y la participación ciudadana, reconociendo la participación en dimensiones individuales y colectivas, así como en modalidades de democracia directa y participativa que es de raigambre constitucional y se traduce en un fundamento del poder político ejercido por el Estado, que debe garantizar y proteger los derechos de participación, según lo establecido en los Artículos 1, 2 y 42, constitucionales permitiendo a los ciudadanos influir en decisiones gubernamentales incluso ante mayorías. Exaltando que uno de los grandes esfuerzos de la Constitución Política de Colombia de 1991 fue el fortalecimiento democrático para lo que fue fundamental, entender que, los titulares del Poder Público ejercen esa calidad en virtud de la voluntad de los ciudadanos, que se expresa a través de las elecciones sin que ello limite su capacidad de incidir en la toma de decisiones[49]. Consecuentemente, no resulta extraño que doctrinantes como de Cabo[50], afirmen que la democracia es un principio organizador y fundamentador del poder del pleno de los Estados modernos, por lo menos por oposición con otras formas de gobierno.

Por ende, observando la evolución de la democracia y la necesidad de ampliar el marco de participación en Colombia, se pasa en el nuevo modelo de la democracia representativa a la participativa en la cual los ciudadanos no se limitan a elegir a sus representantes; pues también tienen la capacidad de vigilar la labor de quienes le representan e intervenir

---

45 de Cabo, Antonio. *El derecho electoral en el marco teórico y jurídico de la representación.* México: UNAM, 1994.

46 Uprimny, Rodrigo. «Las transformaciones constitucionales recientes en América Latina: tendencias y desafíos.» *Revista pensamiento penal.* abril de 2011. https://www.pensamientopenal.com.ar/system/files/2011/04/doctrina28469.pdf (último acceso: 15 de abril de 2023).

47 *Ibíd.*

48 Viciano, Roberto, y Rubén Martínez.«Aspectos generales del nuevo constitucionalismo latinoamericano.» *El nuevo constitucionalismo en América Latina memorias del encuentro internacional "El nuevo constitucionalismo:desafíos y retos para el siglo XXI".* Quito: Corte constitucional del Ecuador, 2010. 13-38.

49 *Sentencia SU-747/98.* Expediente T-152455 (Sala Plena de la Corte Constitucional, 02 de diciembre de 1998).

50 de Cabo, Antonio. *El derecho electoral en el marco teórico y jurídico de la representación.* México: UNAM, 1994.

directamente en la toma de decisiones mediante mecanismos establecidos, como los del artículo 103 constitucional velando porque la voluntad de las mayorías no menoscabe los derechos de las minorías ni los derechos fundamentales de los individuos[51]. Con lo que si bien la representación sigue siendo crucial para ejercicio democrático, la democracia participativa cambia el eje y amplía la idea tanto de democracia como de representación como presentará a continuación.

La Constitución, por ende, también contempla diversas formas de participación colectiva para gestionar intereses comunitarios, reflejadas en artículos como 26, 39, 45, 52, 68, 78, 79, 107, 116, 123, 210, 330 y 340 de la Carta superior mientras el Artículo 330 de la misma norma reconoce la participación colectiva como un medio para buscar igualdad y representación cultural y étnica lo que se respaldada con las Leyes 21 de 1991 y 1381 de 2010, incorporadas por el Bloque de constitucionalidad. También, se plantea que constitucionalmente que las entidades públicas tienen la obligación de facilitar la participación, como se establece en sus artículos 2, 26, 45, 49, 79, 116, 123, 210 y 340, permitiendo que la sociedad civil participe activamente en organismos con capacidad de influir en derechos fundamentales. Además, la participación puede incluir mecanismos de control ciudadano sobre entidades públicas y privadas y mecanismos de participación colectiva, de hecho la Ley 1757 de 2015 detalla mecanismos de participación popular, mientras que otras leyes complementan el marco constitucional, reflejando el compromiso del Estado Social de derecho con la soberanía y la representación.

En resumen, la participación puede definirse y concretarse conforme los instrumentos y mecanismos legales para asegurar una democracia operativa, con modalidades regladas como votaciones y la formación de organizaciones políticas.

3.1. Democracia, democracia participativa y ciudadanía en Colombia

Tal como lo prevé Arriola[52], significar la idea de democracia no es fácil ya que lo que tradicional y etimológicamente se ha entendido como tal, no se ha podido instaurar en la realidad por lo que la conceptualización de la misma se ha previsto y moderado desde su utilidad instrumental o su reconocimiento como valor y principio filosófico, al cual adicionando a lo que señala el autor se debe sumar la voluntad cívica y popular como

---

[51] *Sentencia SU-747/98*. Expediente T-152455 (Sala Plena de la Corte Constitucional, 02 de diciembre de 1998).

[52] Arriola, Carlos. *¿Qué es la democracia?* Miguel Ángel Porrúa, 1994.

fundamento conceptual. Ya que su afirmación como valor resulta de su calidad de concepto, que la moldean conforme al contexto. Lo anterior, ya que si bien existe una cierta unanimidad en su concepción tradicional como sistema político sustentado en el reconocimiento del pueblo como soberano; la manera como esa soberanía se materializa, diversifica y modifica, modula el mismo concepto de democracia adecuándose para servir como instrumento de gobierno.

Así con el fin de concretar un concepto rector se trae a colación el planteamiento del doctrinante de Cabo[53] cuando, retomando algo de su trabajo preliminar señala que la idea de democracia responde indefectiblemente a la pregunta ¿quien ejerce el poder y en quien reside el mismo?; concluyendo que en una democracia este radica en el pueblo y se ejerce por el mismo o por sus representantes que solo lo ostentan en tanto lo ejerzan en nombre y representación del soberano. Consecuentemente, se puede afirmar que es una forma de ejercicio del poder cuya identidad se apuntala en el pueblo y su capacidad de incidir en la toma de decisiones para su gobierno donde sus diferentes modelos son el resultado de las problemáticas ocasionadas en la tarea de materializar tal fin, apuntando cada uno a la resolución de temas concretos, como participación, representación, deliberación, etc., no obstante, agotar la conceptualización de democracia en esta acepción, presenta dificultades ya que sería equiparable a decir que la democracia participativa es el ejercicio del poder soberano constituido en el pueblo en el que la problemática de la participación del soberano pretende ser atendido con prevalencia. Sin embargo, puede ser un poco más amplio que esto.

En el caso de Colombia, la Corte Constitucional del Estado, refirió sobre la participación, en el marco democrático participativo que esta procura otorgarle al ciudadano "la certidumbre de que no será excluido del debate, del análisis ni de la resolución de los factores que inciden en su vida diaria, ni tampoco de los procesos políticos que comprometen el futuro colectivo"[54]lo que concuerda con los modelos democráticos contemporáneos que se centran en la participación se fundamentan en la búsqueda de nuevas nociones que permitan subsanar el debilitamiento de las instituciones representativas, tal como lo señala Blondiaux[55]. Lo anterior, no pretende desconocer que la representación sigue siendo ele-

---

53 de Cabo, Antonio. «La democracia y su calidad.» *Revista Derecho del Estado*, 2012: 37-53. *Lo público como supuesto constitucional.* Ciudad de México: UNAM, 1997.

54 *Sentencia C021 de 1996*. Expediente D-1003 (Corte Constitucional, 23 de enero de 1996).

55 Blondiaux, Loïc, trad. Mónica Padró. *El nuevo espíritu de la democracia Actulidad de la democracia participativa*. Buenos Aires: Prometeo, 2013.

mento inmanente de los sistemas democráticos actuales, pues se reconoce que centralizar el gobierno es una forma de facilitar la toma de decisiones.

Sin embargo, debe admitirse que existe una crisis de la representación de los gobiernos que no tienen la capacidad para movilizar agendas que representen a las actuales sociedades y las problemáticas cada vez más complejas que les asisten limitando la efectiva participación popular, por tanto, el impulsar modelos participativos que pongan en el centro de la toma de decisiones a los ciudadanos en medio de gobiernos y Estados que siguen arraigando el ejercicio del poder en las instituciones democrático representativas llevando a contradicciones y efectos nocivos.

Así, la democracia puede entenderse como el mecanismo que usa el Estado reconocido como democrático, valga la redundancia, para organizar sus actuaciones, decretar principios y fines en torno al poder que se suscribe en el pueblo y la democracia participativa como un modelo democrático que pretende reflejar los valores, principios, preferencias y necesidades del pueblo a partir de la comprensión de lo que quiere decir la ciudadanía por medio de las diversas expresiones políticas tangibles en los diversos escenarios de desarrollo constituidos en espacios democráticos, moderada por el ejercicio directo de acciones políticas y el uso de diversos mecanismos de participación normalizados, resaltando que en Colombia, la democracia participativa tiene una serie de características específicas que le definen, iniciando con la coexistencia material de esta con la democracia representativa sin que ello se presente como limite a la participación, ya que se superó el simple derecho al sufragio, modulando y generado variaciones en los mecanismos de participación y veeduría ciudadana de forma tal que estas se ajustan progresivamente a las particularidades de diversos grupos sociales y/o de las materias conflictivas, determinando como mandato constitucional y legal que con sustento en el derecho a la igualdad y el principio de equidad el Estado debe garantizar el acceso a información clara y comprensible, sin importar el mecanismo de participación establecido por la Ley asegurando que las personas estén informadas sobre las acciones de las administración pública y tengan espacios para expresar sus opiniones[56].

También, tiene como característica que el derecho a participar en el control político se estableció por vía jurisprudencial como derecho fundamental, universal, progresivo, expansivo y modulador del conflicto social

---

56 *Sentencia* C *065/21*. Expediente: D-13817 (Sala Plena de la Corte Constitucional, 28 de marzo de 2021); *Sentencia T 596/22*. Expediente T-496339 (Sala Tercera de Revisión de la Corte Constitucional, 01 de agosto de 2002); *Sentencia C-585/95*. Proceso D-961 (Sala plena de la Corte Constitucional, 7 de Diciembre de 1995).

que busca armonizar escenarios sociales siendo principio rector del Estado en la medida en que se compromete con variados contextos, procesos y lugares públicos, privados y en general con todo lo que pueda interesar a la persona, a la comunidad y al Estado al ser susceptible de afectar la distribución, control y asignación del poder[57], entendiendo como esencia de la democracia participativa en el país que sus instrumentos no se limitan a la organización electoral extendiéndose a todos los ámbitos de la vida individual, familiar, social y comunitaria mientras ostenta una doble dimensión como derecho y deber del ciudadano[58].

Además, la democracia participativa opera en forma vertical, por cuanto se otorga el derecho a elegir, ser elegido y presentar oposición política como individuo y como colectivo, y en forma horizontal ya que prevé el derecho de los ciudadanos a deliberar autónomamente entre sí, sin la necesaria presencia de representantes de gobierno, para la modificación y mejora de sus condiciones de vida como parte del fin superior del Estado Social de Derecho[59], situaciones que dan un carácter especial a la participación democrática en Colombia. A ello se suma el particular trato de la ciudadanía en el país, misma que aunque tradicionalmente no se presenta como parte de la noción de democracia o participación de manera explícita, realmente es el puente conector de tales conceptos y puede ser entendido como el origen de ellos si se tiene en cuenta que esta es una de las formas tradicionales de aplicar las dinámicas de inclusión y exclusión, por ponerlo en palabras de Boaventura de Soussa.

De hecho, el origen de la palabra ciudadanía, desde la misma etimología, además de referir a la adhesión de un individuo a un territorio, una comunidad y a un Estado la enlaza con la organización social, el derecho propio del ciudadano dentro de esa comunidad y del Estado[60]. De allí que el reconocimiento de la ciudadanía, tal como se observa a nivel histórico, sea la base para el ejercicio de los derechos, pues en tanto se es ciudadano se tienen (teóricamente) derechos y con ello la potestad de incidir en la toma de decisiones, de allí que reconocer los derechos de ciudadanía como inherentes al hombre en condiciones de igualdad, autodeterminación y

---

57 *Sentencia C089/94*. Expediente P.E.-004 (Sala Plena de la Corte Constitucional, 03 de marzo de 1994).

58 *Sentencia T 596/22*. Expediente T-496339 (Sala Tercera de Revisión de la Corte Constitucional, 01 de agosto de 2002).

59 *Sentencia T637 de 2001*. Expediente T-422696 (Sala Tercera de Revisión de la Corte Constitucional, 15 de junio de 2001). Y *Sentencia C089/94*. Expediente P.E.-004 (Sala Plena de la Corte Constitucional, 03 de marzo de 1994).

60 Egger-Brass, Teresa. *Política y ciudadanía*. Buenos Aires: Maipue, 2011. p. 114.

libertad fue esencial para la implantación y regularización de Estados constitucionales y democráticos tal como se conciben en la actualidad[61].

La necesidad de reconocimiento, representación y participación como elementos que movilizaron el nacimiento, ampliación, afirmación y de los diversos aspectos de la ciudadanía han definido, también, el desarrollo de instituciones como la democracia y la participación puesto que la correspondencia entre derechos y obligaciones, así como la aparición de los modelos democráticos y su concurrente traslado de la soberanía del gobernante al pueblo hizo latente la necesidad de ampliar la capacidad de participación de las personas al precisar, los Estado con grandes poblaciones, operar por medio de la representación situación que obligó a ampliar no solo la calidad y cantidad de individuos que eran reconocidos como ciudadanos sino que permitió, a partir de ello, la modificación y creación de instituciones tendientes a que la decisión del gobernante obedeciera al dominio público, delimitando en todo caso qué personas tendrían la capacidad de inferir en la formulación de ellas.

Por consiguiente, el mismo concepto de ciudadanía ha sido reconocido y ampliado paulatinamente en diversas dimensiones a partir de grandes logros para la democracia. En la modernidad primero se reconoció la ciudadanía civil, que no es otra cosa que la admisión del poder de decisión de los ciudadanos y el reconocimiento de las personas de diversas esferas de la organización social como ciudadanos[62/63] que se apareja con la aserción legal de la igualdad, luego la ciudadanía política donde se reconoce en los ciudadanos la capacidad de determinarse y tener participación en la esfera política y en la toma de decisiones por todos aquellos reconocidos como ciudadanos, que se corresponde con la aparición del reconocimiento del derecho del sufragio universal[64]. Por ende, la ciudadanía puede ser entendida, en principio, como la atribución de ejercer derechos y adquirir obligaciones en un contexto específico, mientras que la participación ciudadana puede pensarse, como la capacidad intervenir en cualquier aspecto del desarrollo humano que posee universalmente todo individuo que forma parte de la sociedad, con los límites impuestos por el Estado al que se encuentre adscrito tal reconocimiento; teniendo como fin último mediar la

---

61 Egger-Brass, Teresa. *Política y ciudadanía.* Buenos Aires: Maipue, 2011. pp. 114-127.

62 Reconocimiento de la ciudadanía universal.

63 Nota de la autora: Aunque se denomina como universal para efectos pragmáticos, es claro que esta etapa se extiende por muchos años y coexiste con otras etapas pues la ciudadanía civil, no había terminado ni ha terminado su expansión aun.

64 Egger-Brass, Teresa. *Política y ciudadanía.* Buenos Aires: Maipue, 2011. pp. 118-121.

forma como el pueblo se relaciona con sus gobernantes en escenarios cuya finalidad es el desarrollo social en pro de fines superiores.

Tal cuestión permite inferir que en los sistemas democráticos y la participación ciudadana amalgaman y visibilizan la inescindible relación entre participación y gobierno en los Estados democráticos, aclarando que si bien se ha pretendido bifurcar la idea de participación a nivel social entre participación ciudadana, ambiental, comunitaria, política, social, colectiva, etc. lo cierto es que la misma debe englobar todas las dimensiones de desarrollo personal que tienen impacto en lo colectivo, y que tal igualdad debe generarse a partir de actos de equidad que permitan a los sectores excluidos participar en condiciones igualitarias. Consecuentemente, el concepto de ciudadanía, continua expandiéndose a la par de los modelos estatales admitiendo actualmente la idea de "ciudadanía social" que refiere a la existencia de unas condiciones de bienestar, y derechos sociales mínimos llamados a materializar la igualdad jurídicamente reconocida, transitando a las "nuevas ciudadanías" entendidas como mecanismo correctivo frente al deterioro de la idea de ciudadanía que sigue estando marcada por una serie de desigualdades materiales que impiden el ejercicio del poder haciendo que sectores de las poblaciones globales lo deleguen por las dificultades contextuales que les impiden llegar incluso al estadio de igualdad y al ejercicio material de la ciudadanía civil y política[65],

El tema de la ciudadanía, por ende, no se agota en las dimensiones civil, política y social —los mayormente teorizadas-[66], puesto que "se entiende la ciudadanía como un conjunto de prácticas que definen a una persona como miembro competente de una sociedad"[67], sin embargo al

---

65 Egger-Brass, Teresa. *Política y ciudadanía.* Buenos Aires: Maipue, 2011. p. 121-124.

66 Nota de la autora: A dichos modelos de ciudadanía se anexan modelos de *ciudadanías supranacionales*, que se dan como convenciones entre diferentes Estados para que organizaciones supranacionales determinen como ejercer ciertos derechos en dichos contextos (Egger-Brass 2011, 121-124) y *ciudadanías plurales* que deviene de modelos de Estado diversos donde dicho concepto debe tomar múltiples formas (Beiras 2014), aclarando que en todo caso existen diversas denominaciones para modelos de ciudadanía que en la actualidad van ganando terreno en el campo teórico con el fin de exaltar sistemas particulares. También se puede sumar a estos la dimensión económica de la ciudadanía que plantea que los ciudadanos también son agentes económicos por lo que deben incidir en la toma de decisiones sobre economía y esta enlazada con los derechos de los trabajadores, los empresarios y la responsabilidad social empresarial y la dimensión cultural que refiere por un lado el derecho a la diferencia cultural y por el otro al acceso a recursos y bienes culturales evitando con ello la homogenización de la sociedad. (Ramírez 2012).

67 Ramírez, Juan. «Dimensiones constitutivas y ejes estructurales de la ciudadanía.» *Estudios políticos*, 2012: 11-25. p. 25.

ser estas las que han tenido mayor desarrollo y han trasferido aspectos a la dimensión democrático-participativa de los Estados, empero, es importante resaltar que tanto la ciudadanía social, como las nuevas ciudadanías plantean un elemento esencial visible en el ámbito colombiano y es la ampliación del marco ideológico llamado a la materialización de una ciudadanía universal y la necesidad de que las personas puedan ejercer realmente su ciudadanía a partir de la desvinculación de sus diferencias sociales excluyentes garantizando la representación y la participación, al verse representados en las decisiones de gobierno la capacidad de interactuar, influir y mediar en el reconocimiento de sus condiciones particulares como realidades a tener en cuenta para el planteamiento de políticas y la ejecución de las acciones Estatales.

Así, la participación y la ciudadanía son conceptos interrelacionados, donde la participación puede transformar los entornos sociales mediante mecanismos de participación horizontales (para la organización social y comunitaria), descendentes (del gobierno al pueblo) o ascendentes (del pueblo al gobierno), siendo este último esencial para que la ciudadanía influya en el Estado. Además, la ciudadanía se basa en un contrato entre los ciudadanos, complementario al Contrato Social, que establece una relación horizontal entre iguales, reconociendo iguales derechos y obligaciones fundamentándose en la solidaridad, donde las responsabilidades y los recursos del Estado se comparten de manera equitativa para garantizar que todos los ciudadanos satisfagan sus necesidades básicas[68], así gracias al concurso de estas dimensiones se puede estructurar la ciudadanía desde el eje jurídico político, subjetivo, el de la agencia ciudadana y el institucional, lo que implica un reconocimiento y estatus legal de ciudadano que incorpora las subjetividades para generar sentido de pertenencia, un comportamiento cívico colectivo y las instituciones que para ello se plantean[69].

3.2. Las organizaciones populares como forma colectiva de vivir la ciudadanía, conceptualización básica

La misma idea de ciudadanía deviene de un auto reconocimiento de las personas como sujetos de derechos y obligaciones que superaron el desarrollo de una conciencia individual y se entienden como parte de un colectivo con capacidad de tomar posturas frente a su destino; conjugando

---

68 Ramírez, Juan. «Dimensiones constitutivas y ejes estructurales de la ciudadanía.» *Estudios políticos,* 2012: 11-25. pp. 19-20.

69 *Locus citato.*

su capacidad individual, como ciudadano, y su capacidad colectiva, como soberano, resultando en que el Estado adopte mecanismos democráticos para la participación reconociendo en el interés general un fin superior y en la participación una forma de legitimación de la acción institucional. Ello, a partir de la idea del contrato social que nace como una manera de legitimar y organizar el ejercicio del poder[70] y que, es el meta-relato sobre el que se asientan la moderna obligación política que es compleja y contradictoria por cuanto se ha establecido entre hombres libres y con el propósito, al menos en Rosseau, de maximizar, y no de minimizar la libertad conteniendo, una tensión dialéctica entre regulación y emancipación social que se mantiene merced a la constante polarización entre voluntad individual y la general, el interés particular y bien común[71].

López-Alves[72] Señala que la sociedad civil latinoamericana desempeño un papel principal en la formación de los Estados y pese a que sus fuerzas no siempre se reflejaron en las instituciones influenciaron cada etapa de formación de los modelos de estado por medio de la acción colectica y la búsqueda de representación[73]. Esto subraya la importancia de la dimensión humana, ya que un contrato que regule las relaciones sociales implica reconocer a individuos libres y con voluntad. Allí es cuando aparece el concepto de voluntad popular o social que debe reflejarse en el Estado a través de sus instituciones ya que as prácticas cívicas de individuos y grupos, como actores sociales, han construido el reconocimiento de la ciudadanía y han establecido bases para la expansión de los derechos contemporáneos —incluido el mismo derecho a la ciudadanía—. Por lo que es dable reconocer que los movimientos sociales son fundamentales para el desarrollo pleno de la ciudadanía, debido a que, aunque el reconocimiento formal de la ciudadanía es esencial, no condiciona su ejercicio en la defensa y ampliación de derechos[74].

---

70 de Cabo, Antonio. *El derecho electoral en el marco teórico y jurídico de la representación*. México: UNAM, 1994.

71 de Sousa, Boventura. *Reinventar la democracia reinventar el estado*. Quito: Abya Yala, 2004. p. 1.

72 López-Alves, Fernándo. *La formación del estado y la democracia en América Latina 1830-1910*. Santiago de Chile: Grupo editorial norma, 2003.

73 Deducción que presenta el autor a partir de la comparación entre el nacimiento del Estado Uruguayo, Argentino y colombiano, que resulta en que la principal diferencia que se daría el Estado colombiano respecto de los dos restantes se sustenta enormemente en lo cultural.

74 Ramírez, Juan. «Dimensiones constitutivas y ejes estructurales de la ciudadanía.» *Estudios políticos*, 2012: 11-25.

De hecho, es cuando la colectividad ciudadana como sujeto de derecho, al ejercer sus obligaciones como soberano constituyente del espacio social, reclama la alineación del Estado con sus necesidades conformando un espacio colectivo para lograr cambios e incidir en la realidad social. De hecho tal como lo señala Munera[75]es desde la reformulación de la relación entre la acción colectiva y las clases, y entre la noción de clase y la producción de sentido, que las ciencias sociales pueden hablar de la recuperación del sujeto en calidad de actor. Por ende, la recuperación del papel del ciudadano que se da en la democracia participativa, genera espacios colectivos en Colombia permitiendo la aparición de *movimientos sociales, políticos y populares* con sus propias agendas y formas de visibilizarían. Los cuales de manera individual comparten una identidad colectiva, una organización autogestionada y una red de interacción que opera fuera de las instituciones, enfocándose en proyectos sociales y comunitarios desarrollados entre iguales ampliando el escenario político, la ciudadanía y la democracia, promoviendo la alteridad y la autonomía política como formas flexibles de articulación identitaria, capaces de movilizar recursos de diversas personas en la sociedad de manera autónoma[76].

Sin embargo, conviene separar los tres conceptos a los que se refirió en el párrafo anterior iniciando para ello por el movimiento social que se define

> como proceso de (re)constitución de una identidad colectiva, fuera del ámbito de la política institucional, por el cual se dota de sentido (certidumbre) a la acción individual y colectiva [donde] están presentes dos componentes: un componente expresivo (el proceso de [re]constitución de una identidad colectiva) y un componente instrumental (la obtención de recursos políticos y sociales para el desarrollo de esa identidad)[77].

A lo anterior debe sumarse la búsqueda de su integración con el proyecto político estatal[78] y la cuestión de la pluralidad, pues el movimiento social sirve a cualquier categoría de la sociedad.

En América Latina, los nuevos movimientos sociales emergieron con fuerza en los años 80 y 90, aunque no se presentan como entidades clara-

---

75 Munera, Leopoldo. «De los movimientos sociales al movimiento popular.» *Uniandes*, s.f.: 55-80. p. 62.

76 Revilla, Marisa. «El concepto de movimiento social: Acción, identidad y sentido.» *Última Década*, 1996: 1-18.; de Soussa, Boaventura. «Los nuevos movimientos sociales.» *OSAL*, 2001: 177-188.; Munera, Leopoldo. «De los movimientos sociales al movimiento popular.» *Uniandes*, s.f.: 55-80.

77 Revilla, Marisa. «El concepto de movimiento social: Acción, identidad y sentido.» *Última Década*, 1996: 1-18. p. 15.

78 Munera, Leopoldo. «De los movimientos sociales al movimiento popular.» *Uniandes*, s.f.: 55-80.

mente definidas debido a la complejidad de las relaciones sociales, la acción colectiva de la región y a que los mismos integran diversas energías que incluyen en su constitución desde representaciones orgánicas de acción social por el control del sistema político y cultural hasta modos de transformación y participación cotidiana de autoreproducción societaria diezmando la distinción ente el Estado y sociedad, y constituyéndose en un proceso emancipatorio y móvil[79]. En Colombia, la Constitución reconoce e institucionaliza los movimientos sociales y políticos como expresión de la capacidad colectiva del soberano en la democracia participativa, diferenciándolos por su nivel de organización y los propósitos específicos que persiguen.

Consecuentemente, en el contexto colombiano el movimiento político se identifica con organizaciones más estructuradas que incluso pueden mutar en partidos políticos ya que son asociaciones ciudadanas constituidas libremente para influir en la formación de la voluntad política, o para participar en las elecciones agrupando ciudadanos alrededor de posturas políticas identificables, variadas y con vocación de permanencia, mediante programas discernibles y alternativas acerca de la administración de lo público, el ejercicio del poder y de la ciudadanía, a través de la participación política. Por otro lado, las organizaciones sociales persiguen fines políticos coyunturales y objetivos sociales, que pueden ser circunstanciales, aunque su evolución puede llevarlas a convertirse en movimientos políticos[80].

Por su parte la diferencia entre los dos conceptos anteriores y los movimientos populares estriba en la capacidad de este último de reunir individuos y colectividades ya constituidas en forma de movimiento social o político con el fin de movilizar la agenda del Estado entorno a lo político, lo social y todos aquellos temas relegados de la acción estatal, teniendo un carácter de racionalización tendiente integrar y participar en un escenario de oposición donde los miembros de tales organizaciones se entienden excluidos de las previsiones del Estado; por ende, sus acciones están dirigidas a buscar el control o la orientación de campos sociales en conflicto con las clases y los sectores dominantes[81/82].

---

79 de Soussa, Boaventura. «Los nuevos movimientos sociales.» *OSAL*, 2001: 177-188.

80 *Sentencia C089/94*. Expediente P.E.-004 (Sala Plena de la Corte Constitucional, 03 de marzo de 1994); *Sentencia SU316/21*. Expediente T-7.347.389 (Sala Plena de la Corte Constitucional, 16 de septiembre de 2021).

81 Nota de la autora: En tal sentido, los principales hitos que enmarcan al movimiento popular como categoría analítica son: **el camino que va de las clases a los actores populares**, ya que el autor presenta las clases como forma de agrupación social con intereses concretos que surgen de su contexto; **la naturaleza del conflicto con las clases dominantes**, alineado con la categoría anterior refiere a que claramente de la situación de cada clase derivan pretensiones diferentes y muchas veces contrarias por el desco-

Así, en Colombia coexisten las tres formas colectivas de manifestación de la ciudadanía las cuales pese a actuar por oposición al establecimiento, tienen un reconocimiento y legitimidad institucional, sin embargo, eventualmente resultan insuficientes al contrastarlos con las crisis internas del país que precisamente estas visibilizan por medio de la participación directa, empero la estructura estatal no les garantiza el legítimo ejercicio del poder ya que, muchos de estos por las delimitaciones legales y constitucionales para su conformación, terminan actuando por medio de representantes que no siempre reflejan las posturas de base, o al lograr el reconocimiento de sus agendas no pueden continuar en cierto punto con la defensa de las mismas, por su naturaleza y porque no necesariamente todos los movimientos tienen pretensiones políticas, pero si perspectivas de mejora de su realidad y necesidades que deben visibilizarse.

Empero, el concepto de movimientos puede dejar fuera muchos actores sociales individuales y colectivos por lo que la organización popular, supera parte de esa exclusión ya que es mucho más móvil y flexible, busca incidir ya no en campos de conflicto limitados y particulares que impidan su accionar, sino que se circunscriben a escenarios que evidencia la falta de legitimidad de los gobiernos como efecto de la carencia de presencia estatal en territorios y asuntos particulares, representa agendas más complejas, un sentido de oposición mayor que a diferencia de las restantes formas de organización que si buscan de algún modo incorporarse a la institucionalidad quiere incidir en la toma de decisiones desde escenarios locales y marginales, concretos en puntos de acción común tanto por vías judiciales y legales como por vías de hecho.

4. *Crisis de la representación en Colombia: sobre la gobernanza, la gobernabilidad y la complejidad*

Cuando se habla de gobernanza y gobernabilidad se debe tener claridad en que son conceptos que moldean su fin e intencionalidad conforme

nocimiento de la alteridad; **la interrelación que genera la articulación y el movimiento,** puesto que el autor las separa entre forma articuladoras y generadoras de conflicto que generan el sentido de oposición; y **el significado del movimiento popular en el conjunto de prácticas sociales que participan en la producción del sentido societal,** ya que en sí mismo las organizaciones populares no tienen la capacidad de generar sentido societal, sino que más bien los movimientos populares toman diversas formas de acción pacifica o conflictiva que no siempre está condicionada por la relación de clases" (Munera s.f., 71-80).

82 Munera, Leopoldo. «De los movimientos sociales al movimiento popular.» *Uniandes*, s.f.: 55-80.

al modelos político, social, democrático y Estatal y, aunque ambos presentan puntos de encuentro, tienen propiedades distintas ya que el primero tiende a que el Estado sea el centro organizador de la vida social que busca la satisfacción de las necesidades sociales —fin formal—, mientras impide la concentración del poder —fin sustancial—, mientras que en el segundo, ese centro es ocupado por los diferentes organismos y actores que conforman el cuerpo social, sus redes de articulación y acción[83].Por ende, la gobernabilidad, se soporta en la existencia de un modelo estatal jerarquizado donde la capacidad institucional y administrativa constituida en el Estado para la administración y gobierno de los recursos de sus asociados, concentra su punto de interés en la capacidad, eficiencia y ejercicio del poder a través del buen gobierno por lo que más allá de ser conceptos aislados tienden a la inclusión[84]/[85].

De hecho, el fárrago de la gobernanza radica en que el contrato social en el Estado Social de Derecho se sustenta en la exclusión. Ello quiere decir, tal como se deduce de lo expuesto por de Sousa[86], que las acciones del Estado para gobernar se basan en criterios de inclusión y exclusión, oscilando entre coerción y consentimiento, igualdad y libertad, el soberano, el ciudadano y las diferentes formas del derecho; interacciones, que modelan tanto el Estado como los sistemas instituidos para la gobernanza desde la gobernabilidad entendida a concordancia entre la noción de gobierno y las expectativas de los ciudadanos. Cuanto más tensas sean las relaciones entre inclusión y exclusión, menor será la legitimidad del Estado y, por ende, su capacidad de gobernabilidad. De hecho, la lógica operativa y la

---

83 Avalle, Gerardo. «Gobernabilidad y gobernanza. Enfoques en tensión.» *Estudios polticos (Revista virtual).* 15 de marzo de 2023. https://revistas.udea.edu.co/index.php/estudiospoliticos/article/download/348806/20811108?inline=1 (último acceso: 28 de abril de 2023).; Launay, Claire. «La gobernanza, Estado, Ciudadanía y renovación de lo Político.» *Controversia*, 2005: 92-105.

84 Nota de la autora: Avalle (2023) sostiene que la gobernabilidad debe ser incorporada a la gobernanza otorgando a la ciudadanía mecanismos deliberativos, amplia participación como actores sociales independientes u organizaciones, que tiendan a que el proceso de gobierno se centre en el proceso y no en el contenido, donde la sociedad con capacidad de autoorganización, autogobierno y autorregulación media el poder e interrelación entre estado y sociedad permitiendo la interacción entre los diferentes actores sociales. Mientras que Launay (2005) revisa a profundidad múltiples conceptos con sus diferencias, muchas surgidas en el campo político, y presenta múltiples acepciones; del conjunto de ambas se determina este concepto como base para este trabajo.

85 *Ibíd.*

86 de Sousa, Boventura. *Reinventar la democracia reinventar el estado.* Quito: Abya Yala, 2004.

lógica de legitimación del contrato social, no solo son diferentes sino que son opuestas, ello porque la primera se centra, por ejemplo; en la exclusión, diferenciación y segmentación, mientras que la segunda se constituye a partir de su capacidad para incluir a todos, en condiciones de igualdad, a lo que se suma el tema del poder fragmentado, diseminado y en busca de intereses particulares que llevan a que el Estado pierda centralidad a la vez que los valores centrales que lo legitiman pierdan eficacia por su elevado simbolismo[87].

En escenarios como el colombiano, donde la lógica operativa y la de legitimación son en muchos sentidos opuestas, el nuevo constitucionalismo presenta problemáticas por no observar la complejidad de los escenarios lo cual lejos de ser dificultades exclusivas del país se dan en los Estados que pierden de vista que el tránsito a un nuevo modelo de tiende precisamente tal desconocimiento y a la inobservancia de cuestiones como la cultura y al plantear programas de transformación de estructuras mayores del poder se hace coincidir, gubernamentalidad con gobierno, poder con Estado, Derecho e ideología con interés político de las clases dominantes[88].

Ahora, si bien es necesaria una alineación en estas nociones, puesto que falta de alineación resulta en que la democracia

> [...] considerada al menos idealmente como la mejor forma de gobierno a menudo es acusada de no cumplir con sus promesas. No mantiene la de eliminar las élites en el poder; no mantiene la promesa de autogobierno; no mantiene la promesa de integrar la igualdad formal con la sustantiva, y con escasa frecuencia —curiosamentese le acusa también de no lograr aniquilar el poder invisible.

es crucial evaluar la coherencia en la relación entre el Estado y la ciudadanía, permitiendo que las instituciones faciliten el ejercicio democrático participativo y conserven su conexión con la voluntad popular, pues, la corrección en la relación Estado-ciudadanía resulta de que sea una relación razonablemente aceptable y democrática, o que se estén perturbando principios contenidos y escalas de valores que dotan de sentido a los objetivos de un régimen democrático en proceso de cambio[89].

---

87 de Sousa, Boventura. *Reinventar la democracia reinventar el estado*. Quito: Abya Yala, 2004.

88 de Cabo, Antonio. «El fracaso del constitucionalismo social y la necesidad de un nuevo constitucionalismo.» *Nuestra Bandera:revista de debate político*, 2012: 141-151.

89 Beiras, José. «Dimensiones del Estado "nacional" y la redefinicion de la ciudadanía.» En *Plurinacionalismo y ciudadanía*, 49-69. Biblioteca nueva, 2014. p. 62.

Es claro entonces, que el ejercicio del poder y la capacidad del soberano para influir en el gobierno son problemáticas comunes, y que en Colombia el modelo democrático y social de derecho que buscó conciliar las relaciones tradicionales de inclusión-exclusión no ha comprendido completamente la complejidad de la relación entre el Estado y ciudanía que resulta en una falta de corrección entre lo constituyente y lo constituido, pese a que los sistema de gobierno democráticos, en teoría, conceden herramientas para la mediación del poder y la administración de recursos públicos con sustento en la voluntad popular al facilitar la participación ciudadana y reducir con ello la oposición a la decisiones de gobierno. Con todo, el modelo colombiano, a pesar de tales falencias, ofrece herramientas tendientes a corregir deficiencias y fomentar la inclusión como el activismo judicial, la incorporación de tratados internacionales y la ampliación del concepto de ciudadanía, con el objetivo de reducir las brechas de inclusión y exclusión.

Sin embargo, la historia marcada por escenarios políticos de sumisión y conquista, permite entender por qué en Colombia existe una cultura libertaria fuerte que desconfía del orden estatal, resultando en un círculo vicioso donde las instituciones son débiles y existe desorden y violencia social que llevan a soluciones de orden despótico o, por lo menos, a la idea de que las instituciones defectuosas, como son, no merecen respeto sino oposición[90] lo que sitúa la tensión entre gobernanza y gobernabilidad en el marco de la legitimación y la legitimidad. Con todo, la gobernanza resulta ser bastante confusa puesto que es la articulación de instrumentos y sistemas formalmente instituidos por el Estado para que el gobierno goce de las capacidades necesarias para configurar espacios sociales de desarrollo para la ciudadanía alineados con los fines del Estado, pero en la realidad solo es operativa en el ámbito formal de dichas capacidades[91], reforzando la deslegitimación social a la que se refirió.

Pues olvida que, la gobernabilidad debe ser conducente a la eficacia en el logro de los fines humanistas del aparato estatal, de lo contrario, sería un ente cultural inane e inocuo por lo que esta debe dotar al Estado de los mecanismos de gobierno aptos para la buena gestión del mismo[92]. Con base en tales premisas, en Colombia existen instrumentos de gobernanza directamente en cabeza del Estado como el Plan Nacional de Desarrollo,

---

90 García, Mauricio «El orden de la igualdad, ensayo de Mauricio García Villegas.» *El espectador (edición virtual)*, 25 de marzo de 2023.

91 García, Sergio. *La Gobernanza y sus enfoques*. Madrid: Delta, 2016. pp. 1-2.

92 *Sentencia C1172/01*. Expediente D-3544 (Sala Plena de la Corte Constitucional, 08 de noviembre de 2001).

facultades extraordinarias, el ejercicio de la potestad reglamentaria y la iniciativa legislativa, y otros instrumentos de gobernanza para los ciudadanos como el voto, el plebiscito, el referendo, la consulta popular, el cabildo abierto, la iniciativa legislativa y la revocatoria del mandato, los cuales si bien son entendidos como mecanismos de participación, a la larga son mecanismos institucionalizados para movilizar la gobernabilidad y la legitimidad.

Ahora, las acciones de gobierno suelen reflejar y constatar las crisis del sistema, la transformación social y el agotamiento de los principios organizativos tanto de los actores del gobierno formal como los actores que desde otras esferas impulsan la toma de decisiones, no obstante, la gobernanza se desarrolla en un contexto jerarquizado donde las instituciones de gobierno actúan desde arriba y los ciudadanos, como soberanos, desde abajo dejando al gobierno la interpretación e implementación de las acciones necesarias para satisfacer a la ciudadanía dentro de los límites legales mientras la participación ciudadana condiciona su actuación, estableciendo la gobernabilidad en la intersección de esta dinámica, donde lógicamente surgen brechas entre la gobernanza y la implementación de acciones, ya que para ello se requieren consensos sociales entre los actores gubernamentales y sociales para garantizar derechos y priorizar necesidades.

La crisis de gobernabilidad se centra, entonces, en la incapacidad del gobierno para atender las demandas de un Estado cada vez más complejo, llevando a que la ciudadanía defina nuevas agendas políticas que deben ser integradas en los programas de gobierno. Así, aunque la crisis es visible, sus raíces son profundas y afectan la capacidad del gobierno de gestionar eficientemente las necesidades de la sociedad y los recursos. De hecho, no solo a nivel Colombia se habla con frecuencia de la crisis de gobernabilidad, sino que ello se extiende a América Latina donde se puede evidenciar como ha afectado el desarrollo de los Estados y la región, llevando a cambios drásticos en los modelos de gobierno llevando a que algunos Estados sean catalogados como fallidos, otros hayan ampliado el concepto de democracia para abordar problemas locales, y algunos hayan desnaturalizado instituciones democráticas, cuestionando su estatus.

El papel de la ciudadanía, en la gobernabilidad, sigue siendo poco claro en el imaginario colectivo, pero en el contexto político actual de Colombia, la ciudadanía, tras un ciclo de gobiernos de centro, centro derecha y derecha ha dado paso a un gobierno de izquierda, destacando dos problemas clave: el desgaste del constituyente ya que el gobierno ha mantenido a ciertos grupos en la exclusión, y las múltiples reformas constitucionales que se han realizado rápidamente para alinear la Constitución con las políticas de gobernantes que representan intereses específicos. Consecuentemente se ha volcado la atención al reformismo constitucional que resultó en una tendencia a la concentración del poder en la figura del presidente, la pérdida de independencia de instituciones previstas para servir como límite a tal centralización del poder y la politización de las instituciones: contexto que refleja luchas entre quienes buscan fortalecer a las minorías con poder y aquellos que abogan por una representación más amplia de la voluntad popular planteando un desafío para garantizar que las formas de gobierno descentralizadas conserven su independencia, sin afectarse por intereses partidistas, mientras garantizan principios fundamentales como la legalidad y la división de poderes[93/94].

El reformismo, aparece como una forma conveniente de ajustar la estructura del Estado y las potestades del ejecutivo para cumplir con agendas políticas prescritas para sectores determinados de la sociedad colombiana, a la vez desvía la atención de una de las grandes problemáticas del país y su origen, puesla gran paradoja de Colombia, es que, con la obsesión legítima de esquivar el despotismo, se descuidó el orden que era necesario para evitar las guerras civiles. No solo las guerras civiles, sino los padecimientos que se derivan de la falta de Estado[95]. Ello por la falta de presencia Estatal integral en gran parte del territorio[96], llevan a la violencia y la miseria[97] y a que los ciudadanos de algunas regiones no se identifiquen con elEstado y sus decisiones evidenciando como la falta de

---

93 Nota de la autora: valga aclarar que estas apreciaciones se hacen en el marco del análisis de lo que presupone a nivel democracia la constitucionalización de la reelección presidencial.

94 García, Mauricio, Javier Revelo, Sebastián Rubiano, Catalina Vargas, y Rodrigo Uprinmy. *Mayorías sin democracias desequilibrio de poderes y Estado de derecho en Colombia 2002-2009*. Bogotá: Dejusticia, 2009.

95 García, Mauricio «El orden de la igualdad, ensayo de Mauricio García Villegas.» *El espectador (edición virtual)*, 25 de marzo de 2023. p. 1.

96 Tal afirmación, aunque es latente para los pobladores del país, se asienta en afirmaciones como las que presenta Mauricio García Villegas en su texto "Derecho a falta de democracia: la juridización del régimen político colombiano", en artículos como "Génesis de la crisis de gobernabilidad en Colombia" de Láster Gutiérrez, en el trabajo de Alfonso Carrillo, en el trabajo de Carlos Gaviria y Umprimy, entre otro.

97 Tal afirmación se puede entender cuando se tiene en cuenta que según cifras del DANE, entre 2018 y 2022 ha habido un fuerte incremento de la pobreza monetaria en Colombia de tal suerte que el 39,3% de la población, para 2021 vivía con menos de 11.801 pesos diarios, y el 12,2% con menos de 5.730 pesos, a lo que se suma que el 31% de las personas se encuentran en vulnerabilidad al vivir con un ingreso diario inferior al de la línea de pobreza con lo que se tiene que el 70,3% de la población afronta situaciones de pobreza y que estas situaciones afectan más a las mujeres.

independencia institucional hace ineficientes y problemáticas las instituciones contribuyendo una baja legitimación del Estado y a problemas de gobernabilidad. Conforme lo señala Launay[98] hasta mediados de los años ochenta, la gobernabilidad en Colombia tenía una connotación negativa. Sin embargo, en los noventas, se produjo un cambio con la consolidación de una nueva percepción del Estado y la democracia, impulsado por movimientos constitucionalistas que buscaban superar las problemáticas del pasado y fortalecer al Estado y sus instituciones mediante la ampliación de la participación democrática del soberano.A pesar de la instauración del nuevo modelo de Estado en los noventas, las crisis económicas y sociales, la declinación del Estado de bienestar, la violencia, la corrupción y el descrédito de los partidos políticos, que evidenciaban una falta de gobernabilidad en los años ochenta[99], no desaparecieron. Esto sugiere que el cambio en la percepción de la gobernabilidad no se debió a una mejora real en estas situaciones, sino a una relegitimación del Estado, que se comprometió con el proceso constituyente en Colombia.

Así, la reforma constitucional no logra superar las condiciones sociales que obstaculizan la gobernanza ni fomentar una identificación plena de los ciudadanos con las instituciones estatales impidiendo avances en la gobernabilidad y la efectiva vinculación del sistema democrático con el mejoramiento de las condiciones de vida pese a que en realidad es claro que "a mayor nivel de gobernabilidad, más democracia","[100] y en Colombia como se puede sustraer del estudio del estado de la democracia que presenta T*he economist*, el nivel de democracia es deficiente y desde 2020, ha visto un descenso en su posicionamiento, en un período que estuvo marcado por la presidencia de uno de los mandatarios con mayor desaprobación popular en la historia reciente y las constantes movilizaciones populares por la inconformidad entre 2019 y 2022, mismas que conforme a organismos internacionales se dieron en contextos vulneratorios de derechos.

Lo que quiere decir que aproximadamente el 70% de la población nacional percibe diariamente entre 1,37 y 5,57 dólares diarios y para contrastar con algo tangible a nivel internacional para 2022, pagar dos pasajes de transporte urbano en la ciudad capital colombiana costaba 1,28 dólares, por lo que muchas políticas incorporadas resultantes de tales reformas impactan mayormente a la población vulnerable, resultando en el ya nombrado desgaste del constituyente, que notó que las políticas propuestas como beneficios a largo plazo, no resultaron tener tal efecto.

98 Launay, Claire. «La gobernanza, Estado, Ciudadanía y renovación de lo Político.» *Controversia*, 2005: 92-105. P. 100.

99 *Ibíd.* p. 101-114.

100 *Ibíd.* p. 100.

En el caso de Colombia, las condiciones de vida de muchos ciudadanos limitan su acceso a derechos fundamentales[101]situándolos en una marginalidad política e institucional originada en un Estado débil, lo que a su vez provoca una crisis de legitimación y una disminución de la capacidad operativa del Estad que empeora y manifiesta en diversas problemáticas sociales como el caudillismo, clientelismo y corrupción en los partidos políticos agravadas por temas coyunturales, sumada a desequilibrios en el desarrollo local derivados de diferencias en ingresos e inversión, lo que resulta en una territorialidad difusa, falta de control territorial del Estado al punto que grupos armados han sustituido al Estado en algunas áreas, contribuyendo a la inexistencia del monopolio de la fuerza en cabeza de este, evidenciando la ineficiencia en el uso de recursos y la incapacidad estatal para abordar crisis locales generando desconexión entre gobernantes y gobernados, resultando en una falta de legitimidad de los gobiernos, que no logran reconstruir el sistema político prácticamente colapsado ni reducir la conflictividad social y la violencia por la debilidad institucional y social[102].

Tales situaciones han llevado a concebir la participación ciudadana como un proceso nacional e individual, resultado del debilitamiento y la exclusión de los actores sociales, especialmente de la ciudadanía en los espacios de gobierno relegando a los ciudadanos a roles pasivos, donde solo el gobierno ejerce la capacidad de acción, desnaturalizando la fuerza y efecto de la organización social aunque desde la constitución política de 1991, Colombia ha destacó el papel de la ciudadanía en el ámbito político, cambiando significativamente el modelo estatal y procurando hacer más pluralista la participación buscando la garantía de los derechos de las minorías políticas, lo que está sustentado en la necesidad de otorgar condiciones de igualdad como expresión de la no discriminación y de efectiva accesibilidad de participar en los mismos términos que la mayoría, se ha limitado la representación a dos etapas, la primera, referida al acto de elección través del ejercicio del sufragio cuando los ciudadanos escogen y confieren legitimidad democrática a sus representantes y la segunda, dan-

---

101 para 2009, al evaluar el ejercicio democrático en Latinoamérica, se evidenció que la mayoría de la ciudadanía no podía incidir en más de dos categorías relacionadas con la democracia. Sol, Ricardo. *El desafío de la participación ciudadana en el estado democrático de derecho*. Costa Rica: FLACSO, 2012. p. 13.

102 Launay, Claire. «La gobernanza, Estado, Ciudadanía y renovación de lo Político.» *Controversia*, 2005: 92-105.; García, Mauricio. «Derecho a falta de democracia: la juridización del régimen político colombiano.» *Análisis político*, 2014: 167-195.

do a la ciudadanía la opción de participar en la conformación, ejercicio y control del poder político[103].

El amplio despliegue que se le ha dado a la ciudadanía en este trabajo se da porque en cualquier caso los sistemas democráticos operan por representación del soberano en sus gobernantes y en Colombia, los modelos representativos de la democracia se centran en la esfera política, y en algunas ocasiones en la decisión sobre asuntos públicos mientras que en la democracia participativa, la participación en sí misma es una extensión del concepto de ciudadanía replanteando el papel del ciudadano en la esfera pública donde puede participar permanentemente en los procesos decisorios repercuten en su vida[104]. Es crucial señalar que el debilitamiento de la capacidad de representación en la sociedad, existente previo al modelo neoconstitucional, permitía una centralización más fácil de los "incluidos", sin embargo, el reconocer la pluralidad, requirió implementar acciones que reflejen los intereses de la mayoría —aun los "excluidos"—, convirtiendo el ejercicio de la ciudadanía en un derecho y una obligación de representación real. De hecho a idea de la democracia participativa como una opción de gobierno surge, según Sol[105]y otros, de una profunda crisis de representación en Latinoamérica que se manifiesta, también, en el hiperpresidencialismo, la reelección excesiva, el desafío a la participación ciudadana, la pérdida de confianza en las instituciones y la fragmentación del sistema de partidos en varios países[106]

Dichas situaciones, llevan a concluir que en contextos complejos, el Estado puede ser insuficiente para satisfacer diversas necesidades y como resultado, los ejes de desarrollo se desplazan desde la institucionalidad obsoleta a escenarios locales y colectivos, obligando a los gobiernos a buscar soluciones en estos espacios; dinámica que es viable dentro de la concepción estatal que sostiene que todos los principios constitucionales están relacionados con la soberanía popular[107] y por ende la democracia

---

103 *Sentencia C 027-2018*. Expediente RPZ-006 (ala Plena de la Corte Constitucional, 18 de abril de 2018).

104 *Sentencia T637 de 2001*. Expediente T-422696 (Sala Tercera de Revisión de la Corte Constitucional, 15 de junio de 2001).

105 Sol, Ricardo. *El desafío de la participación ciudadana en el estado democrático de derecho*. Costa Rica: FLACSO, 2012.

106 Latinobarometro, Corporación. *Informe 2009*. Vittual recuperado de https://www.latinobarometro.org/documentos/latbd_latinobarometro_informe_2009.pdf, Santiago: Corporación Latinobarometro, 2009. El 04 de abril de 2023.

107 *"en el Estado constitucional toda modalidad de poder político encuentra su sustento en la expresión de la voluntad popular que lo inviste de legitimidad.A su vez, esa voluntad se ejerce mediante la democracia participativa y pluralista, entendida desde*

tiene su eje en la participación. Sin embargo, esta situación presenta un problema ya que aunque hay más consenso entre grupos sociales, también surgen más escenarios de disenso entre aquellos cuyas ideas, aunque coexistentes, no se alinean obligando al gobernante a representar tanto a unos como a otros en beneficio de las mayorías. Frente a este desafío, los Estados pueden optar por ampliar la democracia o recurrir a la fuerza autoritaria.

En Colombia, se observa un activismo judicial que busca ampliar derechos, pero, al mismo tiempo, hay una acumulación de poder político que se da tanto horizontalmente, afectando a instituciones que antes eran mecanismos de control, como verticalmente, al centralizar organizaciones locales. Además, el enfoque en la seguridad y la finalización del conflicto ha llevado a decisiones centralizadas desde la presidencia, lo que, aunque ha resuelto algunas inconformidades, ignora el sistema institucional establecido para tales fines[108]. De hecho, en muchos escenarios la oposición material que se da a estas situaciones deviene de la organización popular y no de la presencia estatal, por lo que se coincide con lo afirmado con Sol[109] respecto a que el fortalecimiento de la ciudadanía se constituye en eje de desarrollo para Latinoamérica donde la desigualdad y la diversidad y son amplias haciendo difícil representar los intereses populares y tomar acciones centralizadoras. En todo caso, el poder centralizado en un individuo del gobierno al punto de deslegitimar entes de control y bloquear la capacidad de acción de la oposición política es resultado de otra cuestión que ha aparecido como un riesgo a la representación del poder en Colombia el "faccionalismo" donde un partido político dominante desconoce todo lo que le sea opuesto; desnaturalizando la democracia al implicar la politización y debilitamiento de las instituciones, afectando con ello todo el sistema de pesos y contrapesos y arriesgando la estabilidad de la democracia[110].

---

un criterio normativo, esto es, en tanto procedimiento para encauzar la decisión de la mayoría en un marco respetuoso de la deliberación, los derechos de las minorías y el grado efectivo de incidencia de ese debate democrático en la determinación de las diversas esferas de la vida social y comunitaria" (Sentencia C 027-2018 2018)

108 García, Mauricio, Javier Revelo, Sebastián Rubiano, Catalina Vargas, y Rodrigo Uprinmy. *Mayorías sin democracias desequilibrio de poderes y Estado de derecho en Colombia 2002-2009*. Bogotá: Dejusticia, 2009.

109 Sol, Ricardo. *El desafío de la participación ciudadana en el estado democrático de derecho*. Costa Rica: FLACSO, 2012.

110 García, Mauricio, Javier Revelo, Sebastián Rubiano, Catalina Vargas, y Rodrigo Uprinmy. *Mayorías sin democracias desequilibrio de poderes y Estado de derecho en Colombia 2002-2009*. Bogotá: Dejusticia, 2009.

Es importante señalar que algunas poblaciones carecen de mecanismos legales para formalizar el ejercicio del poder que hacen en pro de sus necesidades. De allí que más allá del ejercicio legítimo de la fuerza y la incorporación de catálogos de derecho; la expansión del concepto de soberanía y su asimilación con la idea de actor político es determinante para comprender que el fortalecimiento de la organización popular y los cambios que entorno a la misma idea de democracia deben materializarse por encima de los fenómenos que obligan al ciudadano a decidir entre un grupo de sujetos con agendas políticas similares que desatienden las necesidades de las mayorías.

La ampliación del marco ideológico de la participación, el cambio de valores y la globalización de las relaciones en Colombia permiten que las organizaciones populares asuman un papel activo en el ejercicio de la ciudadanía legitimando su acción colectiva no institucionalizada como respuesta a falencias del Estado en la creación de tejido social, escenario que presenta una oportunidad para el Estado, ya que una ciudadanía activa puede impulsar la democracia, pero, también presenta un desafío: una ciudadanía informada que comprende la importancia de lo político requiere un mayor compromiso por parte del Estado para abordar las situaciones complejas y atender la crisis existente.

Con todo estas cuestiones, y la debilidad institucional refuerzan modelos autoritarios para la toma de decisiones, mientras que silencia a los actores populares desde lo paraestatal[111]. aclarando que la para estatalidad se ve representada, también, en grupos armados que ante la falta de presencia estatal acaparan y controlan las regiones por medio de actos de violencia, donde los líderes sociales son objetivo común[112], planteando un escenario hostil donde la violencia no solo se puede contabilizar como el número de asesinados, sino como las condiciones de fondo que se presentan para que las condiciones estén dadas para ejercer estas acciones violentas, ya que la presencia del Estado fue entendida durante un pro-

---

111 Nota de la autora: Según cifras de indepaz, en lo corrido de 2023 se han contabilizado 33 masacres con 109 víctimas, en 2022 hubo 94 masacres con 300 víctimas, en 2021 96 masacres con 338 víctimas. En 2020 91 masacres con 381 víctimas cifras tomadas del 26 de abril de 2023.

112 Nota de la autora: En 2020 se asesinaron 182 líderes sociales, en 2021 145 y en 2022 199 conforme a la información obtenida de la voz de americé https://www.vozdeamerica.com/a/colombia-reporta-2022-cifra-record-asesinatos-lideres-sociales-y-defensores-ddhh/6866815.html#:~:text=Los%20manifestantes%20ped%C3%ADan%20un%20di%C3%A1logo,n%C3%BAmero%20de%20l%C3%ADderes%20sociales%20asesinados.&text=Seg%C3%BAn%20un%20informe%2C%20la%20cifra,momento%20la%20cifra%20m%C3%A1s%20alta. el 26 de abril de 2023.

longado periodo de la historia como la instauración de fuerzas armadas oficiales en las regiones, más no como un sistema integral de atención de derechos que diera condiciones de buen vivir a los pobladores, lo que difícilmente puede llevar a que estos sectores vean al Estado como poder legítimo.

A ello también se ha sumado una violencia discursiva desde los entes del Estado que pretenden desvirtuar la legitimidad de la luchas que plantean las organizaciones populares y la importancia de ejercer acciones civiles de manera legítima, para lo cual el constante conflicto interno que se ha gestado ha servido como herramienta para invisibilidad las luchas populares pese a ser expresión de la soberanía popular. Por ende si bien aún no existe una crisis de legitimidad tal que lleve a la población colombiana a prever la inexistencia de un Estado democrático, lo cierto es que la gobernabilidad está diezmada, por la polarización política y social del país donde las dinámicas de exclusión permanecen y permean todas las dimensiones de desarrollo de la comunidad, y donde la fe en el Estado y sus instituciones es bastante baja.

5. *Conclusiones*

La realidad política en Colombia subraya la importancia crítica de la democracia participativa como una herramienta esencial para superar la crisis de gobernabilidad que enfrenta el país. El neoconstitucionalismo, emergido del colapso de la Ley y la desconexión entre la constitución formal y material, ha permitido que las demandas de movimientos sociales influyan en la Carta Política de manera crucial para legitimar el sistema democrático, ya que fomenta la inclusión de voces que históricamente han estado excluidas. No obstante, la crisis de gobernabilidad en el contexto colombiano ha llevado a que muchos el gobierno opere en condiciones que socavan la confianza en las instituciones democráticas. Para afrontar esta crisis, es fundamental implementar mecanismos de democracia participativa que garanticen la igualdad y la equidad en la toma de decisiones ya que la participación activa de las organizaciones sociales puede fortalecer la legitimidad del gobierno y asegurar que se escuchen las necesidades de todos los ciudadanos.

Además, es esencial reconocer el papel vital que juegan los movimientos sociales en la construcción de un Estado más inclusivo puesto que estos movimientos no solo representan los intereses de sectores marginados, sino que también son fundamentales para presionar por un cambio real en la política y la gestión pública, hacer reparación histórica y mediar un diálogo respetuoso entre el gobierno y la sociedad civil con el fin de generar soluciones integrales que aborden la violencia, la desigualdad y la falta de oportunidades para avanzar hacia una democracia más robusta, para lo cual es necesario también fortalecer las instituciones democráticas, asegurando la transparencia y la rendición de cuentas. Lo descrito anteriormente permitirá que la participación ciudadana tenga un impacto significativo en la gobernanza. Pese a que en todo caso es crucial cultivar una cultura democrática que valore la organización popular y reconozca el ejercicio de la participación como un derecho y una responsabilidad colectiva pues, solo a través de una democracia participativa genuina y el empoderamiento de movimientos sociales y organizaciones populares se podrá superar la crisis de gobernabilidad en Colombia restaurado la confianza en las instituciones y contribuyendo a construir un futuro más equitativo y justo para todos los ciudadanos al enfrentar los desafíos históricos de violencia y desigualdad que han afectado al país.

6. *Bibliografía*

Arriola, Carlos. *¿Qué es la democracia?* Miguel Ángel Porrúa, 1994.

Avalle, Gerardo. «Gobernabilidad y gobernanza. Enfoques en tensión.» *Estudios polticos (Revista virtual).* 15 de marzo de 2023. https://revistas.udea.edu.co/index.php/estudiospoliticos/article/download/348806/20811108?inline=1 (último acceso: 28 de abril de 2023).

Beiras, José. «Dimensiones del Estado "nacional" y la redefinicion de la ciudadanía.» En *Plurinacionalismo y ciudadanía*, 49-69. Biblioteca nueva, 2014.

Blondiaux, Loïc, trad. Mónica Padró. *El nuevo espíritu de la democracia Actulidad de la democracia participativa.* Buenos Aires: Prometeo, 2013.

Bobbio, Norberto; Aureli, Ariella (traductora); Fernández, José (traductor). *Democracia y secreto.* Ciudad de México: Fondo de cultura econónmica, 2013.

Cancelado, Henry. «Gobernabilidad y ciudadanía.» *Virajes*, 2001: 7-11.

Castella, Josep. «Las enseñanzas del tiempo transcurrido, o de ocmo la democracia representativa sigue siendo imprescindible.» En *La democracia indignada*, de Ignacio Gutiérrez, 143-157. Granada: Comares, 2014.

CEPAL. «América Latina y el Caribe es una de las regiones más impactadas demográficamente por la crisis sanitaria.» *Naciones Unidas.* 17 de noviembre de 2022. demograficamente-la-crisis-).

de Cabo, Antonio. *El derecho electoral en el marco teórico y jurídico de la representación.* México: UNAM, 1994.

de Cabo, Antonio. «El fracaso del constitucionalismo social y la necesidad de un nuevo constitucionalismo.» *Nuestra Bandera:revista de debate político*, 2012: 141-151.

de Cabo, Antonio. «La democracia y su calidad.» *Revista Derecho del Estado*, 2012: 37-53.

—. *Lo público como supuesto constitucional.* Ciudad de México: UNAM, 1997.

de Cabo, Antonio. «Nota sobre el bloque de constitucionalidad.» *Jueces para la democracia*, 1995: 58-64.

de Sousa, Boventura. *Reinventar la democracia reinventar el estado.* Quito: Abya Yala, 2004.

de Soussa, Boaventura. «Los nuevos movimientos sociales.» *OSAL*, 2001: 177-188.

Egger-Brass, Teresa. *Política y ciudadanía.* Buenos Aires: Maipue, 2011.

Estupiñán, Liliana; Storini, Claudia; Martínez, Rubén; de Carvalho, Antonio [editores académicos]. *La naturaleza como sujeto de derechos en el constitucionalismo democrático.* Bogotá D.C.: Universidad Libre, 2019.

Garay, Luis, y Jorge Espitia. «Población pobre en Colombia pierde 10 % de su ingreso por la inflación.» *Periódico de la Universidad Nacional.* 13 de junio de 2022. https://periodico.unal.edu.co/articulos/poblacion-pobre-en-colombia-pierde-10-de-su-ingreso-por-la-inflacion/ (último acceso: 13 de mayo de 2023).

García, Mauricio. «Derecho a falta de democracia: la juridización del régimen político colombiano.» *Análisis político*, 2014: 167-195.

—. «El orden de la igualdad, ensayo de Mauricio García Villegas.» *El espectador (edición virtual)*, 25 de marzo de 2023.

García, Mauricio, Javier Revelo, Sebastián Rubiano, Catalina Vargas, y Rodrigo Uprinmy. *Mayorías sin democracias desequilibrio de poderes y Estado de derecho en Colombia 2002-2009.* Bogotá: Dejusticia, 2009.

García, Sergio. *La Gobernanza y sus enfoques.* Madrid: Delta, 2016.

Gargarella, Roberto. «Sobre el "Nuevo constitucionalismo latinoamericano".» *Revista Uruguaya de Cinecia política*, 2018: 109-129.

Kelsen, Hans; Tamayo, Rolando (Traductor). *La Garantía jurisdiccional de la Constitución (La justicia Constitucional).* Ciudad de México: UNAM, 2001.

Lasalle, Ferdinand. *¿Qué es una constitución?* Ariel, 2012.

Latinobarometro, Corporación. *Informe 2009.* vittualrecuperado de https://www.latinobarometro.org/documentos/latbd_latinobarometro_informe_2009.pdf, Santiago: Corporación Latinobarometro, 2009.

Launay, Claire. «La gobernanza, Estado, Ciudadanía y renovación de lo Político.» *Controversia*, 2005: 92-105.

López-Alves, Fernándo. *La formación del estado y la democracia en América Latina 1830-1910.* Santiago de Chile: Grupo editorial norma, 2003.

Medici, Alejandro. «El nuevo constitucionalismo latinoamericano y el giro decolonial: Bolivia y Ecuador.» *Revista Derecho y Ciencias Sociales*, 2010: 3-23.

Montaño, César, y Claudoa Storini. «Buen vivir: una nueva forma de ser, hacer y pensar.» En *La naturaleza como sujeto de derechos en el constitucionalismo democrático*, de Liliana Estupiñán, Claudia Storini, Rubén Martínez y Antonio [editores académicos] de Carvalho, 13-16. Bogotá D. C,: Universidad Libre, 2019.

Munera, Leopoldo. «De los movimientos sociales al movimiento popular.» *Uniandes*, s.f.: 55-80.

«Organizaciones populares, construcción de identidad y acción política.» *Revista Latinoamericana de Ciencias Sociales, Niñez y Juventud*, 2006: 167-200.

Portero, José. «Sobre la presunción de la representación política.» *Anuario de derecho parlamentario*, 2009: 61-74.

Portillo, José. *Historia mínima del constitucionalismo en America LAtina*. México D.F.: El Colegio de México, 2016.

Ramírez, Juan. «Dimensiones constitutivas y ejes estructurales de la ciudadanía.» *Estudios políticos*, 2012: 11-25.

Revilla, Marisa. «El concepto de movimiento social: Acción, identidad y sentido.» *Última Década*, 1996: 1-18.

Rolla, Giancarlo. «La evolución del constitucionalismo en América latina.» *Anuario Iberoamericano de Justicia Constitucional*, 2012: 329-351.

Salazar, Pedro. *E nuevo constitucionalismo latinoaméricano (una perspectiva crítica)*. Ciudad de México: UNAM, 2013.

Salgado, Luis. *Centro Mexicano de Relaciones Internacionales (CEMERI)*. 25 de septiembre de 2022. https://cemeri.org/enciclopedia/e-cuantos-paises-hay-mundo-lu#:~:text=%2D%20Lo%20habitual%20ser%C3%ADa%20encontrar%20como,y%20el%20Estado%20de%20Palestina. (último acceso: 06 de abril de 2023).

Scott, James, Trad. De Cabo, Antonio; Riello, José & Dorado, Ricardo. *Contra el Estado una historia de las civilizaciones del próximo Oriente antiguo*. Madrid: Trotta, 2022.

Sol, Ricardo. *El desafío de la participación ciudadana en el estado democrático de derecho*. Costa Rica: FLACSO, 2012.

Spindola, Octavio. «Ciuddanizar la democracia en la era de la desacralización electoral. Mecanismos de participación en America Latina.» *Estudios*, 2022: 187-204.

The economist. *A new low for global democracy*. 01 de febrero de 2023. https://www.economist.com/graphic-detail/2023/02/01/the-worlds-most-and-least-democratic-countries-in-2022 (último acceso: 06 de abril de 2023).

Tilly, Charles. *Democracia*. Madrid: Akal, 2007.

Torres, Alfonso. «Organizaciones populares, construcción de identidad y acción política.» *Revista Latinoamericana de Ciencias Sociales, Niñez y Juventud*, 2006: 167-200.

Uprimny, Rodrigo. «Las transformaciones constitucionales recientes en América Latina: tendencias y desafíos.» *Revista pensamiento penal*. abril de 2011. https://www.pensamientopenal.com.ar/system/files/2011/04/doctrina28469.pdf (último acceso: 15 de abril de 2023).

Uprimny, Rodrigo, y Luz Sánchez. «Constitución de 1991, justicia constitucional y cambio democrático un balance dos décadas después.» *Cahiers des Ameriques Latines*, 2012: 33-53.

Viciano, Roberto, y Rubén Martínez. «¿Se puede hablar de un nuevo constitucionalismo latinoamericano como corriente doctrinal sistematizada?» *Procesos de cambio social en América Latina en el siglo XXI*. Diciembre de 2010. http://latinoamerica.sociales.uba.ar/wp-content/uploads/sites/134/2015/01/Viciano-Pastor-Articulo.pdf (último acceso: 16 de abril de 2023).

—. «Aspectos generales del nuevo constitucionalismo latinoamericano.» *El nuevo constitucionalismo en América Latina memorias del encuentro internacional "El nuevo constitucionalismo:desafíos y retos para el siglo XXI"*. Quito: Corte constitucional del Ecuador, 2010. 13-38.

Leyes

Constitución Política de Colombia de 1991 (Congreos de la República de Colombia 13 de 06 de 1991).

Convenio 169 d ela OIT "Declaración de las Naciones Unidads sobre los derechos de los pueblos indigenas", Convenio 169 (Organización Internacional del Trabajo junio de 1989).

Ley 131 de 1994 "Por la cual se reglamenta el voto programático y se dictan otras disposiciones"., Ley 131 de 1994 (El congreso de la Republica de Colombia 9 de mayo de 1994).

Ley 134 de 1994 "Por la cual se dictan normas sobre mecanismos de participación ciudadana"., Ley 134 de 1994 (El congreso de la Republica de Colombia 31 de mayo de 1994).

Ley 1381 de 2010 Por la cual se desarrollan los artículos 7°, 8°, 10 y 70 de la Constitución Política, y los artículos 4°, 5° y 28 de la Ley 21 de 1991 (que aprueba el Convenio 169 de la OIT sobre pueblos indígenas y tribales), y otras., Ley 1381 de 2010 (El congreso de la Republica de Colombia 25 de enero de 2010).

Ley 1755 de 2015 "Por medio de la cual se regula el Derecho Fundamental de Petición y se sustituye un título del Código de Procedimiento Administrativo y de lo Contencioso Administrativo"., Ley 1755 de 2015 (El congreso de la Republica de Colombia 30 de junio de 2015).

Ley 1757 de 2015 "Por la cual se dictan disposiciones en materia de promoción y protección del derecho a la participación democrática", Ley 1757 de 2015 (El congreso de la Republica de Colombia 06 de julio de 2015).

Ley 1909 de 2008 "Por medio de la cual se adoptan el estatuto de la oposición política y algunos derechos a las organizaciones políticas independientes"., Ley 1909 de 2008 (El congreso de la Republica de Colombia 09 de julio de 2018).

Ley 21 de 1991 "Por medio de la cual se aprueba el Convenio número 169 sobre pueblos indígenas y tribales en países independientes, adoptado Por la 76a. reunión de la Conferencia General de la O.I.T., Ginebra 1989", Ley 21 de 1991 (El congreso de la Republica de Colombia 04 de marzo de 1991).

Ley 23 de 1991 Por medio de la cual se crean mecanismos para descongestionar los Despachos Judiciales y se dictan otras disposiciones., Ley 23 de 1991 (El Congreso de la República de Colombia 21 de marzo de 1991).

Ley 584 de 2000"Por la cual se derogan y se modifican algunas disposiciones del Código Sustantivo del Trabajo"., Ley 584 de 2000 (El congreso de la Republica de Colombia 13 de junio de 2000).

Sentencias

Sentecia T637 de 2001. Expediente T-422696 (Sala Tercera de Revisión de la Corte Constitucional, 15 de junio de 2001).

Sentencia C 027-2018. Expediente RPZ-006 (ala Plena de la Corte Constitucional, 18 de abril de 2018).

Sentencia C 065/21. Expediente: D-13817 (Sala Plena de la Corte Constitucional, 28 de marzo de 2021).

Sentencia C021 de 1996. Expediente D-1003 (Corte Constitucional, 23 de enero de 1996).

Sentencia C089/94. Expediente P.E.-004 (Sala Plena de la Corte Constitucional, 03 de marzo de 1994).

Sentencia C1172/01. Expediente D-3544 (Sala Plena de la Corte Constitucional, 08 de noviembre de 2001).

Sentencia C-585/95. Proceso D-961 (Sala plena de la Corte Constitucional, 7 de Diciembre de 1995).

Sentencia SU316/21. Expediente T-7.347.389 (Sala Plena de la Corte Constitucional, 16 de septiembre de 2021).

Sentencia SU-747/98. Expediente T-152455 (Sala Plena de la Corte Constitucional, 02 de diciembre de 1998).

Sentencia T596/22. Expediente T-496339 (Sala Tercera de Revisión de la Corte Constitucional, 01 de agosto de 2002).

Capítulo V

LA GENEALOGÍA CRÍTICA DEL CONCEPTO REALISTA DE PODER CONSTITUYENTE: FRAGMENTOS PARA UNA RECONCILIACIÓN ENTRE EL PROGRESISMO JURÍDICO Y EL CONSTITUCIONALISMO DEMOCRÁTICO

IVÁN DAVID MÁRQUEZ CASTELBLANCO

"Vosotros habéis aprendido, igual que lo sabemos nosotros, que en las cuestiones humanas las razones de derecho intervienen cuando se parte de una igualdad de fuerzas, mientras que, en caso contrario, los más fuertes determinan lo posible y los débiles lo aceptan".

Tucídides *Historia de la guerra del Peloponeso.*

"Aquí se habla de la lucha del Derecho contra la injusticia. Si en esta hipótesis el Derecho no lucha, es decir, no hace una heroica resistencia contra aquélla, se negará a sí mismo. Esta lucha durará tanto como el mundo, porque el derecho habrá de prevenirse siempre contra los ataques de la injusticia".

Rudolf Von Ihering *La lucha por el derecho.*

1. *Introducción, metodología y planteamiento del problema*

1.1. Exordio sobre la pretérita y siempre vigente discusión entre Poder y Derecho y sus implicaciones en el debate constitucional contemporáneo

El debate sobre el poder constituyente es esencialmente y ante todo un debate sobre la auténtica ontología del derecho, sobre el ser y no ser de lo jurídico y, por lo tanto, sobre su campo epistemológico[1]. Es decir, sobre las condiciones de posibilidad en las que se juega esta disciplina deontológica su propia capacidad para someter, ordenar y limitar al poder o, lo que es lo mismo, su propia lucha por ser derecho[2].

Genealógicamente esta tensión entre poder y derecho configura una de las cuestiones más antiguas[3] y más ampliamente discutidas en la historia de la filosofía política, siendo formulada *ab initio* por TUCÍDIDES en el célebre diálogo entre los embajadores atenienses y los melios[4] que se produce durante la Guerra del Peloponeso, en el momento en que los atenienses se aprestan a tomar la pequeña isla de Milos en el mar Egeo, enviando previamente unos embajadores para convencerlos de que se rindan y se dejen esclavizar a cambio de no ser arrasados por el enorme poderío militar ático. Frente a esta razón de fuerza contestan los melios abogando por su neutralidad política y apelando a la existencia —desde una perspectiva iusnatural— de unos mínimos y "razonables derechos" que en el futuro podrán ser de utilidad para el bien común y hasta para los propios atenienses en una eventual caída[5]. La respuesta de los embajadores atenienses es la razón naturalista-existencialista de la ley del más fuerte: "[e] n cuanto a los hombres, bien sabemos que naturalmente, por necesidad,

---

1 Michel Foucault, *Las palabras y las cosas: Una arqueología de las ciencias humanas*, trad. Elsa Cecilia Frost (Buenos Aires: Siglo XXI Editores, 1968). p. 7.

2 Rudolf Von Ihering, *La lucha por el Derecho*, trad. Adolfo González Posada (Sao Paulo: Editorial Heliasta, 1993). p. 11.

3 Dos de las discusiones políticas más antiguas de las que se tenga noticia en occidente son las recogidas por los dos grandes historiadores del periodo clásico griego: la primera, incluida por Heródoto en sus "*Historias*" y relativa al debate entre Otanes, Megabyzo y Darío sobre la mejor forma de gobierno para Persia, que inaugura el debate entre las tres formas de gobierno: democracia, aristocracia y monarquía; la segunda, el Dialogo de los Melios incluida por Tucídides en su "*Historia de la Guerra de Peloponeso*" que establece la dicotomía entre poder y derecho, dando inicio a las corrientes de pensamiento realista y normativa-racionalista.

4 Tucídides, *Historia de la guerra del Peloponeso Libros V-VI*, trad. Juan José Torres Esbarranch (Madrid: Editorial Gredos, 1992). pp. 138 y ss.

5 Ibid. p. 143.

el que vence a otro le ha de mandar y ser su señor..."[6], afirmación con la cual se funda la larga corriente de pensamiento político realista.

Ahora, sin desconocer las limitaciones que encarna el pensamiento simplista binario, que prescinde de los matices e intermedios presentes en toda obra y es proclive a generalizaciones inexactas. Podría sostenerse la hipótesis que, partiendo de los elementos preponderantes de las teorías y sus autores, de alguna u otra forma, todo el devenir posterior del pensamiento político puede reinterpretarse como una continuación del "Diálogo de los Melios" por parte de los seguidores de los atenienses y de los melios.

Quienes se sitúan entre los primeros desde TUCÍDIDES, pasando por los filósofos sofistas presentes en los diálogos platónicos: CALICLES[7] en Gorgias o TRASÍMACO[8] en la República; así como MAQUIAVELO, BODINO, HOBBES, ROUSSEAU, MARX, LASALLE, WEBER, IHERING y llegando hasta SCHMITT[9]; serán aquellos que en términos generales comprendan —más allá de que compartan o no éticamente la razón de la fuerza— que en la existencia real la acción política es ante todo una lucha abierta por el poder, el cual, una vez alcanzado, otorga a su titular la posibilidad de imponerse sobre los demás, como expresión de una invariable naturaleza egoísta[10] o en algunos casos, hasta arropada de altruistas intereses. Es decir, una mezcla entre el pesimismo antropológico y el crudo realismo que se obtiene del ejercicio ilimitado de las dinámicas asimétricas de poder.

Entre los segundos, se sitúan aquellos que como SÓCRATES-PLATÓN, CICERÓN, MORO, VITORIA, SUAREZ, GROCIO, PUFENDORF, KANT, SCHELER y RAWLS, confían como los melios, que es posible obtener a través de la razón la idea de lo justo y extractar de este concepto un sistema de derecho capaz de poner límites al nudo poder[11] a través de unos mínimos y naturales derechos. Este enfoque naturalista-racionalista se destaca por su determinación axiológica, es decir por su

---

6 Ibid. p. 149.

7 Platon, *Gorgias o de la retórica*, trad. Luis Roig de Lluís, 45° ed. (Madrid: Editorial Espasa Calpe, 2007). p. 93.

8 Platon, *La república o de lo justo*, trad. C.M.B., 27° ed. (Ciudad de México: Editorial Porrúa, 2001). p. 12.

9 Carl Schmitt, *Teología Política*, trad. Francisco Javier Conde y Jorge Navarro Pérez (Madrid: Editorial Trotta, 2009). p. 13 y 18.

10 Stefano Petrucciani, *Modelos de filosofía política*, trad. Carlo Molinari Marotto, 1° ed. (Buenos Aires: Amorrortu Editores, 2008). pp. 27 y ss.

11 Ibid. p. 24 y ss.

capacidad ética o deontológica de encontrar el deber-ser de lo político[12] y a partir de este, la creencia optimista de ser capaz de transformar la anárquica realidad humana. Aún así, no sobra recordar que bajo este método idealista fue justificada por ejemplo la esclavitud por los antiguos.

El decurso de estas dos tradiciones, se manifiesta en el vértice en el que confluyen la filosofía política y el derecho, pero reconduciendo la clásica disputa a través de la insistente pregunta que según NORBERTO BOBBIO atraviesa toda la historia del derecho: "*¿Cuál es el mejor gobierno, el de las leyes o el de los hombres?*"[13]. Lo primero que advierte el pensador turinés es que no puede confundirse esta pregunta con la célebre disputa sobre la mejor forma de gobierno[14] entre: democracia, aristocracia y monarquía, pues la cuestión por el mejor gobierno le precede y condiciona, como al fruto la semilla.

En este sentido, el gobierno de las leyes —género— se caracterizaría por una profunda desconfianza hacia los gobernantes, sea que esto se manifiesten como el gobierno de uno, de pocos o de muchos —especies—, pues en cualquier caso se percibe al individuo, así como a un conjunto menor o mayor de estos, como sujetos egoístas capaces de tomar el poder para su propio beneficio, lo cual solo puede ser contrarrestado con el mandato objetivo, impersonal y abstracto de la ley; única capaz de eludir la arbitrariedad humana.

Desde otra perspectiva, el gobierno de los hombres se afinca —sin importar su cantidad o la forma en que administren su poder— en la confianza por los buenos gobernantes, capaces de tomar siempre las mejores decisiones. Luego, la primera es la sumisión del poder al derecho, la segunda la del derecho al poder[15].

Continuando con la reflexión bobbiana, resulta fundamental poner en evidencia de que forma tanto la propuesta del gobierno de las leyes como la del gobierno de los hombres es incompleta. En lo que respecta a la primera, el gobierno de las leyes se encuentra con el problema relativo a su fundamento último o su origen —*arjé*—, que termina o en el circulo tautológico de la ley que está legitimada por la propia ley —como la ser-

---

12 Daryl Glaser, «La teoría normativa», en *Teoría y métodos de la ciencia política*, ed. David Marsh y Gerry Stoker (Madrid: Alianza Editorial, 1997). p. 33.

13 Norberto Bobbio, *El futuro de la democracia*, trad. José Fernández Santillán, 1° ed. (Ciudad de México: Fondo de Cultura Económica, 1986). p. 120.

14 Sobre esta disputa se puede consultar: Norberto Bobbio, *La teoría de las formas de gobierno en la historia del pensamiento político*, trad. José Fernández Santillán, 2° ed. (Ciudad de México: Fondo de Cultura Económica, 2006).

15 Ibid. p. 122.

piente que muerde su propia cola— o en su sustentación a través del derecho natural en sus diversos dualismos[16], sean estos: las supercherías de lo divino trascendente, la falacia naturalista metaética o el conocimiento de lo metafísico racional. Entonces el gobierno de las leyes carece de una legitimidad material y se debate en la confusa aporía de ser lo que niega ser, pues en el fondo su deriva iusnaturalista no deja de ser el producto positivo de la imaginación humana capaz de hacer ficciones o mitos comunes[17] adornados con la ilusión de lo infinito.

En cuanto a la segunda, sus contradicciones no se quedan atrás, pues el gobierno de los hombres no solo incurre en una falaz petición de principio al querer demostrar como conclusión lo que se asumió como premisa: el "buen" gobernante que —dicho sea de paso— también se encuentra contaminado con contenidos iusnaturales, sino también, porque dejando de lado este evidente desacierto, el gobierno de los hombres en su realidad desnuda es un poder ilimitado con toda la potencialidad sobre la nuda vida[18], es decir un absoluto soberano en la concepción de BODINO[19] capaz de imponer cualquier decisión bajo el estado de excepción de SCHMITT[20].

Este gobierno de los hombres que encierra en su interior la semilla del poder sin cortapisas y que se ha sabido arropar —la mayor parte de la historia[21]— con la túnica del despotismo monárquica o con el disfraz de la democracia popular de mayorías, tiene el peligro de ser una vía propicia hacia la autocracia. Ya lo señalaba HAMILTON en la primera carta del "Federalista", cuando enunciaba:

> La historia nos enseña que el primero —*refiriéndose al gobierno de los hombres*— ha resultado un camino mucho más seguro que el segundo para la introducción del despotismo, y que casi todos los hombres que han derrocado las libertades de las repúblicas empezaron su carrera cortejando servilmente al pueblo: se iniciaron con demagogos y acabaron en tiranos[22].

---

16 Hans Welzel, *Introducción a la filosofía del derecho-derecho natural y justicia material*, trad. Felipe González Vicen (Madrid: Ediciones Aguilar, 1979).

17 Yuval Noah Harari, *Sapiens de Animales a Dioses: Una breve historia de la humanidad*, trad. Joandomènec Ros (Madrid: Debate, 2014). P. 32 y s.s.

18 Giorgio Agamben, *Homo sacer III: Lo que queda de Auschwitz-El archivo y el testigo*, trad. Antonio Gimeno Cuspinera (Valencia: Pre-Textos Editores, 2000). p. 108.

19 Jean Bodino, *Los seis libros de la República*, trad. Pedro Bravo Gala, 3° ed. (Madrid: Editorial Tecnos, 1997). p. 47 y 72.

20 Schmitt, *Teología Política*. p 13.

21 Walter Benjamin, *Tesis sobre filosofía de la historia*, trad. H.A. Munera, *Ensayos escogidos* (Buenos Aires: El cuenco de plata, 2010). p. 62.

22 Citado por Bobbio, *El futuro de la democracia*. p. 129.

Además de las mencionadas carencias y contradicciones, y pese a que BOBBIO se decanta por el gobierno de las leyes como paradigma real de la democracia[23], es claro que esta división entre gobierno de los hombres y gobierno de las leyes adolece de cierto artificio y hasta cierto punto puede ser un falso dilema[24] en cuanto estas dos concepciones comparten varios puntos de fuga por los que se desvanece y se pone en duda su identidad binaria, lo que *mutatis mutandis* también es predicable de la dicotomía naturalista entre realismo-existencialismo y racionalismo-normativismo con las implicaciones que esto traer para una concepción formal o para una sustancial de la democracia, según se acometa uno u otro camino.

Ahora bien, es precisamente en este punto donde se encuentra en nudo gordiano de la contemporánea discusión sobre la crítica —a la manera de KANT[25]— del concepto de poder constituyente, el cual, a su vez, también se ha caracterizado por suscitar, desde la doctrina mayoritaria del derecho constitucional un álgido debate entre dos posiciones opuestas y hegemónicas que han pretendido explicar el alcance y contenido de la teoría del poder constituyente.

Sobre este punto y siguiendo al profesor RUBÉN MARTÍNEZ DALMAU, se podrían denominar —sin la intención de querer desconocer sus matices— a estas dos tradiciones en pugilato bajo los rótulos de: "democracia constitucional" y "constitucionalismo democrático". La primera de estas es propia de un paradigma explicativo-positivista basado en la idea de límites externos al poder constituyente, y el segundo, propio de una teoría del poder constituyente democrático absoluto e ilimitado[26]. A la primera de estas corrientes de pensamiento iusconstitucional se le suele denominar por sus opositores de manera peyorativa como "constitucionalismo elitista" y a la otra postura se le suele denominar, con similares intenciones por sus detractores, como "constitucionalismo populista".

No obstante, pareciera evidente que el concepto de constitución moderna —como en general el de derecho constitucional— es *per se* producto de la corriente de pensamiento racional-normativo, porque como dique de contención al realismo político reclama —algunas veces con éxito— la

---

23 Ibid. p. 136.

24 Ibid. p. 133.

25 Para Kant el concepto de crítica hace referencia al estudio de los fundamentos y límites de alguna materia. Cf. Nicola Abbagnano, *Historia de la Filosofía Vol. 2.*, trad. Juan Estelrich y J. Perez Ballestar, 3° ed. (Barcelona: Editorial Montaner y Simón, 1978).

26 Rubén Martínez Dalmau, «El debate sobre la naturaleza del poder constituyente: elementos para una teoría de la constitución democrática», en *Teoría y práctica del poder constituyente*, ed. Rubén Martínez Dalmau (Valencia: Tirant lo Blanch, 2014).

primacía de los melios sobre los atenienses, es decir: del derecho sobre el poder, tal y como enseña GIOVANNI SARTORI: "Para nosotros «constitución» significa una estructura de la sociedad política, organizada a través de y mediante la ley, con el objetivo de limitar la arbitrariedad del poder y de someterlo al derecho"[27].

En todo caso, lo cierto es que el concepto de poder constituyente —*causa essendi* de la Constitución— aún se debate en un pugilato académico entre las posturas realistas y racionalistas, entre los partidarios del gobierno de los hombres y los partidarios del gobierno de las leyes, entre los defensores del constitucionalismo democrático y los promotores de la democracia constitucional; lo que justifica la importancia de acometer —desde una perspectiva genealógica— el análisis crítico de estas tradiciones propias del pensamiento político y sus implicaciones para el debate constitucional contemporáneo.

Como se ha podido ilustrar, el problema originario que concita la discusión entre las teorías hegemónicas del constitucionalismo democrático y la democracia constitucional puede rastrarse, desde una metodología genealógica[28], en las prácticas discursivas y no discursivas de la teoría política realista-existencialista e idealista-racionalista. Sin embargo, el presente articuló se centrará exclusivamente en analizar como la teoría del "Constitucionalismo Democrático" hunde sus raíces en la tradición naturalista-existencialista del realismo político, a partir del cual será posible responder a la pregunta: ¿Cuál es el concepto y alcance del poder constituyente desde una teoría del "constitucionalismo democrático" cuya genealogía se encuentra fundamentada en la tradición del realismo político?

Pero antes debe precisarse, que este artículo es el producto de una investigación más exhaustiva por lo que en razón a los límites de extensión solo expondrá las conclusiones que se dieron como consecuencia del estudio que siguiendo la metodología de los programas de investigación de IMRE LAKATOS, descifró el heurístico negativo y positivo del realismo político, a partir del cual es posible deducir este concepto realista de poder constituyente.

Ahora bien, la segunda parte de este artículo se realizará a partir de los siguientes tres momentos de reflexión académica: i) la conceptualización genealógica del poder constituyente a partir del heurístico realista obtenido en la primera parte de la investigación; ii) la formulación crítica como

---

27 Giovanni Sartori, *Elementos de teoría política*, trad. Luz M. Morán (Madrid: Alianza Editorial, 1992). p. 20.

28 Esther Díaz, *La filosofía de Michel Foucault* (Buenos Aires: Editorial Biblos, 1995). p. 85.

una tarea emancipatoria[29] a partir de la conceptualización genealógica realizada para develar los dominios discursivos y las contradicciones inmanentes del concepto de poder constituyente realista, y finalmente; *iii)* la formulación propositiva de algunos elementos superadores que permitan —como consecuencia de la crítica formulada— evidenciar nuevos horizontes de investigación sobre los cuales pueda desarrollarse una nueva concepción democrática del poder constituyente popular.

2. *La genealogía del poder constituyente desde el programa de investigación del realismo político*

2.1. Breve prolegómeno sobre la problemática e inescindible relación del concepto de soberanía con la teoría del poder constituyente: una lectura a partir de la tensión entre realismo e idealismo

Antes que nada, resulta necesario precisar de qué forma la teoría del poder constituyente se encuentra intrínsecamente determinada por el concepto de soberanía, ya que de esta última no solo se desprende el poder legitimo capaz de erigir la estructura político-jurídica del propio Estado, sino que en esta misma se origina la capacidad de establecer el ordenamiento jurídico en su totalidad[30], tal y como lo sostiene GEORGES BURDEAU cuando afirma que la soberanía determina la idea de derecho y da orden a las instituciones estatales[31].

Es así pues, que el concepto de soberanía puede comprenderse como un concepto eminentemente político y por lo tanto plantearse principalmente como un asunto de poder, que visto desde el programa de investigación realista permite entenderlo, siguiendo la interpretación que muy inspirada en BODINO realiza CARRÉ DE MALBERG cuando afirma que la soberanía es: "[e]l carácter supremo de un poder; supremo, en el sentido de que dicho poder no admite a ningún otro ni por encima de él, ni en concurrencia con él"[32].

---

29 Gerhard Schweppenhäuser, «Teoría Crítica», en *Historisch-Kritisches Wörterbuch des Marxismus Band 8/I* (Hamburgo: Argument Verlag, 2012).

30 Norberto Bobbio, *Teoría General del Derecho*, trad. Jorge Guerrero R. (Bogotá: Editorial Temis, 2012). p. 148.

31 Citado por Vladimiro Naranjo Mesa, *Teoría de la Constitución e Instituciones Políticas*, 9a ed. (Bogotá: Editorial Temis, 2003). p. 223.

32 R. Carré de Malberg, *Teoría general del Estado*, trad. José Lión Depetre (Ciudad de México: Fondo de Cultura Económica, 2001). p. 81.

En otro sentido, la soberanía también puede entenderse desde una perspectiva jurídica, propia del programa de investigación idealista-racionalista, bajo el cual la soberanía más que un concepto político sería realmente un "concepto jurídico"[33], lo que en términos de GEORG JELLINEK permite sostener que el derecho está situado sobre el poder soberano y no a la inversa como tradicionalmente ha sostenido la mayoría de la doctrina política realista[34]. Por esto, la soberanía no es un poder absoluto sino limitable de acuerdo con los avances que marcan los procesos históricos[35]. Es por esto por lo que el maestro de Leipzig concluye que:

> Soberanía no indica ilimitabilidad, sino tan sólo facultad de determinarse por sí mismo exclusivamente y, por tanto, la autolimitación del poder del Estado, no obligado jurídicamente por poderes extraños para instituir un orden dado sobre la base del cual solamente la actividad del Estado adquiere un carácter jurídico[36].

Ahora bien, si se deja de lado la aguda y central objeción de MICHEL FOUCAULT que niega toda posibilidad de un poder único, concentrado y susceptible de ser detentado, ya que el "poder está en todas partes"[37]; y, por el contrario, se admite la ficción jurídica[38] de la titularidad o posesión de la soberanía, se tiene que, siguiendo a KARL LOEWENSTEIN:

> [l]a soberanía no es más, y tampoco menos, que la racionalización jurídica del factor poder, constituyendo éste el elemento irracional de la política. Según esto, soberano es aquel que está legalmente autorizado, en la sociedad estatal, para ejercer el poder político, o aquel que en último término lo ejerce[39].

Si bien, la definición de soberanía de LOEWENSTEIN resulta ser formal-racional al estar solamente acotada a los contornos de lo jurídico —como se aprecia cuando la limita al juicio de legalidad—; se puede resaltar que esta definición sí permite destacar uno de los elementos esenciales del concepto, esto es la determinación de la titularidad en cabeza

---

33 Georg Jellinek, *Teoría general del Estado*, trad. Fernado De los Rios (Ciudad de México: Fondo de Cultura Económica, 2004). p. 433.

34 Ibid.

35 Ibid. pp. 435 y ss.

36 Ibid. p. 437.

37 Michel Foucault, *Historia de la sexualidad I-La Voluntad de Saber*, trad. Uliises Guiñazú (Ciudad de México: Siglo XXI Editores, 2007). p. 113.

38 Michel Foucault, *El poder, una bestia magnífica: sobre el poder, la prisión y la vida*, trad. Horacio Pons (Buenos Aires: Siglo XXI Editores, 2012). P. 41.

39 Karl Loewenstein, *Teoría de la Constitución*, trad. Alfredo Gallego (Barcelona: Editorial Ariel, 1979). p. 24.

de un sujeto —individual o colectivo— del cual emana el poder político, esto es el: "soberano".

Por todo lo anterior, es posible señalar que la problemática principal sobre el concepto de soberanía se encuentra delimitada en dos cuestiones que concitan los puntos medulares del conflicto teórico entre realistas y racionalistas, así: ¿Qué le está permitido al soberano? y ¿Quién es el soberano? Dar una respuesta a estas preguntas es en el fondo resolver las cuestiones fundamentales de la teoría del poder constituyente.

Por lo tanto, para resolver estas dos cuestiones y siguiendo los contornos investigativos propuestos, se expondrá los elementos centrales que componen el "heurístico negativo" del programa de investigación político realista y también se expondrán algunas de las teorías más relevantes "heurístico positivo" que han sustentado y ampliado esta escuela de pensamiento, para encontrar el aporte que esta tradición de la teoría política aporta a la solución de estos interrogantes.

2.2. El realismo político (Heurístico negativo)

La premisa general que comparte el programa de investigación realista se encuentra cimentada en el concepto de interés[40] visto categóricamente desde una perspectiva de lo político[41]. Es decir, si bien es posible que otras disciplinas también aborden de forma central el concepto de interés —como la economía que la entiende como acción hacia la obtención del beneficio patrimonial— lo cierto es que el realismo posee un concepto de interés determinado hacia la lucha de los individuos o de los Estados en la conquista del poder como dominación de los otros, lo que en términos de NIETZSCHE se puede sintetizar en la: "voluntad de poder"[42].

Precisamente, en punto a la comprensión realista del concepto de poder, se puede predicar que este comporta el ejercicio de una fuerza capaz de imponer lo "propio" sobre lo "otro", justificándose esta acción intrínsecamente —*per se*—, es decir un poder que se ejerce sin la necesidad de una justificación externa, por lo que no se encuentra además con ningún límite extrínseco, razón por la cual sus contornos de acción se trazan úni-

---

40 Hans J. Morgenthau, *Política entre las naciones: la lucha por el poder y la paz*, trad. Heber Olivera, 3a Ed. (Buenos Aires: Grupo Editorial Latinoamericano, 1986). pp. 13 y ss.

41 Max Weber, *La política como vocación*, trad. Francisco Rubio, *El político y el científico* (Madrid: Alianza Editorial, 2007).

42 Friedrich Nietzsche, *Más allá del bien y del mal: preludio de una filosofía del futuro*, trad. Andrés Sánchez Pascual (Madrid: Alianza Editorial, 2009). p. 235.

camente en función de la facticidad que resulta de su propia dinámica de poder[43].

Habría que agregar también, que ese interés en términos de poder es un interés avalorado pues no está sometido a juicios morales sobre lo bueno, lo recto, lo justo etc., y adicionalmente es mutable, porque se encuentra abierto a un universo de posibilidades que se organizan de acuerdo con las necesidades que la acción política tenga en cada contexto temporal o espacial determinado[44].

Ahora, faltaría señalar el pesimismo antropológico que permea todo el núcleo firme de la teoría realista desde TUCÍDIDES hasta CARL SCHMITT basado: o en una lectura fáctica[45] que se prueba con la historia de la guerras, o en una comprensión esencialista en la que se predica la existencia de una natural e inherente propensión del ser humano hacia el egoísmo, hacia el privilegio de los impulsos del yo-propio, interés que no solo tiene vocación de poder sino que además ordena instrumentalmente ese poder en una lógica egoísta[46].

En suma, el heurístico negativo del programa de investigación del realismo político se puede definir, según los elementos analizados, como: aquella larga y tradicional corriente de pensamiento político que sostiene la existencia de una propensión objetiva y natural del individuo —y por ende de los grupos sociales y de los Estados conformados por estos— hacia la lucha por imponer su poder, poder que no puede ser limitado más que por el alcance de sus propias fuerzas fácticas y que obedece teleológicamente a la satisfacción de los intereses egoístas de quien o quienes lo ejercen, de lo que se deduce una visión pesimista o desencantada de la condición humana y de suyo de la propia acción política.

2.3. El realismo político (Heurístico positivo)

Siguiendo la línea de pensamiento realista que conecta a TUCÍDIDES, pasando por los sofistas CALICLES y TRASÍMACO en sus versiones platónicas, así como MAQUIAVELO, BODINO, ROUSSEAU y SCHMITT[47],

---

43 Morgenthau, *Política entre las naciones: la lucha por el poder y la paz*. p. 20.

44 Ibid. p. 19 y ss.

45 Luis Salazar Carrión, «El realismo político de Bobbio», *revista Sociologíca* 19, n.º 54 (2004): 215-29.

46 Thomas Hobbes, *Leviatán: o la materia, forma y poder de una república eclesiástica y civil*, trad. Manuel Sánchez Sarto (Buenos Aires: Fondo de Cultura Económica, 2005). p. 150.

47 El análisis completo de las teorías de cada uno de estos autores y su conformidad con el heurístico negativo de la corriente de pensamiento realista se puede confrontar

ha sido posible encontrar un nutrido "cinturón de hipótesis" que vienen a defender el núcleo central —heurístico negativo— del programa de investigación realista, los cuales en su conjunto constituyen un dispositivo explicativo ampliamente exitoso que, durante la mayor parte de la historia de la filosofía política, ha venido ejerciendo una influencia hegemónica en el devenir teórico sobre la dicotomía poder y derecho, particularmente durante el desarrollo del concepto moderno de soberanía. En este sentido, tomando en cuenta las líneas argumentativas precedentes, es posible deducir como postulados principales de este programa de investigación los siguientes:

1. El realismo político de forma consecuente ha venido construyendo un aparato discursivo-teórico a través del cual ha logrado con amplio éxito sustentar, justificar y expandir la idea de que el ejercicio del poder es en su esencial fáctica absoluto y no puede ni debe ser limitado.
2. Para legitimar dicho poder en términos absolutos, se han formulado diversas hipótesis auxiliares que lejos de estancarse en sus contenidos empíricos-explicativos, han logrado sofisticar las justificaciones dadas frente al ejercicio del poder soberano absoluto, hasta el punto de ir generando lo que para LAKATOS es un cambio de: «problemática teórica consistentemente progresivo»[48] que permite deducir un avance exitoso del programa de investigación realista, puesto que ha posibilitado el traslado del foco de discusión desde el debate mismo sobre la existencia o no de un poder ilimitado hacia una problemática accesoria en torno a la titularidad de ese dicho poder.
3. En este sentido, el origen ilimitado del poder soberano ha venido siendo legitimado por diversas teorías que sostienen: i) una concepción iusnaturalista metaética en la cual la ley del más fuerte constituye un fundamento evidente, inapelable y contrastable en mundo natural y en la historia humana (Sofistas y Maquiavelo); ii) un poder otorgado por una autoridad superior divina o trascendente (Hobbes y Bodino), iii) una adscripción unánime a un «contrato social» que impone implícitamente el deber de adoptar como propia la «voluntad general» emanada del mecanismo formal-racional de la ley de las mayorías, iv) la existencia de un

---

en su totalidad en la investigación TFM de la que proviene este artículo, intitulada: "*Contribuciones a la genealogía crítica del concepto realista de poder constituyente: Fragmentos para una reconciliación entre progresismo jurídico y nuevo constitucionalismo democrático*".

48 Imre Lakatos, *La metodología de los programas de investigación científica*, trad. Juan Carlos Zapatero (Madrid: Alianza Editorial, 1989). p. 67.

cuerpo colectivo —Estado total— en el que confluyen todas las dinámicas sociales a través de la activa y permanente apelación a la opinión pública mediante aclamaciones (Schmitt).

4. El realismo mantiene una concepción antropológica pesimista en la que los seres humanos perseveran en perseguir intereses individuales, sea esto porque: i) afirman una predisposición natural del individuo hacía el mal y el egoísmo, ii) porque pese a reconocer una tendencia naturalmente buena del hombre, han entendido que el proceso de desenvolvimiento social —sociedad civil— les lleva hacia el egoísmo, la mezquindad y la lucha de todos contrato todos, o iii) porque los seres humanos tienden, más que a al mal —en términos de valoración moral— hacia la individualización y diferenciación de los otros, lo que produce una lucha de intereses contrapuestos que degenera en relaciones sectarias de enemistad y de guerra.
5. Todo derecho está siempre sometido a las contingencias que fijen las dinámicas reales y efectivas de poder que acaezcan en un determinado tiempo y lugar, razón por la que el soberano, sin importar la forma monárquica, aristocrática o democrática de ejercer el poder, tiene siempre la capacidad de reconfigurar en todo y cada una de sus partes el ordenamiento jurídico existente, sin que se le pueda oponer ningún límite sustancial.
6. En definitiva, el realismo político contesta: i) frente a la pregunta de ¿Qué le está permitido al soberano? ¡Todo! su poder es omnímodo, expansivo e ilimitado, depende solamente de la capacidad fáctica de sobreponerse a cualquier resistencia; ii) Frente a la pregunta de ¿Quién es el soberano? la respuesta del realismo es cuantitativa y no cualitativa, descansa solamente en quien detente el factor real de poder, sea este un individuo, un grupo o la mayoría.

3. *Crítica a la genealogía del concepto de Poder Constituyente desde la teoría clásica-realista del constitucionalismo democrático*

3.1. La teoría clásica-realista del constitucionalismo democrático: una interpretación genealógica del poder constituyente realista en la teoría del constitucionalismo democrático

En una primera lectura, la teoría realista, clásica o radical del constitucionalismo democrático entiende que la única fuente de autoridad en la que puede descansar la Constitución es su propia legitimidad democrática popular[49], esto es: que la decisión que da forma y contenido a todo orden constitucional estriba exclusivamente en la capacidad de dominio de una determinada comunidad política para darse a sí misma su propia organización, potestad de la que emana a su vez el origen auténtico de cualquier derecho manifestado a través del ejercicio del poder constituyente.

Por lo tanto, el constitucionalismo democrático rechaza categóricamente cualquier "coto vedado" o restricción que se le pretenda oponer al pueblo —como soberano supremo— para el ejercicio de su libre decisión popular fundadora[50], la cual, es —de suyo— ilimitada, por cuanto puede configurar o reconfigurar el derecho de cualquier forma que desee sin subordinarse a ningún orden jurídico previo o superior.

El poder constituyente originario que se desprende de esta teoría es ante todo un acontecimiento *ab ovo*, es decir causa primera —*primum movens*— de toda organización política y jurídica, capaz de crea de nuevo todo el orden subsiguiente. Esto se deriva de su acaecimiento como fuerza fáctica[51] capaz de producir un cambio absoluto del paradigma político-jurídico imperante, ya que su devenir procede precisamente de esa facticidad creada por el "*estado de excepción*"[52], lugar del poder sin cortapisas y piedra angular sobre la cual descansa todo el edificio teórico del realismo político. En palabras de ANTONIO NEGRI: "El acto fundador es sumamente radical: destruye la memoria, crea nuevas organizaciones y órdenes, construye mitos funcionales. El poder Constituyente se revela como facticidad ontológica"[53].

Para los realistas la historia es una larga demostración de la veracidad fenomenológica inherente al ejercicio absoluto del poder, el cual para los efectos del poder constituyente democrático se encuentra prototípicamente fijado en el torrente de acontecimientos disruptivos de carácter revolucionario que dieron origen a las tres grandes tradiciones del constitucionalismo moderno: las revoluciones inglesa[54], norteamericana y

---

49 Robert Post y Reva Siegel, *La furia contra el fallo «Roe»: constitucionalismo democrático y reacción violenta*, trad. Leonardo García Jaramillo, *Constitucionalismo Democrático: Por una reconciliación entre Constitución y pueblo* (Buenos Aires: Siglo XXI Editores, 2013). p. 44.

50 Pedro Salazar Ugarte, *La democracia constitucional: una radiografía teórica*, 1° ed. (Ciudad de México: Fondo de Cultura Económica, 2013). p. 252.

51 Martínez Dalmau, «El debate sobre la naturaleza del poder constituyente: elementos para una teoría de la constitución democrática». p. 104.

52 Schmitt, *Teología Política*. pp. 13 y 14.

53 Antonio Negri, *El poder constituyente*, trad. Simona Frabotta y Raúl Sánchez Cedillo, 1° ed. (Madrid: Traficantes de sueños, 2015). p. 205.

54 Juan Fernando Jaramillo Pérez et al., *El derecho frente al poder: Surgimiento, desarrollo y crítica del constitucionalismo moderno*, Primera ed (Bogotá: Universidad Nacional de Colombia, 2019). pp. 143 y ss.

francesa[55]; por medio de las cuales —parafraseando a MARX— las "fuerzas materiales" del nuevo régimen abaten a las "fuerzas materiales" del *Ancien Regime,* lo que da como consecuencia la capacidad del vencedor de configurar un nuevo estado de cosas.

En este sentido, la teoría del constitucionalismo democrático no hace otra cosa que revalidar la premisa central que atraviesa todo el programa de investigación del realismo político —ampliamente analizada en el capítulo anterior— según la cual el poder soberano es en sí mismo ilimitado en cuanto la suma de su propia dinámica de fuerzas sea capaz de vencer siempre y en todas las oportunidades cualquier resistencia que se le presente.

Ahora bien, habiendo aclarado este primer punto relativo a la identidad óntica que conecta, por un lado: la ilimitabilidad fáctica del poder, en términos de realismo político, y, por otro lado: el principio de soberanía absoluta del poder constituyente en la teoría democrática; vale la pena entonces entrar a estudiar a quien le corresponde ser el sujeto o titular de ese poder ilimitado.

Así pues, como se dedujo en el primer acápite de esta disertación, para el realismo político el titular de la soberanía es contingente, puede ser cualquier sujeto —individual o colectivo— siempre que pueda ser capaz de concentrar en torno a sí un conjunto de fuerzas materiales suficientes para imponer su voluntad por encima de las resistencias eventuales, voluntad la cual una vez juridificada pasa a denominarse derecho. Sin embargo, para el constitucionalismo democrático, ese sujeto no solo está calificado cualitativamente sino también cuantitativamente en cuanto obedece estrictamente al concepto de pueblo.

Luego, es precisamente acá donde radica el punto de inflexión principal —y para muchos el Talón de Aquiles de esta teoría— que logra encajar perfectamente la tradición del realismo político con la concepción roussoniana de la democracia popular pues, como se señaló ampliamente en el capítulo precedente, para ROUSSEAU el pueblo es pueblo en cuanto cada uno de los individuos se ha adscrito unánime al pacto social, del que se deriva —no óntica sino deontológicamente— un deber de uniformidad de todos los ciudadanos a partir del cual la decisión de la mayoría se transforma automáticamente en consenso pacifico para todos, en cuanto las minorías derrotadas aceptan que su razón era equivocada y acogen

---

55 Martínez Dalmau, «El debate sobre la naturaleza del poder constituyente: elementos para una teoría de la constitución democrática». p. 68.

unánimemente la voluntad general como propia, por lo que en esta ficción no siguen a otros —la mayoría— sino que se siguen a sí mismos[56].

De ahí que, en el fondo la teoría realista del constitucionalismo democrático es más que todo una teoría del constitucionalismo mayoritarista, en la cual se sustituye eufemísticamente la referida formula naturalista de la ley del más fuerte —piedra angular del realismo— por la fórmula de la ley de la mayoría. Este tránsito fundamental para la teoría del Estado moderno aparece como la primera justificación formal del poder constituyente a través de lo que JÜRGEN HABERMAS ha denominado el *"tipo procedimental de legitimidad"*[57], que no es otra cosa que aceptar que la decisión política fundamental que da origen y forma a los dos elementos principales de toda constitución —la regulación sobre la autonomía individual y el autogobierno colectivo— dependen de la voluntad de las mayorías, con lo cual se reproduce intacto el mismo dispositivo de pensamiento que durante siglos justificó que la fuerza mayor se impusiera sobre las fuerzas menores: "[l]a presa, como ha sido siempre costumbre, es arrasada en el triunfo"[58], pero ahora este sino histórico es traducido a través de una formula procedimental de elección basada en la determinación de decisiones conforme la dinámica de mayoría y minoría.

En punto a la dinámica de mayorías, toma importancia, la otra premisa fundamental del heurístico negativo aludido en la teoría realista, esto es: el pesimismo antropológico. Como se señaló en el capítulo precedente los diversos autores realistas de una u otra forma comparten una visión negativa de la condición humana que los lleva a creer que los seres humanos adoptan decisiones basados siempre en la protección de sus propios intereses individuales en desmedro de los otros —negación de la alteridad— que traducida en términos de confrontación pública se convierte en una dinámica de facciones, como la dinámica: "amigo-enemigo" en la concepción que SCHMITT tiene de lo político.

Como críticas a esta lógica de facciones a la que conduce la democracia popular, se encuentran en la literatura científica criticas celebres como la formulada por JAMES MADISON el cual arremetió en contra del comportamiento de las mayorías legislativas que bajo una lógica de

---

56 Jean-Jacques Rousseau, *Contrato Social*, trad. Fernando de los Ríos (Madrid: Austral-Espasa Calpe, 2007). p. 45.

57 Jürgen Habermas, *La reconstrucción del materialismo historico*, trad. Jaime Nicolás Muñiz y Ramón García Cotarelo (Madrid: Taurus Ediciones, 1992). p. 251.

58 Benjamin, *Tesis sobre filosofía de la historia*. p. 63.

facciones tienden generalmente a: "[d]espojar y esclavizar a la minoría de los individuos"[59].

Es precisamente, a partir de esta línea histórica, que el derecho constitucional de los Estados Unidos, principalmente en lo que corresponde al origen filosófico del *judicial review* —y su importante influencia en el control de constitucionalidad— evolucionó en la dirección de considerar sucesivamente que la tarea central de la Suprema Corte es la de ejercer la justicia no en nombre de la mayoría sino más bien en contra de ella, a través de lo que ALEXANDER BICKEL sintetizó magistralmente como: "*The Counter-Majoritarian Difficulty*"[60].

No obstante, en contra de esta preconcepción antimayoritaria, propone el profesor ROBERTO GARGARELLA una lectura genealógica diferente, en la cual sea posible evidenciar como la restricción o limitación de las mayorías no buscaba garantizar derechos a los grupos marginados del poder o numéricamente minoritarios en los Estados Unidos del siglo XIX —como hoy se lee con anacronismo— sino que estaba realmente dirigida a la protección de los privilegios de una minoría acomodada y poderosa:

> Allí, cuando se hablaba de "minorías" se estaba haciendo referencia a uno, y solo a uno, de los posibles grupos minoritarios de la sociedad: el grupo de los "acreedores" o grandes propietarios. Claramente, además, no se estaba hablando de un grupo sin "poder" efectivo, sino del núcleo de los más favorecidos de la sociedad[61].

De ahí que, el constitucionalismo democrático, reclame para sí una visión diferente u optimista de las mayorías populares, acogidas principalmente a través del radicalismo de la democracia que reivindica la figura de la voluntad del pueblo como el mecanismo más genuino y legítimo para resolver los conflictos sociales. Postura que apoyan por ejemplo, NORBERTO BOBBIO cuando considera a la ley de mayoría como: "*la regla fundamental de la democracia*"[62] y CARLOS SANTIAGO NINO cuando defiende la capacidad de la mayoría para tomar decisiones correctas[63] en cualquier asunto, salvo modificar las propias condiciones del procedi-

---

59 Roberto Gargarella, *La justicia frente al gobierno: sobre el carácter contramayoritario del poder judicial* (Quito: Corte Constitucional para el Período de Transición, 2011). p. 47.

60 Alexander Bickel, *The least dangerous branch: The Supreme Court at the bar of politics* (New York: The Bobbs-Merrill, 1963). pp. 16 y 17.

61 Gargarella, *La justicia frente al gobierno: sobre el carácter contramayoritario del poder judicial*. p. 50.

62 Bobbio, *El futuro de la democracia*. p. 14.

63 Carlos S. Nino, «La filosofia del control judicial de constitucionalidad», *Revista del Centro de Estudios Constitucionales* 4 (1989). pp. 86 y 87.

miento democrático —es decir la propia ley de la mayoría— abogando así por limitación del poder de control judicial únicamente centrado en los estrictos vicios del procedimiento —*iter democrático*— de formación de la decisión mayoritaria[64].

Este poder constituyente democrático clásico, desde la teoría de MAX WEBER, se inscribe en dos de los tres tipos puros de dominación, esto es: en primer lugar, el carácter de "legitimidad carismática" en términos de racionalización social que es propia de lo que este autor denomina la "transformación antiautoritaria del carisma" en la "democracia plebiscitaria"[65] y; por otro lado, la "legitimidad racional" que: "descansa en la creencia en la legalidad de ordenaciones estatuidas y de los derechos de mando de los llamados por esas ordenaciones a ejercer la autoridad (autoridad legal)"[66] la cual tiene su origen precisamente en el acto fundacional que del ordenamiento jurídico produce el ejercicio de este poder a través de la expedición de una nueva constitución[67].

En suma, la comprensión clásica o radical del poder constituyente democrático es una sustitución sofisticada del dispositivo legitimador de la política realista en la era moderna, principalmente en cuanto entiende que —por su propia naturaleza— es un poder soberano que no puede ser limitado, es decir es un poder absoluto, con plena capacidad para establecer y configurar cualquier orden jurídico posible.

Finalmente, podría afirmarse que en esta versión más extrema los contenidos constitucionales están sometidos a la plena contingencia, en cuanto siempre podrán ser de otro modo, de acuerdo con las condiciones reales y efectivas de poder, las cuales a lo sumo se encuentran sometidas a una racionalidad meramente formal o procesal que establece la legitimidad en términos de la simple aplicación de la regla de mayorías, a partir de la cual el único límite real que podría tener la voluntad popular sería el de remplazar su propio presupuesto ontológico de decisión basado en la regla de las mayorías, reserva que denomina GREGORIO PECES-BARBA como: "Inmunidad del principio de mayorías frente a su modificación por mayoría"[68].

---

64 Ibid. p. 87.

65 Max Weber, *Economía y Sociedad: Esbozo de sociología comprensiva*, trad. José Medina Echavarría et al. (Madrid: Fondo de Cultura Económica, 2002). p. 215.

66 Ibid. p. 172.

67 Ibid. p. 30.

68 Gregorio Peces-Barba, «El principio de las mayorías desde la filosofia del Derecho», *Anuario de la facultad de derecho de Alcalá de Henares* 3 (1994).

3.2. Crítica a la razón instrumental y positivista de la teoría realista del poder constituyente: la desconfianza en la democracia popular: la huida del progresismo a la teoría de la democracia constitucional

El abordaje del problema sobre el concepto de poder constituyente que resulta de una interpretación del constitucionalismo democrático a partir de su tradición realista, tal y como ha sido expuesta en el acápite precedente, conduce a un ejercicio de racionalidad del poder meramente instrumental, es decir: basada en la simple constatación del cumplimiento de los procedimientos formales necesarios para la determinación cuantitativa de la mayoría popular la cual, una vez alcanzada, estaría por ese solo hecho legitimada formalmente para imponer cualquier tipo de decisión sin consideración alguna por fines racionales o contenidos sustanciales estimables en sociedad, como serían por ejemplo los derechos individuales que como los entiende RONALD DWORKIN son auténticos triunfos[69] de las minorías que imponen límites al abuso del poder mayoritario y que, bajo una concepción meramente formal del poder constituyente, podrían ser fácilmente desconocidos.

Esta lógica del constitucionalismo democrático realista se identifica con la vacía razón instrumental propia de la modernidad a la que MAX HORKHEIMER denominó "razón subjetiva", caracterizada también por su mera formalidad, pues su único propósito es la coherencia inmanente o sistemática, por lo cual, prima el interés por una eficiente funcionalidad de los medios empleados, sin prestar mayor importancia a las consecuencias derivadas de estos. Esto habilita un universo de finalidades contingentes e indeterminadas, pues su teleología no deviene de una razón crítica-sustancial sino de los eventuales intereses subjetivos de un individuo o un grupo de individuos bajo el paradigma utilitario[70]. Por tanto, en una razón conforme a medios y carente de contenidos cualquier opción puede ser válida y, por lo tanto —tautológicamente— cualquier medio es legitimable, lo que abre el paso al sacrificio de todo aquello que se interponga.

Este razonar de acuerdo con medios y no con finalidades es para el citado pensador seminal de la escuela de Frankfurt un signo de la "Enfermedad de la razón" a la que atribuye como causa principal: "El deseo del

---

69 Ronald Dworkin, *Los derechos en serio*, trad. Marta Guastavino (Barcelona: Editorial Ariel, 1989).in p. 439.

70 Max Horkheimer, *Crítica a la razón instrumental*, trad. H. A. Munera y D.J. Vogelmann (Buenos Aires: Editorial Sur, 1973). p. 15.

hombre de dominar la naturaleza"[71], un deseo que pese a ser consustancial a la historia humana —como ha quedado claro en el recuento que se hizo sobre el realismo— ha mutado en la interpretación de la ilustración moderna caracterizada por el desencantamiento del mundo[72] —*Entzauberung der Welt*— según la célebre fórmula de MAX WEBER y, por ende, por el ocaso de la hegemonía idealista-naturalista, sustituida por el férreo convencimiento intelectualista-cientificista a partir del cual el hombre es capaz de dominar y transformar cualquier cosa que se le presente en una lógica de "progreso" continuo entendido esencialmente como avance de lo técnico[73] a partir de lo cual no existe frontera que la civilización humana no pueda traspasar con el tiempo.

No sobra señalar que precisamente esa razón fría, formal, mecanicista, funcional o simplemente instrumental, arquetipo del dispositivo de pensamiento instalado desde la ilustración moderna, es para ADORNO y HORKHEIMER el mecanismo ordenador a partir del cual es posible explicar porque: "[l]a humanidad, en lugar de entrar en un estado verdaderamente humano, se hunde en un nuevo género de renovada barbarie"[74]. Esa barbarie no es otra que el trágico ascenso y predominio político del fascismo y del nazismo en la Europa de la primera mitad del siglo XX, que parte precisamente de esa "racionalidad irracional"[75] cuyo elemento central es la renuncia por el "deber ser" de lo humano, para reafirmar a cambio el primado de la ontología de lo real[76] —el poder por el poder— a partir de lo cual desaparece toda posibilidad de inquietud por la reflexión ética.

En otras palabras, desaparece la pregunta por el ¿Por qué? —reflexión crítica— y el pensamiento se vuelca únicamente en la pregunta por el ¿Cómo? —razón instrumental— Una muestra de esto es la impactante escena de la película "*Judment at Nuremberg*" de STANLEY KRAMER en la cual un grupo de nazis procesados conversan después de haber visto una serie de videos que muestran los horrores de un campo de exterminio —hecho que sí ocurrió durante el juicio[77]— y uno de ellos con increduli-

---

71 Ibid. p. 184.

72 Max Weber, *La ciencia como vocación*, trad. Francisco Rubio, *El político y el científico* (Madrid: Alianza Editorial, 2007). p. 201.

73 Horkheimer, *Crítica a la razón instrumental*. p. 143.

74 Max Horkheimer y Theodor W. Adorno, *Dialéctica de la Ilustración: Fragmentos filosóficos*, trad. Juan José Sánchez (Valladolid: Editorial Trotta, 1998). p. 51.

75 Horkheimer, *Crítica a la razón instrumental*. p. 100.

76 Ibid. p. 101.

77 James Owen, *Nuremberg: el mayor juicio de la historia*, trad. Encarna Belmonte (Barcelona: Crítica Editores, 2006). pp. 62 y ss.

dad le pregunta a Frederik Pohl ¿si cree que las cosas hayan sucedido así? A lo que éste contesta con un frio cómputo de eficiencia instrumental:

> ¡Es posible! La técnica es sencilla, depende de los medios de que se disponga. Digamos que dispones de dos cámaras capaces para dos mil personas. ¡Calcula! Se pueden ejecutar diez mil personas en media hora. Y lo puedes hacer con pocos guardianes. Les dices que van a tomar una ducha y en vez de agua les das el gas. Lo difícil no es matarlos, deshacerse de los cadáveres es el problema.

También se ha ilustrado esta racionalidad instrumental a partir del análisis que del juicio de Eichmann realizó HANNAH ARENDT descubriendo precisamente esa "banalidad del mal"[78] que no es otra cosa que una irracionalidad deliberada, un negarse a pensar: "la pura y simple irreflexión"[79]. Nada caracteriza de mejor forma esa negación fundamental del "sapere audere" que la falta de límites: "El mayor mal no es radical no tiene raíces, y al no tenerlas no tiene límites, puede llegar a extremos inconcebibles y arrasar el mundo entero".[80].

En este mismo orden de ideas HORKHEIMER también dirigió su crítica hacia otra corriente de pensamiento propia de la modernidad y directamente legataria de la razón instrumental: el positivismo[81] al que considera como mera: "[t]ecnocracia filosófica"[82] que "[r]educe la ciencia a los procedimientos aplicados en la física"[83]. Es decir, que el espíritu del positivismo elimina toda preocupación teleológica en las que clasificó como ciencias sociales, reduciendo su campo epistémico a la mera aplicación de fórmulas técnicas y procedimentales irreflexivas, pues como sentenció MARTÍN HEIDEGGER: "La ciencia no piensa"[84], lo que significa precisamente aquello en lo que se ha venido insistiendo, en que no piensa en sentido filosófico, pues no hay cuestionamiento con la profundidad que ameritan la pregunta sobre fines o motivos —¿Por qué?— sino solamente en el ¿Cómo? como pregunta causal-deductiva.

Ahora bien, no puede pasarse por alto que el positivismo constituye la corriente primordial de la cual se nutre la moderna teoría del derecho,

---

78 Hannah Arendt, *Eichmann en Jerusalén*, trad. Carlos Ribalta (Barcelona: Penguin Random House, 2008). p. 417.

79 Ibid. p. 418.

80 Hannah Arendt, *Resposabilidad y juicio*, trad. Miguel Candel (Barcelona: Paidós, 2003). p. 111.

81 Horkheimer, *Crítica a la razón instrumental*. p. 100.

82 Ibid. p. 70.

83 Ibid. p. 86.

84 Martin Heidegger, *¿Qué quiere decir pensar?*, trad. Eustaquio Barjau, *Conferencias y artículos* (Barcelona: Ediciones del Serbal, 1994). p. 117.

que —cuando menos— en su forma radical o paleopositivista, representa —como instrumento ciego— la teoría legal más servil y funcional del realismo político. Es así como, para HANS WELZEL —de acuerdo con la recepción que del positivismo hizo KARL BERGBOHM en la Alemania de finales del siglo XIX— el iuspositivismo es la autodisolución de la razón por medio de la reducción de lo jurídico al simple dictado de la voluntad del poder político que, en un marco de la legitimidad legal-racional, es el sujeto competente en quien recae la capacidad, a través del cumplimiento formal de un procedimiento determinado, de atribuir la cualidad de derecho a cualquier norma sin importar el alcance de su contenido sustancial[85].

Luego, el problema sobre la validez de las normas jurídicas no depende en forma alguna de su contenido sustancial, sino simplemente de su conformidad con los procedimientos formales para su creación, a saber: i) que haya sido expedido por el órgano competente para ello, generalmente en la democracia liberal por un Congreso o Parlamento investido popularmente para expedir normas de acuerdo con la regla de la mayoría; ii) que se hayan cumplido con todas las reglas y formalidades para su producción que corresponden generalmente a las particularidades de cada *iter* legislativo. En otras palabras, la razón instrumental en su prístina figura.

Esta tesis nuclear del positivismo jurídico relativa al elemento de validez de la norma jurídica fue sostenida consistentemente por HANS KELSEN en lo que denominó la "cadena de creación del derecho", sin realizar mayores modificaciones de su pensamiento entre lo que fue la primera edición de la Teoría Pura del Derecho —*Reine Rechtslehre*— de 1934[86] y su segunda edición revisada y aumentada de 1960, en la cual mantiene la idea de que cualquier cosa tiene la aptitud de ser elevada a derecho positivo sin consideración moral alguna[87].

Luego entonces, este positivismo radical es una teoría que se acopla perfectamente con la teoría clásica del constitucionalismo democrático, es decir: con una lectura del poder constituyente absoluto e ilimitado con capacidad de expedir cualquier disposición normativa pues —como ha

---

85 Welzel, *Introducción a la filosofía del derecho-derecho natural y justicia material*. pp. 191 y 192.

86 Hans Kelsen, *Teoría Pura del derecho: Introducción a los problemas de la ciencia jurídica [Primera edición de 1934]*, trad. Gregorio Robles y Félix Sánchez, 1a ed. (Madrid: Editorial Trotta, 2011). p. 83.

87 Hans Kelsen, *Teoría Pura del Derecho*, trad. Moisés Nilve, 2a Ed. (Buenos Aires: Editorial Universitaria de Buenos Aires Eudeba, 2009). p. 112.

quedado claro— esta doctrina permite afirmar que el derecho es derecho por el solo hecho de ser derecho, sin necesidad de justificación o validación externa. Ya señalaba sobre esto FELIX SOMLÓ: "El poder jurídico, o, según otras terminologías, el legislador, el Estado, el poder soberano, pueden promulgar como tal cualquier proposición jurídica"[88].

El peligro de reproducir la autojustificación tautológica del realismo político —el poder por el poder— en el campo de la ciencia jurídica de la mano del iuspositivismo —el derecho por el derecho— ha sido considerado como una de las razones principales que dejaron inerme a los juristas alemanes[89], facilitando la justificación teórica de la doctrina jurídica nazi que dio origen a la expedición de las Leyes de Nuremberg[90] aprobadas por el Reichstag bajo el cumplimiento de los procedimientos formales establecidos para su validez. Valga precisar que ADOLF HITLER apeló constantemente al voto popular mediante sendos referendos en 1933, 1934, 1936 y 1938 en los cuales siempre obtuvo un aplastante favor popular por encima del 95% de los votos —salvo en la de 1934 que obtuvo cerca del 88%— procesos electorales que, pese a las graves presiones y restricciones democráticas, han sido percibidos como un apoyo abrumador del pueblo alemán al proyecto del NSDAP.

Como consecuencia de todo esto, no resulta extraño que la cultura jurídica presente durante las décadas siguientes a la segunda posguerra mundial —con gran repercusión aún en la doctrina contemporánea del derecho— haya reaccionado de forma crítica, reactiva, o cuando menos escéptica, frente a los presupuestos de la democracia formal y los peligros de su teoría positivista del derecho.

Tal vez, el caso más celebre de este vuelco en el paradigma epistemológico jurídico sea el representado por el jurista alemán GUSTAV RADBRUCH quien si bien en un principio fue un relativista con claras convicciones positivistas que afirmaba: "[e]*s más importante la existencia del orden jurídico que su justicia*"; terminó en realidad virando su postura a consecuencia de su experiencia con el derecho del *Tercer Reich*, acuñando la célebre fórmula del derecho supralegal en la cual, pese a que *prima facie* se mantiene la prevalencia del derecho positivo aun cuando este sea

---

88 Citado por Welzel, *Introducción a la filosofía del derecho-derecho natural y justicia material*. p. 194.

89 Gustav Radbruch, *Arbitrariedad legal y derecho supralegal*, trad. Luis Villar Borda, *Relativismo y Derecho* (Bogotá: Editorial Temis, 1999). p. 34.

90 Ingo Müller, *Los jurístas del horror: La justicia de Hitler-el pasado que Alemania no puede dejar atrás*, trad. Carlos Armando Figueredo (Bogotá: Álvaro Nora Librería Jurídica, 2014). pp. 144 y ss.

injusto, lo cierto es que se crea la excepción del denominado derecho extremadamente injusto a partir del cual se invierte esta prevalencia cuando: "[*l*]*a contradicción de la ley positiva con la justicia alcance una medida tan insoportable, que deba considerarse como" falso derecho" y ceder el paso a la justicia*"[91].

Con esto, GUSTAV RADBRUCH terminó retornando a los cauces de la doctrina del derecho natural y adelantándose al giro axiológico —teoría del derecho justo— que dos décadas después inauguraría RONALD DWORKIN con su crítica a AUSTIN y HART que, a través de la teoría de los principios como punta de lanza de su "ataque general al positivismo"[92] explica en gran medida la amplia hegemonía de la que hoy goza la teoría de la "democracia constitucional" que establece una cierta supremacía de la interpretación constitucional, basada en gran medida en la aplicación del argumento contramayoritario, por parte de los tribunales constitucionales, sin que medie de forma relevante en la solución de los desacuerdos fundamentales la participación del soberano popular.

Es más, esta cierta hegemonía de la concepción jurídica que pone el acento en lo constitucional de la democracia también encuentra —paradójicamente— férreos defensores entre los seguidores del positivismo contemporáneo. En esa orilla, LUIGI FERRAJOLI contradictor directo de la teoría del "constitucionalismo principialista" y por ende de la deriva iusnaturalista de la que están impregnados sus más destacados cultores: RONALD DWORKIN y ROBERT ALEXY; ha venido sosteniendo una visión diferente desde la cual el constitucionalismo rígido o nuevo constitucionalismo, hace parte de un proyecto de expansión y perfeccionamiento del positivismo jurídico que él defiende como "constitucionalismo garantista"[93], en el cual se supera el criticado formalismo ontológico del paleopositivismo, por una visión deontológica y sustancial del derecho y la democracia[94].

En esta línea FERRAJOLI propone una diferenciación radical entre la democracia formal propia de los procedimientos de producción de la decisión mayoritaria, y una democracia sustancial cuyo más inmediato efecto es la redefinición de la soberanía popular entendida como suma de los derechos fundamentales y a estos como garantías negati-

91 Radbruch, *Arbitrariedad legal y derecho supralegal*. p. 35.
92 Ronald Dworkin, «The model of rules», *Yale Law School Faculty Scholarship* 14 (1969).
93 Luigi Ferrajoli, «Constitucionalismo principialista y constitucionalismo garantista», *Doxa Cuadernos de Filosofía del Derecho* 34 (2011): 15-53. pp. 15-53.
94 Ibid. p. 24.

vas[95], es decir como mecanismos de protección ante los embates de las mayorías —"ley del más débil"— que se concretan por ser auténticos limites materiales al poder constituyente en la forma de la "esfera de lo indecidible"[96].

Ante un conjunto tan sólido, plural y coherente de críticas contra una teoría del constitucionalismo democrático ilimitado, íntimamente ligado a la tradición del realismo político, cuya lógica obedece —como se demostró— a la razón instrumental y al formalismo paleopositivista; resultan más que entendibles tantos temores y reservas que ha generado la apelación popular democrática, ante su demostrada imposibilidad histórica de contener los embates pulsionales del ejercicio arbitrario del poder que facilitaron, posibilitaron y justificaron en toda su magnitud, los desmanes de los regímenes totalitarios europeos de la primera mitad del Siglo XX.

Igualmente, no es de extrañar tampoco, que aún hoy la mayor parte de las tendencias progresistas o de la izquierda jurídica, opten por defender con férrea convicción una teoría fuerte del derecho y la justicia que sea capaz de contener los ataques de poderes fácticos retardatarios que pretende dinamitar o retroceder los logros obtenidos en materia de derechos humanos y garantías sociales de las últimas décadas, muchos de los cuales han podido concretarse en virtud de esa propia teoría de la democracia constitucional, ya sea en sus variantes axiológica-iusnaturalista o garantista-neopositivista, principalmente en lo que respecta al ejercicio de controles judiciales por parte de tribunales constitucionales que de matera práctica han asegurado la efectividad de derechos fundamentales y principios de justicia, especialmente a favor de grupos minoritarios o históricamente discriminados, tanto en países del primer mundo como Estados Unidos, como desde el constitucionalismo del sur global con importante incidencia en países como Colombia, India y Sudáfrica.

---

95 Luigi Ferrajoli, *Principia iuris: Teoría del derecho y de la democracia-Tomo 2 Teoría de la Democracia*, trad. Andrés Ibañez et al. (Madrid: Editorial Trotta, 2007). pp. 13 y ss.

96 Luigi Ferrajoli, *Derechos y garantías: La ley del más débil*, trad. Andrés Ibañez y Andrea Greppi (Madrid: Editorial Trotta, 2004). p. 24.

4. *Conclusiones y nuevos horizontes investigativos: Fragmentos para una reconciliación entre progresismo jurídico y nuevo constitucionalismo democrático*

4.1. Elementos para una nueva teoría crítica-progresista del constitucionalismo en tiempos de reacción conservadora: el resurgimiento del constitucionalismo popular a partir de los peligros del discurso elitista-idealista de la democracia constitucional

Ha llegado el momento de detener el "largo termidor del fin de la historia". Desde la desaparición del mundo bipolar, cuando FRANCIS FUKUYAMA presentó al mundo "*The End of History and the last man*" —obra que bien puede ser calificada como distopía de ciencia ficción—, los movimientos sociales y vanguardias intelectuales[97] han agotado sus fuerzas utópicas, con una tranquila desesperación[98] y, como si de un hado ineludible se tratara, se han dejado empujar por la hegemonía unidimensional de la idea de la: "democracia liberal occidental como la forma final del gobierno humano"[99].

Este paradigma demoliberal determinó un concepto de constitucionalismo bastante antidemocrático el cual se explica históricamente como consecuencia del triunfo de los movimientos contrarrevolucionarios burgueses del siglo XVIII[100] y los consecuentes repliegues del elitismo constitucional del pacto liberal-conservador de siglo XIX en Europa[101] y en la América independizada[102], los cuales dieron al traste con las promesas revolucionarias de un auténtico proyecto del constitucionalismo de los movimientos populares.

---

97 James Petras, «Los intelectuales en retirada», *Revista Nueva Sociedad* 107 (1990).

98 Metáfora tomada de la célebre obra "Walden or Life in the Woods" de Henry David Thoreau. "*The mass of men lead lives of quiet desperation. What is called resignation is confirmed desperation*".

99 Francis Fukuyama, *¿El fin de la historia? y otros ensayos*, trad. María Teresa Casado Rodríguez (Madrid: Alianza Editorial, 2015).

100 Gerardo Pisarello, *Un largo termidor: Historia y crítica del constitucionalismo antodemocrático* (Quito: Corte Constitucional para el Período de Transición, 2011). p. 82 y ss.

101 Rubén Martínez Dalmau, «La "Condición Monstruosa": la construcción formal de poder constituyente en la contemporaneidad y su implicación en la libertad y la justicia», en *Libertad y Justicia Social para el cambio social: Teoría y conceptos* (Fisciano: NaSC Free Press, 2022). p. 376.

102 Roberto Gargarella, *La sala de máquinas de la Constitución: Dos siglos de constitucionalismo en América Latina (1810-2010)* (Buenos Aires: Katz Editores, 2014). p. 163 y ss.

Este estancamiento del proyecto emancipador prometido se ha consolidado por el letargo y desorientación de los movimientos progresistas de izquierda que, como señala ROBERTO UNGER, se debaten entre: una oposición recalcitrante que busca detener el mercado y la globalización sin proponer alguna alternativa y, una propuesta timorata que acepta el dogma del mercado y el rumbo de la globalización, copiando con un margen de humanización las recetas conservadoras[103]. Para el autor precitado falta una *tercera izquierda*[104] *capaz de encarar la verdadera institucionalización de una: "democracia de alta energía"* en la cual la participación popular se convierta en una experiencia de lo habitual[105].

Esta propuesta de democratización profunda de la vida social en la cual la participación de la ciudadanía en los asuntos públicos se convierte en una práctica de lo cotidiano, se estrella de frente con la marcada tendencia de los sistemas de la "democracia constitucional" que pretenden a toda costa reducir y limitar al mínimo posible los espacios de participación popular directa a cambio de mecanismos de representatividad de segundo y tercer orden.

Este grave fenómeno que ha vaciado de su más elemental contenido al concepto de democracia resulta ser, para JEREMY WALDRON —quien sigue en esto a ROBERTO UNGER— un problema estructural para la teoría constitucional contemporánea, la cual se ha venido soslayando deliberadamente en una defensa sobre los contenidos superiores de justicia —de tipo idealista-racional— para encubrir su "oscuro secreto" que consiste en:

> "Una "incomodidad con la democracia" (...) en todos los ámbitos de la cultura jurídica contemporánea: no sólo "en la identificación incesante de límites a la regla de la mayoría, sino responsabilidad prevaleciente de jueces y jurista; en la consecuente hipertrofia de las prácticas y arreglos contra-mayoritarios; (...) y en el fijar de manera simplista el centro de atención en los altos tribunales, y en su forma de selección, viéndolos como el segmento más importante de la política democrática"[106]

Es decir, la situación de la actual democracia se encuentra organizada para eludir los pronunciamientos populares a tal punto que se ha trasladado —en la práctica— el foco de importancia de la discusión política

---

103 Roberto Mangabeira Unger, *La alternativa de la izquierda*, trad. Silvia Villegas (Buenos Aires: Fondo de Cultura Económica, 2009). p. 5.

104 Ibid. pp. 5 y 6.

105 Ibid. p. 57.

106 Jeremy Waldron, *Derecho y desacuerdos*, trad. José Luis Martí y Äguedo Quiroga (Madrid: Marcial Pons editores, 2005). p. 15 y 16.

no solo fuera del pueblo —donde históricamente poco ha alumbrado— sino también fuera de las corporaciones públicas representativas como los congresos y parlamentos —por lo que la legislación pasa a segundo puesto— dirigiendo por lo tanto la mayoría de la luz hacía los Tribunales Constitucionales, a quienes se les ha confiado la facultad de resolver en última instancia los principales desacuerdos sobre el contenido y alcance de la Constitución, a tal punto que —como señala MARK TUSHNET— termina invirtiéndose la ecuación, pues lo que importa ya no es lo que dice la Constitución en sí sino lo que los magistrados dicen que dice la Constitución[107].

Y si los magistrados acumulan un poder tan valioso como el de ser la última palabra sobre los debates fundamentales en una sociedad, el interés sobre lo público también termina reubicándose de forma preponderante en el modo de elección de los magistrados, por lo que grupos de presión y partidos políticos se movilizan y concentran en impulsar la dirección ideológica de los postulados, con el objeto de que sus propias ideas sobre lo valioso, recto o justo pueda marcar una mayoría en el seno de la corte.

Este hecho, no solo desvía aún más las posibilidades de profundización de la democracia popular, sino que también deja a la administración de justicia sometida al vaivén de los pugilatos de facciones políticas, ideológicas y partidistas, desacreditando cualquier posible autoridad epistémica del derecho, en la línea de revalidar una de las premisas medulares propuestas en el marco de los *Critical Legal Studies*, especialmente por DUNCAN KENNEDY, relativa a la desmitificación de la neutralidad de los jueces en el proceso de adjudicación o decisión judicial[108].

El cuestionamiento sobre la neutralidad judicial genera mayores preocupaciones si además su análisis se acompaña con el problema de la interpretación constitucional, el cual concita los más acalorados y complejos debates de la democracia constitucional actual. Como es sabido, sobre este tema existen variadas metodologías hermenéuticas que conllevan a su vez a resultados disímiles, pudiéndose destacar entre estas: la interpretación originalista, la interpretación principialista o iusmoralista y la interpretación dinámica o del derecho viviente; las cuales de alguna forma obedecen a las tres grandes tradiciones del pensamiento jurídico: iuspositivismo, iusnaturalismo y realismo.

---

107 Mark Tushnet, *¿Por qué importa la Constitución?*, trad. Alberto Supelano (Bogotá: Universidad Externado de Colombia, 2012). p. 107.

108 Duncan Kennedy, *Libertad y restricción en la decisión judicial: El debate con la teoría crítica del derecho (CLS)*, trad. Diego Eduardo Lopez Medina y Juan Manuel Pombo (Bogotá: Siglo del Hombre Editores, 1999). pp. 55 y ss.

Es claro entonces que, al no existir una teoría única, absoluta o verdadera que sea aplicable para resolver todos los casos y sumado al problema de las cargas ideológicas de los jueces, esta teoría de la democracia constitucional permite una amplia libertad para construir la norma jurídica aplicable, ante la vaguedad e indeterminación que predican del derecho y de su método interpretación, lo que a la postre hace que las decisiones judiciales estén sometidas a un amplio margen de incertidumbre que facilita la toma de decisiones basadas en convicciones políticas adornadas con el derecho.

Este panorama se agrava en el caso del iusmoralismo, lectura axiológica de la Constitución[109] en la que se inscriben autores como DWORKIN, ALEXY, NINO y ATIENZA. A partir de esta teoría el derecho en su concepción positiva termina siendo despojado de su columna vertebral —la diferencia categórica entre derecho y moral— dando paso a la primacía de los principios por encima de las reglas y a la sustitución del método lógico formal de silogismo y subsunción, por el de la ponderación y la proporcionalidad. Este cambio ha sido analizado críticamente por JUAN ANTONIO GARCÍA AMADO quien considera que esa impronta hermenéutica genera una relativización absoluta del derecho, el cual ahora se caracterizaría por la siempre posible y eventual "derrotabilidad"[110] de cualquier norma o principio.

En este sentido, la característica de certeza e infranqueabilidad de los derechos fundamentales —tan propugnado como supuesto límite al poder constituyente desde esta misma teoría de la democracia constitucional— termina sometido a un relativismo argumentativo[111] tal, que permite que lo que en principio era una regla delimitante rígida para garantizar un derecho subjetivo, termine siendo tratado como un principio de textura abierta que bajo el dictado del mandato de optimización puede ser en mayor o menor medida cumplible o no cumplible, según las circunstancias de cada caso.

Esta indeterminación se profundiza aún más cuando se acude a la teoría de los principios implícitos o derivados de la Constitución o del or-

---

109 Roberto Gargarella, «La dificil tarea de la interpretación constitucional», en *Teoría y Crítica del Derecho Constitucional Tomo I-Democracia* (Buenos Aires: Abeledo-Perrot, 2009). p. 132 y ss.

110 Juan Antonio García Amado, *Decidir y argumentar sobre derechos* (Ciudad de México: Tirant lo Blanch, 2017). pp. 64 y 65.

111 Juan Antonio García Amado, *Sobre ponderación: un debate con Manuel Atienza, Un debate sobre ponderación* (La Paz: Tribunal Constitucional Plurinacional de Bolivía, 2018). p. 78.

denamiento jurídico, cuyo apotegma se reduce a que en: "[t]oda regla subyace un principio"[112] lo que habilita al juez no solo a ponderar —cuando menos— entre principios contenidos expresamente en el texto positivo, sino que también puede extractar o deducir nuevos principios derivados del derecho, que a su vez pueden ser ponderables y derrotar a los demás principios expresamente consagrados en la Constitución.

En este sentido, el instrumento de la interpretación "iusmoralista" comporta el enorme riesgo de poder ser fácilmente manipulado para justificar o argumentar casi cualquier decisión, en razón al dilatado marco de discrecionalidad interpretativa reseñado. Sobre este problema, vale citar las lapidarias palabras de FRIEDRICH NIETZSCHE en el tardío prólogo de su obra "Aurora: meditaciones sobre los perjuicios morales" en el cual advierte los peligros de la apelación moral:

> "Sobre el bien y el mal se han discutido hasta ahora más mezquinamente que sobre cosa alguna. Este tema ha sido muy peligroso. La conciencia, la opinión, el infierno y hasta a veces la policía no permitía la imparcialidad. En presencia de la moral, como delante de una autoridad, no era permitido discurrir ni menos hablar, había que obedecer. Desde que el mundo existe, ninguna autoridad ha consentido voluntariamente que la sometan a la crítica. (...) La moral dispone de medios, con el respeto que inspira, de evitar la crítica y posee además un cierto arte de seducción que domina: sabe entusiasmar. (...) Y es que la moral, en todos los tiempos desde que se habla y se convence en el mundo, ha sido la mejor maestra de seducción y —lo que nos importa más a nosotros los filósofos— la verdadera Circe de la filosofía".[113]

Recapitulando, se ha venido generando un cambio muy sensible en la órbita democrática a partir de la cual se ha venido desplazando la propia vocación de autonomía política del pueblo[114] y en especial se ha dejado en segundo plano a poder legislativo el cual, para WALDRON —defensor de la "*dignity of legislation*"— representa el foro esencial de autoridad legítima en los sistemas democráticos, principalmente por el hecho —más o menos cierto— de que sus integrantes son elegidos directamente por el pueblo en su conjunto y no solo por las mayorías, y por ende la legislación es un producto enriquecido por las diversas visiones de los representante de la sociedad, cuyo proceso de producción se encuentra concebido en un marco de amplia deliberación pública[115].

---

112 Ibid. p. 74.

113 Friedrich Nietzsche, *Aurora: Meditaciones sobre los prejuicios morales*, trad. Pedro Gonzalez Blanco (Barcelona: Centellas Editores, 2017).

114 Salazar Ugarte, *La democracia constitucional: una radiografía teórica*. pp. 238 y ss.

115 Waldron, *Derecho y desacuerdos*. p. 18.

Este cambio, en la teoría de la democracia constitucional, se ha dado como consecuencia de una concentración de la decisión en cabeza de los tribunales constitucionales y en última instancia, de los desacuerdos[116] sobre la visión de la justicia, los derechos fundamentales, la moralidad pública y en general el propio contenido de la Constitución. Esta carga, que, además, tiene como problema nuclear la indefinición que hoy existe en la teoría constitucional relativa a los diversos métodos de interpretación que habilitan un importante margen de discrecionalidad en la decisión judicial, ha facilitado que las "[p]referencias ideológicas"[117] de los magistrados sean las que finalmente inclinen la balanza en un caso. Esta realidad explica por qué el proceso de designación de los magistrados de las cortes constitucionales se ha convertido en un problema de primer orden, que sacrifica la autoridad epistemológica del derecho y en muchos modelos termina trasladando las lógicas mayoritarias de poder a las cortes de justicia, mediante las presiones partidarias o de grupos de intereses que participan en la selección de sus integrantes.

El enorme peligro que encarna la amplia concentración de poder en los tribunales constitucionales, sumado a una indefinición o relativización muy considerable de los —otrora— contenidos duros de los derechos fundamentales, sometidos hoy a la dúctil lógica de la "derrotabilidad" de las interpretaciones iusmoralistas, no es un asunto que pueda seguir ignorando el progresismo jurídico.

No obstante, es entendible la razón por la que las tendencias jurídicas de izquierda han apoyado en gran medida un ejercicio fuerte del control constitucional contramayoritario, pues en las últimas décadas el avance de varios asuntos de la agenda progresista, como el matrimonio igualitario —por citar un ejemplo— se han podido cristalizar en varias latitudes a causa del ejercicio creador de los tribunales constitucionales en países tan disímiles como: Sudáfrica, Brasil, Estados Unidos, Colombia, Austria, Taiwán, Ecuador, Costa Rica, Suiza o México.

Sin embargo, la izquierda debe poner en esto toda su vigilancia epistemológica, pues esta práctica contramayoritaria tiene un altísimo riesgo de ser en el corto plazo un auténtico *Pharmakon*[118], esto es —recurriendo figurativamente al redescubrimiento de la metáfora platónica hecha por

---

116 Ibid. p. 9.

117 Duncan Kennedy, *El comportamiento estratégico en la interpretación jurídica*, trad. Guillermo Moro, *Izquierda y derecho: ensayos de teoría jurídica crítica* (Buenos Aires: Siglo XXI Editores, 2010).

118 Jacques Derrida, *La farmacia de Platón*, trad. José Martín Arancibia (Madrid: Editorial Fundamentos, 1975). p. 145.

JACQUES DERRIDA— simplemente un remedio peor que la enfermedad, puesto que como ya habrá sido evidente para el lector atento, este sistema de control constitucional depende del frágil equilibrio de las fuerzas políticas eventuales, por lo que en el fondo obedece también a la muy criticada —en este trabajo— lógica del realismo político. Esto significa, que en cualquier momento la conformación ideológica de las cortes puede variar pendularmente hacia una concentración conservadora que pretenda, utilizando los mismos presupuestos de indeterminación jurídica, extenso margen interpretativo y amplios poderes creadores de derecho, revertir avances y crear condiciones más restrictivas para el goce de los derechos fundamentales.

La latente posibilidad de un retroceso de los derechos fundamentales logrados por los mismos causes de los tribunales constitucionales, no es ya una simple probabilidad hipotética, pues para varios autores a partir de la elección del magistrado BRETT KAVANAUGH en remplazo de ANTHONY KENNEDY, quien era considerado un juez moderado y un "*swing vote*" en la Suprema Corte de los Estados Unidos, se ha producido un giro radical hacia una nueva mayoría conservadora[119], la cual se ha consolidado aún más en una abrumadora mayoría de 6 a 3 como consecuencia del remplazo de la jueza progresista RUTH B. GINSBURG por la conservadora AMY CONEY BARRETT en 2020.

Este giro ideológico en la conformación de la Suprema Corte no es un hecho fortuito, pues como sostienen ROBERT POST y REVA SIEGEL en un texto seminal del constitucionalismo popular norteamericano, se ha venido gestando un "*Backlash*" de los movimientos ultraconservadores y fanáticos religiosos, que se han organizado políticamente en torno a la causa común de anular el célebre fallo: *Roe vs. Wade* de 1973 —que despenalizó en aborto consentido en Estados Unidos— mediante una estrategia de incidencia político-electoral en las nominaciones de magistrados realizadas por los presidentes republicanos, con el objeto de inclinar la balanza ideológica de la corte con juristas alineados con la agenda antiderechos[120].

Este movimiento reaccionario iniciado a comienzos de los años ochenta del siglo pasado, ha venido logrando este viraje ideológico de la corte que se puede notar perceptiblemente en el desmonte gradual de las subreglas jurisprudenciales de *Roe Vs. Wade*, en grave perjuicio para el acceso

---

119 Daniel Epps y Ganesh Sitaraman, «How to save the Supreme Court», *The Yale Law Journal* 129 (2019).

120 Post y Siegel, *La furia contra el fallo «Roe»: constitucionalismo democrático y reacción violenta*. p. 41 y ss.

y decisión libre de las mujeres al aborto. Ejemplo de este retroceso son los fallos de *Planned Parenthood v. Casey* en 1992 y *Gonzales v. Carhart* en 2003. Recientemente este giro se concretó definitivamente con la anulación del precedente de *Roe Vs. Wade* en el caso de *Dobbs v. Jackson Women's Health Organization* de 2022, destruyendo más de 40 años de avances en la consolidación de este derecho.

De lo visto, resulta claro que el progresismo jurídico tiene mucho que aprender de la experiencia estadounidense, la cual en los últimos años ha venido moviéndose desde una posición de absoluta confianza con el activismo judicial contramayoritario, hacia un recelo crítico frente a lo que un poder judicial fuerte y reaccionario puede causar en contra de los derechos individuales[121].

Como consecuencia de todos estos riesgos, en los Estados Unidos se ha venido gestando un movimiento de constitucionalistas "populares" que a la cabeza de: LARRY KRAMER, ROBERT POST, REVA SIEGEL, JEREMY WALDRON y MARK TUSHNET han venido abogando por la idea de que el contenido de la Constitución no puede seguir siendo monopolizada por una suerte de "aristocracia"[122] que en termino de élite intelectual, dotada de la sofisticación de la ciencia jurídica, es la poseedora última de la capacidad de resolver los desacuerdos sociales, lo que parece haber reducido a la democracia a un mero instrumento por el cual el pueblo elige: "[e]ntre las elites de expertos aquella que prefieren que les gobierne"[123].

Uno de los elementos centrales de la crítica que formula el constitucionalismo popular será denunciar precisamente este carácter elitista-conservador que encarna el poder judicial contemporáneo como "*Counter-Majoritarian Power*"[124], justificación que proviene de la tradición "idealista-racionalista" inaugurada por PLATÓN, en la cual se considera la justicia como el hecho de que cada cual ocupe el lugar que le corresponda dentro de su propia clase, por lo que sería injusto que las masas populares —mayoría— intente cumplir el rol de la "aristocracia natural gobernante", pues: "todo Estado organizado naturalmente debe su prudencia a la ciencia que reside en la parte más pequeña de sí mismo, es

---

121 Ibid.

122 Friedrich Nietzsche, *La genealogía de la moral: un escrito polémico*, trad. Andrés Sánchez Pascual (Madrid: Alianza Editorial, 2005). p. 41.

123 Adela Cortina, *Ética aplicada y democracia radical* (Madrid: Editorial Tecnos, 1993). p. 96.

124 Bickel, *The least dangerous branch: The Supreme Court at the bar of politics*. pp. 16 y 17.

decir, en aquellos que están al frente de todos y ejercen el mando"[125] con lo que el pensador ateniense se refiere a quienes tienen: "[p]or objeto la conservación del Estado, y que reside en aquellos magistrados que son los verdaderos guardianes de él"[126].

Como ha señalado JACK BALKIN la concepción elitista y antidemocrática del constitucionalismo no solo es la que sostienen coherentemente dentro de su ideario los sectores tradicionalistas conservadores, sino peor aún aquella que con una negación vergonzante y posando con corrección política, comparten a *sotto voce* varios sectores del progresismo, así:

> "Lo que es más difícil de reconocer para muchos académicos es que el progresismo tiene sus propios peligros y defectos distintivos. Desafortunadamente, estos tienden a ser menos visibles desde dentro de una sensibilidad progresista. Incluyen elitismo, paternalismo, autoritarismo, ingenuidad, respeto excesivo y fuera de lugar por los "mejores y más brillantes", desinterés por las preocupaciones de la gente común, un sentido inflado de superioridad frente a la gente común, desdén por los valores populares, miedo al gobierno popular, confusión entre la experiencia fáctica y la moral, y arrogancia —hubris— meritocrática".[127]

En el fondo de esta tradición idealista-racionalista está el fundamento bajo el que descansan las justificaciones de la vertiente elitista del conservadurismo constitucional, que han sido magistralmente resumidas por ROBERTO GARGARELLA en los siguientes términos: en primer lugar, la idea de que las masas no tienen la capacidad para adoptar decisiones correctas o acertadas, porque sus decisiones estarán marcadas por la búsqueda de su propio interés —pesimismo antropológico previamente estudiado— por lo que: "[p]ara la toma de decisiones políticas correctas o imparciales no era necesario consultar a todos los individuos parcialmente afectados por tales decisiones"[128]. En segundo lugar, la idea de que solo algunos individuos tienen las condiciones o calidades de ilustración necesarias para tomar decisiones públicas, así: "[s]olo la reflexión de algunos individuos especialmente virtuosos o ilustrado podía garantizar las buenas decisiones buscadas"[129].

En contra de esta versión elitista-conservadora de la democracia retenida, LARRY KRAMER ha propuesto devolver al colectivo social su de-

---

125 Platon, *La república o de lo justo*. p. 88.

126 Ibid.

127 Jack M. Balkin, «Populism and progressivism as Constitutional Categories-Part I», *The Yale Law Journal* 104 (1995).

128 Gargarella, *La justicia frente al gobierno: sobre el carácter contramayoritario del poder judicial*. p. 67.

129 Ibid.

recho de resolver por sí mismos —*the people themselves*— los problemas constitucionales que se presentan en sociedad. Para este autor este retorno a la democracia popular parte de corregir la distinción entre el dominio de lo político y el dominio de la ley, intentando que el primero que es gobernado por el pueblo no sea arbitrariamente impedido por el segundo, refiriéndose al dominio del derecho y de los jueces[130].

Alienta con gran convicción KRAMER una profundización radical de la democracia en el sentido popular, esto es: "[u]n respeto adecuado por la gente"[131], pero un respeto que debe reconquistarse por parte del pueblo, el cual debe preguntarse: "[s]i están preparados para asumir una vez más todas las responsabilidades del auto gobierno", verbigracia: actuar con soberanía constituyente. Apela a rechazar cualquier teoría que tienda a subestimar la valía popular para tomar decisiones en materia constitucional, especialmente refuta aquellas posturas academicistas que justifican esta incapacidad en razón al nivel de sofisticación de la discusión técnico-jurídica la que entiende como un artificio creado por el mismo sistema judicial para excluir a los ciudadanos comunes del debate[132].

Pero entonces, de alguna forma habría que preguntarse si esta visión radical del constitucionalismo popular no termina siendo un camino de regreso a la "democracia constitucional realista", comprensión que fue ampliamente criticada en el tercer acápite de esta investigación, por cuanto reduce el concepto de democracia a la mera operación procedimental que permita determinar si una decisión sí fue adoptada por las mayorías eventuales necesarias, dejando al pleno arbitrio de dicho poder popular mayoritario, la capacidad de establecer cualquier universo posible de configuración del derecho.

Frente a esto, más que una respuesta apresurada, sería mejor actuar con cautela y entender que el "constitucionalismo popular" es un proyecto en construcción, que comporta al menos dos grandes innovaciones que podrían explicar su diferencia frente al modelo democrático realista, pero que a primera vista parecen encerrar no solo una tensión, sino una autentica aporía, estas son: i) el reconocimiento de los desacuerdos como elemento central y permanente de la política, y ii) la necesidad de incorporar elementos de discusión deliberativa como mecanismos correctores a las imperfecciones de la democracia mayoritarista.

---

130 Larry Kramer, *The people themselves: Popular constitutionalism and judicial review* (New York: Oxford University Press, 2004). p. 7.

131 Larry Kramer, *Constitucionalismo popular y control de constitucionalidad*, trad. Paola Bergallo (Madrid: Marcial Pons editores, 2011). p. 300.

132 Ibid. p. 302.

Frente al primer elemento, la monumental obra "*Law and Disagreement*" de JEREMY WALDRON constituye el trabajo fundamental que permite otorgar una base sólida al constitucionalismo popular, por cuanto reconoce una premisa que aunque parece racionalmente obvia, dista mucho de encontrarse inscripta en el inconsciente colectivo, esto es que: "*[*n]o deberíamos dejar fuera el hecho de que convivimos y actuamos juntos con otras personas que no comparten nuestra visión de la justicia, los derechos o la moralidad".[133]. Esta idea central de los desacuerdos como elementos consustanciales, recobra de alguna forma el pensamiento dialectico de HEGEL, trayendo con esto de nuevo las "teorías del conflicto" al centro de la discusión e impregnándola de una visión optimista.

Lo más interesante de la dirección trazada en esta obra es la apelación a una "tolerancia ante el disenso" y a comprender que más allá de que se adopte una u otra decisión, ese hecho no invalida o desdice del valor del criterio de la posición derrotada y mucho menos la importancia de su crítica, pues:

> He dicho que la decisión mayoritaria respeta a los individuos de dos maneras. La primera es que respeta el hecho de sus diferencias de opinión sobre la justicia y el bien común. La decisión mayoritaria no requiere restar importancia o acallar el punto de vista de nadie en nombre de la importancia imaginaria del consenso. (...) La tentación más peligrosa no es la de negar la existencia del punto de vista opuesto, sino la de considerarlo indigno de ser advertido en una deliberación respetable, al presumir que es ignorante, prejuicio, auto interesado o que está basado en una observación insuficiente de la realidad moral[134].

En esta misma dirección también se puede señalar la potente propuesta teórica elaborada por CHANTAL MOUFFE que pretende revindicar el papel del conflicto como elemento consustancial de la democracia, pero entendido dentro de un marco abierto de pluralismo liberal. Es así como, MOUFFE se opone en lo sustancial al núcleo duro del concepto de lo político como la relación de amigo/enemigo propugnado por SCHMITT pues, aun cuando reconduce esta discusión a una relación dicotómica entre nosotros/ellos, esta se diferencia por cuanto no ve en el otro un enemigo a destruir sino un adversario legítimo a combatir en el campo de las ideas. Esta que es la célebre teoría agonística se puede concretar en la siguiente cita:

> La Cuestión central es entonces cómo establecer esta distinción nosotros/ellos, que es constitutiva de la política, de manera tal que sea compatible con el reconocimiento del pluralismo. El conflicto en las sociedades democráticas

---

133 Waldron, *Derecho y desacuerdos*. p. 127.

134 Ibid. p. 134.

> liberales no puede ni debería ser erradicado, ya que la especificidad de la democracia pluralista es precisamente el reconocimiento y la legitimación del conflicto. Lo que requiere la política democrática liberal es que los otros no sean percibidos como enemigos a ser destruidos, sino como adversarios cuyas ideas pueden ser combatidas, incluso encarnizadamente, pero cuyo derecho a defender esas ideas no sea cuestionado. En otras palabras, lo importante es que el conflicto no adopte la forma de un "antagonismo" (una lucha entre enemigos) sino la forma de un "agonismo" (una lucha entre adversarios)[135].

Precisamente, no hay lugar que tenga tanta violencia como aquel donde se aparenta el falso consenso, pues no solo se vence el criterio del otro, sino que además se pretende desconocer su valor epistémico —crimen hermenéutico— haciendo pasar *como "voluntad de verdad"* algo que no es más que "voluntad de poder"[136]. Este primer paso hacia un constitucionalismo que celebra y defiende el disenso es sin duda una superación tanto del realismo político, como del idealismo-normativista, actitudes filosóficas que en cualquier caso conllevan al mismo resultado ya sea por una imposición fáctica o racional de lo verdadero.

En segundo lugar, los elementos deliberativos permiten liberar de su carga meramente formalista o procedimentalista a la democracia. Por ejemplo, como sostiene HANNA PITKIN frente a la democracia representativa, esta no puede ser reducida simplemente al mandato abstracto dado por los electores o a la libertad absoluta de acción del representante, sino que debe conjugarse para encontrar en la opinión pública y en la deliberación democrática las razones de la decisión política prohijada, al punto de que los elegidos mantengan una conversación permanente con el pueblo al que representan y en medio de las discusiones publicas tomen decisiones, aún en contra de las posiciones particulares de sus directos electores, siempre a través de la educación y amplia justificación de las disposiciones adoptadas en procura del bien general[137].

En lo que respecta a la democracia directa, ocupa un sitio de honor la obra de JÜRGEN HABERMAS, que considera que el proyecto de la modernidad está inacabado[138] y cree necesario no dejarse perder por las

---

135 Chantal Mouffe, *Agonística: pensar el mundo políticamente*, trad. Soledad Laclau (Buenos Aires: Fondo de Cultura Económica, 2014). p. 26.

136 Friedrich Nietzsche, *Así habló Zaratustra: Un libro para todos y para nadie* (Medellín: Editorial Bedout, 1976). pp. 111 y 112.

137 Hanna Pitkin, *El concepto de representación*, trad. Ricardo Montora (Madrid: Centro de Estudios Políticos y Constitucionales, 2014). pp. 170, 265 y ss.

138 Jürgen Habermas, «La modernidad, un proyecto incompleto», en *La posmodernidad* (barcelona: Editorial Kairós, 1985).

reacciones neoconservadoras ni tampoco por el relativismo posmodernista, sino se debe rescatar los elementos centrales del proyecto modernista como podría ser la "esfera de lo público" y el concepto mismo de democracia.

La democracia deliberativa parte para HABERMAS de una relación de reconocimiento intersubjetivo en la cual los interesados presentan: "[r]espeto recíproco e igual para todos, exigido por el universalismo sensible a las diferencias, que quiere una inclusión no niveladora y no codificadora de su alteridad"[139]. También resulta necesario para la deliberación la disposición dialógica de los intervinientes, esto es que los individuos no quieren resolver sus conflictos con violencia sino mediante el "entendimiento"[140] y que, pese a esa pretensión comunicativa, pronto se dan cuenta que poseen concepciones diferentes —desacuerdos racionales o profundos— entre ellos sobre temas morales.

En este punto clasifica HABERMAS tres principios a partir de los cuales es posible realizar la acción comunicativa deliberativa, a saber: i) el principio discursivo entendido como que: "Solamente pueden pretender ser válidas las normas que en discursos prácticos podría suscitar la aprobación de todos los interesados"[141], esto significa la necesidad de una alta carga de motivación epistemológica y de argumentación que no dependa del uso instrumental de la deliberación con motivos subjetivos, ii) el principio de universalización[142] que corresponde a que a la validez de una norma se desprende de que cada uno de los interesados pueda aceptar sin coacción las consecuencias y efectos que se desprendan de esta; iii) la conjunción de los principios discursivo (D) y de universalización (U) en el marco de una deliberación ética, que da como resultado una discusión que más que adversativa se vuelve cooperativa en la cual las dos partes comparten: "la búsqueda de los mejores argumentos"[143].

De todo esto deduce HABERMAS las cuatro situaciones ideales del habla, es decir aquellos presupuestos que permiten un ejercicio deliberativo auténtico, así:

> a) nadie que pueda hacer una contribución relevante puede ser excluido de participación; b) a todos se les dan las mismas oportunidades de hacer sus

---

139 Ibid. p. 176.

140 Jürgen Habermas, «Ética Discursiva: Una consideración genealógica acerca del contenido congnitivo de la moral», en *Doce textos fundamental de la ética del siglo XX* (Madrid: Alianza Editorial, 2007).

141 Ibid. p. 177 y 178.

142 Ibid. p. 178.

143 Ibid. p. 180.

> aportaciones; c) los participantes tienen que decir lo que opinan; d) la comunicación tiene que estar libre de coacciones tanto internas como externas[144].

Es decir, sin querer profundizar en la teoría deliberativa de HABERMAS, por no ser el objetivo de esta investigación, es posible con estos elementos entrever una posibilidad correctora de los procesos democráticos que no pase de la mera producción procedimental de las decisiones bajo la ley de la mayoría —en una lógica de razón instrumental— y pasar más bien a la determinación de contenidos reales que para la toma de decisiones colectivas garanticen cuando menos: i) la plena inclusión democrática de los interesados en la decisión y, ii) una formación racional de la decisión que siguiendo a KANT significa recurrir al: "uso público de la razón"[145].

Según lo dicho, estos dos elementos permiten aportar en la dirección de un nuevo concepto de democracia bajo el cual se construya nuevos derroteros para la teoría del poder constituyente, que no se funde en las tradiciones maniqueas del realismo político, ni tampoco en el idealismo-racionalismo, pues como se ha visto esta propuesta de democracia deliberativa es un desarrollo dialectico tanto de los aciertos como de los errores, pues por un lado no legitima imposiciones ni del poder manifiesto del realismo material, ni del poder subrepticio de la razón o de la moral como verdad, al tiempo que paradojalmente también incluye un elemento legitimador de poder como es la participación dialógica de todos los interesados en las decisiones que deben tener como contenido sustancial el "uso público de la razón", con lo que también se acogen los elementos positivos del realismo y del idealismo político. Todo lo cual, contribuye a la construcción de una teoría crítica del constitucionalismo que pueda renovar el compromiso de los sectores progresistas con el déficit de democracia popular que aqueja a los estados contemporáneos.

5. *Conclusiones: ni realismo ni idealismo-dialéctica para un nuevo horizonte de la teoría del poder constituyente desde el constitucionalismo democrático popular*

Si se mira el pasado con los ojos de "*Angelus Novus*"[146] *—es decir— desde la lectura que WALTER BENJAMIN hace de la filosofía de la his-*

---

144 Ibid. p. 181.

145 Jürgen Habermas, *Historia y crítica de la opinión pública: La transformación estructural de la vida pública*, trad. Antonio Domenech (Barcelona: GG editores, 1994).

146 Benjamin, *Tesis sobre filosofía de la historia*. p. 63.

toria como catástrofe, resulta fácil entender todas las aprehensiones y recelos que produce una concepción del poder constituyente ilimitada como aquella que propugna el realismo político, pues ¿Acaso no ha sido precisamente ese poder ilimitado el que en la historia ha causado las mayores catástrofes? ¿No es justamente ese "estado de excepción" como campo de ejercicio del poder absoluto sobre el cual se han producido las mayores victimizaciones? Si ha sido así —como el hecho notorio de la historia parece dispensar de prueba— resulta razonable hacer un saneamiento de toda la estirpe realista del poder constituyente y buscar nuevas fundamentaciones. En este sentido, es posible afirmar que la presente investigación ha podido esbozar unas primeras líneas dirigidas a lograr este cometido:

En primer lugar, fue posible determinar los rasgos característicos que conforman el programa de investigación del realismo político, los cuales se pueden sintetizar en su heurístico negativo así: i) la convicción, naturalista trascendente o naturalista existencial, según la cual los individuos actúan siempre y con la única finalidad de obtener para sí el mayor número de beneficios posibles, aún cuando estos sean en desmedro de los derechos de los otros, visión pesimista del ser humano que se extiende a las facciones sociales y a los Estados; ii) la certeza de que el poder es ante todo una fuerza de carácter fáctica que no es limitada ni limitable en razón a su propia naturaleza, por lo que cualquier teoría que pretenda someter a los contornos del derecho el ejercicio de poder está destinada a fracasar, o peor aún, a convertirse en eso mismo que dice combatir.

Una vez fue posible decantar esta carga genealógica que aporta el programa de investigación del realismo político, han emergido las condiciones de posibilidad en las que se ha desarrollado el concepto de poder constituyente ilimitado, cuyo devenir se transfigura desde la mera justificación del poder por el poder, hacía una sutil y elaborada teoría constitucional democrática asentada principalmente en la legitimidad que otorga la ley de las mayorías. Esto significa, que en el proceso de racionalización de la modernidad —especialmente reflejado en la figura de ROUSSEAU— se remplazó el dispositivo básico de justificación naturalista —la ley del más fuerte— propia del paleorealismo político, por la legitimidad racional-procedimental propia de la —ley de mayorías— a partir de la cual se ha configurado el edificio dogmático del constitucionalismo positivista.

Es así como, respondiendo a la pregunta de investigación propuesta, es posible sostener que el concepto de poder constituyente propio de una concepción democrática realista se caracteriza esencialmente por su apego formal al cumplimiento de reglas procedimentales cuyo único fin es demostrar cuantitativamente la configuración de las mayorías contingentes en un determinado lugar y momento histórico, lo que desemboca en que la definición de todas las decisiones públicas y los conflictos sociales, terminan quedando sometidos al arbitrio de las mayorías, así el triunfo se dé por un solo voto.

Es decir, que una teoría del constitucionalismo democrático clásica o realista, como la que fue ampliamente expuesta, se caracteriza por ser una simple portadora formal del procedimiento instrumental para la obtención de las mayorías y la toma de decisiones conforme dicte la voluntad de la facción más grande, a través de la confluencia de formas de dominación carismática y legal-racional, que a la postre se convierte en una teoría justificativa del ejercicio omnímodo e ilimitado del poder.

De ahí que, el concepto ilimitado del poder constituyente —forjado en XXV siglos de decurso genealógico de la corriente realista— se caracterice por ser una fuerza fáctica capaz de generar una ruptura fundamental en la continuidad de la estructura político-jurídica, pudiendo por esto configurar o reconfigurar de forma absoluta —es decir de cualquier forma posible— todo el contenido de lo jurídico, al punto de poder proscribir derechos o garantías que hoy se consideran desde el occidente global como universales.

Ahora bien, continuando con el segundo cometido investigativo y una vez superado este examen genealógico del poder constituyente, se acometió el análisis crítico de la teoría que le sirve de base, esto es: de la teoría del constitucionalismo democrático en su vertiente realista, encontrándose como esta comparte el mismo dispositivo lógico que la razón instrumental y el paleopositivismo jurídico y, por ende, a través de esta lectura crítica fue posible poner en evidencia el rasgo común de la primacía formal, irreflexiva y conforme a medios en vez de fines, que caracterizan a estos tres discursos teóricos, que por esto mismo no son capaces de atajar los embates del ejercicio del poder arbitrario, dejando inerme al derecho y a los jueces, como ocurrió bajo el régimen del Tercer Reich.

En efecto, las terribles experiencias causadas por el ascenso de los regímenes totalitarios fascistas en la Europa de la primera mitad del siglo XX fueron facilitadas por las lógicas formales de la razón instrumental y del paleopositivismo, lo que fue consolidando en las generaciones de juristas progresistas de la posguerra una clara desconfianza frente a la democracia popular o realista de mayorías, hecho que los empujó a abrazar las posturas de la democracia constitucional, vaciando con ello, el contenido del núcleo original de la democracia —democracia formal— para sustituirlo por discursos de alta sofisticación jurídica claramente permeados de contenidos iusnaturalistas o iusmoralistas —democracia sustancial— con lo que se produjo un retorno a la senda del idealismo-racionalista.

Este retorno al iusnaturalismo significó de nuevo la ruptura de la categórica diferencia entre derecho y moral, a partir del cual la interpretación constitucional se convirtió en el asunto central del derecho, al mismo tiempo que se fue consolidando con mayor fuerza la idea de un control judicial fuerte capaz de jugar un rol contramayoritario. Este hecho ha propiciado el activismo judicial que ha significado una limitación al ejercicio del poder de mayorías, el cual ha sido muy promovido y elogiado desde las posturas del progresismo jurídico, pero también ha significado una peligrosa concentración de los intereses políticos y democráticos en los tribunales constitucionales, desplazando con ello las formas de democracia popular y directa.

Este giro hacia la preeminencia del control constitucional contramayoritario ha tenido como consecuencia en Estados Unidos lo que la literatura científica ha denominado un "*Backlash*", reacción violenta producida en contra de los avances pretorianos de la agenda progresista, que se evidencia principalmente en los efectos de la sentencia *Roe v. wade*, a partir de la cuales sectores ultraconservadores y fanáticos religiosos se han organizado políticamente para incidir en la elección de los magistrados, buscando inclinar la balanza ideológica de la corte y revertir los avances sociales logrados. Este hecho ha puesto en aviso a los sectores del progresismo jurídico que están empezando a ver con recelo los peligros que significa tener un "*judicial review*" tan poderoso, con una teoría de la interpretación principialista dúctil, que en el escenario de una probable —para muchos ya existente— manipulación conservadora de los equilibrios ideológicos en la Suprema Corte podría abrir una era de retrocesos y anulación de derechos que han sido alcanzados en las últimas décadas.

Como consecuencia de estos peligros, esta investigación ha concluido con la necesidad de volver a considerar un concepto de democracia popular fuerte, que reconozca de nuevo la capacidad de guardián de la constitución que tiene el pueblo, desechando los argumentos elitistas-conservadores que pretenden incapacitar moral e intelectualmente al conjunto de los ciudadanos para autogobernarse a través de un poder constituyente y legislativo más directo. Este constitucionalismo democrático popular por lo tanto es una teoría en construcción.

No obstante, este constitucionalismo democrático popular debe ser una teoría crítica y progresista, en cuanto logre realizar un saneamiento genealógico de su estirpe realista política, así como de las inclinaciones del idealismo-racionalista, ambas tradiciones que como ha quedado expuesto conducen a resultados peligrosos para la democracia. De ahí que, deben encontrarse nuevos fundamentos para conducir a nuevos horizontes que permitan reactivar el truncado proceso emancipatorio del constitucionalismo popular.

Para esto, se propusieron en la presente reflexión académica —a modo meramente enunciativo— acoger como nuevos fundamentos una ética discursiva basada en la tolerancia de los desacuerdos y una práctica dinámica de la democracia deliberativa, elementos correctores que podrían superar los peligros de las concepciones formales-realistas y conservadoras-idealistas de la democracia.

En suma, este trabajó logró demostrar los peligros de las tendencias hegemónicas: realistas e idealistas, en la construcción del concepto de poder constituyente. En el primer caso por los desafueros irrazonables que se pueden producir como consecuencia del otorgamiento de un poder omnímodo cuya única razón —formal o instrumental— sea la decisión mayoritarista como sustituto moderno de la ley del más fuerte. En el segundo caso, al evidenciar los peligros que encarna concentrar el poder de decisión sobre los asuntos fundamentales de la sociedad en una *"Élite"* jurídica que puede ser fácilmente manipulable ideológicamente y por ende esconder tras una supuesta razón jurídica o constitucional neutra, lo que en realidad es imponer una dirección política determinada. Por lo que a la postre solo queda defender las ventajas que puede aportar una propuesta de constitucionalismo democrático popular basado en el respeto por los desacuerdos y con fuertes elementos deliberativos, que pueda ser atrayente para reconciliar al progresismo con una nueva deriva popular del constitucionalismo democrático.

6. *Bibliografía*

Abbagnano, Nicola. *Historia de la Filosofía Vol. 2*. Traducido por Juan Estelrich y J. Perez Ballestar. 3° ed. Barcelona: Editorial Montaner y Simón, 1978.

Agamben, Giorgio. *Homo sacer III: Lo que queda de Auschwitz-El archivo y el testigo*. Traducido por Antonio Gimeno Cuspinera. Valencia: Pre-Textos Editores, 2000.

Arendt, Hannah. *Eichmann en Jerusalén*. Traducido por Carlos Ribalta. Barcelona: Penguin Random House, 2008.

———. *Resposabilidad y juicio*. Traducido por Miguel Candel. Barcelona: Paidós, 2003.

Balkin, Jack M. «Populism and progressivism as Constitutional Categories-Part I». *The Yale Law Journal* 104 (1995).

Benjamin, Walter. *Tesis sobre filosofía de la historia*. Traducido por H.A. Munera. *Ensayos escogidos*. Buenos Aires: El cuenco de plata, 2010.

Bickel, Alexander. *The least dangerous branch: The Supreme Court at the bar of politics*. New York: The Bobbs-Merrill, 1963.

Bobbio, Norberto. *El futuro de la democracia*. Traducido por José Fernández Santillán. 1° ed. Ciudad de México: Fondo de Cultura Económica, 1986.

———. *La teoría de las formas de gobierno en la historia del pensamiento político*. Traducido por José Fernández Santillán. 2° ed. Ciudad de México: Fondo de Cultura Económica, 2006.

———. *Teoría General del Derecho*. Traducido por Jorge Guerrero R. Bogotá: Editorial Temis, 2012.

Bodino, Jean. *Los seis libros de la República*. Traducido por Pedro Bravo Gala. 3° ed. Madrid: Editorial Tecnos, 1997.

Carré de Malberg, R. *Teoría general del Estado*. Traducido por José Lión Depetre. Ciudad de México: Fondo de Cultura Económica, 2001.

Cortina, Adela. *Ética aplicada y democracia radical*. Madrid: Editorial Tecnos, 1993.

Derrida, Jacques. *La farmacia de Platón*. Traducido por José Martín Arancibia. Madrid: Editorial Fundamentos, 1975.

Díaz, Esther. *La filosofía de Michel Foucault*. Buenos Aires: Editorial Biblos, 1995.

Dworkin, Ronald. *Los derechos en serio*. Traducido por Marta Guastavino. Barcelona: Editorial Ariel, 1989.

———. «The model of rules». *Yale Law School Faculty Scholarship* 14 (1969).

Epps, Daniel, y Ganesh Sitaraman. «How to save the Supreme Court». *The Yale Law Journal* 129 (2019).

Ferrajoli, Luigi. «Constitucionalismo principialista y constitucionalismo garantista». *Doxa Cuadernos de Filosofía del Derecho* 34 (2011): 15-53.

———. *Derechos y garantías: La ley del más débil*. Traducido por Andrés Ibañez y Andrea Greppi. Madrid: Editorial Trotta, 2004.

———. *Principia iuris: Teoría del derecho y de la democracia-Tomo 2 Teoría de la Democracia*. Traducido por Andrés Ibañez, Carlos Bayón, Marina Gascón, Luis Prieto Sanchís, y Alfonso Ruíz Miguel. Madrid: Editorial Trotta, 2007.

Foucault, Michel. *El poder, una bestia magnífica: sobre el poder, la prisión y la vida*. Traducido por Horacio Pons. Buenos Aires: Siglo XXI Editores, 2012.

———. *Historia de la sexualidad I-La Voluntad de Saber*. Traducido por Uliises Guiñazú. Ciudad de México: Siglo XXI Editores, 2007.

———. *Las palabras y las cosas: Una arqueología de las ciencias humanas*. Traducido por Elsa Cecilia Frost. Buenos Aires: Siglo XXI Editores, 1968.

Fukuyama, Francis. *¿El fin de la historia? y otros ensayos*. Traducido por María Teresa Casado Rodríguez. Madrid: Alianza Editorial, 2015.

García Amado, Juan Antonio. *Decidir y argumentar sobre derechos*. Ciudad de México: Tirant lo Blanch, 2017.

———. *Sobre ponderación: un debate con Manuel Atienza. Un debate sobre ponderación*. La Paz: Tribunal Constitucional Plurinacional de Bolivía, 2018.

Gargarella, Roberto. «La dificil tarea de la interpretación constitucional». En *Teoría y Crítica del Derecho Constitucional Tomo I-Democracia*. Buenos Aires: Abeledo-Perrot, 2009.

———. *La justicia frente al gobierno: sobre el carácter contramayoritario del poder judicial*. Quito: Corte Constitucional para el Período de Transición, 2011.

———. *La sala de máquinas de la Constitución: Dos siglos de constitucionalismo en América Latina (1810-2010)*. Buenos Aires: Katz Editores, 2014.

Glaser, Daryl. «La teoría normativa». En *Teoría y métodos de la ciencia política*, editado por David Marsh y Gerry Stoker. Madrid: Alianza Editorial, 1997.

Habermas, Jürgen. «Ética Discursiva: Una consideración genealógica acerca del contenido congnitivo de la moral». En *Doce textos fundamental de la ética del siglo XX*. Madrid: Alianza Editorial, 2007.

———. *Historia y crítica de la opinión pública: La transformación estructural de la vida pública*. Traducido por Antonio Domenech. Barcelona: GG editores, 1994.

———. «La modernidad, un proyecto incompleto». En *La posmodernidad*. barcelona: Editorial Kairós, 1985.

———. *La reconstrucción del materialismo historico*. Traducido por Jaime Nicolás Muñiz y Ramón García Cotarelo. Madrid: Taurus Ediciones, 1992.

Harari, Yuval Noah. *Sapiens de Animales a Dioses: Una breve historia de la humanidad*. Traducido por Joandomènec Ros. Madrid: Debate, 2014.

Heidegger, Martin. *¿Qué quiere decir pensar?* Traducido por Eustaquio Barjau. *Conferencias y artículos*. Barcelona: Ediciones del Serbal, 1994.

Hobbes, Thomas. *Leviatán: o la materia, forma y poder de una república eclesiástica y civil*. Traducido por Manuel Sánchez Sarto. Buenos Aires: Fondo de Cultura Económica, 2005.

Horkheimer, Max. *Crítica a la razón instrumental*. Traducido por H. A. Munera y D.J. Vogelmann. Buenos Aires: Editorial Sur, 1973.

Horkheimer, Max, y Theodor W. Adorno. *Dialéctica de la Ilustración: Fragmentos filosóficos*. Traducido por Juan José Sánchez. Valladolid: Editorial Trotta, 1998.

Ihering, Rudolf Von. *La lucha por el Derecho*. Traducido por Adolfo González Posada. Sao Paulo: Editorial Heliasta, 1993.

Jaramillo Pérez, Juan Fernando, Mauricio García Villegas, Andrés Abel Rodríguez Villabona, y Rodrigo Uprimny Yepes. *El derecho frente al poder: Surgimiento, desarrollo y crítica del constitucionalismo moderno*. Primera ed. Bogotá: Universidad Nacional de Colombia, 2019.

Jellinek, Georg. *Teoría general del Estado*. Traducido por Fernado De los Rios. Ciudad de México: Fondo de Cultura Económica, 2004.

Kelsen, Hans. *Teoría Pura del derecho: Introducción a los problemas de la ciencia jurídica [Primera edición de 1934]*. Traducido por Gregorio Robles y Félix Sánchez. 1a ed. Madrid: Editorial Trotta, 2011.

———. *Teoría Pura del Derecho*. Traducido por Moisés Nilve. 2a Ed. Buenos Aires: Editorial Universitaria de Buenos Aires Eudeba, 2009.

Kennedy, Duncan. *El comportamiento estratégico en la interpretación jurídica*. Traducido por Guillermo Moro. *Izquierda y derecho: ensayos de teoría jurídica crítica*. Buenos Aires: Siglo XXI Editores, 2010.

———. *Libertad y restricción en la decisión judicial: El debate con la teoría crítica del derecho (CLS)*. Traducido por Diego Eduardo Lopez Medina y Juan Manuel Pombo. Bogotá: Siglo del Hombre Editores, 1999.

Kramer, Larry. *Constitucionalismo popular y control de constitucionalidad*. Traducido por Paola Bergallo. Madrid: Marcial Pons editores, 2011.

———. *The people themselves: Popular constitutionalism and judicial review*. New York: Oxford University Press, 2004.

Lakatos, Imre. *La metodología de los programas de investigación científica*. Traducido por Juan Carlos Zapatero. Madrid: Alianza Editorial, 1989.

Loewenstein, Karl. *Teoría de la Constitución*. Traducido por Alfredo Gallego. Barcelona: Editorial Ariel, 1979.

Mangabeira Unger, Roberto. *La alternativa de la izquierda*. Traducido por Silvia Villegas. Buenos Aires: Fondo de Cultura Económica, 2009.

Martínez Dalmau, Rubén. «El debate sobre la naturaleza del poder constituyente: elementos para una teoría de la constitución democrática». En *Teoría y práctica del poder constituyente*, editado por Rubén Martínez Dalmau. Valencia: Tirant lo Blanch, 2014.

———. «La "Condición Monstruosa": la construcción formal de poder constituyente en la contemporaneidad y su implicación en la libertad y la justicia». En *Libertad y Justicia Social para el cambio social: Teoría y conceptos*. Fisciano: NaSC Free Press, 2022.

Morgenthau, Hans J. *Política entre las naciones: la lucha por el poder y la paz*. Traducido por Heber Olivera. 3a Ed. Buenos Aires: Grupo Editorial Latinoamericano, 1986.

Mouffe, Chantal. *Agonística: pensar el mundo políticamente*. Traducido por Soledad Laclau. Buenos Aires: Fondo de Cultura Económica, 2014.

Müller, Ingo. *Los jurístas del horror: La justicia de Hitler-el pasado que Alemania no puede dejar atrás*. Traducido por Carlos Armando Figueredo. Bogotá: Álvaro Nora Librería Jurídica, 2014.

Naranjo Mesa, Vladimiro. *Teoría de la Constitución e Instituciones Políticas*. 9a ed. Bogotá: Editorial Temis, 2003.

Negri, Antonio. *El poder constituyente*. Traducido por Simona Frabotta y Raúl Sánchez Cedillo. 1° ed. Madrid: Traficantes de sueños, 2015.

Nietzsche, Friedrich. *Así habló Zaratustra: Un libro para todos y para nadie*. Medellín: Editorial Bedout, 1976.

———. *Aurora: Meditaciones sobre los prejuicios morales*. Traducido por Pedro Gonzalez Blanco. Barcelona: Centellas Editores, 2017.

———. *La genealogía de la moral: un escrito polémico*. Traducido por Andrés Sánchez Pascual. Madrid: Alianza Editorial, 2005.

———. *Más allá del bien y del mal: preludio de una filosofía del futuro*. Traducido por Andrés Sánchez Pascual. Madrid: Alianza Editorial, 2009.

Nino, Carlos S. «La filosofia del control judicial de constitucionalidad». *Revista del Centro de Estudios Constitucionales* 4 (1989).

Owen, James. *Nuremberg: el mayor juicio de la historia*. Traducido por Encarna Belmonte. Barcelona: Crítica Editores, 2006.

Peces-Barba, Gregorio. «El principio de las mayorías desde la filosofia del Derecho». *Anuario de la facultad de derecho de Alcalá de Henares* 3 (1994).

Petras, James. «Los intelectuales en retirada». *Revista Nueva Sociedad* 107 (1990).

Petrucciani, Stefano. *Modelos de filosofia política*. Traducido por Carlo Molinari Marotto. 1° ed. Buenos Aires: Amorrortu Editores, 2008.

Pisarello, Gerardo. *Un largo termidor: Historía y crítica del constitucionalismo antodemocrático*. Quito: Corte Constitucional para el Período de Transición, 2011.

Pitkin, Hanna. *El concepto de representación*. Traducido por Ricardo Montora. Madrid: Centro de Estudios Políticos y Constitucionales, 2014.

Platon. *Gorgias o de la retórica*. Traducido por Luis Roig de Lluís. 45° ed. Madrid: Editorial Espasa Calpe, 2007.

———. *La república o de lo justo*. Traducido por C.M.B. 27° ed. Ciudad de México: Editorial Porrúa, 2001.

Post, Robert, y Reva Siegel. *La furia contra el fallo «Roe»: constitucionalismo democrático y reacción violenta*. Traducido por Leonardo García Jaramillo. *Constitucionalismo Democrático: Por una reconciliación entre Constitución y pueblo*. Buenos Aires: Siglo XXI Editores, 2013.

Radbruch, Gustav. *Arbitrariedad legal y derecho supralegal*. Traducido por Luis Villar Borda. *Relativismo y Derecho*. Bogotá: Editorial Temis, 1999.

Rousseau, Jean-Jacques. *Contrato Social*. Traducido por Fernando de los Ríos. Madrid: Austral-Espasa Calpe, 2007.

Salazar Carrión, Luis. «El realismo político de Bobbio». *revista Sociologíca* 19, n.° 54 (2004): 215-29.

Salazar Ugarte, Pedro. *La democracia constitucional: una radiografía teórica*. 1° ed. Ciudad de México: Fondo de Cultura Económica, 2013.

Sartori, Giovanni. *Elementos de teoría política*. Traducido por Luz M. Morán. Madrid: Alianza Editorial, 1992.

Schmitt, Carl. *Teología Política*. Traducido por Francisco Javier Conde y Jorge Navarro Pérez. Madrid: Editorial Trotta, 2009.

Schweppenhäuser, Gerhard. «Teoría Crítica». En *Historisch-Kritisches Wörterbuch des Marxismus Band 8/I*. Hamburgo: Argument Verlag, 2012.

Tucídides. *Historia de la guerra del Peloponeso Libros V-VI*. Traducido por Juan José Torres Esbarranch. Madrid: Editorial Gredos, 1992.

Tushnet, Mark. *¿Por qué importa la Constitución?* Traducido por Alberto Supelano. Bogotá: Universidad Externado de Colombia, 2012.

Waldron, Jeremy. *Derecho y desacuerdos*. Traducido por José Luis Martí y Águedo Quiroga. Madrid: Marcial Pons editores, 2005.

Weber, Max. *Economía y Sociedad: Esbozo de sociología comprensiva*. Traducido por José Medina Echavarría, Juan Roura Farella, Eugenio Ímaz, Eduardo García Maynez, y José Ferrater Mora. Madrid: Fondo de Cultura Económica, 2002.

———. *La ciencia como vocación*. Traducido por Francisco Rubio. *El político y el cientifico*. Madrid: Alianza Editorial, 2007.

———. *La política como vocación*. Traducido por Francisco Rubio. *El político y el cientifico*. Madrid: Alianza Editorial, 2007.

Welzel, Hans. *Introducción a la filosofía del derecho-derecho natural y justicia material*. Traducido por Felipe González Vicen. Madrid: Ediciones Aguilar, 1979.

Capítulo VI

ESTADO DE EXCEPCIÓN: EL PANÓPTICO POSIBLE EN EL CONSTITUCIONALISMO ECUATORIANO

Miguel Molina Díaz
Universidad de las Américas (UDLA)

Introducción

Hay en las situaciones de excepcionalidad un campo por explorar para los estudios constitucionales contemporáneos. Concebidos, inicialmente, como una herramienta[1] de los Estados democráticos para sobrevivir a las crisis que los amenazan, se han convertido en varios países en un mecanismo político y comunicacional recurrente a fin de enfrentar todas las crisis que se presentan ante los gobiernos. En ese sentido, se propone una aproximación a esta institución jurídica a partir de la imagen del panóptico, utilizada por Benthan y retomada por Foucault, como un modelo de excepcionalidad y vigilancia continua capaz de sustituir constante o permanentemente al régimen constitucional ordinario[2]. En ese sentido, hay que recordar que los estados de excepción han sido un asunto rele-

---

1 Anteriormente, pensaba en la hipérbole metafórica *deus ex machina* para referir el estado de excepción, expresión que significa «Dios desde la máquina» y que se origina en el teatro griego y romano, cuando una grúa (machina) introduce una deidad (deus) proveniente de fuera del escenario para resolver una situación. Sin embargo, frente al peligro del uso injustificado y recurrente de esta herramienta jurídica, es más apropiada una aproximación desde el pensamiento de Foucault.

2 "De ahí el efecto mayor del Panóptico: inducir en el detenido un estado consciente y permanente de visibilidad que garantiza el funcionamiento automático del poder. Hacer que la vigilancia sea permanente en sus efectos, incluso si es discontinua en su acción", en Michel Foucault, *Vigiar y castigar* (2009), México: Siglo XXI, p. 121.

vante en la reflexión sobre el futuro de la democracia, que también ha evolucionado desde sus albores en la Antigüedad helénica y latina. De hecho, ya en el siglo XX, esta precisa discusión provocó los contrapuntos y temores de algunos de los más grandes pensadores, como Carl Schmitt y Walter Benjamin[3], y de modo más contemporáneo, Giorgio Agamben[4].

En el Ecuador, situaciones como la pandemia por la Covid-19, las intensas protestas sociales o la crisis de violencia carcelaria e grave inseguridad, han implicado constantes declaratorias de estados de excepción. Sin embargo, a partir del ataque en vivo al canal TC Televisión, producido el 8 de enero de 2024, el presidente ecuatoriano utilizó por primera vez la causal de conflicto armado interno para una nueva declaratoria[5]. Si bien hasta el momento la Corte Constitucional no ha admitido esa causal, la retórica del Gobierno sostiene la existencia de un conflicto de tales características en el país, en el que el Estado estaría librando un enfrentamiento con organizaciones del crimen organizado vinculadas al narcotráfico, lo cual justificaría constantemente la suspensión de derechos constitucionales en varias zonas del país.

El presente capítulo, por tanto, busca contribuir a una discusión que es necesaria sobre la evolución de la excepcionalidad y la de los mecanismos previstos para su control en el constitucionalismo ecuatoriano. Un control que se vuelve urgente en el contexto de un uso excesivo del estado de excepción, que pone sobre la mesa el riesgo del debilitamiento del Estado constitucional y la desnaturalización de esta institución jurídica con fines políticos. En la primera sección, se analizan los antecedentes históricos del estado de excepción. En la segunda, el marco constitucional que los regula. En la tercera, el rol de la Corte Constitucional para llevar a cabo un mecanismo de control. Finalmente, las conclusiones.

1. Antecedentes históricos de las situaciones de excepcionalidad y suspensión de derechos

Como muchas de las instituciones occidentales de derecho público y privado, se puede rastrear el origen de las situaciones de excepcionalidad en Roma, así como de las nociones que buscaban su limitación[6]. En esta

---

3 César Alejandro Flores Díaz, "El estado de excepción en la época actual" en *Apuntes Electorales*, Año XIII, Núm. 50, enero-junio 2014.

4 Natalia Taccetta, "Violencia y derecho: Benjamin, Schmitt, Agamben y el Estado de Excepción" en *Devenires*, XVI, 32 (2015), 13-38.

5 Corte Constitucional del Ecuador, Dictamen 1-24-EE/24.

6 Abraham Siles Vallejos, "La dictadura en la República romana clásica como referente paradigmático del régimen de excepción constitucional", *Derecho PUCP, Revista de la Facultad de Derecho, Pontificia Universidad Católica del Perú*, n.° 73, (2014): 411-424.

sección, entonces, se abordará el origen de la dictadura en el derecho público romano, la evolución y los debates más relevantes en el siglo XX occidental sobre situaciones de excepcionalidad y, finalmente, el origen de esta institución en el Ecuador.

1.1. La dictadura como institución de la República romana

Al parecer, desde el principio de la república, los romanos concibieron a la dictadura como una magistratura extraordinaria para los tiempos de crisis[7]. Tanto es así que Tito Larcio Flavio, el primer dictador o *magister populi*, habría sido nombrado alrededor de una década después de la expulsión de los reyes y el establecimiento del consulado, a fin de enfrentar una guerra con pueblos vecinos[8]. Las demás magistraturas[9] no cesaban durante la dictadura ya que, como dicen Oren Gross y Fionnuala Ní Aoláin, "las emergencias fueron enfrentadas con poderes especiales de carácter autoritario, pero el empleo de tales poderes y la autoridad para usarlos fueron regulados por ley"[10].

Las principales causales para acudir a la dictadura eran: las guerras y las sediciones internas[11]. Entre las facultades del dictador estaba el convocar y presidir todas las asambleas, incluido el Senado; administrar justicia penal en casos de seguridad del Estado, imponer multas u ordenar arrestos, incluso contra el criterio de los tribunos.

Carl Friedrich definió cuatro elementos esenciales de esta institución: (1) el nombramiento del dictador se efectuaba según fórmulas constitucionales muy precisas; (2) el propio dictador no podía, a su discreción, declarar el estado de emergencia, sino que otros lo nombraban a él; (3) existía un estricto límite de tiempo para el cumplimiento de su tarea: 6 meses; y (4) se instituyó siempre la dictadura en defensa del orden legal establecido, no con vistas a su destrucción[12].

---

7 Clinton Rossiter, *Constitutional Dictatorship: Crisis Government in the Modern Democracies*, La traducción es nuestra (Nueva Jersey: Transaction Publishers, 2011), 15.

8 Clinton Rossiter, *Constitutional Dictatorship, op. cit.*, p. 16-17. Ver también Fabio Espitia Garzón, "Dictadura, "estado de sitio" y *provocatio ad populum* en la obra de Mommsem", Revista de Derecho Privado 21 (2011): 15.

9 Cónsules, senadores, cuestores, ediles, censores, pretores y tribunos de la plebe.

10 Oren Gross y Fionnuala Ní Aoláin, *Law in Times of Crisis: Emergency Powers in Theory and Practice*, La traducción es nuestra (Nueva York: CUP, 2006), 19.

11 El dictador *rei publicae gerundae causa*, actuaba frente a las guerras, y el dictador *seditionis sedandae causa*, se nombraba para sofocar sediciones.

12 Carl Friedrich, *Gobierno constitucional y democracia: teoría y práctica en Europa y América* (Madrid: Instituto de Estudios Políticos, 1975), 589-590.

La vocación expansionista que abrazó la República romana hizo que la dictadura se convirtiera, fundamentalmente, en una institución de carácter militar, necesaria para lograr los grandes objetivos bélicos. Sin embargo, las largas campañas militares implicaron que la institución no sea útil, por durar un máximo de seis meses[13], así que cayó en desuso y fueron los cónsules y el Senado, articuladamente, los que continuaron liderando las campañas. El declive y fin de la institución es paradigmático, ya que sufrió una perniciosa transformación que destruyó su esencia: las dictaduras de Sila y Julio César se volvieron experimentos tiránicos y autocráticos[14], sin límite de tiempo ni de mandato. Tras el asesinato de este último se evidenció que la cultura republicana de la sociedad romana había colapsado, por lo que, luego de una guerra civil, el sobrino y heredero de Julio César se convirtió en el primer emperador de Roma.

1.2. Situaciones de excepcionalidad en el derecho público moderno

En el ánimo de citar algunos antecedentes modernos a la regulación constitucional de las situaciones de excepcionalidad, podemos empezar con la Constitución de los Estados Unidos de América expedida en 1787, que faculta al Congreso a suspender el hábeas corpus en graves situaciones de orden público, como rebeliones o invasiones. Poco después, la expedición de la Ley del 10 de julio de 1791 en Francia, por la que se instituyó el estado de sitio, así como el uso de la fuerza pública para enfrentar tumultos y manifestaciones populares y la posibilidad de suspender derechos.

Tras los procesos de descolonización, los nuevos Estados de América Latina debieron diseñar sus regímenes constitucionales y contemplar las situaciones de excepcionalidad, en contextos políticos convulsos, que constantemente implicaron gobiernos dictatoriales y rebeliones. El derecho público continental se decantó mayoritariamente por concebir la respuesta frente a graves amenazas como una facultad potestativa del jefe de Estado y de Gobierno, un ejemplo de ello es la Constitución de (la Gran) Colombia de 1821, por la cual el Congreso concede "las facultades extraordinarias que se juzguen indispensables" al Poder Ejecutivo, para la

13 Fabio Espitia Garzón, «Dictadura, "estado de sitio" y provocatio ad populum en la obra de Mommsem». *Revista de Derecho Privado*, 21 (2011), 16-18.

14 Abraham Siles Vallejos, "La dictadura en la República romana clásica como referente paradigmático del régimen de excepción constitucional", *Derecho PUCP, Revista de la Facultad de Derecho, Pontificia Universidad Católica del Perú*, n.º 73, (2014): 419.

guerra de independencia[15]. La primera Constitución ecuatoriana de 1830, entre las atribuciones del presidente del Estado, contempla: "Tomar por sí, no hallándose reunido el Congreso, las medidas necesarias, para defender y salvar al país, en caso de invasión exterior o conmoción interior que amenace probablemente; previa calificación del peligro, por el Consejo de Estado, bajo su especial responsabilidad"[16].

Las convulsiones que serían el signo de la primera mitad del siglo XX convierten a la discusión sobre las situaciones de excepcionalidad en un debate político y jurídico de central importancia, por lo que a partir de la Primera Guerra Mundial los Estados europeos ven la necesidad de discutir el diseño de mecanismos para afrontar las crisis y graves emergencias en los ordenamientos legales o constitucionales.

Un caso paradigmático es la Constitución alemana de 1919, llamada Constitución de Weimar, que inaugura para Europa el constitucionalismo social y que prevé en su artículo 48 facultades extraordinarias para el presidente del Reich, mediante decretos de emergencia, pero sin especificar cuáles serían las situaciones que podrían considerarse tales. Al parlamento se le daba la posibilidad de anular el decreto de emergencia, pero, según el artículo 25 de esa carta fundamental, esa respuesta del parlamento era causal para que el presidente lo disolviera y convocara a elecciones en el plazo de 60 días.

La experiencia alemana, en cuanto a la aplicación del artículo 48, es interesante para este trabajo, ya que desembocó en una de las experiencias políticas más oprobiosas de la historia como resultado del abuso político de esta herramienta[17]. En 1930 el parlamento negó al gobierno del canciller Heinrich Brüning un paquete de reformas financieras y fiscales, por lo que el Brüning solicitó al presidente del Reich, Paul von Hindenburg, aprobar ese paquete de reformas mediante un decreto de emergencia al tenor del artículo 48 de la Constitución. Fue la primera vez que una propuesta negada en el parlamento entró en vigor mediante decreto de emergencia. La respuesta parlamentaria no se hizo esperar, y votaron favorablemente la revocatoria del decreto y la censura del gabinete. Hindenburg, a pedido del gobierno, disolvió el parlamento, convocó nuevas elecciones y puso nuevamente en vigencia el paquete de reformas. Este incidente es

---

15 Colombia, Constitución, 30 de agosto de 1821, artículo 55, núm. 25.

16 Ecuador, *Constitución del Estado de Ecuador*, 23 de septiembre de 1830, artículo 35, núm. 5.

17 Bruno Vendramin, "Sobre dictadura. Carl Schmitt y el artículo 48 de la Constitución de Weimar", *Nuevo Itinerario* 18, n.º 2 (2022): 73-91, doi: https://doi.org/10.30972/nvt.1826168.

históricamente relevante ya que, en esas elecciones convocadas para el 14 de septiembre de 1930, el Partido Nacional Socialista Obrero Alemán pasó de tener 12 a 107 legisladores, convirtiéndose en la segunda fuerza política, con lo que inició el ascenso del nazismo.

Fue Carl Schmitt[18] quien, en *La dictadura* y *Teología política,* se propuso por primera vez la posibilidad de una teoría del estado de excepción. Para él, el concepto de dictadura comprendía el "estado de sitio"[19] y la "suspensión del derecho"[20], pero fundamentalmente, nos remite al concepto de soberanía como justificación y límite del estado de excepción[21]. Schmitt admiró, del ingenio romano, la creación de una magistratura capaz de evitar el colapso del Estado.

Walter Benjamin, por su parte, diferenció en su crítica de la violencia —la palabra alemana que emplea también alude a autoridad— una fundadora y mítica de una conservadora del orden jurídico vigente, a la que pertenece el estado de excepción, y que sirve para preservar la violencia de los vencedores sobre los vencidos[22]. Benjamin abraza la posibilidad de una excepcionalidad emancipadora, que destruya el orden opresor y no lo confirme[23]. Lucca lo resumen así: "allí donde Schmitt observa la mano visible que alumbra la salida, Benjamin ve el azote que cercena la escapatoria"[24].

Más allá del profundo debate filosófico que convoca la excepcionalidad, parecería que la noción que ha imperado deviene de Schmitt, al concebirla como una suspensión del derecho para garantizar su continuidad. Sin embargo, la visión benjamineana nos alerta sobre el peligro, que tanto teme Agamben, de su conversión en forma paradigmática de gobierno, en el estado de excepción permanente, "un umbral de indeterminación entre democracia y absolutismo"[25].

---

18 Carl Schmitt, *La dictadura* (Madrid: Alianza Editorial, 1985), 33.

19 Carl Schmitt, "Teología política – Cuatro capítulos sobre la teoría de la soberanía", en Héctor Orestes Aguilar (ed.), *Carl Schmitt, teólogo de la política* (México, Fondo de Cultura económica, 2004): 23.

20 Ibidem.

21 Ibidem.

22 Walter Benjamin, *Ensayos escogidos*. México: Ediciones Coyoacán, 1999, p. 126.

23 Walter Benjamin, *Tesis sobre la historia y otros fragmentos*. Bogotá: Ediciones desde abajo, 2010, p. 23.

24 Juan Lucca, *Walter Benjamin y Carl Schmitt. Palabras cruzadas de un diálogo en un tiempo agitado*. Maracaibo: Revista de Filosofía, 2009, p. 103.

25 Giorgio Agamben, *Estado de Excepción,* trad. Flavia Costa e Ivana Costa (Buenos Aires: Adriana Hidalgo, 2004), 24.

1.3. La regulación de las situaciones de excepcionalidad en la historia constitucional ecuatoriana

Luego de la Constitución de 1830, el primer atisbo de lo que hoy conocemos como estado de excepción apareció en el derecho público ecuatoriano con la Constitución de 1835, pero solamente como mecanismo para precautelar el orden público y la seguridad del Estado, y no los derechos constitucionales de los ciudadanos.

En esta carta fundamental se precisa la regulación de aquellas dos situaciones de excepcionalidad que parecen ser las preocupaciones que en ese sentido tiene el derecho público de la época: la invasión exterior y la conmoción interna. La regulación consistía en la posibilidad de que el Congreso, o el Consejo de Gobierno, si es que el primero estaba en receso, le confirieran al Ejecutivo las facultades que considere necesarias[26]. El artículo 65, concordante con el anterior, establece para la situación de excepcionalidad la concesión de facultades como aumentar el ejército, recaudación anticipada de impuestos, arresto e interrogatorio a los indiciados del crimen de conspiración, variar la capital y conceder indultos o amnistías[27].

La limitación, supuesta, a estas facultades era "al tiempo y objetos indispensables para restablecer la tranquilidad y seguridad de la República"[28], según el artículo 66, que también prescribía la obligación de rendir cuentas al Congreso en su siguiente reunión.

A partir de esta carta fundamental, el constitucionalismo ecuatoriano ha contemplado situaciones de excepcionalidad y la concepción de estas han evolucionado, a fin de adecuarse a los preceptos del Estado de derecho y los debates vigentes en cada época. En términos de control, se parte de unas primeras, precarias e insuficientes nociones con base en la responsabilidad del poder Ejecutivo por infringir la Constitución[29], para pasar a una responsabilidad por el uso de las facultades extraordinarias en la Constitución de 1852[30]; luego de 1929 a la posibilidad del Congreso, el Consejo de Estado o el Tribunal de Garantías Constitucionales, de revocar las facultades extraordinarias o el estado de sitio, para finalmente arribar el control constitucional que consagra la Constitución de 2008.

---

26 Ecuador, *Constitución de la República del Ecuador*, 13 de agosto de 1835, artículo 64.

27 Ibíd., artículo 65.

28 Ibíd., artículo 66.

29 A partir del artículo 35 de la Constitución del Estado de Ecuador de 1830 y los artículos 68 y siguientes de la Constitución de la República del Ecuador de 1835.

30 Ecuador, *Constitución de la República del Ecuador*, 6 de septiembre de 1852, artículo 74.

A continuación, se analizará esta evolución de la institución jurídica que regula las situaciones de excepcionalidad a través de algunas de las cartas fundamentales en donde, según el análisis realizado, este proceso se manifiesta: Constituciones de 1851, 1869, 1906, 1929. 1945, 1946, 1967, 1978, 1998 y 2008.

En la Constitución de 1851, respecto de la causal de conmoción interna, incluye que esta "amenace la seguridad pública"[31], mientras que la de 1861 estableció, en la naturaleza jurídica de la excepcionalidad, un límite temporal y el objetivo de restablecer la tranquilidad y seguridad. Por su parte, la Constitución de 1869, llamada por los historiadores la *Carta Negra*, habla por primera vez de la facultad de declarar el "estado de sitio"[32], previa autorización del Congreso o del Consejo de Estado. La segunda Constitución de la Revolución Liberal, expedida en 1906, amplió las causales para las situaciones de excepcionalidad: caso de amenaza inminente de invasión exterior, de guerra internacional o de conmoción interior a mano armada[33], a fin de autorizarle al Ejecutivo el ejercicio de facultades extraordinarias; sin embargo, no se invoca a la figura del estado de sitio. Además, establece para el Congreso la obligación de resolver su aprobación al procedimiento ejecutado por el Gobierno o declarar su responsabilidad[34], fijando de esta manera un antecedente político al actual control constitucional de los estados de excepción. La Constitución de 1929 permite al Congreso, o al Consejo de Estado en ausencia de este, revocar las facultades extraordinarias, que por primera vez no durará más de 60 días a menos que exista una renovación.

1830-1938 Excepcionalidad draconiana			
	Constitución	**Causales**	**Órgano calificador**
1	1830	Invación exterior o conmoción interior (Art. 35.5).	Consejo de Estado
2	1835	Invación exterior o conmoción interior (Art. 64).	Congreso, Consejo de Gobierno
3	1843, Carta de la Esclavitud	Invación exterior repentina o conmoción interior a mano armada (Art. 62).	Congreso, Comisión permanente

31 Ecuador, *Constitución de la República del Ecuador*, 25 de febrero de 1851, artículo 60.
32 Ecuador, *Constitución de Ecuador*, 11 de agosto de 1869, artículo 60, numeral 12.
33 Ecuador, *Constitución Política de la República del Ecuador*, 23 de diciembre de 1906, art. 83.
34 Ibíd., artículo 85.

4	1845	Ataque exterior o conmoción interior (Art. 75).	Congreso, Consejo de Gobierno
5	1851	Invación exterior o conmoción interior (Art. 31.19; 60 y 61).	Asamblea Nacional, Consejo de Estado
6	1852	Ataque exterior o conmoción interior (Art. 73).	Congreso, Consejo de Gobierno
7	1861	Invación exterior o conmoción interior (Art. 71).	Congreso, Consejo de Gobierno
8	1869, Carta Negra	Ataque exterior o conmoción interior (Art. 60.12; 61).	Congreso, Consejo de Estado
9	1878	Invación exterior o conmoción interior (Art. 80).	Congreso, Consejo de Estado
10	1884	Invación exterior o conmoción interior (Art. 94).	Congreso, Consejo de Estado
11	1897	Invación exterior o conmoción interior (Art. 98).	Congreso, Consejo de Estado
12	1906	Inminente invación exterior, guerra internacional o conmoción interior a mano armada (Art. 83).	Congreso, Consejo de Estado
13	1929	Inminente invación exterior, guerra internacional o conmoción interior a mano armada (Art. 86).	Congreso, Consejo de Estado
14	1938	Inminente invación exterior, guerra internacional o grave conmoción interior (Art. 92).	Congreso, Consejo de Estado

En la Constitución de 1945, de corta duración[35], ocurre un hecho paradigmático: por primera vez en la historia constitucional ecuatoriana se crea un Tribunal de Garantías Constitucionales. Y aunque no existen evidencias, no sería descartable que este órgano tenga inspiración en aquel de la Constitución española de 1931, la republicana, que a su vez tiene su origen conceptual en la Constitución austriaca de 1920, la kelseniana. Con este diseño constitucional, las facultades extraordinarias del artículo 68 serán concedidas por un periodo de 30 días por el Congreso o, en ausencia de este, por el Tribunal de Garantías Constitucionales, quienes podrían renovar o retirar las facultades extraordinarias[36].

35 Un año y nueve meses.

36 Ecuador, *Constitución Política de la República del Ecuador*, 6 de marzo de 1945, arts. 69 y 70.

Además, el artículo 155 contempla la posibilidad de una "grave amenaza para la salud pública"[37], en la que el presidente de la República, previo dictamen favorable del Tribunal de Garantías Constitucionales, "podrá decretar la limitación o suspensión temporal, en todo el país o en parte de él, de las garantías que constan en los numerales 7 y 15 del Artículo 141"[38], que consagran los derechos individuales, particularmente la "libertad de residir en cualquier lugar, la de transitar libremente, cambiar de domicilio, ausentarse del Ecuador y volver a él, sometiéndose a las disposiciones legales"[39], y la "libertad de reunión y de asociación para fines no prohibidos por la ley"[40].

El aporte de la Constitución de 1946 —que prescinde del Tribunal de Garantías Constitucionales y retoma el modelo del Consejo de Estado—, mediante su artículo 95, es contemplar casos de "catástrofe, como incendio, terremoto, inundación, etc."[41], en los que el Ejecutivo podrá, en uso de una facultad extraordinaria, "declarar zona de seguridad, determinada circunscripción del territorio nacional o todo él, y decretar el imperio de la Ley Militar"[42].

Con la Constitución de 1967 vuelve el Tribunal de Garantías Constitucionales, así como el estado de sitio para afrontar las situaciones de emergencia. Una particularidad en este régimen constitucional es que, en receso del Congreso, se le permite al presidente declarar por sí mismo el estado de sitio, teniendo que informar al Legislativo y al Tribunal sobre las causas o situación emergente que le requirieron facultades extraordinarias. En el decreto de la declaración de estado de sitio se debían especificar las facultades extraordinarias que asume el Ejecutivo, así como las garantías constitucionales que taxativamente se suspenden, el tiempo que duraría esta medida y las causas que lo motivaron. Con esta carta fundamental, se contempla que el Tribunal de Garantías Constitucionales realice un control en su siguiente sesión, ordinaria o extraordinaria, a fin de confirmar, limitar o revocar las facultades extraordinarias ejercidas por el presidente de la República[43], y al Congreso se le da el poder de cesar el estado de sitio al considerar que ya no existen las circunstancias que lo motivaron.

---

37 Ibíd., artículo 155.
38 Ibid., artículo 141.
39 Ibid., artículo 141.
40 Ibid., artículo 141.
41 Ecuador, *Constitución Política de la República del Ecuador*, 31 de diciembre de 1946, art. 95.
42 Ibid., artículo. 94.
43 Ecuador, *Constitución Política de la República del Ecuador*, 25 de mayo de 1967, art. 185.

El artículo 185 también establece las prerrogativas que no se pueden suspender, como el derecho a la vida, a la integridad personal y a la no expatriación. Además, el artículo 188 recuerda que "la declaración de estado de sitio no interrumpe el funcionamiento de los órganos del Poder Público"[44]. Esta carta de 1967 constituye, junto con la de 1945, un parteaguas en la historia de las situaciones de excepcionalidad en el constitucionalismo ecuatoriano, ya que concibe al estado de sitio, no como un atributo presidencial draconiano, sino como un mecanismo que busca preservar las garantías constitucionales y propone un cierto nivel de control, no solo político, sino constitucional[45].

Tras el fin de la última dictadura militar, entró en vigor la Constitución de 1979 y la figura en cuestión asume el nombre de estado de emergencia[46], cuya declaración es atribución del presidente frente a las causales de inminente agresión externa, guerra internacional, grave conmoción o catástrofe interna. El Congreso y el Tribunal de Garantías Constitucionales conservan su derecho a ser notificados y su facultad de revocar la declaratoria cuando las circunstancias que la propiciaron hubiesen desaparecido. En el resto de características, se guarda relación con la anterior Constitución de 1967.

La crisis política y económica de finales de los noventa derivan en una crisis constitucional, que se decanta en la convocatoria a una Asamblea Constitucional, que funcionó simultáneamente al Congreso de la época, para redactar una nueva carta. La Constitución de 1998 consolidó el largo proceso de evolución de esta institución jurídica, al instituir un capítulo exclusivo, el cuarto, dentro del *Título VII. De la Función Ejecutiva*, para regular el estado de emergencia, que tiene un plazo máximo de 60 días, a menos que se lo renueve si las causas persisten. Esta carta fundamental no establece ningún rol, sobre este tema, para el Tribunal Constitucional; solo para el Congreso, que puede revocar el estado de emergencia "si las circunstancias lo justificaren"[47]. Sin embargo, hay que anotar que la Constitución de 1998 concibió al estado de emergencia como una prerrogativa de la Función Ejecutiva, que por primera vez no requería calificación del Legislativo.

---

44 Ibid., artículo. 188.

45 Rosa Melo, *El estado de excepción en el actual constitucionalismo andino*. Quito: Universidad Andina Simón Bolívar y Corporación Editora Nacional, 2015, p. 9.

46 Ecuador, *Constitución Política del Ecuador*, 5 de mayo de 1978, artículo. 78, literal n.

47 Ecuador, *Constitución Política de la República del Ecuador*, Registro Oficial 1, 11 de agosto de 1998, artículo 182.

1945-1998 Excepcionalidad sujeta a control político			
	Constitución	**Causales**	**Órgano de control**
15	1945	Inminente invación exterior, guerra internacional o conmoción interior a mano armada (Art. 68); grave amenaza para la salud pública (Art. 155).	Congreso, Tribunal de Garantías Constitucionales
16	1946	Inminente invación exterior, guerra internacional o conmoción (Art. 94); catástrofe, como incendio, terremoto, unindación, etc., (Art. 95).	Congreso, Consejo de Estado
17	1967	Agresión externa, conoción interior, conflicto internacional o inminente invasión (Art. 186. 1, 2); terremoto, inundación, incendio u otra catástrofe que afecte gravemente la vida social o económica de la comunidad (Art. 189).	Congreso, Tribunal de Garantías Constitucionales
18	1979	Agresión externa, guerra internacional, grave conmoción o catástrofe interna (Art. 78. n.)	Cámara Nacional de Representantes, Tribunal de Garantías Constitucionales
19	1998	Inminente agresión externa, guerra internacional, grave conmoción interna o catástrofes naturales (Art. 180).	Congreso Nacional

Finalmente, la crisis de gobernabilidad que sucede en la primera década del nuevo milenio justificó la convocatoria a una nueva Asamblea Constituyente, la misma que propuso la Constitución de 2008, ratificada ampliamente en referéndum y vigente hasta la fecha. La institución del estado de excepción es articulada con un adecuado mecanismo de control de constitucionalidad, a cargo de la Corte Constitucional[48].

2008 Control constitucional de los estados de excepción			
	Constitución	**Causales**	**Órgano jurisdiccional**
20	2008	Agresión, conflicto armado internacional o interno, grave conmoción interna, calamidad pública o desastre natural (Art. 164-166).	Corte Constitucional

48 Ecuador, *Constitución de la República del Ecuador*, Registro Oficial 449, 20 de octubre de 2008, artículo 164.

2. *El estado de excepción en el régimen constitucional ecuatoriano desde la Constitución de 2008*

En esta sección se examinará el marco jurídico que desde 2008 regula los estados de excepción y que, además de tener un sustento en el texto constitucional, la Ley Orgánica de Garantías Jurisdiccionales y Control Constitucional (LOGJCC, en adelante) y otras leyes, ha sido fundamentalmente construido por la jurisprudencia de la Corte Constitucional, en el ejercicio del control que se ha llevado a cabo desde 2008 y con mayor énfasis a partir de 2019.

2.1. Naturaleza jurídica del estado de excepción

La Constitución de la República del Ecuador (en adelante, CRE) establece desde el artículo 164 al 166 el diseño normativo de los estados de excepción, dentro del capítulo sobre la Función Ejecutiva. El 164 prescribe las causales por los que se podrá decretar estado de excepción y los principios que se requiere observar, así como la obligación de establecer su motivación, el ámbito territorial de su aplicación, el periodo de su duración, las medidas que deberán aplicarse, los derechos que podrán suspenderse o limitarse y las notificaciones que correspondan de acuerdo a la CRE y los tratados internacionales.

Si bien la CRE no define al estado de excepción, la jurisprudencia de la Corte Constitucional, por medio de sus dictámenes, ha procurado construir una noción que describa la naturaleza jurídica de los estados de excepción: "una potestad de la que disponen los Estados para conjurar problemas y defender los derechos de las personas que viven en su territorio y que, por una situación no previsible, no pueden ser garantizados con los mecanismos regulares y ordinarios"[49].

Asimismo, la Corte Constitucional ha determinado que la finalidad de un estado de excepción se materializa con la "consecución de la normalidad institucional del Estado en épocas de crisis, evitando o atenuando las amenazas a la existencia de la sociedad organizada y de sus ciudadanos que la integran"[50], "siempre que se justifique la excepcionalidad de las circunstancias sobrevenidas y la imperiosidad de las decisiones adoptadas"[51].

---

49 Corte Constitucional, Dictamen 001-08-SEE-CC, de 04 de diciembre de 2008, p. 8. Ver también dictamen 1-19-EE/19, párr. 7.

50 Corte Constitucional del Ecuador, Dictamen 001-13-DEE-CC, de 4 de septiembre de 2013, p. 7.

51 Corte Constitucional del Ecuador, Dictamen 4-21-EE/21, de 4 de agosto de 2021, párr. 10.

Es preciso señalar que la CRE, al hablar de estados de excepción, se refiere a la institución jurídica que regula las situaciones de excepcionalidad y que, en derecho comparado, puede recibir otros nombres, con sus específicas características y connotaciones, como estado de emergencia, estado de sitio (*état de siège*), estado de catástrofe, estado de calamidad, estado de alarma, ley marcial (*martial law*) o poderes de emergencia (*emergency powers*).

En ese sentido, el dictamen 2-23-EE/23 recuerda que los estados de excepción, al contemplar la posibilidad de suspender o limitar derechos, constituyen un mecanismo extraordinario, restringido, agravado y de *ultima ratio*[52], ya que para coordinar acciones entre la función ejecutiva y los gobiernos autónomos descentralizados, encausar el uso eficiente de los recursos públicos, financiar proyectos de remediación y prevenir catástrofes, existe el estado de emergencia[53], que es medida ordinaria[54] y que no equivale a una situación de excepcionalidad.

2.2. Causales

Décadas de evolución de esta institución jurídica, así como una condena internacional en el Sistema Interamericano de Derechos Humanos que se abordará más adelante[55], implicó para el derecho público ecuatoriano la necesidad de establecer causales taxativas a fin de declarar el estado de excepción. Causales que justificasen, constitucionalmente, la suspensión del régimen ordinario y la activación de las herramientas excepcionales. La sección sobre la regulación de los estados de excepción en la CRE empieza con el artículo 164, que establece estas seis causales: agresión, conflicto armado internacional o interno, grave conmoción interna, calamidad pública o desastre natural[56].

La importancia de las causales es de tal envergadura que, tras erráticos dictámenes que autorizaron todo tipo de estados de excepción desde 2008 a 2019, una nueva conformación de la Corte Constitucional dictaminó, en el 2022 y todavía en el contexto de la crisis mundial por la pandemia

---

52 Corte Constitucional del Ecuador, Dictamen 2-23-EE/23, párrafo 50.

53 Ídem.

54 Ver reforma vigésima séptima efectuada por la Ley Orgánica que Regula el Uso Legítimo de la Fuerza a la LSPE, que incorpora a esta norma legal el título innumerado "Estado de emergencia del Sistema de Seguridad Pública y del Estado".

55 Corte IDH, Caso Zambrano Vélez y otros vs. Ecuador, Sentencia de 4 de julio de 2007 (Fondo, Reparaciones y Costas).

56 *CRE*, art. 164.

de la Covid-19, que la declaratoria de los mismos no es una medida de carácter preventivo[57].

En la práctica, las causales que han sido invocadas desde 2008 hasta la actualidad han sido grave conmoción interna, calamidad pública, desastre natural y conflicto armado interno, las cuales serán analizadas a partir de la jurisprudencia constitucional ecuatoriana. Es decir, nunca han sido invocadas las causales de agresión y de conflicto armado internacional, que serán exploradas brevemente y a partir del derecho internacional público, el derecho humanitario y la doctrina.

2.2.1. *Causales invocadas*

a) Grave conmoción interna

Esta causal, que ha sido invocada para conjurar algunas de las más graves crisis que el país ha afrontado en los últimos años[58], tiene una muy reciente reflexión jurídica sobre su contenido y alcance, puesto que desde 2008 hasta la llegada de la nueva conformación de la Corte Constitucional, en 2019, se autorizaron declaratorias de estados de excepción preventivos. Así es como el órgano constitucional, once años después de que entró en vigor la CRE, pudo definir la grave conmoción interna en un caso relacionado con intensos hechos de violencia en la parroquia Buenos Aires, del cantón Urcuquí, en el contexto de los efectos de la minería ilegal en esa zona. En ese sentido, estableció dos parámetros para la configuración de esta causal: (a) la real ocurrencia de los hechos; y (b) que los hechos generen una considerable alarma social[59].

Es preciso señalar que, antes de los controles de constitucionalidad en el marco de la pandemia por la Covid-19, el poder Ejecutivo mantuvo la práctica de hacer un uso indiscriminado e injustificado de la causal de grave conmoción interna y calamidad pública, que obtuvieron dictámenes favorables por parte de la Corte Constitucional[60], incluso hubo casos

---

57 "Los estados de excepción operan frente a circunstancias actuales y ciertas, más no son una herramienta frente a escenarios probables o futuros". Corte Constitucional del Ecuador, Dictamen 7-20-EE/20, párr. 23

58 Los paros nacionales de octubre de 2019 y junio de 2022; así como la crisis carcelaria que ha implicado a la fecha ha causado más de una decena de masacres y más de 400 muertos (Nota del Autor).

59 Corte Constitucional del Ecuador, Dictamen 3-19-EE/19, párrafo 21. En el mismo sentido véase el dictamen 6-22-EE/22, de 31 de agosto de 2022, párr. 48.

60 Corte Constitucional del Ecuador, Dictamen 4-09-SEE-CC.

como el de los efectos negativos del fenómeno El Niño, en el que la causal adecuada hubiese sido desastre natural[61].

Por último, un criterio indispensable a tomar en cuenta sobre las graves conmociones internas, concebidas como situaciones de alteración al orden público, ha sido desarrollado por la Corte Interamericana de Derechos Humanos (en adelante, Corte IDH) al solicitar a los Estados extremo cuidado y limitación en la utilización de las Fuerzas Armadas, y sostiene, quizá en un ejercicio necesario de memoria sobre la historia de las violaciones a los derechos humanos en América Latina, que su entrenamiento "está dirigido al enemigo, y no a la protección y control de civiles, entrenamiento que es propio de los entes policiales"[62].

b) Calamidad Pública

Luego de la grave conmoción interna, la calamidad pública es la siguiente causal que más ha sido invocada por los presidentes ecuatorianos para declarar estados de excepción[63], incluso preventivos. Esta causal cobró relevancia en el contexto de la pandemia por Covid-19 y la Corte Constitucional tuvo, por fin, la ocasión propicia para aunar en su contenido y alcance. Es en el dictamen 1-20-EE/20 en donde, en coherencia con la jurisprudencia constitucional colombiana[64], se alcanza una definición de esta causal: "situación de catástrofe con origen en causas naturales o atrópicas que, por tener el carácter imprevisible o sobreviniente, provoca graves consecuencias sobre la sociedad, particularmente, la lesión o puesta en riesgo de la integridad de la vida humana o de la naturaleza"[65].

Es decir, la jurisprudencia constitucional ha construido un criterio de exigencia al Ejecutivo, para justificar la declaratoria del estado de excepción mediante esta causal, de dos elementos: (a) una situación catastrófica derivada de causas naturales o humanas, y (b) el carácter de imprevisible o sobreviniente[66]. Se trata, por supuesto, de una definición que aún no

61 Atacushi, p. 10.

62 Corte IDH, Caso Montero Aranguren y otros vs. Venezuela, Sentencia de 5 de julio de 2006 (Fondo, Reparaciones y Costas), párr. 78. También Zambrano Vélez y otros vs. Ecuador, párr. 51.

63 Asimilándola y usándola a la par —sin dotarla de contenido ni desarrollar su alcance— de la grave conmoción interna, como en el mencionado dictamen 6-16-DEE-CC o en el 1-18-DEE-CC, respecto a la explosión de una unidad policial en Esmeraldas

64 Corte Constitucional de Colombia, Sentencia No. C-216/11.

65 Corte Constitucional del Ecuador, Dictamen 1-20-EE/20, párr. 28., en concordancia con la Sentencia No. C-216/11 de la Corte Constitucional de Colombia.

66 Dos conceptos cuya diferencia no ha sido aún aclarada por la Alta Corte.

se diferencia del desastre natural; sin embargo, tan vigente es ese debate que en la jurisprudencia colombiana, a diferencia de lo que prescribe la Constitución ecuatoriana, el desastre natural se encuentra dentro de la calamidad pública[67].

El uso indiscriminado de esta causal ha abarcado situaciones como la afectación de los sectores estratégicos o de recursos públicos, la gestión de empresas mixtas con deficiente desempeño en la prestación de servicios públicos, peligros a la seguridad del Estado o, con sentido preventivo, para evitar desastres naturales[68]. No deja de ser cuestionable que la Corte Constitucional, en el intento de realizar un control sobre esas declaratorias, en lugar de observar las deficiencias en cuanto a la motivación de las mismas, procuró suplirlas y dictaminó la constitucionalidad en todos los casos hasta la conformación de 2019 que, por ejemplo, estableció que la crisis económica y financiera, por basarse en problemas estructurales que se deben encarar con la aplicación del sistema institucional y jurídico ordinario, no se adecúan al contenido de las causales del artículo 164 de la CRE para declarar el estado de excepción[69].

De todas maneras, a partir del control de constitucionalidad de los estados de excepción por la Covid-19, nos queda claro —mediante una obvia interpretación del ejercicio del control— que eventos relacionados con la salud pública, como una pandemia, se enmarca en la calamidad pública, sean sus causas naturales o provocadas por el ser humano.

c) Desastre natural

La de desastre natural es una causal que poca profundización ha tenido en cuanto a su contenido y alcance, aunque, en términos generales, es la que menos esfuerzo jurídico requiere para ser conceptualizada y entendida, pues se trata de un evento que, en cuanto a sus consecuencias, puede implicar pérdidas humanas, materiales y psicosociales[70].Además, la Corte Constitucional de Colombia, ya describió su tipología: terremotos, sismos, avalanchas, desbordamientos de ríos, inundaciones, tsunamis (maremotos), incendios, etc[71].

La cuestionable práctica de no distinguir adecuadamente, mediante el ejercicio del control de constitucionalidad, la causal de desastre natural de la

67 Ídem.

68 Atacushi, p. 10.

69 Corte Constitucional del Ecuador, Dictamen 3-20-EE/20, párrs. Del 31 al 36.

70 CEPAL, *Manual para la Evaluación de Desastres* (2014), p. 52.

71 Corte Constitucional de Colombia, Sentencia No. C-216/11.

de calamidad pública, puede, por fin, estar en revisión a partir de un reciente caso: la declaratoria de estado de excepción, mediante la causal de calamidad pública, por dos desastres naturales. En primer lugar, el movimiento telúrico del 18 de marzo de 2023 y, en segundo lugar, las consecuencias perjudiciales de la temporada invernal que se han traducido en inundaciones, aluviones, deslizamientos de tierra, deslaves y hundimientos. Es, por tanto, la primera ocasión en que la Corte se intenta construir un criterio diferenciador con base en las características de las circunstancias de la emergencia[72].

d) Conflicto armado interno

Se puede diferenciar a los conflictos armados del siguiente modo: cuando las fuerzas armadas de dos o varios Estados se enfrentan, se configura un conflicto armado internacional, mientras que cuando el enfrentamiento se produce entre las fuerzas armadas de un Estado, ya sea contra fuerzas armadas disidentes o grupos armados organizados, o entre "grupos de personas que gobiernan un territorio específico o [...] cualquier organización con capacidad para cometer un ataque generalizado o sistemático contra una población civil"[73], se trata de un conflicto armado no internacional (CANI)[74] y le son aplicables las normas de derecho internacional humanitario (DIH)[75].

Gran parte de la doctrina del DIH ha establecido que para determinar la existencia de un CANI es necesario verificar que las fuerzas armadas disidentes o grupos armados organizados cuenten con: (i) un mando responsable o estructura de comando; (ii) control de una parte sustancial del territorio o la población; y, (iii) capacidad de realizar operaciones militares sostenidas y concertadas[76]; a las que otros autores suman la aplicación del DIH y el reconocimiento de la existencia de este conflicto[77].

---

72 Corte Constitucional del Ecuador, Dictamen 2-23-EE/23, párr. 32, 33 y 34.

73 Corte Penal Internacional, Decisión sobre la solicitud de autorización para iniciar una investigación sobre la situación en la República de Kenia en virtud del artículo 15 del Estatuto de Roma, de 31 de marzo de 2010, ICC-01/09, párr. 92 y 93, y en su sentencia de conformidad con el artículo 74 del Estatuto de Roma en el caso Katanga, de 7 de marzo de 2014, párr. 1117 y siguientes.

74 El Protocolo Adicional I a la Convención de Ginebra de 1949 aplica para los conflictos armados internacionales, mientras que el Protocolo Adicional II a los no internacionales (Nota del Autor).

75 Comité de Derechos Humanos, Observación general No. 29, párr. 3, junto con el artículo 4 y del párrafo 1 de artículo 5 del PIDCP.

76 Elizabeth Salmón, *Introducción al Derecho Internacional Humanitario* (IDEHPUCP, 2016), p. 120.

77 Max Sorensen, *Manual de Derecho Internacional Público* (México, Fondo de Cultura Económica, 1973).

La Corte Constitucional, sin embargo, en la renovación del primer caso[78] en que esta causal fue invocada acogió la fórmula por la cual la existencia de un CANI se verifica mediante dos requisitos: a) intensidad de las hostilidades y b) organización del grupo armado[79]. En esa misma decisión, diferenció el CANI, descrito por el DIH, de la causal de conflicto armado interno, de la CRE[80], debido a que alegó: a) es imposible prever la duración de un conflicto armado, sea internacional o no internacional; y, b) la existencia de un CANI no depende de su reconocimiento por parte del Estado, por medio de pronunciamiento de la Corte u otra autoridad, sino de la concurrencia de los requisitos de intensidad y organización, en los hechos[81].

En ese sentido, la Corte Constitucional aclaró que el presidente de la República, en el caso de un CANI, "puede y debe tomar todas las medidas que son inherentes a los conflictos armados, como, por ejemplo, la movilización y el empleo de las Fuerzas Armadas"[82], para que cumplan su rol natural reconocido en el artículo 158 de la CRE. Esto, sin necesidad de declarar un estado de excepción que tiene un límite temporal que fácilmente puede ser rebasado por la duración del conflicto.

La Corte sí reconoce un nexo entre el CANI y el conflicto armado interno del artículo 164 de la CRE, al determinar que la utilidad de esta causal residiría en que el presidente de la República pueda decretar estado de excepción si requiriera tomar medidas no inherentes al CANI sino a la excepcionalidad, como la recaudación anticipada de tributos, utilizar fondos públicos previstos para otros fines o enviar proyectos de ley en materia económica urgente a la Asamblea Nacional[83].

---

78 En el dictamen 1-24-EE/24, de ponencia del juez Enrique Herrería Bonnet, la Corte acepta las causales de grave conmoción interna y conflicto armado interno invocada por el presidente Daniel Noboa. Sin embargo, de los ocho jueces que votaron a favor del dictamen (todos los presentes), cinco se apartaron mediante un voto concurrente del razonamiento propuesto y concluyeron que Noboa no había justificado la causal de conflicto armado interno. En el dictamen 2-24-EE/24, de ponencia de la jueza Daniela Salazar Marín, respecto de la renovación de esa declaratoria, se asienta definitivamente esta conclusión, pese a que se acepta la excepcionalidad por grave conmoción interna debido a la situación de violencia e inseguridad causada por el crimen organizado que acreditó el Ejecutivo y que fue evidente y alarmante para la población ecuatoriana; política judicial, esta última, que se ha repetido en los demás dictámenes.

79 Ibid., párr. 66.

80 Corte Constitucional del Ecuador, dictamen 2-24-EE/EE, de 21 de marzo de 2024, párr. 79.

81 Ibid., párr. 80.

82 Ídem.

83 Ibid., párr. 82.

2.2.2. *Causales no invocadas*

a) Agresión

La Carta de las Naciones Unidas contiene el concepto de agresión[84] más no lo define, mientras que la Carta de la Organización de Estados Americanos avanza primigeniamente en dotarla de contenido, al establecer que el objeto susceptible de agresión es la integridad territorial, la soberanía o independencia política del Estado americano agredido, pudiendo la agresión provenir de un ataque armado o no[85].

La agresión, según la definición propuesta[86] por la Asamblea General de las Naciones Unidas, es "[...] el uso de la fuerza armada por un Estado contra la soberanía, la integridad territorial o la independencia política de otro Estado, o en cualquier otra forma incompatible con la Carta de las Naciones Unidas"[87].

En la Primera Conferencia de Revisión del Estatuto de Roma de la Corte Penal Internacional de 1998, que tuvo lugar en Kampala, Uganda, en 2010, se incorporó la propuesta de definición planteada por la Asamblea General de la Organización de las Naciones Unidas de 1974, así como la lista[88] de los actos de agresión, que dan contenido a la tipicidad del crimen de agresión, por el que debe ser juzgado el que planifica, inicia o realiza uno de esos actos; motivo por el cual, el legislador ecuatoriano lo tipificó a su vez en el Código Orgánico Integral Penal (COPI), en su artículo 88[89].

Finalmente, es preciso señalar que desde el Comité de Derechos Humanos se ha pretendido introducir, como objeto susceptible de agresión, además de la integridad territorial, la soberanía o independencia política del Estado, al derecho a la vida, cuya protección y garantía implica una

---

84 *Carta de las Naciones Unidas*, 1945, art. 39.

85 *Carta de la OEA*, 1948, Art. 29.

86 Hasta la revisión del Tratado de Roma de la Corte Penal Internacional, no se implementó esta definición por la oposición de los Estados Unidos de América, en ejercicio de su poder de veto en el Consejo de Seguridad de las Naciones Unidas (Nota del Autor).

87 ONU, Asamblea General, Res 3314, 1974, artículo 1.

88 Existe disenso sobre si la enumeración de ejemplos de actos de agresión es exhaustiva, desde la perspectiva de la certeza jurídica (Nota del Autor).

89 Werle y Jessberger, *Crimen de Agresión*, 896. Se ha debatido, sin embargo, que se haya utilizado esta definición para sustentar la tipicidad del crimen de agresión, ya que la resolución de la Asamblea General de la ONU se refirió a la responsabilidad de los Estados y no fue concebida como un instrumento de derecho penal internacional para la persecución de individuos.

obligación positiva para los Estados emanada del artículo 6 del Pacto Internacional de Derechos Civiles y Políticos (PIDCP)[90].

b) Conflicto armado internacional

En el Derecho Internacional Humanitario (DIH) podemos encontrar la raíz de la causal de conflicto armado internacional, cuyo contenido y alcance no ha sido desarrollado por la jurisprudencia de la Corte Constitucional debido a que jamás la misma ha sido invocada para declarar un estado de excepción. Sin embargo, desde el propio DIH es posible entender que "[c]ualquier diferencia que surja entre dos Estados y que conduzca a la intervención de fuerzas armadas es un conflicto armado [...] incluso si una de las partes niega la existencia de un estado de guerra. Es irrelevante la duración del conflicto como la mortandad"[91].

2.3. Principios

Como hemos visto previamente, el artículo 164 de la CRE ordena al presidente de la República, para la declaratoria de estado de excepción, observar los principios de necesidad, proporcionalidad, legalidad, temporalidad, territorialidad y razonabilidad[92]. La observancia de los mismos busca garantizar: (i) la excepcionalidad del régimen; (ii) el mantenimiento del estado de derecho; y, (iii) evitar el cometimiento de abusos o arbitrariedades[93], así como constituyen parámetros para realizar el control de constitucionalidad por parte de la Corte Constitucional[94].

a) Principio de necesidad

Este principio guarda estrecha relación con la naturaleza jurídica del estado de excepción, en cuanto no puede existir una medida dentro del

---

90 ONU Comité de Derechos Humanos, "Observación general núm. 36, aprobada en su 124 periodo de sesiones¨ (8 de octubre a 2 de noviembre de 2018), párr. 70. https://www.refworld.org.es/pdfid/5e61813b4.pdf.

91 J. Pictet, *Commentary on the First Geneva Convention for the Amelioration of the Condition of the Wounded and Sick in Armed Forces in the Field*, CICR, (Ginebra, 1952), p. 32.

92 *CRE*, art. 164.

93 Atacushi, p. 16.

94 Leonel Steve Vivanco Maldonado, *Estado de excepción y control de constitucionalidad. Una aproximación crítica a partir de los dictámenes expedidos por la Corte Constitucional durante la pandemia de COVID-19* (Quito, Universidad Andina Simón Bolívar, 2022), p. 47.

régimen ordinario para enfrentar la contingencia. En consecuencia, no existe necesidad cuando se verifica "la existencia de un medio alternativo, [...] que este medio alternativo tenga una idoneidad igual o mayor que la medida, [y] que este medio alternativo sea más benigno con el derecho fundamental objeto de intervención"[95].

En ese sentido, la Corte Constitucional ha señalado que al presidente de la República le corresponde realizar un juicio de necesidad[96], en el que deberá identificar y justificar la causal constitucional con la que declara el estado de excepción, puesto que sin una causal no cabe un régimen de excepcionalidad y las medidas adoptadas no gozarían de legitimación constitucional[97].

b) Principio de proporcionalidad

La observancia del principio de proporcionalidad implica que la suspensión del régimen ordinario o la limitación de un derecho, adoptadas para enfrentar una contingencia, ofrezcan un beneficio mayor[98] al perjuicio que deviene de dichas suspensión o limitación[99]. Este principio, consecuentemente, se aplica y verifica en las medidas decretadas, que también deben perseguir un fin —constitucionalmente válido— superior a la limitación de derechos.

El objetivo esencial de las medidas es detener la situación que amenaza a la población y al Estado, por cuando, una vez alcanzado ese objetivo, no se justifica la permanencia de las medidas. El de proporcionalidad, entonces, es un principio estrechamente vinculado al de necesidad y a la limitación temporal y territorial de las medidas[100]. A efectos de verificar la observancia de este principio, la Corte ha definido un test de proporcionalidad de las medidas, que implica examinar: (i) que persiga un fin constitucionalmente válido; y (ii) que sea idónea, necesaria, y proporcional al fin perseguido[101].

c) Principio de legalidad

El principio de legalidad determina que el estado de excepción, pese a su naturaleza extraordinaria, nace y está regulado por las leyes y la Cons-

---

95 Carlos Bernal Pulido, "Tribunal Constitucional, legislador y principio de proporcionalidad" en Revista Española de Derecho Constitucional (2005), p. 426.

96 Corte Constitucional del Ecuador, Dictamen 4-21-EE/21, párr. 24.

97 Ibid., párr. 23.

98 Corte Constitucional del Ecuador, Dictamen 3-20-EE/20.

99 Bernal, p. 426.

100 Corte Constitucional del Ecuador, Dictamen 4-19-EE/19, párr. 44.

101 Corte Constitucional del Ecuador, Dictamen 3-20-EE/20, párrs. 106, 107 y 108.

titución, por lo tanto, es un principio esencial para el control formal de la declaratoria y de la renovación ya que la excepcionalidad es "un régimen de legalidad y por lo tanto no se podrán cometer arbitrariedades a pretexto de su declaración"[102].

El principio de legalidad, consecuentemente, comprende dos dimensiones: por un lado, la existencia de un marco normativo que regule su finalidad, requisitos y procedimiento de declaración, y por otro lado, la de un mecanismo de control que verifique el cumplimiento de la primera dimensión[103]. En el Ecuador existe un marco normativo, no sólo porque la institución jurídica consta en la CRE, sino además en el bloque de constitucional integrado por los instrumentos internacionales en materia de derechos humanos, como la Convención Americana sobre Derechos Humanos (CADH), en su artículo 27, y el PIDCP, artículo 4. En cuanto a la segunda dimensión, además del control jurídico a cargo de la Corte Constitucional, la Asamblea Nacional está facultada a ejercer un control político sobre los estados de excepción.

d) Principio de temporalidad

En la actualidad, el principio de temporalidad apunta a impedir una desnaturalización del estado de excepción y, consecuentemente, una afectación al sistema democrático y a los derechos. En esa línea de pensamiento, si las circunstancias que justificaron en su momento la activación de un estado de excepción adquieren un carácter permanente, el Estado debe generar las condiciones para afrontarlas por los cauces ordinarios[104].

La CRE establece un plazo máximo de duración para el estado de excepción de 60 días, con la posibilidad de una renovación, si persisten las causas que motivaron la declaratoria, de hasta 30 días adicionales; es decir, un total de 90 días[105]. De este modo, queda claro que no se puede declarar estado de excepción por los mismos hechos, solo se puede renovar por 30 días el ya declarado; y la interpretación más reciente del texto constitucional, realizada por la Corte Constitucional, ha fijado que solo se puede renovar por una vez.

---

102 *LSPE*, art. 28.

103 Atacushi, p. 19 y 50.

104 El párrafo 62 del Dictamen 3-20-EE/20 dice al respecto: "[...] el fin que debe perseguir la declaratoria de un estado de excepción, es utilidad las acciones extraordinarias que la Constitución prescribe, para contener de forma rápida y eficiente una determinada situación, y, con ello, ganar tiempo para coordinar esfuerzos dentro del régimen ordinario".

105 *CRE*, art. 166.

Esta, sin embargo, no ha sido la práctica histórica de la Corte en su control de constitucionalidad sobre los estados de excepción, ya que anteriormente se dieron casos de renovaciones indefinidas[106], incluso la conformación de 2019 permitió en el contexto de la Covid-19 una segunda renovación, sin que se hayan justificado hechos nuevos[107].

e) Principio de territorialidad

En virtud de este principio, se exige que el estado de excepción sea aplicado de forma limitada al ámbito espacial donde existan los hechos que justifican la excepcionalidad, así como las medidas que limitan y suspenden derechos solo pueden tener alcance y validez donde sean necesarias[108], es decir, en el lugar en el que se producen efectivamente sus hechos constitutivos, criterio que ha sido reforzado por la jurisprudencia de la Corte[109].

f) Principio de razonabilidad

Se trata del principio menos desarrollado por la jurisprudencia de la Corte Constitucional, aunque ya se han realizado unos primeros aportes que nos permiten su estudio. En lo medular, la Corte ha dicho que se trata de un principio que guarda íntima relación con el de proporcionalidad, ya que en el juicio de necesidad se analiza la constitucionalidad material del decreto, mientras que en el juicio de razonabilidad y proporcionalidad se analiza la constitucionalidad material de las medidas[110].

No cabe duda de que el dictamen medular para este principio es el 4-21-EE/21, particularmente en su control sobre una medida contenida en el artículo 3 del Decreto Ejecutivo Nro. 140 de Guillermo Lasso, en el que se dispensaba a las personas con certificado de vacunación completo contra la Covid-19 de la limitación a la libertad de tránsito dispuesta previamente por la excepcionalidad. Al respecto, la Corte consideró que, ante un incipiente proceso de vacunación que en ese momento distaba de ser masivo, se generaba un "trato diferenciado que no se encuentra justificado"[111], por cuanto señaló expresamente que la medida no era razonable.

---

106 Corte Constitucional del Ecuador, Dictamen 3-20-EE/20, párr. 67.
107 Ibid., párr. 69.
108 *LSPE*, art. 30.
109 Corte Constitucional del Ecuador, Dictamen 3-21-EE/21, párr. 7.4.5.
110 Corte Constitucional del Ecuador, Dictamen 4-21-EE/21, párr. 24.
111 Ibid., párr. 49.

2.4. Suspensión o limitación de derechos

El artículo 165 prescribe que los únicos derechos que podrán suspenderse o limitarse son la inviolabilidad de domicilio, la inviolabilidad de correspondencia, la libertad de tránsito, la libertad de asociación y reunión, y la libertad de información[112]. Al respecto, la Corte Constitucional ha precisado que la "suspensión de derechos se produce cuando se impide o priva temporalmente el ejercicio de un derecho"[113], mientras que la limitación "reduce el ejercicio de un derecho, [al establecer] condiciones para su ejercicio pero no se impide el ejercicio de derechos"[114], en cuyo caso, la restricción es una "limitación severa"[115]. Asimismo, la Corte también aclaró que tanto la suspensión como limitación afectan el ejercicio de los derechos, nunca su titularidad[116].

3. *El rol de la Corte Constitucional del Ecuador: mecanismo de control judicial*

La historia de la excepcionalidad en toda América Latina ha estado hilada a la historia de las violaciones a los derechos humanos. Para el Ecuador, ese nexo ha implicado una condena por parte de la Corte IDH, en la sentencia del caso Zambrano Vélez y otros vs. Ecuador, pues el 6 de marzo de 1993, mientras estaba en vigencia el Decreto Nro. 86 del entonces presidente Sixto Durán Ballén para combatir a la delincuencia con la intervención de las Fuerzas Armadas en todo el territorio nacional, se desarrolló un operativo en la ciudad de Guayaquil, en la zona suburbana denominada "Barrio Batallón", para supuestamente capturar a delincuentes, narcotraficantes y terroristas. Durante el operativo, en que los miembros de Fuerzas Armadas usaron pasamontañas y explosivos para abrir las puertas, se asaltaron las casas de Wilmer Zambrano Vélez, Segundo Olmedo Caicedo Cobeña y José Miguel Caicedo Cobeña, que fueron ejecutados en presencia de sus compañeras e hijos[117].

Esta aberrante experiencia de abuso estatal implicó que la Corte IDH, en su análisis, observara la ausencia de límites temporales o espaciales exi-

---

112 *CRE*, art. 165.

113 Corte Constitucional del Ecuador, *Dictamen 2-21-EE/21*, párr. 72.

114 Ídem.

115 Ídem.

116 Ídem.

117 Caso Zambrano Vélez y otros vs. Ecuador, Sentencia de 4 de julio de 2007 (Fondo, Reparaciones y Costas).

gidos por instrumentos internacionales, específicamente el artículo 27 de la CADH, en la aplicación de situaciones de excepcionalidad en el Ecuador. Es preciso señalar que la sentencia del órgano interamericano es del año 2007, cuando estaba en vigencia la Constitución de 1998, en la que tampoco se establecían los señalados límites a la excepcionalidad[118]. En cualquier caso, en la sentencia, se ordenó al Estado ecuatoriano regular el estado de excepción de conformidad con la CADH, específicamente sus artículos 8, 25 y 27, relativos a la limitación de los estados de excepción en el espacio y tiempo[119].

El mismo año en que se dictó la sentencia interamericana, inició sus sesiones la Asamblea Constituyente convocada en referéndum para redactar un nuevo texto constitucional. Fue la ocasión propicia para regular constitucionalmente al estado de excepción y construir un mecanismo para su adecuado control de constitucionalidad.

Así fue como la Constitución de 2008, actualmente en vigor, implicó un cambio de paradigma en cuanto a los estados de excepción al articular, no sólo las limitaciones que exige el artículo 27 de la CADH, sino un mecanismo de control que debía verificar la observancia de ciertos principios, la concurrencia de una de las causales constitucionales, una motivación suficiente, así como el detalle de las medidas que podrían ser aplicadas y los derechos que podrían suspenderse o limitarse. La CRE, como hemos visto ya, también dispone al presidente de la República que, en el mismo decreto en que declare el estado de excepción, ordene la notificación[120] a la Asamblea Nacional, Corte Constitucional y, con base en los instrumentos internacionales suscritos por el Ecuador, a la Organización de Naciones Unidas (ONU) y a la Organización de Estados Americanos (OEA).Al igual que en el sistema constitucional colombiano[121], en el Ecuador es la Corte Constitucional la encargada de realizar el control de constitucionalidad de los estados de excepción[122], de manera obligatoria y sin que haga falta una petición al respecto. La naturaleza jurídica de este control tiene que ver con que las facultades extraordinarias[123] que se habilitan mediante el estado de excepción son constitucionales y no pueden

---

118 En 1992, cuando sucedieron las ejecuciones extrajudiciales, estaba en vigor la Constitución de 1979.

119 Ver también la Observación General No.9 adoptada por el Comité de Derechos Humanos de la Organización de Naciones Unidas en 2001.

120 *CRE*, art. 164.

121 *Constitución Política de la República de Colombia*, art. 214, 6.

122 *CRE*, arts. 166 y 436; *LOGJCC*, arts. 75.3.c y 119.

123 CRE, art. 165. Todas estas facultades han sido usadas desde 2008 a la fecha.

exceder la esfera del Estado Constitucional de derechos y justicia. En ese sentido, la LOGJCC establece a los siguientes como objetivos del control sobre los estados de excepción: (1) "garantizar el disfrute pleno de los derechos constitucionales"[124] y (2) "salvaguardar el principio de separación y equilibrio de los poderes públicos"[125].

El procedimiento, entonces, se activa con la notificación de la declaratoria del estado de excepción que efectúa, por mandato de la CRE, el presidente de la República, que debe ocurrir dentro de las cuarenta y ocho horas a la suscripción del decreto. Mediante el sistema de sorteos de causas, la Corte designará un juez ponente, que avocará conocimiento y preparará un proyecto de dictamen al respecto. Por medio de la Secretaría General, el proyecto será sometido a conocimiento y resolución del Pleno. Es preciso señalar que no constituiría impedimento para la Corte el hecho de que el Ejecutivo no efectúe la notificación, porque su obligación de realizar el control es de oficio, sin embargo, esa falta de notificación implicaría un vicio de constitucionalidad del estado de excepción por inobservar requisitos formales[126].

De acuerdo con el investigador Leonel Vivanco Maldonado[127], el control constitucional que se realiza de acuerdo con el sistema jurídico ecuatoriano es jurisdiccional por parte de la Corte, no político como el que está facultada a realizar la Asamblea Nacional. También es un control *a posteriori*, porque se lo realiza una vez que el mismo ya ha entrado en vigor. Es automático, porque se lo efectúa sin que medie la voluntad de la Corte, e incluso en el caso de que el Ejecutivo derogue[128] la declaratoria o la Asamblea Nacional la revoque. Y es integral, ya que la Corte está llamada a verificar que las declaratorias y las medidas adoptadas cumplan con los requisitos formales y materiales que exigen la CRE y las leyes ecuatorianas.

Es importante tener en cuenta que la Corte, en el ejercicio del control, no debe impedir injustificadamente un régimen de excepción para conjurar una situación extraordinaria y emergente, pues esto irrespetaría el principio de protección de los derechos humanos en esas graves coyunturas[129].

---

124 *LOGJCC*, art. 119.
125 *LOGJCC*, art. 119.
126 Vivanco, p. 68.
127 Vivanco, pp. 68 y 69.
128 Dictamen 3-22-EE/22, párr. 6.
129 Atacushi, p. 49.

En ese sentido, el control formal de la declaratoria, tal como consta en el artículo 120 de la LOGJCC, implica la verificación de los siguientes requisitos formales: i) identificación de los hechos y de la causal constitucional que se invoca; ii) justificación de la declaratoria; iii) ámbito territorial y temporal de la declaración; iv) determinación de los derechos que sean susceptibles de limitación; y, v) constatación de las notificaciones que correspondan[130].

El control material, por su parte, está definido en el artículo 121 de la LOGJCC e implica el cumplimiento de los siguientes requisitos: i) que los hechos alegados hayan tenido real ocurrencia; ii) que configuren una de las seis causales constitucionales; iii) que no puedan ser superados a través del régimen constitucional ordinario; y, iv) que la declaratoria se decrete dentro de los límites temporales y espaciales.

Respecto de las medidas, el artículo 122 de la LOGJCC establece que el control formal verificará el cumplimiento de dos requisitos formales: i) que se ordenen mediante decreto, de acuerdo a las formalidades que establece el sistema jurídico; y ii) que se enmarque dentro de las competencias materiales, espaciales y temporales de los estados de excepción. El control material de las medidas consta en el artículo 123 de la LOGJCC, y por su parte, busca la verificación de: i) necesidad; ii) proporcionalidad; iii) causalidad directa e inmediata entre los hechos que dieron lugar a la declaratoria y las medidas adoptadas; iv) idoneidad; v) que no exista otra medida que genere un menor impacto en términos de derechos y garantías; vi) que no afecten el núcleo esencial de los derechos constitucionales y se respeten el conjunto de derechos intangibles; y, vii) que no se interrumpa ni se altere el normal funcionamiento del Estado.

La verificación de las causales, así como la observancia de los principios establecidos en la CRE, en cuanto a sus alcances y contenidos tal como los ha desarrollado la jurisprudencia constitucional, y que en este trabajo se han revisado, fijan los parámetros sobre los que se debe llevar a cabo el control formal y material de la declaratoria y las medidas.

Por último, la propia jurisprudencia constitucional ha definido que, al realizar el control formal y material de las declaratorias y/o renovaciones de los estados de excepción, así como de las medidas que se dispongan, la Corte se guíe por los siguientes estándares de verificación que nos parecen relevantes:

---

130 Corte Constitucional del Ecuador, Dictamen 2-20-EE/20, párr. 18.

a. La real ocurrencia y la persistencia de hechos que deben ser generadores de una situación de extrema gravedad, de tal manera que se configure una de las seis causales constitucionales.
b. Que las medidas adoptadas sean necesarias y proporcionales, en estricto cumplimiento de los límites temporales, espaciales y de su alcance material.
c. La observancia de todos los principios constitucionales en la declaratoria y las medidas adoptadas.
d. Que los beneficios que se consigan mediante las medidas de suspensión o limitación de derechos deben ser mayores al impacto de dicha suspensión o limitación, sin que bajo ningún concepto esa suspensión o limitación implique una anulación del derecho, pues deben respetar sus contenidos esenciales.
e. La movilización de las Fuerzas Armadas es solo complementaria y debe ser ejecutada de manera coordinada, pues es la Policía Nacional la institución encargada de la protección de los derechos[131].
f. Tanto las Fuerzas Armadas como la Policía Nacional, en el marco de un estado de excepción, deben actuar protegiendo los derechos de la ciudadanía y en estricto cumplimiento de las obligaciones reconocidas en los tratados internacionales, la Constitución y la normativa legal vigente sobre el uso de la fuerza[132].

3. *Conclusiones*

La evolución de la excepcionalidad, desde sus signos pretéritos hasta su actual configuración, ha permitido explorar el proceso histórico del constitucionalismo, particularmente el ecuatoriano. Su misma naturaleza se ha transformado a lo largo de las décadas, pues dejó de ser una prerrogativa presidencial para convertirse en una institución jurídica sujeta a un control político y, en la actualidad, jurisdiccional. Con la Constitución de 2008, el desarrollo de la jurisprudencia de la Corte Constitucional —especialmente a partir de 2019— ha permitido construir y estudiar el contenido y alcance de sus causales, así como de los principios que su declaratoria y sus medidas deben observar.

Sin embargo, la intención de estudiar esta institución jurídica no ha sido, solamente, describir su evolución ni la de su mecanismo de control, sino entender ontológicamente su naturaleza y la imperiosa necesidad de

---

131 Dictamen 6-21-EE/21, párrs. 79, 80 y 81.
132 Dictamen 3-20-EE/20, párrs. 132 y 133.

reflexionar en los peligros que una excepcionalidad desnaturalizada podrían conllevar en desmedro del sistema democrático. Ese es el sentido en que el control de constitucionalidad juega un rol preponderante a fin de preservar el Estado constitucional de derechos y justicia, y a evitar la más mínima posibilidad de excepcionalidades perpetuas o, como temía Agamben, "un umbral de indeterminación entre democracia y absolutismo"[133]. Más aún en un contexto latinoamericano en que modelos de excepcionalidad, como el aplicado por el presidente Nayib Bukele en El Salvador desde 2022 y vigente desde entonces[134], han provocado el debilitamiento de los derechos constitucionales. De hecho, el funcionario público que fungió como Secretario de la Administración y hoy como Ministro de Gobierno en Ecuador, ha criticado duramente a la Corte Constitucional por el ejercicio del control constitucional sobre los estados de excepción[135].

Este trabajo propone en su título la figura del panóptico como hipérbole, incluso como oxímoron, del estado de excepción, con la intención de alertar los riesgos de su banalización o utilización contraria a un sistema democrático, basado en un régimen constitucional ordinario[136]. La excepcionalidad no debe ser una herramienta del populismo ni servir a fines autoritarios, que le despojen de su finalidad histórica y jurídica. Quizá la metáfora de la catedral, en la que pensaba Carlos Santiago Nino[137] para explicar la práctica constitucional, sea más pertinente en esta ocasión para entender la imperiosa necesidad del control de constitucionalidad de los estados de excepción, cuya construcción y consolidación no es una tarea acabada y, posiblemente, requerirá del esfuerzo de varias generaciones para preservar y culminar la obra, si es que fuese posible culminarla.

---

133 Giorgio Agamben, *Estado de Excepción,* trad. Flavia Costa e Ivana Costa (Buenos Aires: Adriana Hidalgo, 2004), 24.

134 CNN, "La CIDH pide a Nayib Bukele que derogue el régimen de excepción y combata a la criminalidad con otras medidas", 14/09/2024 https://cnnespanol.cnn.com/2024/09/04/cidh-nayib-bukele-derogue-regimen-excepcion-el-salvador-orix

135 Primicias, "Si ellos están en edificio lindísimo en Quito, no tienen conflicto armado, dice el Secretario de la Administración", 14/09/2024 https://www.primicias.ec/noticias/politica/corte-constitucional-arturo-felix-wong-estado-excepcion/

136 También se podría pensar en la imagen del anillo de Sauron, en el mundo literario del escritor británico J. R. R. Tolkien, como metáfora de un poder extraordinario que causa la destrucción de quien lo utiliza.

137 Carlos Santiago Nino, *Fundamentos del derecho constitucional: análisis filosófico, jurídico y politológico de la práctica constitucional* (Buenos Aires: Astrea Editorial, 2000), p. 65.

4. *Bibliografía*

Agamben, Giorgio. *Homo acer: sovereign power and bare life (Ser. Homo sacer, 1)*. California: Stanford University Press, 1998.

Agamben, Giorgio. *Estado de Excepción, Homo Sacer II*. Traducción de Flavia Costa e Ivana Costa. Buenos Aires: Adriana Hidalgo editora, 2005.

Agamben, Giorgio. "The state of exception provoked by an unmotivated emergency". *Positions Politics*, 26 de febrero de 2020. https://positionspolitics.org/giorgio-agamben-the-state-of-exception-provoked-by-an-unmotivated-emergency/.

Agamben, Giorgio. "Clarifications". *An und für sich*, 17 de marzo de 2020. https://itself.blog/2020/03/17/giorgio-agamben-clarifications/.

— *Estado de Excepción.* Traducido por Flavia Costa e Ivana Costa. Buenos Aires: Adriana Hidalgo, 2004.

Appadurai, Arjun. "The COVID exception". *Social Anthropology*, 29 de mayo 2020. https://www.ncbi.nlm.nih.gov/pmc/articles/PMC7283716/.

Arguello, Luis Rodoldo. *Manual de derecho romano* (Buenos Aires: Editorial Astrea, 2004).

Atacushi García, Fátima Milena. *Estado de excepción y control de constitucionalidad: análisis de los decretos y dictámenes emitidos durante la COVID-19 en Ecuador*. (Quito, Universidad Central del Ecuador).

Benjamin, Walter. *Ensayos escogidos*. (México: Ediciones Coyoacán, 1999).

Benjamin, Walter. *Tesis sobre la historia y otros fragmentos*. (Bogotá: Ediciones desde abajo, 2010).

Bernal Pulido, Carlos. "Tribunal Constitucional, legislador y principio de proporcionalidad" en Revista Española de Derecho Constitucional (2005).

Bobbio, Norberto. *Democracia y dictadura: En Estado, gobierno y sociedad. Por una teoría general de la política*. México, DF: FCE, 2001.

Burt, *Judicial Supremacy, Judicial Impotence and the Rule of Law in Times of Crisis*. (Sela, Yale University, 2002).

Cazzolla Gatti, Roberto, Hernán Bobadilla, Christian Dorninger, Julia Stuhlträger, Isabella Sarto-Jackson, Lumila Paula Menéndez, Guillermo Bravo, Nicole D.S Grunstra, Luis Villanueva, Guido Caniglia, Alice Laciny, Esther Carmen, Stephanie L. Schnorr, Manuel Jakab. «Diversity lost: COVID-19 as a phenomenon of the total environment». *Science of the Total Environment* 756 (2021): 1-14. https://doi.org/10.1016/j.scitotenv.2020.144014.

CEPAL, *Manual para la Evaluación de Desastres* (2014).

Contreras Escribano, Sara. Deus ex machina, Lbretto (2015).

Dein, Simon. «Covid-19 and the apocalypse: Religious and secular perspectives». *Journal of Religion and Health* 60, n.° 1 (2020): 5-15. https://www.ncbi.nlm.nih.gov/pmc/articles/PMC7598223/.

Despouy, Leandro. *Los derechos humanos y los estados de excepción* (Buenos Aires, El Mono Armado, 2010).

Dorantes Díaz, Francisco Javier. «Estado de excepción y derechos humanos. Antecedentes y nueva regulación jurídica». *Alegatos* 81 (2012): 377-394. http://alegatos.azc.uam.mx/index.php/ra/article/view/223.

Espitia Garzón, Fabio «Dictadura, "estado de sitio" y provocatio ad populum en la obra de Mommsem». *Revista de Derecho Privado*, 21 (2011).

Flores Díaz, César Alejandro. "El estado de excepción en la época actual" en *Apuntes Electorales*, Año XIII, Núm. 50, enero-junio 2014.

Foucault, Michel. *Vigiar y castigar* (2009), México: Siglo XXI.

Friedrich, Carl. *Gobierno constitucional y democracia: teoría y práctica en Europa y América*. Madrid: Instituto de Estudios Políticos, 1975.

Gil Lugo, Wolfgang. "Coronavirus: Agamben y la virulencia del estado de excepción". *Prodavinci*, 23 de junio de 2020. https://prodavinci.com/coronavirus-agamben-y-la-virulencia-del-estado-de-excepcion/.

Graso, Maja, Fan Xuan Chen y Tania Reynolds. «Moralization of Covid-19 health response: Asymmetry in tolerance for human costs». *Journal of Experimental Social Psychology* 93 (2021). https://doi.org/10.1016/j.jesp.2020.104084.

Grijalva, Agustín, Elsa Guerra, y, Dunia Martínez. *Límites constitucionales al poder ejecutivo*. Quito: Derecho Constitucional e Instituciones Políticas. Derechos Humanos y Justicia Constitucional. Ensayos en Honor del Prof. Hernán Salgado Pesantes. Corporación de Estudios y Publicaciones. 2015.

Gross, Oren y Fionnuala Ní Aoláin, *Law in Times of Crisis: Emergency Powers in Theory and Practice*, La traducción es nuestra. Nueva York: CUP, 2006.

Jean-Luc, Nancy. "Eccezione virale". *Antinomie*, 27 de febrero de 2020. https://antinomie.it/index.php/2020/02/27/eccezione-virale/.

Lucca, Juan. *Walter Benjamin y Carl Schmitt. Palabras cruzadas de un diálogo en un tiempo agitado*. (Maracaibo: Revista de Filosofía, 2009).

Martínez, Orlando Pablo. «Los estados de excepción en el constitucionalismo evolucionario: el caso colombiano». DICI, 14 (2011).

Matthewman, Steve y Kate Huppatz. «A sociology of Covid-19». *Journal of Sociology* 56, n.º 4 (2020): 675-683. https://doi.org/10.1177%2F1440783320939416.

McLoughlin, Daniel. «The fiction of sovereignty and the real state of exception: Giorgio Agamben's critique of Carl Schmitt». *Law, Culture and the Humanities* 12, n.º 3 (2013): 509-528. https://doi.org/10.1177%2F1743872112469863.

Melo, Rosa. *El estado de excepción en el actual constitucionalidmo andino* (Quito: Universidad Andina Simón Bolívar y Corporación Editora Nacional, 2015)

Nino, Carlos Santiago. *Fundamentos del derecho constitucional: análisis filosófico, jurídico y politológico de la práctica constitucional* (Buenos Aires: Astrea Editorial, 2000).

Pictet, J. *Commentary on the First Geneva Convention for the Amelioration of the Condition of the Wounded and Sick in Armed Forces in the Field*, CICR (Ginebra, 1952).

Salgado Pesantes, Hernán. *Lecciones de Derecho Constitucional*. Quito: Ediciones Legales, 2004.

Salmón, Elizabeth. *Introducción al Derecho Internacional Humanitario* (IDEH-PUCP, 2016).

Schmitt, Carl. *La dictadura.* Madrid: Alianza Editorial, 1985.

Schmitt, Carl. "Teología política – Cuatro capítulos sobre la teoría de la soberanía", en Héctor Orestes Aguilar (ed.), *Carl Schmitt, teólogo de la política.* México, Fondo de Cultura Económica, 2004.

Siles Vallejos, Abraham. «La dictadura en la República romana clásica como referente paradigmático del régimen de excepción constitucional», *Derecho PUCP, Revista de la Facultad de Derecho, Pontificia Universidad Católica del Perú*, n.° 73, (2014): 411-424.

Sorensen, Max. *Manual de Derecho Internacional Público* (México, Fondo de Cultura Económica, 1973).

Stein, Hannes. "The end of the world as we know it? Nope". *Worldcrunch*, 23 de abril de 2020.https://worldcrunch.com/coronavirus/the-end-of-the-world-as-we-know-it-nope.

Rossiter, Clinton. *Constitutional Dictatorship: Crisis Government in the Modern Democracies*, La traducción es nuestra. Nueva Jersey: Transaction Publishers, 2011.

Taccetta, Natalia. "Violencia y derecho: Benjamin, Schmitt, Agamben y el Estado de Excepción" en *Devenires*, XVI, 32 (2015), 13-38.

Trujillo, Julio César. *Teoría del Estado en el Ecuador. Estudios de Derecho Constitucional.* Quito: Segunda Edición. Universidad Andina Simón Bolívar. Corporación Editora Nacional. 2006.

Vendramin, Bruno. «Sobre dictadura. Carl Schmitt y el artículo 48 de la Constitución de Weimar», *Nuevo Itinerario* 18, n.° 2 (2022): 73-91, doi: https://doi.org/10.30972/nvt.1826168.

Werle, Gerhard, y Florian Jessberger. "Crimen de Agresión" en *Tratado de Derecho Penal Internacional* (Valencia: Tirant lo Blanch, 2017).

Zinn, Jens O. "'A monstruous threat': how a state of exception turns into a 'new normal'". *Journal of Risk Research* 23: 7-8 (2020). https://doi.org/10.1080/13669877.2020.1758194.

Referencias legislativas

Bolivia. *Constitución del Estado Plurinacional de Bolivia.* Gaceta Oficial, 7 de febrero de 2009.

Colombia. *Constitución*, 30 de agosto de 1821.

Colombia. *Constitución Política de la República de Colombia.* Gaceta Oficial, 4 de julio de 1991.

Costa Rica. Convención Americana sobre Derechos Humanos. Registro Oficial 801, 6 de agosto de 1984.

Ecuador, *Código Orgánico Integral Penal*, 2014.

Ecuador, *Constitución del Estado de Ecuador*, 23 de septiembre de 1830.

Ecuador, *Constitución de la República del Ecuador*, 13 de agosto de 1835.

Ecuador, *Constitución de la República del Ecuador*, 25 de febrero de 1851.
Ecuador, *Constitución de la República del Ecuador*, 6 de septiembre de 1852.
Ecuador, *Constitución de la República del Ecuador*, 11 de agosto de 1869.
Ecuador, *Constitución Política de la República del Ecuador*, 23 de diciembre de 1906.
Ecuador, *Constitución Política de la República del Ecuador*, 6 de marzo de 1945.
Ecuador, *Constitución Política de la República del Ecuador*, 31 de diciembre de 1946.
Ecuador, *Constitución Política de la República del Ecuador*, 25 de mayo. de 1967.
Ecuador, *Constitución Política del Ecuador*, 5 de mayo de 1978.
Ecuador, *Constitución Política de la República del Ecuador*, Registro Oficial 1, 11 de agosto de 1998.
Ecuador. *Constitución de la República del Ecuador*. Registro Oficial 449, 20 de octubre de 2008.
Ecuador. *Decreto Ejecutivo* No. *1217*. Registro Oficial, Cuarto Suplemento 355, 22 de diciembre de 2020.
Ecuador. *Ley Orgánica de Garantías Jurisdiccionales y Control Constitucional*. Registro Oficial, Segundo Suplemento 52, 22 de octubre de 2009.
Ecuador. *Ley de Seguridad Pública y del Estado*. Registro Oficial, Suplemento 35, 28 de septiembre de 2009.
Ecuador, *Reglamento de Sustanciación de Procesos de la Corte Constitucional del Ecuador*. Registro Oficial Suplemento 613, 22 de octubre de 2015.
ONU. *Carta de las Naciones Unidas*, 1945.
Organización de Estados Americanos. *Carta de la OEA*, 1948.
Perú. *Constitución de la República del Perú*. Gaceta Judicial, 31 de octubre de 1993.
Venezuela. *Constitución de la República Bolivariana de Venezuela*, Gaceta Oficial, 15 de diciembre 1999.

Jurisprudencia

Colombia, Corte Constitucional de Colombia. *Sentencia* No. *C-216/11*.
- *Sentencia* No. *C802-02*.

Ecuador, Corte Constitucional del Ecuador. *Dictamen 001-19-DEE-CC*, 7 de marzo de 2019.
- *Dictamen 001-08-SEE-CC*, 4 de diciembre de 2008.
- *Sentencia 0003-09-SEE-CC*, 3 de septiembre de 2009.
- *Dictamen 004-09-SEE-CC*, 8 de octubre de 2008.
- *Dictamen 005-09-SEE-CC*, 8 de octubre de 2009.
- *Dictamen 001-13-SEE-CC*, 4 de septiembre de 2013.
- Dictamen 002-15-DEE-CC.
- *Dictamen 1-19-EE/19*, 30 de mayo de 2019.
- *Dictamen 3-19-EE/19*, 9 de julio de 2019.
- *Dictamen 1-20-EE/20*, 19 de marzo de 2020.

– *Dictamen 2-20-EE/20*, 22 de mayo de 2020.
– *Dictamen 3-20-EE/20*, 29 de junio de 2020.
– *Dictamen 3-20-EE/20A*, 10 de agosto de 2020.
– *Dictamen 4-20-EE/20*, 19 de agosto de 2020.
– *Dictamen 5-20-EE/20*, 24 de agosto de 2020.
– *Dictamen 6-20-EE/20*, 19 de octubre de 2020.
– *Dictamen 7-20-EE/20*, 27 de diciembre de 2020.
– *Dictamen 1-21-EE/21*, 6 de abril de 2021.
– *Dictamen 2-21-EE/21*, 28 de abril de 2021.
– *Dictamen 3-21-EE/21*, 21 de julio de 2021.
– *Dictamen 4-21-EE/21*, 4 de agosto de 2021.
– *Dictamen 5-21-EE/21*, 6 de octubre de 2021.
– *Dictamen 6-21-EE/21*, 3 de noviembre de 2021.
– *Dictamen 8-21-EE/21*, 10 de diciembre de 2021.
– *Dictamen 9-21-EE/22*, 5 de enero de 2022.
– *Dictamen 3-22-EE/22*, 22 de junio de 2022.
– *Dictamen 5-22-EE/22*, 6 de julio de 2022.
– *Dictamen 6-22-EE/22*, 31 de agosto de 2022.
– *Dictamen 2-23-EE/23*, 30 de marzo de 2023.
– *Dictamen 1-24-EE/24*, 29 de febrero de 2024.
– *Dictamen 2-24-EE/24*, 21 de marzo de 2024.

Corte Interamericana de Derechos Humanos. *Opinión Consultiva OC-8/87 de 30 de enero de 1987. El Habeas Corpus bajo suspensión de garantías.* Serie A No. 8.
– Opinión Consultiva OC-6/86 de 9 de mayo de 1986.
– *Caso Montero Aranguren y otros vs. Venezuela,* Sentencia de 5 de julio de 2006 (Fondo, Reparaciones y Costas)
– *Caso Zambrano Vélez y otros vs. Ecuador*, Sentencia de 4 de julio de 2007 (Fondo, Reparaciones y Costas).

Corte Penal Internacional, *Decisión sobre la solicitud de autorización para iniciar una investigación sobre la situación en la República de Kenia en virtud del artículo 15 del Estatuto de Roma*, de 31 de marzo de 2010, ICC-01/09

Organización de las Naciones Unidas. Asamblea General, Res 3314, 1974.

Organización de las Naciones Unidas. Comité de Derechos Humanos, "Observación general núm. 36, aprobada en su 124 periodo de sesiones¨ (8 de octubre a 2 de noviembre de 2018).
– *Observación General núm. 9*, 2001.
– *Observación general núm. 29*.

Perú. Tribunal Constitucional del Perú, Expediente No. 2235-2004-AA/TC, 2005.

Principios de Siracusa, "En la medida estrictamente limitada a las exigencias de la situación", https://www.civilisac.org/civilis/wp-content/uploads/principios-de-siracusa-1.pdf.

Capítulo VII

LOS DERECHOS CONSTITUCIONALES DE PARTICIPACIÓN CIUDADANA EN LA DEMOCRACIA REPRESENTATIVA, DIRECTA Y DE CONTROL SOCIAL. EL CASO DE ECUADOR (2008)

JUAN FRANCISCO ROMERO RODAS

Introducción

Los derechos constitucionales de participación ciudadana en la democracia representativa, directa y de control social. El caso Ecuador (2008) analiza el ejercicio y normativa de los derechos: de elegir y ser elegidos, iniciativa popular, consulta, revocatoria y fiscalización de los poderes públicos, contrastados con el texto constitucional de 1998. La implementación de los avances democráticos dentro de la nueva estructura del Estado constituye uno de los mayores retos. Desde el inicio, se percibió la dificultad de su materialización por lo que el tema permanece aún en el debate político. Después de 16 años de vigencia de la nueva Carta Magna y frente a la apatía ciudadana en el ejercicio de los derechos de participación, al elevado índice de corrupción y a la ineficaz respuesta de los órganos estatales, surgió la necesidad de analizar los derechos de participación propuestos.

¿Cuál es el aporte del nuevo constitucionalismo latinoamericano (NCL) en el fortalecimiento de la participación ciudadana para garantizar los mecanismos democráticos en el Ecuador?, ¿cuáles son los avances y limitaciones que se advierten en la implementación de los derechos de participación ciudadana en el marco constitucional ecuatoriano?, ¿el nuevo diseño institucional vigente en el Ecuador ha fortalecido el ejercicio de los mecanismos de democracia representativa y directa y control social? y ¿dónde radica la dificultad para que los organismos de control de la Constitución de 2008 (CRE) no avancen en el combate a la corrupción? son las interrogantes que orientan la investigación que parte de la hipótesis: Los derechos de participación ciudadana (PC) inciden positivamente en la implementación y ejercicio de los mecanismos de la democracia representativa y directa, y de control social (CS).

Profundizar la normativa y el ejercicio de los derechos de PC para conocer el nivel de involucramiento de sus actores sociales es el objetivo general del estudio, mientras que los específicos pretenden: 1. Describir el aporte del nuevo constitucionalismo en el fortalecimiento de la PC en el Ecuador. 2. Determinar los avances en la implementación de los derechos de participación respecto de la Constitución de 1998 (CPE). 3. Analizar la realidad del ejercicio de los derechos de participación: elegir y ser elegidos, iniciativa popular, consulta y revocatoria del mandato y 4. Identificar los factores que impiden la gestión eficaz del Consejo de Participación Ciudadana y Control Social (CPCCS), y de la Contraloría General del Estado (CGE).

La investigación se estructura en tres capítulos: en el I, se enfocan los antecedentes y el concepto de participación considerado como derecho humano, fin, medio, instrumento, esencia misma de la democracia y contrapeso a los poderes públicos. El capítulo II aborda el derecho de PC dentro del nuevo NCL, donde se contrastan los derechos de participación en las Constituciones de Colombia, Venezuela, Ecuador y Bolivia, en los cuales se determinan factores comunes. En el III, se compara los mecanismos de la democracia representativa y directa, y CS entre los textos constitucionales de 1998 y 2008. Además, se analizan los componentes del derecho de elegir y ser elegidos: el voto, los partidos políticos y las instituciones que viabilizan los procesos democráticos.

En los mecanismos de la democracia directa: la iniciativa popular, consulta y revocatoria se determinan las causas que han permitido su irrupción: transición política, descontento social, crisis de representación y desconfianza en el sistema político, cuyo desarrollo se materializa a través del ordenamiento jurídico secundario que establece la existencia de requisitos legales, límites y la concurrencia de instituciones democráticas. El análisis del derecho de fiscalización de los poderes públicos incluye, también, el de las competencias de las instituciones protagónicas en el combate contra la corrupción: la CGE y CPCCS. Frente al problema de la corrupción, se propone estudiar su eficacia, actividad condicionada a factores relacionados con la independencia de funciones y el debido cumplimiento de las atribuciones. Concluye este capítulo con la reflexión sobre las previsiones constitucionales incorporadas en la CRE, con base en evidencias que dan cuenta del incumplimiento de funciones del CPCCS.

La investigación tiene carácter científico, es cualitativa y transversal; aplica el método hermenéutico, descriptivo y deductivo. Recurre a fuentes primarias y secundarias y fundamenta su evidencia en los fallos emitidos por la Corte Constitucional del Ecuador (CC), resoluciones del Consejo Nacional Electoral (CNE) y del Tribunal Contencioso Electoral (TCE) con referencia a la legislación interna y a los informes de las organizaciones internacionales. Sus resultados permiten conocer los avances y limitaciones en el ejercicio de los derechos de participación de la democracia representativa y directa, y de CS por parte de la ciudadanía y, al mismo tiempo, generar correctivos que estimulen y garanticen un mejor ejercicio de sus derechos.

1. *La participación ciudadana*

La PC constituye una herramienta indispensable para el desarrollo de las sociedades en la actualidad, no solo porque sea una exigencia de la ciudadanía, sino porque posibilita enfrentar los problemas del Estado. Mejorar las relaciones entre la administración pública y la ciudadanía, y modernizar la gestión gubernamental "en base a valores como la inclusión y la transparencia"[1] es impostergable. Además, la PC "dota de fuerza política a las democracias, de ahí que este derecho deba tener todas las connotaciones propias de cualquier otro de los derechos humanos"[2].

El tema permanece latente en los Estados que pretenden incorporar a la ciudadanía en el desarrollo de los procesos democráticos y en el establecimiento de las políticas públicas de los organismos internacionales. Para estos últimos, la PC constituye un mandato, principio y derecho, así como también, un componente de las políticas sociales de los países.

Antecedentes en América

La PC irrumpe en la década de los 60 con la incorporación de programas participativos en los Estados Unidos. Sin embargo, estos no lograron su objetivo: disminuir la pobreza y la exclusión social, considerándose un

---

1 Egon Montecinos y Patricio Contreras, "Participación ciudadana en la gestión pública: Una revisión sobre el estado actual", *Revista Venezolana de Gerencia,* n.° 86 (2019): 341-346, https://www.redalyc.org/journal/290/29059356004/29059356004.pdf. 346.

2 Jorge Castellanos, "El derecho humano a participar: Estudio del artículo 21 de la Declaración Universal de Derechos Humanos", *Universitas,* n.° 31 (2020): 33-51, https://doi.org/10.20318/universitas.2020.5136. 34.

intento fallido por su condicionamiento a la manipulación estatal. Hoy en día, se han establecido lineamientos desde los organismos multilaterales para incentivarla.

El Banco Mundial ha invertido "alrededor de 85 billones de dólares en proyectos de asesoría para promover la participación en políticas públicas"[3] durante la primera década del siglo XXI. Cabe destacar la influencia del multilateralismo para que la PC sea "un fenómeno cada vez más presente en los países de la región"[4] que buscan incrementar tanto la legitimidad democrática como la eficiencia de su gestión pública.

En América Latina, a finales del siglo XX, surge la tendencia de activar el poder constituyente y redactar nuevas Constituciones que propenden reconfigurar el escenario democrático en base de los fundamentos de cualidad y legitimidad, cualidad en cuanto se pone límites al poder del Estado y legitimidad amparada en la voluntad del soberano[5]. En las últimas cinco décadas, el constructo social PC cobra importancia en la estructuración de las políticas públicas con el aporte de la sociedad.

Conceptos de participación ciudadana

No existe un consenso unívoco sobre el significado de la PC pues, más bien, se torna ambiguo, ya que detrás de cada concepto se encuentran principios, valores y objetivos, todo depende de cómo se enfoque. Etimológicamente, participación es "la acción o efecto de participar"[6] y ciudadana hace referencia al "habitante de las ciudades antiguas o de Estados modernos sujetos a derechos políticos, ejercitándolos, en los gobiernos del país"[7]. Desde esta perspectiva, se deduce que toda PC involucra al individuo integrante de un organismo colectivo, sin embargo, su significado va más allá, ya que incluye toda acción que se realice para incidir en la toma de decisiones de la gestión pública.

---

3 Ana Díaz, "Participación ciudadana en la gestión de las políticas públicas", En *Gestión y Política Pública*, n.° 2 (2017): 341-379, https://www.scielo.org.mx/pdf/gpp/v26n2/1405-1079-gpp-26-02-00341.pdf. 4.

4 Alejandra Naser, Alicia Williner y Carlos Sandoval, "Participación ciudadana en los asuntos públicos. Un elemento estratégico para la agenda 2030 y el gobierno abierto". Documentos y Proyectos, (LC/TS.2020/184), Santiago, CEPAL. https://repositorio.cepal.org/bitstream/handle/11362/46645/1/S2000907_es.pdf. 4.

5 Rubén Martínez Dalmau, "Constitucionalismo democrático e innovación constitucional en Ecuador: la Constitución de 2008", *Diálogos de Saberes*, n.° 47 (2017): 81-102, https://dialnet.unirioja.es/servlet/articulo?codigo=6567133.

6 Real Academia de la Lengua Española. *Diccionario de la Lengua Española*. 22ª ed. (Madrid: Espasa Calpe, 2001). 1687.

7 Real Academia de la Lengua Española, *Diccionario*, ... 563.

La PC constituye un derecho inherente al ciudadano cuando sus actos tienen "el propósito de incidir directa o indirectamente en las decisiones y acciones gubernamentales"[8]; es, entonces, un deber del Estado garantizarlo. Hoy en día, es un fuerte contrapeso frente a los poderes públicos; la contribución del ciudadano en los asuntos de interés común busca democratizar las decisiones que afectan a la sociedad, así como coadyuvar a su desarrollo. También, se considera a la PC como un "fenómeno asociado a la crisis de representatividad del Estado y los partidos políticos"[9].

Para el CPCCS, la PC es el derecho que permite a los ciudadanos participar de manera protagónica en la toma de decisiones, planificación y gestión de los asuntos públicos, y en el control popular de las instituciones del Estado y la sociedad, y de sus representantes. Además, deben ser capaces de ejercer acciones de corresponsabilidad en la planificación de políticas, vigilancia y control de su funcionamiento a través de instrumentos como la contraloría social[10]. La PC orienta sus esfuerzos al bienestar común y utiliza las herramientas previstas en el ordenamiento jurídico para construir el poder ciudadano. Por esta razón, se la considera como el proceso de carácter social activo que imprime valor a los requerimientos de la colectividad.

Las diversas definiciones y consideraciones emitidas sobre la PC confluyen en que este mecanismo se halla ligado al desarrollo y la democracia, ya que los miembros de una sociedad son titulares de derechos políticos reconocidos por el ordenamiento jurídico interno, e inclusive resguardados por instrumentos internacionales que garantizan a los ciudadanos gozar sin restricción del derecho a participar en la dirección de los asuntos públicos.

Democracia y desarrollo

La PC es un elemento esencial de la democracia, pues esta "es impensable sin la capacidad de los ciudadanos para participar libremente en el

---

8 Irma Jara, "Institucionalización de la participación ciudadana y control social en Ecuador. Sierra J. Rodríguez, F. Reviriego, y J. Tudela (Eds.)", En *Escenarios de la participación ciudadana: una visión multinivel*. Colección Obras colectivas. Zaragoza: Fundación Manuel Giménez Abad, https://doi.org/10.47919/FMGA.OC22.0117. 7.

9 Carmen Añez, Mirtha López y Wendolin Suárez, "El Estado Venezolano y la Participación Ciudadana", *Espacio Abierto*, n.° 4 (2003): 579-603, https://www.redalyc.org/pdf/122/12212405.pdf. 580.

10 Eloisa Sánchez y Juliet González, "El control ciudadano en la gestión pública municipal", *Anuario*, Vol. 34 (2011): 230-252, http://servicio.bc.uc.edu.ve/derecho/revista/idc34/art09.pdf.

proceso de gobierno"[11]. La PC se encuentra vinculada a la democracia porque sustenta la interacción y el diálogo entre el Estado y la ciudadanía. Para Sartori, existe democracia cuando "la relación entre gobernantes y gobernados es entendida en el sentido de que el Estado está al servicio de los ciudadanos"[12]. Un Estado democrático es solamente posible con la PC, pues ella permite organizar la sociedad y el gobierno.

En el ámbito del desarrollo, la articulación ciudadanía-Estado posibilita construir condiciones de beneficio colectivo, puesto que, lejos de considerarla un obstáculo, es un recurso necesario "para que la economía no se defina a espaldas de la gente, sino que la incorpore como actor político, social y económico fundamental"[13]. Las democracias sólidas garantizan la participación, por lo tanto, la ciudadanía está llamada a intervenir en la toma de decisiones, planificación, gestión y control de los asuntos públicos.

Las diversas definiciones sobre la PC involucran al individuo y al Estado, pues constituye un medio para alcanzar los derechos humanos y el bienestar común. Además, contribuye en el ámbito cultural, económico, político y social. Es el elemento central de la democracia y factor preponderante en el CS.

2. *El nuevo constitucionalismo latinoamericano*

Visión general de la participación ciudadana en el nuevo constitucionalismo latinoamericano.

Para analizar el tema de la PC, desde la visión del NCL, se debe partir de la consideración de que varios países de América Latina han propuesto cambios en la organización, tanto de los poderes públicos como en la legitimidad democrática del poder y de la regeneración constitucional de

---

11 Jorge Castellanos, "Participación ciudadana y buen gobierno democrático. Posibilidades y límites en la era digital", (2017), https://www.marcialpons.es/media/pdf/9788491237983.pdf. 27.

12 Ángel Olmedo, "¿Qué es la democracia? Giovanni Sartori", *Revista Icade*, n.° 61 (2003): 447-451, https://revistas.comillas.edu/index.php/revistaicade/article/view/6443. 448,449.

13 Ana Salazar, "El Buen Gobierno desde una perspectiva Iberoamericana. Un especial análisis del caso ecuatoriano", En J. Canales y A. Moscoso (Coords.). Facultad de Ciencias Económicas y Administrativas de la Universidad de Cuenca-Ecuador y Observatorio Lucentino de Políticas Públicas Comparadas, del área de Ciencia Política y de la Administración de la Universidad de Alicante, España, http://dspace.ucuenca.edu.ec/bitstream/123456789/20671/5/El_buen_gobierno.pdf. 114.

los derechos[14]. La existencia de esta corriente surge a partir de la aprobación de las Constituciones de Colombia, Venezuela, Ecuador y Bolivia, que se hallan ligadas por rasgos comunes: un marcado compromiso con los derechos humanos y la inclusión constitucional de los excluidos[15]. Al respecto Ramírez-Nárdiz destaca como elemento innovador la inclusión de derechos sociales, el reconocimiento de minorías, la protección medio ambiental y el posicionamiento de la democracia participativa[16].

En el caso colombiano, la Asamblea Constituyente tiene lugar con el concurso del denominado Movimiento séptima papeleta que, en los comicios legislativos de 1991, propicia el pronunciamiento del pueblo colombiano sobre la activación del poder constituyente. La nueva Constitución "marcó un hito en la historia constitucional colombiana. No obstante, la diferencia sustancial radica en que esta nació de un proceso eminentemente participativo"[17].

En Venezuela, el pueblo es convocado a un referéndum en el año 1999 para decidir sobre la creación de una Asamblea Nacional Constituyente. Su convocatoria recibe un masivo respaldo ciudadano; el proceso sobresale por su alto nivel de participación. La activación del poder soberano tenía entre sus propósitos: "crear un nuevo ordenamiento jurídico que permita el funcionamiento efectivo de una democracia social y participativa"[18].

La consulta popular de Ecuador se efectúa en el año 2007, en la que se decide la creación de una Asamblea Nacional Constituyente (ANC) para que redacte un nuevo texto constitucional. Con la convocatoria a elecciones se viabiliza la designación de los asambleístas constituyentes, quienes dan inicio al referido proceso. Este culmina con la aprobación de la CRE mediante el referéndum del año 2008. El nuevo orden constitucional "introduce la participación ciudadana como uno de los ejes transversales

---

14 Martínez Dalmau, "Constitucionalismo democrático..."

15 Roberto Gargarella, Sobre el "Nuevo Constitucionalismo Latinoamericano", *Revista Uruguaya de Ciencia Política*, n.° 1 (2018): 109-129, DOI:10.26851/RUCP.27.5.

16 Alfredo Ramírez-Nárdiz, "Nuevo Constitucionalismo Latinoamericano y Democracia Participativa: ¿Progreso o Retroceso Democrático?", *Vniversitas*, n.° 132 (2016): 349-388, http://dx.doi.org/10.11144/Javeriana.vj132.ncld.

17 Andrés Gómez, "El movimiento de la séptima papeleta frente al referendo Posición jurídica ante la corte Constitucional de una generación de colombianos y colombianas que ayudaron a construir la Constitución política de 1991", *Pap. Polit*, n.° 2 (2011): 365-380, http://www.scielo.org.co/pdf/papel/v16n2/v16n2a02.pdf. 367.

18 Ana Barrios, Antonio González y Martha Grajales, "Constituyentes Venezolanas de 1999 y 2017: Contextos y Participación", *Direito y Praxis*, n.° 4 (2017): 3144-3168, DOI: 10.1590/2179-8966/2017/31314. 3158.

más importantes, y sobre el que se levanta una nueva forma de concebir el estado y la democracia"[19].

Finalmente, el proceso boliviano propone la transformación del ordenamiento jurídico a través de la participación directa del poder soberano. En el año 2006, la Asamblea Constituyente inicia su trabajo y el nuevo texto constitucional se aprueba mediante referéndum en el año 2009 con una importante participación de electores. Las organizaciones sociales consiguieron introducir propuestas en torno al Estado Plurinacional, "así como una nueva estructura estatal más participativa y representativa"[20].

Carácter renovador de los preámbulos constitucionales de Colombia, Venezuela, Ecuador y Bolivia

En los preámbulos constitucionales de los Estados del NCL, se destaca el carácter renovador que promovieron la construcción de estos nuevos textos democráticos, cuyo elemento común son las Asambleas Constituyentes, expresamente señaladas en las Constituciones de Colombia, Venezuela y Bolivia. En el texto ecuatoriano, no se precisa este dato, pero se hace mención del proceso llevado a cabo en Motecristi, lugar en donde se instaló la ANC. Este "proceso de transformaciones se desarrolló por la vía electoral; se activó el constituyente originario que, en ejercicio de su poder soberano, refundó el pacto social y corporizó nuevas Constituciones"[21], siendo la legitimidad su característica principal.

La forma en la que se define cada Estado es importante para el tema que se estudia por cuanto la PC adquiere significativo protagonismo. Así, la Constitución de Colombia, al definir la forma de Estado, determina rasgos directos ligados con la participación. Los textos de Venezuela, Ecuador y Bolivia no los precisan, empero, se puede afirmar que su estructura normativa tiene como eje transversal a la participación que, sin duda, se amplía y desarrolla a través de la normativa secundaria. Viciano y Mar-

---

19 Juan Pablo Morales, "Los nuevos horizontes de la participación", En R. Ávila (Ed.) La Constitución de 2008 en el contexto andino. *Análisis desde la doctrina y el derecho comparado*, (2008): 155-200, https://biblioteca.cejamericas.org/bitstream/handle/2015/2358/3C2008CA.pdf?sequence=1&isAllowed=y. 155.

20 María Zegada, "Elementos para pensar la reconfiguración del campo político boliviano", *Revista Latinoamericana de Ciencias Sociales*, n.° 3 (2010): 307-321, http://148.215.1.155:89/temporal/Portadilla/4155/34706/415534706013.pdf. 317.

21 Carlos Villabella, "Constitución y Democracia en el Nuevo Constitucionalismo Latinoamericano", *IUS. Revista del Instituto de Ciencias Jurídicas de Puebla* A.C., n.° 25 (2010): 49-76, https://www.redalyc.org/pdf/2932/293222977003.pdf. 57.

tínez Dalmau al referirse a las características materiales, fundamento del NCL, consideran que el principal elemento de esta corriente se encuentra en la búsqueda de instrumentos tendientes a afianzar la relación entre soberanía popular y gobierno, aspecto que se sintetiza en la Constitución colombiana como "formas de participación democrática; en Venezuela y Bolivia, "democracia participativa"; y en Ecuador, "participación en democracia"[22].

Quiroz presenta como elementos del NCL: la legitimidad, la necesidad y la importancia de la PC[23]. Ramírez-Nárdiz destaca, en el NCL, la relevancia de la democracia participativa[24]. Viciano, Martínez Dalmau[25] y Gargarella[26] coinciden en que, a través de los textos del nuevo constitucionalismo, se materializa la integración de sectores excluidos y marginados históricamente, los pueblos indígenas. Tras el nuevo constitucionalismo se encuentra el ideal de "superación de desigualdades sociales"[27].

Los Estados del NCL cuentan con instituciones democráticas que se ajustan a los principios que rigen la tripartición de poderes, no obstante, en Ecuador se dispone, también, de la FTCS y la Función Electoral, mientras que, en el Estado venezolano, existe el Poder Ciudadano y el Electoral. Estas innovadoras funciones tienen como objetivo activar la PC a través del involucramiento de la sociedad en los asuntos públicos.

Venezuela, Ecuador y Bolivia, en la implementación de esta nueva estructura, atravesaron por procesos similares: 1) El acceso al control del Poder Ejecutivo a través de procesos eleccionarios acompañados de promesas de cambio; 2) Consulta vía referéndum para proponer el cambio constitucional; 3) La instalación de una Asamblea Nacional Constituyente y 4) Referéndum para aprobar el proyecto constitucional.

---

22 Roberto Viciano y Rubén Martínez Dalmau, "Aspectos Generales del Nuevo Constitucionalismo Latinoamericano", En *El Nuevo Constitucionalismo en América Latina*, (2010), http://bivicce.corteconstitucional.gob.ec/bases/biblo/texto/Nuevo_constitucionalismo_en_AL/El_Nuevo_Constitucionalismo_en_AL._Patricio_Pazmi%C3%B1o.pdf. 34.

23 Milton Quiroz, "Participación popular y presidencialismos fuertes en el Nuevo Constitucionalismo Latinoamericano", *Revista de Derecho del Estado*, n.° 44 (2019): 99-131, https://doi.org/10.18601/01229893.n44.05.

24 Ramírez-Nárdiz, "Nuevo Constitucionalismo..."

25 Viciano y Martínez Dalmau, "Aspectos Generales..."

26 Gargarella, "Nuevo Constitucionalismo..."

27 Karla Yánez y Frank Mila, "Construcción de espacios transnacionales: el nuevo constitucionalismo latinoamericano", *Foro: Revista de Derecho*, n.° 35 (2021): 145-167, https://doi.org/10.32719/26312484.2021.35.8. 153.

La participación ciudadana, eje de la Constitución de la República del Ecuador de 2008

Como otros procesos surgidos en la región, el del Ecuador tiene sus raíces en las diferentes manifestaciones de los movimientos sociales que buscan la reivindicación de sus derechos por alcanzar mayores espacios democráticos. "Los procesos constituyentes latinoamericanos son, en este sentido, motores del cambio"[28].

En el caso del Ecuador, el proceso de regeneración planteado por el gobierno de Rafael Correa se inicia con la consulta popular en la que se decide aprobar la creación de una ANC, que se instala en Montecristi, para cumplir con el mandato popular. El texto resultante es sometido finalmente a un referéndum, el mismo que recibió un importante respaldo de la ciudadanía que, en efecto, decidió aprobar el proyecto de la CRE.

Noguera y Navas sostienen que el derecho de participación es "un eje procedimental de ejercicio de todos los demás derechos"[29] y que, la naturaleza participativa en el nuevo orden se verifica en los derechos de los jóvenes y personas con discapacidad, en la participación de ciudadanos, pueblos y nacionalidades, y en todos los niveles de gobierno. Además, se manifiesta en el proceso de ingreso a la Función Judicial, en la planificación para el desarrollo, en los procesos educativos y en el sistema nacional de salud. A estas disposiciones, se debe adicionar las que corresponden a los Gobiernos Autónomos Descentralizados, cuyos principios se rigen por los de PC, el fortalecimiento de la comunicación social y las decisiones administrativas en materia ambiental.

La CRE pone de relieve la PC a lo largo de su texto normativo. El accionar de la sociedad frente a las actividades de la administración pública garantiza el protagonismo de los ciudadanos en la toma de decisiones, planificación y gestión del quehacer público. "Se profundiza el enfoque de derechos, en donde la participación aparece como un elemento clave para el ejercicio de la ciudadanía"[30].

---

28 Roberto Viciano y Rubén Martínez Dalmau, "Los procesos constituyentes latinoamericanos y el nuevo paradigma constitucional", *IUS, Revista del Instituto de Ciencias Jurídicas de Puebla*, n.° 25 (2010): 7-29, http://historico.juridicas.unam.mx/publica/librev/rev/ius/cont/25/pr/pr2.pdf. 26.

29 Albert Noguera y Marco Navas, "*Los nuevos derechos de participación en Ecuador ¿Derechos constituyentes o derechos constitucionales? Estudio del modelo constitucional de 2008*", (2016), https://www.academia.edu/22210576/Los_nuevos_derechos_de_participaci%C3%B3n_Derechos_constituyentes_o_constitucionales_Estudio_del_modelo_constitucional_de_Ecuador. 19.

30 Santiago Ortiz Crespo, "Participación ciudadana: la Constitución de 1998 y el nuevo proyecto constitucional", *Iconos, Revista de Ciencias Sociales*, n.° 32 (2008): 13-17, https://iconos.flacsoandes.edu.ec/index.php/iconos/article/view/291/286. 16.

Momentos de la participación ciudadana en el Ecuador

Borja ha identificado tres momentos históricos de la PC en el Ecuador entre los años 2007 y 2016[31]. El primero corresponde a la participación de los movimientos ciudadanos en la ANC que propiciaron la inclusión de varios principios, e incluso la creación de una nueva función del Estado: la FTCS.

En el segundo momento, se produce la materialización de la nueva estructura orgánica del Estado a través de la aprobación de leyes relacionadas con la PC. En esta instancia, se evidencia la burocratización de los procesos participativos[32], siendo las disposiciones transitorias del nuevo texto constitucional las que dispusieron la aprobación de las leyes que regulan al CPCCS y la PC en el Ecuador. Con relación a este momento, Noguera y Navas determinan normas relevantes en materia de participación ciudadana: el Código Orgánico de Organización Territorial, Autonomía y Descentralización y la Ley Orgánica Electoral y de Organizaciones Políticas o Código de la Democracia, donde se regulan los mecanismos de democracia directa[33].

En el tercer momento, se da la institucionalización de la participación ciudadana a través de la implementación de políticas públicas impulsadas desde el Gobierno Central. Aparece en escena el CPCCS entre cuyas atribuciones se destacan: la promoción de la participación ciudadana, la lucha contra la corrupción, el establecimiento de mecanismos de rendición de cuentas y la designación de autoridades.

La participación ciudadana y el buen vivir

Es pertinente en esta instancia abordar el buen vivir, *sumak kausay*, innovación de la CRE por su manifiesta relación con la PC, puesto que, para su consecución, los ciudadanos y colectivos deben participar en todos los espacios de gestión pública y planificación del desarrollo. El buen vivir más allá de ser un concepto sistematizado en el ordenamiento jurídico ecuatoriano, constituye un postulado que implica reconocer luchas sociales basadas, sin duda, en la participación de la sociedad que promueve transformaciones apoyadas en la igualdad y la solidaridad. Este postulado

---

31 Raúl Borja, "La participación ciudadana en Ecuador", Corporación Participación Ciudadana, (2016) https://www.participacionciudadana.org/papers/PC.pdf.

32 Albert Noguera, "Los derechos de participación en Ecuador siete años después de la aprobación de la constitución: de derechos constituyentes a derechos constitucionales", *Estudios de Derecho*, n.° 159 (2015): 161-193, DOI:10.17533/udea.esde.v72n159a08.

33 Noguera y Navas, "Los nuevos derechos..."

procura "materializar el estado de bienestar a toda esfera social desde una concepción intercultural"[34].

Se debe enfatizar la determinante participación de los movimientos indígenas en América Latina, particularmente en el Ecuador constituye la expresión más clara de la lucha por los derechos colectivos, lo que conduce a concebir la diversidad intercultural no solo como una necesidad estatal, "sino como el método y meta de la construcción de la democracia en sociedades diversas"[35]. Caracterizan al buen vivir, la PC, el bienestar y la inclusión social, la existencia de una forma de vida diferente, la interculturalidad y el establecimiento de la democracia en sociedades diversas.

En el nuevo orden, la PC es entendida "como un eje transversal en el que se inserta todo el texto constitucional"[36] y que "da cuenta de la relevancia de la democracia participativa"[37], la que cobró trascendencia luego de la crisis de representatividad en los años previos a la ANC. El derecho de participación en el Ecuador tiene un antes y un después de la CRE, pues esta instaura un mayor elenco de derechos participativos a diferencia de la CPE que precisaba solo derechos políticos. Los derechos de participación en el Ecuador se amplían y cobran vigencia a través de la normativa y de la nueva estructura estatal.

3. Los derechos de participación ciudadana en el marco del constitucionalismo ecuatoriano

Los derechos de participación en la Constitución Política de la República (1998) y en la Constitución de la República (2008)

Contexto

Las dos Constituciones deben contextualizarse para lograr una real comprensión de los acontecimientos sociopolíticos y económicos que en-

34 Pedro Páez y Adriana Rodríguez, "El Consejo de Participación Ciudadana y Control Social Transitorio en Ecuador: Entre la legitimidad y la legalidad de sus actuaciones", *Revista Internacional Transparencia e Integridad*, n.° 8 (2018), http://www.encuentros-multidisciplinares.org/revista-67/pedro-martin-paez_adriana-rdez-caguana.pdf. 7.

35 Nuria Cunill, Marta Arretche y Celina Souza, "Democracia, Estado e Instituciones", En *Democracia/Estado/Ciudadanía. Hacia un Estado de y para la Democracia en América Latina*, (2008): 112-138, https://biblio.flacsoandes.edu.ec/libros/digital/54780.pdf. 11.

36 Luis Panchi, "La efectiva implementación de la participación ciudadana", *La Tendencia*, n.° 9 (2009): 73-78, https://repositorio.flacsoandes.edu.ec/bitstream/10469/4635/1/RFLACSO-LT09-14-Panchi.pdf. 73.

37 Israel Celi y Silvana Erazo, "Visiones contrapuestas de la participación ciudadana en el constitucionalismo ecuatoriano", *Vniversitas*, n.° 137 (2018), https://revistas.javeriana.edu.co/index.php/vnijuri/article/view/22333.

volvieron al país en profundas crisis. La primera se ubica en el período del gobierno de Abdalá Bucaram (10 de agosto de 1996 y 6 de febrero de 1997), quien fue electo como presidente y destituido por el Congreso por incapacidad mental para gobernar. Luego, sobrevino la fugaz presidencia de Rosalía Arteaga hasta el nombramiento de Fabián Alarcón como presidente interino. Con la convocatoria a la Asamblea Constituyente, se procedió a la elaboración de un nuevo texto constitucional expedido en la ciudad de Riobamba el 5 de junio de 1998. Este entró en vigor el 10 de agosto del mismo año y se publicó en el Registro Oficial No. 1 del 11 de agosto de 1998, con la denominación de Constitución Política de la República del Ecuador.

A partir de 1996, el Ecuador atravesó por transformaciones de carácter económico y de cambios en la institucionalidad política. Esto debido a la destrucción producida por el fenómeno de El Niño y de la mayor crisis bancaria que haya tenido el país[38]. El dólar se impuso como moneda nacional y, en enero de 2000, se produjo la caída de Jamil Mahuad con la presión del Paro Cívico Nacional. El movimiento indígena se convierte en un actor decisivo "con una amplia capacidad de movilización, acción e incidencia política"[39].

En abril de 2005, cae el gobierno de Lucio Gutiérrez como consecuencia de masivas manifestaciones producidas entre el 13 y el 20 de abril; le sucede en el poder su vicepresidente, Alfredo Palacio. Tras este período de crisis democrática, asume la presidencia Rafael Correa, quien basó su propuesta en la convocatoria a una ANC.

Aprobación del nuevo texto constitucional

El 15 de abril de 2007 se llevó a cabo el referéndum para la convocatoria a la ANC, proceso en el que el Gobierno obtuvo un importante respaldo de la ciudadanía. El texto final de la CRE fue aprobado mediante referéndum y publicado en el Registro Oficial No. 449 de 20 de octubre de 2008. En ella se define al Ecuador como un Estado constitucional de derechos y justicia, democrático, intercultural, plurinacional y laico, organizado en forma de república. Puntualiza que la soberanía radica en el pueblo, cuya voluntad es el fundamento de la autoridad y se ejerce a través de los órganos del poder público y de las formas de participación directa previstas en la Constitución.

---

38 Pablo Andrade, "Democracia liberal e inestabilidad política en Ecuador. Apuntes para una interpretación política", *Oasis, Enfoques Nacionales*, n.° 11 (2005): 167-190, https://revistas.uexternado.edu.co/index.php/oasis/article/view/2399/2039.

39 Juan J. Paz y Miño y Diego Pazmiño, "El proceso constituyente desde una perspectiva histórica", En Análisis Nueva Constitución, *La Tendencia,* (2008): 26-45, https://library.fes.de/pdf-files/bueros/quito/05700.pdf. 39.

El estado de derechos hace referencia a "una comprensión nueva del Estado desde dos perspectivas: (1) la pluralidad jurídica y (2) la importancia de los derechos reconocidos en la Constitución para la organización del Estado"[40]. Además, las fuentes se diversifican y la Ley deja de ser única, se consideran los precedentes internacionales vinculantes, se generan políticas públicas desde el ejecutivo con fuerza de Ley y se consolidan aquellas derivadas de los derechos que ejercitan los pueblos indígenas. Cobra relevancia el ciudadano frente al Estado, los derechos, ante las obligaciones y el ciudadano deja de ser espectador para convertirse en actor social.

Para Trujillo y Ávila Santamaría la CPE "divide a los derechos en cuatro categorías: derechos civiles, políticos, económicos sociales y culturales, y colectivos"[41] y en la de CRE se clasifican en las siguientes categorías: "(1) Derechos del buen vivir, (2) Derechos de las personas y grupos de atención prioritaria, (3) Derechos de las comunidades, pueblos y nacionalidades, (4) Derechos de participación, (5) Derechos de libertad, (6) Derechos de la naturaleza, y (7) Derechos de protección"[42].

Comparación de los derechos de participación ciudadana en los textos constitucionales de 1998 y 2008

CPE (1998)	CRE (2008)
Art. 26.- Los ciudadanos ecuatorianos gozarán del derecho de elegir y ser elegidos, de presentar proyectos de ley al Congreso Nacional, de ser consultados en los casos previstos en la Constitución, de fiscalizar los actos de los órganos del poder público, de revocar el mandato que confieran a los dignatarios de elección popular, y de desempeñar empleos y funciones públicas.	Art. 61.- Las ecuatorianas y ecuatorianos gozan de los siguientes derechos: 1. Elegir y ser elegidos. 2. Participar en los asuntos de interés público. 3. Presentar proyectos de iniciativa popular normativa. 4. Ser consultados. 5. Fiscalizar los actos del poder público. 6. Revocar el mandato que hayan conferido a las autoridades de elección popular. 7. Desempeñar empleos y funciones públicas. 8. Conformar partidos y movimientos políticos, afiliarse o desafiliarse libremente de ellos y participar en todas las decisiones que éstos adopten.

Fuente: Elaboración propia a partir de Constituciones (1998 y 2008)

40 Ramiro Ávila Santamaría, "Ecuador Estado constitucional de derechos y justicia", En R. Ávila (Ed.) *La Constitución del 2008 en el contexto andino. Análisis desde la doctrina y el derecho comparado*. Quito: Ministerio de Justicia y Derechos Humanos, (2008): 19-38, https://biblioteca.cejamericas.org/bitstream/handle/2015/2358/3C2008CA.pdf?sequence=1&isAllowed=y. 29.

41 Julio César Trujillo y Ramiro Ávila, "Los Derechos en el Proyecto de Constitución", En Análisis Nueva Constitución, *La Tendencia,* (2008): 74-85, https://library.fes.de/pdf-files/bueros/quito/05700.pdf. 74.

42 Trujillo y Ávila, "Los Derechos ..." 75.

En el primer texto los derechos están contenidos en el artículo 26, De los derechos políticos, mientras que, en el segundo, aparecen en el artículo 61, De los derechos de participación. Las dos Constituciones presentan ciertas similitudes en la enunciación de los derechos ciudadanos. Cabe advertir que, en el vigente texto, se introduce un derecho de participación específico: el derecho a participar en asuntos de interés público que se halla materializado en el artículo 95. En este se determina la intervención protagónica de los ecuatorianos en la toma de decisiones, planificación y gestión de asuntos públicos, así como en el control de los entes estatales y sus representantes.

En cuanto al derecho de elegir y ser elegidos, en la CRE, se incorpora el mecanismo de voto facultativo para las personas extranjeras, miembros en servicio activo de las Fuerzas Armadas y de la Policía Nacional. Aquí cabe resaltar la garantía de aquel derecho para las personas con discapacidad. La CPE ya contemplaba el voto de los ecuatorianos domiciliados en el exterior para los cargos de presidente y vicepresidente, en tanto que, en el vigente ordenamiento, los ecuatorianos que habitan en el exterior pueden elegir a las dignidades del Poder Ejecutivo, Legislativo y del CPCCS.

La Constitución de 1998 promovía el derecho a la iniciativa popular a través de la presentación de proyectos de ley ante el órgano legislativo de ese entonces. Este proceso tenía una jerarquía: Diputados, presidente de la República, Corte Suprema de Justicia, Autoridades Electorales y de Control, personas en goce de sus derechos políticos y los movimientos sociales; en cambio, la Constitución de 2008 considera la iniciativa normativa orientada a la creación, reforma o derogatoria de normas jurídicas ante la AN o cualquier otro órgano de competencia normativa.

En la CRE existe otro mecanismo de iniciativa normativa para la enmienda constitucional: el referéndum, promovido por el presidente de la República o por la ciudadanía. Además, la reforma parcial tiene lugar con la iniciativa del titular del Poder Ejecutivo, solicitud de la ciudadanía o resolución aprobada por la mayoría de los integrantes de la legislatura.

En la CPE, las reformas constitucionales podían operar a través de dos mecanismos: a) Por decisión del legislativo y b) Por consulta popular convocada por el presidente de la República; sin embargo, los proyectos de reforma constitucional se podían presentar ante el Congreso con la concurrencia de un porcentaje de sus integrantes o un bloque legislativo, por parte del Ejecutivo, de la Corte Suprema de Justicia, del Tribunal Constitucional o por un número de ciudadanos en ejercicio de sus derechos políticos. Además, no establecía la convocatoria a una Asamblea Constituyente, a diferencia del vigente ordenamiento que faculta solicitar la activación de este mecanismo a través del presidente de la República, de la AN o de la ciudadanía.

Tanto en la Constitución de 1998 como en la de 2008 está presente el derecho a ser consultados. El artículo 49 de la CPE y el 45 de la CRE abordan el tema de los grupos vulnerables; advierten que los niños y adolescentes gozan del derecho a ser consultados en los asuntos que les afecte. En el capítulo de los derechos colectivos de la CPE, el Estado garantiza a los pueblos indígenas ser consultados sobre planes de explotación de recursos no renovables, mientras que la CRE asegura la consulta previa sobre planes y programas de prospección, explotación y comercialización de recursos no renovables a las comunidades, pueblos y nacionalidades.

El derecho de fiscalización de los actos de los poderes públicos consta en ambos textos constitucionales. Además, establecen deberes y responsabilidades de los ciudadanos en general, uno de ellos es denunciar y combatir los actos de corrupción. La CPE consigna la fiscalización de los actos de la Función Ejecutiva y los del Tribunal Supremo Electoral entre las atribuciones del Congreso Nacional. En la CRE, la AN tiene una atribución más extensa por cuanto le corresponde fiscalizar los actos de las funciones Ejecutiva, Electoral y de Transparencia y Control Social, y los otros órganos del poder público.

La Comisión de Control Cívico de la Corrupción, en la CPE, es una entidad de derecho público que busca la eliminación de la corrupción en representación de la ciudadanía. La CRE otorga al soberano la calidad de primer fiscalizador del poder público. Dota a la FTCS de amplias facultades: el control de los organismos públicos, de personas naturales o jurídicas del sector privado que desarrollen actividades de interés público, así como el combate contra la corrupción. La fiscalización se ejerce a través de la Función Legislativa y un ente público que actúa en representación de la ciudadanía (Constitución 1998), en cambio, en la CRE, dicha responsabilidad radica, principalmente, en el pueblo por medio de un organismo integrado por varias instituciones públicas: el CPCCS, la Defensoría del Pueblo, la CGE y las Superintendencias. Además, proceden las de carácter legislativo e institucional.

En torno a la revocatoria del mandato de las autoridades de elección popular, la CPE determina que los ciudadanos pueden ejercer este derecho ante el incumplimiento del plan de trabajo presentado por alcaldes, prefectos y diputados, o por actos de corrupción mientras que, en la CRE, procede en contra de todas las autoridades de elección popular, incluido el presidente de la República. Es en la Ley Orgánica de Participación Ciudadana, donde se especifican los presupuestos para su materialización:

incumplimiento del plan de trabajo, de las disposiciones legales relativas a la PC y las demás obligaciones establecidas en la Constitución y la Ley.

El desempeño de empleos y funciones públicas está vinculado con los deberes y responsabilidades de los ecuatorianos. En la CPE, se establece que el ejercicio de la función pública constituye un servicio a la colectividad que exige capacidad, honestidad y eficiencia. La CRE explicita que la administración pública constituye un servicio que se rige por los principios de eficacia, calidad, jerarquía, participación, planificación, transparencia y evaluación, entre otros. Esto implica un sistema de administración de recursos humanos participativo, incluyente e igualitario.

Según la CPE, la conformación de partidos y movimientos políticos es un derecho que aparece bajo el título de participación democrática. En la CRE, este derecho se halla vinculado con los deberes y responsabilidades de los ecuatorianos al momento que se determina la participación en la vida política de manera honesta y transparente. Según el texto constitucional de 1998, el Estado avala el derecho a fundar partidos políticos y participar en ellos, en cambio, en el de 2008, los partidos y movimientos políticos son organizaciones públicas no estatales.

Si bien la CRE recoge los derechos de participación de la CPE, es innegable que los amplía y mejora, aunque encuentra escollos en su ejercicio pleno. El artículo 95 de la vigente Constitución promueve la actuación de los ciudadanos en la toma de decisiones, empero, existen voces críticas que formulan observaciones al alcance de este derecho, pues su realización sigue condicionada a la voluntad de las autoridades.

En síntesis, las Constituciones de 1998 y 2008 se cristalizan en momentos de crisis política e institucional; cada una de ellas introducen avances en cuanto a derechos. En la CPE, la voluntad política está sometida al imperio de la Ley; existe ausencia de regulación secundaria adecuada e inacción ciudadana que no permite un desarrollo efectivo de los derechos de participación. El nuevo diseño estatal de la CRE, si bien expande el campo de acción de la ciudadanía, persiste en las mismas formas de adoptar las decisiones en el ámbito público, puesto que utiliza la figura de la participación solo como un mecanismo formal que exige el ordenamiento jurídico. Se vuelve indispensable repensar sobre el cumplimiento del mandato del artículo 95 de la CRE que ordena la intervención protagónica del soberano, la que no puede estar condicionada a: 1) la voluntad de la autoridad, 2) la ideología del gobierno de turno, 3) los límites legales y reglamentarios innecesarios que impone la administración, y 4) la simulación del cumplimiento del derecho participativo.

Los derechos de participación ciudadana en el vigente texto constitucional ecuatoriano

Noguera advierte que la vigente Constitución constituye "una profundización en los mecanismos participativos del sistema político del país"[43]; en tanto que Solano considera que la CRE es respuesta a la "necesidad de establecer una mayor relación entre Estado y sociedad"[44]. Es el ciudadano el actor decisivo, pues la brecha existente entre los actores sociales mencionados ya no es un propósito, sino una condición de complementariedad que permite concretizar el principio de la democracia participativa.

Las formas de gobierno en las que se pone énfasis para alcanzar el ideal democrático son la democracia directa y representativa abordadas en el presente estudio que analiza el derecho a elegir y ser elegidos, de presentar proyectos de iniciativa popular normativa, de ser consultados, de revocar el mandato conferido a las autoridades de elección popular y el de fiscalización de los poderes públicos.

El derecho de elegir y ser elegidos

Los antecedentes de este derecho se encuentran en 1830, cuando en el Ecuador solo podían sufragar los hombres alfabetos, casados y de cualquier edad, así como solteros mayores de veinte y dos años, profesionales o poseedores de bienes valorados. El voto universal se reconoce en 1861 a excepción de las mujeres, quienes acceden a este derecho recién en 1929.

La democracia se convierte en elemento fundamental al respaldar la interacción entre el Estado y la sociedad, y el sufragio o el voto, en "la institución más importante de la Democracia representativa"[45], pues a través de este, los ciudadanos escogen directamente a quienes han de re-

---

43 Albert Noguera, "Participación, Función Electoral y Función de Control y Transparencia Social", En R. Ávila, A. Grijalva y R. Martínez Dalmau, (Eds.), *Desafíos constitucionales. La Constitución ecuatoriana de 2008 en perspectiva*, (2008): 133-157, https://www.academia.edu/6234842/Participaci%C3%B3n_funci%C3%B3n_electoral_y_funci%C3%B3n_de_control_y_transparencia_social_En_R_%C3%81vila_A_Grijalva_y_R_Mart%C3%ADnez_eds_Desafior_Constitucionales_la_constituci%C3%B3n_ecuatoriana_de_2008_en_perspectiva. 134.

44 Vicente Solano, "Balance de los derechos de participación en Ecuador", *Fundación Dialnet*, n.° 3 (2020): 163-181, https://dialnet.unirioja.es/servlet/articulo?codigo=8087959. 163.

45 Emilio Almache y Alcides Antúnez, "La Participación Ciudadana en el Estado de Derecho Ecuatoriano. Un análisis Constitucional en el marco del Pluralismo Jurídico", *Revista de Ciencias Jurídicas*, n.° 155 (2021): 1-36, https://dialnet.unirioja.es/servlet/articulo?codigo=8459410. 9.

presentarlos. Es el instrumento de participación ciudadana y componente del derecho a elegir y ser elegidos, en tanto que los partidos políticos como las instituciones son los organismos que garantizan los procesos democráticos.

Los ciudadanos ecuatorianos pueden representar en cualquiera de los espacios democráticos de elección popular: Poderes Ejecutivo y Legislativo, Parlamento Andino, Gobiernos Autónomos Descentralizados: Provinciales, Municipales y Parroquiales. Además, con la reforma constitucional, aprobada el 4 de febrero de 2018, se prevé que los miembros del CPCCS sean elegidos mediante sufragio.

En el Ecuador, se ejercita el sufragio a través del voto obligatorio y facultativo; es obligatorio para los mayores de dieciocho años y personas privadas de la libertad sin sentencia condenatoria ejecutoriada, y facultativo para las personas comprendidas entre los dieciséis y dieciocho años, mayores de sesenta y cinco, ecuatorianos que habitan en el exterior, personas analfabetas y con discapacidad, miembros de las Fuerzas Armadas y Policía Nacional, y extranjeros que habitan en el Ecuador siempre y cuando su residencia legal cumpla con la temporalidad prevista.

Respecto de los ecuatorianos que viven en el exterior, este derecho estuvo incluido en la CPE, sin embargo, su real ejercicio se materializó años después a través de su empadronamiento y vinculación entre el Estado y los ciudadanos residentes en el extranjero. Es innegable que, a partir de la CRE, este derecho ha cobrado fuerza, viabilizando los mandatos del constituyente al incluir a los emigrantes en las decisiones de interés nacional.

La relevancia constitucional de los partidos políticos es indiscutible, ya que representan los intereses de la sociedad y sirven de cauce para la participación política; recogen las necesidades de la ciudadanía para traducirlas en acciones políticas de beneficio colectivo. Noguera precisa que "la nueva Constitución genera una función del Estado, independiente de los partidos políticos y de las otras funciones del Estado (la Función Electoral), que garantiza la imparcialidad en los procesos electorales"[46], puesto que son las instituciones las que permiten y avalan los procesos democráticos.

La Función Electoral acredita la participación ciudadana mediante el sufragio con el concurso del CNE y del TCE; las principales atribuciones de la primera institución son la organización, dirección y vigilancia de los procesos electorales y las de la segunda, el conocimiento y resolución de los recursos electorales. Esta última rompe el esquema de concentración del poder electo-

46 Noguera, "Participación, Función Electoral..." 155.

ral, ya que este se hallaba en un solo estamento público, el Tribunal Supremo Electoral, que actuaba como juez y parte en los procesos electorales.

Se debe advertir que la legislación ecuatoriana no prevé la necesidad de que los aspirantes a cargos de elección popular requieran de competencias a nivel legislativo y ejecutivo; sin embargo, las crisis políticas e institucionales del país convocan a la reflexión sobre la necesidad de establecer requisitos. Más aún, para quienes aspiran a legislar y fiscalizar las instituciones del Estado, funciones donde la formación y la probidad son indispensables.

Cabe recordar que la AN fue disuelta por el presidente Guillermo Lasso a través del Decreto Ejecutivo 741 de 17 de mayo de 2023, quien utilizó la figura denominada muerte cruzada. Entre los considerandos se citan: actuación de la AN que tiende a propiciar la desestabilización, obstaculización continua y falta de colaboración con el Ejecutivo, bloqueo e inacción en las iniciativas legislativas presentadas por la Función Ejecutiva, crisis de legitimidad del Poder Legislativo sustentada en la desconfianza ciudadana a su gestión y basada en información recogida por encuestadoras que determinaría el rechazo del 81,69 % de la ciudadanía a la AN.

En resumen, la democracia representativa en Ecuador se materializa en el derecho de elegir y ser elegidos, mecanismo que permite a los ciudadanos ejercerlo, seleccionando a quienes articularán sus demandas a través de procesos participativos internos. Mediante el ejercicio del sufragio, los ecuatorianos, en elecciones generales nacionales o seccionales, pueden elegir y ser elegidos a las diferentes dignidades de elección popular, actividad democrática canalizada y garantizada por los organismos de la Función Electoral. Hoy más que nunca es necesario generar espacios de debate sobre las competencias legislativas y ejecutivas de quienes representan a las distintas instituciones del Estado, pues la realidad ecuatoriana exige cambios estructurales, siendo uno de ellos, contar con dignatarios idóneos que representen los reales intereses de la sociedad.

El derecho a presentar proyectos de iniciativa popular normativa

Este derecho es definido como una institución de la democracia directa, Astarloa[47], expresión de la soberanía popular, Guzman[48], a través de la

47 Francisco Astarloa, "La iniciativa legislativa popular en España", *Teoría y Realidad constitucional*, n.° 10-11, (2002): 273-321, https://dialnet.unirioja.es/servlet/articulo?codigo=1039029.

48 (Teodoro) Yan Guzmán Hernández, "La iniciativa legislativa popular en América Latina-Un análisis comparado en clave axiológico-procedimental", *Revista de Investigações Constitucionais*, n.° 1, (2019): 35-59, https//DOI: 10.5380/rinc.v6i1.58984.

cual la ciudadanía propone reformas legales y constitucionales, Zovatto[49]. Se conceptualiza a la iniciativa popular como "a) un mecanismo de democracia directa mediante el cual b) la ciudadanía c) propone d) un cambio en la legislación e) a la Asamblea legislativa o por la vía del referéndum"[50]. Son tres las causas que han propiciado la irrupción de la democracia directa: procesos de transición política, el descontento social y el demérito de la clase política, así como el déficit de representación y los bajos niveles de confianza en el sistema político.

En el último proceso constituyente del Ecuador, se estrecha la relación entre el Estado-ciudadanía a través de mecanismos como la iniciativa popular, cuya incorporación en el nuevo orden "buscó atender las demandas por una mayor ciudadanización de la política"[51]. En el Ecuador, pertenecen a la iniciativa popular: 1) la iniciativa normativa, 2) la enmienda, y 3) la reforma constitucional.

En el caso de la iniciativa normativa, la CRE determina que esta se ejercerá para la creación, reforma o derogatoria de normas jurídicas ante el legislativo o cualquier otro órgano de competencia normativa. Así, la CC del Ecuador, en la Sentencia No. 38-14-AN/20 de 04 de marzo de 2020, identifica a la iniciativa normativa como uno de los mecanismos más importantes de la democracia directa.

Los mecanismos que permiten materializar la modificación del texto constitucional están previstos en el artículo 441; la reforma parcial, en el 442 y la convocatoria a una Asamblea Constituyente, en el 444. La CC se pronunció en dichos términos en el Dictamen No. 1-19-RC-19 de 02 de abril de 2019, posibilitando la modificación de la Constitución mediante un sistema jerarquizado acorde al tipo de reforma que se pretende implementar.

La iniciativa popular normativa es un mecanismo reglado de participación a través del cual el ciudadano se convierte en actor social que contribuye a la creación, reforma o derogatoria de normas jurídicas y de la Constitución. No obstante, se identifica como un riesgo los condicionamientos previstos en el ordenamiento legal, ya que para impulsar una

---

49 Daniel Zovatto, "Los institutos de la democracia directa", *Derecho Electoral,* n.° 20, (2015): 34-75, https://dialnet.unirioja.es/servlet/articulo?codigo=5605179.

50 Sergio Trejos, "Institutos de democracia directa: La iniciativa popular", *Derecho Electoral,* n.° 23, (2016): 235-259, https://www.tse.go.cr/revista/art/23/trejos_lrobert.pdf. 238.

51 Klever Herrera, "La iniciativa popular normativa en el gobierno de la revolución ciudadana", *Revista de Ciencias Sociales,* n.° 2, (2018): 68-82, https://www.redalyc.org/journal/280/28059579006/28059579006.pdf. 69.

iniciativa se exige el cumplimiento de determinados porcentajes de firmas, lo cual es el principal obstáculo para la construcción ciudadana de políticas públicas[52]. Tanto los requisitos legales como la cantidad y el origen de las firmas son el "elemento crítico para facilitar o dificultar el ejercicio de este derecho"[53].

Durante el periodo legislativo iniciado desde el 14 de mayo de 2021 hasta el 4 de mayo de 2023, según los datos consignados en la página web de la AN, los proyectos de ley que fueron presentados para el trámite legislativo, en su gran mayoría, corresponden a la iniciativa de los legisladores, seguido y en menor cantidad por autoridades de las demás Funciones del Estado, condición que se mantiene en la actividad legislativa actual.

De lo expuesto, cabe advertir que la indiferencia de la ciudadanía por los temas de participación y la complejidad que normativamente implica su ejercicio propician la anulación de este principio democrático. Ningún proceso de iniciativa popular puede prescindir de procesos reglados, sin embargo, su materialización sería irrealizable o imperceptible, primando la intervención de la democracia representativa, lo que es inaceptable en un Estado que pregona la PC.

El derecho a ser consultados

En América Latina, son varias las instituciones de la democracia directa y sobre ellas se plantea una "pluralidad conceptual y terminológica que podría generar confusión"[54]. En el Ecuador, los mecanismos de la democracia directa: referéndum y plebiscito se conciben como consultas populares, puesto que no existe una diferenciación conceptualizada entre uno y otro[55]. A través de este mecanismo, se persigue la incidencia de la ciudadanía en "la configuración de la voluntad popular"[56], lo cual es

---

52 Herrera, "La iniciativa..."

53 Felipe Hevia, "La iniciativa legislativa popular en América Latina", *Convergencia*, n.° 52, (2010): 155-186, https://www.civilisac.org/civilis/wp-content/uploads/Iniciativa-Legislativa-Popular-en-Am%C3%A9rica-Latina-Hevia-de-la-Jara-1.pdf. 162.

54 Zovatto, "Los institutos..." 36.

55 Edwin Malacatus, "Revocatoria del mandato, como derecho establecido en la actual Constitución y legislación del Ecuador, respecto a sus alcances, requisitos y limitaciones" (Tesis de Maestría en Derecho Constitucional, Universidad Andina Simón Bolívar, 2016), https://repositorio.uasb.edu.ec/bitstream/10644/4984/1/T1944-MDE-Malacatus-La%20revocatoria.pdf.

56 Libia Rivas, "La participación ciudadana en el proceso de elaboración de leyes". (Tesis de Maestría en Derecho Constitucional, Universidad Andina Simón Bolívar, 2017), https://repositorio.uasb.edu.ec/bitstream/10644/5729/1/T2368-MDE-Rivas-La%20participacion.pdf. 25.

posible con el voto directo que es el elemento central que viabiliza el "pronunciamiento popular respecto a una pregunta que puede ser de dos tipos: consulta popular o referéndum"[57].

En torno a dichos mecanismos, la CC, en el Dictamen No. 3-19-CP/19 de 1 de agosto de 2019, orienta su alcance y aplicación; precisa que la consulta popular y los mecanismos de reforma constitucional, que tienen como componente adicional al referéndum, no pueden considerarse equiparables. En el primer caso, se refiere al mecanismo regulado en el artículo 104 de la Carta Magna, donde el máximo órgano de justicia constitucional no establece la determinación de la vía, pero sí, emite un dictamen vinculante mientras que, en el segundo, la modificación del texto prevista en los artículos 441, 442 y 444, demanda su intervención en la determinación de la vía.

La CRE introdujo al buen vivir como el postulado que busca materializar el estado de bienestar a través de una relación armoniosa entre los seres humanos y la naturaleza, donde prevalece "la protección jurídica de la vida por encima de los intereses económicos"[58]. Este derecho ha propiciado la activación de los mecanismos de la democracia directa, especialmente el de la consulta popular. El Dictamen No. 6-20-CP/20 de 18 de septiembre de 2020 es un ejemplo de lo manifestado, pues la CC emitió un pronunciamiento favorable para que se consulte sobre la prohibición de explotación de minería metálica a gran escala en las zonas de recarga hídrica de varios ríos de la ciudad de Cuenca. El CNE, mediante resolución PLE-CNE-1-9-12-2020 de 09 de diciembre de 2020, convocó al proceso denominado Consulta Popular por el Agua, cuyo pronunciamiento del soberano devino en la prohibición planteada en las preguntas formuladas.

Por lo general, la consulta proviene del Poder Ejecutivo; esto deja entrever que las autoridades la pueden utilizar para encontrar legitimidad frente a las crisis democráticas[59]; "las consultas populares pueden ser uti-

---

57 Viviana Morales, "Consultas populares y referendos constitucionales sobre la protección de la naturaleza: la eficacia de la democracia directa en Ecuador", *Democracias*, (2020): 115-142, https://institutodemocracia.gob.ec/wp-content/uploads/2020/08/consultas_populares.pdf. 118.

58 Marllury Alcivar, "Los derechos de la naturaleza: Una legitimación de derechos a la Pacha Mama dentro del Estado", *San Gregorio*, n.° 26, (2018): 30-37, https://dialnet.unirioja.es/servlet/articulo?codigo=6841011. 33.

59 Carlos Mascareño y Egon Montecinos, "Presupuesto participativo, democracia participativa y conflictos con el modelo representativo en América Latina: una introducción", *En: Democracia Participativa vs. Representación. Tensiones en América Latina*, (2011), http://www.ucv.ve/fileadmin/user_upload/cendes/textos_completos/democraciafinal.pdf.

lizadas exclusivamente para que los gobernantes legitimen sus decisiones, sin que exista un real interés por el pronunciamiento de la ciudadanía"[60].

La búsqueda de legitimación a través de la democracia directa se evidencia en el referéndum impulsado por el expresidente Guillermo Lasso en las elecciones del 5 de febrero de 2023, cuyos resultados fueron adversos, pues en las ocho preguntas planteadas, el soberano se pronunció por el no. En el referéndum y consulta popular promovidos por el presidente Daniel Noboa (21 de abril de 2024), todas las preguntas de la consulta popular fueron favorables y dos de las cinco preguntas del referéndum, adversas a las tesis del nuevo gobierno.

En síntesis, los elementos centrales de los mecanismos de la democracia directa son la iniciativa de quien los promueve, la ciudadanía y el voto que viabiliza el pronunciamiento popular. Sin embargo, estos pueden ser utilizados de manera perniciosa por los gobiernos de turno como estrategia para distraer la realidad crítica por la que atraviesan sus mandatos.

El derecho a revocar el mandato que hayan conferido a las autoridades de elección popular

Posibilita el control directo de las actuaciones de los mandatarios y concretiza la fiscalización ciudadana. Como expresión de la soberanía popular, la revocatoria "es un mecanismo democrático que bien utilizado se convierte en un poderoso instrumento de participación"[61]. En Latinoamérica, este derecho tiene sus orígenes en la denominada crisis de representación; su incorporación en el ordenamiento jurídico de varios de los países latinoamericanos evidenció ciertos elementos comunes: crisis sociales, políticas e institucionales[62].

La CRE introdujo cambios significativos en la revocación, ampliando su campo de aplicación a todas las autoridades de elección popular, a diferencia de la CPE, cuyo ejercicio se preveía respecto de ciertas autoridades:

---

60 Juan Guerreo del Pozo y María Yépez, "Los límites materiales de la consulta popular en Ecuador", *USFQ Law Review*, n.° 2, (2021): 183-211, https://revistas.usfq.edu.ec/index.php/lawreview/article/view/2324/2736. 187.

61 Carlos Molina, Armando Durán y Wilson Vilela, "Revocatoria del mandato de autoridades de elección popular por petición de la ciudadanía", *Revista Universidad y Sociedad*, n.° 2 (2021): 544-557, http://scielo.sld.cu/pdf/rus/v13n2/2218-3620-rus-13-02-544.pdf. 545.

62 María Eberhardt, "Revocatoria de mandato en América Latina: ¿democracia directa o democracia electoral?", *FORUM. Revista Departamento Ciencia Política*, n.° 16, (2019): 117-150, https://doi.org/10.15446/frdcp.n16.76858.

alcaldes, prefectos y diputados[63]. La regulación normativa de la revocatoria ha permitido el ejercicio de este derecho y su desarrollo práctico en la institucionalidad del Estado, adoptándose concepciones propias respecto del caso ecuatoriano.

En la sentencia No. 019-15-SIN-CC de 24 de junio de 2015, Caso No. 0030-11-IN, la CC sostiene que la revocación permite el desarrollo de la democracia directa, por lo tanto, debe enmarcarse en un proceso transparente que garantice el correcto ejercicio de este derecho. Es innegable que a través de la revocación se ejerza cierto control popular a quienes ostentan los cargos de administración y gobierno; la censura al mandatario se produce cuando este "sale de los términos fijados por el esquema constitucional"[64].

Hay que considerar, sin embargo, que este derecho corre el riesgo de ser utilizado como estrategia política por parte de actores y opositores a la gestión gubernamental de la autoridad. De hecho, sus propósitos se amparan formalmente en uno de los presupuestos legales, empero, la intención no precisamente es resguardar la confianza que la ciudadanía otorgó a un mandatario, sino el reproche motivado desde las diferencias ideológicas, la necesidad de anular al adversario político o simplemente hacer fracasar un proyecto político en construcción.

La revocatoria es un poderoso instrumento de PC; cualquier elemento distinto a sus objetivos constituye un riesgo a la estabilidad democrática e incluso es un elemento distractor de las obligaciones que les compete ejecutar a los gobernantes[65]. La eficacia de este mecanismo exige del discernimiento de una ciudadanía responsable por la censura legítima al gobernante fallido o por la iniciativa de un grupo antagónico.

El derecho a fiscalizar los actos del poder público

En la génesis de la PC, se encuentran la reivindicación de derechos y el rompimiento de sistemas que eran rehenes de ciertas élites; estuvo presente "un constitucionalismo formal, no democrático, al servicio de los intereses dominantes"[66]; así, la CRE se erige como un documento de regeneración democrática, de carácter refundacional.

En Montecristi, la ANC estuvo presidida inicialmente por Alberto Acosta, quien logró consensuar la distribución de diez mesas de trabajo

---

63 Morales, "Los nuevos..."

64 Morales, "Los nuevos..." 175.

65 Molina, Durán y Vilela, "Revocatoria..."

66 Martínez Dalmau, "Constitucionalismo democrático..." 83

que trataron, entre otros temas, la participación social y ciudadanía, justicia y lucha contra la corrupción, legislación y fiscalización. La CRE, en la parte orgánica, establece el funcionamiento del Estado a través de cinco funciones: la Ejecutiva, Legislativa, Judicial, Electoral y de Transparencia y Control Social.

Se debe resaltar el papel que desempeña la FTCS conformada por entes ya existentes: Defensoría del Pueblo, CGE y Superintendencias, a los que se añade el CPCCS. El texto constitucional introduce la poderosa definición del soberano como mandante y primer fiscalizador; su relevancia se ve reflejada en la necesidad de participar en la fiscalización de la administración pública.

Para Martínez Dalmau, "el nuevo diseño constitucional está en correspondencia con las necesidades que promovieron el proceso constituyente ecuatoriano"[67]. Estas, entre otras, son el control de la administración pública, la promoción de la participación social, la garantía del ejercicio de los derechos, la prevención y el combate a la corrupción; pudiéndose establecer la concurrencia de dos aspectos importantes: la activación del poder ciudadano y la necesidad de encontrar una solución al problema de la corrupción, elementos que dan origen al denominado CS. Esta prerrogativa ciudadana tiene como objetivo principal evitar que los dignatarios que ostentan la administración de los recursos públicos transgredan el marco normativo que limita sus actuaciones, puesto que toda acción que se ejerza por sobre el imperio de la Ley deviene en un irremediable detrimento de los intereses ciudadanos.

El nuevo marco constitucional e institucional ha generado cierto grado de experiencia en el desarrollo de los derechos de participación, puntualmente en el derecho de fiscalización de los poderes públicos. Así, la FTCS, en su Plan Nacional de Integridad Pública y Lucha contra la Corrupción, señala que "El control social debe entenderse como una actividad de fiscalización, evaluación y revisión del accionar de las autoridades"[68]. En la misma línea de análisis, el CPCCS define al CS como "el derecho y el deber de los ciudadanos y ciudadanas quienes, en ejercicio de su derecho de participación ciudadana, controlan el buen manejo de la gestión de lo público"[69].

---

67 Martínez Dalmau, "Constitucionalismo democrático..." 93

68 Función de Transparencia y Control Social, "Plan Nacional de Integridad Pública y Lucha contra la Corrupción, 2019-2023", https://www.contraloria.gob.ec/WFDescarga.aspx?id=2629&tipo=doc. 26.

69 Función de Transparencia y Control Social, "Plan Nacional..." 27.

El CS es un imperativo en el Estado, pues el problema de la corrupción se ha convertido en uno de los males que más afecta al Ecuador como lo expresara el exmandatario Hurtado: "la corrupción es un conjunto de prácticas consistentes en la utilización de las funciones y medios de aquellas instituciones o sus funcionarios en su provecho económico o de otra índole"[70]. En el ejercicio del derecho a fiscalizar los actos de los poderes públicos, los ciudadanos tienen la posibilidad de exigir información sobre las actividades de sus dignatarios y de los servidores públicos en general. Además, asumen la potestad de formular cuestionamientos a las acciones y omisiones en las que aquellos pudieran incurrir, impulsando la intervención de la institucionalidad del Estado en el marco de sus atribuciones y competencias. Surge aquí el mecanismo que favorece materializar la acción fiscalizadora: la rendición de cuentas.

En dicho mecanismo convergen la ciudadanía y quienes ejercen la administración pública. La primera exige la rendición de cuentas, especialmente sobre el uso de los recursos estatales, y los segundos tienen la obligación de informar y someterse al examen de la colectividad respecto a sus actuaciones en la función pública. Están llamados a respetar el ordenamiento jurídico, honrar los recursos públicos y denunciar los actos reñidos con la Ley, ya que sus ejecutorias se hallan expuestas a un escrutinio técnico a través de los órganos de vigilancia del Estado y del CS de la ciudadanía.

La CRE determina que los servidores públicos son responsables administrativa, civil y penalmente por las acciones u omisiones cometidas en el ejercicio de sus funciones. Es, por lo tanto, su obligación actuar con honestidad, diligencia y empeño, accionar que es mandatorio, ya que es deber de los ecuatorianos, administrar honradamente y con apego irrestricto a la ley el patrimonio público, y denunciar y combatir los actos de corrupción, conforme el artículo 83, numeral 8 del texto constitucional.

Desde el plano institucional, se debe resaltar la innovación que trae consigo la CRE, la FTCS integrada por dos instituciones para el control social y la lucha contra la corrupción: la CGE y el CPCCS.

La Contraloría General del Estado

Este organismo forma parte de las Entidades Fiscalizadoras Superiores entre cuyos objetivos se encuentra el reforzamiento de "la rendición de cuentas, la transparencia y la integridad fiscalizando, de manera indepen-

---

70 Oswaldo Hurtado, *Nuestros deberes y responsabilidades para ser buenos ecuatorianos*. (Quito: Cordes, 2001), 33.

diente, las operaciones del sector público e informando sus resultados”[71]. La CGE es el organismo técnico que controla la utilización de los recursos públicos y la consecución de las metas institucionales; ejerce la dirección del sistema de control administrativo de auditoría entre otras atribuciones. Goza de la facultad determinadora de responsabilidades administrativas y civiles, así como del establecimiento de indicios de responsabilidad penal.

En la fase auditora, se realiza el control posterior de las actividades de las instituciones del sector público y del sector privado que dispongan de recursos estatales a través de las técnicas y modalidades de auditoría, cuya finalidad es examinar sus diferentes gestiones. Es preciso señalar que las auditorías cumplen con una planificación institucional que nace de la competencia técnica de los funcionarios de la CGE, así como del procesamiento de denuncias de la ciudadanía y de la solicitud de otros organismos estatales.

La conclusión de la fase auditora es el informe aprobado por el Contralor General del Estado, el que deberá ser remitido a las máximas autoridades de las entidades auditadas para que conozcan sus resultados y den cumplimiento a las recomendaciones. Los informes de auditoría, también, son publicados en la página web institucional para el análisis de la ciudadanía, pues todas las acciones que desarrollan los equipos multidisciplinarios de la CGE atienden a procesos definidos en la Ley.

La acción fiscalizadora que lleva adelante la CGE busca la correcta utilización de los recursos públicos, la eficiencia y calidad en la prestación de servicios, la transparencia y rendición de cuentas de las autoridades estatales. Esta labor genera un impacto positivo en la sociedad, ya que evidencia la intervención de un organismo público dotado de las herramientas legales para lograr su cometido. Si bien la CGE ejecuta su labor de carácter técnico, también la ciudadanía aporta significativamente con información e insumos que pueden materializarse en observaciones que propicien el inicio de un proceso administrativo. De esta manera, el control técnico gubernamental “pasó de ser un asunto netamente estatal a un accionar de la Administración Pública donde convergen los conceptos de control estatal y participación ciudadana”[72].

---

71 INTOSAI, “*El Valor y Beneficio de las Entidades Fiscalizadoras Superiores – marcando la diferencia en la vida de los ciudadanos*”, 2019, https://www.issai.org/wp-content/uploads/2019/08/INTOSAI-P-12-El-Valor-y-Beneficio-de-las-Entidades-Fiscalizadoras-Superiores-marcando-la-diferencia-en-la-vida-de-los-ciudadanos.pdf. 8.

72 Tania Morán y Jorge Palacios, *Control Estatal y Participación Ciudadana* (Quito: Contraloría General del Estado, 2014). 17.

El Consejo de Participación Ciudadana y Control Social

Según Noguera, en el nuevo diseño institucional, el organismo más relevante en la FTCS es el CPCCS[73] que constituye, también, una innovación constitucional; goza de personería jurídica y autonomía. Propicia la lucha contra la corrupción, la rendición de cuentas de los entes estatales, el control social, la investigación de actos que generen corrupción y designa las autoridades de control entre otras atribuciones, siendo esta última, la más controversial.

El CPCCS es la institución que, a través de la PC, promueve la lucha contra la corrupción, propicia y coadyuva a la tarea de fiscalizar los actos de los poderes públicos con la conformación de veedurías y observatorios ciudadanos, y comités de usuarios de servicios públicos; establece el equilibrio de poderes tanto en el ámbito estatal como ciudadano. El rol del CPCCS es complementario al de la CGE, ya que con la PC se propicia, además, la activación de la labor de control de los recursos públicos por medio de la institucionalidad del Estado.

Jara concibe a las entidades de CS "como un conjunto de reglas y procedimientos que permiten el ejercicio de acciones de control, vigilancia y evaluación de actividades de interés público"[74]. Los organismos descritos anteriormente cumplen un papel necesario en la cristalización del postulado de fiscalizar y combatir los actos de corrupción. Sin embargo, la problemática de la corrupción está presente en el país. Según *Transparency International* (2021), Ecuador ocupó el puesto 105 de 180 países dentro del ranking internacional, según las cifras de índice de percepción de la corrupción aportadas por este organismo. Es preciso señalar que la eficacia de los organismos de control puede estar condicionados por la falta de independencia en la designación de sus titulares y en el ejercicio de sus competencias, y por el incumplimiento de las atribuciones institucionales.

La independencia en las funciones del Estado es un tema de debate que no se agota con la sola identificación normativa. Los cambios que motivaron la nueva Constitución estuvieron marcados por el rechazo a la clase política que, en tiempos de ejercicio del poder, actuaba bajo el paraguas constitucional para la cooptación consensuada de los más importantes organismos del Estado. "Efectivamente la designación de autoridades de control siempre estuvo en manos de la legislatura, quienes por medio de

73 Noguera, "Participación, Función Electoral..." 153.

74 Jara, "Institucionalización..." 8.

mayorías móviles designaban a las autoridades"[75]. Hoy, con la CRE, se realiza a través de comisiones ciudadanas de selección.

Cuando se habla de la eficacia de los entes de control y se considera el factor independencia, se entiende que el cambio previsto en el nuevo orden garantizaría la no injerencia en la designación de las autoridades de control. La CRE disponía que el proceso de selección de los consejeros y consejeras del CPCCS debía ser organizado por el CNE. En la actualidad, dichas autoridades son elegidas por sufragio universal y estos no pueden ser afiliados, adherentes o dirigentes de partidos políticos durante los cinco últimos años, según la reforma constitucional aprobada en referéndum y consulta popular del 4 de febrero de 2018. El cambio de designación por concurso frente a elección por sufragio denota que el presupuesto inicial no garantizó la independencia en la designación de estas autoridades. Tampoco se considera que con este mecanismo exista un fiel cumplimiento del principio invocado.

En lo que respecta a la independencia para el ejercicio de las competencias institucionales, sin duda, los resultados positivos en la gestión de la CGE y el CPCCS dependen mucho de este factor, pues su trabajo debe encaminarse a cumplir con las atribuciones de las que son titulares, desplegando actividades objetivas e imparciales, enmarcadas dentro del ordenamiento jurídico. La CGE se encuentra sujeta a lineamientos que le permiten ejecutar adecuadamente sus labores. Así, en la Declaración de Lima (1977) sobre las líneas básicas de fiscalización, se destaca el eficaz desempeño de sus funciones bajo el principio de independencia respecto de la institución sujeta a control, principio que se halla ratificado por la Declaración de México (2007).

Se plantea la necesidad de independencia de las Entidades Fiscalizadoras respecto del poder Ejecutivo y Legislativo a efecto de garantizar "una fiscalización y auditorías imparciales y objetivas, alejadas de los intereses políticos o partidistas"[76]. En Ecuador, la independencia debe ser analizada y garantizada, también, respecto del CPCCS. El debido cumplimiento de las atribuciones institucionales es un elemento trascendental para garantizar la eficacia de los resultados de su gestión. La CRE y las leyes que

---

75 Pablo Jacho y Orlando Ronquillo, "Consejo de participación ciudadana y control social transitorio en el Ecuador: facultades y atribuciones, periodo 2018-2019", *Revista Científica Mundo de la Investigación y el Conocimiento*, n.° 3 (2019): 667-688, http://recimundo.com/index.php/es/article/view/543. 672.

76 Aimée Figueroa, "Separación de Poderes Públicos y Entidades Fiscalizadoras Superiores", *Foro, Revista de Derecho UASB-Ecuador*, n.° 18 (2012): 31-43, https://revistas.uasb.edu.ec/index.php/foro/article/view/412/407. 35.

regulan el funcionamiento de estos organismos describen claramente sus potestades, empero, no ha sido suficiente para lograr avances en la lucha contra la corrupción. Las atribuciones deben ser ejecutadas bajo los principios que rigen la administración pública: eficiencia, eficacia, transparencia y calidad.

El CPCCS dispone de instrumentos legales y de una estructura administrativa definida para desarrollar los presupuestos de promoción de la participación ciudadana, lucha contra la corrupción, establecimiento de mecanismos de rendición de cuentas y la designación de autoridades, principalmente. Sin embargo, se evidencian hechos que opacan su desarrollo y el debido cumplimiento de sus atribuciones. La falta de representatividad, el cúmulo de responsabilidades, la concentración de actividades, los cambios políticos e inestabilidad institucional, son algunos de los obstáculos en su desarrollo[77], a los cuales se debe añadir el decremento presupuestario, según las conclusiones contenidas en el Informe de Rendición de Cuentas del año 2023 del organismo.

La ciudadanía debe asumir su labor fiscalizadora y debe ser un actor protagónico en el CS. La clase política, los servidores públicos y los dignatarios de elección popular deben cumplir sus funciones como un verdadero servicio a la colectividad. Los organismos de control tienen que ser utilizados como instrumentos para gestar procesos de cambio y no como entes de utilidad temporal. La fiscalización de los poderes públicos es un derecho garantizado en el ordenamiento constitucional, no obstante, es un mecanismo insuficiente para erradicar el problema de la corrupción.

De la aplicación de los mecanismos de participación en la realidad ecuatoriana, previsiones

En la investigación, se ha demostrado el criterio unánime de la crítica nacional e internacional respecto a que la CRE constituye un avance con relación a la CPE, ya que profundiza los mecanismos de PC dentro del sistema político, Noguera[78] y Ortiz Crespo[79], al introducir los derechos de participación como uno de los ejes transversales del texto constitucional, Morales[80] y Panchi[81].

Si bien, el texto de 2008 representa una Constitución de vanguardia al consagrar al Ecuador como un Estado constitucional de derechos y justicia, se han encontrado escollos en su implementación como lo advierten

---

77 Jara, "Institucionalización..."
78 Noguera, "Participación, Función Electoral..."
79 Ortiz Crespo, "Participación..."
80 Morales, "Los nuevos..."
81 Panchi, "La efectiva..."

Noguera y Navas, quienes sostienen que constituye un verdadero desafío llevar a la práctica la participación de acuerdo con la nueva concepción[82]. Esta ha sido impulsada a través de un fuerte liderazgo de sus promotores, a pesar de ello, se ha constituido, quizá, en la mayor amenaza para su implementación.

En la aplicación de los mecanismos de los derechos de PC, se analiza el de elegir y ser elegidos y el de CS a través del CPCCS. Este es el organismo que mayores expectativas generó, no obstante, hasta el día de hoy, es el foco de la crítica por la falta de independencia en su gestión; siendo el punto más álgido el vinculado con la designación de autoridades. Se sostiene que "no promovió la participación ciudadana como era su deber según la Norma Suprema; nunca intentó combatir la corrupción en la esfera pública y, prácticamente, todos los concursos que organizó carecieron de la debida transparencia"[83], lo que se evidencia cuando El Pleno de la CC, en sesión de 23 de enero de 2023, decide destituir a todos sus miembros.

Dicha decisión estuvo motivada por el incumplimiento de la Sentencia No. 1219-22-EP/22, correspondiente al nombramiento del titular del Consejo de la Judicatura, cuya designación tenía como objetivo suscitar una solución a la crisis institucional. La CC señala que, en el proceso de selección y designación de dicha autoridad, el CPCCS cometió conductas contrarias al texto constitucional.

El 06 de octubre de 2023, la CC determinó el incumplimiento del dictamen 2-19-IC/19 mediante auto de verificación 2-19-IC/23 y, en consecuencia, el presidente del CPCCS fue destituido. Su motivación se fundamenta en el cuestionamiento sobre la designación de la Fiscal General del Estado y la creación de una veeduría ciudadana que pretendía revisar la evaluación y designación de los jueces de la CC por parte del CPCCS transitorio, contravención establecida en las prohibiciones contenidas en el mandato popular interpretado en el dictamen 2-1-IC/19. El máximo órgano de justicia constitucional precisa que existe un abuso de los mecanismos de PC y CS al intentar tal revisión y enfatiza que estos incumplimientos influyen en la estabilidad institucional e independencia judicial.

Para nadie es extraño que el Ecuador atraviesa una profunda crisis institucional que va desde la desaprobación de la ciudadanía a los poderes constituidos hasta la inacción de la administración pública frente a los

---

82 Noguera y Navas, "Los nuevos derechos..."

83 Richard Ortiz, "Los problemas estructurales de la Constitución ecuatoriana de 2008 y el hiperpresidencialismo autoritario", *Estudios Constitucionales, Universidad de las Américas*, n.° 2 (2018): 527-566, https://www.scielo.cl/pdf/estconst/v16n2/0718-5200-estconst-16-02-00527.pdf. 539, 540.

problemas que aquejan a los organismos del Estado. El CPCCS no estuvo en condiciones de coadyuvar a la solución de la crisis que se agudiza a pasos agigantados.

Seraquive considera que la voluntad del constituyente, en la creación del CPCCS, tiene relación con incentivar la PC (promoción), luchar contra la corrupción (control) y transparentar la selección y designación de autoridades (designación)[84]. Respecto al primer supuesto, los Informes de Rendición de Cuentas de 2022 y 2023 son desalentadores; la gestión del organismo estuvo condicionada por constantes cambios de autoridades y la disminución de la asignación presupuestaria. El segundo, se relaciona con los datos de *Transparency International* para el que la mayoría de los países no han logrado detener la corrupción. El Ecuador es ubicado en el rango 101-180 en el año 2022; al año siguiente, el organismo internacional lo sitúa en el rango 115-180. Finalmente, el tercer supuesto se vincula con los fallos de la CC que provocaron la destitución de los miembros del CPCCS.

La ciudadanía expresa su voluntad a través del voto y ejerce el derecho de elegir y ser elegidos, cuya finalidad es la concretización de la soberanía popular y la selección de quienes han de representarlos. Se determinó la existencia de dificultades en la democracia representativa: la desconfianza en los partidos políticos y la reducción de la participación social en el ejercicio del voto en elecciones periódicas.

El CNE convocó a elecciones de autoridades seccionales y de las consejeras y consejeros del CPCCS: tres hombres, tres mujeres y uno de Pueblos y Nacionalidades Indígenas, Afroecuatorianos o Montubios y Ecuatorianos en el Exterior mediante la resolución PLE-CNE-1-19-8-22 de 19 de agosto de 2022.

El proceso electoral del CPCCS se llevó a cabo el 5 de febrero de 2023 y sus resultados se registran en la web del CNE, fuente que permite conocerlos en forma fidedigna. El grupo de mujeres obtiene 2 281 212 votos blancos, 2 861 191, nulos y 2 430 659 de ausentismo; el grupo de hombres consigue 2 330 486 votos blancos, 2 904 589, nulos y 2 432 509 de ausentismo mientras que la agrupación Pueblos y Nacionalidades indígenas logra 1 844 226 votos blancos, 2 716 332 votos nulos y 2 445 808 de ausentismo, todos con el 100 % de actas procesadas.

---

84 Darwin Seraquive, "Alcances y límites del Consejo de Participación Ciudadana y Control Social Transitorio" (Tesis de Maestría en Derecho Constitucional, Universidad Andina Simón Bolívar, 2020), https://repositorio.uasb.edu.ec/bitstream/10644/7266/1/T3150-MDE-Seraquive-Alcance.pdf.

De los datos obtenidos, se establece un doble efecto negativo: primero, los tres candidatos declarados triunfadores alcanzan un número inferior de votos a los nulos y blancos en el orden respectivo: 1 676 590, 1 959 451 y 1 257 956 votos y segundo, la previsión del derecho de elegir determina un significativo número de ausentismo. Es la respuesta que refleja la poca empatía en dicho proceso electoral, producto de la desconfianza en los actores políticos y el efecto del ejercicio de este derecho que solo se materializa en elecciones periódicas[85].

La parte conceptual o dogmática del texto constitucional de 2008 evidencia la existencia de un extenso catálogo de derechos, producto de la decisión del pueblo ecuatoriano de "avanzar hacia ese nuevo estadio democrático"[86]. A pesar de lo señalado, existen falencias que derivan en resultados poco satisfactorios. La eficacia de los objetivos de los organismos democráticos del Ecuador está condicionada por su independencia y por el cumplimiento de sus atribuciones institucionales.

4. *Conclusiones*

Luego del análisis del ejercicio y normativa de los derechos específicos: de elegir y ser elegidos, iniciativa popular, consulta, revocatoria, con énfasis en el de fiscalización de los poderes públicos de la CRE, contrastados con la CPE, y vinculados con el NCL, se ha llegado a las siguientes conclusiones:

1. En torno al término PC no existe un significado unívoco y depende del ángulo desde el que se enfoque porque detrás de cada concepto están implicados principios, valores, objetivos y se halla en permanente construcción. La PC puede ser concebida como la acción de incidir en la toma de decisiones, un derecho humano, instrumento, medio, fin y esencia de la democracia, así como un importante contrapeso de los poderes públicos.

2. Los procesos constituyentes de Colombia, Venezuela, Ecuador y Bolivia, considerados dentro del NCL, acentúan el protagonismo de la PC en sus preámbulos, definiciones de estado y en el articulado de sus correspondientes textos constitucionales. A estos países los une el propósito de transformación y regeneración del Estado; todos cuentan con instituciones democráticas, en teoría, independientes.

3. A través de la CRE, la PC se ha fortalecido con la creación de organismos que articulan los derechos de participación en la nueva estructura:

---

85 Seraquive, "Alcances y límites…"

86 Martínez Dalmau, "Constitucionalismo democrático…" 86.

la Función Electoral y FTCS. Además, se define al soberano como mandante y primer fiscalizador de los poderes públicos.

4. En la implementación de los derechos de PC, se han dado avances importantes respecto de la CPE: en la democracia representativa, el derecho de elegir y ser elegido, la práctica del derecho al voto de los migrantes en el exterior y la ampliación de la posibilidad de elegir a los dignatarios de la Función Legislativa y del CPCCS. Se ha incorporado, también, el voto facultativo de los miembros de las Fuerzas Armadas y Policía Nacional.

En la democracia directa, la iniciativa popular amplia la oportunidad de ejercer este derecho ante cualquier órgano de competencia normativa y la convocatoria a una ANC. En el derecho de ser consultados, se ha reconocido y garantizado a las comunidades, pueblos y nacionalidades, la consulta previa respecto de decisiones que pudieran afectar ambiental o culturalmente sus territorios. En relación con la revocatoria del mandato, se ha extendido a todas las autoridades de elección popular, incluido al presidente de la República.

En el nuevo diseño institucional, los organismos de la Función Electoral han viabilizado y garantizado los procesos democráticos, no obstante, la democracia representativa tiene su punto crítico en los partidos políticos y sus representantes, quienes no han demostrado responsabilidad política para contribuir en la solución de los problemas de la institucionalidad en el Ecuador, lo que se manifiesta en el desinterés por participar en procesos electorales.

La crisis de representatividad ha generado un ambiente de ingobernabilidad en el Ecuador, enfrentando a la Función Ejecutiva y Legislativa, pues la Asamblea Nacional, con el visto bueno de la CC, inició un juicio político en contra del presidente Guillermo Lasso que no se llegó a concluir su mandato por la disolución del Parlamento.

La iniciativa popular normativa ha sido inutilizada por la ciudadanía; según los datos consignados en la página web de la AN, se evidencia que los proyectos de Ley presentados para el trámite parlamentario son propuestos por los Legisladores y otras Funciones del Estado. La consulta popular se aplica, principalmente en asuntos relacionados con los derechos de la naturaleza. Cuando los mecanismos de la democracia directa son utilizados para legitimar la aceptación gubernamental, los resultados pueden ser adversos a las tesis de los proponentes, inclusive sacrificando la trascendencia de los temas planteados.

5. Pese a que el derecho de fiscalizar los actos del poder público se halla garantizado en la CRE, no se ha logrado superar el problema de la

corrupción, así revelan los resultados de *Transparency International* por lo que se puede sostener que el CPCCS no ha ejecutado acciones concretas y eficaces que den cuenta del cumplimiento de sus obligaciones.

6. Si bien la CRE es fuertemente materializada para el ejercicio de los derechos de la democracia representativa, directa y de control social, la falta de voluntad política de los poderes del Estado para implementar estrategias de involucramiento de los actores sociales y establecer los correctivos pertinentes hacen que los derechos de PC no incidan como se esperaría en el ejercicio de la ciudadanía.

5. *Bibliografía*

Alcivar, Marllury. "Los derechos de la naturaleza: Una legitimación de derechos a la Pacha Mama dentro del Estado". *San Gregorio*, n.° 26, (2018): 30-37, https://dialnet.unirioja.es/servlet/articulo?codigo=6841011.

Almache, Emilio, y Alcides Antúnez. "La Participación Ciudadana en el Estado de Derecho Ecuatoriano. Un análisis Constitucional en el marco del Pluralismo Jurídico". *Revista de Ciencias Jurídicas*, n.° 155 (2021): 1-36, https://dialnet.unirioja.es/servlet/articulo?codigo=8459410.

Andrade, Pablo. "Democracia liberal e inestabilidad política en Ecuador. Apuntes para una interpretación política". *Oasis, Enfoques Nacionales*, n.° 11 (2005): 167-190, https://revistas.uexternado.edu.co/index.php/oasis/article/view/2399/2039

Añez, Carmen, Mirtha López y Wendolin Suárez. "El Estado Venezolano y la Participación Ciudadana". *Espacio Abierto*, n.° 4 (2003): 579-603, https://www.redalyc.org/pdf/122/12212405.pdf.

Astarloa, Francisco. "La iniciativa legislativa popular en España". *Teoría y Realidad constitucional*, n.° 10-11, (2002): 273-321, https://dialnet.unirioja.es/servlet/articulo?codigo=1039029.

Ávila Santamaría, Ramiro. "Ecuador Estado constitucional de derechos y justicia". En R. Ávila (Ed.) *La Constitución del 2008 en el contexto andino. Análisis desde la doctrina y el derecho comparado*. Quito: Ministerio de Justicia y Derechos Humanos, (2008): 19-38, https://biblioteca.cejamericas.org/bitstream/handle/2015/2358/3C2008CA.pdf?sequence=1&isAllowed=y.

Barrios, Ana, Antonio González y Martha Grajales. "Constituyentes Venezolanas de 1999 y 2017: Contextos y Participación". *Direito y Práxis*, n.° 4 (2017): 3144-3168, DOI: 10.1590/2179-8966/2017/31314.

Castellanos, Jorge. "Participación ciudadana y buen gobierno democrático. Posibilidades y límites en la era digital". (2017), https://www.marcialpons.es/media/pdf/9788491237983.pdf.

Castellanos, Jorge. "El derecho humano a participar: Estudio del artículo 21 de la Declaración Universal de Derechos Humanos". *Universitas*, n.° 31 (2020): 33-51, https://doi.org/10.20318/universitas.2020.5136.

Celi, Israel, y Silvana Erazo. "Participación ciudadana en la gestión pública: Una revisión sobre el estado actual". *Vniversitas*, n.° 137 (2018), https://revistas.javeriana.edu.co/index.php/vnijuri/article/view/22333.

Constitución Política de la República del Ecuador (1998). En Suplemento del Registro Oficial No. 181.

Constitución de la República del Ecuador (2008). En Registro Oficial No. 449.

Constitución Política de Colombia (1991). constituprojet.org.

Constitución de la República Bolivariana de Venezuela (1999). constituprojet.org.

Constitución del Estado Plurinacional de Bolivia (2009). constituprojet.org.

Corporación Participación Ciudadana. https://www.participacionciudadana.org/papers/PC.pdf.

Cunill, Nuria, Marta Arretche y Celina Souza. "Democracia, Estado e Instituciones". En *Democracia/Estado/Ciudadanía. Hacia un Estado de y para la Democracia en América Latina*, (2008): 112-138, https://biblio.flacsoandes.edu.ec/libros/digital/54780.pdf.

Díaz, Ana. "Participación ciudadana en la gestión de las políticas públicas". En *Gestión y Política Pública*, n.° 2 (2017): 341-379. https://www.scielo.org.mx/pdf/gpp/v26n2/1405-1079-gpp-26-02-00341.pdf.

Eberhardt, María. "Revocatoria de mandato en América Latina: ¿democracia directa o democracia electoral?". *FORUM. Revista Departamento Ciencia Política*, n.° 16, (2019): 117-150, https://doi.org/10.15446/frdcp.n16.76858.

Figueroa, Aimée. "Separación de Poderes Públicos y Entidades Fiscalizadoras Superiores". *Foro, Revista de Derecho UASB-Ecuador*, n.° 18 (2012): 31-43, https://revistas.uasb.edu.ec/index.php/foro/article/view/412/407.

Función de Transparencia y Control Social. "Plan Nacional de Integridad Pública y Lucha contra la Corrupción". https://www.contraloria.gob.ec/WFDescarga.aspx?id=2629&tipo=doc.

Gargarella, Roberto. Sobre el "Nuevo Constitucionalismo Latinoamericano". *Revista Uruguaya de Ciencia Política*, n.° 1 (2018): 109-129, DOI:10.26851/RUCP.27.5.

Gómez, Andrés. "El movimiento de la séptima papeleta frente al referendo Posición jurídica ante la corte Constitucional de una generación de colombianos y colombianas que ayudaron a construir la Constitución política de 1991". *Pap. Polit*, n.° 2 (2011): 365-380, http://www.scielo.org.co/pdf/papel/v16n2/v16n2a02.pdf.

Guerrero del Pozo, Juan, y María Yépez. "Los límites materiales de la consulta popular en Ecuador". *USFQ Law Review*, n.° 2, (2021): 183-211, https://revistas.usfq.edu.ec/index.php/lawreview/article/view/2324/2736.

Hernández, (Teodoro) Yan Guzmán. "La iniciativa legislativa popular en América Latina-Un análisis comparado en clave axiológico-procedimental". *Revista de Investigações Constitucionais*, n.° 1, (2019): 35-59, https//DOI: 10.5380/rinc.v6i1.58984.

Herrera, Klever. "La iniciativa popular normativa en el gobierno de la revolución ciudadana". *Revista de Ciencias Sociales,* n.° 2, (2018): 68-82, https://www.redalyc.org/journal/280/28059579006/28059579006.pdf.

Hevia, Felipe. "La iniciativa legislativa popular en América Latina". *Convergencia,* n.° 52, (2010): 155-186, https://www.civilisac.org/civilis/wp-content/uploads/Iniciativa-Legislativa-Popular-en-Am%C3%A9rica-Latina-Hevia-de-la-Jara-1.pdf.

Hurtado, Oswaldo. *Nuestros deberes y responsabilidades para ser buenos ecuatorianos.* Quito: Cordes, 2001.

INTOSAI. "*El Valor y Beneficio de las Entidades Fiscalizadoras Superiores – marcando la diferencia en la vida de los ciudadanos*". 2019, https://www.issai.org/wp-content/uploads/2019/08/INTOSAI-P-12-El-Valor-y-Beneficio-de-las-Entidades-Fiscalizadoras-Superiores-marcando-la-diferencia-en-la-vida-de-los-ciudadanos.pdf.

Jacho, Pablo, y Orlando Ronquillo. "Consejo de participación ciudadana y control social transitorio en el Ecuador: facultades y atribuciones, periodo 2018-2019". *Revista Científica Mundo de la Investigación y el Conocimiento,* n.° 3 (2019): 667-688, http://recimundo.com/index.php/es/article/view/543.

Jara, Irma. "Institucionalización de la participación ciudadana y control social en Ecuador. Sierra J. Rodríguez, F. Reviriego, y J. Tudela (Eds.)". En *Escenarios de la participación ciudadana: una visión multinivel.* Colección Obras colectivas. Zaragoza: Fundación Manuel Giménez Abad, https://doi.org/10.47919/FMGA.OC22.0117.

Malacatus, Edwin. "Revocatoria del mandato, como derecho establecido en la actual Constitución y legislación del Ecuador, respecto a sus alcances, requisitos y limitaciones". Tesis de Maestría en Derecho Constitucional, Universidad Andina Simón Bolívar, 2016. https://repositorio.uasb.edu.ec/bitstream/10644/4984/1/T1944-MDE-Malacatus-La%20revocatoria.pdf.

Martínez Dalmau, Rubén. "Constitucionalismo democrático e innovación constitucional en Ecuador: la Constitución de 2008". *Diálogos de Saberes,* n.° 47 (2017): 81-102, https://dialnet.unirioja.es/servlet/articulo?codigo=6567133.

Mascareño, Carlos, y Egon Montecinos. "Presupuesto participativo, democracia participativa y conflictos con el modelo representativo en América Latina: una introducción". *En: Democracia Participativa vs. Representación. Tensiones en América Latina,* (2011), http://www.ucv.ve/fileadmin/user_upload/cendes/textos_completos/democraciafinal.pdf.

Molina, Carlos, Armando Durán y Wilson Vilela. "Revocatoria del mandato de autoridades de elección popular por petición de la ciudadanía". *Revista Universidad y Sociedad,* n.° 2 (2021): 544-557, http://scielo.sld.cu/pdf/rus/v13n2/2218-3620-rus-13-02-544.pdf.

Montecinos, Egon, y Patricio Contreras. "Participación ciudadana en la gestión pública: Una revisión sobre el estado actual". *Revista Venezolana de Gerencia,* n.° 86 (2019): 341-346. https://www.redalyc.org/journal/290/29059356004/29059356004.pdf.

Morales, Juan Pablo. "Los nuevos horizontes de la participación". En R. Ávila (Ed.) *La Constitución del 2008 en el contexto andino. Análisis desde la doctrina y el derecho comparado,* (2008): 155-200, https://biblioteca.cejamericas.org/bitstream/handle/2015/2358/3C2008CA.pdf?sequence=1&isAllowed=y.

Morales, Viviana. "Consultas populares y referendos constitucionales sobre la protección de la naturaleza: la eficacia de la democracia directa en Ecuador". *Democracias,* (2020): 115-142, https://institutodemocracia.gob.ec/wp-content/uploads/2020/08/consultas_populares.pdf.

Morán, Tania, y Jorge Palacios. *Control Estatal y Participación Ciudadana.* Quito: Contraloría General del Estado, 2014.

Naser, Alejandra, Alicia Williner y Carlos Sandoval. "Participación ciudadana en los asuntos públicos. Un elemento estratégico para la agenda 2030 y el gobierno abierto". Documentos y Proyectos, (LC/TS.2020/184), Santiago, CEPAL. https://repositorio.cepal.org/bitstream/handle/11362/46645/1/S2000907_es.pdf.

Noguera, Albert. "Participación, Función Electoral y Función de Control y Transparencia Social". En R. Ávila, A. Grijalva y R. Martínez Dalmau, (Eds.), *Desafíos constitucionales. La Constitución ecuatoriana de 2008 en perspectiva,* (2008): 133-157, https://www.academia.edu/6234842/Participaci%C3%B3n_funci%C3%B3n_electoral_y_funci%C3%B3n_de_control_y_transparencia_social_En_R_%C3%81vila_A_Grijalva_y_R_Mart%C3%ADnez_eds_Desafior_Constitucionales_la_constituci%C3%B3n_ecuatoriana_de_2008_en_perspectiva.

Noguera, Albert. "Los derechos de participación en Ecuador siete años después de la aprobación de la constitución: de derechos constituyentes a derechos constitucionales". *Estudios de Derecho,* n.° 159 (2015): 161-193, DOI:10.17533/udea.esde.v72n159a08.

Noguera, Albert, y Marco Navas. "*Los nuevos derechos de participación en Ecuador ¿Derechos constituyentes o derechos constitucionales? Estudio del modelo constitucional de 2008*". (2016), https://www.academia.edu/22210576/Los_nuevos_derechos_de_participaci%C3%B3n_Derechos_constituyentes_o_constitucionales_Estudio_del_modelo_constitucional_de_Ecuador.

Olmedo, Angel. "¿Qué es la democracia? Giovanni Sartori". *Revista Icade,* n.° 61 (2003): 447-451, https://revistas.comillas.edu/index.php/revistaicade/article/view/6443.

Ortiz Crespo, Santiago. "Participación ciudadana: la Constitución de 1998 y el nuevo proyecto constitucional". *Iconos, Revista de Ciencias Sociales,* n.° 32 (2008): 13-17, https://iconos.flacsoandes.edu.ec/index.php/iconos/article/view/291/286.

Ortiz, Richard. "Los problemas estructurales de la Constitución ecuatoriana de 2008 y el hiperpresidencialismo autoritario". *Estudios Constitucionales, Universidad de las Américas,* n.° 2 (2018): 527-566, https://www.scielo.cl/pdf/estconst/v16n2/0718-5200-estconst-16-02-00527.pdf.

Páez, Pedro, y Adriana Rodríguez. "El Consejo de Participación Ciudadana y Control Social Transitorio en Ecuador: Entre la legitimidad y la legalidad de sus actuaciones". *Revista Internacional Transparencia e Integridad,* n.° 8 (2018), http://www.encuentros-multidisciplinares.org/revista-67/pedro-martin-paez_adriana-rdez-caguana.pdf.

Panchi, Luis. "La efectiva implementación de la participación ciudadana". *La Tendencia,* n.° 9 (2009): 73-78, https://repositorio.flacsoandes.edu.ec/bitstream/10469/4635/1/RFLACSO-LT09-14-Panchi.pdf.

Paz y Miño, Juan J., y Diego Pazmiño. "El proceso constituyente desde una perspectiva histórica". En Análisis Nueva Constitución, *La Tendencia,* (2008): 26-45, https://library.fes.de/pdf-files/bueros/quito/05700.pdf.

Quiroz, Milton. "Participación popular y presidencialismos fuertes en el Nuevo Constitucionalismo Latinoamericano". *Revista de Derecho del Estado,* n.° 44 (2019): 99-131, https://doi.org/10.18601/01229893.n44.05.

Ramírez-Nárdiz, Alfredo. "Nuevo Constitucionalismo Latinoamericano y Democracia Participativa: ¿Progreso o Retroceso Democrático?". *Vniversitas,* n.° 132 (2016): 349-388, http://dx.doi.org/10.11144/Javeriana.vj132.ncld.

Real Academia de la Lengua Española. *Diccionario de la Lengua Española.* 22ª. Madrid: Espasa Calpe, 2001.

Rivas, Libia. "La participación ciudadana en el proceso de elaboración de leyes". Tesis de Maestría en Derecho Constitucional, Universidad Andina Simón Bolívar, 2016. https://repositorio.uasb.edu.ec/bitstream/10644/5729/1/T2368-MDE-Rivas-La%20participacion.pdf.

Salazar, Ana. "El Buen Gobierno desde una perspectiva Iberoamericana. Un especial análisis del caso ecuatoriano". En J. Canales y A. Moscoso (Cords.). Facultad de Ciencias Económicas y Administrativas de la Universidad de Cuenca-Ecuador y Observatorio Lucentino de Políticas Públicas Comparadas, del área de Ciencia Política y de la Administración de la Universidad de Alicante, España, http://dspace.ucuenca.edu.ec/bitstream/123456789/20671/5/El_buen_gobierno.pdf.

Sánchez, Eloisa, y Juliet González. "El control ciudadano en la gestión pública municipal". *Anuario,* Vol. 34 (2011): 230-252. http://servicio.bc.uc.edu.ve/derecho/revista/idc34/art09.pdf.

Seraquive, Darwin. "Alcances y límites del Consejo de Participación Ciudadana y Control Social Transitorio". Tesis de Maestría en Derecho Constitucional, Universidad Andina Simón Bolívar, 2020. https://repositorio.uasb.edu.ec/bitstream/10644/7266/1/T3150-MDE-Seraquive-Alcance.pdf.

Solano, Vicente. "Balance de los derechos de participación en Ecuador". *Fundación Dialnet,* n.° 3 (2020): 163-181, https://dialnet.unirioja.es/servlet/articulo?codigo=8087959.

Trejos, Sergio. "Institutos de democracia directa: La iniciativa popular". *Derecho Electoral,* n.° 23, (2016): 235-259, https://www.tse.go.cr/revista/art/23/trejos_lrobert.pdf.

Trujillo, Julio César, y Ramiro Ávila. "Los Derechos en el Proyecto de Constitución". En Análisis Nueva Constitución, *La Tendencia*, (2008): 74-85, https://library.fes.de/pdf-files/bueros/quito/05700.pdf.

Viciano, Roberto, y Rubén Martínez Dalmau. "Los procesos constituyentes latinoamericanos y el nuevo paradigma constitucional". *IUS, Revista del Instituto de Ciencias Jurídicas de Puebla*, n.° 25 (2010): 7-29, http://historico.juridicas.unam.mx/publica/librev/rev/ius/cont/25/pr/pr2.pdf.

Viciano, Roberto, y Rubén Martínez Dalmau. "Aspectos Generales del Nuevo Constitucionalismo Latinoamericano". En *El Nuevo Constitucionalismo en América Latina*, (2010), http://bivicce.corteconstitucional.gob.ec/bases/biblo/texto/Nuevo_constitucionalismo_en_AL/El_Nuevo_Constitucionalismo_en_AL._Patricio_Pazmi%C3%B1o.pdf.

Villabella, Carlos. "Constitución y Democracia en el Nuevo Constitucionalismo Latinoamericano". *IUS. Revista del Instituto de Ciencias Jurídicas de Puebla A.C.*, n.° 25 (2010): 49-76, https://www.redalyc.org/pdf/2932/293222977003.pdf.

Yánez, Karla, y Frank Mila. "Construcción de espacios transnacionales: el nuevo constitucionalismo latinoamericano". *Foro: Revista de Derecho*, n.° 35 (2021): 145-167, https://doi.org/10.32719/26312484.2021.35.8.

Zegada, María. "Elementos para pensar la reconfiguración del campo político boliviano". *Revista Latinoamericana de Ciencias Sociales*, n.° 3 (2010): 307-321, http://148.215.1.155:89/temporal/Portadilla/4155/34706/415534706013.pdf.

Zovatto, Daniel. "Los institutos de la democracia directa". *Derecho Electoral*, n.° 20, (2015): 34-75, https://dialnet.unirioja.es/servlet/articulo?codigo=5605179.

Capítulo VIII
JURISPRUDENCIA CONSTITUCIONAL PARA EL DESPLIEGUE DEL DERECHO DE PARTICIPACIÓN EN EL ESTADO AUTONÓMICO ESPAÑOL

Francisco Manuel Silva Ardanuy
Universidad de Sevilla

Introducción

El art. 23 CE recoge el derecho de sufragio como uno de los elementos definitorios del Estado social y democrático de Derecho (art. 1.1 CE) bajo el cual se materializa el derecho a la participación a través de procesos electorales y referendarios de la ciudadanía en los asuntos públicos, directamente o por medio de representantes libremente elegidos. A pesar de lo establecido en el mencionado artículo, la intensidad con la que se regulan los procesos electorales de naturaleza periódica y los procesos referendarios es asimétrica ya que frente al exhaustivo desarrollo y completa regulación de los procesos electorales encontramos una regulación insuficiente y restrictiva de los procesos de naturaleza referendaria[1]. De este modo, el sistema constitucional español se decantó por un modelo esencialmente representativo con una severa limitación de la participación directa de la ciudadanía[2].

El ordenamiento constitucional de 1978 establece como regla general un modelo de democracia representativa materializada a través de procesos electorales frente a las formas de democracia directa que quedan reducidas a dos expresiones; el Referéndum y la Iniciativa Legislativa Popular que habrán de actuar como instrumentos complementarios del régimen parlamentario.

La mayor presencia de los instrumentos de democracia indirecta sobre los denominados dispositivos de "democracia directa" se reitera a través de la posición expresada por el Tribunal Constitucional que restringe de forma severa el empleo del referéndum tanto en la esfera estatal como autonómica.

A juicio del TC, el referéndum viene caracterizado por ser un tipo de "consulta popular" a través del cual no se recaba la opinión de cualquier colectivo sobre cualesquiera asuntos de interés público a través de cualquier procedimiento sino que su objeto se refiere estrictamente al parecer del cuerpo electoral en relación exclusiva con los asuntos públicos cuya gestión, directa o indirecta, mediante el ejercicio del poder político por parte de los ciudadanos constituye el objeto del derecho fundamental reconocido por el art. 23 CE[3].

---

1 La STC 119/1995 establece como instituciones que materializan lo dispuesto en el art. 23.1 CE el referéndum, la iniciativa legislativa popular y el concejo abierto.

2 Como analizaremos en el presente trabajo y res décadas después de la aprobación del texto constitucional de 1978, la STC 103/2008 seguía caracterizando en su FJ2 la institución del referéndum como "un cauce especial o extraordinaria, por oposición al ordinario o común de la representación política".

3 STC 103/2008 FJ 2.

La Constitución distingue entre referéndums normativos y no normativos, en base a su vinculación o no con la aprobación de una ley. Por un lado encontramos el denominado "referéndum constitucional" que opera en dos registros diferenciados en función de los contenidos de la Constitución que se vean afectados (procedimiento de revisión total o parcial si ésta afecta a los contenidos del Título Preliminar, Capítulo II Sección 1ª del Título I o al Título II que apareja la ratificación mediante referéndum o aquellos procesos de reforma constitucional que no afectan a los Títulos mencionados y donde el referéndum adquiere carácter potestativo debiendo ser solicitado por la décima parte de los miembros del Congreso o el Senado[4].

Junto a la anterior debe reflejarse el referéndum de carácter normativo que la Constitución establece para la aprobación de los Estatutos de Autonomía de aquellas CC.AA. que alcanzaran su autogobierno a través del art. 151.1 CE, que establece que la aprobación de los respectivos Estatutos debe contar con la ratificación vía referéndum por parte de la población de las distintas provincias que componen la Comunidad Autónoma.

Como última referencia a los referéndums normativos encontramos lo establecido en el art. 152.2 CE que fija la necesidad de celebrar un referéndum para llevar a cabo la reforma de los Estatutos de Autonomía de aquellas CC.AA. que siguieron la vía del art. 151.1 CE. Las Comunidades Autónomas que accedieron a su régimen de autogobierno a través de lo establecido en el art. 143 CE contarán con la posibilidad de establecer referéndums de ratificación de la reforma de sus Estatutos en base al amplio margen de configuración que les permite el art. 147.3 CE (STC 31/2010, FJ 147)[5].

Frente a los referéndums de carácter normativo nuestro ordenamiento contempla los referéndums de carácter no normativo (art. 92 CE) que se caracteriza por su naturaleza meramente consultiva si bien puede tener

---

4 Piedad García-Escudero Márquez; "Consideraciones sobre el procedimiento agravado de reforma de la Constitución de 1978", *Cuadernos de Derecho Público*, núm. 27 (enero-abril 2006): 147-161.

5 En base a lo establecido por la STC 31/2010, de 28 de junio, la Ley Orgánica 5/2007, de 20 de abril, de reforma del Estatuto de Autonomía de Aragón (art. 115.7) y la Ley Orgánica 1/2011, de 28 de enero, de reforma del Estatuto de Autonomía de Extremadura (art. 91.2) recogen la posibilidad de celebrar un referéndum de ratificación del proceso de reforma estatutaria si así lo solicitan por mayoría sus asambleas parlamentarias. Por su parte, la Ley Orgánica 1/2006, de 10 de abril, de Reforma de la Ley Orgánica 5/1982, de 1 de julio, de Estatuto de Autonomía de la Comunidad Valenciana contempla el referéndum de ratificación de una eventual reforma estatutaria con carácter obligatorio (art. 81.5).

una notable incidencia en la toma de decisiones políticas según el resultado de la consulta referendaria.

En el ámbito de los referéndums de carácter no normativo pueden incluirse aquellos referéndums que pudieron convocarse para atender lo dispuesto en el art. 151.1 CE y poder acceder al ejercicio del autogobierno por la denominada vía rápida, así como los referéndums de carácter no normativo que se recogen en la Disposición Transitoria Cuarta de la Constitución que establece ante una eventual incorporación de Navarra al Consejo General Vasco o al régimen autonómico vasco que la decisión del Órgano Foral competente sea ratificada por referéndum expresamente convocado.

Las anteriores formas de participación quedarán reguladas, dando cumplimiento a lo establecido por el art. 92.3 CE, por la Ley Orgánica 2/1980, de 18 de enero[6], sobre regulación de las distintas modalidades de referéndum

El presente estudio tiene como objetivo dimensionar las posibilidades del legislador autonómico a la hora de realizar referéndums consultivos de carácter autonómico como concreción en su ámbito competencial del referéndum sobre decisiones políticas de especial trascendencia (art. 92 CE)[7]. A tal fin, expondremos los diferentes referéndums autonómicos celebrados en desde el inicio del actual periodo democrático, así como los intentos de consultas autonómicas que se han realizado y su reflejo en las distintas sentencias emitidas por el Tribunal Constitucional. Los contenidos del mismo se organizan en torno a tres bloques de análisis, dedicando el primero de ellos a conocer la evolución de la participación de la ciudadanía mediante las instituciones con reflejo constitucional en el marco del despliegue de los contenidos del Título VIII CE, seguido de un segundo bloque donde se establece la caracterización de la institución referendaria en el ámbito autonómico. Tras los apartados mencionados se sitúa el bloque de análisis de los intentos de regulación del referéndum consultivo autonómico por las CC.AA. así como la posición del Tribunal Constitucional a través del análisis de sus sentencias más relevantes recaídas sobre la materia en el periodo 2008-2022. Las aportaciones originales de investigación, además de las consideraciones realizadas a lo largo del texto, quedan recogidas en el apartado final del presente trabajo.

---

6 BOE nº20, de 23 de enero de 1980.

7 P. Cruz Villalón, "El referéndum consultivo como modelo de racionalización constitucional", *Revista de Estudios políticos*, núm. 13, (1980): 145-168.

Para el desarrollo del presente estudio se ha empleado una metodología de investigación de naturaleza descriptivo-deductiva, basada en la revisión de la literatura científica existente así como un análisis de las principales sentencias planteadas por el Tribunal Constitucional, a fin de dar respuesta a la pregunta de investigación sobre cuáles son los márgenes reales del legislador autonómico a la hora de poder implementar un mecanismo de participación democrática directa, con presencia normalizada en otros ordenamientos de Estados occidentales, como son las consultas referendarias autonómicas y cómo las limitaciones impuestas por la posición del Tribunal Constitucional en un escenario de severas tensiones territoriales dentro del Estado español condicionan la posibilidad de desarrollar una institución que contribuiría decididamente a mejorar la calidad democrática de un Estado descentralizado y desconcentrado al erigirse como un aporte útil para reducir tanto la desafección política como los déficits de legitimidad que tras 44 años de andadura democrática siguen siendo visibles en nuestro modelo de organización territorial.

1. *Construcción del derecho de participación en los asuntos públicos a partir del Título VIII CE*

Existe un reconocimiento ampliamente extendido y consignado en sus ordenamientos internos dentro de los Estados descentralizados y desconcentrados de regulación de referéndums por parte de los entes regionales en base a las competencias de cada unidad federada o región. Dicho planteamiento se hace en base al criterio de proximidad de las administraciones subcentrales a las demandas ciudadanas y a una mayor facilidad para ordenar procesos de consultas por su carácter de administración de "kilómetro cero". En Estados Unidos, diversas constituciones de Estados miembros contemplan diversos tipos de referéndums que pueden ser planteados a iniciativa de las autoridades estatales, existiendo en un total de veinticuatro Estados la figura del referéndum promovido por una parte de los electores que puede tener un carácter revocatorio, legislativo o constitucional. En el caso suizo, la figura del referéndum está implantada en las diferentes esferas administrativas impulsando la ciudadanía su celebración. A su vez, las administraciones cantonales regulan en sus respectivas constituciones la figura del referéndum pudiendo ser objeto de la consultas propuestas de reforma de la constitución, proposiciones legislativas o leyes que hayan sido aprobadas por el poder legislativo cantonal[8]. En la República Federal Alemana las unidades federadas (Länder) despliegan un gran número de referéndums constitucionales y legislativos así como iniciativas populares de carácter referendario. En términos similares se emplean las consultas referendarias en Austria, donde las constituciones de las unidades federadas recogen distintos tipos de referéndums. En Italia en base a lo establecido en los distintos estatutos regionales pueden celebrarse en las distintas regionales referéndums consultivos así como plantear iniciativas legislativas vinculadas al referéndum[9].

En el caso español debido a las reservas expresadas por el legislador a que las consultas populares pudieran derivar en procesos ajenos a las competencias de las CC.AA. se optó por la renuncia a regular el marco normativo básico de aplicación a los procesos de referéndums de naturaleza autonómica. A ello debe sumarse la interpretación restrictiva del TC que ha negado la capacidad regulatoria de las CC.AA. en la materia debido al temor porque dicho instrumento de participación directa se pudiera al servicio de iniciativas secesionistas por determinados ejecutivos autonómicos[10]. En base a lo previsto en el art. 149.1. 32ª CE distintas CC.AA. asumieron competencias en consultas populares si bien las iniciativas políticas planteadas en Euskadi y Cataluña a partir de 2008 supusieron una severa limitación a su desarrollo debido a la interpretación restrictiva realizada por el TC que extendió la competencia estatal sobre consultas populares a toda la figura[11].

De este modo, la Constitución sólo contempla los referéndums de ratificación de la iniciativa autonómica (art. 151.1 CE), los de aprobación y

---

8 Carlos Garrido López: "El referéndum autonómico en su laberinto". *Revista Española de Derecho Constitucional*, núm. 117 (2019):15. S., Chambers, "Making Referendums Safe for Democracy", en *Swiss Political Science Review*, núm. 24 (3), (2018):305-311.

9 Paloma Biglino Campos: *La funcionalidad del referéndum en los estados miembros y finalidades del federalismo*. En C. Garrido López, E. Sáenz Royo, N. Pérez Sola, T. D. Salcedo Janini, E. Martín Núñez, M. R. Pérez Alberdi, E. Expósito Gómez, *Referéndums y consultas populares en el Estado autonómico* (Madrid: Marcial Pons, 2019), 27-44.

10 Dichas limitaciones interpretativas han ocasionado que los distintos títulos competenciales sobre consultas populares que con todo tipo de cautelas se incorporaron en los denominados Estatutos de Autonomía de "segunda generación" hayan quedado de facto sin contenido.

11 C. Garrido López, *El debate sobre los riesgos y los límites de los referéndums en perspectiva comparada*, en E. Sáenz Royo. y C. Garrido López(coords.), *La funcionalidad del referéndum en la democracia representativa*, Valencia: Tirant Lo Blanch, 2017, pp. 185-236.

reforma de los Estatutos de Autonomía elaborados en base al art. 151. 2 CE y los de ratificación de una hipotética incorporación de la Comunidad Foral de Navarra a Euskadi (Disposición Transitoria 4ª). Lo anterior será objeto de desarrollo por la Ley orgánica 2/1980, de 18 de enero, sobre regulación de las distintas modalidades de referéndum (LOMR) con excepción de las Comunidades de Euskadi y Navarra donde el desarrollo se hará en sus respectivos textos estatutarios. Junto a lo anterior y afectando lo expresado, la Constitución atribuye al Estado la competencia exclusiva para poder convocar y celebrar consultas populares por vía de referéndum en ámbitos inferiores al estatal (art. 149.1.32ª CE)[12]. La interpretación en sentido opuesto de lo anterior ha posibilitado que determinadas CC.AA. hayan asumido competencias sobre consultas referendarias en sus respectivos Estatutos de Autonomía (arts. 81.1 y 149.3 CE) pues el art. 149.1.32ª CE abre la opción a ejercer la competencia en materia de consultas populares de forma compartida[13]. A pesar de las opciones, muy limitadas en su alcance, ninguno de los Estatutos de Autonomía de "segunda generación" hace alusión expresa al referéndum autonómico dentro de los artículos dedicados a las consultas populares. Este marco se vio severamente afectado a partir del año 2008 cuando las iniciativas de naturaleza soberanista impulsadas por los gobiernos autonómicos de Euskadi y Cataluña provocaron una limitación jurisprudencial de los contenidos estatutarios a fin de evitar escenarios que facilitaran el desarrollo de iniciativas que comprometieran el actual marco constitucional[14].

Los anteriores no son los únicos referéndums que contempla el ordenamiento pudiéndose fijar nuevos tipos de referéndums en la LOMR[15]. El proceso de reformas estatutarias iniciado en 2006 introdujo en diferentes

---

12 Será el art. 2.2 LOMR el que fije que la autorización corresponde al Gobierno, a propuesta del Presidente del Ejecutivo, salvo en el caso en que esté reservada por la Constitución al Congreso de los Diputados.

13 A. Bueno Armijo, "Consultas populares" y "Referéndum consultivo": Una propuesta de delimitación conceptual y de distribución competencial". *Revista de Administración Pública*, núm. 177 (2008): 195-228. E. Martín Núñez, "El referéndum y las consultas populares en las comunidades autónomas y municipios", *Revista Vasca de Administración Pública. Herri-Arduralaritzako Euskal Aldizkaria*, núm. 94 (2012):95-13. N. Pérez Sola, "La competencia exclusiva de las Comunidades Autónomas en materia de consultas populares" *Teoría y Realidad Constitucional* (2009), núm. 24: 433-454.

14 D. López Rubio, "La evolución de la jurisprudencia constitucional en materia de referendos autonómicos", *Revista Vasca de Administración Pública / Herri-Arduralaritzarako Euskal Aldizkaria*, núm. 114, (2019): 161-199.

15 Véase lo dispuesto en el art. 8 de la Ley Orgánica 3/1979, de 18 de diciembre, de Estatuto de Autonomía para el País Vasco en lo relativo a la celebración de referéndums

textos la figura del referéndum que permitiera consultar a la ciudadanía acerca de posibles revisiones a futuro del texto de autogobierno autonómico[16], en los términos que establece la STC 31/2010 al expresar que "la convocatoria del referéndum que culmina la reforma estatutaria (art. 222. 1 apdo. d) del Estatuto de Autonomía de Cataluña establece que "una vez ratificada la reforma por las Cortes Generales, la Generalitat debe someterla a referéndum" y el art. 223.1 i) del Estatuto de Autonomía de Cataluña dispone que la "aprobación de la reforma por las Cortes Generales mediante una ley orgánica incluirá la autorización del Estado para que la Generalitat convoque en el plazo máximo de seis meses el referéndum a que se refiere la letra b)" ha de examinarse desde dos puntos de vista: por una parte, el que deriva del art. 92.3 CE, que establece una reserva de ley orgánica específica para la regulación de "las condiciones y el procedimiento de las distintas modalidades de referéndum previstas en esta Constitución" y por otra, el que contiene, la expresa dicción del art. 62, c) CE en virtud del cual corresponde al Rey "convocar a referéndum en los casos previstos en la Constitución".

Del mismo modo debe hacerse mención a la figura del referéndum municipal (consultas populares locales) con reflejo en la Ley Orgánica 2/1980, de 18 de enero, sobre regulación de las distintas modalidades de referéndum, si bien son excluidos posteriormente en su Disposición Adicional, quedando su reflejo limitado al art. 71 de la Ley 7/1985, de 2 de abril, Reguladora de las Bases del Régimen Local (LRBRL) cuando afirma que de conformidad con la legislación del Estado y de la Comunidad Autónoma, cuando ésta tenga competencia estatutariamente atribuida para ello, los Alcaldes, previo acuerdo por mayoría absoluta del Pleno y autorización del Gobierno de la Nación, podrán someter a consulta popular aquellos asuntos de la competencia propia municipal y de carácter local que sean de especial relevancia para los intereses de los vecinos, con excepción de los relativos a la Hacienda local.

Dado que la LRBRL no tiene naturaleza de ley orgánica, estamos en presencia de un mero desarrollo de un tipo de consulta que no colisiona

para la anexión de municipios que no aparece recogido en la LOMR y que no ha sido objeto de respuesta por parte del TC.

16 Art. 81.5 de la Ley Orgánica 1/2006, de 10 de abril, de Reforma de la Ley Orgánica 5/1982, de 1 de julio, de Estatuto de Autonomía de la Comunidad Valenciana. Arts. 9.50 91.1 apdo. e) de la Ley Orgánica 1/2011, de 28 de enero, de reforma del Estatuto de Autonomía de la Comunidad Autónoma de Extremadura y arts. 71. 27ª, 115.7 y Disposición Transitoria Quinta de la Ley Orgánica 5/2007, de 20 de abril, de reforma del Estatuto de Autonomía de Aragón.

con lo establecido constitucionalmente frente a la conflictividad que se genera con respecto a los referéndums consultivos autonómicos.

2. *Configuración de los referéndums consultivos en el ámbito autonómico*

A fin de clarificar terminológicamente las principales referencias objeto de estudio debe indicarse que el Tribunal Constitucional define el referéndum, en base a la aplicación de un criterio orgánico-procedimental, como "la consulta popular que se basa en un llamamiento a la totalidad del cuerpo electoral a través del voto con los procedimientos, garantías y administraciones idénticas o similares a la de los procesos electorales". Frente a este tipo de consulta se sitúan aquellas que apelan a una parte más limitada del cuerpo electoral que pueden ser definidas como consultas sectoriales o consultas no referendarias[17]. De esta forma las consultas populares no referendarias cristalizan por oposición al concepto de referéndum[18].

Dentro de la categoría de consultas populares non referendarias pueden encuadrarse todas aquellas acciones impulsadas por el poder autonómico o municipal que permitan conocer la posición de la ciudadanía sobre una determinada materia de su interés o que afecte a su desenvolvimiento mediante la celebración de asambleas consultivas, foros, sondeos, trabajos demoscópicos con toma directa de datos, quedando excluida toda iniciativa que conlleve la emisión de voto directo en urna electoral.

Plantea el Tribunal Constitucional que la figura del referéndum tiene como objeto conocer la voluntad general frente a las consultas populares no referendarias que persiguen conocer la voluntad de sectores limitados o colectivos específicos. Encontramos aquí una de las diferencias más notables entre ambos instrumentos ya que el referéndum toma como grupo de referencia a todo el cuerpo electoral frente a las consultas sectoriales

---

17 E. Cebrián Zazurca, "Algunas notas acerca de los referéndums de ratificación de la reforma estatutaria en las Comunidades Autónomas del art. 143 CE", Revista Aragonesa de Administración Pública, núm. 56 (2021): 326-341.

18 Cabe establecer criterios de diferenciación distintos del establecido por el TC. Tomando como referencia un criterio de diferenciación material podemos afirmar que cuando la materia o el contenido de la consulta se inserte en las competencias propias del Estado o implique afectación directa al orden constituyente estaremos ante un referéndum. Cuando la consulta tenga como objeto un asunto de competencia tanto autonómica como de la Administración Local, ésta será una consulta no referendaria. M. Carrasco Durán, "Referéndum versus consulta". *Revista de Estudios Políticos*, núm. 160 (2013): 13-41.

que se dirigen a un sector específico del cuerpo electoral y donde no media la toma de posición mediante un acto de votación que convertiría automáticamente a toda consulta no referendaria en un referéndum[19]. Esta distinción establece una de las principales limitaciones a los procesos consultivos de carácter autonómico pues en base a las competencias autonómicas en materia de consultas no referendarias la CC.AA. puede preguntar a una parte de los integrantes de cuerpo electoral sobre una cuestión de interés, pero no puede hacerlo al conjunto de su cuerpo electoral sin necesitar para ello la autorización estatal que establece el art. 149.1.32ª CE[20].

Cuando el art. 149.1.32ª CE hace referencia a las consultas populares de carácter referendario abre la posibilidad de realizar otro tipo de consultas populares que no se verifican por vía referendaria, viniendo las consultas de carácter referendario a materializar lo recogido en el art. 23.1 CE mientras que las consultas de carácter no referendario dan asiento a aquellas formas de participación inscritas en la denominada "democracia participativa o deliberativa" que entroncan con lo dispuesto en el art. 9.2 CE.

La regulación estatal del referéndum e realiza a través de lo establecido en los arts. 23.1, 81, 92.3 y 149.1. 32ª CE. Atendiendo al impacto de cada uno de los artículos citados en la regulación del legislador estatal de la figura del referéndum debemos comenzar la reflexión por el papel del referéndum como medio para vehicular el derecho fundamental de participación política (art. 23.1 CE) que precisa de desarrollo mediante ley orgánica (art. 81 CE) que habrá de definir los aspectos esenciales del derecho, su ámbito y sus límites[21]. De esta forma se desactiva la posibilidad de regular nuevas modalidades referendarias (referéndum autonómicos) pues la determinación de la ciudadanía que tiene derecho a participar, las posibilidades de actuación de los distintos actores políticos y las normas de participación se incardinan en las facultades del legislador orgánico[22].

---

19 Josep Mª, Castellà Andreu, *El referéndum en la Constitución: ¿es necesario un replanteamiento de la institución?* En Cascajo Castro, J.L, y Martín de la Vega, A., Participación, representación y democracia. XII Congreso de la Asociación de Constitucionalistas de España, (Valencia, Tirant Lo Blanch, 2016), 235-266.

20 J. De Miguel Bárcena, "El proceso soberanista ante el Tribunal Constitucional", *Revista Española de Derecho Constitucional*, núm. 113, (2018): 133-166.

21 E. Martín Núñez, "El referéndum y las consultas populares en las comunidades autónomas y municipios". *Revista Vasca de Administración Pública. Herri-Arduralaritzako Euskal Aldizkaria*, núm. 94 (2012) 95-131.

22 Mª Reyes, Pérez Alberdi, "Derecho de participación en los Estatutos de Autonomía de nueva generación", *Revista Deliberación*, núm. 2 (2012) pp. 35-55.

En este sentido, la STC 135/2006[23] establece en su FJ 2º que sin perjuicio de las facultades normativas estatales derivadas de los arts. 81.1 y 149.1.1 CE, en los arts. 148 y 149 CE no existe ninguna mención expresa de las asociaciones, que sólo se contemplan formalmente, a efectos de determinación de un título competencial expreso, a partir de lo establecido en los diferentes textos estatutarios. Se expresaba está cuestión relativa al alcance de la competencia autonómica en dicha materia en la STC 173/1998, de 23 de julio[24] cuando, con ocasión de la impugnación de la Ley del Parlamento Vasco 3/1988, de 12 de febrero, de asociaciones que señalaba que la Comunidad Autónoma no posee un título competencial para regular todas las asociaciones de derecho común, ni menos aún todas las uniones de personas que resultan del ejercicio del derecho de asociación, en sus muchas manifestaciones y modalidades[25]. El Estatuto de Autonomía concreta la competencia exclusiva del País Vasco a un elenco de asociaciones caracterizadas por atender a unos fines y desarrollar unas actividades específicas. La locución 'y similares' que recoge el Estatuto de autonomía viene, en palabras del Tribunal, a flexibilizar y ampliar la enumeración; pero, sea cual sea en la práctica el alcance final de la competencia autonómica, no la convierte en indefinida o indeterminada, ni la configura como una competencia genérica o residual sobre todas las asociaciones. Lo cual no impide que la Comunidad Autónoma ostente otras competencias sobre aquellas asociaciones cuyos fines y actividades coinciden con materias de competencia autonómica, como ocurre con la defensa de los consumidores y usuarios[26].

En cuanto al contenido material de la competencia, se indica que "cuando un Estatuto de Autonomía atribuye a una Comunidad Autónoma la competencia exclusiva sobre un determinado tipo de asociaciones, no sólo le habilita para regular los aspectos administrativos de esas instituciones, es decir, sus relaciones de fomento, policía y sanción con los poderes públicos, sino también el régimen jurídico de las mismas tanto en su vertiente externa, es decir, la relativa a su participación en el tráfico jurídico (constitución, adquisición de personalidad jurídica, capacidad jurídica y de obrar, régimen de responsabilidad, extinción y disolución), como en su vertiente interna (organización, funcionamiento interno y derechos y deberes de los asociados).

---

23 BOE núm. 125, de 26 de mayo de 2006.

24 BOE núm. 197, de 18 de agosto de 1998.

25 Véase SSTC 3/1981, FJ 1; 67/1985, FJ 3 y 5/1996, FJ 6.

26 STC 15/1989, FFJJ 4 b) y 7 b) y STC 157/1992, FJ 2 y FJ 3.

Del mismo modo, en la STC 173/1998 se hacía hincapié en la necesaria inserción sistemática de esta competencia exclusiva autonómica en el bloque de la constitucionalidad, advirtiéndose que "se halla acotada en cuanto a la titularidad y condicionada en cuanto a su ejercicio por los diversos preceptos constitucionales" (FJ 6). En particular, se identifican dos límites fundamentales: "que la Comunidad Autónoma, al regular el régimen jurídico de las asociaciones sometidas a su competencia, no puede entrar a regular el desarrollo directo de los elementos esenciales del derecho fundamental de asociación. Este es un ámbito reservado al Estado ex art. 81.1 CE y las normas que las Cortes Generales pueden dictar en su ejercicio constituyen un punto del que necesariamente debe partir la Comunidad Autónoma al regular, no el derecho de asociación en cuanto tal, sino el régimen de las asociaciones que surgen del ejercicio de ese derecho" y que "en las asociaciones objeto de la competencia autonómica existen elementos de muy diversa índole, civiles, administrativos, procesales, fiscales e incluso penales, sobre los que el Estado tiene títulos competenciales que deben hacerse compatibles con el título exclusivo atribuido a la Comunidad Autónoma".

De esta forma, y atendiendo a lo expresado por el TC, el referéndum al ser la materialización de un derecho fundamental (art. 23.1 CE) debe ser regulado por el legislador estatal no pudiendo el legislador autonómico crear referéndums en la Comunidad Autónoma, restringiendo el Tribunal Constitucional la capacidad de actuación de las CC.AA. a los elementos de ejecución y el denominado complemento normativo[27].

Junto a los mencionados arts. 23.1 y 81 CE debe hacerse mención al art. 92 CE que regula el referéndum consultivo sobre decisiones políticas de especial trascendencia donde una ley orgánica regulara las modalidades de referéndum previstas en la Constitución (art. 92.3 CE)[28], siendo ésta la Ley Orgánica 2/1980, de 18 de enero, sobre regulación de las distintas modalidades de referéndum[29] que plasma la voluntad del constituyente a la hora de regular en una única norma todos los extremos relativos al referéndum[30].

---

27 Cualquier nueva forma de creación de referéndums autonómicos implicaría la reforma de la Ley Orgánica 2/1980, de 18 de enero, sobre regulación de las distintas modalidades de referéndum (LOMR).

28 Mª Reyes Pérez Alberdi, "Los derechos de participación en los Estatutos de Autonomía reformados recientemente (Especial consideración al Estatuto de Autonomía para Andalucía)", *Revista de Derecho Político*, núm. 73 (2008): 179-205. P. Requejo Rodríguez, P., "El referéndum consultivo en España: Reflexiones críticas y algunas propuestas de futuro", *Estudios de Deusto*, núm. 62 (2014): 61-284.

29 BOE nº20 de 23 de enero de 1980.

30 N. Pérez Sola, "La competencia exclusiva de las Comunidades Autónomas en materia de consultas populares", *Teoría y Realidad Constitucional*, núm. 24 (2008): 433-454.

Finalmente debe hacerse referencia al art. 149.1.32ª CE que establece que corresponde al Estado la autorización de consultas populares por vía de referéndum atendiendo en cierta medida a la falta de desarrollo de lo establecido en el Título VIII en materia de configuración del modelo descentralizado y desconcentrado de Estado[31]. La posterior evolución del modelo de Estado establece una contradicción "in terminis" ya que no se contempla ningún referéndum que no sean aquellos que sea convocado por el Estado y por tanto la autorización recaería sobre un referéndum convocado por él mismo. Planeando loa firmado en sentido contrario, la autorización que establece el art. 149-1-32ª CE sólo tiene sentido si existen referéndums distintos de los promovidos por el Estado[32].

2.1. Dimensión sustantiva del referéndum autonómico

De forma reiterada, el Tribunal Constitucional alude a que ni los referéndums ni las consultas populares pueden preguntar sobre cuestiones que excedan el ámbito competencial de la Administración convocante o que afecten al orden constituyente que vendría a constituir un referéndum encubierto de revisión constitucional colisionando con lo establecido en el art. 168 CE[33].

Existen posiciones doctrinales que entienden posible la celebración de una consulta en una Comunidad Autónoma con carácter previo al ejercicio de la iniciativa de reforma constitucional que tienen las asambleas legislativas de las distintas Comunidades Autónomas[34], si bien el propio TC se opone a dicha visión al considerar que esa toma de posición previa

---

31 *Op. cit. 8.*

32 C. Garrido López, "La utilidad del referéndum como acicate y contrapeso en las democracias representativas", *Revista de Estudios Políticos*, n.º 181, (2018): 135-165. E. Sáenz Royo, "La regulación del referendo en el Derecho comparado: aportaciones para el debate en España", *Revista Española de Derecho Constitucional*, n.º 108 (2016): 123-153. Salcedo Janini, T.: *Los referéndums y las consultas populares no referendarias de ámbito autonómico: algunas cuestiones controvertidas.* En C. Garrido López, E. Sáenz Royo, N. Pérez Sola, T. Salcedo Janini, E. Martín Núñez, M. R. Pérez Alberdi, E. Expósito Gómez, Referéndums y consultas populares en el Estado autonómico (Madrid: Marcial Pons, 2019),69-78.
Véase lo establecido por el Consejo de Estado en su Dictamen 943/1994 y por el propio Tribunal Constitucional en su Auto 87/2011 donde se clarifica que la autorización afirmada por el art. 149.1. 32ª tiene carácter discrecional siendo motivos políticos los que vendrán a determinar su concesión o denegación.

33 J. Pérez Royo, *El cuerpo electoral. La democracia directa.* En Pérez Royo, J., Carrasco Durán, M., *Curso de derecho constitucional*, Madrid: Marcial Pons, 2020.

34 D. López Rubio, "El referéndum autonómico". *Eunomía. Revista en Cultura de la Legalidad.* Núm. 12, (abril-septiembre 2017): 115-130.

de la ciudadanía implicaría limitar la capacidad de actuación de quienes integran los distintos parlamentos autonómicos[35].

Existen posiciones que consideran posible un referéndum previo por parte de las Comunidades Autónomas para conocer la posición de la ciudadanía por ejemplo ante una eventual reforma del Estatuto de Autonomía de su CC.AA. algo que se puede reconocerse en la propia STC 31/2010, de 28 de junio que alude a que "el referéndum de reforma estatutaria sólo está constitucionalmente impuesto para el caso de los Estatutos elaborados de acuerdo con el procedimiento del art. 151 CE, en tanto que los restantes Estatutos de Autonomía, sin contar con esa imposición, pueden arbitrar, ex art. 147.3 CE (que a este respecto confiere un amplio margen de configuración al propio Estatuto), procedimientos de reforma que contemplen ese mismo referéndum de ratificación de la reforma previa a la sanción, promulgación y publicación de la ley orgánica que la formalice, o bien referéndums insertos en fases antecedentes del procedimiento de revisión; por ejemplo, antes de la remisión a las Cortes Generales del texto acordado en la Asamblea autonómica. Se trataría entonces de una modalidad de referéndum distinta a las contempladas en la Constitución y, por tanto, si bien no podría celebrarse sin sujeción a los procedimientos y formalidades más elementales de cuantos se regulan en la Ley Orgánica 2/1980, sí cabría excepcionar la aplicación a ella de los procedimientos y formalidades menos necesarios a los fines de la identificación de la consulta como un verdadero referéndum. Entre ellas, por lo que aquí importa, la convocatoria formal por el Jefe del Estado, menos justificada cuando el texto sometido a consulta puede ser el aprobado por la Asamblea Autonómica"[36].

En caso de contemplarse por parte del legislador estatal en una ley orgánica una modalidad referendaria para conocer la posición de la ciudadanía frente a una eventual reforma constitucional se abriría la posibilidad por parte de los poderes ejecutivo y legislativo autonómicos de recabar la opinión de la ciudadanía de su CC.AA. sobre una propuesta de reforma constitucional antes. Lejos de esta hipótesis, la actual posición

---

35 SSTC 77/1994 y 31/2015.

36 Frente a lo expresado por el TC debe afirmarse que una consulta de carácter previo supondría un tipo indirecto de iniciativa legislativa popular para iniciar el proceso de reforma constitucional, si bien cabe oponer el contenido de la STC 51/2017 cuando afirma que referéndum e iniciativa legislativa no tienen la misma naturaleza por lo que la prohibición de la iniciativa legislativa popular sobre reforma constitucional no implica que esté prohibido la celebración de referéndums para conocer la opinión de la ciudadanía sobre una eventual reforma constitucional.

del TC se reafirma en la idea que el pronunciamiento de la ciudadanía ya sea en un proceso de reforma constitucional como de reforma estatutaria debe tener lugar al final del proceso[37].

El Tribunal Constitucional afirma que si una CC.AA. pretende establecer una regulación de aspectos relativos a un referéndum o a una consulta referendaria debe contar con el respaldo de algún título estatutario donde se incluyan todos aquellos elementos que pretendan ser sometidos a regulación. Cabe oponer a esta visión del Alto Tribunal la posición de una parte de la doctrina que considera que lo dispuesto por el art. 148.1.1ª CE es título competencial suficiente para que las CC.AA. regulen consultas populares[38], tal y como ya ocurre con la regulación realizada por diferentes CC.AA. en relación a las consultas locales basándose en lo establecido en el art. 148.1.2ª CE. El hecho de que las distintas Comunidades Autónomas no tengan contemplado ninguna referencia competencial sobre iniciativas legislativas no supuso dificultad para que se plasmen a nivel autonómico tipos de iniciativa legislativa popular autonómica.

Las CC.AA. pueden recoger en sus Estatutos de Autonomía la figura de las consultas populares no referendarias si éstas son relativas a cuestiones de su competencia y que no generen afectación al orden constitucional ni a las competencias exclusivas del Estado, debiendo disponer de un título competencial expreso sobre consultas populares en sus respectivos Estatutos de Autonomía, quedando limitada su actuación a complementar normativamente y ejecutando lo dispuesto en la esfera estatal. Es especialmente significativo el impacto que en materia de consultas populares reguladas en los Estatutos de Autonomía ha tenido el proceso de reforma de los distintos Estatutos de Autonomía desde la aprobación de Ley Orgánica 1/2006, de 10 de abril, de Reforma de la Ley Orgánica 5/1982, de 1 de julio, de Estatuto de Autonomía de la Comunidad Valenciana.

Tras el establecimiento del marco constitucional mencionado y la aprobación de los Estatutos de Autonomía de "*primera generación*" que, con carácter estatuyente se aprobaron entre 1979 (LO 3/1979, de 18 de diciembre, de Estatuto de Autonomía para el País Vasco) y 1983 (LO

---

37 J. Corcuera Atienza, J., "Soberanía y Autonomía. Los límites del "Derecho a Decidir". (Comentario de la STC 103/2008). *Revista Española de Derecho Constitucional*, núm. 86 (mayo-agosto 2009): 303-341.

38 D. López Rubio, "La evolución de la jurisprudencia constitucional en materia de referendos autonómicos", *Revista Vasca de Administración Pública / Herri-Arduralaritzarako Euskal Aldizkaria*, núm. 114 (2019): 161-199.

4/1983, de 25 de febrero, de Estatuto de Autonomía de Castilla y León)[39] se inició el despliegue de las competencias en materia educativa dentro de los dispuesto del Título VIII en función de la vía de acceso de cada territorio a su autogobierno. Las Comunidades Autónomas que configuraron su autonomía a través del art. 151 CE y asimilados (Andalucía, Canarias, Cataluña, Valenciana, Galicia y País Vasco y la Comunidad Foral de Navarra) asumieron desde un primer momento las competencias en materia de educación. Posteriormente, la LO 9/1992, de 23 de diciembre, de transferencia de competencias a las CC.AA. accedieron a la autonomía por la vía del art. 143 CE

La Ley Orgánica 3/1979, de 18 de diciembre, de Estatuto de Autonomía para el País Vasco[40] (EAPV) no realiza mención expresa a las consultas populares en su articulado. Por su parte la Ley Orgánica 2/2006, de 19 de julio, de reforma del Estatuto de Autonomía de Cataluña[41] (EAC) establece en su Capítulo III (De los derechos en el ámbito político y de la administración), art. 29.6 (derecho de participación) que ·los ciudadanos de Cataluña tienen derecho a promover la convocatoria de consultas populares por parte de la Generalitat y los Ayuntamientos, en materia de las competencias respectivas, en la forma y las condiciones que las leyes establecen. Del mismo modo, el art. 122 EAC establece que" corresponde a la Generalitat la competencia exclusiva para el establecimiento del régimen jurídico, las modalidades, el procedimiento, la realización y la convocatoria por la propia Generalitat o por los entes locales, en el ámbito de sus competencias, de encuestas, audiencias públicas, foros de participación y cualquier otro instrumento de consulta popular, con excepción de lo previsto en el artículo 149.1.32 CE".

La Ley Orgánica 2/2007, de 19 de marzo, de reforma del Estatuto de Autonomía de Andalucía[42] (EAAnd) establece en su Capítulo II (derechos y deberes) art. 30 apdo. c) (participación política) el derecho a promover la convocatoria de consultas populares por la Junta de Andalucía o por los Ayuntamientos, en los términos que establezcan las leyes. Del mismo modo el art. 78 (consultas populares) establece que "Corresponde a la Junta de Andalucía la competencia exclusiva para el establecimiento del régimen jurídico, las modalidades, el procedimiento, la realización y la

---

39 Con la excepción temporal representada por la LO 1/1995, de 13 de marzo de 1995 y LO 2/1995, de 13 de marzo de 1995, por las que se establece el Estatuto de Autonomía de la ciudad de Ceuta y Melilla respectivamente.

40 BOE nº306, de 22 de diciembre de 1979)

41 BOE nº172, de 20 de julio de 2006. Última modificación de 17 de julio de 2010.

42 BOE nº68, de 20 de marzo de 2007.

convocatoria por ella misma o por los entes locales en el ámbito de sus competencias de encuestas, audiencias públicas, foros de participación y cualquier otro instrumento de consulta popular, con la excepción del referéndum".

La Ley Orgánica 7/1981, de 30 de diciembre, de Estatuto de Autonomía para Asturias (EAAst)[43], establece en su Título I (De las competencias del Principado de Asturias), art. 11.11[44] que en el marco de la legislación básica del Estado y, en su caso, en los términos que la misma establezca, corresponde al Principado de Asturias el desarrollo legislativo y la ejecución del sistema de consultas populares en el ámbito del Principado de Asturias de conformidad con lo que disponga la ley mencionada por el art. 92.3 CE y demás leyes del Estado, correspondiendo a éste la autorización de su convocatoria.

La Ley Orgánica 8/1984, de 30 de diciembre, de Estatuto de Autonomía para Cantabria[45] (EACan)no realiza mención expresa a la capacidad del poder autonómico de materializar consultas populares.

La Ley Orgánica 3/1982, de 9 de junio, de Estatuto de Autonomía para La Rioja[46] (EALR) no recoge la competencia para la materialización de consultas populares por parte de las autoridades autonómicas. Por su parte la Ley Orgánica 4/1982, de 9 de junio, de Estatuto de Autonomía para la Región de Murcia[47] (EAMur) establece en su art. 13 apdo. p) que la Comunidad Autónoma ejercerá competencias en materia de consultas populares por vía referéndum siempre que la asunción de dicha competencia se realice por uno de los siguientes procedimientos:

a) Transcurridos los cinco años previstos en el artículo ciento cuarenta y ocho, dos, de la Constitución, previo acuerdo de la Asamblea Regional, adoptado por mayoría absoluta, y previa Ley Orgánica aprobada por las Cortes Generales, según lo previsto en el artículo ciento cuarenta y Siete, tres, de la Constitución.

b) Mediante Ley Orgánica de delegación o transferencia siguiendo el procedimiento del artículo ciento cincuenta, dos, de la Constitución, bien a iniciativa de la Asamblea Regional, del Gobierno de la Nación o del Congreso de los Diputados o del Senado.

---

43 BOE nº9 de 11 de enero de 1982.

44 Artículo modificado por lo dispuesto en el art. 7 (único) de la Ley Orgánica 1/1999 de 5 de enero, de reforma de la Ley Orgánica 7/1981, de Estatuto de Autonomía del Principado de Asturias (BOE nº 7, de 8 de enero de 1999).

45 BOE nº9 de 11 de enero de 1982.

46 BOE nº146, de 19 de junio de 1982.

47 BOE nº146, de 19 de junio de 1982.

Tanto en uno como en otro procedimiento, la Ley Orgánica señalará las competencias que pasen a ser ejercidas por la Comunidad Autónoma y los términos en que deba llevarse a cabo.

La Ley Orgánica 1/1981, de 6 de abril, de Estatuto de Autonomía para Galicia[48] (EAG) no recoge capacidad competencial de la Comunidad Autónoma en materia de consultas populares.

La Ley Orgánica 1/2006, de 10 de abril de reforma de la Ley Orgánica 5/1982, de 1 de julio, de Estatuto de Autonomía de la Comunidad Valenciana[49] (EAVal) establece en su Capítulo III (presidente de la Generalitat) art. 32 que modifica el art. 28.5 que el Presidente de la Generalitat podrá proponer, de acuerdo con lo que determine la legislación del Estado, la celebración de consultas populares en el ámbito de la Comunitat Valenciana, sobre cuestiones de interés general en materias autonómicas o locales. Del mismo modo, el art. 56 que modifica el original art. 50. 8º establece que corresponde a la Generalitat el desarrollo legislativo del sistema de consultas populares municipales en su ámbito de acuerdo con aquello que dispongan las leyes a las que hace referencia el art. 92.3 CE, así como el art. 149.1. 18ª CE, correspondiendo al Estado la autorización de su convocatoria.

La Ley Orgánica 5/2007, de 20 de abril, de reforma del Estatuto de Autonomía de Aragón[50] (EAAr) contempla en su art. 10 (Incorporación de otros territorios o municipios) que podrán incorporarse a la Comunidad Autónoma de Aragón otros territorios o municipios limítrofes o enclavados, mediante el cumplimiento del requisito de acuerdo de los habitantes de dichos municipios o territorios mediante consulta expresamente convocada al efecto y previa autorización competente. El Título V (competencias de la Comunidad Autónoma) establece en su art. 71.27ª (competencias exclusivas) las consultas populares que, en todo caso, comprenden el establecimiento del régimen jurídico, las modalidades, el procedimiento, la realización y la convocatoria por la Comunidad Autónoma o por los entes locales en el ámbito de sus competencias de encuestas, audiencias públicas, foros de participación y cualquier otro instrumento de consulta popular, con excepción de la regulación del referéndum y de lo previsto en el art. 149.1.32ª CE.

La Ley Orgánica 2/2014, de 21 de mayo, de reforma del Estatuto de Castilla La Mancha[51] (EACLM) no se refleja competencia alguna en mate-

[48] BOE nº101, de 28 de abril de 1981. Última modificación de 17 de julio de 2010.
[49] BOE nº86, de 11 de abril de 2006.
[50] BOE nº97, de 23 de abril de 2007. Última modificación de 17 de julio de 2010.
[51] BOE nº124, de 22 de mayo de 2014.

ria de consultas populares. Sin embargo, la Ley Orgánica 1/2018, de 5 de noviembre, de reforma del Estatuto de Autonomía de Canarias[52] (EAIC) recoge en su Capítulo II (derechos y deberes) art. 31 apdo. e) (derechos de participación) que las personas que ostenten la condición de canarios, en los términos que establece el Estatuto tienen derecho a promover la convocatoria de consultas populares en el ámbito espacial de Canarias, así como participar en ellas, sin perjuicio de las competencias del Estado en materia de referéndum.

El Capítulo III (Estatuto personal de la Presidencia de Canarias) se define en su art. 49.4 que la Presidencia podrá proponer por iniciativa propia o a solicitud de la ciudadanía, de conformidad con las leyes, la celebración de consultas populares en el ámbito de la CC.AA. de Canarias, sobre cuestiones de interés general en materias autonómicas o locales.

La Ley Orgánica 13/1982, de 10 de agosto, de reintegración y amejoramiento del Régimen Foral de Navarra[53] (EANav), sometida a reforma mediante Ley Orgánica 1/2001, de 26 de marzo[54] no recoge en su articulado regulación alguna sobre las consultas populares.

La Ley Orgánica 1/2011, de 28 de enero, de reforma del Estatuto de Autonomía de Extremadura[55] (EAEx), establece en su Título I (de las competencias de la Comunidad Autónoma de Extremadura) art. 9.50 como competencia exclusiva de la Comunidad Autónoma el régimen y convocatoria de consultas populares no vinculantes diferentes al referéndum.

La Ley Orgánica 1/2007, de 28 de febrero, de reforma del Estatuto de Autonomía de Illes Balears[56] (EAIB) fija en su Título II (de los derechos, los deberes y las libertades de los ciudadanos de las Illes Balears) art. 15.2 apdo. d) (derechos de participación) que la ciudadanía de las Illes Balears tienen el derecho a promover la convocatoria de consultas populares por el gobierno de las Illes Balears, Consejos Insulares o por los Ayuntamientos en los términos que establezca la Constitución y las leyes. El art. 31.10 (competencia de desarrollo legislativo y de ejecución) establece que, en el marco de la legislación básica del Estado, corresponden a la Comunidad Autónoma de Illes Balears el desarrollo legislativo y la ejecución del sistema de consultas populares en el ámbito de las Illes Balears, de conformidad con las leyes a las que hace referencia los arts. 92.3 y 149.1 CE.

---

52 BOE nº268, de 6 de noviembre de 2018.

53 BOE nº195, de 16 de agosto de 1982.

54 BOE nº 75, de 26 de marzo de 2001.

55 BOE nº25, de 29 de enero de 2011.

56 BOE nº52, de 1 de marzo de 2007.

La Ley Orgánica 3/1983, de 25 de febrero, de Estatuto de Autonomía de la Comunidad de Madrid[57] (EAM) no contempla ninguna mención en materia de consultas populares.

La Ley Orgánica 14/2007, de 3 de noviembre, de reforma del Estatuto de Autonomía de Castilla y León[58] (EACL) establece en su Capítulo II (derechos de los castellanos y leoneses) art. 11.5 que los ciudadanos de Castilla y León tienen derecho a promover la convocatoria de consultas populares relativas a decisiones políticas que sean competencia de la Comunidad Autónoma, en las condiciones y con los requisitos que señalan las leyes, respetando lo dispuesto en el art. 149.1.32ª CE. El art. 27 EACL establece que corresponde al Presidente de la Junta de Castilla y León proponer por iniciativa propia o a solicitud de la ciudadanía, de conformidad con lo establecido en el Estatuto y en la legislación del Estado y de la Comunidad Autónoma, la celebración de consultas populares en el ámbito de la Comunidad sobre decisiones políticas relativas a materias que sean competencia de ésta.

El art. 71 EACL plante que en el marco de la legislación básica del Estado y, en su caso, en los términos que ella establezca, es competencia de la Comunidad de Castilla y León el desarrollo legislativo y la ejecución de la legislación del Estado en materia del sistema de consultas populares en el ámbito e Castilla y León, de conformidad con el art. 92.3 CE y demás leyes del Estado, correspondiendo a éste la autorización de su convocatoria.

Finalmente debe hacer referencia a la Ley Orgánica 1/1995, de 13 de marzo, de Estatuto de Autonomía de Ceuta[59] así como a la Ley Orgánica 2/1995, de 13 de marzo, de Estatuto de Autonomía de Melilla[60], donde no se recoge ninguna mención a la regulación de las consultas populares.

De este modo y tomando como referencia lo establecido por Martín Núñez, cabe establecer una división del reflejo de las consultas populares en los Estatutos de Autonomía en tres bloques[61]:

I)Un grupo de Estatutos de Autonomía que recogen competencias en la regulación y realización de consultas populares, excluyendo de manera expresa al referéndum, donde el legislador ve restringida su capacidad de intervención a las consultas populares no referendarias, no pudiendo intervenir en los procesos referendarios incluyendo la capacidad de comple-

57 BOE nº51, de 1 de marzo de 1983.

58 BOE nº288, de 1 de diciembre de 2007.

59 BOE nº62, de 14 de marzo de 1995.

60 BOE nº62, de 14 de marzo de 1995.

61 C. Aguado Renedo, "Referéndum autonómico y jurisprudencia constitucional", *Teoría y Realidad Constitucional*, núm. 28 (2011):541-554.

mentariedad normativa o de ejecución, siendo el referéndum competencia exclusiva del Estado en estas CC.AA[62].

II)Aquellos Estatutos de Autonomía que incorporan competencias en materia de desarrollo legislativo y de ejecución en materia de consultas populares, sin excluir el carácter referendario, en los términos que recoge la Ley Orgánica de modalidades de referéndum y en la propia Constitución (art. 149.1.32 CE) lo que permitiría la regulación de las consultas con carácter referendario por parte del legislador autonómico[63].

III) Finalmente existe un conjunto de Comunidades Autónomas cuyos Estatutos de Autonomía no reflejan ningún tipo de competencia en materia de consultas populares por lo que, al carecer de título competencial que las habilite no pueden entrar a regular ningún aspecto relacionado con el referéndum o con las consultas populares[64].

2.2. De la competencia autonómica para el despliegue de la institución referendaria

A partir del cierre en 1992 del proceso de transferencias competenciales desde el Estado hacia las Comunidades Autónomas se ha generado un intenso debate sobre la posibilidad que las Comunidades Autónomas puedan llevar acabo referéndums distintos de los regulados constitucionalmente, así como las competencias que las CC.AA. pueden desplegar en lo relativo a consultas populares vehiculadas vía referéndum así como la posibilidad de llevar a cabo referéndums autonómicos para los que no dispongan de competencias constitucionalmente atribuidas.

Las Comunidades autónomas de Illes Balears, Castilla y León, La Rioja, Cantabria, Principado de Asturias y Región de Murcia recogen en su articulado[65] competencias de desarrollo legislativo y de ejecución en materia de consultas populares de conformidad con lo que disponga la Ley a la que alude el art. 92.3 CE y donde el Estado se reserva la competencia

62 Se incluyen en este bloque las Comunidades Autónomas de Aragón, Andalucía, Extremadura y la Comunidad canaria.

63 Presentan estas características los Estatutos de Autonomía de la Comunitat Valenciana, Cataluña, Illes Balears, Castilla y León, Principado de Asturias, La Rioja y Región de Murcia.

64 Responden a este perfil los Estatutos de Autonomía de Euskadi, Comunidad Foral de Navarra, Galicia, Cantabria, Castilla La Mancha y la Comunidad de Madrid.

65 Art. 31.10 Estatuto de Autonomía de Illes Balears; art. 71.15 Estatuto de Autonomía de Castilla y León; art. 9.2 Estatuto de Autonomía de La Rioja; art. 32.5 Estatuto de Autonomía de Canarias; art. 11.11 Estatuto de Autonomía del Principado de Asturias; art. 11.8 Estatuto de Autonomía de la Región de Murcia.

para su convocatoria. La Ley Orgánica 2/2007, de 19 de marzo, para la reforma del Estatuto de Autonomía de Andalucía recoge en su art. 78 competencia en materia de consultas populares excluyéndose el referéndum en los mismos términos que lo hace el Estatuto de Autonomía de Aragón (art. 115.7) y la Ley Orgánica 1/2011, de 28 de enero, de reforma del Estatuto de Autonomía de Extremadura. En lo relativo a consultas populares, las CC.AA. deberán estar a lo establecido en la legislación básica que el Estado establezca en la esfera de las Administraciones Públicas.

Por lo anterior, no puede esgrimirse los principios de autoorganización institucional o de participación política para impulsar la convocatoria de referéndums de carácter autonómico al tiempo que se remarca la titularidad del Estado en relación a la institución referendaria quedando en el ámbito de las competencias autonómicas el desarrollo de la normativa estatal.

La primera opción que se nos presenta es la posibilidad de acometer una reforma constitucional que permita a las Comunidades Autónomas realizar referéndums para lo cual debería determinarse el objeto de los mismos no existiendo una posición doctrinal unívoca[66] si bien existen algunos considerandos de partida que habrían de tenerse en cuenta tales como la ausencia de límites materiales apriorísticos a una eventual reforma constitucional o el allanamiento que se produciría si en una posible reforma constitucional se contemplara que las Comunidades Autónomas sólo pueden impulsar procesos referendarios que se inscriban en sus competencias[67].

La segunda opción es plantear la posibilidad de celebrar iniciativas referendarias sin afrontar un proceso de reforma constitucional en base a lo establecido en el art. 92 CE sobre el uso del referéndum consulti-

---

66 N. Alonso García, N. y Seijas Villadangos, E., *Consultas populares autonómicas: ¿hay vida más allá de Cataluña?* En M. Pérez-Moneo y J. Vintró Castells (coords.). *Participación política: deliberación y representación en las Comunidades Autónomas* (Madrid: Congreso de los Diputados, 2017), 243-273. M. Aragón Reyes, M., "Planeamiento general: partidos políticos y democracia directa", en Biglino Campos, P. (coord.), Partidos políticos y mediaciones de la democracia directa, (Madrid: Centro de Estudios Políticos y Constitucionales, 2016), 19-34.

67 El ámbito de competencias debe entenderse de manera que el objeto de las consultas pueda incluir, además de aquellas cuestiones con reflejo en los distintos Estatutos de Autonomía aquellas competencias que están atribuidas a las CC.AA. en materia de iniciativa de reforma constitucional (arts. 87 y 166 CE). L. Aguiar de Luque, *Democracia directa e instituciones de democracia directa en el ordenamiento constitucional español.* En L. López Guerra, G. Trujillo, P. González Trevijano, P., La experiencia constitucional (1978-2000), (Madrid: Centro de Estudios Políticos y Constitucionales, 2000), 67-96.

vo sobre decisiones políticas y la regulación de dicho artículo hecha por la Ley Orgánica 2/1980[68], si bien la LOMR tiene como función regular las modalidades de referéndums que la Constitución recoge por lo que los procesos referendarios de base autonómica deberían ser regulados, a nuestro parecer, mediante una ley específica[69].

Debe indicarse que sí existe una posibilidad para poder desarrollar un proceso referendario inscrito en el ámbito competencial autonómico que se conecta con la capacidad que las CC.AA. tienen de poder formular consultas sobre un eventual proceso de reforma constitucional (art. 87.2 y 166.1 CE) por lo que un referéndum en que se pregunte a la ciudadanía si considera oportuno que el Parlamento o a la Asamblea autonómica remita un proyecto de reforma constitucional a las Cortes resultaría viable[70],

3. *Posción del Tribunal Constitucional en relación con el referéndum consultivo autonómico*

3.1. De la Ley 9/2008, de 11 de septiembre del Parlamento vasco y el alcance de la STC 103/2008, de 11 de septiembre

En junio de 2008 el Parlamento Vasco aprobó la Ley 9/2008, de 27 de junio, de convocatoria y regulación de una consulta popular al objeto de recabar la opinión ciudadana en la Comunidad Autónoma del País Vasco sobre la apertura de un proceso de negociación para alcanzar la paz y la normalización política[71] que planteaba una consulta habilitadora para el inicio de negociaciones con el Estado español con carácter no vinculante, al objeto de recabar la opinión de los ciudadanos y ciudadanas vascas con derecho de sufragio activo sobre la apertura de un proceso de negociación para alcanzar la paz y la normalización política, es decir, para exigir a ETA el fin de la violencia y, en una situación de abandono inequívoco de

---

68 No existe una posición unívoca entre los juristas sobre la capacidad del art. 92 CE y el desarrollo realizado por la LOMR, discrepancias que, en cualquier caso, podrían allanarse incorporando a la Ley Orgánica 2/1980 una nueva modalidad de referéndum consultivo de naturaleza autonómica. Josep Mª Castellà Andreu, "Consultas populares no referendarias en Cataluña. ¿Es admisible constitucionalmente un TERTIUM GENUS entre referéndum e instituciones de participación ciudadana?" *Revista Aragonesa de Administración Pública*, núm. 14 (2013): 121-155.

69 Lo que habría de descartarse es la posibilidad que los referéndums autonómicos fueran regulados por una ley autonómica al corresponder dicha competencia al Estado, quedando el desarrollo normativo en manos de las CC.AA.

70 D. López Rubio, "El referéndum autonómico", *Eunomía. Revista en Cultura de la Legalidad*. núm. 12, (abril-septiembre 2017): 127.

71 BOE nº212, de 3 de septiembre de 2011.

las armas, posibilitar un proceso de diálogo y, por otro lado, para abrir una negociación entre todos los partidos políticos con el objetivo de alcanzar un Acuerdo de normalización política en el que se establezcan las bases de una nueva relación entre la Comunidad Autónoma del País Vasco y el Estado español[72].

La consulta que planteaba la Ley 9/2008 del Parlamento vasco se planteaba como un instrumento legal y democrático para que el Pueblo Vasco pudiera ejercer libremente el derecho fundamental de participación ciudadana en los asuntos de trascendencia que son de su incumbencia. En este sentido, resulta esencial el papel del Parlamento Vasco en el desarrollo de los principios democráticos y en la tutela del ejercicio del derecho fundamental a la participación política del que gozan las ciudadanas y ciudadanos del País Vasco y, en particular, en la materialización de la consulta como vía sustancial para el ejercicio de un derecho fundamental reconocido en el apartado e) del artículo 9.2 del Estatuto de Autonomía para el País Vasco, que establece la obligación de los poderes públicos vascos, en el ámbito de sus atribuciones, de facilitar "la participación de todos los ciudadanos en la vida política, económica, cultural y social del País Vasco". Dicha consulta habilitadora, aun no siendo jurídicamente vinculante, debía gozar según el legislativo autonómico de plena validez política y social para abordar e impulsar el fin definitivo de la violencia, así como para conocer el estado de opinión de la sociedad vasca al objeto de abrir un proceso de resolución definitiva del conflicto político, entre todas las partes implicadas y sin exclusiones. Por tales razones, al no tratarse de una consulta popular por vía de referéndum, en cualquiera de sus modalidades, ni ser jurídicamente vinculante, a dicho proceso consultivo no le debía resultar de aplicación la Ley Orgánica 2/1980, de 18 de enero, sobre regulación de las distintas modalidades de referéndum, ni tampoco, la previa autorización del Estado para su convocatoria[73].

---

72 La puesta en marcha de la Ley del Parlamento Vasco originó el inicio de un proceso de reforma del Código Penal que se materializó en la Ley Orgánica 20/2003, de 23 de diciembre, de modificación de la Ley Orgánica del Poder Judicial y del Código Pena que vino a tipificar como delito la convocatoria o autorización ilegal de elecciones y de referéndum aparejando penas privativas de libertad de tres a cinco años, e inhabilitación por periodo equivalente (art. 506 bis). Dicha modificación fue derogada en virtud de la Ley Orgánica 2/2005, de 22 de junio, de modificación del Código Penal. C. Aguado Renedo, "Referéndum autonómico y jurisprudencia constitucional", *Teoría y Realidad Constitucional*, núm. 28 (2011), p. 541.

73 López Basaguren, A., "Sobre referéndum y Comunidades Autónomas. La Ley Vasca de la "consulta" ante el Tribunal Constitucional (Consideraciones con motivo de la STC 103/2008)" *Revista d'Estudis Autonòmics i Federals*, núm. 9, (2009):202-240.

Dicho planteamiento se concreta en la pregunta contenida en el artículo único de la Ley 9/2008 con el siguiente tenor literal:

a) ¿Está Usted de acuerdo en apoyar un proceso de final dialogado de la violencia, si previamente ETA manifiesta de forma inequívoca su voluntad de poner fin a la misma de una vez y para siempre?

b) ¿Está Usted de acuerdo en que los partidos vascos, sin exclusiones, inicien un proceso de negociación para alcanzar un Acuerdo Democrático sobre el ejercicio del derecho a decidir del Pueblo Vasco, y que dicho Acuerdo sea sometido a referéndum antes de que finalice el año 2010?

El 15 de julio de 2008 el Abogado del Estado, en representación del Presidente del Gobierno, interpuso recurso de inconstitucionalidad contra la Ley del Parlamento Vasco 9/2008 que comienza señalando lo que califica de "algunas acusadas peculiaridades" del artículo único de la Ley recurrida:

a) El hecho de que el Parlamento Vasco se presente como órgano competente para autorizar al Lehendakari, dictando un acto habilitante que se incorpora a la Ley.

b) La circunstancia de que el Lehendakari aparezca como sujeto de una conducta actual y simultánea con la publicación de la Ley.

c) La fijación por el legislador de la fecha de la consulta y la consiguiente ficción de una conducta aplicativa del Lehendakari, que se da por suplida con el pronunciamiento legal.

d) Y la inclusión en la disposición adicional de la regulación procedimental de un solo acto expresivo de la opinión de los electores vascos: la consulta del 25 de octubre de 2008.

Para el Abogado del Estado se trata de una Ley singular o de caso único, bajo la que se encubren varios actos no normativos a los que se pretende proteger con el privilegio jurisdiccional inherente a la forma de ley. En todo caso, atendido el art. 27.2 e) LOTC, nada impide, en su opinión, que la Ley se constituya en objeto idóneo de un recurso de inconstitucionalidad.

Los fundamentos impugnatorios del recurso, se anclan en tres vicios de inconstitucionalidad: competencial, procedimental y sustantivo.

a) La existencia de vicio competencial se fundamenta en la infracción del art. 149.1.32 CE, en relación con el art. 92.1 y 2 CE; adicionalmente se denuncia una infracción autónoma del art. 92.1 y 2 CE y del art. 9.2 e) EAPV.

Sostiene el Abogado del Estado que el art. 149.1.32 CE reserva al Estado la competencia exclusiva para autorizar la convocatoria de consultas populares por vía de referéndum, no habiendo duda de que la Ley impugnada autoriza la convocatoria de una consulta de esas características. El escrito de recurso se detiene en el examen del concepto constitucional del referéndum como modalidad de ejercicio del derecho fundamental de los ciudadanos a la participación directa en los asuntos públicos (art. 23.1 CE), distinta de otros títulos de participación que, configurados como derechos subjetivos, puedan también crearse en el Ordenamiento, pero que no están ordenados a servir de vía para el ejercicio de la soberanía popular.

La Abogacía del Estado considera que las reformas estatutarias parten de la diferenciación entre consultas referendarias sujetas a autorización estatal y formas no referendarias de consulta popular que pueden llevarse a cabo sin autorización del Estado. Las notas jurídicamente relevantes que permiten identificar al referéndum frente a otros tipos de consulta popular vendrían dadas por el hecho de que los destinatarios de la consulta referendaria son los ciudadanos (los electores), a través de un procedimiento riguroso, basado en el censo y gestionado por la Administración electoral, con garantía jurisdiccional ex post y que sirve tanto para exteriorizar la voluntad política del electorado (referéndum consultivo) como para constituirse en acto formal determinante de ciertos procedimientos normativos (así, en la reforma constitucional). De acuerdo a este planteamiento no cabe duda, para el Abogado del Estado, de que la consulta contemplada en la Ley es un referéndum consultivo por sus destinatarios, su procedimiento y la trascendencia política de su objeto. En este orden de ideas sostiene el representante del Gobierno que el hecho de que un referéndum consultivo (como el organizado por la Ley impugnada) carezca de eficacia jurídica vinculante no afecta a su condición de referéndum. Lo que lo define como tal es el hecho de constituir un instrumento de participación política directa de los ciudadanos en los asuntos públicos, al margen del grado de vinculación jurídica de su resultado.

La Abogacía del Estado interpreta en su recurso el art. 149.1.32 CE planteando que las consultas a que se refiere el precepto han de ser, ante todo, las organizadas por las Comunidades Autónomas, sosteniendo, en segundo término, que dicho artículo encuentra su principal desarrollo en el art. 2 y en la disposición adicional de la Ley Orgánica 2/1980, de 18 de enero, sobre regulación de las distintas modalidades de referéndum. Estos preceptos, puestos en relación con el art. 92.1 CE, llevan a la conclusión de que los referendos consultivos autonómicos son una modalidad referendaria constitucional y legalmente admisible, pero requieren en todo caso la autorización del Estado en los términos que disponen el art. 92.2 CE y los arts. 2 y 6 de la Ley Orgánica 2/1980.

En el caso de la Ley 9/2008, la naturaleza referendaria de la consulta supone que la Ley incurre en infracción del art. 149.1.32 CE, pues sólo podría celebrarse previa autorización del Congreso de los Diputados y en virtud de convocatoria por Real Decreto, acordado en Consejo de Ministros y refrendado por el Presidente del Gobierno. A juicio del Abogado del Estado cabría incluso hacer abstracción del art. 149.1.32 CE y sostener que ha habido también una infracción autónoma del art. 92.1 y 2 CE, toda vez que la Ley pretende que decisiones políticas de especial trascendencia para todos los ciudadanos españoles sean consultadas exclusivamente a los electores vascos en virtud de una decisión del Parlamento territorial[74].

Por lo demás, el art. 9.2 e) EAPV no puede prestar cobertura a la consulta intentada, sino que más bien debe considerarse también infringido, pues las leyes autonómicas han de sujetarse a lo dispuesto en los Estatutos de Autonomía, incurriendo en inconstitucionalidad en caso contrario, siendo así que el Estatuto Vasco no contiene ninguna cláusula atributiva de competencia a la Comunidad Autónoma en materia de consultas populares, limitándose el art. 46.2 EAPV a contemplar la posibilidad de una delegación expresa del Estado para convocar referendos de reforma estatutaria. La participación a la que se refiere el art. 9.2 e) EAPV es más bien objeto de un mandato dirigido a los poderes públicos autonómicos y circunscritos al ámbito de las competencias autonómicas.

La Ley impugnada adolecería también de un vicio de naturaleza procedimental, por inadecuación del procedimiento legislativo observado para su elaboración. Tras recordar que la inobservancia de los preceptos reguladores del procedimiento legislativo puede viciar de inconstitucionalidad una ley cuando de ello se siga una alteración sustancial del proceso de formación de la voluntad de la Cámara (SSTC 99/1987, de 11 de junio, FJ 1, y 97/2002, de 25 de abril, FJ 2), alega el Abogado del Estado que, de acuerdo con el art. 119.3 del Reglamento del Parlamento Vasco, el procedimiento de lectura única observado en este caso para la aprobación de la Ley impugnada sólo puede utilizarse en «circunstancias de carácter extraordinario», por «razones de urgente necesidad» y para la tramitación de proyectos que "no afecten al ordenamiento de las Instituciones de la Comunidad Autónoma, al Régimen Jurídico de las Instituciones Forales, Régimen Electoral, ni derechos, deberes o libertades de los ciudadanos".

---

[74] C. Aguado Renedo, *El referéndum autonómico*, en María Portilla, F. J. (Dir.), *Pluralidad de ciudadanos, nuevos derechos y participación democrática*, (Madrid: Cuadernos y Debate, CEPC, 2011), 389-419.

El procedimiento en cuestión supone una restricción radical de los derechos de examen, debate y enmienda de los parlamentarios, pues los proyectos tramitados conforme a él se discuten sujetándose a las normas establecidas para los debates de totalidad y, a continuación, el conjunto de los proyectos se somete a una sola votación (art. 119.2 RPV). El representante del Gobierno entiende que la tramitación de la Ley recurrida se ha verificado con patente infracción del art. 119.3 RPV. En primer lugar, porque no se dan las circunstancias extraordinarias ni concurren las razones de urgente necesidad contempladas por el precepto (sin que puedan ser tales el supuesto «hastío de la sociedad vasca» o la hipotética "situación de bloqueo que preside la relación entre la Comunidad Autónoma del País Vasco y el Estado español", invocadas en la propuesta del Gobierno Vasco). Y, en segundo lugar, porque la Ley impugnada afecta a derechos y libertades de los ciudadanos, concretamente a los reconocidos en el art. 23.1 CE. Por último, en la medida en que la consulta intentada aparece como el primer paso para la llamada "normalización política", es decir, para el ejercicio de un pretendido derecho de autodeterminación política con el fin de lograr una nueva relación entre la Comunidad Autónoma y el Estado, es claro que afectaría al ordenamiento de las Instituciones de la Comunidad Autónoma. En consecuencia, se estaría ante una de las inconstitucionalidades formales que, con arreglo a la doctrina de las SSTC 99/1987 y 97/2002, dan lugar a la inconstitucionalidad de una ley por vicios de procedimiento.

Debe indicarse que el recurso se refiere a la infracción procesal, sin entrar en la posible infracción de los derechos que a los parlamentarios vascos garantiza el art. 23.2 CE. c) En cuanto a la infracción material advertida en la Ley impugnada se alega que la segunda pregunta de la consulta infringe los arts. 1.2 y 2, en relación con el art. 168 y la disposición adicional primera, todos de la Constitución. Tras referirse a la jurisprudencia constitucional relativa a la unidad y supremacía del interés de la Nación[75] y recordar la doctrina establecida en materia de reforma de la Constitución[76] el Abogado del Estado afirma que la reforma del art. 2 CE pasa indefectiblemente por el procedimiento del art. 168 CE, esto es, por una decisión del pueblo español, titular de la soberanía. Por tanto, el reconocimiento de un nuevo sujeto soberano en el País Vasco (un sujeto con capacidad para autodeterminarse políticamente, sea mediante "asociación" o "nueva relación" con el Estado Español, sea incluso mediante

---

75 STC 247/2007, de 12 de diciembre.

76 STC 48/2003, de 12 de marzo.

desmembración del Reino de España) requiere una previa decisión constituyente, políticamente imputable al soberano constitucional (art. 1.2 CE) y encauzada a través del procedimiento del art. 168 CE, sin que pueda dilucidarse en "un proceso de negociación" entre "los partidos políticos vascos, sin exclusiones" y culminada en un referéndum en el que sólo participarían los electores de la Comunidad Autónoma del País Vasco, como presupone la pregunta b) del apartado 1 del artículo único de la Ley impugnada. Dicha pregunta, concluye el Abogado del Estado, entraña que una parte del pueblo vasco (la del pueblo de los territorios históricos que actualmente forman la Comunidad Autónoma del País Vasco) es titular de una soberanía nacional distinta a la del pueblo español, con lo que se viola el art. 1.2 CE.

Se pretende consultar a esa fracción del pueblo vasco, fracción también del pueblo español, sobre el modo de articular el ejercicio de un supuesto derecho a autodeterminarse, sobrepasando los límites que la Constitución impone al ejercicio del derecho a la autonomía. A lo anterior no cabría oponer los derechos históricos mencionados en la disposición adicional primera de la Constitución, pues los sujetos de tales derechos son los territorios forales, aun cuando su actualización sólo procede a través del Estatuto de Autonomía, es decir, de la norma que es resultado del ejercicio del derecho a la autonomía dentro de la indisoluble unidad de la Nación española (art. 2 CE) y con absoluto respeto a la Constitución[77]. No puede admitirse una suerte de imaginario pacto con valor originario y supraconstitucional, que ya excluyó la STC 76/1988, en la que se recordó que la actualización de los derechos históricos supone la supresión o el no reconocimiento de los que contradigan los principios constitucionales. La segunda pregunta de la consulta incurriría, por tanto, en la infracción material expuesta, y su invalidación por inconstitucional privaría de sentido al resto de la Ley, de manera que toda ella debiera ser declarada inconstitucional y nula.

En consecuencia, el representante del Gobierno interesa la declaración de inconstitucionalidad y nulidad de la Ley recurrida y, con invocación expresa de los arts. 161.2 CE y 30 LOTC, la suspensión de su vigencia y aplicación desde la fecha de interposición del recurso.

Los letrados del Parlamento Vasco registraron en representación procesal del Parlamento Vasco ante el Tribunal Constitucional el 31 de julio de 2008 donde atendiendo lo expuesto por la Abogacía del Estado en su recurso interesan en relación con la pretendida infracción del orden cons-

---

[77] STC 76/1988, de 26 de abril, FF JJ 3 y 4.

titucional de competencias establecido en los arts. 149.1.32 y 92 CE que, tras valorar las distintas modalidades de referéndum previstas en la Constitución, que los citados preceptos circunscriben su ámbito de aplicación a las distintas modalidades de referéndum contempladas en aquélla, pero que junto a tales modalidades de referéndum existen otras no previstas expresamente en la Constitución a las que no les son de aplicación aquellos preceptos constitucionales.

Para la Cámara autonómica, pese a que el EAPV no contempla de modo explícito competencia alguna en materia de consultas populares, se trataría de una competencia implícita en toda estructura democrática representativa, como son las Comunidades Autónomas y los Municipios. Así la disposición adicional de la Ley Orgánica 2/1980, reguladora de las distintas modalidades de referéndum, al prever la posibilidad de convocar consultas populares sobre asuntos de índole municipal, no crea ex novo el referéndum municipal, sino que hace aflorar una competencia implícita inherente a la democracia municipal. Y del mismo modo habría de reconocerse a las Comunidades Autónomas la competencia implícita para someter a consulta asuntos de interés autonómico.

Tal competencia implícita resultaría corroborada por el reconocimiento en el EAPV de la facultad de disolución del Parlamento y la convocatoria al cuerpo electoral para resolver una situación política de mayor trascendencia que la que se somete a consulta no vinculante. Por lo demás la competencia autonómica en materia de organización, régimen y funcionamiento de sus instituciones de autogobierno (art. 10.2 EAPV) aportaría el anclaje estatutario de esta facultad implícita de convocar consultas populares no vinculantes. Consecuentemente la consulta, por su ámbito autonómico y su carácter no vinculante, no es de aquéllas a las que resultan de aplicación el art. 92 CE y la Ley Orgánica 2/1980, razón por la cual no precisaría la autorización del Estado.

Junto a lo anterior y con otros considerandos que no afectan al objeto del presente estudio, el Parlamento vasco a través de sus representantes procesales solicitaron la desestimación del recurso.

El Tribunal Constitucional, mediante la STC 103/2008, de 11 de septiembre[78], comienza por definir que entiende por referéndum, en los tér-

---

78 BOE nº 245, de 10 de octubre de 2008. Si bien no existe un acervo muy amplio de sentencias del Tc en materia de referéndums autonómico, siendo la STC 103/2008 la que inicie la profundización en esta materia por parte del Tribunal debe hacerse mención a las SSTC 76/1994, de 14 de marzo, y 119/1995, de 17 de julio que desestiman dos peticiones de amparo. La primera de ellas hace referencia a una iniciativa legislativa popular planteada al amparo de la Ley vasca 8/1986. de 26 de junio, que consistía

minos que expresa en su FJ2 cuando entra a valorar la posible invasión o no de la competencia reservada con carácter exclusivo al Estado por el art. 149.1.32 CE en materia de autorización para la convocatoria de consultas populares por vía de referéndum.

Entiende el TC que lo determinante para concluir si la Ley 9/2008 ha incurrido o no en la invasión competencial denunciada por el Presidente del Gobierno es si la consulta en ella prevista es o no un referéndum. En la propia exposición de motivos de la Ley se admite que ésa es justamente la línea divisoria pertinente para su enjuiciamiento en Derecho.

Sobre esta base resulta clave, el análisis de lo que constitucionalmente deba ser considerado como referéndum, y después, decidir si lo que la Ley impugnada califica como consulta, basada en una pretendida competencia implícita de la Comunidad Autónoma del País Vasco, constituye en realidad un auténtico referéndum, aunque se eluda tal denominación, pues si se llegara a la conclusión de que en efecto lo es, la Ley impugnada incurriría en inconstitucionalidad.

El referéndum, a juicio del Tribunal Constitucional, es un instrumento de participación directa de los ciudadanos en los asuntos públicos, esto es, para el ejercicio del derecho fundamental reconocido en el art. 23.1 CE. No es cauce para la instrumentación de cualquier derecho de participación, sino específicamente para el ejercicio del derecho de participación política, es decir, de aquella participación "que normalmente se ejerce a través de representantes y que, excepcionalmente, puede ser directamente ejercida por el pueblo" (STC 119/1995, de 17 de julio, FJ 3). Es, por tanto, una forma de democracia directa y no una mera manifestación "del fenómeno participativo que tanta importancia ha tenido y sigue teniendo en las democracias actuales y al que fue especialmente sensible nuestro constituyente", que lo ha formalizado como "un mandato de carácter

---

en una solicitud para que el Parlamento Vasco instara ante las Cortes Generales una reforma de la Constitución en el sentido de dar a su Disposición adicional segunda una nueva redacción del siguiente tenor: "La Constitución ampara y respeta los derechos históricos de los territorios forales. La recuperación y actualización en todo caso de esos derechos. que residen en la potestad de sus ciudadanos para decidir libre y democráticamente su status político. económico. Social y cultural. se llevará a efecto mediante el ejercicio de su derecho a la autodeterminación en forma soberana. sin ninguna limitación externa y con la posibilidad de optar por la creación de su Estado". El segundo recurso de amparo desestimado en virtud de la STC 119/1995, de 17 de julio hacía referencia a un Acuerdo del Pleno del Ayuntamiento de Barcelona, de 12 de septiembre de 1989, que ratificó la aprobación provisional, acordada por la Comisión de Gobierno del 12 de julio anterior del denominado "Plan Especial de desarrollo de un Parque Urbano en el Sector Piscinas y Deportes de Barcelona".

general a los poderes constituidos para que promuevan la participación en distintos ámbitos" (arts. 9.2 y 48 CE) o como un verdadero derecho subjetivo (así, por ejemplo, arts. 27.5 y 7, 105 y 125 CE).

Las formas de participación no reconducibles a las que se conectan con el derecho fundamental reconocido en el art. 23.2 CE son "formas de participación que difieren [de aquéllas] no sólo en cuanto a su justificación u origen, sino también respecto de su eficacia jurídica que, por otra parte, dependerá en la mayoría de los casos de lo que disponga el legislador (aunque en su labor configuradora esté sometido a límites como los derivados de la interdicción de la arbitrariedad (art. 9.3 CE) y del derecho de igualdad (art. 14 CE). No puede aceptarse, sin embargo, que sean manifestaciones del derecho de participación que garantiza el art. 23.1 CE, pues no sólo se hallan contempladas en preceptos diferentes de la Constitución, sino que tales preceptos obedecen a manifestaciones de una ratio bien distinta: en el art. 23.1 CE se trata de las modalidades (representativa y directa) de lo que en el mundo occidental se conoce por democracia política, forma de participación inorgánica que expresa la voluntad general"[79] en la que no tienen cabida otras formas de participación en las que se articulan voluntades particulares o colectivas, pero no generales, esto es, no imputables al cuerpo electoral.

El referéndum es, por tanto, una especie del género "consulta popular" con la que no se recaba la opinión de cualquier colectivo sobre cualesquiera asuntos de interés público a través de cualesquiera procedimientos, sino aquella consulta cuyo objeto se refiere estrictamente al parecer del cuerpo electoral[80] expresivo de la voluntad del pueblo: conformado y exteriorizado a través de un procedimiento electoral, esto es, basado en el censo, gestionado por la Administración electoral y asegurado con garantías jurisdiccionales específicas, siempre en relación con los asuntos públicos cuya gestión, directa o indirecta, mediante el ejercicio del poder político por parte de los ciudadanos constituye el objeto del derecho fundamental reconocido por el art. 23 CE[81]. Para calificar una consulta como referéndum o, más precisamente, para determinar si una consulta popular se verifica "por vía de referéndum" (art. 149.1.32 CE) y su convocatoria requiere entonces de una autorización reservada al Estado, ha de atenderse a la identidad del sujeto consultado, de manera que siempre que éste sea el cuerpo electoral, cuya vía de manifestación propia es la de los distintos

---

79 STC 119/1995, de 17 de julio, FJ 4.

80 STC 12/2008, de 29 de enero, FJ 10.

81 STC 119/1995, de 17 de julio.

procedimientos electorales, con sus correspondientes garantías, estaremos ante una consulta referendaria.

En tanto que instrumento de participación directa en los asuntos públicos, el referéndum es, junto con el instituto de la representación política, uno de los dos cauces de conformación y expresión de la voluntad general. Pero conviene destacar que se trata de un cauce especial o extraordinario, por oposición al ordinario o común de la representación política, pues no en vano el art. 1.3 CE "proclama la Monarquía parlamentaria como forma de gobierno o forma política del Estado español y, acorde con esta premisa, diseña un sistema de participación política de los ciudadanos en el que priman los mecanismos de democracia representativa sobre los de participación directa", siendo así que "el propio Texto constitucional, al regular las características de los instrumentos de participación directa, restringe su alcance y condiciones de ejercicio", de suerte que, en el caso de otra manifestación típica de la democracia directa, como es la iniciativa legislativa popular, su ejercicio "sobre determinadas materias, por lo delicado de su naturaleza o por las implicaciones que entrañan, queda reservado a la mediación de los representantes políticos"[82]. Ello sin olvidar que, en todo caso, "el derecho a participar directamente en los asuntos públicos, como todos los derechos que la Constitución establece, no puede sino ejercerse en la forma jurídicamente prevista en cada caso. Lo contrario, lejos de satisfacer las exigencias de la soberanía popular, supondría la imposibilidad misma de la existencia del ordenamiento, a cuya obediencia ciudadanos y poderes públicos vienen constitucionalmente obligados (art. 9.1 CE)"[83].

En nuestro sistema de democracia representativa, en el que la voluntad soberana tiene su lugar natural y ordinario de expresión en las Cortes Generales (art. 66.1 CE) y las voluntades autonómicas en los respectivos Parlamentos de las Comunidades Autónomas, los mecanismos de participación directa en los asuntos públicos quedan restringidos a aquellos supuestos en los que la Constitución expresamente los impone (caso de la reforma constitucional por la vía del art. 168 CE y de los procedimientos de elaboración y reforma estatutarios previstos en los arts. 151.1 y 2 y 152.2 CE) o a aquellos que, también expresamente contemplados, supedita a la pertinente autorización del representante del pueblo soberano (Cortes Generales) o de una de sus Cámaras.

---

82 STC 76/1994, de 14 de marzo, FJ 3.

83 STC 76/1994, FJ 3.

Nuestra democracia constitucional garantiza, de manera muy amplia, la participación de los ciudadanos en la vida pública y en el destino colectivo, decidiendo éstos, periódicamente, a través de las elecciones de representantes en las Cortes Generales (arts. 68 y 69 CE), en los Parlamentos autonómicos (art. 152.1 CE y preceptos de todos los Estatutos de Autonomía) y en los Ayuntamientos (art. 140 CE), acerca del destino político de la comunidad nacional en todas sus esferas, general, autonómica y local. Más aún, la Constitución incluso asegura que sólo los ciudadanos, actuando necesariamente al final del proceso de reforma, puedan disponer del poder supremo, esto es, del poder de modificar sin límites la propia Constitución (art. 168 CE). Nuestra Constitución garantiza, de esa manera, a través de los procedimientos previstos en ella, en los Estatutos de Autonomía y en las demás leyes, uno de los sistemas democráticos más plenos que cabe encontrar en el Derecho constitucional comparado. Se trata de una democracia representativa como regla general, complementada con determinados instrumentos de democracia directa, que han de operar, como es lógico y constitucionalmente exigido, no como minusvaloración o sustitución sino como reforzamiento de esa democracia representativa.

Así, la participación directa del cuerpo electoral en el procedimiento legislativo se restringe al ejercicio de una facultad de iniciativa (art. 87.3 CE) sobre cuya suerte deciden con perfecta autonomía, y ajenas a todo mandato imperativo (art. 67.2 CE), las Cortes Generales, del mismo modo que la manifestación de su voluntad respecto de determinados asuntos de trascendencia política a través del referéndum sólo puede verificarse si media la oportuna autorización del Congreso de los Diputados (art. 92.2 CE), autorización que, por lo demás, es inexcusable por necesaria para que la voluntad expresada con la consulta sea efectivamente la del cuerpo electoral, órgano que sólo se manifiesta válida y legítimamente a través de un procedimiento con todas las garantías propias de los procesos electorales, entre ellas el concurso del Poder Judicial del Estado, sea en el ejercicio de la jurisdicción contencioso-electoral, sea con la participación de Jueces y Magistrados en la composición de las Juntas Electorales. Y dicho concurso sólo es posible, como es connatural a la configuración constitucional del Poder Judicial y al estatuto de los Jueces y Magistrados, de acuerdo con la regulación estatal establecida al efecto.

Caracterizado el referéndum como especie del género "consulta popular" por parte del Tribunal Constitucional, debe valorarse si la consulta contemplada en la Ley 9/2008 del Parlamento vasco se ajusta la definición dada por el TC. Con la Ley 9/2008 se llama a consulta sobre un asunto de manifiesta naturaleza política a los "ciudadanos y ciudadanas del País

Vasco con derecho de sufragio activo", esto es, al cuerpo electoral de la Comunidad Autónoma del País Vasco, pretendiendo conocer la voluntad de una parte del pueblo español a través de la voluntad del cuerpo electoral de esa Comunidad Autónoma, esto es, del sujeto que de ordinario se manifiesta a través del procedimiento disciplinado por la Ley 5/1990, de 15 de junio, de elecciones al Parlamento Vasco, llamada por la disposición adicional de la Ley recurrida a regir el desarrollo de la consulta en cuestión.

Sin duda, el objeto de la consulta, la voluntad requerida y que ésta ha de manifestarse mediante un procedimiento electoral dotado de las garantías propias de los procesos electorales, es claro también, por lo dicho, que la consulta es un referéndum. La circunstancia de que no sea jurídicamente vinculante resulta irrelevante, pues es obvio que el referéndum no se define frente a otras consultas populares por el carácter vinculante de su resultado.

Una vez afirmado que la consulta objeto de la Ley 9/2008 es constitucionalmente un referéndum el TC examina su posible ajuste al orden normativo constitucional.

La normativa aplicable en esta materia está integrada por los preceptos de la Constitución que permiten o imponen la celebración de referendos, de un lado, y, de otro, por la legislación orgánica conforme a la cual han de celebrarse las diferentes consultas populares por vía de referéndum. Pues bien, la Constitución atribuye al Estado como competencia exclusiva la "autorización para la convocatoria de consultas populares por vía de referéndum" (art. 149.1.32 CE), al mismo tiempo que prevé la existencia de convocatorias de referendos circunscritas a ámbitos territoriales inferiores al nacional (arts. 151 y 152 CE).

En relación con estas últimas el propio Estatuto de Autonomía del País Vasco incluye varios supuestos de celebración de distintos referendos, tales como el previsto en el art. 8 EAPV para el caso de integración de territorios o municipios, o los contemplados en los arts. 46 y 47 EAPV para el caso de las reformas estatutarias, siendo siempre obligada la previa autorización estatal.

A su vez la Ley Orgánica 2/1980, de 18 de enero, sobre regulación de las distintas modalidades de referéndum, es la llamada por el art. 92.3 CE para regular las condiciones y el procedimiento de las distintas modalidades de referéndum previstas en la Constitución, siendo además la única Ley constitucionalmente adecuada para el cumplimiento de otra reserva, añadida a la competencial del art. 149.1.32 CE: la genérica del art. 81 CE para el desarrollo de los derechos fundamentales, en este caso el derecho de participación política reconocido en el art. 23 CE.

A la luz del marco normativo expuesto resulta que la concreta convocatoria del cuerpo electoral que realiza la Ley del Parlamento Vasco 9/2008 se lleva a cabo sin apoyo en un título competencial expreso. Por otra parte, tal convocatoria, que sustituye la autorización del Estado por la dispensada inmediata y exclusivamente por el Parlamento autonómico, tampoco puede basarse en inexistentes títulos implícitos.

En efecto, tal convocatoria no puede ampararse en genéricas potestades implícitas vinculadas al principio democrático, al entrar éstas en colisión con competencias expresamente atribuidas a otro ente, como ocurre en el presente caso con la que al Estado atribuye el art. 149.1.32 CE. Por otra parte tampoco puede amparar la convocatoria el art. 9.2 e) EAPV y su referencia a la obligación de los poderes públicos vascos de facilitar "la participación de todos los ciudadanos en la vida política, económica, cultural y social del País Vasco", puesto que, como ya dijimos en la STC 25/1981, de 14 de julio, FJ 5, dicho precepto "no atribuye una específica competencia a los poderes públicos vascos, sino que se limita a subrayar una obligación que deben observar todos los poderes públicos, centrales y autonómicos, en el ejercicio de las atribuciones que a cada uno de ellos reconoce el ordenamiento jurídico". Y la competencia controvertida en este procedimiento es, por cuanto se lleva dicho, exclusiva del Estado.

Hemos de afirmar, en definitiva, que no cabe en el ordenamiento constitucional, en materia de referéndum, ninguna competencia implícita, puesto que, en un sistema, como el español, cuya regla general es la democracia representativa, sólo pueden convocarse y celebrarse los referendos que expresamente estén previstos en las normas del Estado, incluidos los Estatutos de Autonomía, de conformidad con la Constitución.

Por lo anterior, expresado en sus FJ 2 y 3, el Tribunal Constitucional considera que la Ley 9/2008 vulnera el art. 149.1.32 CE, al no existir dudas en el Tribunal Constitucional que la Ley 9/2008 constituye un referéndum al dirigirse al censo electoral de la Comunidad Autónoma mediante el empleo del procedimiento y las garantías electorales propias de cualquier proceso electoral[84].

Puede considerarse así que el Parlamento vasco viene a proponer un nuevo tipo de referéndum que sería aquel que se convoca por las autoridades de una Comunidad Autónoma, en el ámbito territorial de la misma y

---

[84] A. López Basaguren, A., "Sobre referéndum y Comunidades Autónomas. La Ley Vasca de la "consulta" ante el Tribunal Constitucional (Consideraciones con motivo de la STC 103/2008)", *Revista destupís Autonòmics i Federals* (2009): 202-240.

sobre una cuestión de competencia autonómica sin previsión en la Constitución[85]. Esta construcción impulsada por el parlamento vasco encuentra la oposición del TC de forma categórica que considera que la posibilidad del ejercicio de competencias implícitas en materia referendaria en cuestiones que afecten a la figura en alusión a competencias implícitas tienen que recogerse en el Estatuto de Autonomía de las respectivas CC.AA competencias en materia de consultas populares referendarias[86].

Junto con los motivos competenciales de inconstitucionalidad de la Ley 9/2008, de 11 de septiembre, deben expresarse los motivos materiales de inconstitucionalidad a partir de lo afirmando en el apartado 1 b) del artículo único de la Ley donde se recoge que se convoca una consulta partiendo del reconocimiento inicial de la existencia del "derecho a decidir del pueblo vasco" en relación a la apertura de negociaciones cuyo contenido y sentido se indican en el artículo único y se precisan en la exposición de motivos, cifrándose en la consecución de un acuerdo en el que se establezcan "las bases de una nueva relación entre la Comunidad Autónoma del País Vasco y el Estado español".

La Ley contempla como sujetos de esa nueva relación a la Comunidad Autónoma del País Vasco y al Estado español, entendido éste en su acepción de "Estado global" y no, como es obligado cuando de la relación con una Comunidad Autónoma se trata, en su condición de "Estado central". En este sentido, si esa "nueva relación" se pretende alcanzar mediante la reforma del Estatuto de Autonomía del País Vasco, el referéndum no tendría sentido ni cabida en este momento inicial, pues la consulta popular sólo es posible para la ratificación de la reforma una vez aprobada ésta por las Cortes Generales.

La Ley 9/2008, de 11 de septiembre, parte de la existencia de un sujeto, el "pueblo vasco", titular de un "derecho a decidir", equivalente al titular de la soberanía, el pueblo español, y capaz de negociar con el Esta-

---

85 E. Sáenz Royo, "¿Es adecuado el referéndum como forma de participación política? Las recientes demandas españolas de referéndums a la luz de la experiencia irlandesa", Revista *de Derecho Constitucional Europeo*, núm. 20 (2013): 245-276

86 Véase la posición sostenida por Pérez Alberdi que considera que la existencia de un título competencial que incorporara las consultas populares respetando la competencia estatal de autorización de la convocatoria permitiría la ordenación y regulación del referéndum en el ámbito autonómico. Frente a esta posición Uriarte Torrealdai considera posible hacer alusión por parte de las Comunidades Autónomas a potestades implícitas vinculadas a la capacidad de autoorganización de sus propias instituciones de autogobierno para regular consultas populares. R. Uriarte Torrealday, "Notas en torno a la admisibilidad constitucional consultas populares de ámbito autonómico", Revista *Vasca de Administración Pública*, núm. 82 (2008):227-257.

do constituido por la Nación española los términos de una nueva relación entre éste y una de las Comunidades Autónomas en las que se organiza[87].

La identificación de un sujeto institucional dotado de tales cualidades y competencias no es posible sin una reforma previa de la Constitución. El contenido de la consulta no es sino la apertura de un procedimiento de reconsideración del orden constituido que habría de concluir, eventualmente, en "un nueva relación" entre el Estado y la Comunidad Autónoma del País Vasco; es decir, entre quien, de acuerdo con la Constitución, es hoy la expresión formalizada de un ordenamiento constituido por voluntad soberana de la Nación española, única e indivisible (art. 2 CE), y un sujeto creado, en el marco de la Constitución, por los poderes constituidos en virtud del ejercicio de un derecho a la autonomía reconocido por la Norma fundamental.

Debemos afirmar, coincidiendo con el Tribunal Constitucional que dicho sujeto no es titular de un poder soberano, exclusivo de la Nación constituida en Estado[88]. El procedimiento que se quiere abrir, con el alcance que le es propio, no puede dejar de afectar al conjunto de los ciudadanos españoles, pues en el mismo se abordaría la redefinición del orden constituido por la voluntad soberana de la Nación, cuyo cauce constitucionalmente no es otro que el de la revisión formal de la Constitución por la vía del art. 168 CE, es decir, con la doble participación de las Cortes Generales, en cuanto representan al pueblo español (art. 66.1 CE), y del propio titular de la soberanía, directamente, a través del preceptivo referéndum de ratificación (art. 168.3 CE).

La cuestión que quiso someterse a consulta de los ciudadanos de la Comunidad Autónoma del País Vasco afectaba (art. 2 CE) al fundamento del orden constitucional vigente (en la medida en que supone la reconsideración de la identidad y unidad del sujeto soberano o, cuando menos, de la relación que únicamente la voluntad de éste puede establecer entre el Estado y las Comunidades Autónomas) y por ello sólo puede ser objeto de consulta popular por vía del referéndum de revisión constitucional en base al procedimiento articulado por el art. 168 CE.

La que aquí nos ocupa no puede ser planteada como cuestión sobre la que simplemente se interesa el parecer no vinculante del cuerpo electoral del País Vasco, puesto que con ella se incide sobre cuestiones fundamentales resueltas con el proceso constituyente y que resultan sustraídas a la decisión de los poderes constituidos. El respeto a la Constitución impone

---

87 J. López Hernández, *Referéndums: una inmersión rápida*, Barcelona: Tibidabo, 2017.

88 STC 247/2007, de 12 de diciembre, FJ 4 a). STC 4/1981, de 2 de febrero, FJ 3

que los proyectos de revisión del orden constituido, y especialmente de aquéllos que afectan al fundamento de la identidad del titular único de la soberanía, se sustancien abierta y directamente por la vía que la Constitución ha previsto para esos fines. No caben actuaciones por otros cauces ni de las Comunidades Autónomas ni de cualquier órgano del Estado, porque sobre todos está siempre, expresada en la decisión constituyente, la voluntad del pueblo español, titular exclusivo de la soberanía nacional, fundamento de la Constitución y origen de cualquier poder político.

Lo decisivo para poder determinar si una consulta popular se comprueba mediante la vía del referéndum es, según la posición del TC, la naturaleza del sujeto que es consultado (cuerpo electoral) y el procedimiento que se utiliza (electoral). En base a lo anterior, el TC planteó que la consulta que se planteaba era de carácter referendario, negando la capacidad competencial del Parlamento de Euskadi para convocar dicha consulta. En virtud al marco normativo que reserva la autorización de las consultas populares vía referéndum al Estado y que la LOMR fija las condiciones y desarrollo de las distintas modalidades de referéndums constitucionales el TC afirma que no es posible determinar potestades implícitas apelando a los principios democráticos o el deber de los poderes públicos autonómicos de facilitar la participación de sus ciudadanos en la vida política, económica, cultural y social de su Comunidad Autónoma.

3.2. De la STC 31/2010, de 28 de junio contra diversos preceptos de la Ley Orgánica 6/2006, de 19 de julio, de reforma del Estatuto de Autonomía de Cataluña

El 31 de julio de 2006, Federico Trillo-Figueroa, Comisionado por noventa y ocho Diputados del Grupo Parlamentario Popular, interpuso recurso de inconstitucionalidad contra diversos preceptos de la Ley Orgánica 6/2006, de 19 de julio, de reforma del Estatuto de Autonomía de Cataluña.

El escrito de recurso comienza con la exposición de los criterios seguidos para la ordenación de las alegaciones impugnatorias, que, partiendo del concepto de reserva estatutaria, se centran en el examen de las materias respecto de las cuales los preceptos impugnados incurrirían en una extralimitación de las funciones propias de las normas estatutarias o en la sustitución y usurpación de habilitaciones constitucionales que corresponden al legislador estatal, para detenerse después en la impugnación particularizada de cada uno de los artículos en los que concurrirían tales defectos de inconstitucionalidad. Además de estos dos grandes motivos impugnatorios, en el recurso también se incluyen impugnaciones referidas a planteamientos constitucionales del Estatuto y a concretos preceptos del mismo que han de merecer un análisis específico. Las alegaciones de las partes se organizaron alrededor de las denominadas "consideraciones generales", al que seguirá el examen de los distintos preceptos recurridos, ordenado en función del título del Estatuto en el que se integran.

Los diputados del Grupo parlamentario del Partido Popular recurrentes plantean que la ordenación de la pluralidad de los tipos de ley creados por la Constitución pasa por su articulación a partir del principio de competencia, que atribuye a cada forma legal una función constitucional y un ámbito material propios. En el caso de los Estatutos de Autonomía, el dominio material que les queda reservado viene definido básicamente por el art. 147.2 CE, que establece una reserva de Estatuto. Reserva relativa, en un triple sentido: en primer lugar, la encomienda constitucional es de mínimos, pero no se excluye la inclusión de determinaciones normativas conectadas con ese contenido mínimo; además, la Constitución no impide que la regulación estatutaria sea básica y se abra a otras determinaciones normativas autonómicas de inferior rango; por último, algunas de las funciones normativas esenciales que el art. 147.2 CE atribuye al Estatuto son compartidas con las leyes del Estado, especialmente en materia de competencias, pues es habitual que la Constitución encomiende a las leyes estatales la función de completar la determinación de las competencias autonómicas. Y reserva, por último, referida a una función constitucional propia de los Estatutos de Autonomía que no es intercambiable con las funciones asignadas a otras leyes del Estado. En las primeras objeciones planteadas por los recurrentes es su extensión (227 artículos, frente a los 57 del aprobado en 1979) resulta, no ya inadecuada, sino constitucionalmente incorrecta. Y lo es, para los actores, en la medida en que, al margen de su criticable técnica legislativa, el nuevo Estatuto olvida su condición de norma subordinada a la Constitución, incluyendo en su articulado la disciplina de materias que no ofrecen conexión alguna con la reserva estatutaria.

En lo relativo al art. 122 (consultas populares) los recurrentes consideran que se pretende atribuir a la Generalitat la competencia exclusiva sobre una materia supuestamente no incluida en ningún apartado del art. 149.1 CE. Para ello se distingue entre consultas populares y referéndum, en la idea de que sólo éste se inserta en el ámbito del art. 149.1.32 CE. Tal distinción es, para los actores, imposible y no deja de ser un juego de palabras pues todas las consultas populares estarían sometidas a la autorización estatal. Además, el precepto contempla también los referendos locales, privando al Estado de la posibilidad de regular la materia mediante normas básicas dictadas en virtud del art. 149.1.18 CE, como ha hecho en el art. 71 LBRL, desde luego exigiendo siempre la autorización del Gobierno de la Nación. Por lo demás la permanente estrategia de descomponer las materias en infinidad de submaterias puede dar la impresión, en opinión de los recurrentes, de que se abordan contenidos no contemplados en el art. 149.1 CE. El art. 122 impugnado sería un buen ejemplo en lo que hace a la competencia exclusiva que reconoce a la Generalitat respecto de encuestas y audiencias públicas, especie del género "consulta popular" que es objeto de disciplina en los arts. 78.2 y 86 LPC, sobre la base del art. 149.1.18 CE.

Junto a la posición de los Diputados recurrentes debe plantearse la posición del Abogado del Estado que el texto aprobado por las Cortes Generales es distinto al texto que aprobó el Parlamento de Cataluña, y salva la competencia estatal con la referencia al art. 149.1.32 CE, que otorga al Estado competencia exclusiva sobre la autorización para la convocatoria de consultas populares por vía de referéndum. Por tanto, resultaría difícil sostener que el precepto analizado vulnera la competencia estatal que él mismo salvaguarda.

Del mismo modo resulta complejo sostener que no existe una interpretación conforme cuando el artículo se somete a dicha competencia. En cualquier caso, no sería pertinente en este proceso examinar si existen otros instrumentos de consulta popular que no deban incluirse en las consultas populares a que alude el art. 149.1.32 CE, siendo una cuestión que deba resolver el Tribunal en el caso de que se planteen controversias competenciales sobre la materia. Para ratificar la constitucionalidad en abstracto del precepto discutido deben realizarse dos consideraciones:

a) No existen consultas al margen de la previsión del art. 149.1.32 CE, la expresa salvaguarda del precepto que hace el Estatuto sólo puede suponer que en todas las consultas sigue siendo precisa la autorización del Estado. La correcta interpretación del artículo llevaría entonces a la conclusión de que la Generalitat asume todas las competencias sobre las consultas, salvo la que el art. 149.1.32 CE reserva al Estado, en materia de autorización.

b) En el caso de que se llegara a la conclusión de que existen encuestas o foros de participación materialmente distintos a las consultas a que se refiere el citado precepto, respecto de las mismas no existiría ninguna exigencia constitucional de autorización estatal.

En cuanto a la posible vulneración de la competencia estatal del art. 149.1.18 CE se reitera que competencia exclusiva no equivale a competencia ilimitada, y que resulta evidente que existen aspectos de la materia en los que deberá prevalecer el título de bases de las Administraciones públicas, pudiendo incidir en ella el Estado en el legítimo ejercicio de esa competencia.

Por su parte, los representantes del Gobierno de la Generalitat sostienen que el precepto se impugna mediante un juicio de intenciones que trae causa de la tesis de que todos los tipos de consultas a los ciudadanos quedan incluidos en la competencia estatal del art. 149.1.32 CE. Para el Ejecutivo, sin embargo, la competencia estatal se refiere a unas consultas populares concretas: las que se realizan vía referéndum. Y el art. 122 atribuye a la Generalitat competencia exclusiva sobre consultas populares de alcance autonómico o local y salvando expresamente el art. 149.1.32 CE, de modo que la misma literalidad del precepto pondría de manifiesto el pleno respeto al orden competencial.

Alega el Gobierno catalán que existen consultas distintas del referéndum y que no están reservadas al Estado por el art. 149.1.32 CE. No es que se inventen vías de participación y consulta, sino que se parte de la constatación de que el referéndum consultivo es una modalidad de participación y de que en el futuro pueden perfilarse instrumentos nuevos que no respondan al patrón estricto del referéndum.

En cuanto a la pretendida vulneración del art. 149.1.18 CE sostiene el Gobierno de la Generalitat que el recurso ignora el papel y valor de la norma estatutaria, su doble origen autonómico y estatal, así como que los desarrollos de normas básicas pueden variar. Esto sentado se recuerda que el art. 74 LBRL reconoce la posibilidad de que las Comunidades Autónomas hayan asumido competencias en materia de consultas populares.

El Parlamento de Cataluña alega que no puede hallarse equivalencia constitucional entre participación y referéndum, ni aquélla se agota en éste. Del art. 149.1.32 CE se desprendería que sólo la vía del referéndum es la que la Constitución reserva al Estado; junto a ella pueden darse otras vías de consulta, como las mencionadas en el artículo impugnado, sustancialmente distintas del referéndum y menos reconocidas o prestigiadas, que no están reservadas a la competencia estatal y, por tanto, son disponibles para las Comunidades Autónomas si las asume el Estatuto, máxime cuando el precepto hace expresa salvedad de las competencias estatales. Del mismo modo no cabría entender infringida la reserva estatal del art. 149.1.18 CE, pues el desarrollo de las normas básicas puede variar y, con él, la jurisprudencia.

Tras lo planteado por los Diputados recurrentes, la Abogacía del Estado y los representantes del Gobierno de la Generalitat, el Tribunal Constitucional comienza estableciendo en su FJ 3 la naturaleza e inserción de los Estatutos de Autonomía en nuestro ordenamiento. Define el TC a los Estatutos de Autonomía como normas subordinadas a la Constitución, como corresponde a disposiciones normativas que no son expresión de un poder soberano, sino de una autonomía fundamentada en la Constitución, y por ella garantizada, para el ejercicio de la potestad legislativa en el marco de la Constitución misma[89]. Como norma suprema del Ordenamiento, la Constitución no admite igual ni superior, sino sólo normas que le están jerárquicamente sometidas en todos los órdenes. Ciertamente, no faltan en ningún Ordenamiento normas jurídicas que, al margen de la Constitución stricto sensu, cumplen en el sistema normativo funciones que cabe calificar como materialmente constitucionales, por servir a los fines que conceptualmente se tienen por propios de la norma primera de cualquier sistema de Derecho, tales como, en particular, constituir el fundamento de la validez de las normas jurídicas integradas en los niveles primarios del Ordenamiento; esto es, en aquellos en los que operan los órganos superiores del Estado. Sin embargo, tal calificación no tiene mayor alcance que el puramente doctrinal o académico, y, por más que sea conveniente para la ilustración de los términos en los que se constituye y desenvuelve el sistema normativo que tiene en la Constitución el fundamento de su existencia, en ningún caso se traduce en un valor normativo añadido al que estrictamente corresponde a todas las normas situadas extramuros de la Constitución formal. En nada afecta, en definitiva, a la subordinación a la Constitución de todas las normas que, sea cual sea su cometido con una perspectiva material o lógica, no se integran en el Ordenamiento bajo la veste de la Constitución formal; única que atribuye a los contenidos normativos, también a los que materialmente cupiera calificar de extraños al concepto académico de Constitución, la posición de supremacía reservada a la Norma Fundamental del Ordenamiento jurídico.

En su FJ 69, el Tribunal Constitucional entra a plantear la naturaleza constitucional del art. 122 EAC (Consultas populares) que atribuye a la Generalitat "la competencia exclusiva para el establecimiento del régimen jurídico, las modalidades, el procedimiento, la realización y la convocatoria por la propia Generalitat o por los entes locales, en el ámbito de sus competencias, de encuestas, audiencias públicas, foros de participación y cualquier otro instrumento de consulta popular, con excepción de lo previsto en el artículo 149.1.32 de la Constitución. Los recurrentes sostienen que el precepto es contrario al art. 149.1.18 y 32 CE, entendiendo las de-

---

89 STC 4/1981, de 2 de febrero, FJ 3.

más partes procesales, por el contrario, que la norma no puede objetarse constitucionalmente[90].

Considera el Tribunal que los recurrentes parten de la idea de que no es posible distinguir, como hace el precepto impugnado, entre "consultas populares" y "referéndum", y sobre esa base defienden que la autorización estatal prevista en el art. 149.1.32 CE es necesaria en todo caso[91].

De esta forma, pueden darse consultas populares no referendarias mediante las cuales "se recaba la opinión de cualquier colectivo sobre cualesquiera asuntos de interés público a través de cualesquiera procedimientos" distintos de los que cualifican una consulta como referéndum[92] y con los límites materiales recogidos en la STC 103/2008 (FJ 4) respecto de todo tipo de consultas, al margen de la prevista en el art. 168 CE. Las encuestas, audiencias públicas y foros de participación a los que se refiere el art. 122 EAC tienen perfecto encaje en aquel género que, como especies distintas, comparten con el referéndum. Si a ello se añade que las consultas previstas en el precepto se ciñen expresamente al ámbito de las competencias autonómicas y locales, es evidente que no puede haber afectación alguna del ámbito competencial privativo del Estado. En particular, tampoco del título competencial atribuido por el art. 149.1.18 CE, toda vez que, para el cabal entendimiento del art. 122 EAC, como, por lo demás, para la interpretación de todos los preceptos incluidos en el capítulo II del título IV del Estatuto catalán, es necesario partir de las consideraciones de orden general que, con motivo del enjuiciamiento de los arts. 110, 111 y 112 EAC, hemos desarrollado en los fundamentos jurídicos 59 a 61 y 64 acerca del alcance constitucional que merece la calificación como "exclusivas" de determinadas competencias atribuidas a la Comunidad Autónoma por el legislador estatutario. La exclusividad del art. 122 EAC ha de serlo, por tanto, sin perjuicio de la competencia estatal relativa a las bases del régimen jurídico de las Administraciones públicas.

---

90 Ferreres Comella, V., "Cataluña y el derecho a decidir", *Teoría y Realidad Constitucional*, núm. 37, (2016): 461-475.

91 El Tribunal Constitucional venía sosteniendo en su STC 103/2008, de 11 de septiembre, que "el referéndum es una especie del género 'consulta popular' cuyo objeto se refiere estrictamente al parecer del cuerpo electoral" (STC 12/2008, de 29 de enero, FJ 10) conformado y exteriorizado a través de un procedimiento electoral, esto es, basado en el censo, gestionado por la Administración electoral y asegurado con garantías jurisdiccionales específicas, siempre en relación con los asuntos públicos cuya gestión, directa o indirecta, mediante el ejercicio del poder político por parte de los ciudadanos constituye el objeto del derecho fundamental reconocido por la Constitución en el art. 23 (SSTC 119/1995, de 17 de julio y 103/2008, FJ 2).

92 STC 103/2008, FJ 2.

Bajo esta óptica la competencia para el establecimiento del régimen jurídico, las modalidades, el procedimiento, la realización y la convocatoria por la propia Generalitat o por los entes locales, en el ámbito de sus competencias, de encuestas, audiencias públicas, foros de participación y cualquier otro instrumento de consulta popular, atribuida a la Generalitat por el art. 122 EAC, es perfectamente conforme con la Constitución, en el bien entendido de que en la expresión "cualquier otro instrumento de consulta popular" no se comprende el referéndum. Tal entendimiento parece implícito en el propio art. 122 EAC, que hace excepción expresa "de lo previsto en el artículo 149.1.32 de la Constitución". Sin embargo, esa excepción no puede limitarse a la autorización estatal para la convocatoria de consultas populares por vía de referéndum, sino que ha de extenderse a la entera disciplina de esa institución, esto es, a su establecimiento y regulación. Ello es así por cuanto, según hemos dicho en la repetida STC 103/2008, "la Ley Orgánica 2/1980, de 18 de enero, sobre regulación de las distintas modalidades de referéndum, es la llamada por el art. 92.3 CE para regular las condiciones y el procedimiento de las distintas modalidades de referéndum previstas en la Constitución, siendo además la única Ley constitucionalmente adecuada para el cumplimiento de otra reserva, añadida a la competencial del art. 149.1.32 CE: la genérica del art. 81 CE para el desarrollo de los derechos fundamentales, en este caso el derecho de participación política reconocido en el art. 23 CE"[93].

Concluye por tanto el Tribunal Constitucional considerando que el art. 122 EAC no es inconstitucional interpretado en el sentido de que la excepción en él contemplada se extiende a la institución del referéndum en su integridad, y no sólo a la autorización estatal de su convocatoria, y así se dispondrá en el fallo.

Frente a esta posición debemos situar el voto particular del Magistrado Jorge Rodríguez-Zapata Pérez que considera inconstitucional el art. 122 EAC al entender que la competencia exclusiva del Estado del art. 149.1.32 CE, unida a la reserva de ley orgánica dispuesta en el art. 92.3 CE, muestran una opción inequívoca del constituyente de 1978 a fin de evitar que mediante el mal empleo del principio democrático de participación, se produjesen excesos en el empleo de procedimientos "seudo democráticos".

Los argumentos de la Sentencia sobre la posibilidad de que las convenciones constitucionales modifiquen leyes orgánicas (FJ 147.segundo párrafo) y las competencias exclusivas del Estado, ex art. 149.1.32 CE, no pueden ser acogidos sin sobresalto, como tampoco las interpretaciones

---

93 STC 103/2008, FJ 3.

conformes del FJ 147, que afectan a normas claramente inconstitucionales por vicio de incompetencia.

El art. 122 del EAC es, a juicio del Magistrado que emite el voto particular, inconstitucional por atribuir a la Generalitat una competencia exclusiva para la convocatoria de consultas populares. La Sentencia interpreta esta norma hasta vaciarla de contenido (FJ 69) viniendo a vulnerar las competencias del Estado en esta materia.

A raíz de la STC 31/2010 podemos reconocer la posición de distintos autores que consideran que no existe base jurídica para establecer la constitucionalidad del art. 122 AEC[94] así como quienes entienden que las competencias legislativas del referéndum serían estatales lo cual no implica la existencia de un margen de actuación autonómica en la ejecución respecto a la convocatoria y la celebración del referéndum[95]. El profesor Castellá Andreu se decanta por una lectura más abierta manifestando que tres eran las posibles interpretaciones que el TC podía haber realizado sobre el art. 122 AEC; una interpretación abarcadora que facultase al Gobierno de la Generalitat a regular los referéndums, quedando la autorización en manos del Estado; una interpretación basada en que una vez configurado por el legislador estatal mediante ley orgánica los elementos centrales del referéndum, se permitiese al gobierno autonómico capacidad de acción propia en cuestión de referéndum; finalmente, cabía la opción de una posición restrictiva que dejase fuera el referéndum que, a la postre, sería la que el TC terminara por asumir.

Supone lo expresado en la STC 31/2010, una vuelta a posicionamiento más restrictivos frente a lo sostenido en la STC 103/2008 donde se abría la posibilidad a que los referéndums regulasen la figura referendaria. En la Sentencia recaída sobre la Ley Orgánica 6/2006, de 19 de

---

94 A. Ibáñez Macías, "¿Qué es un referéndum? Comentario a la Sentencia del Tribunal Constitucional 103/2008, de 11 de septiembre", *Revista Aranzadi Doctrinal*, núm. 2 (2009): 223-253.

95 Autores como Álvarez Vélez el referéndum queda incluido en "cualquier otro instrumento de consulta popular". López Basaguren considera que en caso que el legislador estatutario hubiese querido incluir al referéndum lo hubiera realizado de forma expresa. Pérez Alberdi por su parte considera que es posible la incorporación del referéndum entre los instrumentos de consulta popular. M. Álvarez Vélez, "Cataluña, las Consultas populares y el referéndum: Comentario a la STC 51/2017, de 10 de mayo de 2017", *Teoría y Realidad Constitucional*, núm. 41 (2018): 435-446. Mª Reyes Pérez Alberdi, *Sobre el encaje constitucional de los referéndums consultivos autonómicos a raíz de las SSTC 137/2015 y 51/2017*. En C. Garrido López, E. Sáenz Royo, P. Biglino Campos, N. Pérez Sola, T. Salcedo Janini, E. Martín Núñez, M. N. Alonso García, Referéndums y consultas populares en el Estado autonómico (Madrid: Marcial Pons, 2019), 105-130.

julio, de reforma del Estatuto de Autonomía de Cataluña se excluye la participación del Gobierno autonómico en todo lo relativo al referéndum, no permitiéndose ningún margen de actuación a las CC.AA. en relación al referéndum, no pudiendo los Estatutos de Autonomía regular ningún elemento del referéndum entendido éste como competencia exclusiva del Estado. Cabe entender que lo expresado por el TC respecto al Estatuto de Autonomía cuando imposibilita una competencia implícita referendaria autonómica, debe hacerse extensivo a aquellos Estatutos de Autonomía de "segunda generación" que cuando expresan sus competencias en materia de consultas populares no excluyen el referéndum[96].

Resulta de interés reflejar la posición mantenida por el profesor López de Lerma i López que considera que las disposiciones estatutarias no están estableciendo la competencia para la convocatoria de "consultas" con características de referéndum. Por la trascendencia de la figura, si hubiesen pretendido tal cosa, se hubiese recogido expresamente ese supuesto"[97]. En suma, y coincidiendo con lo expresado por el profesor Corcuera Atienza, si el Estatuto no asume competencias en dicha materia, ha de entenderse que la Comunidad Autónoma no puede regular consultas populares autonómicas[98].

La posición del TC, del mismo modo que afecta en el orden estatutario, tiene su eco en los referéndums municipales pues resultará realmente complejo poder celebrar consultas de esta naturaleza en el ámbito de municipios que formen parte de una Comunidad Autónoma que no contemple la figura de las consultas populares entre sus competencias específicas tanto por lo dicho por el Tribunal Constitucional como por los requisitos exigidos por el art. 71 de la Ley 7/1985, de 2 de abril, Reguladora de las Bases del Régimen Local (LRBRL)[99].

---

96 Art. 31.10 de la Ley Orgánica 1/2007, de 28 de febrero, de reforma del Estatuto de Autonomía de Illes Balears y art. 71.1. 15° de la Ley Orgánica 14/2007, de 3 de noviembre, de reforma del Estatuto de Autonomía de Castilla y León, no siendo de aplicación lo expresado por el TC a la Ley Orgánica 1/2006, de 10 de abril, de reforma de la Ley Orgánica 5/1982, de 1 de julio, de Estatuto de Autonomía de la Comunidad Valenciana, por ajustar su competencia a las consultas populares de ámbito local.

97 J. López De Lerma i López, "La dudosa competencia exclusiva de la Generalitat de Catalunya para promover consultas populares". *La Ley*, núm. 6810, (octubre de 2007): 99-103.

98 J. Corcuera Atienza "Soberanía y autonomía. Los límites del derecho a decidir (Comentario a la STC 103/2008)", *Revista Española de Derecho Constitucional*, núm. 86 (2009): 321.

99 A., Ibáñez Macías, *El derecho constitucional a participar y la participación ciudadana local*, Madrid: Grupo Difusión, 2007. A. Montiel Márquez, "La participación ciudadana en la vida local. La consulta popular", en *UNED. Boletín de la Facultad de Derecho*, núm. 28, (2006):115-150.

Cabe disentir con el papel que la STC 31/2010 otorga a la Ley Orgánica 2/1980 pues nos encontramos en presencia de un tipo de referéndums desconocido en la actual etapa democrática de España distinto a los previstos para la aprobación y reforma de los Estatutos de Autonomía, así como las conclusiones que se hacen recaer por el Tribunal sobre el art. 149.1.32 CE y su capacidad de distribuir competencias normativas sobre el referéndum planteado por el Gobierno de Cataluña. Nada impediría, a priori, que pudiesen existir dos leyes orgánicas distintas reguladoras de referéndums, donde una de ellas se ocupe de la regulación de los referéndums previstos en la Constitución y otra del resto de referéndums, aplicable por ejemplo a lo establecido en los arts. 8 y 47.2 del Estatuto de Autonomía de Euskadi, el art. 10 apdo. b) del Estatuto de Autonomía de Aragón o la Disposición Transitoria 3ª del Estatuto de Autonomía de Castilla y León que recogen referendos que no tienen reflejo constitucional pero sí estatutario y que son lícitos.

La posición que el TC hace recaer sobre la reserva de ley orgánica (art. 92.3 CE) para las modalidades de referéndum previstas por la Constitución no es aplicable pata un tipo de consulta que no tiene reflejo constitucional no pudiéndose esgrimir la interpretación dada a la reserva de ley orgánica (art. 87.2 CE) en relación a la iniciativa legislativa popular para la presentación de proposiciones de ley.

Del mismo modo cabe discutir la distinción que el TC establece sobre consultas populares referendarias y no referendarias. Si en la STC 103/2008 había distinguido entre consulta popular y referéndum cuando plantea la idea de una dicotomía entre género y especie., la STC 31/2010 plante que las consultas populares no referendarias eran otra especie de género por contraste con las consultas referendarias, sirviéndose de anteriores sentencias donde se utilizaba la figura de la consulta popular como sinónimo de referéndum. El Tc opta por construir e identificar una nueva categoría, la consulta popular no referendaria, a partir de una definición por oposición a la institución del referéndum.

3.3. De la STC 42/2014 contra la Resolución del Parlamento de Cataluña 5/X, de 23 de enero de 2013, por la que se aprueba la Declaración de soberanía y del derecho a decidir del pueblo de Cataluña

El 23 de enero de 2013, el Pleno del Parlamento de Cataluña debatió el texto de la Propuesta de resolución de declaración de soberanía del pueblo catalán, presentada por el Grupo Mixto, fue objeto de impugnación por parte del Gobierno de España quien, a través de la Abogacía del Estado, consideró que dicha resolución incumplía los requisitos de jurisdicción y competencia (arts. 161.2 CE y 2.1 f) LOTC), centrando sus alegaciones en la "manifiesta inconstitucionalidad" de la resolución impugnada por violar los arts. 1.2, 2, 9.1 y 168 CE y los arts. 1 y 2.4 EAC en la interpretación que recibieron en la STC 31/2010, 28 de junio. Culminaba así un proceso de escalada en la tensión política con el Estado desde que fuera recurrido el Estatuto de Autonomía para Cataluña y donde los diferentes actores políticos incorporaron nuevos elementos de fricción en las relaciones entre ambos ejecutivos. Desde el 11 de septiembre de 2009 y junio de 2010 diversos Ayuntamientos de Cataluña celebraron sin habilitación para ello consultas no regladas para conocer la opinión de sus vecinos acerca de una eventual declaración de independencia de Cataluña a lo que se sumó la aprobación en un gran número de Ayuntamientos catalanas de mociones y resoluciones que, con el apoyo de las llamadas organizaciones representativas de la sociedad civil, avalaran la celebración de consultas populares a nivel local sobre la cuestión de la secesión del Estado español. Dichas consultas fueron recurridas por el Estado lo que frenó su celebración[100].

La cláusula capital de la Declaración incorporada a aquella resolución es el principio primero ("Soberanía"), que se incluye además en el título y que dota de sentido político y jurídico al resto del acto parlamentario, así en su preámbulo como en la posterior Declaración. El significado esencial de la Declaración estribaba en que el Parlamento de Cataluña, que "representa al pueblo de Cataluña" (art. 55.1 EAC), declara soberano al pueblo catalán ("Declaración de soberanía y del derecho a decidir del pueblo de Cataluña") y, consecuentemente, el pueblo catalán, por sí solo, tiene derecho "en términos de efectividad actual e incondicionada" y "como una realidad actual y efectiva" a "decidir su futuro político" justamente porque es soberano como "sujeto político y jurídico". Esta afirmación de soberanía del pueblo catalán expresada en estos términos es un acto de poder constituyente, entrando en colisión explícita con los arts. 1.2, 2, 9.1 y 168 CE y los arts. 1 y 2.4 EAC.

Con arreglo al art. 1.2 CE "la soberanía nacional reside en el pueblo español, del que emanan los poderes del Estado". La Constitución misma es un acto constituyente del pueblo español como se refleja en su preámbulo. En el art. 1.2 CE el término "Estado" debe tomarse en su acepción global, en la que emplea el art. 137 CE, como ha declarado la jurispruden-

100 *Op. cit.* 7.

cia constitucional[101], del que forman parte las Comunidades Autónomas. El propio art. 3.1 EAC proclama el principio general de que "la Generalitat es Estado"[102]. Tras reproducir seguidamente la doctrina recogida en la STC 103/2008, de 11 de septiembre, FJ 4, y en la STC 31/2010, FF JJ 8, 9 y 11, en relación esta última con los arts. 1, 2.4 y 7 EAC, el Abogado del Estado sostiene que desde la perspectiva de la Constitución no hay más que un soberano, el pueblo español (art. 1.2 CE), y que declarar soberano al pueblo catalán como "sujeto político y jurídico" constituye una infracción constitucional evidente del art. 1.2 CE.

La resolución impugnada entra en contradicción con el art. 2 CE en la medida en que conculca el propio fundamento de la Constitución, la indisolubilidad de la Nación y la indivisibilidad de la patria de todos los españoles. La soberanía del pueblo catalán, como "sujeto político y jurídico", supone atribuirle el derecho de secesión que podrá ejercitar si esa es su voluntad, lo que supone atribuirle el poder de disolver, por su sola y exclusiva voluntad, lo que la Constitución proclama indisoluble y dividir lo que declara indivisible[103]. Del mismo modo, se conculca el art. 168 CE, precepto que ordena el procedimiento de reforma constitucional necesario si se pretende el reconocimiento de la soberanía del pueblo catalán, es decir, el reconocimiento del derecho de una fracción o parte del pueblo español a iniciar, por exclusiva voluntad, una etapa constituyente.

La Abogacía del Estado entiende que la soberanía del pueblo de Cataluña no puede ser la estación de partida para una hipotética reforma constitucional del art. 168 CE, sino, en todo caso, la estación de llegada en virtud de una decisión soberana del pueblo español tomada a través del procedimiento constitucionalmente prescrito, pues la reforma constitucional por la vía del art. 168 CE ha de ser previa a la declaración de la soberanía del pueblo catalán o de cualquier otra fracción o parte del que la Constitución denomina pueblo español[104]. Por ello mismo carece de importancia que el Parlamento asevere que se limita a "iniciar el proceso

---

101 SSTC 4/1981, de 2 de febrero, FJ 3; 12/1985, de 30 de enero, FJ 3; y 247/2007, de 12 de diciembre, FJ 4.

102 La STC 31/2010 la ha considerado como "afirmación indiscutible por cuanto, en efecto, el Estado, en su acepción más amplia, esto es, como Estado español erigido por la Constitución Española, comprende a todas las Comunidades Autónomas en las que aquél territorialmente se organiza ... y no al que con mayor propiedad ha de denominarse 'Estado central', con el que el Estado español no se confunde en absoluto, sino que lo incluye para formar, en unión de las Comunidades Autónomas, el Estado en su conjunto" (FJ 13).

103 SSTC 103/2008, FJ 4, y 31/2010, FJ 12.

104 SSTC 103/2008, FJ 4, y 31/2010, FJ 12.

para hacer efectivo el derecho a decidir". El "derecho a decidir" del pueblo catalán sólo podría existir cuando, culminada la reforma constitucional por la vía del art. 168 CE, el pueblo español soberano lo reconociera de acuerdo con el procedimiento constitucionalmente prescrito para ello. No puede, pues, aceptarse que, en el presente momento, la titularidad del "derecho a decidir" esté ya atribuida al pueblo de Cataluña, aunque deba encauzarse su ejercicio en un "proceso".

La resolución recurrida quebranta de igual modo el art. 9.1 CE, puesto que, como se ha razonado, constituye un acto visible de insumisión a la Constitución y, por consiguiente, infractor de su art. 9.1 CE.

La libertad de un parlamento o de un gobierno autonómico para elegir políticas está jurídicamente limitada por la Constitución y el Estatuto de Autonomía y este es uno de los significados evidentes del principio de sumisión a la Constitución que contiene su art. 9.1. Ninguna Asamblea Legislativa autonómica puede tomar una resolución para impulsar políticas en absoluta contradicción con la Constitución. Uno de los efectos jurídicos de la Resolución 5/X, como ya se ha apuntado, es el de imponer al Gobierno de la Generalitat una orientación política que supone, más que un quebrantamiento peculiar de un precepto constitucional, la negación de las cláusulas esenciales de la Constitución española, la instauración de un principio de legitimidad en contradicción absoluta con ella. El otro efecto jurídico (el impulso de la acción política de los ciudadanos de Cataluña) tampoco es compatible con el art. 9.1 CE. La Constitución reconoce a cualquier ciudadano la libertad de opinar que su nacionalidad o región debe independizarse de España (art. 20.1 apdo. a) CE) y permite ejercitar el derecho de asociación para crear partidos políticos que incluyan la separación de España en su ideario o programa (arts. 6 y 22.1 CE). Ahora bien, ello debe encauzarse necesariamente mediante el procedimiento constitucional adecuado y en este aspecto los ciudadanos quedan también sujetos a la Constitución[105].

Finalmente, la Abogacía del Estado mantiene que la resolución impugnada viola los arts. 1 y 2.4 EAC, en los términos en los que han sido interpretados por la STC 31/2010 (FFJJ 8 y 9). Sólo el pueblo español es soberano. Sólo el pueblo español, y no una de sus fracciones, puede ser "unidad ideal de imputación del poder constituyente y como tal fundamento de la Constitución y del Ordenamiento". Sólo después, no antes, de un nuevo acto constituyente del soberano pueblo español —que incluye al pueblo catalán y a todos los demás "pueblos de España"— podría

105 STC 48/2003, de 12 de marzo, FJ 7.

el pueblo de Cataluña, de manera jurídicamente legítima, declararse a sí mismo soberano. Sólo una decisión soberana del pueblo español podría reconocer de manera constitucionalmente válida la soberanía del pueblo de Cataluña. Por todo ello, la Resolución del Parlamento de Cataluña 5/X es inconstitucional y nula.

Frente a lo anterior, los Letrados del Parlamento de Cataluña consideran que las resoluciones, proposiciones no de ley o las mociones parlamentarias aprobadas en ejercicio de la función de impulso y dirección de la acción política y de gobierno son actos de naturaleza política que, aducen, independientemente de su clase o denominación, poseen la naturaleza común de expresar una voluntad, una aspiración o un deseo de la Cámara, que se puede dirigir al Gobierno o al conjunto de los ciudadanos. La doctrina parlamentaria coincide, indican, en afirmar que los actos en los que se concreta dicha función no tienen la fuerza de obligar propia de las leyes, careciendo de poder o capacidad de vincular jurídicamente a los ciudadanos o a los poderes públicos, de originar relaciones jurídicas o de crear derechos o imponer deberes. En relación con su alcance y efectos, los Letrados del Parlamento de Cataluña ponen de relieve los siguientes extremos: en primer lugar, que la resolución no pretende alterar ni modificar por sí misma el marco constitucional vigente, sino expresar una voluntad política de iniciar un proceso que, según cual sea su resultado, puede afectarlo; en segundo lugar, que la resolución se aprueba por el Parlamento después de un proceso electoral en el cual el debate político sobre el "derecho a decidir" ha sido uno de sus ejes centrales, por lo que no hay duda de que la expresión democrática realizada en las urnas legitima la toma de posición que en ella se manifiesta; por último, que la resolución se origina en sede parlamentaria, es decir, en el ámbito más representativo e importante del ejercicio de la democracia (art. 52.5 EAC).

En base a lo anteriormente expuesto, el Tribunal Constitucional sitúa en su FJ3 que la cualidad de soberano del pueblo de Cataluña se predica de un sujeto "creado en el marco de la Constitución, por poderes constituidos en virtud del ejercicio del derecho a la autonomía reconocido por la Norma fundamental"[106]. Ese sujeto, sin embargo, "no es titular de un poder soberano, exclusivo de la Nación [española] constituida en Estado", pues "la Constitución parte de la unidad de la Nación española, que se constituye en un Estado social y democrático de Derecho, cuyos poderes emanan del pueblo español en el que reside la soberanía nacional"[107].

---

106 STC 103/2008, de 11 de septiembre, FJ4.

107 STC 247/2007, de 12 de diciembre, FJ 4 apdo. a) y STC 4/1981, FJ 3

La identificación de un sujeto dotado de la condición de sujeto soberano resultaría contraria a las previsiones de los arts. 1.2 y 2 CE.

En la STC 31/2010, el Tribunal Constitucional desestimó la impugnación de los recurrentes, al entender que la declaración recogida en el mismo resulta constitucionalmente aceptable, dado que "predica de Cataluña cuantos atributos la constituyen en parte integrante del Estado fundado en la Constitución: una nacionalidad constituida como Comunidad Autónoma y cuya norma institucional básica es su propio Estatuto de Autonomía". Se razona a continuación que la constitución de Cataluña como sujeto de derecho en los términos señalados en el art. 1 EAC "implica naturalmente la asunción del entero universo jurídico creado por la Constitución, único en el que la Comunidad Autónoma de Cataluña encuentra, en Derecho, su sentido. En particular, supone la obviedad de que su Estatuto de Autonomía, fundamentado en la Constitución Española, hace suyo, por lógica derivación, el fundamento propio que la Constitución proclama para sí, esto es, 'la indisoluble unidad de la Nación española' (art. 2 CE), al tiempo que reconoce al pueblo español como titular de la soberanía nacional (art. 1.2 CE), cuya voluntad se formaliza en los preceptos positivos emanados del poder constituyente". De conformidad con el art. 1 EAC, "la Comunidad Autónoma de Cataluña trae causa en Derecho de la Constitución Española y, con ella, de la soberanía nacional proclamada en el art. 1.2 CE, en cuyo ejercicio, su titular, el pueblo español, se ha dado una Constitución que se dice y quiere fundada en la unidad de la Nación española" (FFJJ 8 y 9).

Como el propio Tribunal declarara en la Sentencia 31/2010 enjuiciando la impugnación del art. 7 EAC, "los ciudadanos de Cataluña no pueden confundirse con el pueblo soberano concebido como "la unidad ideal de imputación del poder constituyente y como tal fundamento de la Constitución y del Ordenamiento"[108].

Respecto a las referencias al "derecho a decidir" cabe una interpretación constitucional, puesto que no se proclaman con carácter independiente, o directamente vinculadas al principio primero sobre la declaración de soberanía del pueblo de Cataluña, sino que se incluyen en la parte inicial de la Declaración (en directa relación con la iniciación de un "proceso") y en distintos principios de la Declaración (segundo, tercero, séptimo y noveno, párrafo segundo). Estos principios, como veremos, son adecuados a la Constitución y dan cauce a la interpretación de que el "derecho a decidir de los ciudadanos de Cataluña" no aparece proclamado como una manifestación de un derecho a la autodeterminación no reconocido en la Constitución, o

---

108 STC 12/2008, FJ 10 y FJ 11.

como una atribución de soberanía no reconocida en ella, sino como una aspiración política a la que solo puede llegarse mediante un proceso ajustado a la legalidad constitucional con respeto a los principios de "legitimidad democrática", "pluralismo", y "legalidad", expresamente proclamados en la Declaración en estrecha relación con el "derecho a decidir". Cabe, pues, una interpretación constitucional de las referencias al "derecho a decidir de los ciudadanos de Cataluña". Con base en lo anterior el segundo apartado del fallo de la STC 42/2014 declara que las referencias al "derecho a decidir de los ciudadanos de Cataluña" contenidas en el título, parte inicial, y en los principios segundo, tercero, séptimo y noveno, párrafo segundo, de la Declaración aprobada por la Resolución 5/X del Parlamento de Cataluña no son inconstitucionales si se interpretan en el sentido que se expone en los fundamentos jurídicos 3 y 4 de la propia sentencia.

La posición del Tribunal es contestada por autores como el profesor Tajadura Tejada cuando afirma que no "puede comprender ni compartir cómo no ha sido anulado el denominado "derecho a decidir" cuando se fundamenta en el principio de soberanía que sí fue declarado nulo por el propio tribunal, toda vez que el "derecho a decidir" se configura como un derecho a la autodeterminación[109]. En posición crítica encontramos la posición del profesor Fossas Espadaler en relación a la distinción establecida por el tribunal cuando distingue entre el derecho a decidir y el derecho a la autodeterminación[110]. Para el profesor Ridao i Martín la posición mantenida por el TC permite asumir como actos preparatorios para conseguir el derecho a decidir un referéndum no vinculante sobre la independencia, en momentos previos a una eventual reforma constitucional[111].

Los condicionantes establecidos por la STC 42/2014 vinieron a ser limitados por la Ley Orgánica 12/2015, de 22 de septiembre, de modificación de la Ley Orgánica 2/1979, de 3 de octubre, del Tribunal Constitucional que fortalecía los mecanismos para la ejecución de sus sentencias para hacer frente a los eventuales actos políticos en favor de la independencia de Cataluña que pudieran producirse en el futuro[112].

---

109 A. Garrorena Morales, "Teoría y práctica española del referéndum", *Anales de la Universidad de Murcia*, núm. 3-4, (1977),79-108.

110 E. Fossas Espadaler, "Interpretar la política. Comentario a la STC 42/2014, de 25 de marzo, sobre la Declaración de soberanía y el derecho a decidir del pueblo de Cataluña", *Revista Española de Derecho Constitucional*, núm. 101, (2014):273-300.

111 J. Ridao i Martín, J., "La oscilante doctrina del Tribunal Constitucional sobre la definición de las consultas populares por la vía de referéndum. Una revisión crítica a través de cuatro sentencias", *Revista Universidad de Deusto*, núm. 63 (2015): 359-385.

112 Josep Mª, Castellà Andreu, *Los derechos constitucionales de participación política en la Administración Pública*, (Barcelona; CEDECS, 2001), 61.

3.4. Del cambio de criterio que introduce la STC 259/2015, de 2 de diciembre, Resolución del Parlamento de Cataluña 1/XI, de 9 de noviembre de 2015, sobre el inicio del proceso político en Cataluña como consecuencia de los resultados electorales del 27 de septiembre de 2015

El 9 de noviembre de 2015, el Parlamento de Cataluña debatió el texto de la Propuesta de resolución sobre el inicio del proceso político en Cataluña como consecuencia de los resultados electorales, presentada por el Grupo Parlamentario de Junts pel Sí y por el Grupo Parlamentario de la Candidatura d'Unitat Popular-Crida Constituent (CUP). la resolución, que, afirma, no es una decisión aislada, sino la continuación de una sucesión reiterada de iniciativas y actuaciones de las instituciones de la Comunidad Autónoma, tanto del Parlamento como del Gobierno, adoptadas en la anterior legislatura y ordenadas, de forma creciente, al mismo fin rupturista. Proceso que se inició con la resolución 5/X del Parlamento, de 8 de marzo de 2013, por la que se aprobó la declaración soberanista y el derecho a decidir del pueblo de Cataluña, anulada, en cuanto al reconocimiento de Cataluña como entidad soberana, por la STC 42/2014.

El día 11 de noviembre de 2015, el Abogado del Estado, en representación del Gobierno, impugnó, al amparo de los artículos 161.2 CE y 76 y 77 de la Ley Orgánica del Tribunal Constitucional (LOTC), la resolución del Parlamento de Cataluña 1/XI, de 9 de noviembre de 2015, sobre el inicio del proceso político en Cataluña como consecuencia de los resultados electorales del 27 de septiembre de 2015.

En esta ocasión, la Abogacía del Estado con respecto al "derecho a decidir" expresado en las SSTC 103/2008 (FJ 4) y 31/2010 (FJ 12), entiende que a diferencia de la resolución 5/X, que dio lugar a la STC 42/2014, en esta resolución 1/X no cabe ninguna interpretación que la haga conforme con la Constitución, pues supone una clara ruptura unilateral del orden constitucional. Las proclamaciones en ella enunciadas no expresan aspiraciones políticas que puedan ser encauzadas por vías democráticas o constitucionales. La condición de poder constituyente que se atribuye el Parlamento de Cataluña se asocia a una imposición unilateral que prescinde de todo cauce constitucional y democrático. Así se deduce claramente de la lectura conjunta de la Resolución y, en especial, de sus apartados primero y sexto a noveno. Por su parte, las menciones en el apartado tercero a un "proceso constituyente ciudadano, participativo, abierto, integrador y activo para preparar las bases de la futura constitución catalana" se sitúan en una dinámica plebiscitaria ajenas a la Constitución y a la ley.

con reproducción de doctrina de la STC 42/2014, el Abogado del Estado recuerda que tienen cabida en nuestro ordenamiento jurídico el planteamiento de concepciones que pretendan modificar el fundamento mismo del orden constitucional, "siempre que no se prepare o defienda a través de una actividad que vulnere los principios democráticos, los derechos fundamentales o el resto de los mandatos constitucionales, y el intento de su consecución se realice en el marco de los procedimiento de reforma de la Constitución, pues el respeto a esos procedimientos es, siempre y en todo caso, inexcusable" (FJ 4).

La resolución vulnera también frontalmente el artículo 1.1 y 1.3, 9.1, 23 y el artículo 164 CE, en relación con el artículo 87 LOTC, así como el principio de lealtad constitucional y el deber de fidelidad a la Constitución[113]. Del mismo modo la Resolución 1/X conculca los arts. 1, 2.4 y 4.1 EAC[114]

El 27 de noviembre de 2015, la Presidenta del Parlamento de Cataluña, en representación y defensa de la Cámara autonómica alegó que la resolución 1/XI, de 9 de noviembre, solo era una declaración de voluntad y de intenciones. Por ello, considera que la doctrina establecida con ocasión de la Sentencia del Tribunal Constitucional sobre la declaración de soberanía y del derecho a decidir del pueblo de Cataluña (resolución 5/X, de 23 de enero de 2013), que reconoce la posibilidad que las relaciones parlamentarias de impulso político puedan producir efectos jurídicos, aunque estos no sean vinculantes, debe ser necesariamente replanteada y revisada en beneficio del reconocimiento de la plena capacidad del Parlamento de Cataluña de expresar el pluralismo político de la sociedad y la voluntad mayoritaria que representa, especialmente cuando esta voluntad se ha expresado de forma clara e inequívoca mediante un proceso electoral en que el proyecto político a que se refiere la Resolución constituía el eje central e indiscutible de la voluntad expresada por los ciudadanos de Cataluña mediante el ejercicio del derecho de sufragio universal, libre y directo.

Con base en lo anterior, el TC sostiene en su FJ3 que en la STC 42/2014 el Tribunal apreció que del tenor de algunos de los "principios" incorporados a la entonces impugnada "Declaración de soberanía y del derecho a decidir del pueblo de Cataluña" (excluido, por inconstitucional precisamente el referido a tal "soberanía") se desprendía que la declaración controvertida no excluía "seguir los cauces constitucionalmente esta-

---

113 SSTC 25/1981, de 14 de julio, FJ 3; 18/1982, de 4 de mayo; 11/1986, de 28 de enero, FJ 5; 239/2002, de 11 de diciembre, FJ 11, y 13/2007, de 18 de enero, FJ 7.

114 STC 31/2010 (FFJJ 8 y 9).

blecidos para traducir la voluntad política expresada en la resolución en una realidad jurídica" (FJ 3). Esto permitió, una interpretación conforme a la Constitución del llamado "derecho a decidir" como "aspiración política susceptible de ser defendida en el marco de la Constitución" (FJ 4 c)). En idéntica línea argumental, en relación con la locución "pueblo de Cataluña" del que, de conformidad con el art. 2.4 EAC, emanan "los poderes de la Generalitat", el Tribunal sostuvo que el pueblo de Cataluña no es un "sujeto jurídico que entre en competencia con el titular de la soberanía nacional cuyo ejercicio ha permitido la instauración de la Constitución de la que trae causa el Estatuto que ha de regir como norma institucional básica de la Comunidad Autónoma". En otras palabras, "los ciudadanos de Cataluña no pueden confundirse con el pueblo soberano concebido como "la unidad ideal de imputación del poder constituyente y como tal fuente de la Constitución y del Ordenamiento"[115]. Dicho razonamiento se completa en el FJ7, en relación con lo expresado en la Sentencia 42/2014 cuando afirmara el tribunal que el planteamiento de concepciones que pretendan modificar el fundamento mismo del orden constitucional tiene cabida en nuestro ordenamiento, siempre que no se prepare o defienda a través de una actividad que vulnere los principios democráticos, los derechos fundamentales o el resto de los mandatos constitucionales, y el intento de su consecución efectiva se realice en el marco de los procedimientos de reforma de la Constitución. Cuando, por el contrario, se pretenden alterar aquellos contenidos de manera unilateral y se ignoran de forma deliberada los procedimientos expresamente previstos a tal fin en la Constitución, se abandona la única senda que permite llegar a ese punto, la del Derecho, para concluir la inconstitucionalidad y nulidad de la resolución 1/X[116].

3.5. De las SSTC 31/2015 y 32/2015 en torno a la consulta popular convocada mediante Decreto 129/2014 de 27 de septiembre del Gobierno de la Generalitat

El 29 de septiembre de 2014 el ejecutivo español mediante la Abogacía del Estado, interpuso recurso de inconstitucionalidad contra los preceptos integrantes del título II (arts. 3 a 39), las disposiciones transitorias primera y segunda y la disposición final primera, en lo que resulta de aplicación

---

115 STC 12/2008, FJ 10 y STC 31/2010, FF JJ 9 y 11).

116 A. Bar Cendón, "El proceso independentista de Cataluña y la doctrina jurisprudencial: Una visión sistemática", *Teoría y Realidad Constitucional*, núm. 37(1) (2016):187-220.

a dicho título II, de la Ley del Parlamento de Cataluña 10/2014, de 26 de septiembre, de consultas populares no referendarias y otras formas de participación ciudadana. El recurso interpuesto se basa por un lado en la inconstitucionalidad de la regulación de las consultas no referendarias en el ámbito autonómico, por vulneración de las competencias exclusivas del Estado en materia de regulación y autorización de consultas referendarias, así como de la reserva de ley orgánica en materia de referéndum. Por otro se plantea la inconstitucionalidad de los preceptos que específicamente incurren en contradicción con la legislación básica estatal en materia de consultas populares locales.

La competencia del Estado en materia de consultas referendarias se ancla en el art. 149.1.1 CE, en conexión con el art. 23.1 CE, que reconoce el derecho fundamental de participación directa en los asuntos públicos; en el art. 149.1.18 CE, en virtud del cual corresponde al Estado la regulación de las bases del régimen jurídico de la Administración electoral y la regulación de las bases del régimen jurídico de la Administración local, bajo cuyo amparo compete al Estado la regulación de las consultas populares municipales; en el art. 149.1.32 CE, en cuya virtud corresponde al Estado la decisión de autorización de cualquier consulta popular por vía de referéndum, siendo una competencia que no se limita a la autorización estatal para la convocatoria sino que "ha de extenderse a la entera disciplina de esa institución, esto es, a su establecimiento y regulación"[117], lo que incluye la previa habilitación o previsión abstracta del tipo, figura o modalidad referendaria efectuada por las Cortes Generales, precisamente en la Ley Orgánica a que se refiere el art. 92.3 CE, por lo que en ningún caso puede hablarse de la existencia de competencia de la Comunidad Autónoma de Cataluña sobre el establecimiento del régimen jurídico, las modalidades, el procedimiento, la realización y la convocatoria por la propia Generalitat de una consulta mediante votación de carácter referendario.

Las competencias de la Comunidad Autónoma de Cataluña en esta materia se limitan a las consultas de naturaleza no referendaria. Así se deriva de lo dispuesto en el art. 122 del Estatuto de Autonomía de Cataluña (EAC) que, conforme a lo señalado en la STC 31/2010, de 28 de junio, en ningún caso atribuye a la Generalitat competencias en materia de establecimiento y regulación de referendos. La competencia plasmada en el art. 122 EAC no ampara ni comprende la regulación o convocatoria de consultas que, aunque no se denominen referendarias o se aparten formalmente de la regulación del referendo, sean, como en este caso, ma-

[117] STC 31/2010, de 28 de junio.

terial y auténticamente un referéndum. En este sentido, añade que la Ley 10/2014, de 26 de septiembre, ha creado un nuevo modelo de consultas populares que se identifica con el referendo.

En lo relativo a las consultas populares locales (arts. 3.2, en el inciso relativo a los entes locales, 4.3, 10, 12 y 38) la posición sostenida por el recurso del Gobierno de España se basa en la contradicción con la legislación orgánica y básica estatal en aquella materia, recogidas en la disposición adicional de la Ley Orgánica 2/1980, de 18 de enero, reguladora de las distintas modalidades de referéndum (LOMR), y en el art. 71 de la Ley 7/1985, de 2 de abril, de bases del régimen local (LRBRL). Considera el recurrente que la Ley autonómica de consultas populares se aleja de lo establecido en la noma estatal al no contemplar que el acuerdo municipal de convocatoria de la consulta debe ser adoptado por mayoría absoluta del Pleno, no contemplando que la convocatoria esté precedida de la autorización del Gobierno de la Nación y procediendo a una regulación de consultas populares de ámbito más allá del ámbito municipal que no tiene reflejo en la norma estatal.

El 29 de septiembre de 2014 el Tribunal Constitucional admitió a trámite el recurso de inconstitucionalidad. los días 1 y 2 de octubre de 2014, los Abogados de la Generalitat y el Letrado del Parlamento de Cataluña se personaron en el procedimiento y solicitaron el inmediato levantamiento de la suspensión de los preceptos impugnados, solicitando el 10 de octubre la desestimación del recurso de inconstitucionalidad. El 17 de octubre de 2014 se registró el escrito de alegaciones formulado por el Letrado mayor del Parlamento de Cataluña, en el que solicita la desestimación del recurso. A juicio de los Letrados del Parlamento de Cataluña, la Ley 10/2014, de 26 de septiembre, subsanaba la ausencia de regulación legal de instrumentos de consulta en el ámbito de Cataluña, con la finalidad de instrumentar cauces de participación a través de los cuales los ciudadanos de Cataluña pueden expresar sus opiniones y aspiraciones políticas sobre aquellos aspectos de la vida pública que puedan tener transcendencia para las políticas públicas de la Generalitat o de los entes locales con anudamiento en los arts. 9.2 CE, y 29.6 y 122 EAC. Se alega que, aunque no cabe negar que la Ley ha establecido la posibilidad de ofrecer un marco legal en el que pueda realizarse la consulta no referendaria sobre el futuro político de Cataluña, que se convocó mediante el Decreto 129/2014, lo que impide calificarla como ley singular o de caso único, por lo que su enjuiciamiento ha de llevarse a cabo mediante un puro control de naturaleza abstracta, al margen de cualquier posible aplicación de la misma.

Entre los argumentos con mayor fuerza jurídica esgrimidos por los Letrados del Parlamento de Cataluña se encuentra la referencia hecha a la STC 42/2014, de 25 de marzo, cuando afirman que en la misma se admite la legitimidad del "derecho a decidir", como libre expresión de aspiraciones políticas aunque contrarias al tenor actual de la Constitución, como las plasmadas en la Resolución 5/X del Parlamento de Cataluña, que propugnan el desarrollo de un proceso en el que se llama a participar activamente a todos los ciudadanos de Cataluña. De esta suerte, se añade, la Ley 10/2014, de 26 de septiembre, instrumenta un procedimiento de consultas populares que puede servir, entre otros, a ese objeto.

Si la STC 103/2008, de 11 de septiembre, establecía como rasgos característicos de la institución del referéndum que éste debe implicar una consulta, pues, mediante el referendo, el cuerpo electoral se manifiesta sobre un asunto de especial transcendencia, previo llamamiento del poder público, que reclama su parecer, que tiene que tener por objeto las decisiones políticas de especial transcendencia[118] y donde el cuerpo electoral no se identifica exactamente con el poder soberano (STC 12/2008, de 29 de enero) sino con el conjunto de ciudadanos que, expresando la voluntad del poder soberano, están llamados a participar en los asuntos públicos mediante la elección de representantes políticos o, directamente, a través de la institución del referéndum, esta caracterización servirá a los Letrados del Parlamento de Cataluña para afirmar que el l título II de la Ley 10/2014, de 26 de septiembre, no regula el referéndum, sino consultas no referendarias, que tienen por finalidad conocer las opiniones de la población sobre las cuestiones sometidas a consulta y cuyos resultados no tienen eficacia jurídica vinculante.

A su juicio, la pretensión última es dar efectividad al principio democrático enunciado en el art. 1.1 CE y al mandato contenido en el art. 9.2 CE, en coherencia con el objetivo fijado en el preámbulo de la Constitución, de establecer una sociedad democrática avanzada. En este contexto, la Ley parte, en primer lugar, de un concepto de consulta popular no referendaria, como manifestación pura de la opinión de la ciudadanía, exenta de toda eficacia jurídica decisoria sobre el objeto consultado (art. 8); y, en segundo lugar, la votación se configura como técnica instrumental para la manifestación de la opinión o posición política, en modo alguno asimilable a la votación electoral ni a la votación en referéndum, lo que

[118] Esta es la causa y razón de su sometimiento a la decisión de "todos los ciudadanos" (art. 92 CE), de modo que implica el llamamiento al pueblo español como titular de la soberanía nacional (art. 1.2 CE) mediante el ejercicio del derecho de participación política consagrado en el art. 23.1 CE.

sitúa esta modalidad de participación en la esfera de la libertad ideológica y de expresión, fuera pues del núcleo del derecho fundamental de participación política.

Con respecto a la impugnación de la impugnación del art. 3.2 relativo a los entes locales, 4.3, 10, 12 y 38 de la Ley 10/2014, de 26 de septiembre, por considerar que las consultas populares no referendarias de carácter local, tanto de ámbito municipal como supramunicipal, los Letrados del Parlamento de Cataluña consideran que se hallan amparadas en las competencias exclusivas que los arts. 122 y 160 EAC atribuyen a la Generalitat en materia de consultas populares y de régimen local. La limitación de la reserva de ley orgánica establecida en el art. 92.3 CE a las modalidades de referéndum previstas en la Constitución, derivada de la propia literalidad del precepto constitucional, permite concluir que no sólo se hallan exentas de la reserva de ley orgánica las consultas populares de ámbito municipal, sino también las consultas populares de ámbito autonómico y las restantes consultas de ámbito local (comarcal, provincial, etc.) que el legislador ordinario estime conveniente establecer para facilitar la participación ciudadana.

Las consultas populares de ámbito local son, a juicio de los Letrados del Parlamento de Cataluña, consultas destinadas a articular voluntades particulares o colectivas, pero no generales, mediante las que se pretende conocer la opinión de la población respecto de cualquier aspecto de la vida pública, dentro del ámbito competencial de la Generalitat de Cataluña y de los entes locales. Dado que la autorización estatal prevista en el art. 149.1.32 CE y en el art. 2 de la Ley reguladora de las distintas modalidades de referéndum se limita a las consultas populares por la vía de referéndum, los preceptos impugnados no vulneran el art. 149.1.32 CE. Se rechaza del mismo modo que las consultas populares de ámbito local entren en conflicto con la disposición adicional de la Ley reguladora de las distintas modalidades de referéndum y el art. 71 de la Ley reguladora de las bases del régimen local (LBRL), considerando que la exclusión de dichas consultas populares del ámbito de aplicación de la primera, y su expresa remisión a la regulación que de ellas establezca la legislación de régimen local, pone de relieve que el propio legislador orgánico descarta que tales consultas constituyan instrumentos de democracia directa, teniendo, por el contrario, la condición de cauces de participación ciudadana que los poderes públicos tienen el mandato constitucional de fomentar (arts. 9.2 y 48 CE)

Con base en lo anterior, el TC en su FJ3, tras apelar a la naturaleza del Estado recogida en el art. 1.1 CE recupera su posición expresada en la STC 103/2008, de 11 de septiembre, FJ 2, cuando afirmara que la democracia constitucional española garantiza, la participación de los ciudadanos en la vida pública y en el destino colectivo, decidiendo éstos, periódicamente, a través de las elecciones de representantes en las Cortes Generales (arts. 68 y 69 CE), en los Parlamentos autonómicos (art. 152.1 CE) y en los ayuntamientos (art. 140 CE), acerca del destino político de la comunidad nacional en todas sus esferas, estatal, autonómica y local[119].

Con el objetivo de materializar lo anterior, contempla la Constitución mecanismos de democracia directa, como el régimen del concejo abierto (art. 140 CE), la iniciativa legislativa popular (art. 87.3 CE) y, bajo distintas modalidades, la institución del referéndum (art. 92.1 CE y demás supuestos que la Constitución recoge y que son conexos con el art. 23.1 CE. Nótese que los mecanismos anteriores no son los únicos que permiten encauzar la participación pues podemos encontrar en el art. 9.2 C.E. el mandato a los poderes públicos para que faciliten '"la participación de todos los ciudadanos en la vida política, económica, cultural y social". Por su parte, el art. 48 establece la obligación de los poderes públicos de promover las condiciones para la participación de la juventud en el desarrollo político, social, económico y cultural. El art. 27 apdos. 5 y 7 CE hace referencia a la participación en la programación en la enseñanza y en el control y gestión de los centros sostenidos por la Administración con fondos públicos. El art. 105 CE, establece que la Ley regulará la audiencia de los ciudadanos en el procedimiento de elaboración de las disposiciones administrativas, y la garantía de la audiencia de los interesados en el procedimiento de producción de actos administrativos. El art. 125, prevé la participación de los ciudadanos en la Administración de Justicia mediante la institución del Jurado, y el art. 129.1 CE nos deriva al establecimiento de formas de participación de los interesados en la Seguridad Social y en la actividad de determinados organismos públicos mediante Ley, mientras que en el art. 129.2 CE se recoge un mandato a los poderes públicos para que promuevan eficazmente formas de participación en la empresa.

La Constitución, al recoger en el art. 149.1.32 las "consultas populares por vía de referéndum" han permitido la existencia de otras consultas populares que no fueran las referendarias, habiendo sido el legislador el que las ha introducido en el bloque de constitucionalidad (art. 122 EAC

---

119 Véase STC 119/1995, de 17 de julio, FJ 3 sobre la participación directa de los ciudadanos en los asuntos públicos, así como la posición del TC en relación a la primacía de los mecanismos de democracia representativa sobre los mecanismos de democracia directa ((STC 119/1995, de 17 de julio, FJ 3, con cita de la STC 76/1994, de 14 de marzo, FJ 3).

que faculta a la Generalitat para ejercer la competencia en materia de "encuestas, audiencias públicas, foros de participación y cualquier otro instrumento de consulta popular")[120]. La Constitución contempla diversos supuestos de referéndum como fórmula de participación directa de los ciudadanos en los asuntos públicos: el referéndum consultivo sobre decisiones políticas de especial trascendencia (art. 92.1), el referéndum para la ratificación de la iniciativa en el proceso autonómico (art. 151.1 CE), el referéndum de aprobación de los Estatutos de Autonomía tramitados por la vía del art. 151 CE (art. 151.2 CE), el referéndum para su reforma (art. 152.2 CE), el referéndum de reforma constitucional (arts. 167.3 y 168.3 CE), o la ratificación de la iniciativa para una eventual incorporación de Navarra al régimen autonómico vasco (disposición transitoria cuarta CE).

De este modo, y en línea con lo expresado en la FJ5, si asumimos que la institución del referéndum es una especie del género 'consulta popular' con la que no se recaba la opinión de cualquier colectivo sobre cualesquiera asuntos de interés público, a través de cualesquiera procedimientos, sino aquella consulta cuyo objeto se refiere estrictamente al parecer del cuerpo electoral[121] conformado y exteriorizado a través de un procedimiento electoral, esto es, basado en el censo, gestionado por la Administración electoral y asegurado con garantías jurisdiccionales específicas, siempre en relación con asuntos públicos cuya gestión, directa o indirecta, mediante el ejercicio del poder político por parte de los ciudadanos, constituye el objeto del derecho fundamental recogido por la Constitución en el art. 23.1[122] debemos plantear en oposición a lo recogido en la Ley impugnada que la Constitución atribuye al Estado, como competencia exclusiva, la "autorización para la convocatoria de consultas populares por vía de referéndum" (art. 149.1.32 CE), competencia que, de conformidad con la jurisprudencia, "no puede limitarse a la autorización estatal para la convocatoria de consultas populares por vía de referéndum, sino que ha de extenderse a la entera disciplina de esa institución, esto es, a su establecimiento y regulación"[123].

---

120 Bajo esta denominación genérica debemos entender la existencia de dos instituciones diferentes: el referéndum y las consultas no referendarias. La primera es manifestación del derecho de participación política directa en los asuntos públicos (art. 23.1 CE), mientras que las segundas, en cambio, lo son del mandato dirigido a los poderes públicos de facilitar la participación de los ciudadanos en la vida política, económica, cultural y social (art. 9.2 CE).

121 STC 12/2008, de 29 de enero, FJ 10.

122 STC 119/1995, de 17 de julio

123 STC 31/2010, de 28 de junio, FJ 69

Cabe exponer que lo anterior es reforzado por lo establecido en la STC 103/2008, de 11 de septiembre, cuando afirmó en su FJ3 que "no cabe en nuestro ordenamiento constitucional, en materia de referéndum, ninguna competencia implícita, puesto que en un sistema, como el español, cuya regla general es la democracia representativa, solo pueden convocarse y celebrarse los referendos que expresamente estén previstos en las normas del Estado, incluidos los Estatutos de Autonomía, de conformidad con la Constitución".

Si bien el art. 122 EAC fija la competencia exclusiva de la Generalitat para el establecimiento del régimen jurídico, las modalidades, el procedimiento, la realización y la convocatoria por la propia Generalitat o por los entes locales, en el ámbito de sus competencias, de encuestas, audiencias públicas, foros de participación y cualquier otro instrumento de consulta popular, con excepción de lo previsto en el artículo 149.1.32 de la Constitución, queda fuera de la competencia autonómica formular consultas, aun no referendarias, que incidan sobre "sobre cuestiones fundamentales resueltas con el proceso constituyente y que resultan sustraídas a la decisión de los poderes constituidos. El respeto a la Constitución impone que los proyectos de revisión del orden constituido, y especialmente de aquéllos que afectan al fundamento de la identidad del titular único de la soberanía, se sustancien abierta y directamente por la vía que la Constitución ha previsto para esos fines. No caben actuaciones por otros cauces ni de las Comunidades Autónomas ni de cualquier órgano del Estado, porque sobre todos está siempre, expresada en la decisión constituyente, la voluntad del pueblo español, titular exclusivo de la soberanía nacional, fundamento de la Constitución y origen de cualquier poder político[124]. Del mismo modo, el objeto de las consultas populares no puede desbordar "el ámbito de las competencias autonómicas y locales, por lo que es evidente que no puede haber afectación alguna del ámbito competencial privativo del Estado"[125].

Por su parte, y en el ámbito de las consultas locales, debe sumarse otro límite derivado del art. 149.1.18 CE ya que la exclusividad del art. 122 EAC ha de serlo, por tanto, sin perjuicio, de la competencia estatal relativa a las bases del régimen jurídico de las Administraciones públicas.

Con respecto a las consultas populares, reguladas en el título II de la Ley del Parlamento de Cataluña 10/2014, de 26 de septiembre, el TC establece en su FJ7 que, en tanto que el art. 3 de la Ley distingue en-

---

124 STC 103/2008, de 11 de septiembre, FJ 4.

125 STC 31/2010, de 28 de junio, FJ 69.

tre consultas populares no referendarias pueden ser de carácter general o sectorial[126], las consultas sectoriales son cauces de participación cuya regulación por el legislador autonómico catalán resulta posible, en consideración al título competencial establecido en el art. 122 EAC[127].

En el caso de las denominadas "consultas generales" El TC plantea la inconstitucionalidad y nulidad de las dos primeras frases del art. 3.3 de la Ley, por razón de instituir y definir las mencionadas consultas generales; y los apartados 4 a 9 del art. 16 de la Ley, al regular la constitución y designación de los miembros de las comisiones de seguimiento de las consultas generales, frente a las propias de las sectoriales, que se lleva a cabo en el apartado 10 del mismo art. 16 de la Ley.

En relación con las consultas sectoriales que se suscitasen en un ámbito local, en la STC 31/2010, de 28 de junio, FJ 69, se planteó que la exclusividad de la competencia atribuida en el art. 122 EAC había de serlo sin perjuicio de la competencia estatal sobre las bases del régimen jurídico de las Administraciones públicas (art. 149.1.18 CE). De este modo, el legislador estatal puede regular los aspectos básicos de las consultas sectoriales de ámbito local, aplicando el título competencial que le proporciona el art. 149.1.18 CE. Por tanto, respecto de las consultas sectoriales de ámbito local no cabe apreciar, en el ámbito de la presente impugnación, su inconstitucionalidad por infracción del art. 149.1.18 CE.

Junto con la STC 31/2015, de 25 de febrero, se planteó la STC 32/2015, de la misma fecha que daba respuesta a la impugnación del 29 de septiembre de 2014, donde el Abogado del Estado, en representación del Gobierno, al amparo de los arts. 161.2 CE y 76 y 77 de la Ley Orgánica del Tribunal Constitucional (LOTC), impugnó el Decreto del Presidente de la Generalitat de Cataluña 129/2014, de 27 de septiembre, así como sus anexos, de convocatoria de la consulta no referendaria sobre el futuro político de Cataluña.

El recurso del Gobierno de España, plantea que el Decreto 129/2014 de 27 de septiembre, de convocatoria de la consulta popular no referendaria sobre el futuro político de Cataluña[128], pretende dar cobertura consti-

---

126 Las consultas generales son las abiertas a las personas legitimadas para participar en los términos establecidos en el artículo 5. Las consultas sectoriales son las que pueden dirigirse, por razón de su objeto específico, teniendo en cuenta los criterios establecidos en el artículo 5.2, a un determinado colectivo de personas.

127 Caben consultas populares no referendarias mediante las cuales se recaba la opinión de cualquier colectivo sobre cualesquiera asuntos de interés público a través de cualesquiera procedimientos' distintos de los que cualifican una consulta como referéndum" (STC 31/2010, de 28 de junio FJ 69).

128 DOGC nº 6715A de 27 de septiembre de 2014.

tucional a lo que es materialmente un referéndum de reforma constitucional, en base a lo expresado en su exposición de motivos, donde la consulta sobre el futuro político de Cataluña constituye una fase o trámite previo al ejercicio por parte de la Generalitat de Cataluña de las competencias estatutarias y constitucionales para promover una reforma constitucional al amparo del art. 61 del Estatuto de Autonomía de Cataluña (EAC) y los arts. 87 y 166 CE. Este trámite previo se concreta en una iniciativa popular autonómica a través de un referéndum para la reforma constitucional algo para lo que no es competente la Comunidad Autónoma de Cataluña[129].

A fin de consolidar su posición, el Gobierno de España a través de la Abogacía del Estado plantea que el Decreto 129/2014 es contrario a los arts. 1.2, 2, 9.1, 32, 149.1.18 y 149.1. y 168 CE así como la reserva de Ley Orgánica contenida en el art. 81 CE, al tiempo que conculca los arts. arts. 1 y 2.4 EAC[130]. El objeto de la consulta, a juicio del recurrente, es una manifestación del derecho de participación política consagrado en el art. 23 CE y constituye una manifestación clara de democracia directa por transferirse al pueblo catalán una función propia, en nuestro sistema de democracia representativa, de los representantes políticos. Por ello considera que, de acuerdo con la doctrina establecida en la STC 103/2008, de 11 de septiembre, no pudiendo la consulta convocada ser amparada por el art. 122 EAC, ya que se trata de un referéndum, cuya regulación y convocatoria corresponde exclusivamente al Estado (arts. 23, 92 y 149.1.32 CE) sin que quepa sobre esta materia ninguna competencia implícita.

Considera el Gobierno de España que los arts. 1, 2 y 3 del Decreto 129/2014 son contrarios a la Constitución. En su opinión, el art. 1 es inconstitucional al convocar el Presidente de la Generalitat una consulta de carácter referendario sin tener competencias para ello. El art. 2, que se refiere al objeto de la consulta, y el art. 3, que establece la pregunta que se formula, infringen también, a su juicio, la Constitución, pues considera que someter a consulta si Cataluña quiere ser un Estado independiente, que es, en su opinión, el verdadero objeto de la misma es, por el contenido de la cuestión consultada, una materia que, por su especial trascendencia, es propia de una consulta referendaria.

El 1 de octubre de 2014 la Generalitat de Cataluña presentó un escrito por el que solicitaba que se la tuviera por comparecida y parte en el presente proceso constitucional y que acordase el inmediato levanta-

---

129 STC 76/1994, de 14 de marzo, FJ 5.

130 STC 31/2010, FFJJ 8 y 9.

miento de la suspensión del Decreto impugnado, invocándose entre otros elementos la STC 42/2014, de 25 de marzo, al considerar el Gobierno de Cataluña que, en esta Sentencia, el Tribunal reconoció la conformidad con la Constitución de la referencias al "derecho a decidir" contenidas en la resolución 5/X del Parlamento de Cataluña si se interpretaba de acuerdo con lo declarado en sus fundamentos jurídicos 3 y 4. Los representantes de la Generalitat consideran que, a diferencia de la posición sostenida por el Gobierno de España, la consulta convocada no es un referéndum encubierto. El Decreto impugnado tiene, a su juicio, como objeto una consulta no referendaria, como se deduce del propio título del Decreto. También se alega que el objeto de esta consulta es conocer la opinión de los participantes "con la finalidad de que la Generalitat pueda ejercer con pleno conocimiento de causa la iniciativa legal, política e institucional que le corresponde", por lo que se considera evidente que la consulta es un instrumento de opinión, no de decisión, y que se vincula al eventual ejercicio por la Generalitat de la potestad a la que se refieren los arts. 87 y 166 CE y el art. 161 CE, por lo que la consulta encaja dentro del ámbito competencial de la Generalitat, de acuerdo con lo dispuesto en el art. 122 EAC.

Con base en lo anterior, el Tribunal Constitucional, parte de la necesidad de determinar si la consulta convocada por el Decreto 129/2014 es una consulta popular de carácter no referendario, tal y como el propio Decreto establece y alegan los Letrados de la Generalitat, o si la consulta convocada, a pesar de su denominación, tiene carácter referendario, como sostiene el Abogado del Estado. Para ello se apoya en lo establecido en la STC 31/2015, de 25 de febrero, por la que se declaran inconstitucionales y nulos los incisos del art. 3.3 de la Ley del Parlamento de Cataluña 10/2014, de 26 de septiembre, de consultas populares no referendarias y otras formas de participación ciudadana que se refieren a las consultas generales, al considerar que este tipo de consultas tenía carácter referendario.

La declaración de inconstitucionalidad y nulidad del art. 3.3 de la Ley del Parlamento de Cataluña 10/2014, en la parte que se refiere a las consultas populares de carácter general, por la STC de esta misma fecha conlleva que el Decreto 129/2014, al convocar, al amparo de esta Ley, una consulta de carácter general y, por tanto, de naturaleza referendaria, incurra en las mismas infracciones de la Constitución en las que incurrió esta norma. El Decreto impugnado, al llamar a participar a los mayores de dieciséis años que tengan la condición política de catalanes y a los extranjeros que sean también mayores de dieciséis años y cumplan los requisitos establecidos en su art. 4 b) y c), para que mediante el sufragio y a través del procedimiento y garantías establecidos en la Ley 10/2014 y en el propio Decreto —normas que establecen un procedimiento y unas garantías de carácter electoral— expresen su opinión sobre la cuestión sometida a su consideración, está convocando una consulta referendaria y, por tanto, incurre, como se ha adelantado, en las mismas infracciones constitucionales en las que incurre la Ley 10/2014, de la que es aplicación, al regular las consultas generales.

El Decreto 129/2014, al convocar una consulta al amparo de lo establecido en la Ley 10/2014 y, en desarrollo de esta Ley, establecer la regulación específica por la que se rige la consulta convocada, vulnera las competencias del Estado en materia de referéndum, al haber convocado un referéndum sin la preceptiva autorización estatal, como exige el art. 149.1.32 CE, y sin seguir los procedimientos y garantías constitucionalmente exigidos, que, como declara este Tribunal en la Sentencia 31/2015, de esta misma fecha, solo pueden ser aquellos establecidos por el legislador estatal, que es a quien la Constitución ha encomendado regular el proceso y las garantías electorales (art. 149.1.1 CE en relación con los arts. 23.1 CE, 81.1 CE y 92.3 CE y art. 149.1.32 CE).

Las consideraciones anteriores determinan que el Decreto 129/2014 y sus anexos, al convocar una consulta de carácter referendario y establecer las reglas y previsiones específicas para su celebración, deban ser declarados inconstitucionales y nulos por los mismos motivos por los que la Sentencia de esta misma fecha, declara inconstitucionales y nulos los dos primeros enunciados del arts. 3.3, relativos a las consultas generales y los apartados 4 a 9 del art. 16 de la Ley 10/2014, de 26 de septiembre, de consultas populares no referendarias y otras formas de participación ciudadana, de la que el Decreto 129/2014 es aplicación.

3.6. De la STC 138/2015., de 11 de junio, en relación a las impugnaciones autonómicas promovidas por la Abogacía del Estado contra las actuaciones de la Generalitat de Cataluña relativas a la convocatoria a los catalanes, las catalanas y las personas residentes en Cataluña para que manifiesten su opinión sobre el futuro político de Cataluña el día 9 de noviembre de 2014

El 31 de octubre de 2014 el Abogado del Estado, en representación del Gobierno de la Nación, impugnó las actuaciones de la Generalitat de Cataluña relativas a la convocatoria a los catalanes, las catalanas y las personas residentes en Cataluña para que manifiesten su opinión sobre el futuro político de Cataluña el día 9 de noviembre (referéndum 9N)[131]. En sentido estricto, la impugnación por parte del Gobierno de España se dirigía contra las actuaciones de la Generalitat de Cataluña relativas a la convocatoria a la ciudadanía de Cataluña para que manifestaran su opinión sobre el futuro político de Cataluña el día 9 de noviembre de 2014 los actos de preparación, realizadas o procedentes, para la celebración de dicha consulta, así como cualquier otra actuación no formalizada jurídicamente, vinculada a la referida consulta. La impugnación se organiza en estos términos al entender que la actuación de la Generalitat incurre en vulneraciones constitucionales tanto no competenciales como competenciales, por lo que el cauce constitucional para poder analizar ambos grupos de infracciones respecto de una actuación de esta índole es, a su juicio, el previsto en los arts. 76 y 77 LOTC[132].

Considera la abogacía del Estado que se producen infracciones constitucionales de carácter sustantivo (infracción de los arts. 1.2, 2 y 168 CE) e infracciones constitucionales de carácter competencial (arts. 23, 81, 92, 149.1.1, 149.1.18 y 149.1.32 CE y art. 122 EAC), argumentando que la convocatoria encubría un auténtico referendo y no una encuesta o llamada a la participación, pues, por un lado, son las mismas preguntas que las formuladas en el Decreto 129/2014 objeto de impugnación por el Presidente del Gobierno y, por otro, no se ajusta a las características de las formas de participación ciudadana no referendaria previstas en la Ley 10/2014, de 26 de septiembre, de consultas populares no referendarias y otras formas de participación ciudadana, algunos de cuyos preceptos están en la actualidad suspendidos. La consulta, por su contenido, no es una mera consulta administrativa, sino un verdadero proceso de participación de carácter político que afecta, fundamentalmente, al art. 23 CE[133].

El 7 de noviembre de 2014 los Abogados de la Generalitat de Cataluña, en representación del gobierno autonómico se personaron en el proceso. El 2 de diciembre de 2014 los Abogados de la Generalitat de Cataluña formularon alegaciones donde reseñaban que el 9 de noviembre de 2014 no se iba a celebrar (las alegaciones se registraron dos días antes de la ce-

---

131 Formalmente se denominó "proceso de participación ciudadana" vehiculándose la participación mediante el proceso recogido en la página web http://www.participa2014.cat/es/index.html

132 Como precedente de la impugnación por la vía del conflicto positivo de competencias y subsidiariamente por el procedimiento del título V, la representación procesal del Gobierno alude a la impugnación de la actividad material que llevó a cabo el Gobierno Vasco de convocatoria de elecciones sindicales en el año 1983 y que dio lugar a la STC 102/1988.

133 STC 103/2008, de 11 de septiembre, FJ 2.

lebración del referéndum), un referéndum en Cataluña. La representación procesal del Gobierno de la Generalitat rechaza que la consulta de 9 de noviembre fuera un referéndum encubierto y reitera que la Generalitat había acatado las providencias de 29 de septiembre de 2014 que determinaron la suspensión de los preceptos impugnados de la Ley 10/2014, de 26 de septiembre, de consultas populares no referendarias y otras formas de participación ciudadana y de la celebración de la consulta popular convocada mediante el Decreto 129/2014, de 27 de septiembre, para el día 9 de noviembre de 2014, respetivamente. Sin embargo, el hecho de que el Gobierno de la Generalitat hubiera respetado la suspensión de la consulta popular no referendaria no ocultaba la notable frustración generada en la ciudadanía, que reclamaba a los poderes públicos poder pronunciarse sobre el encaje entre Cataluña y España, se optó por encauzar la expresión de la ciudadanía a través de un nuevo proceso de participación, de distinta naturaleza y efectos al de las consultas populares no referendarias y netamente distinto también de los referéndums. En consecuencia, se considera desproporcionado, excesivo, contrario a las reglas de la buena fe procesal y, en definitiva, abusivo, acudir a la impugnación en sede constitucional de unas actuaciones que no pueden equipararse a fórmulas de democracia directa de carácter referendario.

De este modo y según los representantes de la Generalitat de Cataluña, el proceso participativo previsto para al 9 de noviembre no se le podía atribuir ni las características ni las consecuencias jurídicas y políticas propias de los referéndums, por lo que las actuaciones de la Generalitat auspiciando la celebración de dicho acto se amparan correctamente en los mandatos y competencias que el Estatuto de Autonomía de Cataluña le atribuye para fomentar la participación y no resultan contrarias al orden constitucional.

Con base en lo anteriormente expuesto, el Tribunal Constitucional recoge en su FJ5 que procede declarar que las actuaciones de la Generalitat de Cataluña preparatorias o vinculadas con la consulta convocada para el 9 de noviembre de 2014 son inconstitucionales en su totalidad, en cuanto viciadas de incompetencia, por no corresponder a la Comunidad Autónoma la convocatoria de consultas que versan sobre cuestiones que afectan al orden constituido y al fundamento mismo del orden constitucional.

Constituyen las actuaciones relativas a la convocatoria a los catalanes, las catalanas y las personas residentes en Cataluña para que manifiesten su opinión sobre el futuro político de Cataluña el día 9 de noviembre (y en los días sucesivos en los términos de la convocatoria), mediante un denominado "proceso de participación ciudadana", es decir, aquellas contenidas en la página web http://www.participa2014.cat/es/index.html y los actos y actuaciones de preparación, realizadas o procedentes, para la celebración de dicha consulta, así como cualquier otra actuación no formalizada jurídicamente, vinculada a la referida consulta una infracción de lo dispuesto en el art. 122 AEC[134].

3.7. De la STC 51/2017, de 10 de mayo, que resuelve el recurso de inconstitucionalidad interpuesto contra la Ley del Parlamento de Cataluña 4/2010, de 17 de marzo, de consultas populares por vía de referéndum

La Ley 4/210, de 17 de marzo, de consultas populares por vía de referéndum, tenía por objeto la regulación de dos modalidades de referéndum consideradas por el legislador autonómico como una suerte de consulta popular. Por lado encontramos el denominado "referéndum de ámbito de Cataluña", calificado como consultivo (art. 12 Ley 4/2010), sobre cuestiones políticas de especial trascendencia para la ciudadanía en el ámbito de las competencias de la Generalitat (art. 10 Ley 4/2010), y por otro el "referéndum de ámbito municipal", de carácter consultivo (art. 34) que tiene como objeto atender asuntos de competencia propia del municipio y de carácter local[135] que sean de especial trascendencia para los vecinos (art. 31.1).

Tras la aprobación el 17 de marzo de 2010 por el Parlamento de Cataluña de la Ley 4/2010, de 17 de marzo, de consultas populares vía de referéndum de Cataluña que regulaba las consultas populares por vía de referéndum apoyándose en el art. 122 EAC, se elevó al Consejo de Garantías Estatutarias de Cataluña una consulta sobre la posibilidad de convocar un referéndum en Cataluña al amparo de la Ley 4/2010. El Dictamen 15/2010, de 6 de julio, del Consejo de garantías Estatutarias, declaró que la consulta que se pretendía celebrar era contraria a los arts. 29.6 y 122 EAC.

De este modo, la Ley 4/2010 se prefiguraba como la primera ley de rango autonómico que regulaba los referéndums en una Comunidad Autónoma y en los municipios de dicha Comunidad[136].

---

134 E., Expósito Gómez; Josep Mª Castellà Andreu, *Los derechos políticos ante la Administración en el Estatuto de Autonomía de Cataluña*, en Aparicio, Miguel Ángel (Ed.): *Derechos y principios rectores en los Estatutos de Autonomía*. Barcelona, Atelier, 2008, 61-94.

135 La Ley 4/2010 establece como asunto de carácter local aquel en el que no prevalece un interés supramunicipal (art. 31.2 Ley 4/2010).

136 Debe descartarse la experiencia de la Ley de Euskadi en 2008 pues la regulación que se establecía se realizada ad hoc para la consulta que se pretendía celebrar sin alcance posterior.

Habría de ser la STC 51/2017 que analizamos en este epígrafe la que declara inconstitucional los artículos 1 a 30, 43 y 45 de la Ley 4/2010 en base a una consideración de orden competencial tal y como refleja la FJ1 cuando reprocha la colisión expresa con la competencia exclusiva del Estado (149.1.32 CE) y sus elementos conexos (arts. 23.1, 81 y 92 CE)[137]. Considera el Tribunal Constitucional que el legislador autonómico no puede crear de la nada un nuevo tipo de referéndum, como sería el establecido y regulado, para el ámbito de Cataluña, en los términos que el Título II de la Ley 4/2010 establece. El referéndum consultivo de ámbito autonómico no está previsto ni en la Constitución ni en la Ley Orgánica 2/1980, del mismo modo que tampoco lo está la iniciativa popular para promoverlo, tal y como recogen los artículos 11.b) y 21 a 30 de la Ley 4/2010[138].

El referéndum consultivo previsto y regulado en la Ley 4/2010 es, en suma, una nueva modalidad de consulta referendaria por referencia al ordenamiento de la propia Comunidad Autónoma de Cataluña como en lo relativo al ordenamiento jurídico español en su conjunto.

Sin embargo, debe hacerse constar la reflexión que, en un intento de consolidar la posición expresada por el órgano, realiza el Tribunal Constitucional cuando reconoce que en nuestro entorno podemos reconocer la existencia de referéndums organizados a nivel regional, reconociendo así la potestad que ostentan las unidades regionales a la hora de crear referéndums para terminar afirmando que la utilización del referéndum, en cualquier caso, tiene que respetar las formas y los límites que establezcan la Constitución y las normas que establezca.

Acompañando a lo anterior, el Tribunal en su FJ5 indica que la STC 31/2010 traza la naturaleza del "establecimiento y regulación" por parte del Estado en relación con el referéndum que serían fijadas por la STC 137/2015, en la que se declaró que "la Constitución ha querido, en atención a la condición excepcional en nuestro ordenamiento de esta forma de democracia directa, que solo mediante normas estatales puedan preverse, en el respeto a las demás determinaciones de la Constitución, los supuestos, tipos y formas de referéndum, sus ámbitos territoriales, los casos en que puede haber lugar a su convocatoria, sus procedimientos de desarro-

---

137 SSTC 103/2008, de 11 de septiembre, y 31/2010, de 28 de junio

138 F.J., Enériz Olaechea, "Las consultas populares por vía de referéndum de las Comunidades Autónomas. Un comentario sobre la STC 51/2017, de 10 de mayo: por una reforma de la Ley Orgánica de modalidades de referéndum para posibilitar estas consultas", *Revista Aranzadi Doctrinal*, núm. 9, (2017):113-133.

llo y garantías y, en fin, el reconocimiento jurídico a dar al pronunciamiento popular"[139].

Es pertinente incorporar la reflexión del profesor López Rubio cuando afirmara que la STC 51/2017 reconoce en definitiva que la STC 31/2010 limitó la competencia fijada por el art. 122 EAC con respecto a las consultas populares no referendarias, ampliándose posteriormente a los referéndums pero con exclusiva referencia a sus aspectos secundarios[140].

Con respecto a la iniciativa legislativa popular, expresa el TC que, a diferencia del referéndum, la iniciativa legislativa popular no es cauce para la manifestación directa, excepcional de la voluntad popular, sino un instrumento para que una fracción del electorado propicie un pronunciamiento de los representantes del pueblo sobre determinada propuesta legislativa[141]. No se puede exigir otro tanto para la previsión de iniciativas legislativas de origen popular en los ordenamientos autonómicos, iniciativas que no tendrían por qué generar un pronunciamiento del pueblo, sino de sus representantes, y cuya previsión encaja en la reserva estatutaria ex artículo 147.2 c) CE[142].

Concluye el Tribunal en su FJ7 Ley de Cataluña 4/2010 infringió la Constitución al introducir en el ordenamiento la modalidad de referéndum de ámbito autonómico, consulta popular esta que ni fue prevista por la norma fundamental ni aparece contemplada, tampoco, en la legislación orgánica de desarrollo, a estos efectos, del derecho a participar directamente en los asuntos públicos (arts. 23.1, 81.1 y 92.3 CE), con la consiguiente lesión de la exclusiva competencia estatal para la regulación, en los términos que hemos señalado, de la institución del referéndum (art. 149.1.32 CE). SE declara del mismo modo la inconstitucionalidad y nulidad del contenido del título I de la Ley ("Disposiciones generales", arts. 1

---

139 STC 137/2015, FJ4. La misma sentencia afirma que los estatutos de autonomía podían "reconocer a las Comunidades Autónomas algún género de intervención en la ejecución o, incluso, en el complemento normativo de los preceptos estatales que disciplinen, en los términos señalados, unas u otras figuras de referéndum, siempre que ello se realizara, claro está, sobre asuntos de competencia de la respectiva Comunidad Autónoma" (FJ 4). Nótese que la propia STC 31/2010 argumenta que si bien una modalidad de referéndum distinta a las contempladas en la Constitución "no podría celebrarse sin sujeción a los procedimientos y formalidades más elementales de cuantos se regulan en la Ley Orgánica 2/1980, sí cabría excepcionar la aplicación a ella de los procedimientos y formalidades menos necesarios a los fines de la identificación de la consulta como un verdadero referéndum" (FJ 147).

140 *Op. cit.* 7.

141 STC 19/2015, de 16 de febrero, FFJJ 2 d) y 4.

142 *Op. cit.* 33.

a 9) y de los artículos 43 y 45, pertenecientes al título IV en su totalidad, así como los arts. 44.2, 44.4, 53.4 y 55 de la Ley 4/2010.

Sin anudarse en términos de complementariedad y a fin de completar nuestra lectura del tratamiento dado por el Tribunal Constitucional debemos visitar lo expresado en la STC 90/2017, de 5 de julio, relativa al recurso de inconstitucionalidad contra la disposición adicional cuadragésima de la Ley del Parlamento de Cataluña 4/2017, de 28 de marzo, de presupuestos de la Generalitat de Cataluña para 2017 estableció que trasgrede el sistema constitucional de distribución de competencias (arts. 92, 149.1.32 CE y 122 EAC, en relación con los arts. 134 CE y 112 del Estatuto de Autonomía de Cataluña (EAC), dado que la única competencia que Cataluña tiene en materia de consultas referendarias es la facultad de solicitar al Estado la autorización para su convocatoria, debiendo ajustarse el contenido de las leyes de presupuestos al reparto competencial delimitado por el bloque de la constitucionalidad. Por tanto, se procedió a declarar la inconstitucionalidad y nulidad de la disposición adicional cuadragésima de la Ley de Cataluña 4/2017, de 28 de marzo de presupuestos de la Generalitat para 2017 con sujeción a lo establecido en el FJ12[143].

Finalmente debe recogerse lo establecido por la STC 114/2017, de 17 de octubre en relación al recurso de inconstitucionalidad contra la Ley del Parlamento de Cataluña 19/2017, de 6 de septiembre, denominada “del referéndum de autodeterminación” que merecerá el reproche en el orden material, procedimental y competencial por vulnerar, los arts. 1.1, 1.2, 1.3, 2 y 168 CE, al constituir un mero ejercicio de traslación de las resoluciones I/XI del Parlamento de Cataluña, de 9 de noviembre de 2015, “sobre el inicio del proceso político en Cataluña como consecuencia de los resultados electorales del 27 de septiembre de 2015”[144] y la resolución 306/XI, del Parlamento de Cataluña[145]. De entre los fundamentos establecidos por el TC, con una severidad expositiva notable, resulta esclarecedor lo establecido en el FJ5 cuando el Tribunal considera que la Ley 19/2017 es,

---

143 En los mismos términos se declaró la inconstitucionalidad de las partidas presupuestarias “GO 01 D/227.0004/132. Procesos electorales y consultas populares”, “DD 01 D/227.0004/132. Procesos electorales y consultas populares” y “DD 01 D/227.00157132. Procesos electorales y participación ciudadana” del programa 132 (Organización, gestión y seguimiento de procesos electorales) si éstas se destinaban a la financiación del referéndum al que alude la disposición 40ª de la Ley 4/2017, de 28 de marzo.

144 Anulada por el la STC 259/2015.

145 Anulada por el ATC 24/2017

con toda evidencia, inconstitucional en su conjunto al contrariar, de modo explícito, principios esenciales de nuestro ordenamiento constitucional.

El 31 de octubre de 2017, a través de la STC 122/2017, el TC declarará inconstitucional y nulo el Decreto 139/2017, de 6 de septiembre, de convocatoria del referéndum de autodeterminación de Cataluña, dictado al amparo de la Ley 19/2017, de 6 de septiembre, del referéndum de autodeterminación, objeto de recurso de inconstitucionalidad. El TC declarará su inconstitucionalidad en base a las colisiones que tanto el Decreto 139/2017 como la Ley 19/2017 presentan con los arts. 1.2, 1.3, 2 y 168 CE al convocar un referéndum de independencia de Cataluña, apelando al cuerpo electoral mediante el uso de una administración y un procedimiento electoral *de facto*. En el ámbito material, el Decreto 139/2017 y la Ley 19/2017 incurren en infracciones al convocar un referéndum sobre una parte del territorio nacional al que es llamado el pueblo de Cataluña sobre una cuestión que sólo puede ser planteada al conjunto del pueblo español por vía del referéndum de reforma constitucional. Junto a las vulneraciones materiales y procedimentales, se constatan vulneraciones competenciales al no contar el Gobierno autonómico de Cataluña con competencias para regular y convocar un referéndum de esta naturaleza.

3.8. De la STC 137/2015 de 11 de junio de 2015, relativa a la impugnación de disposiciones autonómicas 6415-2014, formulada por el Gobierno de la Nación respecto del Decreto del Gobierno de Canarias 95/2014, de 25 de septiembre y STC 147/2015 y de 25 de junio de 2015 de impugnación de disposiciones autonómicas 6416-2014, formulada por el Gobierno de la Nación en relación con diversos preceptos del Decreto del Presidente del Gobierno de Canarias 107/2014, de 2 de octubre, por el que se convoca consulta ciudadana mediante pregunta directa en el ámbito territorial de Canarias

El 30 de octubre de 2014, la Abogacía del Estado en nombre del Gobierno, impugnó los artículos 3 y 4 del capítulo I y 9 a 26 del capítulo III del Reglamento de las consultas a la ciudadanía en asuntos de interés general de competencia de la Comunidad Autónoma de Canarias, aprobado por el artículo único del Decreto del Gobierno de Canarias 95/2014, de 25 de septiembre, así como contra las disposiciones derogatoria única y finales primera y segunda de dicho Decreto. Se plantea que el Reglamento autonómico impugnado es inconstitucional por vulnerar directamente la

Constitución, con independencia de la ley autonómica que desarrolla[146]. Considera la Abogacía del Estado que el Decreto 95/2014 impugnado es de pretendido desarrollo de dicha Ley porque viene a regular, sin contar con basamento normativo, determinada clase de consultas de naturaleza referendaria, cuyo régimen jurídico se contiene en el capítulo III, artículos 9 y siguientes, del anexo al citado Decreto, sabiendo que la Ley 5/2010, que supuestamente le serviría de base legal, sólo regula, como no podría ser jurídicamente de otro modo, consultas no referendarias, incurriendo por ello el Decreto en infracción directa de la Constitución, al carecer las Comunidades Autónomas de potestad normativa suficiente para regular referéndums, además de carecer también de competencia para convocarlos fuera de los casos establecidos por ley del Estado.

Se cuestionan por parte de la Abogacía del Estado los arts. 3, 9, 10 y 12 del Reglamento de las consultas a la ciudadanía en asuntos de interés general de competencia de la Comunidad Autónoma de Canarias, al indicarse que, respecto a las llamadas, "preguntas directas" reguladas en los capítulos I y III del Reglamento, el artículo 9 del mismo señala que "la opinión de la ciudadanía respecto de asuntos de interés general de competencia autonómica podrá recabarse mediante la formulación de una o varias preguntas directas a la ciudadanía, con el objeto de que los llamados a participar en la consulta manifiesten su parecer de forma afirmativa o negativa". Esta convocatoria directa y global a la ciudadanía como sujeto colectivo otorgaría a la consulta un carácter referendario en franca vulneración del art. 92 CE. El art. 10 del mencionado Reglamento establece que "las consultas pueden contener una o varias preguntas, cuyo texto deberá ser redactado de manera clara y sencilla, y ser formuladas de manera sucinta, inequívoca y fácilmente entendible por las personas y entidades ciudadanas llamadas a participar en la correspondiente convocatoria", mientras que el art. 12 define las personas llamadas a emitir respuesta y el artículo 3 del mismo Reglamento concreta el concepto de ciudadanía a estos efectos.

El Decreto del Gobierno de Canarias 95/2014, de 25 de septiembre, soslaya la regulación constitucional vigente al establecer una consulta referendaria y reconocer un derecho de sufragio al margen de las exigencias del bloque de la constitucionalidad, vulnerándose vulnera la exclusiva

146 Ley 5/2010, de 21 de junio, de fomento a la participación ciudadana de Canarias, conforme a cuyo artículo 20 el Gobierno podrá, a instancias del Presidente, recabar la opinión de la ciudadanía sobre asuntos de interés general de competencia autonómica, mediante sondeos, encuestas o cualquier otro instrumento de participación ciudadana.

competencia estatal para regular el régimen jurídico del derecho fundamental de participación política. Además, al margen de los concretos preceptos constitucionales y estatutarios infringidos, la configuración legal de un cuerpo electoral y de un censo propio, al margen de la ley electoral general, tiene un alcance mayor que el meramente técnico, de falta de acomodación a la legislación estatal competente, pues el hipotético reconocimiento de un cuerpo electoral distinto del único y general supondría la validación o reconocimiento jurídico-constitucional de la existencia misma de un sujeto colectivo, titular de derechos políticos y que como tal, manifiesta su opinión en un plano aparte, diferenciado del electorado general, con voluntad política propia y capacidad de decisión y con capacidad para poner en tela de juicio incluso decisiones de ámbito estatal[147].

Del mismo modo, el capítulo III del Decreto 95/2014, de 25 de septiembre, colisiona con la Constitución al establecer el régimen de un referéndum consultivo convocado por las autoridades autonómicas que habrá de versar sobre asuntos de interés general (art. 9), convocando a la ciudadanía en su conjunto (arts. 3, 9 y 12), a través de un procedimiento y condiciones específicas (arts. 16, 18, 19, 20, 21, 23, 24, 25 y 26) y controlado por un órgano electoral específico diferenciado de la Administración autonómica activa con potestades jurídicas autónomas de decisión en Derecho (art. 22) y previa información mediante una campaña institucional y de manifestación pública de posiciones distintas o propaganda electoral (art. 17). Dicha regulación infringe la Constitución de un modo frontal y patente, tanto en lo que a la regulación misma de un referéndum consultivo se refiere, como en cuanto a la potestad para su convocatoria, pues conforme al art. 92 CE, sólo la autoridad estatal competente puede convocar un referéndum consultivo y ninguna otra autoridad pública puede hacerlo sin, al menos, una previa autorización y de acuerdo con lo que prevea la normativa estatal (ley orgánica) de desarrollo de ese mismo art. 92 CE.

Del mismo modo, se produce un choque con el propio Estatuto de Autonomía de Canarias vigente antes de su reforma en 2018, cuyo artículo 32.5, como competencia asumida por la Comunidad Autónoma, se refiere al "sistema de consultas populares en el ámbito de Canarias de conformidad con lo que disponga la Ley a la que se refiere el artículo 92.3 de la Constitución y demás leyes del Estado, correspondiendo a éste la autorización de su convocatoria". Esta referencia al art. 92 CE y a las

---

147 X. Ezeizabarrena Sáenz, "Prospecciones petrolíferas en canarias y consulta popular", *Revista Aranzadi de Derecho Ambiental*, núm. 31 (2015): 373-388.

demás "leyes del Estado" supone el reconocimiento de la competencia exclusiva del Estado tanto para regular como para convocar referéndum, de tal modo que las Comunidades Autónomas carecen de competencia de manera absoluta, a menos que la ley del Estado (orgánica) venga a regular en tal sentido. En modo alguno cabe entender la existencia de una competencia originaria autonómica sin, al menos, adecuación a lo que, en una ley del Estado, con el adecuado rango normativo, se haya podido determinar tanto en el aspecto sustantivo y competencial como de procedimiento para regular posibles clases de referéndums.

El 5 de noviembre de 2014, la Directora General del servicio jurídico del Gobierno de Canarias se personó en el procedimiento presentando alegaciones en nombre del Gobierno canario el 16 de diciembre de 2014 donde se invocaba el art. 20 de la Ley canaria 5/2010, de 21 de junio, de fomento a la participación ciudadana, conforme al cual, el Gobierno autonómico, a instancias del Presidente, recabar la opinión de la ciudadanía sobre asuntos de interés general de competencia autonómica, mediante sondeos, encuestas o cualquier otro instrumento de participación ciudadana. Para su desarrollo se procedió a la aprobación del Reglamento de consultas a la ciudadanía en asuntos de interés general de competencia de la Comunidad Autónoma de Canarias. El artículo 20, con el que se inicia dicho capítulo II (de las consultas a la ciudadanía), dispone que "el Gobierno podrá, a instancias del Presidente, recabar la opinión de la ciudadanía sobre asuntos de interés general de competencia autonómica mediante sondeos, encuestas o cualquier otro instrumento de participación ciudadana". Con el Reglamento impugnado, la Comunidad Autónoma ha desarrollado dicho precepto, regulando los instrumentos de participación que en él se mencionan, sondeos y encuestas, e incorporando como novedoso instrumento de participación ciudadana las denominadas "preguntas directas", concebidas como otro instrumento de participación ciudadana que genéricamente permite el precepto legal. A juicio de la Directora General del Servicio Jurídico se trata de una norma reglamentaria de carácter general, con vocación de permanencia e integrada en el ordenamiento jurídico autonómico para ser susceptible de aplicación en cuantas ocasiones se estime necesario por el Gobierno de Canarias.

Abunda la representación del Gobierno de Canarias cuando afirma que la Abogacía del Estado parte de un supuesto erróneo al considera que las consultas reguladas por la norma autonómica son manifestación del derecho fundamental de los ciudadanos reflejado en el art. 23.1 CE, por lo que su materialización debería realizarse mediante referéndum con la pertinente autorización del Gobierno. La regulación de las "preguntas directas" como instrumento de participación ciudadana, no se corresponde con la consulta popular referendaria a la que alude el Tribunal Constitucional y cuya autorización corresponde en exclusiva a la Administración del Estado. Se recaba el parecer en relación con asuntos de interés general de la competencia autonómica en los que el sujeto que puede ser convocado no se identifica con el cuerpo electoral, pues, por un lado, pueden ser llamados los mayores de dieciséis años, los ciudadanos residentes legalmente en Canarias con independencia de su nacionalidad, los ciudadanos canarios que residan en el exterior con última vecindad administrativa en Canarias y, en todo caso, las entidades ciudadanas inscritas en el registro de participación ciudadana. Por lo anterior, la llamada no se basa en el censo, ni se gestiona el procedimiento por la Administración electoral, ni está asegurada con garantías jurisdiccionales específicas, siendo el objeto de la Ley 5/2010 fomentar la participación ciudadana, tanto de forma individual como colectiva en la actividad administrativa de la Comunidad Autónoma, así como en la vida económica, política, cultural y social, haciendo así realidad parte de los mandatos del Estatuto de Autonomía. El Decreto 95/2014 desarrolla este precepto y regula los sondeos y encuestas de opinión en su capítulo I, no cuestionado ahora, así como otra forma novedosa de recabar la opinión de la ciudadanía a través de las "preguntas directas" (capítulo III) que se configuran como "otro instrumento de participación ciudadana" permitido por el citado artículo 20.

Con base en lo anterior, el Tribunal Constitucional establece en su FJ3, que mediante el Decreto 95/2014, el Gobierno de Canarias vino a aprobar el Reglamento de consultas a la ciudanía en asuntos de interés general de competencia de dicha Comunidad Autónoma y que facultó al Presidente para dictar las disposiciones necesarias en orden al desarrollo del Reglamento.

El régimen de distribución de competencias sobre consultas populares entre el Estado y las Comunidades Autónomas viene establecido por el art. 149.1.32 CE en lo relativo a las "consultas populares" y al propio "referéndum". La Constitución contempla la posible existencia de otro tipo de consultas populares que difieren de los propios del referéndum. Así, desde la que mediante las distintas modalidades de referéndum[148].

Debe indicarse que el referéndum, si reúne los requisitos que hemos establecido a lo largo del presente trabajo, no dejará de serlo por la mera

148 SSTC 119/1995, de 17 de julio, FJ 3, 31/2010, de 28 de junio, FJ 69; y 31/2015, de 25 de febrero, FJ 5.

circunstancia de que su resultado se califique de no vinculante[149] y tampoco dejara de serlo porque las normas que lo regulen no hagan alusión directa al término referéndum, o porque la circunstancia de que el cuerpo electoral llamado a pronunciarse y el procedimiento para dar curso a su participación difieran o se aparten, incluso de modo irregular, de las normas que en la legislación orgánica aplicable definen quiénes son electores y cuál sea el procedimiento para que expresen, mediante el voto, las voluntades individuales que concurrirán a la formación de la voluntad general, bastando para identificarlo como tal un llamamiento a un cuerpo electoral que abarque al conjunto de la ciudadanía de una Comunidad Autónoma o de un ente territorial local y con garantías suficientes a la hora de evacuar una pregunta al conjunto del cuerpo electoral[150].

El orden de competencias constitucional y estatutario, quedaría al criterio del poder cuyas competencias han sido delimitadas, con el resultado que cualquier colisión, quedaría avalada por tales infracciones del ordenamiento[151].

El artículo 9 del Reglamento aprobado por el Decreto 95/2014 establece que la opinión de la ciudadanía respecto de asuntos de interés general de competencia autonómica podrá recabarse mediante la formulación de una o varias preguntas directas a la ciudadanía, con el objeto de que los llamados a participar en la consulta manifiesten su parecer de forma afirmativa o negativa. Esta participación se lleva a cabo a través del voto. El "formulario que deba utilizarse para emitir la respuesta" [art. 15.2 f)], afirmativa o negativa se configura como una verdadera papeleta de voto (art. 70 y concordantes LOREG); la "emisión de las respuestas" (art. 18) y su "depósito" (art. 24) son, en suma, la votación en sí (arts. 84 y ss. LOREG) y el "recuento de las respuestas" (art. 25) es, equivalente al escrutinio (art. 95 y ss. LOREG). El Reglamento incorpora una determinada Administración electoral, así como concretas garantías, que constituyen también, como dijimos, elementos necesarios para el reconocimiento de la institución referendaria, configurándose las normas relativas a las consultas mediante "preguntas directas" permite convocar efectivas consultas populares de carácter referendario. El capítulo III del Decreto 95/2014 regula distintas modalidades de consulta referendaria que no están previstas en las normas estatales a las que remiten los citados preceptos constitucio-

---

149 STC 31/2015, FJ 5.

150 STC 31/2015, FJ 8.

151 La STC 103/2008 identificó la noción de referéndum por referencia al cuerpo y al procedimiento electoral, en base al censo, a la Administración electoral y a unas garantías específicas (FJ 2).

nales; que se pretenden, además, libres de la autorización estatal exigida por el art. 149.1.32 CE lo que supone una clara vulneración de lo dispuesto en el art. 32.5 EACan (antes de la aprobación de Ley Orgánica 1/2018, de 5 de noviembre, de reforma del Estatuto de Autonomía de Canarias), que sometía las competencias atribuidas a la Comunidad Autónoma de Canarias en orden a las consultas populares, a la obligación de respeto a la Constitución y, en general, a las leyes del Estado a las que no se atuvo aquí el Reglamento enjuiciado.

En base a lo anterior, el Tribunal Constitucional declaró la inconstitucionalidad y nulidad de los artículos 9 a 26 del capítulo III del Reglamento de las consultas a la ciudadanía en asuntos de interés general de competencia de la Comunidad Autónoma de Canarias, aprobado por Decreto 95/2014, de 25 de septiembre, del Gobierno de Canarias.

El 27 de octubre de 2014, registrado en el Tribunal Constitucional en igual fecha, el Abogado del Estado, en representación del Gobierno de la Nación, impugnó, al amparo de los arts. 161.2 CE y 76 y 77 de la Ley Orgánica del Tribunal Constitucional (LOTC), los apartados 1, 3, 4 y 5 del Decreto 107/2014, de 2 de octubre, del Presidente del Gobierno de Canarias, por el que se convoca consulta ciudadana mediante pregunta directa en el ámbito territorial de Canarias a celebrar entre los días 19 y 23 de noviembre de 2014 (para emisión de respuestas por las personas físicas mediante medios electrónicos), para el día 23 del mismo mes (en cuanto a respuesta presencial por las personas físicas) y, en fin, para el 26 de dicho mes (emisión de respuesta por cualquiera de los dos medios por parte de las entidades ciudadanas).

4. *Conclusiones: El referéndum autonómico frente a la crisis territorial*

El legislador asumió la tarea de regular las distintas modalidades de referéndum con reflejo constitucional mediante la aprobación de una ley orgánica y optó por no establecer un conjunto cerrado y bloqueado de referéndums ni tampoco impidió la posibilidad que se crearan nuevos tipos de consultas lo que no debería impedir, a priori, impedir que las CC.AA. pudieran establecer y regular nuevos tipos de referéndum. Prueba de que ello es posible son la regulación del referéndum de unión y secesión de municipios que se realiza en los Estatutos de Autonomía de Euskadi, castilla y León y Aragón sin gozar de previsión constitucional expresa. Los estatutos de Autonomía de Aragón, Extremadura, la Comunidad Valenciana o la Comunidad canaria contemplan la convocatoria de referéndums de ratificación de reforma estatutaria a lo que debe sumarse lo establecido por la Ley Orgánica 7/1985, de 2 de abril, reguladora de bases de régimen local en materia de referéndums locales.

Las SSTC 103/2008 y 31/2010, el Tribunal Constitucional establecieron que la competencia estatal de autorización para la convocatoria de consultas populares por vía de referéndum debía extenderse a toda la institución referendaria. Posteriormente la STC 31/2015 reiteró la competencia del Estado para regular el referéndum "cualquiera que sea la modalidad o ámbito territorial sobre el que se proyecte"[152]. La STC 137/2015 estableció que mediante normas estatales pueden preverse los supuestos, tipos y formas de referéndum, sus ámbito territoriales, sus procedimientos de desarrollo y garantías y, en fin, el reconocimiento jurídico a dar al pronunciamiento popular[153]. En base a lo expresado en la STC 137/2015 las CC.AA. se veían despojadas de la capacidad de establecer y regular modalidades referendarias autonómicas distintas de las establecidas por la Constitución.

Sin embargo, la Ley Orgánica 5/2007, de 20 de abril, de reforma del Estatuto de Autonomía de Aragón y la Ley Orgánica 1/2011, de 28 de enero, de reforma del Estatuto de Autonomía de Extremadura que abordan la reforma de los Estatutos de Autonomía de ambas CC.AA. a través de lo dispuesto en los arts. 143 y 146 CE, contemplaban la eventual posibilidad de celebrar un referéndum de ratificación de reformas estatutarias, si así lo planteaba la mayoría de sus asambleas legislativas. El art. 152.2 CE contempla la celebración de referéndums de ratificación para la reforma de los estatutos aprobados vía art. 151 CE, no para los que se hubieran desarrollado mediante procedimiento ordinario. De esta forma, los legisladores autonómicos venían a instituir una nueva modalidad de referéndum y lo habrían regulado sin observar lo dispuesto en la LOMR. La respuesta dada por el TC vía STC 31/2010, de 25 de febrero, FJ 147 fue plantear que los Estatutos de Autonomía pueden regular mediante el art. 147.3 CE procedimientos de reforma que contemplen ese mismo referéndum de ratificación de la reforma previa a la sanción, promulgación y publicación de la ley orgánica que la formalice. De este modo, el TC viene, a nuestro juicio a convalidar los referéndums de ratificación, admitiendo la posibilidad de celebrar referéndums previos[154]. Admitidas este tipo de referéndums autonómicos que no tienen reflejo constitucional se daría

---

152 STC 31/2015, de 25 de febrero, FJ 6a.

153 STC 137/2015, de 11 de junio, FJ 4.

154 Nótese que, como expresa el profesor Garrido López, la admisión por el TC de la regulación de referéndums previos por las CC.AA. daría respaldo a la propuesta de

vía libre a la regulación por parte de las CC.AA. de otras modalidades de referéndum[155].

Las SSTC 103/2008 y 31/2010 vinieron a asumir un concepto de referéndum entendido como una llamada al cuerpo electoral para que se pronunciase sobre un asunto de interés general, a través de un procedimiento electoral basado en el censo que gestiona la Administración electoral respaldado por una serie de garantías jurisdiccionales específicas. Frente a esta definición de contornos precisos, las llamadas consultas populares sólo podían ser definidos en oposición a la institución del referéndum lo que en cierta medida abría la posibilidad al legislador autonómico la posibilidad de formular un nuevo instrumento de democracia participativa que permitiera conocer la opinión de la ciudadanía sobre determinadas decisiones políticas sin necesidad de autorización estatal.

A través de este subterfugio se comprende lo hecho por el Parlamento de Cataluña y el Gobierno de la Comunidad Autónoma de Canarias cuando, modificado alguno de los requisitos acumulativos exigidos al referéndum, sumaron al cuerpo electoral a otros colectivos sin derecho de sufragio activo dando lugar a un cuerpo de participantes distintos del censo electoral que habría de participar en una consulta con un procedimiento y unos mecanismos de control que diferían de los que son propios de la institución del referéndum.

En suma, lo realmente relevante para el TC, tal y como expresa en la STC 31/2015, de 25 de febrero, para establecer si una consulta es referendaria o no lo relevante no es el voto directo, ni el uso del censo electoral, sino que "los ciudadanos sean convocados como miembros de una colectividad territorial a la imputar la voluntad popular expresada". Por su parte, en las consultas no referendarias no se solicita la posición de los miembros de la comunidad sino la posición de grupos, colectivos y entidades convocadas a opinar de forma que la participación no se produce desde la condición de ciudadano sino como miembro de un colectivo con unas características determinadas. En base al razonamiento anterior, el TC concluyó que las consultas de carácter sectorial previstas en la Ley 10/2014, de 26 de septiembre eran realmente consultas no referendarias, si bien las consultas populares de carácter general fueron interpretadas como efectivos referéndums que tenían como objetivo respaldar las decisiones políticas a adoptar por las autoridades autonómicas de Cataluña.

---

estatuto político de Euskadi que se encuentra en fase de negociación por parte de los grupos políticos con representación en el Parlamento de Euskadi.

155 I., Lasagabaster Herrarte, I. *Consulta o Referéndum. La necesidad de una nueva reflexión jurídica sobre la idea de democracia*, (Bilbao, LETE Argitaletxea, 2008), 93-94.

Frente a la aparente contradicción surgida de la amplia interpretación que realiza el TC de lo dispuesto en el art. 147.3 CE, el Tribunal procede a reconducir parcialmente su posición mediante lo expresado en la STC 137/2015, de 11 de junio cuando, tras reiterar que la competencia en lo tocante a la institución del referéndum corresponde en exclusiva al Estado, afirma que esto no significa que no puedan en ningún caso los Estatutos de Autonomía alguna competencia a las CC.AA. en materia de ejecución o complemento normativo de los preceptos normativos que vengan a ordenar otros tipos de consultas referendarias siempre que se hiciera sobre competencias que sean propias de la Comunidad Autónoma en cuestión[156], reconociéndose así que la competencia exclusiva sobre el referéndum no es "absoluta" sino que cabe la posibilidad que dicha competencia sea "compartida" y así lo afirma cuando reconoce que la competencia sobre desarrollo legislativo y ejecución del sistema de consultas populares en la Comunidad Autónoma de Canarias, habilitaría al legislador autonómico "complementar o integrar en aspectos accesorios la entera disciplina de la institución del referéndum"[157]. De este modo, al legislador estatal le incumbe encajar la nueva consulta en la LOMR donde queden recogidos sus principales rasgos quedando en manos del legislador autonómico la regulación de cuestiones accesorias y complementarias de su régimen jurídico[158].

En estos términos la posibilidad de regular desde el ámbito autonómico las consultas populares de carácter referendario es posible apoyándonos en lo establecido en las SSTC 51/2017 y 90/2017 que avalan la asunción por parte de las CC.AA. de competencias compartidas de desarrollo legislativo y de ejecución en materia de consultas referendaria, siempre esa competencia este recogida en su estatuto de autonomía, que en el ámbito estatal se regulen los elementos principales del derecho de participación política mediante referéndum y que se mantenga en la esfera competencial del Estado la autorización de las consultas y las condiciones que permitan su celebración en un contexto de igualdad para el ejercicio del derecho que consigna el art. 23.1 CE.

Con el objetivo de facilitar el ejercicio de participación directa de la ciudadanía puede plantearse la posibilidad de fijar nuevas modalidades de referéndums a través de los propios estatutos de autonomía que son blo-

---

156 STC 137/2015, de 11 de junio FJ 4.

157 En la misma dirección véase STC 51/2017, de 10 de mayo cuando plantea que los tipos de consultas referendarias con reflejo constitucional no pone fin a los referéndums admisibles en nuestro ordenamiento.

158 STC 137/2015 FJ 7 y STC 90/2017, de 5 de julio.

que de constitucionalidad sin tener que recurrir a la Ley Orgánica 2/1980, de 18 de enero, si bien esta opción ha sido neutralizada por la propia posición del TC manifestada a través de las SSTC 51/2017 y 90/2017 que plantean que la regulación deseable debería contar con un establecimiento que pasase por la LOMR en lo relativo a los conceptos genéricos y por el propio estatuto de autonomía como principio que habilitara al poder legislativo de las CC.AA.

En base a lo expresado por Garrido López, la posición mayoritaria de la doctrina pasa por incorporar en la propia Ley Orgánica 2/1980, de 18 de enero, de un artículo con especificaciones de procedimiento de carácter general para la regulación de convocatorias de las consultas referendarias autonómicas quedando el desarrollo normativo y la ejecución de las cuestiones complementarias en manos de las CC.AA. que actuaran con la cobertura que les brindan sus respectivos Estatutos de Autonomía[159]. A fin de disipar los temores sobre que una eventual reforma de la LOMR que dé cabida a nuevas formas de consultas referendarias autonómicas pudiera abrir a quienes quieran emplear la institución del referéndum para sus aspiraciones soberanistas deben oponerse las garantías institucionales existentes tales como la autorización estatal de una eventual convocatoria, el control de constitucionalidad de la legislación autonómica de desarrollo o la aplicación de los arts. 161.2 o 155 CE llegado el momento.

En un Estado democrático que se consolida, la ciudadanía reclama el acceso a nuevos mecanismos de participación directa en los asuntos públicos a fin de dotar a las decisiones que los poderes públicos adoptan de una mayor legitimidad, por lo que las unidades que constituyen el Estado descentralizado deberían disponer en de la institución del referéndum en el ámbito autonómico para conocer la posición de la ciudadanía sobre materias de su interés como ya ocurre en el ámbito local.

La interpretación realizada por el Tribunal Constitucional de la figura del referéndum autonómico y su regulación ha provocado en cierta medida la pérdida del objeto para el que fue planteado por el legislador surgiendo como respuesta a nivel autonómico y a nivel local otro tipo de consultas de carácter no referendario que tiene como objetivo pulsar la posición de la ciudadanía sobre asuntos de interés que se inscriban dentro de las competencias de la administración convocante.

---

159 J.L., López González, *El referéndum en el sistema español de participación política*, (Valencia: Universidad Politécnica de Valencia 2005), 10. N. Pérez Sola, *La regulación constitucional del referéndum*, (Jaén: Universidad de Jaén, 1994), 13.

Las posibilidades que tienen las Comunidades Autónomas en materia de convocatoria de referéndums autonómicos en el ámbito territorial de la misma y en base a una cuestión de competencia autonómica sin previsión constitucional es muy limitado pues para poder materializar referéndums autonómicos debería modificar la LO 2/1980 pudiendo las CC.AA. regular solamente cuestiones complementarias del referéndum. En este sentido resultaría más pertinente con lo establecido en los arts. 81.1 y 92 CE sería disminuir el grado de actuación estatal ciñéndola a la configuración del derecho fundamental de participación política, abriendo de este modo la posibilidad a las CC.AA. para la creación de tipos de referéndums de perfil autonómico sobre la base de la legitimación que sus Estatutos de Autonomía les brindan al ser éstos leyes orgánicas. Si debe ser una ley orgánica la que regule el referéndum (art. 92.3 CE) no debe ser necesariamente la Ley Orgánica 2/1980, de 18 de enero, sobre regulación de las distintas modalidades de referéndum la que lo haga. Cabe plantear cierto disenso con lo planteado por el Tribunal Constitucional cuando anuda toda regulación de las distintas modalidades de referéndum a lo establecido en la LOMR ya que, siempre que el referéndum establecido se base en cuestiones de competencia autonómica, que no invada competencias estatales y se solicite la autorización para su celebración (art. 149.1. 32ª CE).

Cabe orientar la posibilidad de ampliar la capacidad del legislador autonómico, si no se asume el hecho de regular la celebración de consultas referendarias a través de lo establecido en los distintos Estatutos de Autonomía, puede plantearse la modificación de la LOMR incluyendo en la misma la figura del referéndum consultivo autonómico dejando a las CC.AA. rango de maniobra para reflejar en sus Estatutos los principios esenciales de este referéndum para un posterior desarrollo legislativo autonómico, respetando la necesaria autorización para su materialización en base a lo establecido en el art. 149.1.32ª.En esta visión podemos incluir la variante que introduce el profesor López Rubio que, partiendo de la experiencia autonómica en materia de iniciativa legislativa popular permitieran nuevas modalidades de referéndum con autorización estatal lo que permitiría sortear la amenaza de utilización de los referéndums autonómicos como medio que dé cobertura a iniciativas secesionistas. De este modo se permitiría la creación de referéndums de carácter autonómico sobre cuestiones de su competencia en línea con el uso que se realiza de las consultas referendarias en estados federales donde el uso de dichas consultas no implica cuestionar la unidad nacional sino pulsar la posición de la comunidad de una región en aquellas cuestiones que pueden ser reguladas por el poder autonómico.

Transcurridos 44 años desde la aprobación de la Constitución Española se hace necesario iniciar un proceso de reflexión entre los distintos actores políticos sobre la conveniencia de introducir instrumentos que permitan profundizar en la participación directa de la ciudadanía tanto en el ámbito estatal como en el ámbito autonómico, siendo de interés poder incorporar al texto constitucional el referéndum autonómico con una delimitación taxativa de los elementos de desarrollo de la normativa estatal que corresponda desplegar a las Comunidades Autónomas. De no darse la opción de acometer dicha reforma constitucional, siempre que la consultas referendarias de orden autonómico se inserten en su ámbito competencial éstas podrían desarrollarse en los mismos términos que se desarrolla la Iniciativa Legislativa Popular de ámbito autonómico. Si pudiera materializarse una ley orgánica que regulara los referéndums autonómicos no tiene que implicar que los procesos referendarios autonómicos sean puestos al servicio de un eventual proceso secesionista.

Bibliografía y fuentes

Aguado Renedo, C. "Referéndum autonómico y jurisprudencia constitucional" *Teoría y Realidad Constitucional*, núm. 28 (2011): 541-554.

Aguado Renedo, C., *El referéndum autonómico*, en María Portilla, F. J. (Dir.), *Pluralidad de ciudadanos, nuevos derechos y participación democrática.* Madrid: Cuadernos y Debate, CEPC, 2011, pp. 389-419.

Aguiar de Luque, L., *Democracia directa e instituciones de democracia directa en el ordenamiento constitucional español.* En: López Guerra, L., Trujillo, G., y González Trevijano, P., *La experiencia constitucional (1978-2000)* Madrid: Centro de Estudios Políticos y Constitucionales, 2000.

Aguilera de Prat, C.R. "El uso del referéndum en la España democrática (1976-1986)", Revista de Estudios Políticos, 75, 1992, pp. 147 y ss.

Alonso de Antonio, A.L. "La Ley catalana de consultas populares de 2014" *Revista de Derecho Político*, núm. 101 (2018): 607-628.

Alonso García, N. y Seijas Villadangos, E., *Consultas populares autonómicas: ¿hay vida más allá de Cataluña?* En Pérez-Moneo, M. y Vintró Castells, J. (coords.). *Participación política: deliberación y representación en las Comunidades Autónomas*. Madrid: Congreso de los Diputados,2 017.

Alonso García, N., La *distinción género-especie: reflexiones sobre las consultas populares no referendarias y su regulación estatutaria.* En Garrido López, C., Sáenz Royo, E., Biglino Campos, P., Pérez Sola, N., Salcedo Janini, T., Martín Núñez, E. Pérez Alberdi, Mª.R. *Referéndums y consultas populares en el Estado autonómico*, Madrid: Marcial Pons, 2019.

Álvarez Montoto, J., "Las consultas populares en el ámbito local", en *El Consultor de los Ayuntamientos*, núm. 2, (2009): 188-202.

Álvarez Vélez, M. I., "Cataluña, las Consultas populares y el referéndum: Comentario a la STC 51/2017, de 10 de mayo de 2017", núm. 41, Teoría *y Realidad Constitucional*, (2018): 435-446.

Aragón Reyes, M., *Constitución y democracia*. Madrid, Tecnos, 1989.

Aragón Reyes, M., *Planeamiento general: partidos políticos y democracia directa*, en Biglino Campos, P. (coord.), *Partidos políticos y mediaciones de la democracia directa*. Madrid: Centro de Estudios Políticos y Constitucionales, 2016.

Bar Cendón, A., "El proceso independentista de Cataluña y la doctrina jurisprudencial: Una visión sistemática" *Teoría y Realidad Constitucional*, núm. 37(1), 2016: 187-220.

Bayón, J.C., *Democracia y derechos: problemas de fundamentación del constitucionalismo*, en VV.AA. *Constitución y derechos fundamentales*. Madrid: Ministerio de la Presidencia: Secretaría General Técnica, 2004.

Biglino Campos, P., *La funcionalidad del referéndum en los estados miembros y finalidades del federalismo*. En Garrido López, C., Sáenz Royo, E., Pérez Sola, N., Salcedo Janini, T., Martín Núñez, E., Pérez Alberdi, Mª. R., Expósito Gómez, E., *Referéndums y consultas populares en el Estado autonómico*. Madrid: Marcial Pons, 2019.

Böckenförde, E.W., *Estudios sobre el Estado de Derecho y la democracia*. Madrid: Trotta, 2000.

Boix Palop, A. (2017); "El conflicto catalán y la crisis constitucional española: una cronología", El *Cronista del Estado Social y Democrático de Derecho*, núm. 71-72 (2017):172-181.

Bossacoma i Busquets, P., "Competències de la Generalitat de Catalunya sobre regulació i convocatoria de consultes populars", *Revista d'Estudis autonómics i federals*, núm. 15, (2012): 241-286.

Bueno Armijo, A., "Consultas populares y referéndum consultivo: una propuesta de delimitación conceptual y de distribución competencial", *Revista de Administración Pública*, núm. 177, (2008): 195-228.

Bueno Armijo, A.: "La discutida aceptación de los referéndums autonómicos: el caso vasco", en *El Cronista del Estado Social y Democrático de Derecho*, núm. 6, (2009):72.

Cabellos Espiérrez, M.A, "La relación derechos-Estado autonómico en la Sentencia sobre el Estatuto valenciano", *Revista d'Estudis Autonòmics i Federals*, núm. 7, (2008): 106-144.

Carrasco Durán, M., "Referéndum versus consulta", *Revista de Estudios Políticos*, núm. 160 (2013): 13-41.

Castellà Andreu, Josep Mª, Los derechos constitucionales de participación política en la Administración Pública, Barcelona: CEDECS, 2001.

Castellà Andreu, Josep Mª, "La competencia en materia de consultas populares por la vía de referéndum en la Sentencia 31/2010 sobre el Estatuto de Autonomía de Cataluña", *Revista Catalana de Dret Públic*, núm. 1, (2010): 308-315.

Castellà Andreu, Josep Mª, "Principles, rights and participatory institutions in the reformed statutes", *Perspectives on federalism*, núm. 4 (1) (2012): 20-38.

Castellà Andreu, Josep Mª, "Consultas populares no referendarias en Cataluña. ¿Es admisible constitucionalmente un TERTIUM GENUS entre referéndum e instituciones de participación ciudadana?", Revista *Aragonesa de Administración Pública*, núm. 14 (2013):121-155.

Castellà Andreu, Josep Mª (2013), *Democracia, reforma constitucional y referéndum de autodeterminación en Cataluña.* En: Álvarez Conde, E. y Souto Galván, C., *El Estado autonómico en la perspectiva de 2020*, Madrid: Universidad Rey Juan Carlos, Instituto de Derecho Público,2013.

Castellà Andreu, Josep Mª, *Derecho a decidir, secesión y formas de democracia. Un diálogo constitucional entre Italia y España*, en Capuccio, L., y Corretja Torrens, M. (eds.): *El derecho a decidir: un diálogo italo-catalán*, Barcelona: Institut d'Estudis Autònomics, 2014.

Castellà Andreu, Josep Mª, *El referéndum en la Constitución: ¿es necesario un replanteamiento de la institución?* En Cascajo Castro, J.L, y Martín de la Vega, A., *Participación, representación y democracia.* XII Congreso de la Asociación de Constitucionalistas de España, Valencia: Tirant Lo Blanch, 2016.

Castellá Andreu, Josep. Mª, "Tribunal constitucional y proceso secesionista catalán: Respuestas jurídico-constitucionales a un conflicto político-constitucional" *Teoría y Realidad Constitucional*, núm. 37, (2016):561-592.

Cebrián Zazurca, E. (2019). La novela del 9-N: claves jurídicas y políticas alrededor de una consulta en Cataluña. En C. Garrido López, E. Sáenz Royo, N. Pérez Sola, T. Salcedo Janini, E. Martín Núñez, M. Pérez Alberdi,... E. Expósito Gómez, Referéndums y consultas populares en el estado autonómico (pp. 259-274). Madrid: Marcial Pons.

Cebrián Zazurca, E. *Algunas notas acerca de los referéndums de ratificación de la reforma estatutaria en las Comunidades Autónomas del art. 143 CE*, Revista Aragonesa de Administración Pública, núm. 56 (2021): 326-341.

Chambers, Simone, "Making Referendums Safe for Democracy", en *Swiss Political Science Review*, n.um. 24 (3) (2018):305-311

Corcuera Atienza, J., "Soberanía y Autonomía. Los límites del "Derecho a Decidir". (Comentario de la STC 103/2008)", Revista *Española de Derecho Constitucional*, núm. 86, (mayo-agosto 2009): 303-341.

Cruz Villalón, P., "El referéndum consultivo como modelo de racionalización constitucional", *Revista de Estudios político*s, núm. 13, (1980): 145-168.

Cuesta López, V., "Participación directa e iniciativa legislativa del ciudadano en democracia constitucional". Pamplona: Civitas, Pamplona, 2008.

De la Quadra Salcedo-Janini, T., "Los límites constitucionales a las consultas populares referendarias autonómicas", *Revista General de Derecho Constitucional*, núm. 25, (2017): 113-136.

De Miguel Bárcena, J., "El proceso soberanista ante el Tribunal Constitucional", Revista *Española de Derecho Constitucional*, núm. 113, (2018): 133-166.

Ezeizabarrena Sáenz, X., "Prospecciones petrolíferas en canarias y consulta popular" *Revista Aranzadi de Derecho Ambiental*, núm. 31 (2015): 373-388.

Enériz Olaechea, F. J., "Las consultas populares por vía de referéndum de las Comunidades Autónomas. Un comentario sobre la STC 51/2017, de 10 de mayo: por una reforma de la Ley Orgánica de modalidades de referéndum para posibilitar estas consultas", *Revista Aranzadi Doctrinal*, núm. 9, (2017):113-133.

Expósito Gómez, Enriqueta, y Castellà Andreu, Josep Mª, *Los derechos políticos ante la Administración en el Estatuto de Autonomía de Cataluña*, en Aparicio, Miguel Ángel (Ed.): *Derechos y principios rectores en los Estatutos de Autonomía*. Barcelona, Atelier, 2008.

Expósito Gómez, Enriqueta, "Participación ciudadana en el gobierno local: Un análisis desde la perspectiva normativa", *Revista Aragonesa de Administración Pública* (Monografías), XIV, (2013):361-401.

Fernández Cañueto, D., *Representación política y Constitución española*, Madrid: Marcial Pons, Madrid, 2019.

Fernández Ramos, S., *La información y participación ciudadana en la Administración local*, Barcelona: Bosch, 2005.

Fernández Ramos, S., *Los cauces de participación ciudadana en la Administración local*, en Almonacid Lamelas, V. (Dir.), *Estudios sobre la modernización de la Administración local: teoría y práctica*, Madrid: *La Ley-El Consultor*, 2009.

Ferreres Comella, V., "Cataluña y el derecho a decidir", *Teoría y Realidad Constitucional*, núm. 37, (2016): 461-475.

Font, J., y Gómez Fortes, B., ¿Cómo votamos en los referéndums? Catarata. Madrid, 2014.

Font Llovet, T., "El referéndum local a Espanya", en *Autonomies. Revista Catalana de Dret* Públic, núm. 2-3, (diciembre 1985).

Fossas Espadaler, "Interpretar la política. Comentario a la STC 42/2014, de 25 de marzo, sobre la Declaración de soberanía y el derecho a decidir del pueblo de Cataluña", *Revista Española de Derecho Constitucional*, núm. 101, (2014):273-300.

García-Escudero Márquez, P., "Consideraciones sobre el procedimiento agravado de reforma de la Constitución de 1978", *Cuadernos de Derecho Público*, núm. 27 (enero-abril 2006):147-161.

Garrido López, C., *El debate sobre los riesgos y los límites de los referéndums en perspectiva comparada*, en Sáenz Royo, E. y Garrido López, C. (coords.), *La funcionalidad del referéndum en la democracia representativa*, Valencia: Tirant Lo Blanch, 2017.

Garrido López, C., "La utilidad del referéndum como acicate y contrapeso en las democracias representativas", en *Revista de Estudios Políticos*, núm. 181, (2018):135-165.

Garrido López, C., Sáenz Royo, E., *El referéndum autonómico y la peculiaridad española*. En Garrido López, C., Sáenz Royo, E., Biglino Campos, P., Pérez Sola, N., Salcedo Janini, T., Martín Núñez, E., Tajadura Tejada, J., *Referéndums y consultas populares en el Estado autonómico*, Madrid: Marcial Pons, 2019.

Garrorena Morales, Ángel, Teoría y práctica española del referéndum, en *Anales de la Universidad de Murcia,* núm. 3-4, (1977):79-108.

Ibáñez Macías, A., *El referéndum local en España: régimen jurídico*, Cádiz: Universidad de Cádiz, 2005.

Ibáñez Macías, A., *El derecho constitucional a participar y la participación ciudadana local*, Madrid: Grupo Difusión, 2007.

Ibáñez Macías, A., "¿Qué es un referéndum? Comentario a la Sentencia del Tribunal Constitucional 103/2008, de 11 de septiembre", *Revista Aranzadi Doctrinal*, núm. 2/2009, (2009): 33-48.

Ibáñez Macías, A., Los referendos regional y local en el estado autonómico: sus bases y límites constitucionales. *Revista Vasca de Administración Pública. Herri-Arduralaritzako Euskal Aldizkaria,* núm. 97, (2013): 97-138.

Laporta, F.J., "Los problemas de la democracia deliberativa", en *Claves de razón práctica*, núm. 109, (2001): pp. 22-28.

Lasagabaster Herrarte, I. *Consulta o Referéndum. La necesidad de una nueva reflexión jurídica sobre la idea de democracia*, Bilbao: LETE Argitaletxea, 2008.

Linde Paniagua, E., Herrero Lera, M., "El referéndum en la Constitución de 1978", *Revista de Derecho Político*, núm. 3, (1979)17-48;

López Basaguren, A., "Sobre referéndum y Comunidades Autónomas. La Ley Vasca de la "consulta" ante el Tribunal Constitucional (Consideraciones con motivo de la STC 103/2008)" *Revista d'Estudis Autonòmics i Federals*, núm. 9, (2009):202-240.

López de Lerma i López, J., "La dudosa competencia exclusiva de la Generalitat de Catalunya para promover consultas populares", en *Diario La Ley*, año XXVIII, núm. 6810, martes, 30 de octubre de 2007.

López Hernández. J., *Referéndums: una inmersión rápida*, Barcelona: Tibidabo, 2017.

López González, J. L., *El referéndum en el sistema español de participación política*, Valencia: Universidad Politécnica de Valencia, 2005.

López Rubio, D., "El referéndum autonómico". *EUNOMÍA. Revista En Cultura de La Legalidad*, núm. 12 (abril-septiembre 2017): 115-130.

López Rubio, D., "La evolución de la jurisprudencia constitucional en materia de referendos autonómicos", *Revista Vasca de Administración Pública/Herri-Arduralaritzarako Euskal Aldizkaria*, núm. 114, (2019): 161-199.

López Rubio, D., La *STC 51/2017 sobre la ley catalana de consultas populares por vía de referéndum en el marco de la jurisprudencia constitucional sobre los referendos autonómicos.* En Garrido López, C., Sáenz Royo, E., Pérez Sola, N., Salcedo Janini, T., Martín Núñez, E., Pérez Alberdi, Mª. R., Expósito Gómez, E., *Referéndums y consultas populares en el Estado autonómico*, Madrid: Marcial Pons, 2019.

Martín Núñez, E., "El referéndum y las consultas populares en las comunidades autónomas y municipios", *Revista Vasca de Administración Pública. Herri-Arduralaritzako Euskal Aldizkaria*, núm. 94, (2012):95-131.

Martín Núñez, E., *Referéndums y consultas populares en los Estatutos de Autonomía: viabilidad, funcionalidad y límites*. En Garrido López, C., Sáenz Royo, E, Biglino Campos, P., Pérez Sola, N., Salcedo Janini, T., Alonso García, M.N., *Referéndums y consultas populares en el Estado autonómico*, Madrid: Marcial Pons, 2019.

Medina Guerrero, M., *Los procesos de control de la constitucionalidad de la ley (II): el control indirecto. La sentencia en los procesos de control de constitucionalidad*, en Caamaño Domínguez, F., Gómez Montoro, A. J., Medina Guerrero, M. y Requejo Pagés, J. L., Jurisdicción y procesos constitucionales, (2.ª ed.), Madrid: McGraw-Hill, 2000.

Montiel Márquez, A., "La participación ciudadana en la vida local. La consulta popular", en *UNED. Boletín de la Facultad de Derecho*, núm. 28, (2006):115-150.

Nino, C.S., "La filosofía del control judicial de constitucionalidad", en *Revista del Centro de Estudios Constitucionales*, núm. 4, (1989):79-88.

Nino, C.S., *La constitución de la democracia deliberativa*, Barcelona: Gedisa, 2003.

Oliver Araujo, J., "El referéndum en el sistema constitucional español", *Revista de Derecho Político*, núm. 29, (1989):141-142.

Pegoraro, L., *Referéndums regionales, plebiscitos, secesiones: un precedente italiano y su enseñanza para España* en Oliver Araujo, J. (Dir.), *El futuro territorial del Estado español. ¿Centralización, autonomía, federalismo, confederación o secesión?*, Valencia: Tirant lo Blanch, 2014.

Pérez Alberdi, M.ª Reyes, "Los derechos de participación en los Estatutos de Autonomía reformados recientemente (Especial consideración al Estatuto de Autonomía para Andalucía)", *Revista de Derecho Político*, núm. 73, (2008): 179-205.

Pérez Alberdi, Mª Reyes, "Derecho de participación en los Estatutos de Autonomía de nueva generación", *Revista Deliberación*, núm. 2, (2012): 35-55.

Pérez Alberdi, Mª Reyes, "Democracia participativa en Andalucía. A propósito del Anteproyecto de Ley de participación ciudadana", *Cuadernos Giménez Abad*, núm. 8, (2014): 167-172.

Pérez Alberdi, Mª Reyes, *Sobre el encaje constitucional de los referéndums consultivos autonómicos a raíz de las SSTC 137/2015 y 51/2017*. En Garrido López, C., Sáenz Royo, E. Biglino Campos, P., Pérez Sola, P., Salcedo Janini, T., Martín Núñez, E., Alonso García, M.N., *Referéndums y consultas populares en el Estado autonómico*, Madrid: Marcial Pons, 2019.

Pérez Sola, N., *La regulación constitucional del referéndum*, Jaén: Universidad de Jaén, 1994.

Pérez Sola, N., "La competencia exclusiva de las Comunidades Autónomas en materia de consultas populares", *Teoría y Realidad Constitucional*, núm. 24, (2009):433-454.

Pérez Sola, N., *Regulación y práctica de los referéndums autonómicos en la Constitución y en la LOMR*. En Garrido López, C., Sáenz Royo, E. Biglino Campos, P., Pérez Sola, P., Salcedo Janini, T., Martín Núñez, E., Alonso García, M.N., Referéndums y consultas populares en el Estado autonómico, Madrid: Marcial Pons, 2019.

Pérez Royo, J., *El cuerpo electoral. La democracia directa.* En Pérez Royo, J., Carrasco Durán, M., *Curso de derecho constitucional*, Madrid: Marcial Pons, 2020.

Ramírez Nárdiz, A. "¿Más participación igual a mejor democracia? Acerca de la crítica a la democracia participativa". *Revista de Derecho Político*, núm. 94, (septiembre-diciembre 2015): 183-218.

Requejo Rodríguez, P., "El referéndum consultivo en España: Reflexiones críticas y algunas propuestas de futuro", *Revista de Estudios de Deusto*, núm. 62, (2014): 261-284.

Ridao i Martin, J., "La poderosa y alargada sombra de la STC 103/2008 sobre la Ley vasca de consulta en el ejercicio del "derecho a decidir" un nuevo marco político para Cataluña" *Revista Vasca de Administración Pública*, núm. 99-100, (2014): 2547-2580.

Ridao i Martín, J., "La configuración normativa del referéndum consultivo sobre decisiones políticas y su alcance territorial. La institución del referéndum en la esfera autonómica", *Revista de La Facultad de Derecho de La Universidad de Granada*, núm. 15, (2012): 383-415.

Ridao i Martín, J., "La juridificación del derecho a decidir en España. La STC 42/2014 y el derecho a aspirar a un proceso de cambio político del orden constitucional", *Revista de Derecho Político*, núm. 1(91), (2014): 91-136.

Ridao i Martín, J., "La oscilante doctrina del Tribunal Constitucional sobre la definición de las consultas populares por la vía de referéndum. Una revisión crítica a través de cuatro sentencias" Revista *Universidad de Deusto*, núm. 63, (2015): 359-385.

Rodríguez Rodríguez, J. L., "Una primera aproximación a la Ley de regulación de las consultas populares locales en Andalucía 2/2001, de 3 de mayo", en *Revista de Estudios de la Administración Local*, núm. 286-287, (2001): 457-493.

Rodríguez Vergara, Á.: *Consultas populares*, en Balaguer Callejón, F. (Dir.): *Reformas estatutarias y distribución de competencias*, Sevilla: IAAP, 2007.

Rodríguez Vergara, A.: "Los derechos y deberes en el nuevo Estatuto de Autonomía para Andalucía", en Aparicio, Miguel Ángel (ed.): Derechos y principios rectores en los Estatutos de Autonomía, Barcelona: Atelier, 2008.

Rodríguez Zapatero, J.L.: "El referéndum consultivo del artículo 92 de la Constitución Española de 1978: un análisis crítico", *Diario La Ley*, núm. 7005, (1986):1156-1166.

Romboli, R. y Panizza, Saulle, *Aspettando il referendum (con el fiato sospeso): Limiti e contenuti della reforma costituzionale Renzi-Boschi.* Torino: Giappichelli. Torino, 2016.

Sanz de Hoyos, C. (2017). *El Derecho de Autodeterminación. Constitución y Normas Internacionales*", Navarra: Aranzadi. 2017.

Sáenz Royo, E.: "¿Es adecuado el referéndum como forma de participación política? Las recientes demandas españolas de referéndums a la luz de la experiencia irlandesa", *Revista de Derecho Constitucional Europeo*, núm. 20, (2013): 245-276.

Sáenz Royo, E., "La regulación del referendo en el Derecho comparado: aportaciones para el debate en España", *Revista Española de Derecho Constitucional*, núm. 108 (2016):123-153.

Sáenz Royo, E., *Propuestas de una regulación adecuada del referéndum desde la teoría de la democracia representativa y desde la práctica del derecho comparado*, en Sáenz Royo, E. y Garrido López, C. (coords.), *La funcionalidad del referéndum en la democracia representativa*. Valencia: Tirant Lo Blanch, (2017):159-184.

Sáenz Royo, E., *El referéndum en España*, Madrid: Marcial Pons, 2018.

Salcedo Janini, T. (2019). *Los referéndums y las consultas populares no referendarias de ámbito autonómico: algunas cuestiones controvertidas*. En Garrido López, C., Sáenz Royo, E. Biglino Campos, P., Pérez Sola, P., Salcedo Janini, T., Martín Núñez, E., Alonso García, M.N., *Referéndums y consultas populares en el Estado autonómico, Madrid*: Marcial Pons, 2019.

Sánchez Ferriz, R., "Un mecanismo de integración federal y ciudadana: las consultas "prenormativas" del ordenamiento constitucional suizo", en *Teoría y Realidad Constitucional*, núm. 36, (2015): 353-376.

Sánchez Morón, M., "Reflexiones sobre la participación del ciudadano en las funciones administrativas en el sistema constitucional español", en *Revista Catalana de Dret Públic*, núm. 37, (2008):223-245.

Subirats, J., *¿Nuevas vías de participación ciudadana en los Gobiernos locales?*, en *La Ley de modernización del Gobierno local*, Barcelona: Fundació Carles Pi i Sunyer d'Estudis Autonòmics i Locals, 2003.

Tajadura Tejada, J.: "Referéndum en el País Vasco (Comentario a la STC 103/2008)", Teoría *y Realidad Constitucional*, núm. 23, (2009): 363-385.

Thomson, R., "EU Treaty Referendums and the European Union", *Journal of European Integration*, núm. 105, (2001):121 y 123.

Tornos Más, J.: "El problema catalán: una solución razonable", *El Cronista del Estado Social y Democrático de Derecho*, núm. 42, (2014): 44-53.

Uriarte Torrealday, R.: "Notas en torno a la admisibilidad constitucional consultas populares de ámbito autonómico", *Revista Vasca de Administración Pública*, núm. 82, (2008):227-257.

Vírgala Foruria, E.: "Crisis de la representación y democracia directa en España", *Revista Parlamentaria de la Asamblea de Madrid*, núm. 29, (2013):11-26.

Zafra Víctor, M., *Órganos y estructuras de participación social*, en La Ley de modernización del Gobierno local, Barcelona: Fundació Carles Pi i Sunyer d'Estudis Autonòmics i Locals, Barcelona, 2003.

Zafra Víctor, M., *Participación ciudadana y calidad de la representación*, en Ruiz-Rico Ruiz, G., Porras Nadales, A. y Revenga Sánchez, M. (coords.), *Regeneración democrática y reforma constitucional*, Valencia: Tirant lo Blanch, 2017.

Legislación

Ley Orgánica 6/2006 de reforma del Estatuto de autonomía de Cataluña, de 19 de julio.
Ley 9/2008 del Parlamento Vasco, de 27 de junio.
Ley 4/2010 del Parlamento de Cataluña, de 17 de marzo.
Ley 5/2010 del Parlamento canario, de 21 de junio.
Resolución 5/X del Parlamento de Cataluña, de 23 de enero de 2013.
Ley 10/2014 del Parlamento de Cataluña, de 26 de septiembre.
Decreto 129/2014 de la Generalitat de Cataluña, de 27 de septiembre.
Decreto 95/2014 del gobierno canario, de 25 de septiembre.
Ley 4/2017 del Parlamento de Cataluña, de 28 de marzo.
Ley 19/2017 del Parlamento de Cataluña, de 6 de septiembre.
Decreto 139/2017 de la Generalitat de Cataluña, de 7 de septiembre.

Jurisprudencia

STC 3/1981, de 2 de febrero de 1981.
STC 25/1981, de 14 de julio de 1981.
STC 67/1985, de 24 de mayo de 1985.
STC 99/1987, de 11 de junio de 1987.
STC 76/1988, de 26 de abril de 1988.
STC 76/1994, de 14 de marzo de 1994,
STC 119/1995, de 17 de julio de 1995.
STC 5/1996, de 16 de enero de 1996.
STC 173/1998, de 23 de julio de 1998.
STC 97/2002, de 25 de abril de 2002.
STC 48/2003, de 12 de marzo de 2003.
STC 135/2006, de 26 de mayo de 2006.
STC 247/2007, de 12 de diciembre de 2007.
STC 12/2008, de 29 de enero de 2008.
STC 103/2008, de 11 de septiembre de 2008.
STC 31/2010, de 28 de junio de 2010
STC 42/2014, de 25 de marzo de 2014.
STC 31/2015, de 25 de febrero de 2015.
STC 32/2015, de 25 de febrero de 2015.
STC 137/2015, de 11 de junio de 2015.
STC 138/2015, de 11 de junio de 2015.
STC 259/2015, de 2 de diciembre de 2015.
STC 51/2017, de 10 de mayo de 2017.
STC 90/2017, de 5 de julio de 2017.
STC 114/2017, de 17 de octubre de 2017.
STC 122/2017, de 31 de octubre de 2017.

Capítulo IX

LA INCONSTITUCIONALIDAD DEL RETIRO PROGRAMADO EN EL SISTEMA DE PENSIONES DE COLOMBIA

Carlos Humberto Vásquez Zamorano

1. *El panorama actual del Sistema General de Pensiones en Colombia*

1.1. Un poco de historia: antecedentes de la reforma de 1993

El objeto del Sistema General de Pensiones (en adelante SGP) es garantizar a la población colombiana el amparo contra las contingencias derivadas de la vejez, la invalidez y la muerte, a través del reconocimiento de pensiones y prestaciones[1]. Hoy en día existen múltiples y variados registros históricos que evidencian la presencia de la idea de "Seguridad Social" en las culturas antiguas. Egipto, Grecia y Roma son algunas muestras de las herramientas y alternativas que usaban los individuos para

---

1 Véase el artículo 10 de la Ley 100 de 1993, "por la cual se crea el Sistema de Seguridad Social Integral y se dictan otras disposiciones", Diario Oficial No. 41.148 del 23 de diciembre de 1993.

encontrar resguardo frente a la vulnerabilidad y el riesgo que caracterizan a la propia vida[2].

En el antiguo Egipto, por ejemplo, existía un "auxilio contra la enfermedad" que era parte del "sistema" de salud pública y financiado a través de impuestos, con el fin de amparar a aquellos egipcios insanos. En Grecia, por su parte, existieron las "asociaciones de trabajadores" con el propósito de brindar una ayuda mutua entre ellos frente a cualquier contingencia. En Roma, en cambio, había un grupo de artesanos que atendían los menesteres fúnebres[3]. En América Latina, al igual que con las anteriores culturas, la necesidad de seguridad y protección llevó a que los Imperios Inca y Azteca desarrollaran modalidades para brindar salud, alimentación o vivienda a su comunidad. La agricultura comunitaria o calpulli fue una medida de la civilización para proporcionar seguridad alimentaria[4].

En Colombia, la historia de la Seguridad Social, si bien tiene antecedentes anteriores a 1900, se consolida en 1946. Para esta época, nació el primer régimen pensional mediante la constitución de la Caja Nacional de Previsión Social (CAJANAL) y de otras cajas a nivel regional y local cuyo propósito era la previsión de los riesgos asociados a la vejez, los accidentes o la salud. Esta creación sólo cubría a empleados y funcionarios públicos.

Para 1967, los empleados del sector privado podrían gozar de su pensión con la creación del Instituto de Seguro Social (ISS) que reglamentó las pensiones de los trabajadores privados y les otorgó estatus de obligatoriedad. El modelo de Seguridad Social que se usaba en aquellos años era uno de Prima Media, en el que cada trabajador contribuía a un fondo común que era el encargado de pagar las mesadas a los individuos pensionados[5].

El SGP era diferente para empleados del sector público y del sector privado. En el caso de los últimos, la financiación de las pensiones co-

---

2 Mora, C.A., "Sistema General de Pensiones y pensión mínima de vejez en Colombia: estimaciones de capital acumulado utilizando gradientes geométricos", *Revista Universidad Externado de Colombia,* 10 de noviembre de 2016, pp. 27-66. Disponible en DOI: https://doi.org/10.18601/17941113.n11.03 (fecha de consulta: 12 de junio de 2023).

3 *Ídem.*

4 Nugent, R., "La seguridad social: su historia y sus fuentes", Instituto de Investigaciones Jurídicas de la *Universidad Nacional Autónoma de México,* 21 de junio de 1997, pp. 603-622.

5 Santa María, M., "El Sistema Pensional en Colombia: retos y alternativas para aumentar la cobertura", *Centro de Investigación Económica y Social – Fedesarrollo*, 12 de abril de 2010, pp. 5-8. Disponible en https://www.repository.fedesarrollo.org.co/bitstream/handle/11445/351/El-sistema-pensional-en-Colombia_Retos-y-alternativas-para-aumentar-la-cobertura-12-de-abril-2011.pdf?sequence=1 (fecha de consulta: 12 de junio de 2023)

rrespondía a los empleadores, los empleados y el Estado. Estos aportes se dividían en 1,5 % a cargo del afiliado, 3 % a cargo del empleador y 1,5 % a cargo del Gobierno. De acuerdo con los cálculos actuariales de la época, se proyectaba que los aportes debían aumentar tres (3) puntos porcentuales cada cinco (5) años hasta alcanzar el 22 % en 1993. Sin embargo, debido al incumplimiento del pago por parte del Estado, las contribuciones solo incrementaron al 6,5 % en 1985. Esta brecha —creciente y sostenida— entre la tasa efectiva y la programada evidenciada la insostenibilidad del régimen pensional. En el caso de los funcionarios públicos, sus aportes eran tan bajos que era el Estado quien asumía la mayor parte de la contribución[6].

Además de lo anterior, la amplia gama de regímenes especiales y cajas administradoras derivaron en beneficios pensionales muy variados. Los trabajadores públicos recibían pensiones de vejez superiores a las que otorgaba el Instituto de Seguro Social entre un 150% y 350 % en algunos casos. Así mismo, los beneficios eran desproporcionados frente al valor capitalizado en las cotizaciones en CAJANAL. Para los trabajadores privados, la pensión de vejez equivalía al 45 % del salario base más tres (3) puntos porcentuales adicionales por cada 50 semanas de cotización adicionales a las 500 requeridas, lo que evidenciaba el desfinanciamiento del SGP desde su comienzo. Por si lo anterior no fuera poco, las obligaciones pensionales del ISS ascendían a la suma de $ 4,7 billones de pesos colombianos para 1992, y solo contaba con una reserva de $ 0,4 billones. En este hilo, el SGP empieza a verse en Colombia como un Sistema débil y no viable financieramente[7].

A fines de 1980, el pago de las pensiones representaba cerca del 4 % del Producto Interno Bruto de Colombia (PIB); además, el gasto en pensiones de las diferentes cajas era superior al del ISS y, en conjunto, superaban la inversión del Estado en campos como la salud o la educación que era del 0,7 % y del 2,1 % respectivamente[8]. De igual forma, los cambios demográficos añadieron nuevos retos al SGP. Para 1970, la esperanza de vida promedio de hombres y mujeres era de 61 años, mientras que, a finales de la década de los ochenta, aquella aumentó a 70 años. Esto suponía

---

6 Ídem.

7 Muñoz, A., Romero, C., Téllez, J., Tuesta, D. "Confianza en el futuro. Propuesta para un mejor sistema de pensiones en Colombia", Norma, Bogotá D.C, 2009, pp. 7-41.

8 Ayala, U. "Introducción a la Seguridad Social y a los Seguros Sociales". En Arévalo, D., Arévalo, E., Rodríguez, O., Ulpiano, A. Estructura y crisis de la seguridad social en Colombia: 1946-1992, Centro de Investigaciones para el Desarrollo-Universidad Nacional de Colombia, Bogotá, pp. 15-69.

la creación de nuevas estrategias o métodos de financiación para cubrir las mesadas de los próximos a jubilarse. Si antes, por cada 100 afiliados solo 2 se pensionaban, para comienzos del siglo XXI la relación cambió de 100 por 21 pensionados[9].

Por lo anterior, la reforma pensional para inicios de los años noventa tenía tres objetivos primordiales: el equilibrio fiscal, el aumento en la cobertura y las mejoras en equidad. Aun cuando Chile —y otros países latinoamericanos— optaron por sistemas de capitalización o ahorro individual, Colombia adoptó un modelo híbrido en el que conviven los Regímenes de Prima Media y de Capitalización Individual. La Ley 100 de 1993 consignó las características y reglas del nuevo SGP de Colombia[10].

1.2. Ajustes con la Ley 100 de 1993: coexistencia de dos regímenes pensionales

La Ley 100 de 1993 instauró un Régimen de Prima Media con Prestación Definida (RPM) y un Régimen de Ahorro Individual con Solidaridad (RAIS). El primero agrupó a cada una de las entidades públicas solventes —como CAJANAL o el ISS—; el segundo, en cambio, fue conformado por las Administradoras de Fondos de Pensiones (AFP), de carácter privado. Aquellos que para el 01 de abril de 1994 cumplían con ciertas características de edad —como ser mujer mayor de 35 años o ser hombre mayor de 40 años— seguían cubiertos por el régimen anterior. Así mismo, fueron exceptuados de las reglas de la Ley 100 los afiliados a regímenes especiales, como las Fuerzas Militares, la Policía Nacional y el Magisterio[11]. Adicional a lo anterior, los pensionados por invalidez al momento de entrar en vigor la disposición normativa, así como los hombres mayores de 55 años y las mujeres mayores de 50 años fueron excluidos del RAIS, salvo que quisieran cotizar 500 semanas por lo menos[12].

La Ley 100 de 1993 estableció los nuevos parámetros de afiliación y pensión para el RPM y el RAIS. La tasa de cotización, la edad de jubilación o las condiciones para acceder a una pensión son algunos de los temas que regula esta normativa en Colombia, y que vale la pena explicar

---

9 Muñoz, A., Romero, C., Téllez, J., Tuesta, D. "Confianza en el futuro. Propuesta para un mejor sistema de pensiones en Colombia", *op. cit.*, p. 13.

10 Ídem.

11 Ibidem, p. 14

12 Véase el artículo 61 de la Ley 100 de 1993, "por la cual se crea el Sistema de Seguridad Social Integral y se dictan otras disposiciones", Diario Oficial No. 41.148 del 23 de diciembre de 1993.

con detalle para percibir la manera en la que se estructura un SGP que pretende proteger a los afiliados ante riesgos de invalidez y muerte.

2. *El Régimen de Ahorro Individual con Solidaridad en Colombia*

El RAIS engloba un conjunto de entidades, normas y procedimientos encargados de administrar los recursos privados y públicos destinados al pago de pensiones y prestaciones de los afiliados. Este régimen se basa en el ahorro generado a través de las cotizaciones y los rendimientos financieros correspondientes. Se sustenta, además, en el principio de solidaridad, que se materializa a través de las garantías de pensión mínima y los aportes al Fondo de Solidaridad. Asimismo, fomenta la competencia entre diferentes entidades administradoras del sector privado, sector público y sector social solidario, brindando a los afiliados la libertad de elección[13].

En palabras de la Corte Constitucional, en el RAIS: "los aportes no ingresan a un fondo común como en el régimen de prima media, sino que son depositados en una cuenta individual de cada afiliado, siendo el capital acumulado el elemento determinante del derecho. Por tal razón, la pensión se causa cuando se cumple la condición de reunir en la respectiva cuenta individual el monto suficiente para financiar la pensión, cuya cuantía será variable —no definida como el régimen de prima media— y proporcional a los valores acumulados"[14]

Adicional a lo anterior, las administradoras ofrecen diversos Fondos de Pensiones bajo el esquema "Multifondos". Esta modalidad permite a los afiliados, una vez informados, seleccionar aquellos fondos que se ajusten mejor a sus edades y perfiles de riesgo. El objetivo es lograr una adecuada conformación de la cuenta individual y una gestión eficiente de los recursos por parte de la administradora, con el propósito de obtener el mejor rendimiento posible al final del período de acumulación de aportes, o hasta que el afiliado y/o sus beneficiarios tengan derecho a la pensión bajo la modalidad de retiro programado, en caso de ser aplicable[15].

Sobre el esquema de "Multifondos" es importante resaltar que su origen se debe a la inestabilidad financiera de 2008. Durante este año, Estados Unidos sufrió un colapso en el mercado inmobiliario que repercutió

---

13 Véase el artículo 59 de la Ley 100 de 1993, "por la cual se crea el Sistema de Seguridad Social Integral y se dictan otras disposiciones", Diario Oficial No. 41.148 del 23 de diciembre de 1993

14 Véase la Sentencia de la Corte Constitucional de Colombia SU-130-2013 del 13 de marzo de 2013, Magistrado Ponente Dr. Gabriel Eduardo Mendoza Martelo.

15 Ídem.

en los mercados globales y, por supuesto, en Colombia. Si bien en nuestro país no fue tan severa como en otros, sí experimentó una desaceleración en su crecimiento, principalmente debido a la disminución de la demanda externa y la caída en los precios de los productos básicos, junto con una notable reducción del crédito y el aumento de la morosidad. El Gobierno, así las cosas, implementó medidas para mitigar los efectos de la crisis, como la flexibilización de la política monetaria y la adopción de programas de estímulo económico. Aunque la economía logró recuperarse en los años siguientes, la crisis financiera de 2008 dejó lecciones importantes y resaltó la importancia de contar con mecanismos sólidos de regulación y supervisión financiera[16].

Uno de esos mecanismos fue, precisamente, la creación del "Sistema Multifondos". Dicha herramienta o alternativa debía responder a los distintos perfiles de los riesgos de los afiliados al RAIS. La Ley 1238 de 2009[17] creó cuatro (4) fondos de pensiones con portafolios de inversión diversos. En la "etapa de acumulación" están los fondos: conservador, moderado y de mayor riesgo; en la "etapa de desacomulación" está el fondo especial para los pensionados bajo la modalidad de retiro programado[18].

En pocas palabras, dentro de las tres opciones iniciales de la "etapa de acumulación", el afiliado puede elegir libremente la que prefiera, con la posibilidad de cambiar cada seis (6) meses. Si no hace ninguna elección, la AFP le asignará un fondo por defecto siguiendo tres reglas principales: i) se distribuirán los aportes en los fondos de mayor riesgo y moderado según género y edad, siguiendo los porcentajes establecidos en el Decreto 959 de 2018, que modificó el artículo 2.6.11.1.5 del Decreto 2555 de 2010; ii) se transferirán los saldos del primer fondo mencionado al segundo cuando se cumplan ciertos requisitos establecidos en la misma disposición; y iii) anualmente se realizará un traslado de los saldos del fondo moderado al conservador para aquellos afiliados que tengan 50 años si son mujeres, y 55 años si son hombres, acorde con los criterios establecidos en el artículo 2.6.11.1.6 del Decreto 2555 de 2010[19].

---

16 Martínez, K., "El retiro programado del RAIS y los reajustes pensionales: ¿Un choque de derechos que en el tiempo atenta contra el pensionado?", *Pontificia Universidad Javeriana*, 2020, p. 16.

17 Esta Ley fue reglamentada por el Decreto 2555 d2 2010 y modificada por el Decreto 959 de 2018.

18 Martínez, K., "El retiro programado del RAIS y los reajustes pensionales: ¿Un choque de derechos que en el tiempo atenta contra el pensionado?", *Pontificia Universidad Javeriana*, 2020, p. 17.

19 Ídem.

Cada fondo está destinado a individuos diferentes, según el riesgo que desean asumir y de acuerdo con la edad que posean. Así las cosas, el fondo de mayor riesgo está dirigido a personas jóvenes que pueden asumir una mayor volatilidad en busca de mayores retornos a largo plazo. En contraste, el fondo conservador es para aquellos cerca de la edad de jubilación, que buscan poca volatilidad y un crecimiento constante en el corto plazo. El fondo moderado, por su parte, es adecuado para personas de edad y riesgos intermedios, que desean un crecimiento moderado y constante. Por último, el fondo especial de retiro programado tiene un perfil de riesgo conservador, diseñado para aquellos que han terminado su vida laboral y buscan una rentabilidad promedio para mantener su capital y cubrir sus pagos de pensión[20].

2.1. Características del RAIS según la Ley 100 de 1993

Dentro de las características del RAIS podemos mencionar las siguientes. En primer lugar, los afiliados al régimen tienen derecho al reconocimiento y pago de las pensiones de vejez, invalidez y sobrevivientes, así como indemnizaciones correspondientes. La cuantía de estas prestaciones dependerá de los aportes realizados por los afiliados y empleadores, los rendimientos financieros generados y los subsidios estatales, en caso de aplicar. En segundo lugar, parte de los aportes anteriores se capitalizarán en la cuenta individual de ahorro pensional de cada afiliado. Otra parte se destinará al pago de primas de seguros para cubrir pensiones de invalidez y sobrevivientes, así como asesoría para contratar la renta vitalicia. Además, se utilizarán para financiar el Fondo de Solidaridad Pensional y cubrir los costos de administración del régimen. Las cuentas de ahorro pensional —cabe aclarar— serán administradas por entidades autorizadas, las cuales estarán sujetas a la vigilancia y control del Estado[21].

En tercer lugar, los afiliados al RAIS tienen la libertad de elegir y trasladarse entre las entidades administradoras y los Fondos de Pensiones que estas gestionan, de acuerdo con la regulación aplicable. También tienen la opción de seleccionar la aseguradora con la cual contratar las rentas o pensiones. Dentro del esquema de "Multifondos", el Gobierno establecerá reglas de asignación para aquellos afiliados que no elijan un fondo de pen-

---

20 Ibidem, p. 18.

21 Véase el artículo 60 de la Ley 100 de 1993, "por la cual se crea el Sistema de Seguridad Social Integral y se dictan otras disposiciones", Diario Oficial No. 41.148 del 23 de diciembre de 1993.

siones dentro de los plazos establecidos por las normas correspondientes. Estas reglas considerarán la edad y el género del afiliado[22].

Igualmente, las entidades administradoras tienen la obligación de informar de manera clara y precisa a los afiliados acerca de sus derechos y obligaciones, para que puedan tomar decisiones informadas. Por su parte, el afiliado debe manifestar de forma libre y expresa a la administradora correspondiente que comprende las consecuencias derivadas de su elección en cuanto a los riesgos y beneficios que caracterizan a dicho fondo. La implementación de lo anterior está sujeta a la exigencia por parte de la Superintendencia Financiera hacia las entidades administradoras de pensiones. Estas deberán diseñar, desarrollar y llevar a cabo campañas de educación financiera previsional, con el objetivo de que los afiliados conozcan, comprendan y entiendan los efectos de las medidas establecidas[23].

En cuarto lugar, el conjunto de las cuentas individuales de ahorro pensional conforma un patrimonio autónomo denominado fondo de pensiones, que pertenece a los afiliados y es independiente del patrimonio de la entidad administradora. En quinto lugar, las entidades administradoras deben garantizar una rentabilidad mínima para el fondo de pensiones que administran. El patrimonio de las entidades administradoras garantiza el pago de esta rentabilidad mínima y el desarrollo de la actividad de administración del fondo de pensiones. En sexto lugar, ell Estado garantiza los ahorros de los afiliados y el pago de las pensiones a las que estos tienen derecho, en caso de incumplimiento de las obligaciones por parte de las entidades administradoras o aseguradoras[24].

En séptimo lugar, los afiliados al Régimen que hayan realizado aportes o cotizaciones a ISS, cajas, fondos o entidades del sector público, o que hayan trabajado en empresas responsables de las pensiones de sus empleados y trasladen la parte proporcional correspondiente según el cálculo actuarial, tienen derecho al reconocimiento de bonos pensionales. En octavo —y último lugar— el Estado aportará los recursos necesarios para garantizar el pago de pensiones mínimas cuando la capitalización de los aportes y sus rendimientos financieros sean insuficientes, siempre que los afiliados cumplan con las condiciones establecidas y en virtud del principio de solidaridad[25].

Es importante, además, resaltar lo regulado en el artículo 61 de la Ley 100 de 1993, puesto que menciona las personas excluidas del RAIS.

---

22 Ídem.
23 Ídem.
24 Ídem.
25 Ídem.

De acuerdo con sus literales, no harán parte de este régimen i) aquellos individuos pensionados por invalidez a través del ISS o cualquier fondo, caja o entidad del sector público, y ii) aquellos que, al entrar en vigencia el sistema, tengan cincuenta y cinco (55) años o más si son hombres, o cincuenta (50) años o más si son mujeres, a menos que decidan cotizar quinientas (500) semanas en el nuevo régimen como mínimo[26].

Sobre la pensión de vejez —significativa por el objeto de estudio del presente trabajo— el artículo 64 de la Ley 100 de 1993 establece que en el RAIS los afiliados tienen el derecho de solicitarla cuando alcancen la edad que elijan, siempre y cuando el capital acumulado en su cuenta de ahorro individual sea suficiente para obtener una pensión mensual superior al 110% del SMLMV, ajustado anualmente según la variación porcentual del IPC. Sin embargo, si, a pesar de cumplir con los requisitos para acceder a la pensión, el trabajador decide continuar cotizando, el empleador estará obligado a realizar las cotizaciones correspondientes mientras exista una relación laboral y hasta que el trabajador cumpla sesenta (60) años si es mujer o sesenta y dos años (62) si es hombre[27].

Sobre lo anterior, la Corte Constitucional de Colombia se pronunció en Sentencia C-086 de 2002. El ciudadano Leonardo Cañón Ortegón demandó varias disposiciones de la Ley 100 de 1993, en particular los artículos 59 y 60 que definen y caracterizan al RAIS. En su demanda, solicitó que se declarara la inexequibilidad por carecer del principio constitucional de solidaridad[28].

2.2. El RAIS vs el principio de solidaridad

En ejercicio de la Acción Pública de Inconstitucionalidad, el accionante afirma, por un lado, que el RAIS es una institución de "carácter individual" que, con el paso del tiempo, ha sido superada por otras instituciones de seguridad social debido a su carencia de solidaridad. Aunque el ahorro individual aún se mantiene como un mecanismo de protección de necesidades, el desarrollo de la seguridad social ha sido impulsado por instituciones como la previsión colectiva, los seguros privados y los seguros

---

26 Véase el artículo 61 de la Ley 100 de 1993, "por la cual se crea el Sistema de Seguridad Social Integral y se dictan otras disposiciones", Diario Oficial No. 41.148 del 23 de diciembre de 1993.

27 Véase el artículo 64 de la Ley 100 de 1993, "por la cual se crea el Sistema de Seguridad Social Integral y se dictan otras disposiciones", Diario Oficial No. 41.148 del 23 de diciembre de 1993.

28 Véase la Sentencia de la Corte Constitucional de Colombia C-086-2002 del 13 de febrero de 2002, Magistrado Ponente Dra. Clara Inés Vargas.

sociales obligatorios, todos ellos basados en el concepto de solidaridad, que debe estar presente explícitamente en sus instituciones y regímenes[29].

Por otro lado, determina que el principio de solidaridad se presenta de manera excepcional en el RAIS en dos situaciones. La primera, cuando los esfuerzos individuales de ahorro no son suficientes para acumular el capital necesario para una pensión mínima, en cuyo caso se recurre a la solidaridad para completar el monto requerido. La segunda situación se refiere a la obligación de las personas que devengan más de cuatro (4) SMLMV de aportar al Fondo de Solidaridad Pensional, destinados a financiar las cotizaciones de aquellos que carecen de recursos para contribuir al sistema general de pensiones[30].

En este sentido, la "parte esencial" del RAIS se basa en una cuenta de ahorro individual que se nutre de los aportes obligatorios y voluntarios a la seguridad social, y que crece mediante los rendimientos financieros generados por la entidad administradora. En esta parte esencial, no existe solidaridad entre el titular de la cuenta y otros individuos, ni viceversa. En cuanto a los "mecanismos de excepción", el accionante aduce que, si bien incorporan aspectos importantes del principio de solidaridad, no corrigen la deficiencia que presenta la institución principal de la cual son elementos accesorios. Esto significa que, si la parte esencial del régimen es inconstitucional, los elementos accesorios también lo serían[31].

Por lo anterior, el demandante concluye que las anteriores disposiciones contravienen el principio de solidaridad, toda vez que el RAIS se fundamenta en el ahorro privado. En este hilo, el afiliado o ahorrador asume personalmente los riesgos asociados a la vejez, invalidez y fallecimiento, sin contar con la solidaridad de otros individuos que, a través de sus recursos y contribuciones, puedan brindarle apoyo para enfrentar sus necesidades en esos momentos. Lo anterior pese a la existencia de las pensiones mínimas y los aportes al Fondo de Solidaridad Pensional[32].

La Corte, contrario a lo señalado por el accionante, argumenta que el RAIS desarrolla el principio constitucional de solidaridad del SSSI. La Sentencia precisa que la Ley 100 de 1993 le exige a las entidades administradoras y aseguradoras mantener garantías para asegurar una gestión adecuada de las inversiones que representan los recursos administrados en los planes de capitalización de pensiones. Además, recuerda que el Estado está obligado a proporcionar los recursos necesarios para garantizar el

---

29 Ídem.
30 Ídem.
31 Ídem.
32 Ídem.

pago de pensiones mínimas cuando la capitalización de los aportes de los afiliados y los rendimientos financieros sean insuficientes, según el artículo 60 de la misma Ley[33].

Por lo anterior, la Corte evidencia que el RAIS cumple con el principio de solidaridad, dado que existe la ayuda mutua entre las personas, generaciones y sectores económicos que protegen a los más vulnerables con la obtención de una pensión mínima que ampare a los afiliados en su vejez, invalidez y a los beneficiarios de una pensión de sobrevivientes en caso de fallecimiento. Adicional a esto, el fallo precisa que el RAIS garantiza el financiamiento para aquellos afiliados cuyos recursos son insuficientes[34].

Ahora bien, respecto a las nulas contribuciones que el afiliado recibe en el RAIS, la Corte precisa que en este régimen la integración del capital necesario para el reconocimiento y pago de las pensiones depende exclusivamente del esfuerzo ahorrativo del trabajador, incrementado por los rendimientos financieros correspondientes. Este sistema fue concebido por el legislador como un régimen de ahorro individual, en el que las pensiones se financian con los ahorros provenientes de las contribuciones realizadas por los trabajadores, conformando un capital autónomo administrado por los fondos privados de pensiones[35].

Así las cosas, el hecho de que el legislador no haya previsto la participación de otras personas en la conformación de la cuenta de ahorro individual no puede interpretarse como una violación al principio constitucional de solidaridad. Al contrario, el RAIS se basa en el esfuerzo individual y personal del afiliado, al cual se suma la contribución del empleador en el caso de los trabajadores dependientes, según lo establecido en el literal a) del artículo 60 de la Ley 100 de 1993. Por consiguiente, la Corte declara exequible los artículos 59 y 60 de la Ley 100 de 1993[36].

2.3. Modalidades de las pensiones de vejez, invalidez y de sobrevivientes

Una vez los afiliados tienen acceso a una pensión de vejez, invalidez o sobrevivientes, tienen tres opciones de pensión: renta vitalicia inmediata, retiro programado y retiro programado con renta vitalicia diferida. Adicional a lo anterior, el artículo 80 de la Ley 100 de 1993 facultó a la Superintendencia Financiera para autorizar otras modalidades pensio-

---

33 Ídem.
34 Ídem.
35 Ídem.
36 Ídem.

nales y, en efecto, con la Circular Externa 13 de 2012 surgieron cuatro modalidades más: i) la renta temporal cierta con renta vitalicia de diferimiento cierto; ii) la renta temporal variable con renta vitalicia diferida; iii) el retiro programado sin negociación de bono pensional y iv) la renta temporal variable con renta vitalicia inmediata[37].

De las anteriores modalidades de pensión se hablará brevemente de la renta vitalicia inmediata y del retiro programado con renta vitalicia diferida, para profundizar en el retiro programado, objeto de crítica en el presente estudio. Pese a lo anterior, se dará un contexto general de las tres formas de pensión para, luego, detallarlas.

En pocas palabras, la renta vitalicia inmediata es asumida por una aseguradora. Ella se encarga de pagar las mesadas pensionales de forma mensual al afiliado hasta su deceso o, en cambio, de pagar la pensión de sobrevivientes a favor de los beneficiarios por el tiempo al que tengan derecho según la legislación. En cuanto al cálculo, es importante identificar al afiliado —o asegurado— y a sus beneficiarios. De esta forma, el valor de la mesada variará. En el retiro programado, por su parte, el capital del pensionado lo administra la AFP. El cálculo para determinar el valor de las mesadas mensuales se determina año a año; se toma en cuenta el saldo restante de la cuenta individual y se aplica la tasa de prima de renta vitalicia correspondiente a la edad del afiliado y sus beneficiarios. De esta forma, cada año se recalcula el valor de la pensión con base en el rendimiento del año anterior[38].

Por último, el retiro programado con renta vitalicia diferida es una mezcla de las dos modalidades anteriores. Bajo esta forma de pensión, el afiliado mantiene en la cuenta de ahorro individual un capital. De este capital, puede recibir mensualidades bajo el sistema de retiro programado y, a partir de un tiempo, cambiar a renta vitalicia[39].

A continuación, se detallan cada una de las tres modalidades en el RAIS.

2.3.1. *Renta vitalicia inmediata*

La renta vitalicia inmediata es una forma de pensión del RAIS. En ella, el afiliado elige contratar directa e irrevocablemente con una aseguradora para recibir un pago mensual hasta su fallecimiento. En el caso

---

37 Véase la Circular Externa 13 de 2012, que "adiciona el numeral 3 al Capítulo II del Título IV y se modifica el subnumeral 3.3 del Capítulo II del Título VI de la Circular Básica Jurídica en relación con nuevas modalidades de pensión"., expedida por la Superintendencia Financiera el 27 de abril de 2012.

38 Muñoz, A., Romero, C., Téllez, J., Tuesta, D. "Confianza en el futuro. Propuesta para un mejor sistema de pensiones en Colombia", *op. cit.*, p. 30.

39 Ídem.

de los beneficiarios, ellos eligen la aseguradora para garantizar el pago de pensiones de sobrevivientes por el tiempo que les corresponda. Estas rentas y pensiones deben ser consistentes en términos de poder adquisitivo constante y no pueden ser contratadas por un valor inferior al monto de la pensión mínima vigente. La Ley 100 de 1993 precisa que la entidad administradora a la cual el afiliado ha estado realizando sus cotizaciones al momento de cumplir con los requisitos para obtener una pensión será responsable de realizar, en nombre del pensionado, todos los trámites y reclamaciones necesarios ante la aseguradora correspondiente[40].

A diferencia del retiro programado, la renta vitalicia asegura una protección al afiliado y/o a su grupo familiar durante toda la etapa pasiva. Pese a lo anterior, la tendencia reciente —e histórica— muestra un importante grupo de afiliados en la modalidad de retiro programado. Lo anterior puede explicarse con base en los elementos que influyen en el cálculo y determinación de la pensión. El riesgo de longevidad, el riesgo financiero, el riesgo de inflación y de pensión mínima o el riesgo jurídico son algunos a considerar[41].

Por ejemplo, calcular la supervivencia de los rentistas con tablas de esperanza de vida desactualizadas conlleva a una desviación entre las prestaciones esperadas en ella y lo que ocurre en la realidad. Esto origina un desequilibrio financiero y, en consecuencia, la manifestación del riesgo de longevidad. Así mismo, el mantenimiento de un interés técnico fijo del 4 % —de acuerdo con la Resolución 610 de 1994— sitúa a las aseguradoras en un escenario ajeno a la realidad, lo que desencadena el riesgo financiero. Además, las decisiones del Gobierno sobre el incremento del SMLMV repercuten en el compromiso del pago de la pensión por parte de las aseguradoras, más aún en el caso de la pensión mínima, lo que provoca el riesgo de inflación y de pensión mínima[42].

En la práctica, las administradoras de pensiones evitan ofrecer esta modalidad debido al riesgo que implica tener que ajustar las pensiones anualmente de acuerdo con el incremento del SMLMV. Las compañías de seguros consideran que la incertidumbre sobre el comportamiento del SMLMV es demasiado alta, lo que hace que el riesgo no sea asegurable. A pesar de que la Ley 1328 de 2009 y el Decreto 036 de 2015 establecie-

---

40 Véase el artículo 80 de la Ley 100 de 1993, "por la cual se crea el Sistema de Seguridad Social Integral y se dictan otras disposiciones", Diario Oficial No. 41.148 del 23 de diciembre de 1993.

41 Muñoz, A., Romero, C., Téllez, J., Tuesta, D. "Confianza en el futuro. Propuesta para un mejor sistema de pensiones en Colombia", *op. cit.*, p. 134-139.

42 Ídem.

ron un mecanismo de cobertura por parte del Gobierno para el "riesgo de deslizamiento del salario mínimo", las aseguradoras y las AFP todavía enfrentan incertidumbre por los pronunciamientos judiciales que han ampliado los beneficios incluso después de emitirse las pólizas de renta vitalicia[43].

2.3.2. *Retiro programado con renta vitalicia diferida*

El retiro programado con renta vitalicia diferida es una modalidad de pensión en la cual un afiliado acuerda con una aseguradora el pago de una renta vitalicia a partir de una fecha específica. Durante este período, el afiliado retendrá los fondos suficientes en su cuenta individual de ahorro pensional para obtener un retiro programado a través de la administradora. De acuerdo con la Ley 100 de 1993, la renta vitalicia contratada no podrá ser inferior a la pensión mínima de vejez vigente[44].

Dicho de otro modo, en esta opción de pensión, el afiliado elige aplazar el inicio de la renta vitalicia para recibir pagos mensuales en una fecha posterior, garantizando que el monto de la renta sea igual o superior a la pensión mínima establecida.

En el caso de la pensión de sobrevivientes, si el saldo de la cuenta individual de ahorro pensional es mayor al capital requerido para cubrir la pensión de sobrevivientes, se puede utilizar el exceso para aumentar el valor de la pensión, si el afiliado ha indicado esa preferencia o si los beneficiarios están de acuerdo. Sin embargo, si no se ha estipulado esa opción, el excedente se considerará parte de la herencia del afiliado fallecido[45].

2.3.3. *Retiro programado*

En esta modalidad, tanto el afiliado como los beneficiarios reciben su pensión de la sociedad administradora utilizando los fondos de la cuenta individual de ahorro pensional y, en caso de ser aplicable, el bono pensional. Para calcular el monto de la pensión, se realiza anualmente un

---

43 Azuero, F., "El sistema de pensiones en Colombia: institucionalidad, gasto público y sostenibilidad financiera", serie Macroeconómica del Desarrollo No. 206, *Comisión Económica para América Latina y el Caribe-CEPAL*, 2020, p. 15.

44 Véase el artículo 82 de la Ley 100 de 1993, "por la cual se crea el Sistema de Seguridad Social Integral y se dictan otras disposiciones", Diario Oficial No. 41.148 del 23 de diciembre de 1993.

45 Véase el artículo 77 de la Ley 100 de 1993, "por la cual se crea el Sistema de Seguridad Social Integral y se dictan otras disposiciones", Diario Oficial No. 41.148 del 23 de diciembre de 1993.

cálculo basado en unidades de valor constante. Dicho cálculo se obtiene dividiendo el saldo de la cuenta de ahorro y el bono pensional, en caso de existir, por el capital necesario para financiar una unidad de renta vitalicia para el afiliado y sus beneficiarios. La pensión mensual corresponderá a la doceava parte de esta anualidad calculada[46].

Es importante destacar que el saldo de la cuenta de ahorro pensional, mientras el afiliado disfruta de una pensión por retiro programado, no puede ser inferior al capital requerido para financiar una renta vitalicia equivalente a un (1) SMLMV, tanto para el afiliado como para sus beneficiarios. Sin embargo, lo anterior no se aplicará si el capital ahorrado más el bono pensional, en caso de ser aplicable, resultan en una pensión inferior a la pensión mínima establecida. En esos casos, si el afiliado no tiene acceso a la garantía estatal de pensión mínima, no se recurre a lo dicho líneas atrás[47].

La Ley 100 de 1993 precisa que, cuando no existan beneficiarios, los saldos restantes en la cuenta de ahorro al fallecer un afiliado que esté recibiendo una pensión por retiro programado se sumarán a la masa sucesoral. En caso de no haber herederos, esos fondos se destinarán al financiamiento de la garantía estatal de pensión mínima[48].

El artículo 12 del Decreto 832 de 1996[49] y el artículo 2.2.6.3.1 del Decreto 1833 de 2016[50] imponen el deber sobre las AFP de supervisar los saldos permanentes en la modalidad de retiro programado. Lo anterior implica, además de una estricta vigilancia, tomar las medidas necesarias para impedir la descapitalización de la cuenta de ahorro individual.

Lo anterior permite entrever tres aspectos significativos del retiro programado: la anualidad, la fórmula de cálculo y los riesgos inherentes[51].

---

46 Véase el artículo 81 de la Ley 100 de 1993, "por la cual se crea el Sistema de Seguridad Social Integral y se dictan otras disposiciones", Diario Oficial No. 41.148 del 23 de diciembre de 1993.

47 Ídem.

48 Ídem.

49 Véase el artículo 12 del Decreto 832 de 1996, "Por el cual se reglamenta parcialmente la Ley 100 de 1993, y en especial, sus artículos 35, 40, 48, 65, 69, 71, 75, 81, 83 y 84"., proferido por el Presidente de la República de Colombia en mayo 08 de 1996.

50 Véase el artículo 2.2.6.3.1 del Decreto 1833 de 2016, "Por medio del cual se compilan las normas del Sistema General de Pensiones", proferido por el Presidente de la República de Colombia en noviembre 10 de 2016. Cable resaltar que el Decreto ha sido adicionado por otros Decretos; el último fue el Decreto 2322 de 2022.

51 Martínez, K., "El retiro programado del RAIS y los reajustes pensionales: ¿Un choque de derechos que en el tiempo atenta contra el pensionado?, *op. cit.*, p. 22.

2.3.3.1. Anualidad, fórmula de cálculo y riesgos inherentes

El primer elemento, es decir la anualidad, tiene el propósito de verificar si la longevidad del pensionado y la esperanza de vida de su grupo familiar ha variado respecto al año anterior. Así mismo, corrobora el comportamiento financiero de los saldos en la cuenta de ahorro individual, con el fin de evitar la descapitalización conforme a la normativa descrita anteriormente y, en consecuencia, garantice la mesada pensional durante todo el transcurso de la vida. Ahora bien, el método para determinar el valor de la pensión no es estática, sino variable. Por lo anterior, es dable que las mensualidades de la pensión sean revisadas periódicamente, año a año[52].

El hecho del recálculo anual puede explicarse por tres factores. Por un lado, como consecuencia de que el pensionado viva un año más, toda vez que esta situación cambia la relación entre los fondos disponibles y la esperanza de vida de los beneficiarios. Por otro lado, por el uso de la tasa de interés técnica fija y de la variación del IPC. Por último, por la rentabilidad efectiva de los fondos pensionales, reflejada en los saldos de la cuenta individual de ahorros del pensionado[53].

Cabe resaltar que el valor de la pensión aumenta o disminuye dependiendo del rendimiento financiero de inversión escogido por la AFP. Por consiguiente, el riesgo financiero recae en el afiliado, toda vez que es consciente de que el valor de su pensión puede incrementar, reducirse o mantenerse igual conforme a los rendimientos del fondo especial[54]. Adicional a lo anterior, es importante mencionar que, según el artículo 14 de la Ley 100 de 1993, las pensiones de vejez, invalidez y sustitución o sobreviviente deben ser ajustadas cada año de acuerdo con el IPC, con el objetivo de preservar su poder adquisitivo. En el caso de las pensiones equivalentes al SMLMV, el ajuste se realizará en la misma proporción en la que el Gobierno incremente dicho salario.

Tanto la verificación de la esperanza de vida como el ajuste anual conllevan a que la cuenta individual de ahorro pensional quede sin capital progresivamente y de una forma más rápida. Esto ocurre porque, además de tener que pagar cada año una pensión más alta con los fondos que se encuentran allí, también se debe recalcular la pensión siguiendo lo estable-

---

52 Ídem.

53 DÍAZ, C. "Análisis crítico de las modalidades de pensión y propuestas alternativas". Pontificia Universidad Católica de Chile, 1993, p. 20.

54 NIÑO, A. "Modalidades pensionales retiro programado y renta vitalicia inmediata: asimetría de la información", Universidad Libre, 2017, p. 77. Disponible en https://repository.unilibre.edu.co/handle/10901/11017 (fecha de consulta 15 de abril de 2023).

cido en el artículo 81 de la Ley 100 de 1993. Es posible notar que, debido a factores externos y variables que analizaremos a continuación, como, por ejemplo, la necesidad de garantizar el pago de la pensión durante un período de vida más largo o una rentabilidad inferior a la esperada, los montos disponibles pueden no aumentar el valor ahorrado[55].

El segundo elemento, es decir la fórmula de cálculo de la mesada pensional, funciona de la siguiente forma. El valor de la mesada corresponde a la división entre el monto de la cuenta de ahorro individual y la unidad en renta vitalicia. Lo anterior significa que el valor de la mesada pensional resulta de la sumatoria de los aportes acumulados, el bono pensional y la rentabilidad divididos entre el capital para financiar la pensión del SMLMV en renta vitalicia con incremento del IPC o del SMLMV anual, según corresponda[56].

La unidad en renta vitalicia consiste en la reserva económica que debe tener la cuenta de ahorros individual para cubrir una pensión de un (1) SMLMV en renta vitalicia. Para su cálculo son necesarias, entre otras cosas, la tasa de interés técnica para retiro programado y la variación del IPC, de acuerdo con la Resolución 3099 de 2015. Dicho de otro modo, este elemento es el "depósito" para cancelar la prestación a favor del afiliado o sus beneficiarios. En este sentido, una vez se determina el saldo en la cuenta de ahorro individual y la unidad en renta vitalicia, se obtiene el valor anual que puede ser extraído para asumir las mesadas mensuales correspondientes.

En términos matemáticos, sería:

$$\textbf{Valor de la mesada} = \frac{\text{monto en la cuenta de ahorro individual}}{\text{Unidad en renta vitalicia}}$$

$$\textbf{Valor de la mesada pensional} = \frac{\text{Aportes acumulados} + \text{Bono pensional} + \text{rentabilidad}}{\text{Capital para financiar pensión del SMLMV en renta vitalicia con IPC o SMLMV}}$$

Las fórmulas anteriores permiten entrever que el valor de la mesada bajo la modalidad de retiro programado depende de las particularidades del pensionado y su grupo familiar. La esperanza de vida, la tasa de mortalidad, la edad o, incluso, las dinámicas del mercado influyen en el valor final y anual de la pensión y, en consecuencia, de las mesadas mensuales.

55 Ídem.

56 MARTÍNEZ, K., "El retiro programado del RAIS y los reajustes pensionales: ¿Un choque de derechos que en el tiempo atenta contra el pensionado?, *op. cit.*, p. 23.

Esto indica que, lejos de gozar de una pensión fija y estable, los valores son cambiantes e inciertos año tras año. Por ello, es importante tener en cuenta los riesgos de extralongevidad y los riesgos financieros.

Respecto a los riesgos de extralongevidad, es dable aclarar que la modalidad de retiro programado está estructurada conforme a varios factores, como la esperanza de vida probable del pensionado. En este sentido, el cálculo del valor de las mesadas pensionales gira en torno a la expectativa de vida que tiene un individuo determinado, según las tablas de mortalidad del causante y beneficiarios que elabora la Superintendencia Financiera por sexo, edad y territorio. Así las cosas, si el pensionado llega a vivir más de la vida probable calculada, el valor de la pensión disminuiría hasta llegar, en algunos casos, a ser inferior al SMLMV, toda vez que el riesgo aumenta[57].

En cuanto a los riesgos financieros, cabe destacar que la pensión en esta modalidad está atada a las eventualidades y sucesos del mercado financiero. Variables como la inflación, el incremento del SMLMV, la tasa de interés técnico y de mortalidad son algunos parámetros que tienen en cuenta las AFP. Por tanto, la financiación de la pensión depende, de forma exclusiva, del capital acumulado por el pensionado, la capacidad de la AFP para generar rendimientos financieros y la volatibilidad de la economía y del mercado[58].

De esta manera, el valor de la mesada será fluctuante conforme a los riesgos de extralongevidad y financieros.

Para ejemplificar lo anterior, se usará el ejemplo que describe y detalla NIÑO, adaptado a una forma más clara y sencilla para la comodidad del lector. En este sentido, imaginemos que Pablo Gómez es un hombre de 62 años que tiene como cónyuge a Valeria Guzmán de 57 años. La esperanza de vida de Pedro es de 110 años, conforme a la Resolución 1555 de 2010 que indica las Tablas de Mortalidad de Rentistas. Los parámetros para tener en cuenta son los siguientes: inflación del 3,5 %; tasa de interés técnico real del 4 %; capital disponible de $477.149.062 pesos; y número de mesadas pagaderas correspondientes a 13[59].

Con base en lo anterior, NIÑO precisa que el valor de la unidad de renta vitalicia corresponde a 211,50554. Sin embargo, este valor cambia a 187,65847 pesos si Valeria Guzmán tuviera 67 años en vez de 57 y la pensión para dicho año sería de $2'542.646 pesos. Además, si Pablo no

---

57 MARTÍNEZ, K., "El retiro programado del RAIS y los reajustes pensionales: ¿Un choque de derechos que en el tiempo atenta contra el pensionado?, *op. cit.*, p. 24.

58 Ídem.

59 NIÑO, A. "*Modalidades pensionales retiro*", *op. cit.*, p. 84 y ss.

tuviera cónyuge, la unidad de renta vitalicia sería igual a 159,430 y su pensión mucho mayor: $2'992.834 pesos. Lo anterior permite entrever que, entre mayor sea la esperanza de vida del afiliado y sus beneficiarios, menor será el monto final de la pensión y viceversa[60].

En este sentido, se pueden analizar dos escenarios. Por un lado, si el pensionado supera la expectativa de vida (riesgo de extralongevidad), el factor de rentabilidad puede beneficiar o afectar. Si este último aumenta más conforme al promedio esperado, podría subsanar las afectaciones del riesgo de extralongevidad en la cuenta de ahorros individual del pensionado, al obtener una mesada homogénea o mayor. Si, en cambio, el factor de rentabilidad se mantiene estable, el riesgo de extralongevidad disminuirá el valor de la mesada pensional. Ahora, si el factor de rentabilidad es inferior al promedio esperado, la pensión sería doblemente perjudicada, desencadenando el fenómeno de descapitalización en la cuenta de ahorro[61].

Por otro lado, si consideramos las características del pensionado y su esperanza de vida establecida, la rentabilidad puede tener el siguiente impacto en la cuantía de la pensión. En primer lugar, si el factor de rentabilidad supera el promedio esperado, los excedentes podrían aumentar los saldos en la cuenta de ahorro individual y, por lo tanto, el monto de la pensión. Esto significa que los ingresos por los incrementos no perjudicarían al pensionado en caso de una vida más larga de lo previsto. En segundo lugar, si el factor de rentabilidad se mantiene estable, la esperanza de vida no afectará el saldo acumulado, lo que implica que el pensionado no sufrirá consecuencias adversas por ninguno de los dos riesgos. En consecuencia, la pensión se mantendrá sin cambios. En tercer y último lugar, si el factor de rentabilidad es inferior al proyectado en la fórmula de recálculo, los ahorros restantes deberían tener el potencial para garantizar la pensión en la misma cuantía que se reconoció inicialmente. Esto significa que el pensionado no vería reducida la cantidad de su pensión debido a una menor rentabilidad[62].

Por lo anterior, el retiro programado ha sido objeto de críticas debido a la falta de estabilidad que brinda al pensionado, especialmente por su tendencia a disminuir el monto de la pensión con el paso del tiempo. Pese a esto, la oportunidad de pensionarse antes de la edad mínima que exige el RPM ha cautivado a muchos colombianos hasta el punto de que, para finales de 1995, el RAIS contaba con un porcentaje de afiliados superior

---

60 Ídem.

61 MARTÍNEZ, K., "El retiro programado del RAIS y los reajustes pensionales: ¿Un choque de derechos que en el tiempo atenta contra el pensionado?, *op. cit.*, p. 25.

62 Ídem.

al 74 % en comparación con el año pasado[63]. Además, esta modalidad no es única en Colombia, países como Chile, Argentina, El Salvador, México o Perú la ofrecen[64].

Desde el punto de vista constitucional, la existencia del RAIS es válida. Sin embargo, en la práctica lo anterior es cuestionable. Sin entrar en materia, se pueden evidenciar distintas problemáticas que harían del RAIS un régimen inconstitucional —como se expondrá más adelante en este trabajo—.

Por un lado, en el RPM el monto de la pensión es mayor que en el RAIS. Esto se debe a que, en el RPM, el cálculo de la pensión se basa en el IBL y la tasa de remplazo de las semanas cotizadas. En cambio, en el RAIS no se consideran estas variables, y el monto de la pensión depende del capital ahorrado, la composición del grupo familiar y la esperanza de vida del afiliado, más otros parámetros que fueron explicados con anterioridad. Por otro lado, algunos afiliados al RAIS no logran ahorrar una cantidad igual o superior al 110% del SMLMV, como lo requiere el artículo 64 de la Ley 100 de 1993[65].

Adicional a lo anterior, en la modalidad de retiro programado, el afiliado enfrenta el riesgo de vivir más tiempo de lo esperado (es decir, el riesgo de extralongevidad), lo que podría reducir su ahorro y su pensión mensual. Esto no sucede en el RPM, puesto que estas variables no tienen un impacto en el afiliado. Por último, no todos los afiliados tienen acceso a la garantía de pensión mínima debido a las limitaciones establecidas en el artículo 83 de la Ley 100 de 1993[66].

Sobre este último punto, la legislación establece que las personas que tienen derecho a la garantía estatal de pensión mínima recibirán dicho pago cuando la cantidad resultante de su plan de retiro programado sea inferior a doce veces la pensión mínima vigente, o cuando la renta vitalicia contratada con el capital disponible sea menor que la pensión mínima vigente.

Así las cosas, la administradora de pensiones o la compañía de seguros encargada de gestionar las pensiones, sin importar la modalidad de pensión, será responsable de realizar los trámites necesarios para garantizar el pago de la pensión mínima en nombre del pensionado[67].

---

63 Ibidem, p. 14.

64 LOPERA, G., "La modalidad de retiro programado: una visión a la luz de la Constitución Política en Colombia", *Universidad Pontificia Bolivariana*, 2018, p. 13.

65 Ibidem, p. 10-11.

66 Ídem.

67 Véase el artículo 83 de la Ley 100 de 1993, "por la cual se crea el Sistema de Seguridad Social Integral y se dictan otras disposiciones", Diario Oficial No. 41.148 del 23 de

La jurisprudencia, por su parte, en especial la de la Corte Constitucional Colombiana se ha pronunciado sobre el derecho a la pensión bajo los principios de solidaridad, de poder adquisitivo y vitalicio. En el RAIS juegan un papel determinante que permiten concluir su inconstitucionalidad en un Estado Social de Derecho como Colombia.

3. *El marco constitucional y jurisprudencial sobre el reajuste periódico de las pensiones en Colombia*

La inclusión de derechos sociales fundamentales como característica del Estado Social de Derecho[68] tiene su expresión, en relación con la Seguridad Social, y concretamente la pensión, en los artículos 46, 48 y 53 de la Constitución Política de Colombia. Por su parte, diversos instrumentos de derechos humanos consagran la Seguridad Social como derecho, ente ellos el artículo 45 de la Carta de la OEA, el artículo 16 de la Declaración Americana de Derechos y Deberes del Hombre, el artículo 9 del Protocolo Adicional a la Convención Americana sobre Derechos Humanos en materia de Derechos Económicos, Sociales y Culturales "Protocolo de San Salvador" y el artículo 22 de la Declaración Universal de Derechos Humanos.

Si bien la Corte Constitucional de Colombia no consideró en sus inicios la seguridad social como un derecho fundamental autónomo sino por conexidad con derechos como el mínimo vital, la dignidad, la vida, entre otros, la jurisprudencia evoluciono para considerar como un derecho fundamental autónomo[69].

En su más reciente jurisprudencia, la Corte ha recalcado el derecho a la pensión, como parte del derecho a la seguridad social y su conexión con la dignidad humana y la cláusula del estado social de derecho. Así, en Sentencia SU-057 de 2018 la Corte manifestó que el "derecho a la seguridad social, entendido como el mecanismo a partir del cual es posible asegurar la efectividad de los demás derechos de un individuo, en los eventos en los que éste se ha visto afectado por ciertas contingencias —en especial su bienestar y dignidad—, se constituye en uno de los institutos jurídicos fundantes de la fórmula del Estado social de derecho, que el Estado debe asegurar a sus asociados"[70].

---

diciembre de 1993.

[68] Villa Borda, Luis. "Estado de derecho y Estado social de Derecho". *Revista Derecho del estado*, No. 20 (2007): 73-96.

[69] Al respecto ver, entre otras, Sentencias de la Corte Constitucional T-571 de 1991, T-850 de 2004, T-164 de 2013 y T-063 de 2023.

[70] Corte Constitucional, Sentencia SU-057 del 31 de mayo de 2018. Magistrado ponente Alberto Rojas Ríos.

Complementando lo anterior, en Sentencia C-197 de 2023 la Corte expuso que "la jurisprudencia ha establecido que la seguridad social es un derecho fundamental autónomo. Aquel corresponde al conjunto de medidas institucionales que pretenden otorgar progresivamente garantías a las personas y a sus familias para que puedan afrontar los riesgos sociales que les impidan el normal desarrollo de sus actividades laborales y personales. Lo expuesto, en aras de permitirles el acceso a los recursos necesarios para disfrutar de una subsistencia en condiciones dignas. La seguridad social es el mejor camino para que desde una perspectiva de derechos, se construya en el Estado Social de Derecho, igualdad, inclusión y desarrollo sustentable"[71].

En relación con el reajuste periódico de las pensiones, el artículo 48 de la Constitución Política de Colombia establece que la Seguridad Social es un servicio público de carácter obligatorio y que las pensiones reconocidas conforme a derecho no podrán dejarse de pagar, congelarse o reducirse en su valor. Por su parte, el artículo 53 establece que el estado garantiza el derecho al pago oportuno y el reajuste periódico de las pensiones legales.

De la inclusión de estos artículos en la Constitución, así como de la aplicación y desarrollo jurisprudencial de la cláusula del estado social de derecho, de la dignidad humana como valor, principio y derecho fundamental[72], y del derecho fundamental al mínimo vital[73] se ha derivado la obligación constitucional del reajuste periódico de las pensiones que a continuación se precisa.

3.1. El reajuste periódico de la pensión en la modalidad de retiro programado en la jurisprudencia de las Altas Cortes en Colombia

A continuación se citarán las principales reglas jurisprudenciales de la Corte Constitucional y la Corte Suprema de Justicia de Colombia sobre el derecho a la pensión y particularmente sobre la modalidad de retiro programado. De igual manera, se citarán algunas consideraciones importantes sobre la pensión en la jurisprudencia de la Corte Interamericana de Derechos Humanos.

---

71 Corte Constitucional, Sentencia C-197 del 01 de junio de 2023. Magistrado ponente Juan Carlos Cortés González.

72 Ver, entre otras, Sentencia T-881 del 17 de octubre de 2002. Corte Constitucional. Magistrado ponente Eduardo Montealegre Lynett.

73 Ver, entre otras, Sentencia T-020 del 18 de enero de 2011. Corte Constitucional. Magistrado Ponente Humberto Antonio Sierra Porto.

Este no es repaso exhaustivo por la jurisprudencia de estas cortes en relación con el derecho a la pensión o de la seguridad social, sino una revisión concreta de reglas y consideraciones relevantes sobre la modalidad de retiro de programado para analizar su constitucionalidad dentro del marco constitucional colombiano.

3.1.1. Jurisprudencia de la Corte Constitucional de Colombia

En una de las primeras sentencias de la Corte sobre el derecho a la pensión, Sentencia T-426 de 1992, el Alto Tribunal precisó que el Estado Social de Derecho exige "esforzarse en la construcción de las condiciones indispensables para asegurar a todos los habitantes del país una vida digna dentro de las posibilidades económicas que estén a su alcance". De esta manera, toda persona tiene derecho a "un mínimo de condiciones para su seguridad material"; el derecho a un mínimo vital, a la dignidad humana o, incluso a la seguridad social, definen la organización y meta de la Constitución Política de Colombia.

En sentencia SU-120 de 2003, a partir de la revisión de varias acciones de tutela que solicitaban la indexación de la primera mesada pensional, la Corte expuso una serie de legislaciones que regulan el reajuste pensional para mantener el poder adquisitivo de la pensión. Dentro de ellas, resaltó la Ley 100 de 1993 que exige el reajuste de las pensiones conforme al IPC certificado por el DANE y que, para el caso de las pensiones que tengan un valor mensual equivalente al SMLMV, determina que serán automáticamente ajustadas cada vez que el Gobierno Nacional incremente dicho salario, aplicando el mismo porcentaje de aumento.

El Alto Tribunal precisó que existe un principio constitucional claro que garantiza el derecho al pago puntual y al ajuste periódico de las pensiones legales de acuerdo con el artículo 53 de la Constitución Política y suficientes disposiciones legales que demuestran la intención constante del legislador de compensar la pérdida del poder adquisitivo de las pensiones. En este sentido, es responsabilidad del juez enfrentar la situación específica de las personas que buscan acceder a la pensión en las condiciones mencionadas y remediar la injusticia derivada de la omisión legislativa, actuando de acuerdo con lo que el legislador hubiera hecho al considerar la situación particular, es decir, de acuerdo con la Constitución.

Sobre el derecho de los pensionados a mantener el poder adquisitivo de su mesada pensional, la Sentencia indica que, aunque el objetivo del reajuste de las pensiones es proteger a las personas de la tercera edad que no pueden obtener otros recursos para su subsistencia, y considerando que los incrementos periódicos establecidos en los artículos 48 y 53 de la Constitución permiten que las mesadas no pierdan su capacidad adquisitiva en beneficio de los pensionados, es responsabilidad del legislador determinar la proporción, oportunidad y frecuencia de dichos incrementos.

En Sentencia T-906 de 2005 el Tribunal volvió a pronunciarse sobre un caso de solicitud de indexación de la primera mesada pensional, esta vez haciendo mayor precisión sobre el reajuste de las mesadas pensionales. Al respecto manifestó que "mantener el poder adquisitivo de las pensiones es, excepcionalmente, un derecho fundamental por conexidad".

La Corte afirmó que el derecho a mantener el poder adquisitivo de las pensiones no es considerado como un derecho fundamental autónomo en términos generales. Hay al menos cuatro razones que respaldan esta afirmación. En primer lugar, no existe una disposición constitucional explícita que lo establezca. En segundo lugar, su carácter universal no está definido conceptual ni normativamente. En tercer lugar, al involucrar aspectos patrimoniales, implica referentes de protección diferenciados. En cuarto y último lugar, no guarda una relación necesaria, sino contingente, con el principio de dignidad humana como fundamento normativo de todos los derechos fundamentales.

Pese a lo anterior, reconoce que en casos excepcionales este derecho puede considerarse como un derecho fundamental por conexidad. Esto ocurre, por ejemplo, cuando se produce una ruptura abrupta en la proporción entre el valor histórico y el valor actual de la pensión, que afecta el derecho al mínimo vital y amenaza las condiciones de subsistencia del beneficiario. También puede ocurrir cuando se evidencia un trato discriminatorio por parte de las entidades encargadas del pago de las pensiones, al indexar las mesadas de algunos pensionados y no hacerlo con otros en la misma situación fáctica y jurídica.

En este sentido, su naturaleza se fundamenta en disposiciones constitucionales. En particular, el artículo 48 establece que la ley definirá los medios para que los recursos destinados a las pensiones mantengan su poder adquisitivo constante. Asimismo, el artículo 53 garantiza el derecho al pago oportuno y al reajuste periódico de las pensiones, y menciona como principio mínimo fundamental la remuneración mínima vital y móvil.

La Corte, igualmente, reconoce también que otras disposiciones constitucionales desempeñan un papel determinante en la definición de la naturaleza y particularidades del derecho a mantener el poder adquisitivo de las pensiones. Entre ellas, menciona —por ejemplo— el preámbulo de la Constitución que señala el propósito de garantizar un orden político, económico y social justo, así como el artículo 48 que define los principios de eficiencia, universalidad y solidaridad que deben regir el servicio público de seguridad social.

De esta forma, aunque el fallo no fue favorable para el peticionario, sí dejó un importante precedente que se vería reflejado en las siguientes sentencias.

En el año 2005, se expidió el Acto Legislativo 01 de 2005, el cual modifico el artículo 48 de la Constitución Política, incluyendo una disposición que prohíbe dejar de pagar, congelar o reducir el valor de las pensiones reconocidas conforme a derecho.

Teniendo en cuenta lo anterior, la Corte abordó, por primera vez, en Sentencia T-1052 de 2008, una solicitud de reajuste de una mesada pensional reconocida en la modalidad de retiro programado en el RAIS, la cual no se había incrementado durante varios periodos conforme el IPC.

La AFP argumentó en su defensa que la modalidad de retiro programado implica que la rentabilidad de la cuenta está sujeta a las fluctuaciones del mercado. Según la entidad, si el señor pensionado deseaba asegurar un aumento fijo en su pensión con la variación porcentual del IPC tenía la opción de elegir la modalidad de renta vitalicia, pero optó por el retiro programado. En este sentido, sostiene que el aumento de las mesadas pensionales en concordancia con el IPC podría llevar a una descapitalización de la cuenta de ahorro individual del demandante, lo que resultaría en recursos insuficientes para cubrir la totalidad de sus mesadas pensionales.

La Corte Constitucional, entonces, analizó las peticiones del accionante desde las disposiciones y jurisprudencia del RAIS. Por un lado, argumentó que el Acto Legislativo 01 de 2005 introdujo la obligación del Estado de respetar los derechos adquiridos de los pensionados, así como de garantizar la sostenibilidad financiera del sistema pensional. Por otro lado, en el RAIS advierte que, si bien la cuantía de la pensión depende de los aportes de los afiliados y empleadores, sus rendimientos financieros, el bono pensional —si es aplicable— y los subsidios del Estado, las AFP deben garantizar, incluso con su patrimonio, una rentabilidad mínima del fondo de pensiones que administran.

En el evento en que las AFP incumplan con la obligación anterior, el Estado debe garantizar los ahorros del afiliado y el pago de las pensiones a que tenga derecho, así como brindar los recursos suficientes para efectuar el pago de las pensiones mínimas en caso de que los aportes del afiliado y los rendimientos financieros sean insuficientes. Sobre el retiro programado, la Corte advierte que las AFP deben garantizar una rentabilidad mínima en las cuentas de ahorro individual de sus afiliados, de acuerdo con el artículo 101 de la Ley 100 de 1993. Así mismo, el artículo de la disposición normativa precisa que el reajuste de las pensiones, tanto para el RPM como para el RAIS se hará según la variación del IPC —como regla general— con el propósito de mantener el poder adquisitivo constante.

De lo anterior, es evidente que el reajuste anual de las pensiones está respaldado por la Constitución, puesto que busca garantizar la efectividad del derecho al mínimo vital de los pensionados. Su propósito, indica la Corte, es corregir la constante y progresiva desvalorización de la moneda, preservando así el poder adquisitivo de dicha prestación económica. En este sentido, si una pensión no se ajusta según lo establecido por la ley, inevitablemente se reducirá o congelará en términos reales, lo que resulta en una pérdida de valor. Por consiguiente, la omisión de dicho aumento —expresa el Alto Tribunal— constituye una violación de su derecho fundamental al mínimo vital.

Por ello, la Corte advirtió que la AFP ignora que, independientemente de los regímenes pensionales, las pensiones deben mantener su poder adquisitivo constante por medio del reajuste anual. Si la mesada es superior al SMLMV, debe ser reajustada conforme al IPC; si es inferior, con el mismo porcentaje en que se incremente el SMLMV. En este sentido, la omisión del reajuste vulnera el derecho al mínimo vital del accionante. Adicional a lo anterior, el grado de rentabilidad de la cuenta de ahorro individual no puede afectar el incremento de la pensión de vejez, dado que este es un derecho que involucra, de manera directa, el derecho al mínimo vital.

Finalmente, la Corte abordó un caso similar en la Sentencia T-020 de 2011, donde manifestó que del mandato constitucional de reajuste periódico de las pensiones se desprenden dos preceptos importantes. Por un lado, acorde con la legislación colombiana —en especial la Ley 100 de 1993— está prohibido que las AFP congelen, reduzcan o dejen de pagar las mesadas pensionales. Por otro lado, el Estado también tiene la obligación de velar y garantizar el reajuste periódico de las pensiones legales. Adicional a lo anterior, el Alto Tribunal expone que principios como el de la igualdad, el derecho a la seguridad social o el mínimo vital deben guiar la actuación en materia pensional, concretamente en el mantenimiento del poder adquisitivo constante.

En el mismo sentido, la Corte expone que un Estado Social de Derecho como el de Colombia ocupa un lugar relevante el derecho a la seguridad social. Así las cosas, la actualización periódica de las mesadas pensionales "es una aplicación concreta de los deberes de garantía y satisfacción a cargo del Estado colombiano en materia de los derechos económicos, sociales y culturales en virtud del modelo expresamente adoptado por el artículo primero constitucional".

Además de lo anterior, advierte que el reajuste no puede ser reconocido para un grupo reducido de pensionados. Al contrario, dicha postura implicaría un trato discriminatorio injustificado que vulneraría otros derechos constitucionales como el mínimo vital. En consecuencia, para la Corte la actualización de las mesadas pensionales goza de "titularidad universal", es decir, para todos los pensionados sin importar si están en el RPM o el RAIS.

Cabe resaltar que el Alto Tribunal expresó que el derecho a mantener el poder adquisitivo de las pensiones no se limita, de forma exclusiva, a actualizar las mesadas pensionales una vez sean reconocidas, sino que abarca la actualización del salario base para la liquidación de la primera mesada.

En cuanto a las AFP y la descapitalización, la Corte precisó que es deber de las AFP monitorear los saldos en las cuentas de ahorro individual y, sobre todo, adoptar las medidas necesarias para impedir la descapitalización de la cuenta del pensionado, conforme al artículo 12 del Decreto 832 de 1996. Además, si los saldos dejan de ser suficientes se produce un traslado a la modalidad de renta vitalicia y, si el saldo final de la cuenta individual es inferior a la suma necesaria para adquirir aquella y la AFP no tomó las medidas necesarias para evitar esta situación, la suma que haga falta será a su cargo sin perjuicio de las sanciones administrativas a que haya lugar por el incumplimiento a un deber legal.

Como parte esencial de la justificación de lo anterior, expuso que la disposición infraconstitucional que establece el retiro programado debía armonizar con las exigencias constitucional mediante una *interpretación conforme*.

De ambas sentencias se pueden derivar las siguientes consideraciones:

- Todos los pensionados, independientemente del régimen en el que se encuentren, tienen derecho al reajuste de la mesada pensional con el IPC si la pensión es superior al salario mínimo y por ningún motivo la pensión puede ser suspendida o dejada de pagar.
- No incrementar las pensiones para un grupo de pensionados supondría un trato discriminatorio contrario al principio de igualdad y contrario al derecho a la seguridad social desde la perspectiva del estado social de derecho.
- Las administradoras de fondos de pensiones tienen la obligación de efectuar el control de saldos con el fin de que la pensión pase a la modalidad de renta vitalicia si se advierte un riesgo en la finan-

ciación de la pensión y en caso de que no sea posible efectuar el cambio de modalidad, la AFP debe asumir con propio patrimonio lo que haga falta para lograr la aceptación e la renta vitalicia o continuar pagando la pensión en retiro programado de manera vitalicia y con el reajuste periódico sobre el IPC.

La Corte Constitucional fue contundente en la aplicación de las disposiciones constitucionales sobre reajuste periódico de las mesadas pensionales, la imposibilidad de suspender o dejar de pagar las mesadas, su carácter vitalicio y la responsabilidad que deben asumir las AFP en ello.

Aun así, después de estas últimas dos sentencias, la Corte no volvió a pronunciarse sobre este tipo de casos, sin embargo, en una de las últimas sentencias en materia pensional, dejó sentada su jurisprudencia sobre el carácter fundamental del derecho a la pensión en el marco del Estado social de derecho, su conexión con el mínimo vital y la dignidad humana[74].

3.1.2. Jurisprudencia de la Sala Laboral de la Corte Suprema de Justicia

La jurisprudencia de este Alto Tribunal ha elaborado reglas concretas para el reajuste de mesadas pensionales en la modalidad de retiro programado del RAIS. Así, a través de las sentencias, la Corte ha establecido reglas jurisprudenciales que determinan cómo deben decidir los jueces laborales en Colombia las solicitudes de reajuste de mesadas pensionales en la modalidad de retiro programado del RAIS.

Aunque todas las sentencias comparten similares fundamentos y reglas, algunas las enuncian de manera más explícita o detallada, mientras que otras no son tan especificas o cambian la manera en que se presentan. Teniendo en cuenta esto, si bien las diferentes sentencias comparten similares fundamentos jurisprudenciales, se citarán las reglas de la Sentencia SL-3942-2021 del 04 de agosto de 2021[75], por ser las más precisas sobre cómo abordar un caso de reliquidación de una pensión en la modalidad de retiro programado:

> "(i) El retiro programado es una modalidad pensional en la que el pensionado acepta un programa de pagos periódico que, si bien están proyectados para garantizar el incremento anual del IPC, puede variar anualmente de

[74] Ver Sentencia C-227 del 21 de junio de 2023. Corte Constitucional. Magistrada Ponente Natalia Ángel Cabo.

[75] Sala de Casación Laboral de la Corte Suprema de Justicia, Sentencia SL3942-2021 del 04 de agosto de 2021. Radicación N° 70462. Magistrado ponente Iván Mauricio Lenis Gómez.

acuerdo al comportamiento de la economía. Sin embargo, el fondo de pensiones siempre debe garantizar el pago del valor de la pensión de referencia, ajustada anualmente con el IPC en los términos del artículo 14 de la Ley 100 de 1993.

(ii) Para ello, es fundamental el control permanente y periódico de los saldos de la cuenta pensional, en los términos de los artículos 81 de la Ley 100 de 1993, 5.° del Decreto 876 de 1994 —y modificaciones— y 12 del Decreto 832 de 1996, a fin de garantizar la correspondencia entre los saldos existentes y la pensión devengada, o lo que es igual, la capacidad financiera del capital de responder por los pagos programados.

(iii) Si la AFP advierte que el capital de la cuenta no puede continuar financiando la mesada de referencia ajustada con el IPC, debe informar al pensionado con por lo menos 5 días de anterioridad a la adquisición de la póliza de una renta vitalicia, sobre la necesidad de continuar su pago bajo esta modalidad, en los términos que haya autorizado o autorice el (la) pensionado (a), la cual debe garantizar un valor no inferior al 100% de dicha pensión de referencia, ajustada con el IPC al momento de realizar el cambio a una renta vitalicia.

(iv) Si la AFP no realiza las medidas necesarias para evitar la descapitalización de la cuenta pensional y al cotizar con la aseguradora se advierte que el saldo final de la cuenta es inferior a la suma necesaria para adquirir la póliza de renta vitalicia, la suma que haga falta será a cargo de la AFP, sin perjuicio de las sanciones administrativas a que haya lugar por el incumplimiento de su deber legal".

En principio, podría decirse que la interpretación de la Corte Suprema de Justicia es más flexible que la de la Corte Constitucional, porque si bien señala que existe el derecho al reajuste periódico de las mesadas pensionales, en la modalidad de retiro programado es posible que la mesada puede mantenerse igual o incluso disminuir, siempre y cuando el valor de la mesada no sea inferior a la pensión de referencia ajustada con el IPC.

No obstante, la Corte Suprema es tajante en que ninguna pensión podrá ser inferior a la pensión de referencia ajustada con el IPC.

En efecto, la pensión de referencia en casos de vejez, sobrevivencia e invalidez es el valor que se calcula conforme las reglas de liquidación de dichas pensiones en el Régimen de Prima Media con Prestación Definida. Puede suceder que la AFP ofrezca inicialmente una pensión superior a la pensión de referencia si se da en la modalidad de retiro programado. El beneficiario espera que su pensión sea al menos la que la ley obliga (pensión de referencia), por lo cual la postura de la Corte Suprema de Justicia es apenas lógica, en el sentido que la mesada no puede disminuirse por debajo del valor de pensión que legalmente esa persona tendría derecho.

Así, la diferencia con la pensión de referencia solo se da en aquellos casos en que la AFP ofrece un valor de pensión superior al que la ley establece siempre y cuando se acepte en la modalidad de retiro programado. Y esto puede suceder porque en realidad la modalidad de retiro programado, desde su funcionamiento económico, no prevé que sean obligatorios los incrementos de las mesadas conforme el IPC, sino que le permiten al afiliado tener este "beneficio" de un mayor valor de pensión al que la ley establece, pero porque se supone que el pensionado asumirá los riesgos del mercado, y aunque podrá disfrutar de mesadas más elevadas a la de referencia, también debería estar dispuesto a aceptar que la misma pueda disminuir por debajo del valor de referencia, cuestión que el marco constitucional colombiano no permite.

La postura de la Corte Suprema de Justicia no dista mucho de la Corte Constitucional y lo que en realidad señala es que las pensiones en retiro programado no pueden disminuir del valor de referencia que se hubiera calculado en el régimen de prima media (lo que las personas esperan que sea su pensión) y solo permite las disminuciones o falta de incrementos cuando inicialmente la AFP otorgo un valor de pensión superior al de referencia.

El problema no está en esos casos que señala la Corte Suprema de Justicia, sino en aquellos casos en los cuales la mesada se reduce por debajo de la pensión de referencia, donde, como ya se mencionó, la Corte Suprema sigue la línea de la Corte Constitucional al disponer que es obligatorio el reajuste periódico de la mesada pensional para mantener el valor de la pensión de referencia incrementada con el IPC.

En una situación de estas, la AFP disminuye la mesada pensional por debajo de la mesada de referencia porque prevé que el valor de la cuenta no alcanzará a financiar la pensión durante la expectativa de vida si no se disminuye la mesada. Esto es entendible porque así funciona en su lógica económica esta modalidad de retiro programado.

Pero como las sentencias y el marco constitucional disponen que es obligatorio el reajuste periódico de las pensiones y su carácter vitalicio, la Corte Suprema sigue la línea de la Corte Constitucional al obligar a las AFP a mantener un control de saldos que permita identificar cuando no será posible seguir pagando la pensión de referencia incrementada con el IPC con el fin de contratar una renta vitalicia que permita continuar el pago normal de la pensión, y en caso de que la renta vitalicia requiera de más capital del que queda en la cuenta para financiar la pensión de referencia con los incrementos del IPC por no haberse tomado las medidas necesarias a tiempo, la AFP es responsable con su propio patrimonio de completar el capital necesario para contratar la renta vitalicia.

De esta manera, si bien la Sala de Casación Laboral de la Corte Suprema de Justicia es más específica en algunas consideraciones sobre las reglas por su propio papel de máximo tribunal de la especialidad laboral en Colombia, las reglas vienen a ser similares a las ya elaboradas por la Corte Constitucional, a saber: todo pensionado tiene derecho al reajuste periódico de su mesada pensional.

4. *La inconstitucionalidad del retiro programado en el Sistema General de Pensiones*

De lo expuesto anteriormente, se tiene que la Constitución Política de Colombia dispone que las pensiones deben mantener su poder adquisitivo y que las pensiones reconocidas legamente no pueden reducir su valor.

De una parte, el artículo 48 de la Constitución señala que las pensiones reconocidas conforme a derecho no podrán ser reducidas, congeladas o suspendidas. De otra parte, el artículo 53 establece que el estado garantiza el reajuste periodo de las mesadas pensionales.

Por otro lado, la Corte Constitucional determinó que, en virtud de la cláusula del estado social de derecho y los derechos a la igualdad, dignidad humana, mínimo vital y seguridad social, las pensiones de retiro programado no podían congelarse o disminuirse y que debían reajustarse cada año para mantener su poder adquisitivo.

La Sala de Casación Laboral de la Corte Suprema de Justicia también ha determinado en su jurisprudencia que las pensiones de retiro programado deben reajustarse y que las AFP son responsables de efectuar el control de saldos que garantice que la pensión no disminuya del valor de referencia antes de poder contratar una renta vitalicia.

Si bien la jurisprudencia ha establecido que debe darse el reajuste de la pensión, han mantenido la legalidad del retiro programado dentro del Sistema General de Pensiones, no sin discusiones complejas[76]. La Sentencia T-020 de 2011 es explicita en afirmar que se buscó armonizar la interpretación de la Ley 100 de 1993 con la Constitución, pues de una comparación general era clara la incompatibilidad del retiro programado con varios de sus artículos. De igual manera, tanto en salvamentos de voto de las sentencias de la Corte Constitucional como en las sentencias de la Corte Suprema de Justicia se dice que debe buscarse la manera de

---

[76] Al respecto pueden verse las aclaraciones de voto de las Sentencias T-1052 de 2008 y T-020 de 2011 de la Corte Constitucional.

armonizar dicha modalidad pensional con las exigencias constitucionales, lo cual sigue dejando muchos vacíos.

Este intento de armonización es errado al menos por dos razones, una de orden sustancial y otra práctica.

En primer lugar, las condiciones del retiro programado no pueden ser equilibradas frente a las exigencias que tiene la Constitución Política[77].

El retiro programado tiene, como elemento esencial, el recalculo de la mesada pensional cada año dentro de las condiciones del mercado, lo cual, por el funcionamiento propio de la modalidad, no asegura el incremento de la mesada año tras año, pudiendo esta permanecer igual o disminuir.

Esta modalidad implica el pago de la pensión con cargo a los recursos de la cuenta de ahorro individual del afiliado, por lo que el capital va disminuyendo a medida que se paga la pensión, lo cual, sumado a periodos en los que la rentabilidad no sea muy positiva, hace apenas lógico que, para proteger el capital frente al envejecimiento del pensionado, toque congelar la mesada pensional o disminuirla en caso de ser necesario[78]. De lo contrario, si se incrementa año tras año la pensión, aun cuando el capital no lo permita, se llegará a la descapitalización de la cuenta, dejando al pensionado sin su mesada, cuestión prohibida por la ley y la Constitución.

Aunque la jurisprudencia establece que esto último se puede evitar con la contratación de la renta vitalicia, económicamente esto no siempre es viable, como lo ha reconocido la propia jurisprudencia[79], motivo por el cual termina imponiéndosele una obligación con cargo al patrimonio de las administradoras, contrariando el sentido de la modalidad pensional.

Además como se advirtió en un escrito donde también se abordó esta problemática, las AFP no tienen dentro de su objeto asumir los riesgos financieros y de extralongevidad como si lo hacen las aseguradoras en la modalidad de renta vitalicia[80].

No sobra advertir que la misma jurisprudencia de la Corte ha manifestado que es difícil que las aseguradoras acepten rentas vitalicias de pensiones reconocidas en retiro programado, porque siempre suele requerir más capital del que queda en la cuenta del pensionado, por lo que la mayoría

---

77 Martínez Muñoz, Katherine. *El retiro programado del RAIS y los reajustes pensionales: ¿Un choque de derechos que en el tiempo atenta contra el pensionado?*, 2021, http://hdl.handle.net/10554/53291

78 Niño Pérez, Ana Rocío. *Modalidades pensionales…*, *op. cit.* 69 y ss.

79 Sala de Casación Laboral de la Corte Suprema de Justicia, Sala de Descongestión No. 1. Sentencia SL1024-2022 del 29 de marzo de 2022. Magistrado ponente Martin Emilio Beltrán Quintero. Pag 24.

80 Martínez Muñoz, Katherine. *El retiro programado del RAIS…*, *op. cit.* 40.

de los casos es probable que requieran que el fondo ponga dinero de su patrimonio[81].

Un documento de Fasecolda[82] recalca este asunto y establece que los reajustes obligatorios con el IPC que la Corte Constitucional determinó en las Sentencias T-1052 de 2008 y T-020 de 2011 agravan la situación.

El retiro programado implica, necesariamente, que el pensionado asuma dos riesgos que la propia Constitución y la jurisprudencia contradicen, a saber, el de longevidad y la rentabilidad de las inversiones que financian la pensión[83]. A cambio de asumir esos riesgos, inherentes a la modalidad pensional, el pensionado puede recibir en algunos periodos una pensión superior a la pensión de referencia y dejar a sus herederos un monto dentro de su masa sucesoral o solicitar excedentes de libre disponibilidad[84].

Así, si la propia Constitución y las reglas jurisprudenciales disponen que todas las pensiones deben tener un reajuste periódico, la contradicción entre el retiro programado y dichas reglas no es subsanable, no hay manera de ajustar o equilibrar las exigencias constitucionales frente a una modalidad pensional que tiene esa naturaleza sin eliminar alguna[85]. De lo contrario, lo que hay es una mutación de la modalidad pensional, lo cual lleva al segundo argumento.

Si las sentencias judiciales ordenan el reajuste periodo de pensiones otorgadas mediante la modalidad pensional, imponiendo a las administradoras de fondos de pensiones o al estado poner el dinero que sea necesario para ello y garantizar el carácter vitalicio de la pensión, al final lo que se está haciendo es volver la pensión a como la hubiera reconocido el régimen de prima media o una renta vitalicia, pero con todos los problemas antes mencionados.

¿Qué sentido tiene permitir una modalidad de pensión de la que se conocen los riesgos y escenarios que implicara para los pensionados para

---

81 Al respecto puede verse la Sentencia SL-1024 del 29 de marzo de 2022. Magistrado ponente Martin Emilio Beltrán Quintero. Sala de Descongestión No. 1 de la Sala de Casación Laboral de la Corte Suprema de Justicia.

82 Mora, Christian. *Régimen de Ahorro Individual con Solidaridad (RAIS): llego la hora de hacer bien las cuentas*, 2015, https://revista.fasecolda.com/index.php/revfasecolda/article/view/162/160.

83 Federación Internacional de Administradoras de Fondos de Pensiones —FIAP—. (2015). *Modalidades de pensión en los sistemas de capitalización individual: Evaluación y propuestas de perfeccionamiento*. Santiago de Chile, https://www.fiapinternacional.org/wp-content/uploads/2016/01/nota_6___modalidades_de_pension_vf.pdf (fecha de consulta 10 de junio de 2023).

84 Niño Pérez, Ana Rocío. *Modalidades pensionales...*, *op. cit.* p. 74 y ss.

85 Lopera Restrepo, Gimena. *La modalidad de retiro programado: una visión a la luz de la constitución política, en Colombia*, 2018, http://hdl.handle.net/20.500.11912/3787.

luego convertirla en una modalidad diferente vía órdenes judiciales? Ninguno. El problema de esto es que al permitir que el retiro programado siga siendo válido, se inicia el pago de las pensiones de esa manera sometiendo al afiliado a posteriores procesos judiciales y a las administradoras de pensiones a reglas que no son claras y varían conformes los pronunciamientos judiciales.

Así, para cumplir con las exigencias constitucionales y jurisprudenciales el retiro programado terminado siendo modificado, vía judicial, por una modalidad diferente, ajena a la naturaleza de la primera, lo cual hace que en la practica el retiro programado desaparezca.

Las Cortes han buscado equilibrar las exigencias constitucionales con los fundamentos económicos de libre mercado que inspiran el retiro programado, cuestiones ambas que subyacen a la tensión entre la cláusula del estado social de derecho de la Constitución de 1991 y modelo económico capitalista consagrado en dicha Constitución.

Sin embargo, y volviendo a lo antes mencionado, tanto de forma sustancial como formal las exigencias constitucionales no pueden ser equilibradas porque para esta tensión no hay manera de que las exigencias constitucionales dejen de prevalecer sobre las condiciones del retiro programado derivadas de su estructura económica. Aun cuando las cortes mantengan la legalidad del sistema, probablemente para no generar un impacto económico, y vía jurisprudencia se ordene el reajuste periódico de las pensiones y se encuentren diferentes fórmulas para garantizar una pensión vitalicia, todos estos esfuerzos lo que muestran es que el retiro programado no tiene cabida en el marco constitucional colombiano y que lo sensato es eliminarlo.

Aunque la Corte Constitucional nunca avanzó en la declaratoria de inconstitucionalidad del retiro programado[86], la Ley 2381 de 2024, que estableció un nuevo modelo de pensiones en Colombia, dispone, por un lado, en el artículo quince de la reforma, sobre reajuste de las prestaciones y pensiones del Sistema de Protección Integral para la Vejez, que el valor de la pensión reconocida en el componente de ahorro individual se ajustara anualmente según la variación porcentual del índice de precios al consumidor (IPC) certificado por el DANE. Por otro lado, el articulo treinta y dos referente a la liquidación y cálculo de la pensión establece que el componente de ahorro individual el valor de la prestación se pagara

86 Habló de una armonizar la disposición infraconstitucional con la Constitución mediante una *interpretación conforme* que en realidad parece más una excepción de inconstitucionalidad no declarada. Esto se puede ver en la Sentencia T-020 de 2011.

mediante una renta mensual para el pensionado hasta su fallecimiento y sus beneficiarios en caso de muerte del pensionado.

Aunque la Ley está pendiente de un examen de constitucionalidad, si se declara ajustada a la Constitución con esta reforma desaparecía el retiro programado como modalidad de pensión, lo cual esta alineado con lo planteado en este escrito. Solo quedaría vigente para las personas del régimen de transición de la reforma pensional, quienes, en caso de quedar en retiro programado, tendrán que seguir apelando a la *interpretación conforme* postulado por la Corte Constitucional o como lo ven otros, a una excepción de inconstitucionalidad no declarada mediante la cual los jueces garantizan el reajuste de las pensiones.

5. *Conclusiones*

Finalizado el anterior escrito, hemos llegado a las siguientes conclusiones:

PRIMERA. La modalidad de retiro programado dentro del Sistema General de Pensiones de Colombia contradice principios constitucionales que la hacen inviable.

La Constitución Política de Colombia, a partir de varios artículos que regulan el derecho fundamental a la Seguridad Social y al Trabajo, y de principios como el del estado social de derecho, igualdad y solidaridad, disponen que en Colombia todas las pensiones legalmente reconocidas deben ser reajustadas cada año para mantener su capacidad adquisitiva y no pueden ser congeladas ni disminuir en su valor, así como tampoco pueden dejar de pagarse, por lo que tienen un carácter vitalicio.

La naturaleza del retiro programado no es compatible con estas reglas, pues por la forma en que opera esta modalidad es imposible garantizar el reajuste periódico de la pensión y su carácter vitalicio y, por el contrario, el pensionado debe asumir el riesgo de que su mesada permanezca igual o disminuya o que se agote el capital de su pensión.

Frente a esta incompatibilidad, la Corte Constitucional y la Sala de Casación Laboral de la Corte Suprema de Justicia han determinado, en casos concretos, donde pensionados reclaman el reajuste de sus mesadas pensionales, que los fondos de pensiones deben asegurar el reajuste anual de la pensión y garantizar la pensión de manera vitalicia con cargo a los recursos propios de los fondos de pensiones de ser necesario.

Si bien se ha mantenido la legalidad del retiro programado, se concluye que, desde un punto de vista sustancial, la propia naturaleza del retiro programado es incompatible con las reglas constitucionales, motivo suficiente para declarar su inconstitucionalidad a pesar de que la Corte Constitucional, única entidad competencia para dicha declaratoria, no la ha hecho, más por razones que parecen económicas que constitucionales.

SEGUNDA. La constitucionalidad del retiro programado pone de presente la tensión entre el componente económico liberal y la cláusula del estado social de derecho que confluyen Constitución de 1991.

Si bien la jurisprudencia de las Altas Cortes revisada da argumentos suficientes para considerar la inconstitucionalidad de esta modalidad de pensión, nunca se llega a esa conclusión. Por el contrario, las sentencias insisten en brindar una solución dentro del funcionamiento de la modalidad que, a la larga, sin entrar a discutir su constitucionalidad, reconocen implícitamente que no tiene cabida dentro del marco constitucional colombiano.

La Corte Constitucional, que parecía haber dejado claro en dos sentencias que las características eran incompatibles con disposiciones constitucionales, no volvió a pronunciarse sobre este asunto, a pesar de la que la situación continúo dándose en la práctica.

Por su parte, la Corte Suprema de Justicia, aunque ha reconocido las complejidades constitucionales de esta modalidad de pensión, insiste en que los jueces deben brindar una respuesta dentro del marco de funcionamiento del retiro programado por estar vigente en el marco legal.

Esto pone de presente la tensión que subyace en la Constitución de 1991, entre un sistema económico liberal de libre mercado y la cláusula del estado social de derecho. El componente liberal se expresó en la participación del sector privado en el Sistema General de Pensiones bajo esquemas de ahorro individual cuyas características se alejan de las ideas de solidaridad e intervención del estado, propias del estado social de derecho.

Aunque estas dos visiones entienden de manera diferente ciertos derechos y garantías constitucionales, como sucede con la Seguridad Social, los jueces han intentado conciliar ambas cuestiones para brindar una salida equilibrando estos intereses contrapuestos. No es fácil declarar, vía judicial, la inconstitucionalidad de todo un sistema donde confluyen grandes intereses económicos, por lo que la salida ha sido mediante órdenes judiciales resolver las tensiones, generalmente en favor de la cláusula del estado social de derecho.

Si bien los jueces intentan conciliar estas cuestiones, esta tensión parece difícil de equilibrar sin admitir la inconstitucionalidad del retiro programado, lo que lleva a la conclusión final.

TERCERA. Lo conveniente es eliminar el retiro programado con una modalidad de pensión por su carácter inconstitucional y en su lugar, dejar la renta vitalicia como única modalidad de pensión del RAIS.

Desde un punto de vista práctico, el reajuste periódico y garantía vitalicia de la pensión, que ordenan las Cortes termina por desvirtuar el retiro programado para convertirlo en una renta vitalicia forzada, incluso con desembolso de recursos adicionales con cargo al patrimonio de los fondos de pensiones, cuestión que no obedece a la configuración original de la renta vitalicia.

El esfuerzo por conciliar los fundamentos del retiro programado con las disposiciones constitucionales llevan a eliminarlo en cada caso en el que resuelve una disputa, pues la orden judicial termina desvirtuando le esencia de dicha modalidad, pero sin desaparecer del orden jurídico.

Tenemos una modalidad de pensión cuyos elementos se aceptan, pero siempre se modificarán con cada orden judicial en la que se obligue a las administradoras de fondos de pensiones a cumplir con las disposiciones constitucionales. Se vuelve una norma de "papel", pero que condena a los afiliados a recurrir a extensos procesos judiciales para hacer valer la Constitución.

Esperemos que la Corte Constitucional considere ajustada a la Constitución la refirma pensional establecida mediante la Ley 2381 de 2024.

Bibliografía y fuentes

Arévalo Hernández, Decsi; Rodríguez Salazar, Oscar, *Estructura y crisis de la seguridad social en Colombia:* 1946-1992, Colombia, Centro de Investigaciones para el desarrollo de la Universidad Nacional de Colombia. 1992.

Ayala, Ulpiano, "Introducción a la Seguridad Social y a los Seguros Sociales", en *Estructura y Crisis de la Seguridad Social en Colombia: 1946-1992*. Centro de Investigaciones para el desarrollo de la Universidad Nacional de Colombia. 1992. Bogotá, 1992. Pag 17.

Azuero Zúñiga, Francisco, "El sistema de pensiones en Colombia: institucionalidad, gasto público y sostenibilidad financiera", *serie Macroeconómica del Desarrollo No. 206, Comisión Económica para América Latina y el Caribe-CEPAL*, julio, 2020. Disponible en https://www.cepal.org/es/publicaciones/45780-sistema-pensiones-colombia institucionalidad-gasto-publico-sostenibilidad (fecha de consulta 31 de mayo de 2023).

Colombia. Circular Externa no. 12, de 10 de abril, "adiciona el numeral 3 al Capítulo II del Título IV y se modifica el subnumeral 3.3 del Capítulo II del Título VI de la Circular Básica Jurídica en relación con nuevas modalidades de pensión". Expedida por la Superintendencia Financiera el 27 de abril de 2012.

Colombia. Decreto 832 de 1996, de 8 de mayo, "Por el cual se reglamenta parcialmente la Ley 100 de 1993, y en especial, sus artículos 35, 40, 48, 65, 69, 71, 75, 81, 83 y 84". Diario Oficial 42.785, de mayo 14 de 1996.

Decreto 2555 de 2010, de 15 de julio, "Por el cual se recogen y reexpiden las normas en materia del sector financiero, asegurador y del mercado de valores y se dictan otras disposiciones". Diario Oficial núm. 47.771 de 15 de julio de 2010.

Decreto 1833 de 2016, de 10 de noviembre, "Por medio del cual se compilan las normas del Sistema General de Pensiones". Proferido por el Presidente de la República de Colombia en noviembre 10 de 2016.

Decreto 959 de 2018, de 05 de junio, "Por el cual se modifica el Decreto 2555 de 2010 en lo relacionado con las reglas de asignación por defecto a los afiliados en el esquema Multifondos". Diario oficial núm. 50.615 de 05 de junio de 2018.

Ley 100 de 1993, de 23 de diciembre, "Por la cual se crea el Sistema de Seguridad Social Integral y se dictan otras disposiciones". Diario Oficial núm. 41.148 del 23 de diciembre de 1993.

Resolución 610 de 1994, de 14 de abril, "Por la cual se señala el interés técnico que deben emplear las entidades administradoras del Sistema General de Pensiones y las correspondientes entidades aseguradoras de vida para efectos del cálculo de las reservas". Expedida por la Superintendencia Bancaria de Colombia el 14 de abril de 1994.

Resolución 3099 de 2015, de 19 de agosto, "Por la cual se determinan las fórmulas para establecer el saldo de una pensión de un salario mínimo legal mensual vigente, la suma adicional a cargo de las aseguradoras previsionales y los parámetros técnicos para calcular una mesada pensional en la modalidad de retiro programado". Diario Oficial núm. 49.639 de 18 de septiembre de 2015.

Corte Constitucional de Colombia, sentencia T-426 del 24 de junio de 1992, Magistrado Ponente Eduardo Cifuentes Muñoz.

Corte Constitucional de Colombia, sentencia C-449 del 09 de julio de 1992, Magistrado Ponente Alejandro Martínez Caballero.

Corte Constitucional de Colombia, sentencia C-408 del 15 de septiembre de 1994, Magistrado Ponente Fabio Morón Díaz.

Corte Constitucional de Colombia, sentencia C-378 del 27 de julio de 1998, Magistrado Ponente Alfredo Beltrán Sierra.

Corte Constitucional de Colombia, sentencia SU-747 del 02 de diciembre de 1998, Magistrado Ponente Eduardo Cifuentes Monroy.

Ver, entre otras, Sentencia T-881 del 17 de octubre de 2002. Corte Constitucional. Magistrado ponente Eduardo Montealegre Lynett.

Corte Constitucional de Colombia, sentencia C-086 del 13 de febrero de 2002, Magistrada Ponente Clara Inés Vargas.

Corte Constitucional de Colombia, sentencia SU-120 del 13 de febrero de 2003, Magistrado Ponente Álvaro Tafur Galvis.

Corte Constitucional de Colombia, sentencia C-754 del 10 de agosto de 2004, Magistrado Ponente Álvaro Tafur Galvis.

Corte Constitucional de Colombia, sentencia C-1054 del 26 de octubre de 2004, Magistrado Ponente Marco Gerardo Monroy Cabra.

Corte Constitucional de Colombia, sentencia T-906 del 01 de septiembre de 2005, Magistrado Ponente Alfredo Beltrán Sierra.

Corte Constitucional de Colombia, sentencia C-110 del 22 de febrero de 2006, Magistrado Ponente Rodrigo Escobar Gil.

Corte Constitucional de Colombia, sentencia C-530 del 12 de julio de 2006, Magistrado Ponente Jaime Araújo Rentería.

Corte Constitucional de Colombia, sentencia T-630 del 03 de agosto de 2006, Magistrado Ponente Marco Gerardo Monroy Cabra.

Corte Constitucional de Colombia, sentencia T-1052 del 28 de octubre de 2008, Magistrado Ponente Jaime Araújo Rentería.

Corte Constitucional de Colombia, sentencia T-020 del 18 de enero de 2011, Magistrado Ponente Humberto Antonio Sierra.

Corte Constitucional de Colombia, sentencia SU-130 del 13 de marzo de 2013, Magistrado Ponente Gabriel Eduardo Mendoza Martelo.

Corte Constitucional de Colombia, sentencia C-078 del 08 de febrero de 2017, Magistrado Ponente Jorge Iván Palacio Palacio.

Corte Constitucional de Colombia, sentencia C-081 del 22 de agosto de 2018, Magistrada Ponente Gloria Stella Ortiz Delgado.

Corte Constitucional de Colombia, sentencia SU-140 del 28 de marzo de 2019, Magistrada Ponente Cristina Pardo Schlesinger.

Corte Constitucional, Sentencia SU-057 del 31 de mayo de 2018. Magistrado ponente Alberto Rojas Ríos.

Corte Constitucional, Sentencia C-197 del 01 de junio de 2023. Magistrado ponente Juan Carlos Cortés González.

Sentencia C-227 del 21 de junio de 2023. Corte Constitucional. Magistrada Ponente Natalia Ángel Cabo

Corte Suprema de Justicia de Colombia, Sala de Casación Laboral de Descongestión No. 1, Sentencia SL1024 del 29 de marzo de 2022, Magistrado Ponente Martín Emilio Beltrán Quintero.

Corte Suprema de Justicia, Sala de Casación Laboral, Sentencia SL3942-2021 del 04 de agosto de 2021. Radicación N° 70462. Magistrado ponente Iván Mauricio Lenis Gómez.

Díaz, Carlos Antonio, "Análisis crítico de las modalidades de pensión y propuestas alternativas", Chile, *Documento de trabajo, Instituto de Economía No. 156*, Pontificia Universidad Católica de Chile, 1993. Disponible en https://repositorio.uc.cl/handle/11534/4731 (fecha de consulta 31 de mayo de 2023).

Farné, Stefano; Nieto Ramos, Alejandro, "¿A quiénes y cuánto subsidia el régimen pensional de prima media en Colombia? Análisis paramétrico y lecciones de política, Colombia", *Páginas de Seguridad Social*, Vol. 1 No. 02 julio-diciembre 2017, Universidad del Externado, paginas 39-62.

Federación Internacional de Administradoras de Fondos de Pensiones —FIAP—. (2015). Modalidades de pensión en los sistemas de capitalización individual: Evaluación y propuestas de perfeccionamiento. Santiago de Chile. Disponible en https://www.fiapinternacional.org/wp-content/uploads/2016/01/nota_6___modalidades_de_pension_vf.pdf (fecha de consulta 10 de junio de 2023).

Martínez Muñoz, Katherine Vanessa, *El retiro programado del RAIS y los reajustes pensionales:* ¿Un choque de derechos que en el tiempo atenta contra el pensionado?, Colombia, Pontificia Universidad Javeriana de Bogotá, 2021

Mora Villalobos, Carlos Albeiro, *Sistema General de Pensiones y pensión mínima de vejez en Colombia:* estimaciones de capital acumulado utilizando gradientes geométricos, Colombia, Universidad Externado de Colombia, 2016.

Niño Pérez, Ana Rocío, *Asimetría de la información y la libre elección en las modalidades pensionales:* retiro programado y renta vitalicia inmediata, Colombia, Universidad Nacional de Colombia, 2016.

Nugent, Richard, *La seguridad social:* su historia y sus fuentes, México, Instituto de Investigaciones Jurídicas de la Universidad Nacional Autónoma de México, 1997.

Santa María, Mauricio; Steiner, Roberto; Botero, Jorge; Martínez, Mariana; Millán, Natalia, *El sistema pensional en Colombia:* retos y alternativas para aumentar la cobertura, Colombia, Centro de Investigación Económica y social —Fedesarrollo—, 2010.

Tuesta, David Alfredo; Romero, Carolina; Muñoz, Ángel; Téllez, Juana, *Confianza en el futuro*: Propuestas para un mejor sistema de pensiones en Colombia, Colombia, Norma, 2009.

Villar Borda, Luis. "Estado de derecho y Estado social de derecho". *Revista Derecho del Estado*, No. 20, diciembre 2007. Universidad Externado de Colombia. Pp. 73-96.

Lopera Restrepo, Gimena. 2018. *La modalidad de retiro programado: una visión a la luz de la constitución política, en Colombia.* http://hdl.handle.net/20.500.11912/3787

Martínez Muñoz, Katherine. 2021. *El retiro programado del RAIS y los reajustes pensionales: ¿Un choque de derechos que en el tiempo atenta contra el pensionado?* http://hdl.handle.net/10554/53291.

Mora, Christian. *Régimen de Ahorro Individual con Solidaridad (RAIS): llego la hora de hacer bien las cuentas*, 2015, https://revista.fasecolda.com/index.php/revfasecolda/article/view/162/160.